成都考古发现
(2016)

成都文物考古研究院　编著

科学出版社
北京

内 容 简 介

本书是成都文物考古研究院2016年度考古报告集。收录考古调查发掘简报及分析报告16篇,包括成都市新都区褚家村二组遗址发掘报告、成都市新都区新繁和平村遗址发掘简报、2017年会理县马鞍子遗址调查简报、2017年会理县新发乡庙子老包M1清理简报、2017年茂县营盘山石棺葬调查勘探简报、盐源县小官梁子遗址2017年调查与试掘简报、成都市青龙乡海滨村年家院子墓葬发掘简报、成都锦江区宾隆街古遗址发掘简报、成都市武侯区群众路工地唐宋墓葬发掘简报、成都市温江区花土村古墓葬发掘简报、成都市武侯区十一街遗址墓葬发掘简报、大邑县张祠堂遗址发掘简报等调查发掘简报,以及成都考古发掘中发现两处蓝铁矿、成都金沙遗址阳光地带二期出土铜块分析、大邑县高山古城2013年度植物遗存浮选结果及分析、成都市武侯区群众路M1唐墓主人遗骸检视等分析报告。

本书可供从事中国考古学、历史学研究的学者参考。

图书在版编目(CIP)数据

成都考古发现. 2016 / 成都文物考古研究院编著. —北京:科学出版社,2018.12

ISBN 978-7-03-060037-0

Ⅰ.①成… Ⅱ.①成… Ⅲ.①考古发现–成都–2016 Ⅳ.①K872.711

中国版本图书馆CIP数据核字(2018)第282887号

责任编辑:柴丽丽 胡文俊 / 责任校对:邹慧卿
责任印制:肖 兴 / 封面设计:陈 敬

科学出版社 出版
北京东黄城根北街16号
邮政编码:100717
http://www.sciencep.com

中国科学院印刷厂 印刷
科学出版社发行 各地新华书店经销
*
2018年12月第 一 版 开本:787×1092 1/16
2018年12月第一次印刷 印张:26 3/4 插页:13
字数:634 000

定价:328.00元
(如有印装质量问题,我社负责调换)

目 录

成都市新都区褚家村二组遗址发掘报告 …………………………………（1）

成都市新都区新繁和平村遗址发掘简报 …………………………………（51）

2017年会理县马鞍子遗址调查简报 ………………………………………（78）

2017年会理县新发乡庙子老包M1清理简报 ……………………………（117）

2017年茂县营盘山石棺葬调查勘探简报 …………………………………（127）

盐源县小官梁子遗址2017年调查与试掘简报 ……………………………（167）

成都市青龙乡海滨村年家院子墓地发掘简报 ……………………………（190）

成都市锦江区宾隆街古遗址发掘简报 ……………………………………（268）

成都市武侯区群众路唐宋墓地发掘简报 …………………………………（319）

成都市温江区花土村古墓葬发掘简报 ……………………………………（345）

成都市十一街遗址墓葬清理简报 …………………………………………（354）

大邑县张祠堂遗址发掘简报 ………………………………………………（373）

大邑县高山古城遗址2013年度植物遗存浮选结果及分析 ………………（390）

成都考古发掘中发现两处蓝铁矿 …………………………………………（403）

成都金沙遗址阳光地带二期出土铜块分析 ………………………………（408）

成都市武侯区群众路M1唐墓主人遗骸检视 ……………………………（418）

图 版 目 录

图版一　　会理县庙子老包M1出土器物

图版二　　茂县营盘山石棺葬墓地航拍图

图版三　　茂县营盘山石棺葬M2形制

图版四　　茂县营盘山石棺葬M2出土陶器

图版五　　茂县营盘山石棺葬M2出土陶器

图版六　　茂县营盘山石棺葬M12形制

图版七　　茂县营盘山石棺葬M12出土陶器

图版八　　茂县营盘山石棺葬M3形制

图版九　　茂县营盘山石棺葬M3出土陶器

图版一〇　盐源县小官梁子遗址2017年出土与采集石器

图版一一　盐源县小官梁子遗址2017年和1996年采集石器

图版一二　成都市海滨村年家院子墓地出土器物

图版一三　成都市锦江区宾隆街遗址出土器物

图版一四　成都市武侯区群众路唐代中晚期M1出土铜臂钏内纸本真言

图版一五　大邑县张祠堂遗址出土青花瓷器

图版一六　大邑县张祠堂遗址出土粉彩瓷盘

图版一七　大邑县高山古城遗址2013年度出土植物遗存

图版一八　大邑县高山古城遗址2013年度出土植物遗存

图版一九　大邑县高山古城遗址2013年度出土植物遗存

图版二〇　大邑县高山古城遗址2013年度出土植物遗存

图版二一　蒲江县飞虎村采集蓝铁矿

图版二二　大邑县高山古城遗址出土蓝铁矿

图版二三　成都金沙遗址"阳光地带二期"地点出土铜块及其样品金相组织图

图版二四　成都金沙遗址"阳光地带二期"地点出土铜块样品金相组织图

成都市新都区褚家村二组遗址发掘报告

成都文物考古研究院
新都区文物保护所

褚家村二组遗址位于成都市新都区龙虎镇褚家村二组,地处新工业大道北、普河路东(图一、图二)。2016年6月,为配合新衡艾尔派科技有限公司厂区建设,新都区文物管理所在进行考古勘探时发现了该遗址。随即,成都文物考古研究院与新都区文物管理所联合对该遗址进行了进一步的调查和发掘工作。调查得知,遗址位于厂区的东北部,厂区外的北部和东部也应该有遗址分布,但由于其地面或为厂房,或为建筑垃圾,无法调查,无法确定遗址的分布状况。厂区内遗址的地理坐标为东经104°13′50.5″、北纬30°49′53.7″,面积3.1万平方米,其中东北角堆积较好。发掘采取布点性试掘与重点区

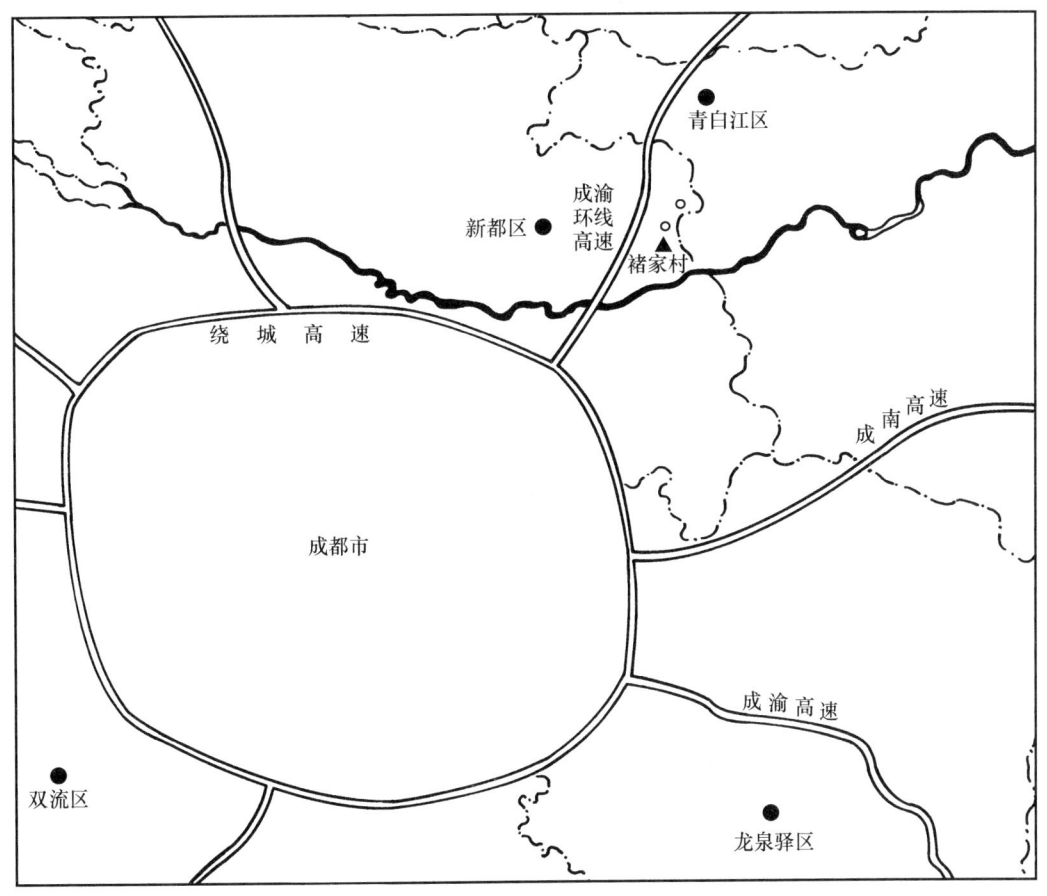

图一 遗址位置示意图

图二 遗址分布及发掘探方位置图

域重点发掘相结合的方法，发掘编号为"2016CXC"，在堆积保存较好的东北角布正南北向10米×10米探方6个，探方编号为T1~T4、T6、T8（图三~图五）；堆积保存一般的区域布正南北向5米×10米探方2个，编号为T5、T9（图六、图七）。为了进行环境考古研究，在遗址东南部河道处布正南北向2.5米×10米探沟1条，编号为T7。总发掘面积725平方米。

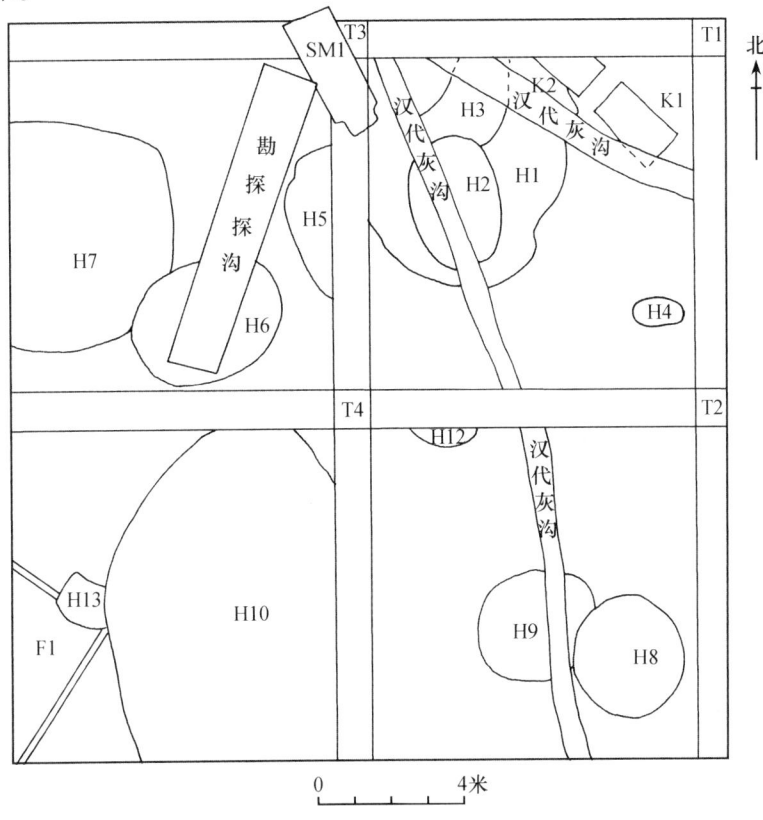

图三　T1~T4先秦时期遗迹分布图

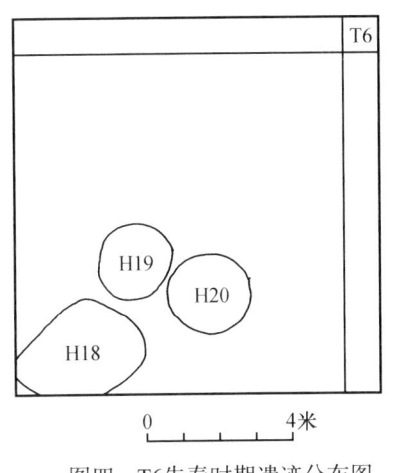

图四　T6先秦时期遗迹分布图

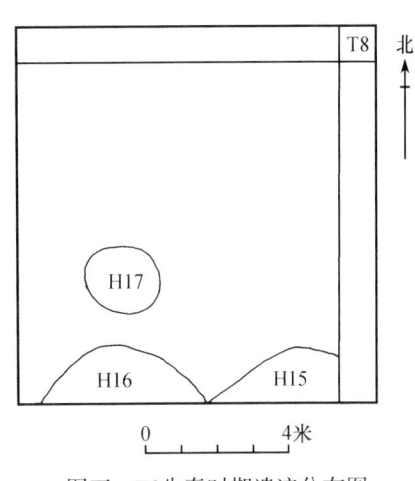

图五　T8先秦时期遗迹分布图

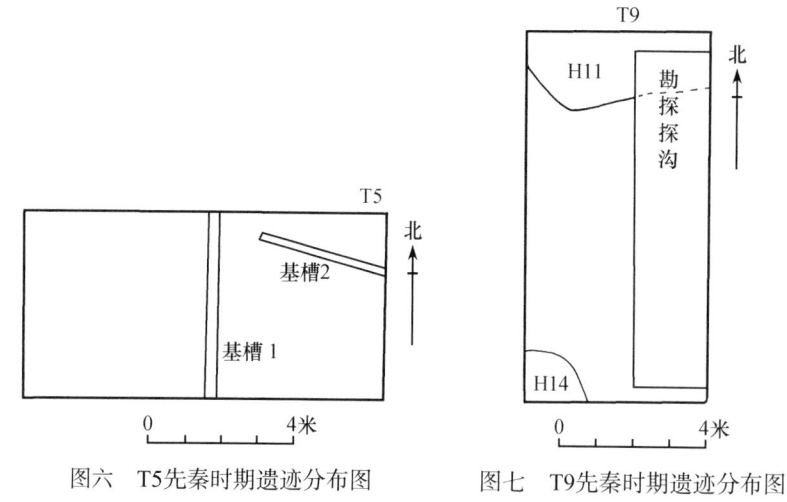

图六　T5先秦时期遗迹分布图　　　图七　T9先秦时期遗迹分布图

一、地层堆积

发掘探方之间的距离远近不一，地层堆积也不连续，故在发掘中将相连探方的地层进行了统一，不相连的探方之间未统一地层。现将诸探方地层堆积分述如下。

T1~T4相邻，这四个探方统一了地层。T1地层堆积完整，且扰乱较少，以T1东壁剖面为例介绍如下（图八）。

第1层：灰黑色土，结构疏松。几乎呈水平堆积，该层在四个探方内均有分布。厚0.15~0.24米。地层中包含大量植物根茎，为现代耕土层。

第2层：灰黄色土，土质湿润，结构紧密且较板结，内含黄色土块。近水平堆积，该层在四个探方内均有分布。距地表深0.15~0.24、厚0.1~0.12米。出土少量明清瓷片，为明清时期地层。该层下开口的遗迹有宋墓1座（SM1）和明清时期的灰坑1个。

第3层：黄灰色花土，土质疏松，略含沙。近水平堆积，该层在四个探方内均有分布。距地表深0.25~0.35、厚0.25~0.4米。出土少量黄釉瓷片、青灰色砖块，为唐宋时期地层。该层下开口的遗迹有唐宋时期的灰坑2个。

第4层：青灰色黏土，土质湿润，结构紧密且较板结，内含大量黄色土块。略呈坡

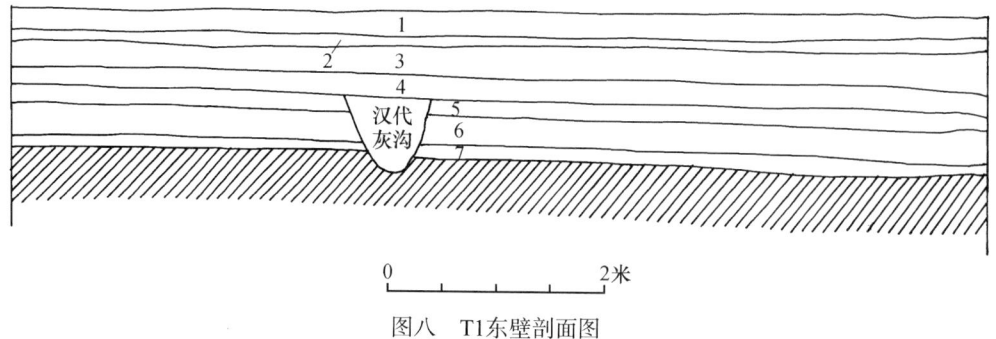

图八　T1东壁剖面图

状堆积，东高西低，该层在四个探方内均有分布。距地表深0.52～0.7、厚0.15～0.25米。出土少量汉代陶片，为汉代地层。该层下开口的遗迹有汉代灰沟6条。

第5层：褐色土，结构紧密，黏性强，内含褐色颗粒。近水平堆积，该层在四个探方内均有分布。距地表深0.7～0.9、厚0.15～0.31米。出土大量夹砂黄褐陶、红褐陶、褐陶和少量泥质黑皮陶等，可辨器形有陶敛口罐、侈口罐、小平底罐、高领罐、矮领罐、瓮、缸、豆柄、器盖、盖纽、圈足、器底等，为十二桥文化时期地层。该层下开口的遗迹有灰坑2个（H10、H13）、房址1座（F1）。

第6层：红褐色土，结构紧密且较板结，内含褐色颗粒。近水平堆积，该层在T1～T3内有分布。距地表深0.85～1.06、厚0.2～0.3米。出土大量夹砂黑褐陶、黄褐陶、灰陶和少量泥质黑皮陶等，可辨器形有陶敛口罐、侈口罐、小平底罐、矮领罐、盆、瓮、壶、缸、豆柄、器盖、盖纽、圈足、器底等，为十二桥文化时期地层。该层下开口的遗迹有灰坑10个（H1～H9、H12）。

第7层：黄褐色土，土质湿润略黏，内含少量褐色颗粒和沙。近水平堆积，该层在四个探方内均有分布。距地表深1.15～1.35、厚0.1～0.25米。出土少量泥质黑皮陶、灰陶和夹砂黑褐陶、灰褐陶等，可辨器形有陶宽沿尊、喇叭口高领罐、绳纹花边口罐、盘口罐、瓮、壶、器盖、圈足、器底等，为宝墩文化时期地层。

第7层以下为黄褐色生土。

T5的地层堆积以北壁剖面为例介绍如下（图九）。

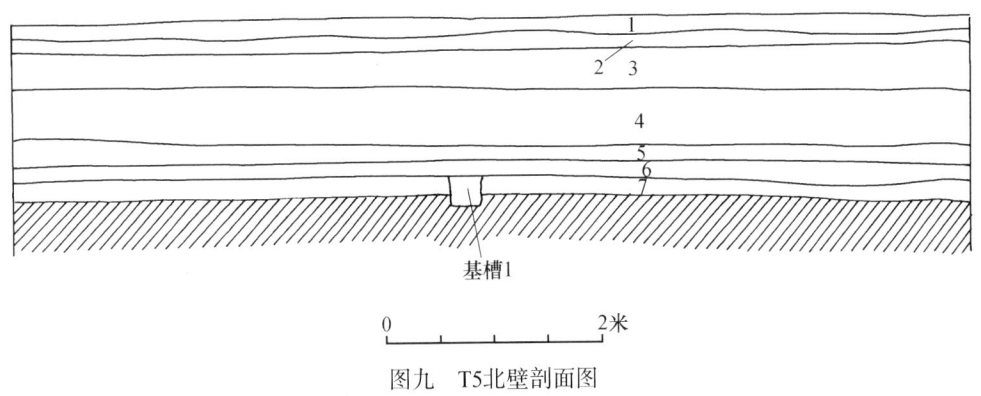

图九 T5北壁剖面图

第1层：灰黑色土，结构疏松。几乎呈水平堆积。厚0.14～0.17米。地层中包含大量植物根茎，为现代耕土层。

第2层：灰黄色土，土质湿润，结构紧密且较板结，内含黄色土块。近水平堆积。距地表深0.14～0.17、厚0.09～0.12米。出土少量明清瓷片，为明清时期地层。该层下开口的遗迹有明清时期的灰坑1个。

第3层：黄灰色花土，土质疏松，略含沙。近水平堆积。距地表深0.24～0.26、厚0.35～0.44米。出土少量黄釉瓷片，为唐宋时期地层。

第4层：青灰色黏土，土质湿润，结构紧密且较板结，内含大量黄色土块。近水平堆积。距地表深0.6~0.7、厚0.45~0.51米。出土少量汉代砖块，为汉代地层。

第5层：褐色土，土质湿润且黏性强，结构紧密。近水平堆积。距地表深1.05~1.2、厚0.13~0.25米。出土少量夹砂灰褐陶和泥质灰陶等，可辨器形有陶侈口罐，为十二桥文化时期地层。

第6层：灰白色土，结构疏松，含沙，土质较纯净。近水平堆积。距地表深1.25~1.35、厚0.1~0.2米。该层未发现包含物，为间歇层。该层下开口的遗迹有基槽2条（基槽1、基槽2）。

第7层：黄褐色土，土质湿润且黏性强，结构紧密，内含褐色颗粒。近水平堆积。距地表深1.4~1.5、厚0.1~0.2米。出土较多夹砂灰褐陶、黑褐陶和少量泥质黑皮陶等，可辨器形有陶侈口罐、小平底罐、高领罐、瓮、豆柄、器盖、圈足、器底等，为十二桥文化时期地层。

第7层以下为黄褐色生土。

T6的地层堆积以南壁剖面为例介绍如下（图一〇）。

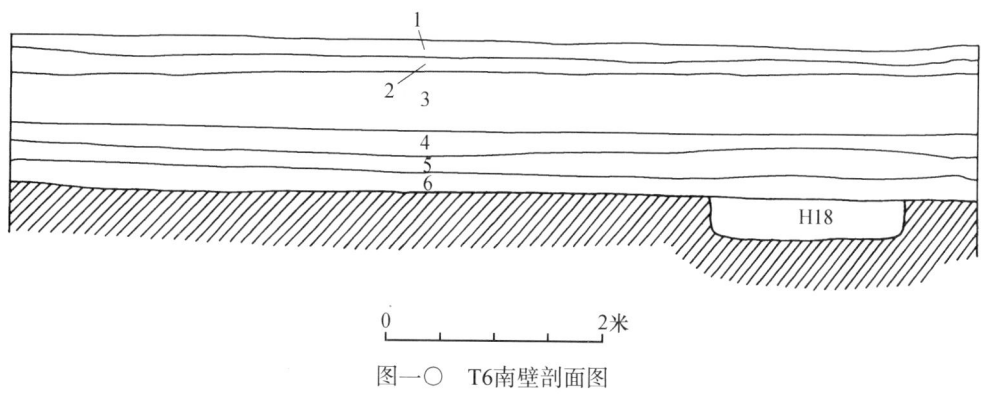

图一〇　T6南壁剖面图

第1层：灰黑色土，结构疏松。几乎呈水平堆积。厚0.15~0.2米。地层中包含大量植物根茎，为现代耕土层。

第2层：灰黄色土，土质湿润，结构紧密且较板结，内含黄色土块。几乎呈水平堆积。距地表深0.15~0.2、厚0.16~0.28米。出土少量明清瓷片，为明清时期地层。

第3层：黄灰色花土，土质疏松，略含沙。几乎呈水平堆积。距地表深0.25~0.29、厚0.49~0.57米。出土少量青釉瓷片，为唐宋时期地层。

第4层：青灰色黏土，土质湿润，结构紧密且较板结，内含大量黄色土块。几乎呈水平堆积。距地表深0.75~0.82、厚0.16~0.24米。出土少量绳纹瓦片，为汉代地层。

第5层：褐色土，土质湿润且黏性强，结构紧密。几乎呈水平堆积。距地表深0.95~1.04、厚0.12~0.2米。出土少量泥质灰陶、灰黄陶和夹砂灰褐陶、红褐陶等，可辨器形有陶盘口尊、敞口尊、绳纹花边口罐、圈足、器底等，为宝墩文化时期地层。

第6层：黄褐色土，土质湿润略黏，内含褐色颗粒和沙。近水平堆积。距地表深1.1~1.21、厚0.15~0.21米。出土少量泥质橙红陶、黑皮陶和夹砂黄褐陶、灰褐陶等，可辨器形有陶绳纹花边口罐、器盖、圈足、器底等，为宝墩文化时期地层。该层下开口的遗迹有灰坑3个（H18~H20）。

第6层以下为黄褐色生土。

T8的地层堆积以南壁剖面为例介绍如下（图一一）。

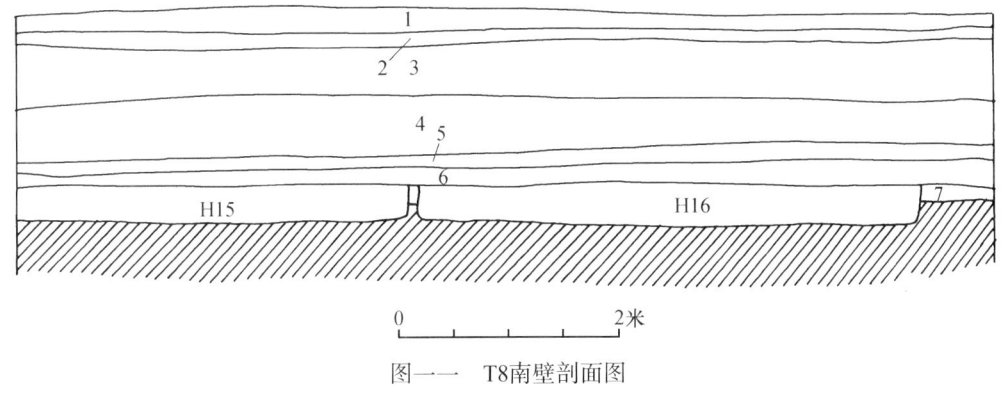

图一一　T8南壁剖面图

第1层：灰黑色土，土质疏松。几乎呈水平堆积。厚0.11~0.29米。地层中包含大量植物根茎，为现代耕土层。

第2层：灰黄色土，土质较湿润，结构紧密且板结，内含黄色土块。几乎呈水平堆积。距地表深0.11~0.29、厚0.07~0.14米。出土少量明清瓷片，为明清时期地层。

第3层：黄灰色花土，土质疏松，略含沙。近水平堆积。距地表深0.24~0.26、厚0.49~0.6米。出土少量青釉瓷片，为唐宋时期地层。

第4层：青灰色黏土，土质湿润，结构紧密，内含大量黄色土块。近水平堆积。距地表深0.74~0.85、厚0.4~0.54米。出土少量绳纹瓦片，为汉代地层。该层下开口的遗迹有汉代灰沟2条。

第5层：褐色土，土质较湿润，结构紧密，黏性强，内含褐色颗粒。近水平堆积。距地表深1.2~1.3、厚0.09~0.15米。出土少量夹砂黄褐陶、灰褐陶等，可辨器形有陶敛口罐、高领罐、豆柄等，为十二桥文化时期地层。

第6层：红褐色土，土质紧密，内含褐色颗粒。近水平堆积。距地表深1.29~1.42、厚0.11~0.26米。出土少量泥质灰陶、灰黄陶、黑皮陶和较多夹砂灰褐陶、红褐陶等，可辨器形有陶盘口尊、喇叭口高领罐、绳纹花边口罐、器盖、圈足、器底等，为宝墩文化时期地层。该层下开口的遗迹有灰坑3个（H15~H17）。

第7层：黄褐色土，土质湿润，结构紧密，内含褐色颗粒。近水平堆积。距地表深1.49~1.59、厚0.11~0.18米。出土少量泥质灰黄陶、黑皮陶和夹砂灰褐陶、红褐陶、红陶等，可辨器形有陶宽沿尊、敞口尊、绳纹花边口罐、器底等，为宝墩文化时期地层。

第7层以下为黄褐色生土。

T9的地层堆积以西壁剖面为例介绍如下（图一二）。

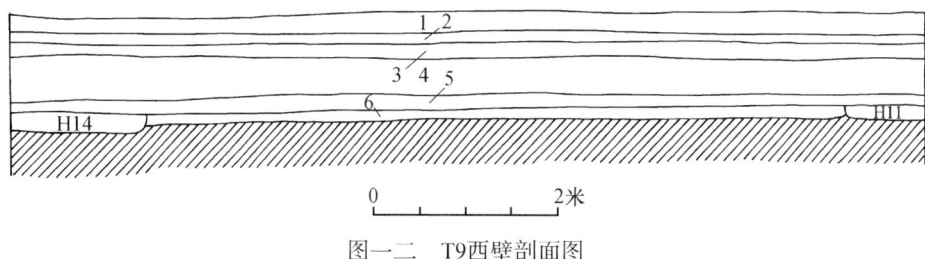

图一二　T9西壁剖面图

第1层：灰黑色土，土质湿润，结构疏松。几乎呈水平堆积。厚0.25~0.26米。地层中包含大量植物根茎，为现代耕土层。

第2层：灰黄色土，土质较湿润，结构紧密且板结，内含黄色土块。几乎呈水平堆积。距地表深0.25~0.26、厚0.09~0.11米。出土明清瓷片，为明清时期地层。

第3层：黄灰色花土，土质疏松，略含沙。几乎呈水平堆积。距地表深0.34~0.36、厚0.14~0.16米。出土黄釉瓷片，为唐宋时期地层。

第4层：青灰色黏土，土质湿润，结构紧密，内含大量黄色土块。近水平堆积。距地表深0.49~0.51、厚0.4~0.5米。出土少量绳纹瓦片，为汉代地层。

第5层：褐色土，土质湿润且黏性强，结构紧密。近水平堆积。距地表深0.9~1、厚0.06~0.16米。出土少量夹砂灰褐陶等，可辨器形有陶敛口罐、侈口罐等，为十二桥文化时期地层。该层开口下的遗迹有灰坑2个（H11、H14）。

第6层：黄褐色土，土质湿润且略带黏性，内含褐色斑点和沙。近水平堆积。距地表深1~1.12、厚0.08~0.15米。出土少量泥质灰黄陶和夹砂灰褐陶、灰陶等，可辨器形有陶盘口尊、喇叭口高领罐、圈足、器底等，为宝墩文化时期地层。

第6层以下为黄褐色生土。

由于遗址发掘未统一划分地层，为方便读者清楚把握各探方的层位关系以及地层和时代的对应情况，制表如下（表一、表二）。

表一　探方地层和时代对照表

探方 地层 时代	T1~T4	T5	T6	T8	T9
现代	①	①	①	①	①
明清时期	②	②	②	②	②
唐宋时期	③	③	③	③	③
汉代	④	④	④	④	④
十二桥文化时期	⑤、⑥	⑤、⑦		⑤	⑤
宝墩文化时期	⑦		⑤、⑥	⑥、⑦	⑥

表二　层位关系对照表

探方	层位关系
T1~T4	⑤→H10→H13→F1→⑥ → H4, H5, H12, H2→H3→H1, H6→H7, H8→H9 → ⑦→生土
T5	⑤→⑥→基槽1、基槽2→⑦→生土
T6	⑤→⑥→H18, H19, H20 →生土
T8	⑤→⑥→H15, H16, H17 →⑦→生土
T9	⑤→H11, H14 →⑥→生土

二、遗　迹

此次发掘共发现先秦时期的灰坑20个、房址1座、基槽2条。

1. 灰坑

灰坑皆为一般性灰坑，未发现特殊性灰坑。平面形状不规则的有8个（H1、H3、H5、H10、H11、H13、H15、H18），近圆形的有4个（H8、H9、H19、H20），近椭圆形的有4个（H2、H4、H6、H17），还有4个灰坑被压在隔梁下，未扩方清理，整体形状难以推断（H7、H12、H14、H16）。灰坑多呈直壁或斜直壁、平底，少量弧壁、圜底。现就具有时代代表性且出土遗物较丰富的灰坑介绍如下。

H5　位于T3东部，部分延伸至东壁内。开口于第6层下，打破第7层至生土。平面形状不规则，斜弧壁，平底。最长4、最宽1.18、深0.3米，距地表深1.2米（图一三）。坑内填土为黑褐色，土质湿润略黏，结构紧密，内含少量红烧土颗粒、草木灰烬。出土泥质灰黄陶、黑皮陶和夹砂红褐陶等，少数陶片饰绳纹或戳印纹，可辨器形有陶宽沿尊、喇叭口高领罐、绳纹花边口罐、敛口罐、豆盘、壶、器盖等。

H8　位于T2东南部。开口于第6层下，打破H9，并打破第7层至生土。平面近圆

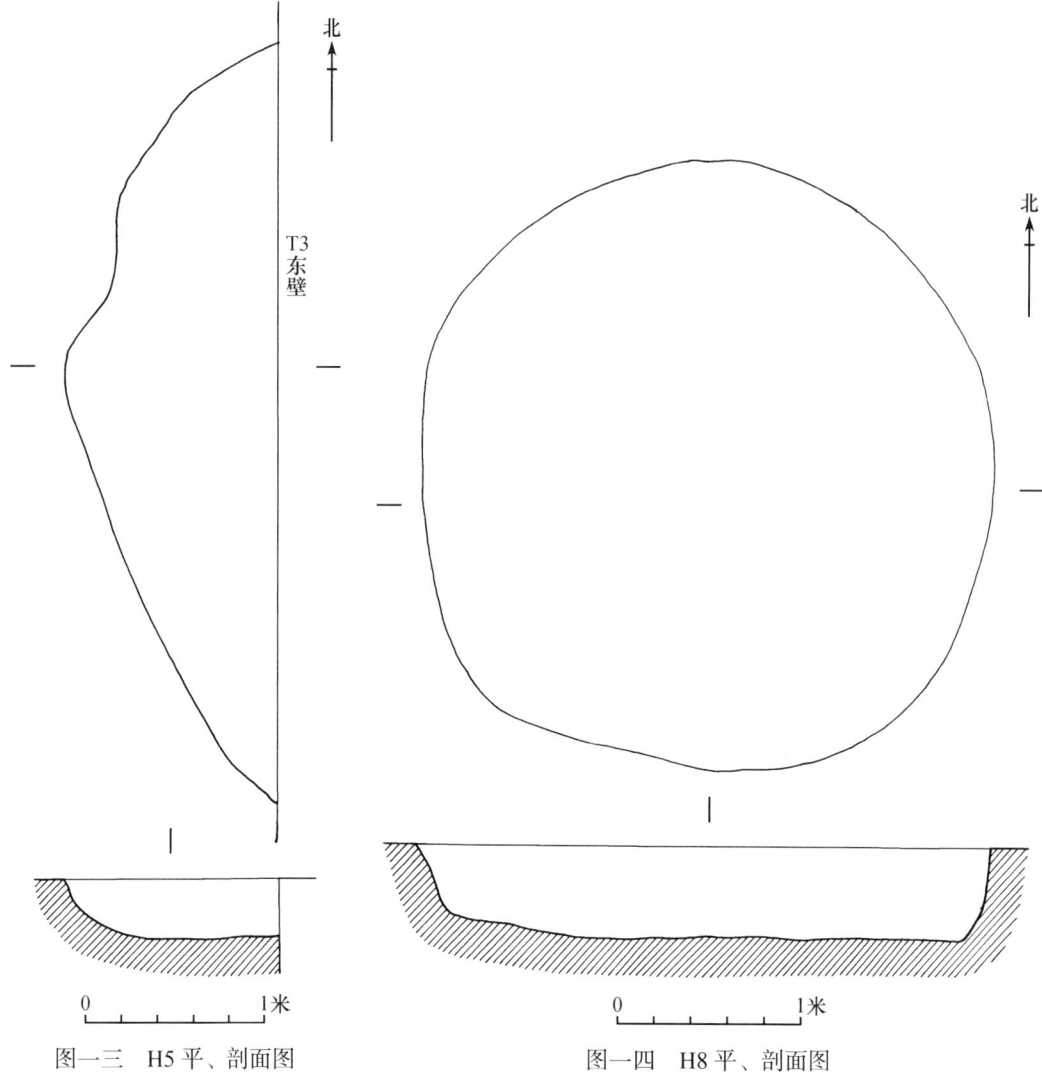

图一三 H5平、剖面图　　　　图一四 H8平、剖面图

形,斜直壁,底较平。坑口直径3.2、深0.5米,距地表深1.05米(图一四)。坑内填土为黑褐色,土质湿润且黏性强,结构紧密,内含少量褐色颗粒、草木灰烬。出土泥质黑皮陶、灰陶、灰黄陶和夹砂灰褐陶、红褐陶等。少数陶片饰绳纹、平行划纹或戳印纹,可辨器形有陶宽沿尊、盘口尊、喇叭口高领罐、绳纹花边口罐、翻沿罐、腰沿器、盆等。

H10　位于T4东部,部分延伸至东隔梁、北隔梁和南壁内。开口于第5层下,打破第7层至生土。平面形状不规则,略呈弧壁,底略有起伏。坑口长9、宽6.25、深0.3～0.65米,距地表深1.05米(图一五)。坑内填土为黑褐色,土质湿润且黏性强,结构紧密且较板结,内含大量红烧土颗粒、草木灰烬和少量卵石。出土大量夹砂陶和少量泥质陶,可辨器形有陶敛口罐、侈口罐、小平底罐、高领罐、矮领罐、盆、瓮、壶、豆、盉、器盖等。

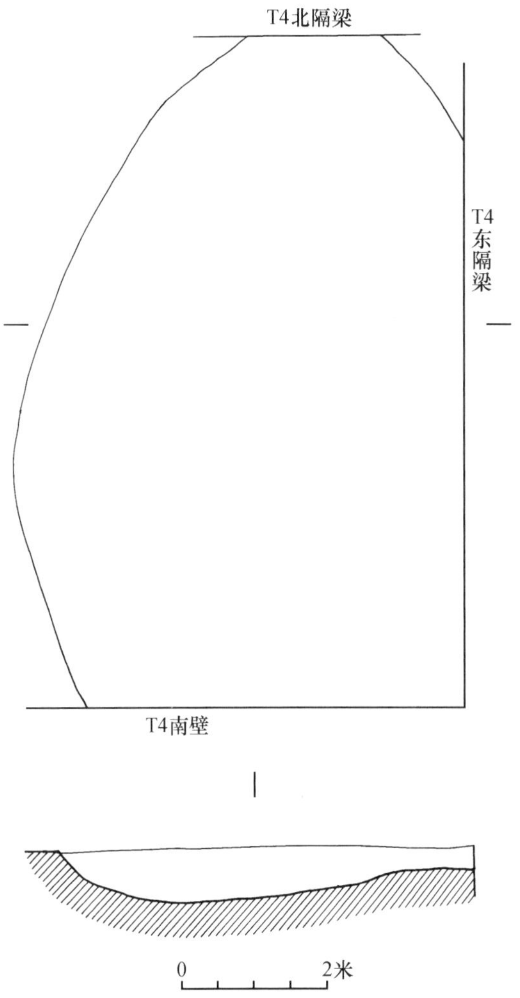

图一五　H10平、剖面图 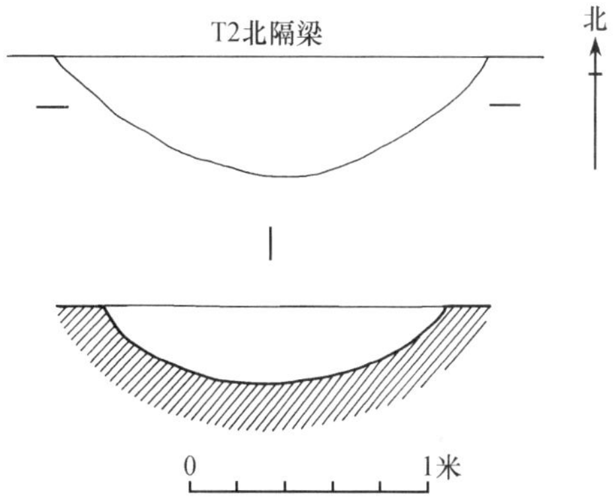　　　　　　图一六　H12平、剖面图

H12　位于T2北部偏西，部分延伸至北隔梁内。开口于第6层下，打破第7层至生土。平面形态难以推断，弧壁，圜底。坑口最长1.8、宽0.5、深0.3米，距地表深1.28米（图一六）。坑内填土为黑褐色，土质湿润且黏性强，结构紧密，内含少量草木灰烬。出土少量夹砂黑褐陶、黄褐陶和泥质灰陶，可辨器形有陶小平底罐、豆等。

H18　位于T6西南部，部分延伸至西壁和南壁内。开口于第6层下，打破生土。平面形状不规则，弧壁，底略平。坑口长3.7、宽2.5、深0.24～0.3米，距地表深1.4米（图一七）。坑内填土为黑褐色，土质湿润略黏，结构紧密，内含红烧土颗粒、草木灰烬和卵石。出土泥质黑皮陶和夹砂灰褐陶、红褐陶等，少数陶片饰绳纹或戳印纹，可辨器形有陶宽沿尊、盘口尊、敞口尊、喇叭口高领罐、绳纹花边口罐、器盖等。

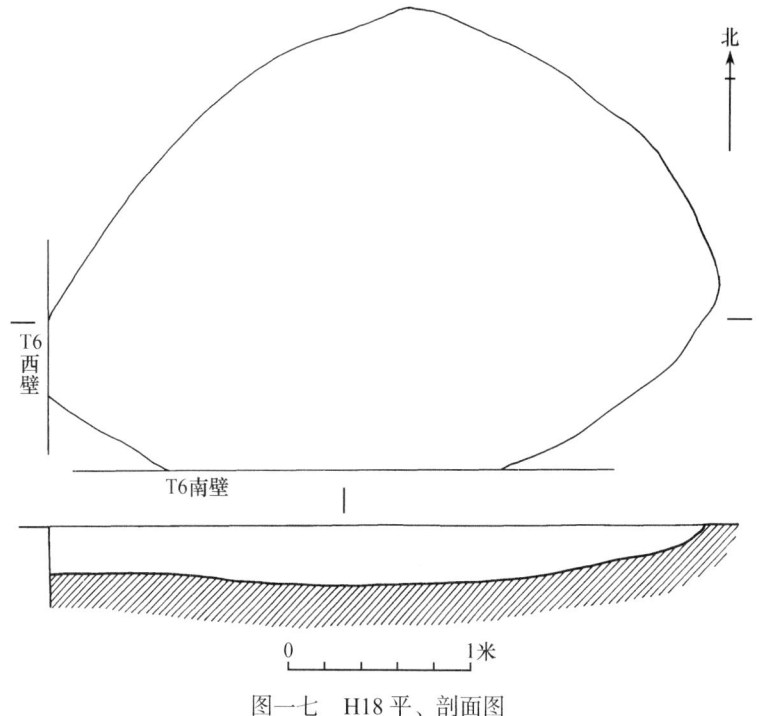

图一七 H18 平、剖面图

2. 房址

1座。

F1 位于T4西南部，延伸至西壁和南壁内。未进行扩方清理，整体形态不明。开口于第5层下，打破第7层和生土。为木（竹）骨泥墙建筑，破坏严重，仅保留墙基槽部分，基槽内未见柱洞。清理部分残长5、宽2.5米。基槽宽0.2、深0.15米（图一八）。基槽内填土为褐色，土质湿润略黏，结构紧密。基槽内未发现遗物。

三、遗　物

出土遗物较丰富，以陶器为主，石器较少。

1. 陶器

夹砂陶明显多于泥质陶，泥质陶以黑皮陶为主，其次为灰陶、灰黄陶，另有少量灰白陶、橙红陶；夹砂陶以灰褐陶、黄褐陶、红褐陶为主，其次为黄褐

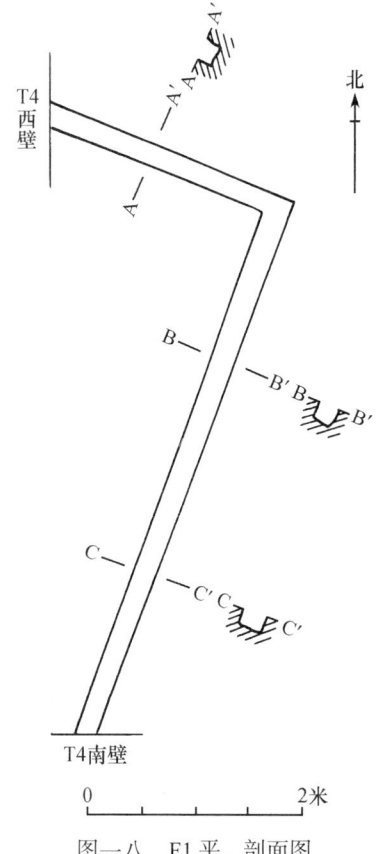

图一八 F1 平、剖面图

陶、褐陶，另有少量黑褐陶。大多数器表为素面，纹饰以绳纹为主，其次为划纹和弦纹，还有戳印纹、附加堆纹、瓦棱纹等（图一九、图二〇）。器类较为丰富，以陶宽沿尊、敞口尊、盘口尊、喇叭口高领罐、绳纹花边口罐、敛口罐、侈口罐、小平底罐为主，还有有领罐、高领罐、矮领罐、瓮、盆、豆柄等（附表）。

图一九 陶片纹饰标本

1、8、14. 戳印纹（T3⑦：9、H1：39、H3：5） 2. 瓦棱纹（T3⑦：10） 3、4、13. 绳纹（H1：34、H1：35、H3：4） 5. 凹弦纹（H1：36） 6. 平行划纹（H1：37） 7. 交错划纹（H1：38） 9. 凸弦纹（H1：40） 10. ">>>"纹（H1：41） 11. 附加堆纹+绳纹（H1：42） 12. 附加堆纹+戳印纹（H1：43） 15. 凹弦纹+划纹（H3：6）

宽沿尊 47件。根据口、腹部特征的不同，分为三型。

A型 31件。敞口较甚，上腹向内直收。根据沿面宽窄有别，分为二亚型。

Aa型 22件。宽沿。H8：3，泥质灰白陶。仰折沿，尖圆唇。上腹饰凹弦纹。口径22、残高5.6厘米（图二一，1）。H1：2，泥质橙红陶。仰折沿，圆唇，唇部略加厚。素面。口径32、残高3厘米（图二一，2）。H5：1，泥质灰黄陶。仰折沿，尖圆唇。素面。口径26、残高3.2厘米（图二一，3）。T9⑤：1，泥质黑皮陶。仰折沿，圆唇。素面。口径26、残高2.9厘米（图二一，4）。H18：1，泥质灰陶。仰折沿，尖圆唇。素面。口径22、残高1.4厘米（图二一，5）。H11：1，泥质灰黄陶。仰折沿，沿面略凹，圆唇。素面。口径17、残高1.5厘米（图二一，6）。H6：1，泥质黑皮陶。仰折沿，沿面略凹，圆唇。素面。口径18、残高2厘米（图二一，7）。H15：1，泥质黑皮陶。平折沿，尖圆唇。素面。口径20.2、残高2.4厘米（图二一，8）。

Ab型 9件。沿面较窄。H1：3，泥质黑皮陶。仰折沿，圆唇。素面。口径23、残

图二〇　陶片纹饰标本
1. 绳纹（H10∶64）　2. 平行划纹（H10∶65）　3. 凹弦纹（H10∶66）　4. 瓦棱纹（H10∶67）
5. 附加堆纹（H10∶68）　6. 凸弦纹（H10∶69）　7. 附加堆纹＋戳印纹（H10∶70）

高3.5厘米（图二一，9）。H1∶4，泥质黑皮陶。仰折沿，尖圆唇。素面。口径27、残高4.6厘米（图二一，10）。H19∶1，泥质灰陶。仰折沿，圆唇。素面。口径31.6、残高4.5厘米（图二一，11）。

B型　13件。口部较直，上腹较直。根据沿面特征的不同，分为三亚型。

Ba型　10件。宽沿。H20∶1，泥质灰陶。仰折沿，圆唇。素面。口径38、残高3.7厘米（图二一，12）。T2⑥∶5，泥质灰黄陶。仰折沿，圆唇。素面。口径27、残高2.8厘米（图二一，14）。H16∶1，泥质橙红陶。平折沿，圆唇，唇部略加厚。素面。口径24、残高2.8厘米（图二一，15）。

Bb型　2件。沿面较窄。H8∶4，泥质黑皮陶。仰折沿，圆唇。素面。口径32、残高3厘米（图二一，16）。H8∶6，泥质灰黄陶。仰折沿，方唇。素面。口径32、残高4.3厘米（图二一，17）。

Bc型　1件。宽沿，沿面略鼓。H8∶5，泥质黑皮陶。折沿，沿部略下斜，圆唇，唇部略加厚。素面。口径29.1、残高2.4厘米（图二一，13）。

C型　3件。敛口，上腹外斜。T1⑥∶5，泥质橙红陶。仰折沿，沿面较窄，圆唇。素面。口径30、残高5.5厘米（图二一，18）。T2⑥∶6，泥质橙红陶。仰折沿，沿面略宽，方唇。素面。残高1.8厘米（图二一，19）。

盘口尊　39件。根据上腹特征的不同，分为二型。

A型　31件。上腹内收。根据盘面形态的不同，分为三亚型。

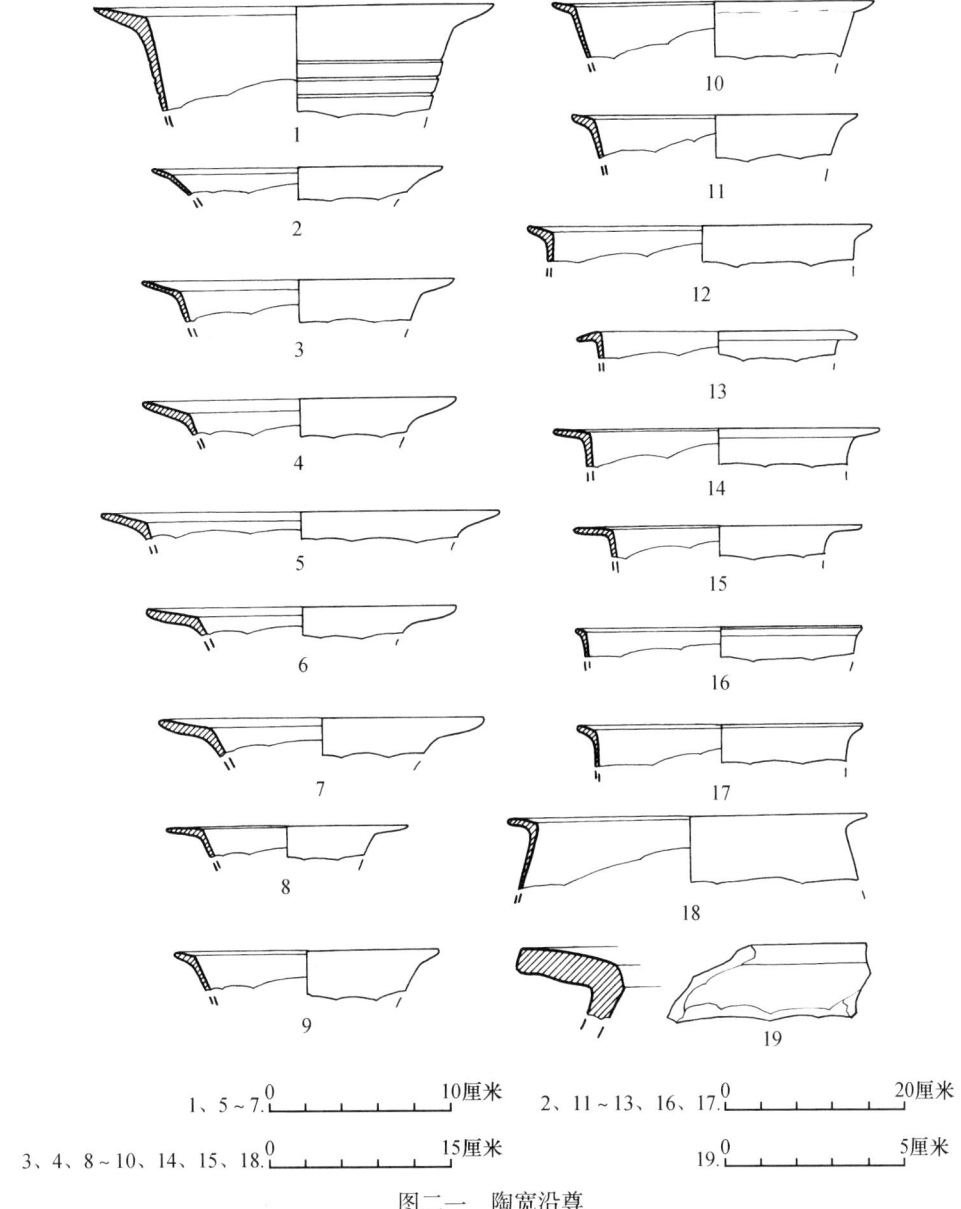

图二一 陶宽沿尊

1~8.Aa型（H8∶3、H1∶2、H5∶1、T9⑤∶1、H18∶1、H11∶1、H6∶1、H15∶1） 9~11.Ab型（H1∶3、H1∶4、H19∶1） 12、14、15.Ba型（H20∶1、T2⑥∶5、H16∶1） 13.Bc型（H8∶5） 16、17.Bb型（H8∶4、H8∶6） 18、19.C型（T1⑥∶5、T2⑥∶6）

Aa型 13件。盘面下凹明显。T2⑥∶7，夹砂红褐陶。尖圆唇。素面。口径20、残高5厘米（图二二，1）。H8∶7，夹砂红褐陶。尖圆唇。上腹饰凹弦纹。口径20.2、残高3.7厘米（图二二，2）。T8⑥∶1，夹砂黑褐陶。尖圆唇。素面。口径20、残高2.8厘米（图二二，3）。

Ab型 7件。盘面略下凹。H1∶6，夹砂灰褐陶。尖圆唇。盘面外壁饰横向绳纹，

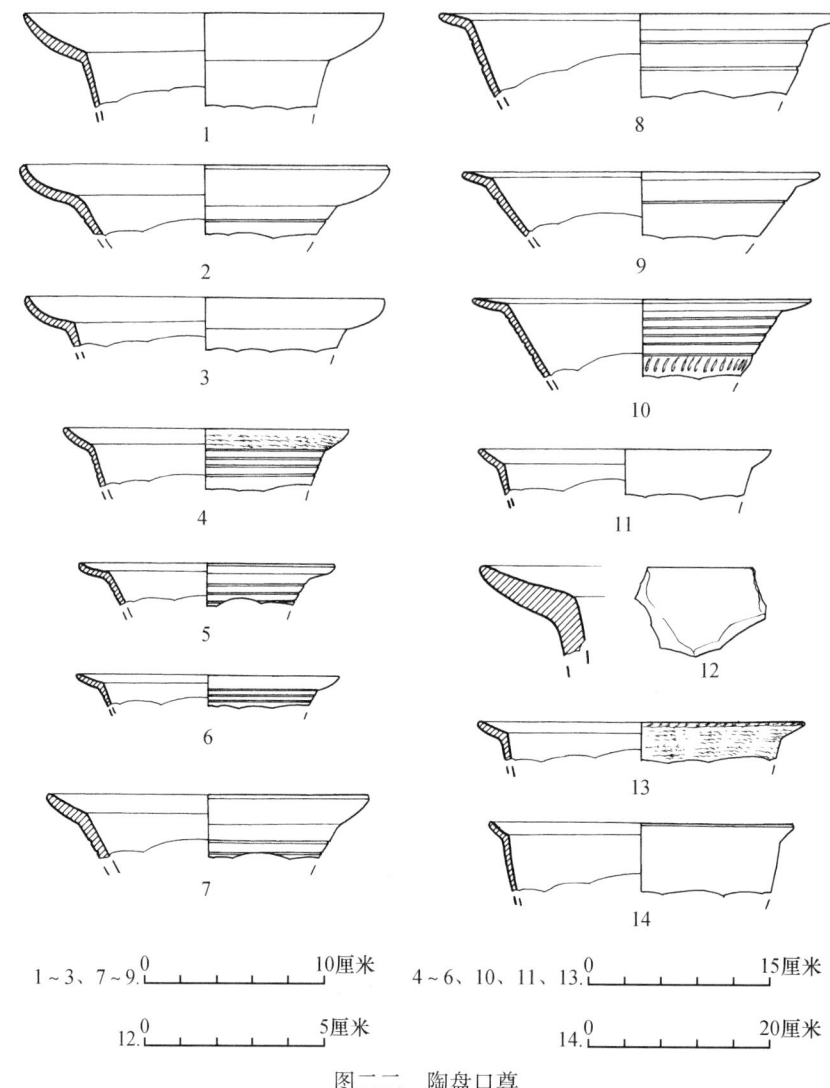

图二二　陶盘口尊

1~3. Aa型（T2⑥：7、H8：7、T8⑥：1）　4~7. Ab型（H1：6、T2⑥：8、H15：2、T9⑥：1）　8~10. Ac型（H1：7、T1⑥：7、H19：2）　11、12. Ba型（H18：3、T8⑥：2）　13、14. Bb型（T1⑥：8、H10：4）

上腹饰凹弦纹。口径24、残高4.5厘米（图二二，4）。T2⑥：8，夹砂灰陶。圆唇。上腹饰凹弦纹。口径22、残高3.4厘米（图二二，5）。H15：2，夹砂灰褐陶。尖圆唇。上腹饰凹弦纹。口径22.5、残高2.4厘米（图二二，6）。T9⑥：1，夹砂灰褐陶。方唇。上腹饰凹弦纹。口径18、残高3.4厘米（图二二，7）。

Ac型　11件。盘面微凹近平。H1：7，夹砂褐陶。圆唇。上腹饰凹弦纹。口径22、残高5厘米（图二二，8）。T1⑥：7，夹砂灰褐陶。圆唇。上腹饰凹弦纹。口径19.6、残高3.8厘米（图二二，9）。H19：2，夹砂红陶。圆唇。上腹饰凹弦纹，其下饰附加堆纹＋戳印纹。口径28、残高6.3厘米（图二二，10）。

B型　8件。上腹较直。根据盘面形态的不同，分为二亚型。

Ba型　5件。盘面略凹。H18：3，夹砂褐陶。圆唇。素面。口径24.2、残高3.6厘米（图二二，11）。T8⑥：2，夹砂灰褐陶。圆唇。素面。残高2.4厘米（图二二，12）。

Bb型　3件。盘面微凹近平。T1⑥：8，夹砂红褐陶。方唇。盘面外壁饰斜向绳纹，上腹饰横向绳纹。口径27、残高3厘米（图二二，13）。H10：4，泥质灰黄陶。圆唇。素面。口径34、残高7.2厘米（图二二，14）。

敞口尊　13件。根据口、腹部特征的不同，分为三型。

A型　9件。敞口，上腹向内直收。根据沿部形态的不同，分为二亚型。

Aa型　3件。卷沿。H9：1，泥质黑皮陶。沿面外翻，圆唇。素面。口径24.4、残高2.5厘米（图二三，1）。

Ab型　6件。折沿。H1：5，夹砂灰褐陶。仰折沿，方唇。唇部压印斜向绳纹，上腹压印交错绳纹。口径38、残高4.9厘米（图二三，2）。H3：1，夹砂红褐陶。仰折沿，圆唇。素面。口径32、残高1.8厘米（图二三，3）。T1⑥：6，夹砂褐陶。仰折沿，圆唇。沿下饰凹弦纹。口径18、残高1.6厘米（图二三，4）。

B型　3件。口部较直，卷沿，上腹较直。H16：2，夹砂黑褐陶。沿面外翻，圆唇。素面。口径27.4、残高2.4厘米（图二三，5）。

C型　1件。口部较直，上腹略外斜。H10：3，夹砂褐陶。卷沿，沿面外翻，圆唇。素面。口径22.5、残高2.3厘米（图二三，6）。

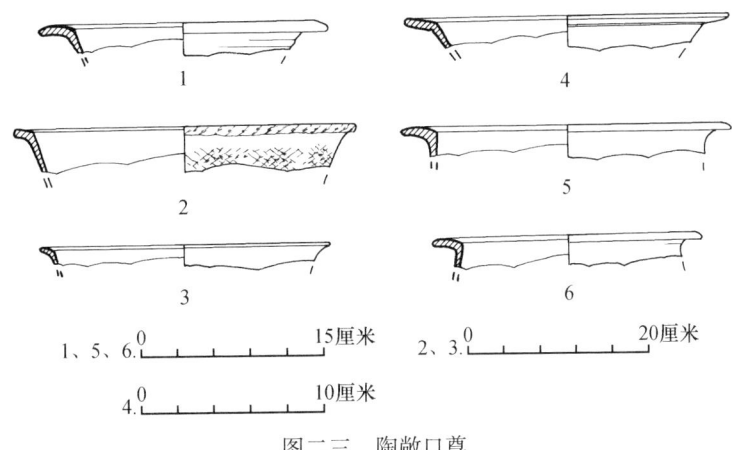

图二三　陶敞口尊

1. Aa型（H9：1）　2~4. Ab型（H1：5、H3：1、T1⑥：6）　5. B型（H16：2）　6. C型（H10：3）

喇叭口高领罐　41件。根据唇部特征的不同，分为二型。

A型　36件。叠唇。根据沿部形态、叠唇的不同，分为二亚型。

Aa型　32件。沿卷圆滑，叠唇宽扁。H16：3，泥质黑皮陶。卷沿。素面。口径42、残高4.4厘米（图二四，1）。H8：8，泥质灰陶。卷沿较甚。素面。口径16、残高2厘米（图二四，2）。T3⑦：1，泥质黑皮陶。卷沿。素面。口径21、残高4.4厘米（图二四，3）。H5∶3，泥质灰黄陶。沿微卷。素面。口径21.6、残高6.3厘米（图二四，4）。H18∶4，泥质灰黄陶。卷沿较甚。素面。口径23、残高3.1厘米（图二四，5）。H1∶8，泥质黑皮陶。卷沿。素面。口径21、残高3.9厘米（图二四，6）。

Ab型　4件。沿卷成小平沿，叠唇窄圆。H3∶2，泥质灰黄陶。素面。口径27、残高6.8厘米（图二四，7）。H1∶9，泥质灰陶。素面。口径27.6、残高9.6厘米（图二四，8）。

B型　5件。圆唇。根据沿部形态的不同，分为二亚型。

Ba型　2件。翻沿。H7∶2，泥质灰黄陶。圆唇。素面。残高3.9厘米（图二四，9）。H16∶4，泥质黑皮陶。尖圆唇。素面。口径24、残高2.3厘米（图二四，10）。

Bb型　3件。沿面外翻呈小平沿状。H5∶4，泥质灰白陶。素面。口径19、残高2.8厘米（图二四，11）。H8∶9，泥质黑皮陶。素面。口径26、残高3.6厘米（图二四，12）。H1∶10，泥质灰黄陶。素面。口径16、残高2.9厘米（图二四，13）。

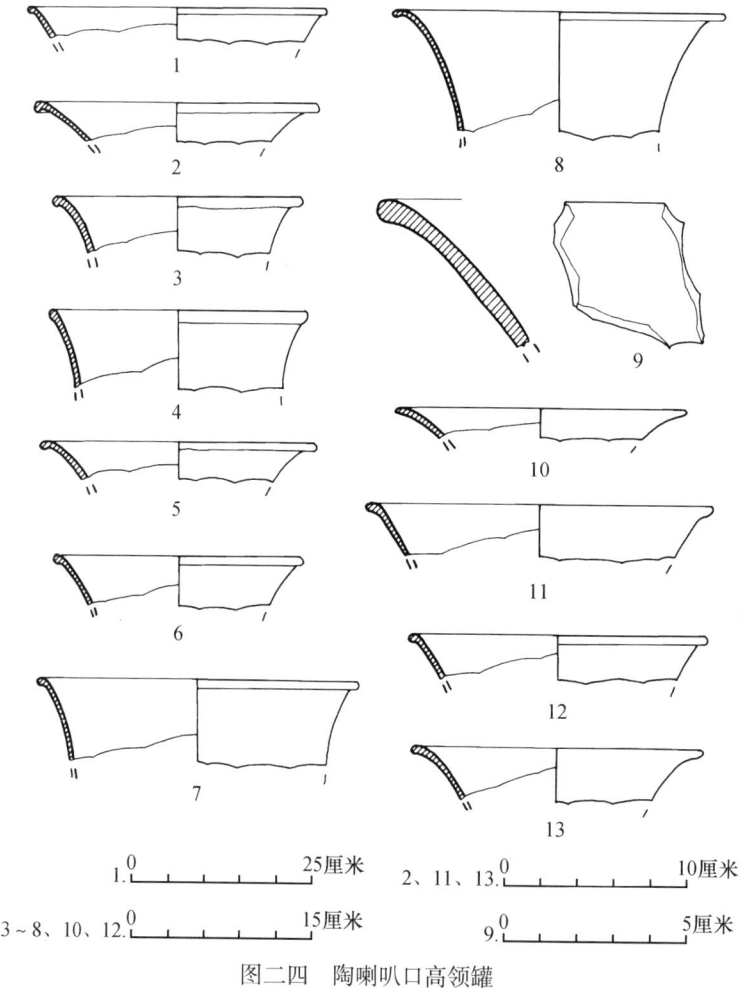

图二四　陶喇叭口高领罐

1~6.Aa型（H16∶3、H8∶8、T3⑦∶1、H5∶3、H18∶4、H1∶8）　7、8.Ab型（H3∶2、H1∶9）
9、10.Ba型（H7∶2、H16∶4）　11~13.Bb型（H5∶4、H8∶9、H1∶10）

绳纹花边口罐 39件。根据沿部特征的不同，分为三型。

A型 24件。折沿。根据沿面形态的不同，分为二亚型。

Aa型 7件。沿面弧鼓。T3⑦：2，夹砂红褐陶。敛口，方唇略下垂，溜肩。沿面、唇部及肩部压印斜向绳纹。口径35、残高4.4厘米（图二五，1）。H11：2，夹砂褐陶。口微敛，方唇。沿外壁及唇部压印斜向绳纹。口径40、残高2.7厘米（图二五，

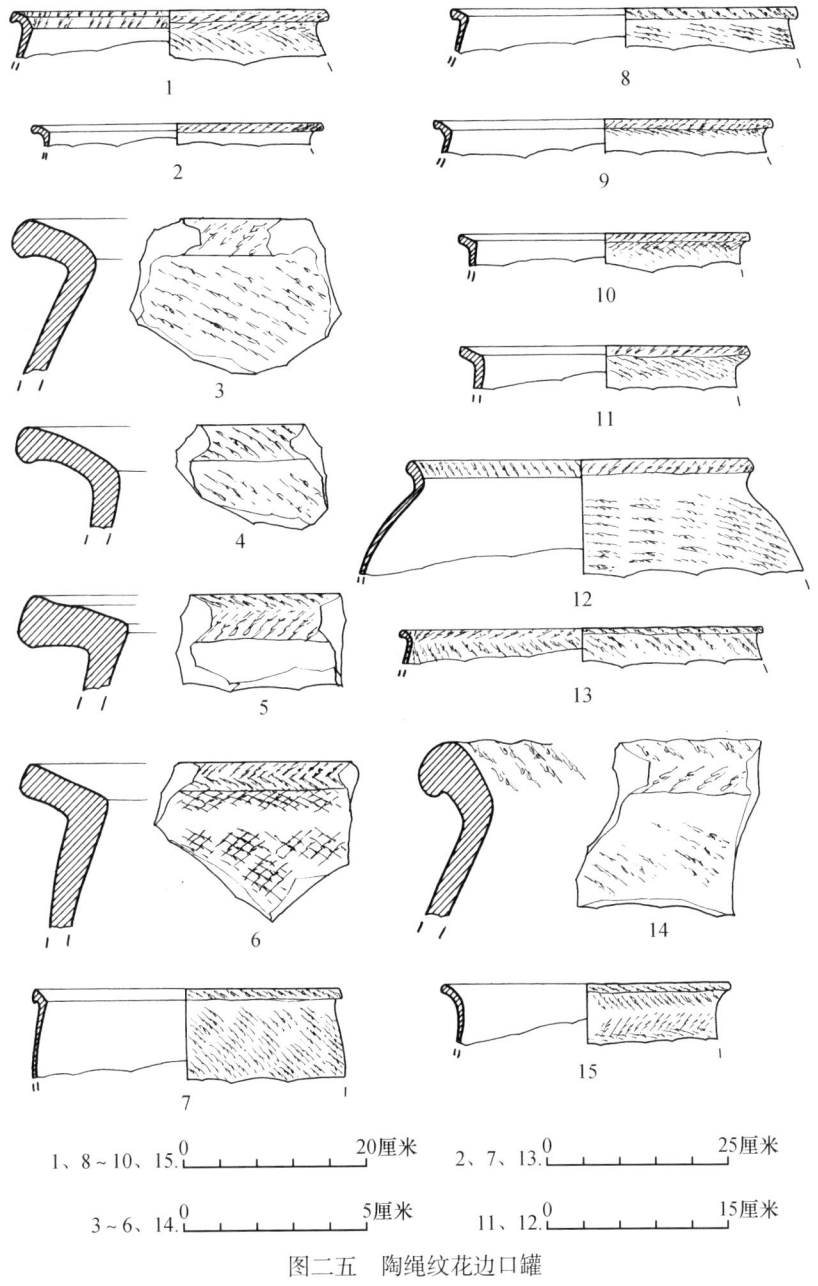

图二五 陶绳纹花边口罐

1~4.Aa型（T3⑦：2、H11：2、H9：3、H15：3） 5~11.Ab型（H5：5、T6⑥：1、H8：10、H18：5、T8⑦：1、T6⑤：1、H1：11） 12、13.Ba型（H9：4、H16：5） 14.Bb型（H7：3） 15.C型（H8：11）

2）。H9：3，夹砂红褐陶。敛口，圆唇，溜肩。沿外壁、唇部及肩部压印斜向绳纹。残高4.2厘米（图二五，3）。H15：3，夹砂灰褐陶。敛口，方唇。唇部及肩部压印斜向绳纹。残高2.7厘米（图二五，4）。

Ab型　17件。沿面平直。H5：5，夹砂灰陶。敛口，沿面外侧微下凹，方唇。沿外壁及唇部压印斜向绳纹。残高2.5厘米（图二五，5）。T6⑥：1，夹砂褐陶。敛口，方唇，溜肩。沿外壁、唇部压印斜向绳纹，肩部压印交错绳纹。残高4.3厘米（图二五，6）。H8：10，夹砂灰褐陶。敛口，方唇微下垂，溜肩，腹略鼓。沿面、唇部及肩腹部压印斜向绳纹。口径42、残高12.3厘米（图二五，7）。H18：5，夹砂灰褐陶。敛口，方唇微下垂，溜肩。沿外壁、唇部、肩部压印斜向绳纹。口径38、残高4.2厘米（图二五，8）。T8⑦：1，夹砂红陶。敛口，方唇微下垂，溜肩。沿下及唇部压印斜向绳纹。口径37、残高3.6厘米（图二五，9）。T6⑤：1，夹砂黄褐陶。口微敛，方唇。沿外壁、唇部压印斜向绳纹，肩部压印交错绳纹。口径32、残高3.2厘米（图二五，10）。H1：11，夹砂黑褐陶。敛口，方唇。沿外壁、唇部压印斜向绳纹。口径24、残高3.3厘米（图二五，11）。

B型　8件。卷沿。根据沿面形态的不同，分为二亚型。

Ba型　6件。沿面弧直。H9：4，夹砂灰褐陶。敛口，方唇，圆肩，鼓腹。沿面、唇部压印斜向绳纹，肩腹部压印横向绳纹。口径28、残高9.2厘米（图二五，12）。H16：5，夹砂灰褐陶。敛口，方唇，溜肩。残片内外壁皆压印斜向绳纹。口径50、残高4.5厘米（图二五，13）。

Bb型　2件。沿面平直。H7：3，夹砂黄褐陶。敛口，圆唇下垂，溜肩。沿面、唇部及肩部压印斜向绳纹。残高4.6厘米（图二五，14）。

C型　7件。翻沿，筒腹，无肩。H8：11，夹砂红褐陶。直口，沿面微弧，圆唇。沿面、唇部及腹部压印斜向绳纹。口径32、残高6.4厘米（图二五，15）。

翻沿罐　3件。敛口，翻沿，沿面弧鼓。H10：22，夹砂黑褐陶。圆唇。上腹饰凹弦纹。口径20、残高3.6厘米（图二六，4）。H8：12，夹砂红褐陶。圆唇。上腹饰斜向绳纹。口径22、残高2.7厘米（图二六，5）。H9：2，泥质灰白陶。尖圆唇。沿内侧有一钻孔。口径16、残高3.2厘米（图二六，6）。

盘口罐　2件。T3⑦：3，夹砂红褐陶。敛口，沿面下凹，方唇，鼓腹。口沿及外壁饰斜向绳纹。口径15、残高2.9厘米（图二六，1）。H1：15，夹砂灰褐陶。盘口，盘面斜直，方唇，腹略鼓。唇部压印斜向绳纹，上腹饰交错绳纹。口径18、残高7.9厘米（图二六，8）。

有领罐　13件。根据沿部特征的不同，分为四型。

A型　2件。平沿，沿面较宽。根据领、肩部特征的不同，分为二亚型。

Aa型　1件。领较高，溜肩。T4⑤：1，夹砂灰褐陶。侈口，圆唇。领、肩部饰斜向绳纹。口径28、残高4.2厘米（图二七，1）。

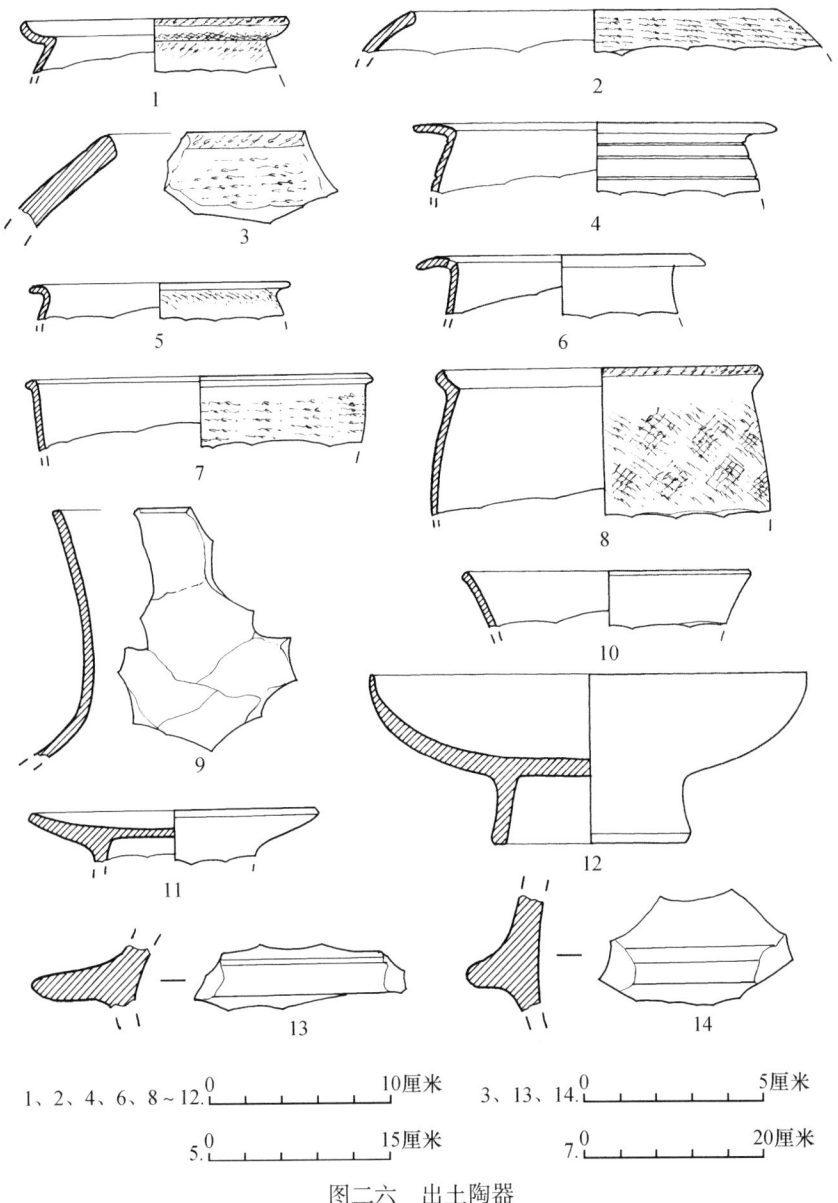

图二六　出土陶器

1、8. 盘口罐（T3⑦:3、H1:15）　2、3. A型敛口罐（H1:12、H5:6）　4~6. 翻沿罐（H10:22、H8:12、H9:2）　7. A型缸（H1:14）　9、10. A型壶（H1:32、T3⑦:8）　11. 高圈足豆（T1⑥:24）　12. 矮圈足豆（H1:33）　13、14. 腰沿器（H8:13、H1:16）

Ab型　1件。领较矮，鼓肩。T1⑥:9，夹砂红褐陶。侈口，圆唇。肩部饰斜向绳纹。口径20、残高4.4厘米（图二七，2）。

B型　2件。小平沿，沿面稍窄。根据领、肩部特征的不同，分为二亚型。

Ba型　1件。领较高，溜肩。H1:13，夹砂黄褐陶。侈口，圆唇。肩部饰横向绳纹。口径20、残高4.4厘米（图二七，3）。

Bb型 1件。领较矮,鼓肩。H10∶7,夹砂黄褐陶。侈口,圆唇。肩部饰横向绳纹。口径22、残高3厘米(图二七,4)。

C型 4件。小平沿,沿面极窄。根据口、领部特征的不同,分为二亚型。

Ca型 2件。侈口,领较高。H12∶3,夹细砂灰陶。尖圆唇。领、肩部饰斜向绳纹。口径16、残高3.9厘米(图二七,5)。T2⑥∶13,夹细砂灰陶。圆唇,溜肩。肩部饰横向绳纹。口径12、残高3.5厘米(图二七,6)。

Cb型 2件。直口,领较矮。T1⑥∶11,夹砂灰陶。方唇,溜肩。肩部饰交错绳纹。口径14、残高3.6厘米(图二七,7)。T1⑤∶2,夹细砂灰陶。方唇,溜肩。肩部饰交错绳纹。口径18、残高2厘米(图二七,8)。

D型 5件。无沿。根据口、领部特征的不同,分为三亚型。

Da型 1件。侈口,领较高。T2⑥∶12,夹砂灰褐陶。尖圆唇,溜肩。肩部饰交错绳纹。口径15.2、残高4厘米(图二七,9)。

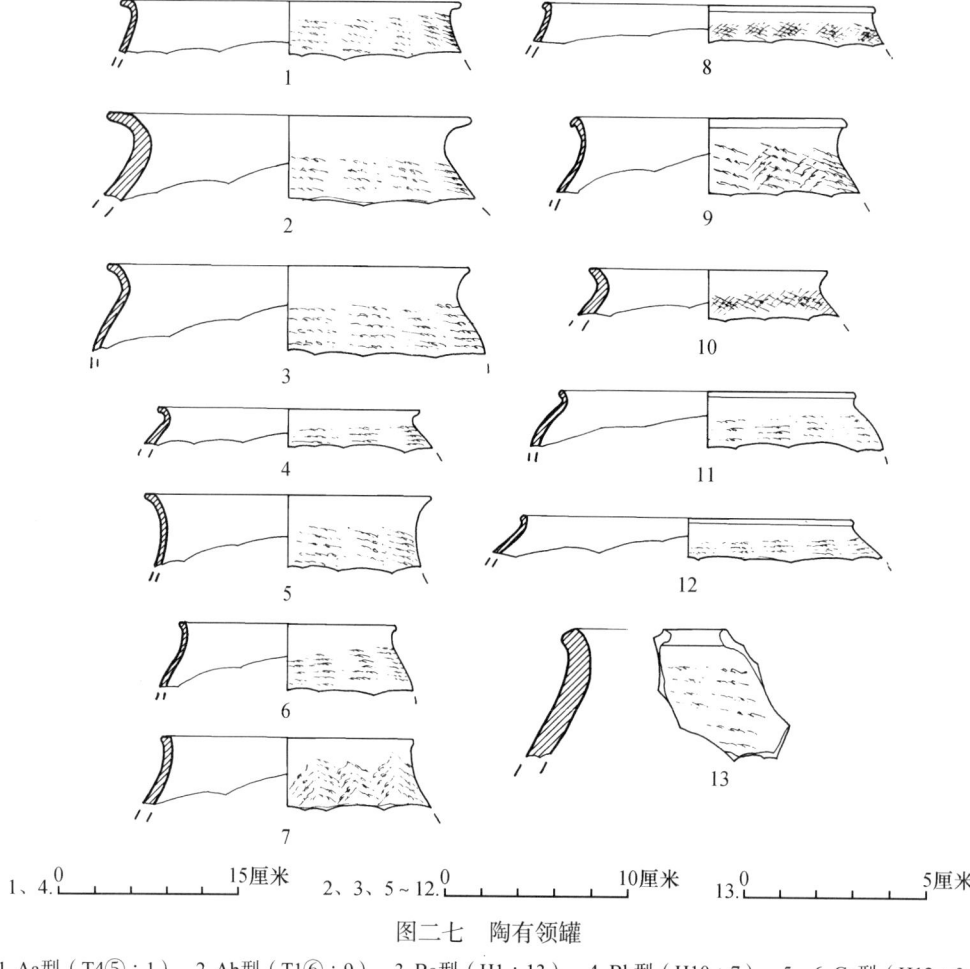

图二七 陶有领罐

1. Aa型(T4⑤∶1) 2. Ab型(T1⑥∶9) 3. Ba型(H1∶13) 4. Bb型(H10∶7) 5、6. Ca型(H12∶3、T2⑥∶13) 7、8. Cb型(T1⑥∶11、T1⑤∶2) 9. Da型(T2⑥∶12) 10、11. Db型(T1⑥∶10、H10∶9) 12、13. Dc型(H10∶8、T3⑤∶1)

Db型　2件。侈口，领较矮。T1⑥：10，夹砂黄褐陶。方唇。肩部饰交错绳纹。口径13、残高2.5厘米（图二七，10）。H10：9，夹砂黄褐陶。圆唇，圆肩。肩部饰横向绳纹。口径16、残高3厘米（图二七，11）。

Dc型　2件。口微侈，领部形态不明显。H10：8，夹砂红陶。圆唇，鼓肩。肩部饰横向绳纹。口径18、残高2厘米（图二七，12）。T3⑤：1，夹砂红陶。圆唇。肩部饰横向绳纹。残高3.4厘米（图二七，13）。

敛口罐　50件。根据沿部特征和器表装饰的不同，分为五型。

A型　2件。无沿，绳纹较粗。H1：12，夹砂灰褐陶。圆唇，圆肩。肩部饰斜向绳纹。口径20、残高2.2厘米（图二六，2）。H5：6，夹砂灰陶。方唇，圆肩。唇部饰斜向绳纹，肩部饰横向绳纹。残高2厘米（图二六，3）。

B型　26件。口外一周抹断较深，呈凸沿状，绳纹稍浅。根据肩部形态的不同，分为三亚型。

Ba型　14件。鼓肩。T1⑥：29，夹砂灰陶。圆唇。唇部及肩部饰斜向绳纹，其下饰横向绳纹。口径24、残高3.8厘米（图二八，1）。H10：41，夹砂红褐陶。方唇。唇部及肩部饰斜向绳纹，其下饰横向绳纹。口径14、残高4厘米（图二八，2）。

Bb型　11件。圆肩。T1⑥：30，夹砂黄褐陶。圆唇。唇部及肩部饰斜向绳纹。口径38、残高3.2厘米（图二八，3）。H10：43，夹砂灰陶。方唇，唇部有一道浅槽。唇部及肩部饰斜向绳纹，其下饰横向绳纹。口径22、残高3.1厘米（图二八，4）。

Bc型　1件。溜肩。T3⑤：6，夹砂灰黄陶。圆唇。唇部及肩部饰斜向绳纹，其下饰横向绳纹。残高4厘米（图二八，5）。

C型　20件。口外一周抹断较浅，呈假凸沿，绳纹稍浅。根据肩部形态的不同，分为二亚型。

Ca型　17件。圆肩。H10：45，夹砂红陶。圆唇。唇部及肩部饰斜向绳纹。口径36、残高6.7厘米（图二八，6）。T1⑤：8，夹砂黄褐陶。圆唇。肩部饰斜向绳纹。口径20、残高3.3厘米（图二八，7）。T1⑥：31，夹砂红褐陶。方唇。唇部及肩部饰斜向绳纹。口径28、残高2.2厘米（图二八，8）。

Cb型　3件。溜肩。H4：2，夹砂灰褐陶。方唇。唇部及肩部饰斜向绳纹。口径23、残高3.2厘米（图二八，9）。H10：46，夹砂灰褐陶。圆唇。唇部及肩部饰斜向绳纹。口径40、残高5.7厘米（图二八，10）。

D型　1件。无沿，唇部加厚，无装饰。T3⑤：7，夹砂灰陶。素面。口径46、残高3厘米（图二八，11）。

E型　1件。凸沿较厚，无装饰。T3⑥：1，夹砂黄褐陶。圆唇。素面。口径50、残高4.9厘米（图二八，12）。

侈口罐　33件。根据器物体量、器表装饰的不同，分为三型。

A型　10件。体量较大，肩部有绳纹装饰，方唇稍宽。根据肩部形态的不同，分为

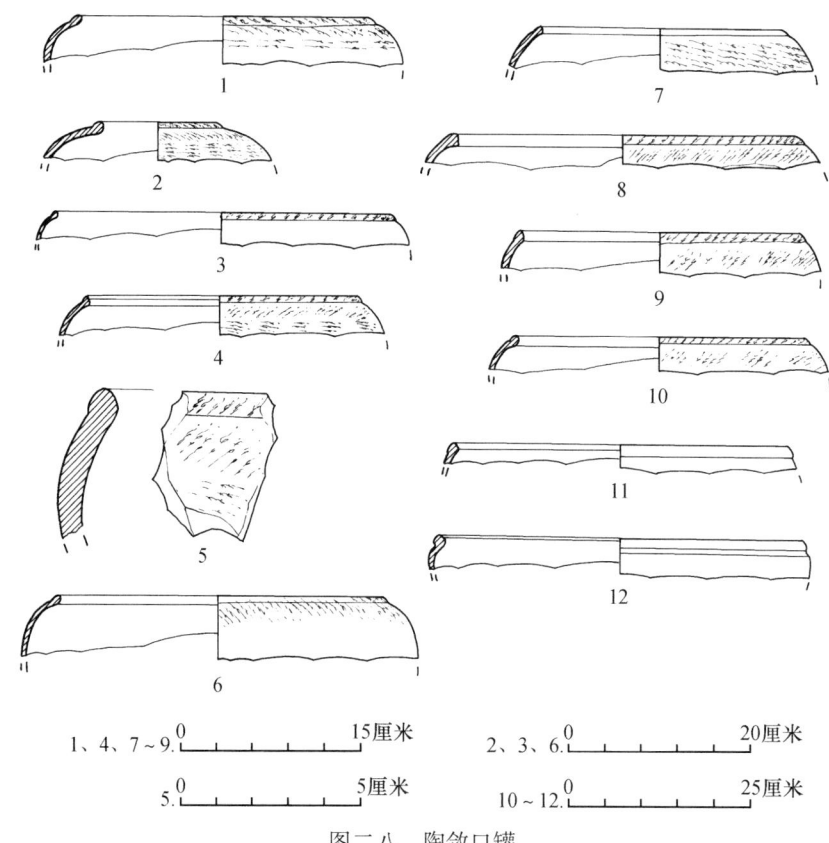

图二八 陶敛口罐
1、2. Ba型（T1⑥∶29、H10∶41） 3、4. Bb型（T1⑥∶30、H10∶43） 5. Bc型（T3⑤∶6）
6～8. Ca型（H10∶45、T1⑤∶8、T1⑥∶31） 9、10. Cb型（H4∶2、H10∶46） 11. D型（T3⑤∶7）
12. E型（T3⑥∶1）

二亚型。

Aa型　4件。圆肩。H10∶33，夹砂灰褐陶。肩部饰交错绳纹。口径48、残高4.8厘米（图二九，1）。T1⑤∶5，夹砂灰褐陶。肩部饰交错绳纹。口径24、残高4.2厘米（图二九，2）。T9⑤∶2，夹砂褐陶。肩部饰交错绳纹。口径31.8、残高6.9厘米（图二九，3）。H4∶1，夹砂红褐陶。肩部饰交错绳纹，其下饰凹弦纹。口径23.6、残高5.7厘米（图二九，4）。

Ab型　6件。溜肩。H6∶3，夹砂灰褐陶。肩部饰斜向绳纹。残高5.5厘米（图二九，5）。H10∶34，夹砂黄褐陶。肩部饰交错绳纹。残高4.8厘米（图二九，6）。T5⑦∶7，夹砂灰褐陶。肩部饰成组的斜向绳纹。口径30、残高5.5厘米（图二九，7）。

B型　16件。体量较小，肩部有绳纹装饰。根据肩部形态的不同，分为二亚型。

Ba型　12件。圆肩。T4⑤∶2，夹砂灰陶。方唇。肩部饰交错绳纹，下饰凹弦纹。口径19、残高3.2厘米（图二九，8）。H10∶35，夹砂灰褐陶。方唇。肩部饰成组的斜

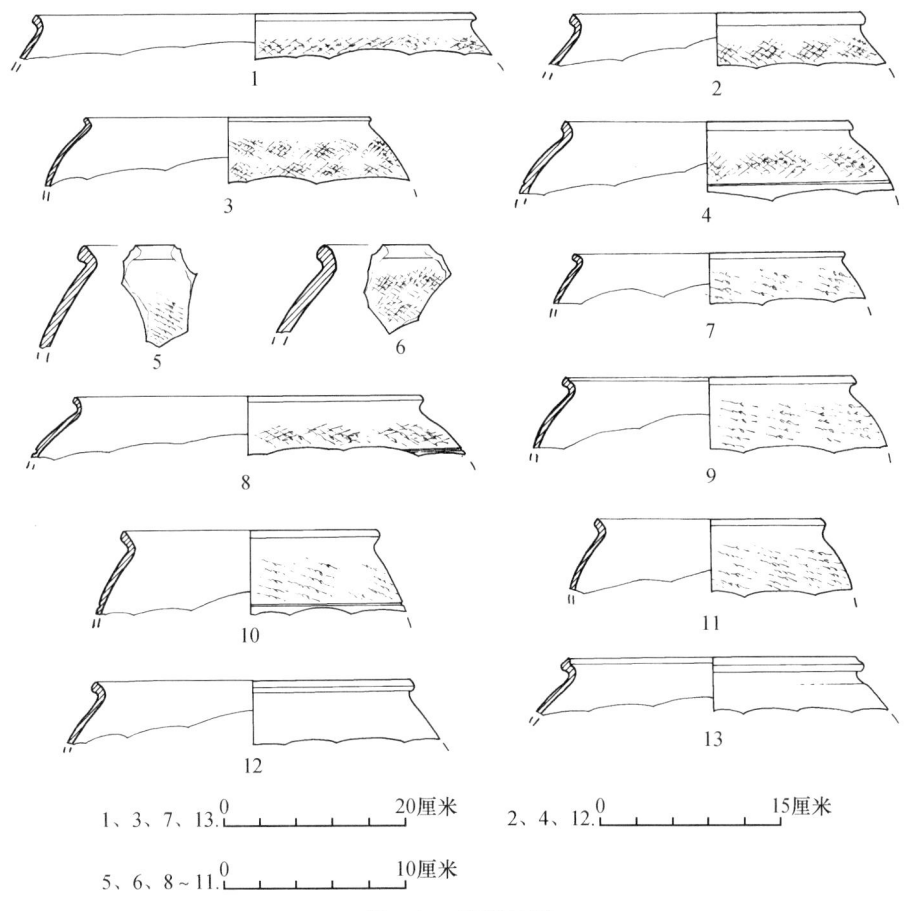

图二九　陶侈口罐

1~4. Aa型（H10∶33、T1⑤∶5、T9⑤∶2、H4∶1）　5~7. Ab型（H6∶3、H10∶34、T5⑦∶7）　8、9. Ba型（T4⑤∶2、H10∶35）　10、11. Bb型（H10∶38、T2⑥∶18）　12、13. C型（H10∶39、T1⑤∶7）

向绳纹。口径16、残高3.8厘米（图二九，9）。

Bb型　4件。溜肩。H10∶38，夹砂灰陶。方唇。肩部饰成组的斜向绳纹，其下饰凹弦纹。口径14、残高4.4厘米（图二九，10）。T2⑥∶18，夹砂灰褐陶。方唇。肩部饰成组的斜向绳纹。口径12.6、残高3.8厘米（图二九，11）。

C型　7件。素面无装饰。H10∶39，夹砂红陶。方唇稍宽，圆肩。口径26、残高4.8厘米（图二九，12）。T1⑤∶7，夹砂黄褐陶。方唇较宽，唇部有一道浅槽，圆肩。口径32、残高5.8厘米（图二九，13）。

小平底罐　20件。敞口，侈沿，尖圆唇，上腹鼓。根据肩部特征的不同，分为二型。

A型　5件。圆肩。H10∶29，夹砂黄褐陶。素面。口径12、高8.4厘米（图三〇，1）。H10∶30，夹砂黑褐陶。素面。口径12、高8厘米（图三〇，2）。T1⑥∶25，夹砂灰褐陶。素面。口径14、残高5.4厘米（图三〇，3）。

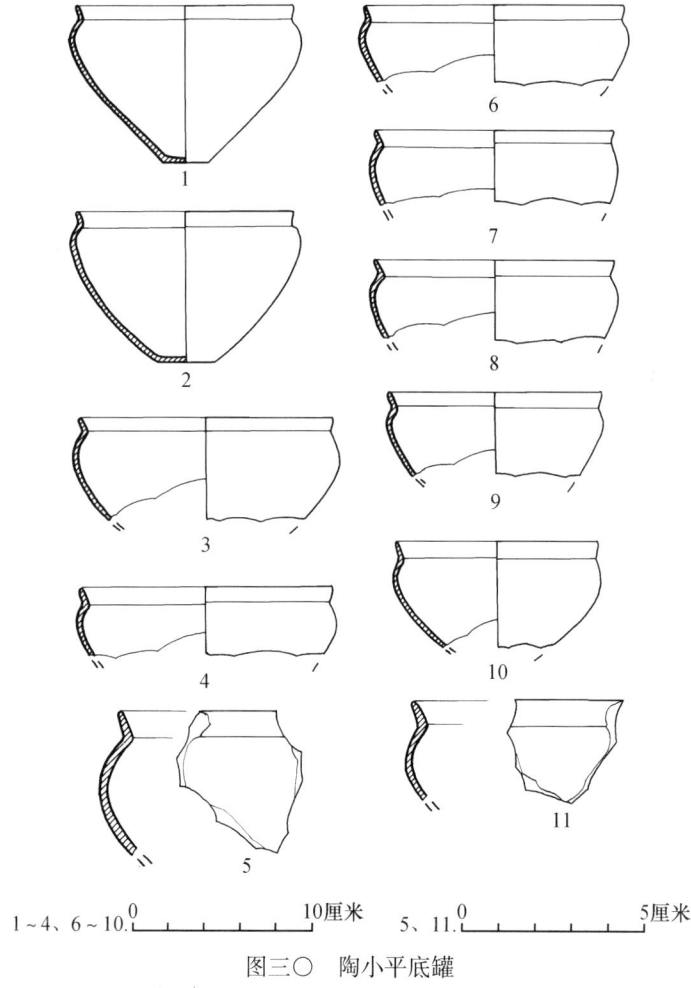

1~4、6~10. 0————10厘米　5、11. 0————5厘米

图三〇　陶小平底罐

1~3. A型（H10:29、H10:30、T1⑥:25）　4~7. Ba型（H10:31、H12:6、T1⑥:26、T5⑦:5）
8~11. Bb型（T5⑦:6、T1⑥:27、H10:32、T2⑤:4）

B型　15件。溜肩。根据口径与肩径比例的不同，分为二亚型。

Ba型　11件。口径明显小于肩径。H10:31，夹砂黄褐陶。素面。口径14、残高3.6厘米（图三〇，4）。H12:6，夹砂黄褐陶。素面。残高3.8厘米（图三〇，5）。T1⑥:26，泥质黑皮陶。素面。口径14.2、残高4厘米（图三〇，6）。T5⑦:5，泥质黑皮陶。素面。口径13、残高3.8厘米（图三〇，7）。

Bb型　4件。口径与肩径接近。T5⑦:6，泥质黑皮陶。素面。口径13、残高4.2厘米（图三〇，8）。T1⑥:27，夹砂灰褐陶。素面。口径11.6、残高4.2厘米（图三〇，9）。H10:32，泥质黑皮陶。素面。口径11、残高5.5厘米（图三〇，10）。T2⑤:4，泥质黑皮陶。素面。残高2.7厘米（图三〇，11）。

高领罐　8件。根据口部特征的不同，分为二型。

A型　6件。侈口，圆唇加厚。H10:62，夹砂黄褐陶。素面。口径25.5、残高5.1

厘米（图三一，1）。H10∶63，夹砂黄褐陶。素面。口径18、残高5.4厘米（图三一，2）。

B型　2件。敞口。T1⑤∶11，夹砂黄褐陶。窄圆唇。素面。口径20、残高3.3厘米（图三一，3）。

矮领罐　8件。根据领部特征的不同，分为二型。

A型　4件。直领。根据口、领部形态的不同，分为二亚型。

Aa型　3件。敞口，领斜直。H10∶17，夹砂灰褐陶。圆唇加厚，溜肩。素面。口径52、残高7.5厘米（图三一，4）。

Ab型　1件。直口，领竖直。T1⑥∶15，夹砂黄褐陶。圆唇加厚，溜肩。素面。口径26、残高4.3厘米（图三一，5）。

B型　4件。弧领。根据领部高矮，分为二亚型。

Ba型　1件。领部稍高。T3⑤∶2，夹砂红褐陶。圆唇加厚。素面。口径26、残高

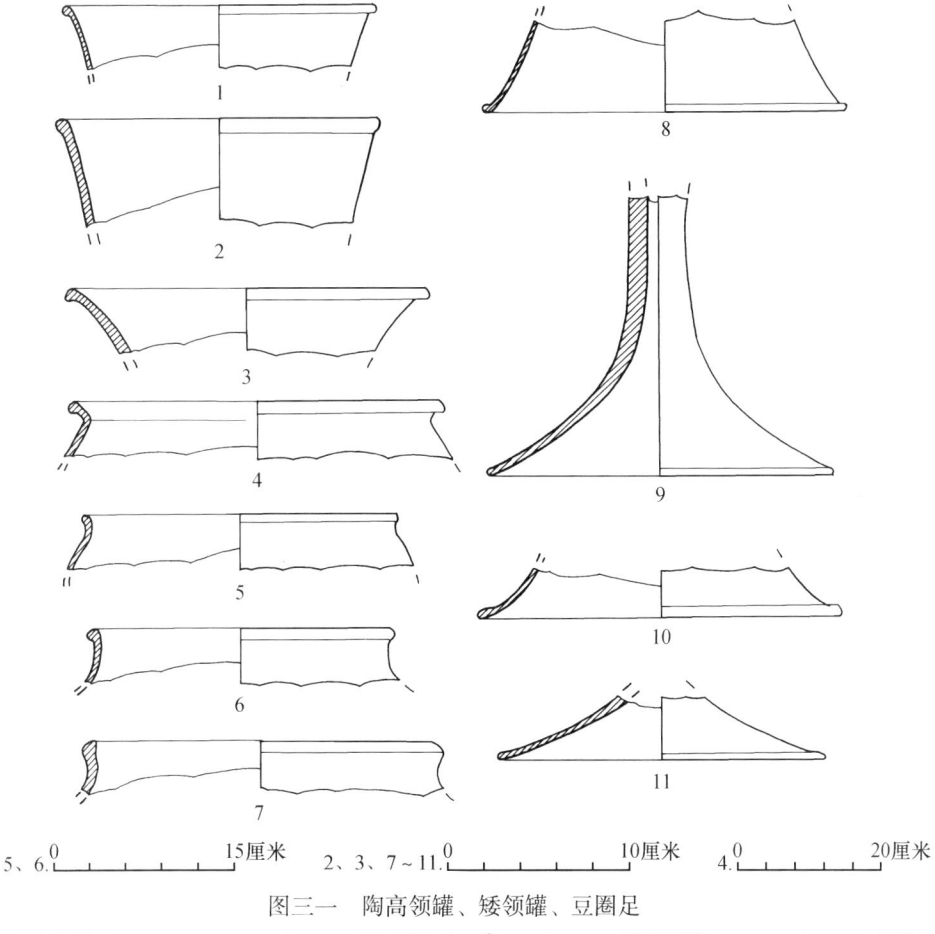

图三一　陶高领罐、矮领罐、豆圈足
1、2.A型高领罐（H10∶62、H10∶63）　3.B型高领罐（T1⑤∶11）　4.Aa型矮领罐（H10∶17）　5.Ab型矮领罐（T1⑥∶15）　6.Ba型矮领罐（T3⑤∶2）　7.Bb型矮领罐（T3⑤∶3）　8.A型豆圈足（H10∶20）　9~11.B型豆圈足（T1⑥∶17、T3⑥∶4、H12∶5）

4.2厘米（图三一，6）。

Bb型　3件。领部稍矮。T3⑤：3，夹砂灰褐陶。方唇。素面。口径20、残高2.4厘米（图三一，7）。

盆　22件。根据沿、腹部特征的不同，分为二型。

A型　12件。仰折沿，腹部内收。根据口、腹部特征的不同，分为二亚型。

Aa型　2件。敞口，上腹内收较急。H10：26，泥质黑皮陶。圆唇。素面。口径48、残高4厘米（图三二，1）。

Ab型　10件。口较直，上腹微内收。H8：14，泥质黑皮陶。圆唇。素面。口径24、残高3.4厘米（图三二，2）。H1：17，夹砂黄陶。圆唇。素面。口径50、残高3.9厘米（图三二，3）。

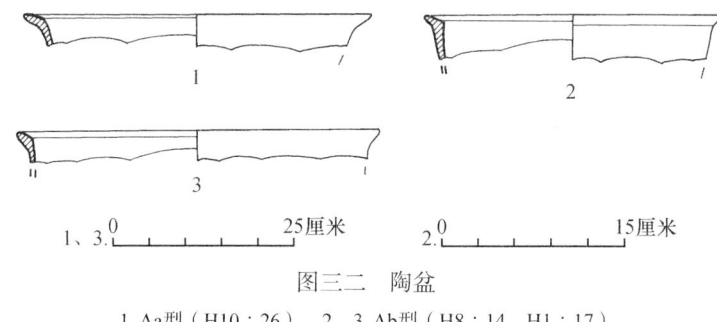

图三二　陶盆
1.Aa型（H10：26）　2、3.Ab型（H8：14、H1：17）

B型　10件。平折沿，鼓腹。根据口、腹部特征的不同，分为二亚型。

Ba型　6件。敛口，鼓腹较甚。H10：47，夹砂黄褐陶。圆唇。素面。口径56.6、残高5.2厘米（图三三，1）。H10：48，夹砂黄褐陶。圆唇。上腹饰凹弦纹。口径34.2、残高3.6厘米（图三三，2）。H10：49，夹砂灰褐陶。圆唇。素面。口径24.6、残高13厘米（图三三，3）。H4：3，夹砂红陶。圆唇。素面。口径30.2、残高3.3厘米（图三三，4）。

Bb型　4件。口较直，腹微鼓。T1⑥：33，夹砂黄褐陶。圆唇。上腹饰凹弦纹。口径28.2、残高4.6厘米（图三三，5）。T1⑥：32，夹砂红陶。圆唇。上腹饰凹弦纹。口径28、残高4.3厘米（图三三，6）。

瓮　20件。根据整体特征的不同，分为六型。

A型　5件。敞口，卷沿，沿面外翻，唇部呈花边状，高领。T3⑦：4，泥质黑皮陶。唇部戳印呈花边状。口径42、残高2.5厘米（图三四，1）。T1⑥：20，泥质橙黄陶。唇部戳印呈花边状。口径36、残高5.8厘米（图三四，2）。H1：18，泥质黑皮陶。唇部饰斜向绳纹呈花边状。因是口沿残片，其外翻程度不确认，仅从该型其余两件器物推测其口沿形态。口径28、残高3.2厘米（图三四，3）。

B型　1件。敞口，无沿，圆唇，高领。H1：19，泥质黑皮陶。肩部饰凹弦纹。口径38、残高7.2厘米（图三四，4）。

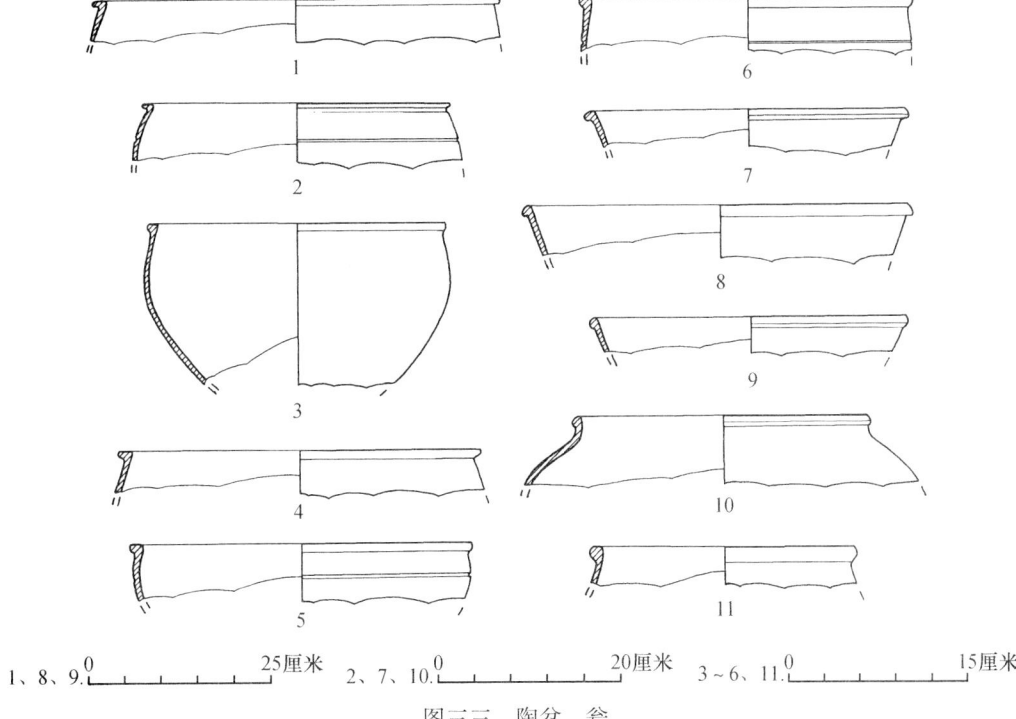

图三三 陶盆、瓮

1~4. Ba型盆（H10∶47、H10∶48、H10∶49、H4∶3） 5、6. Bb型盆（T1⑥∶33、T1⑥∶32） 7~9. E型瓮（T1⑥∶16、H10∶18、T2⑤∶2） 10、11. F型瓮（T1⑤∶4、H10∶19）

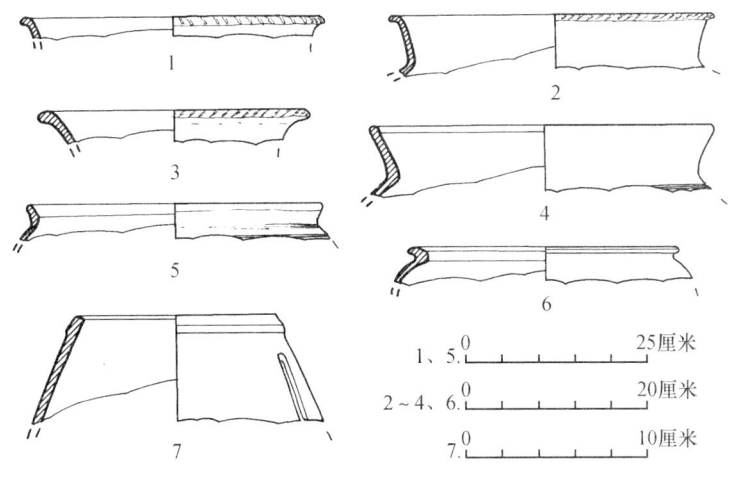

图三四 陶瓮、不明器

1~3. A型瓮（T3⑦∶4、T1⑥∶20、H1∶18） 4. B型瓮（H1∶19） 5. C型瓮（H1∶20） 6. D型瓮（H1∶21）
7. 不明器（H1∶22）

C型　2件。敞口，圆唇，矮领。H1∶20，泥质黑皮陶。肩部饰平行划纹。口径40、残高4.7厘米（图三四，5）。

D型　2件。领部形态不明显。H1∶21，泥质黑皮陶。敛口，翻沿，圆唇，圆肩。素面。口径30、残高3.6厘米（图三四，6）。

E型　7件。敞口，凸沿，尖圆唇，高领。T1⑥∶16，夹砂灰褐陶。素面。口径36、残高4厘米（图三三，7）。H10∶18，夹砂红陶。素面。口径54、残高6.6厘米（图三三，8）。T2⑤∶2，夹砂黄褐陶。素面。口径44、残高4.9厘米（图三三，9）。

F型　3件。口较直，唇部加厚，矮领。T1⑤∶4，夹砂红陶。广肩。素面。口径32、残高7.2厘米（图三三，10）。H10∶19，夹砂黄褐陶。素面。口径22、残高3厘米（图三三，11）。

壶　7件。根据口、领部特征的不同，分为二型。

A型　6件。敞口，高领，领部弧。H1∶32，泥质黑皮陶。方唇，广肩。素面。残高13厘米（图二六，9）。T3⑦∶8，泥质橙红陶。方唇。素面。口径16、残高2.5厘米（图二六，10）。

B型　1件。口微敛，斜直领。H10∶23，泥质灰黄陶。尖圆唇，口外有小桥耳。领部饰凹弦纹。口径22、残高4.6厘米（图三五，3）。

缸　3件。根据沿部特征的不同，分为二型。

A型　1件。直口，窄平沿。H1∶14，夹砂灰褐陶。圆唇加厚，斜直腹。腹部饰横向绳纹。口径48、残高9.1厘米（图二六，7）。

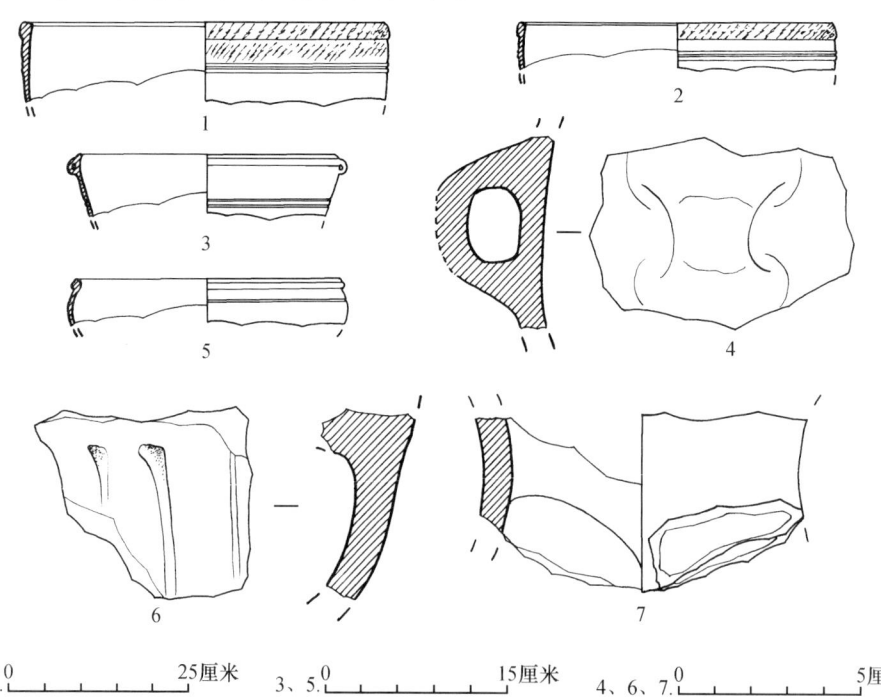

图三五　十二桥文化陶器

1、2. B型缸（T3⑤∶5、T1⑥∶18）　3. B型壶（H10∶23）　4. 器耳（T2⑤∶3）　5. 钵（T1⑥∶19）
6. 盉把（H10∶25）　7. 盉（H10∶24）

B型　2件。直口，无沿，方唇，上腹直。T3⑤：5，夹砂红褐陶。沿面及上腹饰斜向绳纹，其下饰凸弦纹。口径52、残高10.2厘米（图三五，1）。T1⑥：18，夹砂黄褐陶。沿面饰斜向绳纹，上腹饰凸弦纹。口径44、残高5.7厘米（图三五，2）。

腰沿器　2件。H8：13，泥质黑皮陶。腰沿稍宽。素面。残高1.6厘米（图二六，13）。H1：16，泥质黑皮陶。腰沿稍窄。素面。残高3厘米（图二六，14）。

器耳　1件。T2⑤：3，夹砂红陶。桥形耳，两侧内凹。素面。残高5厘米（图三五，4）。

钵　1件。T1⑥：19，夹砂褐陶。敛口，圆唇，鼓腹。口外饰凸棱，上腹饰凹弦纹。口径23、残高3.5厘米（图三五，5）。

盉把　1件。H10：25，夹砂红褐陶。把面饰长条状戳印纹。残高4.6厘米（图三五，6）。

盉　1件。H10：24，夹砂黄褐陶。仅余下腹部。素面。残高4.7厘米（图三五，7）。

不明器　1件。无领。H1：22，泥质黑皮陶。敛口，方唇，溜肩。口外附加泥条。口径11、残高5.7厘米（图三四，7）。

高圈足豆　7件。T1⑥：24，夹砂灰褐陶。盘口，方唇，盘面微下凹，圈足残。素面。口径16、残高2.6厘米（图二六，11）。

矮圈足豆　3件。H1：33，泥质黑皮陶。盘口，圆唇，盘面下凹明显，矮圈足，足身较直，足径较小。素面。口径24、足径10.4、高9厘米（图二六，12）。

高柄豆未见完整者，将豆柄与豆圈足分开介绍。

豆柄　35件。根据豆柄整体特征的不同，分为三型。

A型　2件。筒状柄身，孔径大，器壁薄。H10：10，泥质灰陶。素面。残高6.5厘米（图三六，1）。

B型　30件。柱状柄身，孔径小，器壁较厚。根据柄身装饰特征的不同，分为三亚型。

Ba型　25件。无装饰。部分器物仅余柄身某段，不排除其残缺部分上有装饰的可能。T2⑤：1，泥质灰陶。残高10厘米（图三六，2）。T5⑦：2，泥质黑皮陶。残高10.7厘米（图三六，3）。H10：11，泥质黑皮陶。残高12.6厘米（图三六，4）。T1⑥：12，泥质橙红陶。豆柄上部呈杯状。残高11厘米（图三六，5）。

Bb型　4件。柄身有节凸。H12：4，泥质黑皮陶。残高9.4厘米（图三六，6）。H10：12，泥质黑皮陶。残高20.6厘米（图三六，7）。T5⑦：3，泥质黑皮陶。残高9.2厘米（图三七，1）。

Bc型　1件。柄身饰凹弦纹。H10：13，夹砂灰陶。残高10厘米（图三七，2）。

C型　3件。纺锤状柄身，中部鼓。根据柄身有无装饰，分为二亚型。

Ca型　2件。无装饰。T5⑦：4，泥质灰黄陶。残高17厘米（图三七，3）。

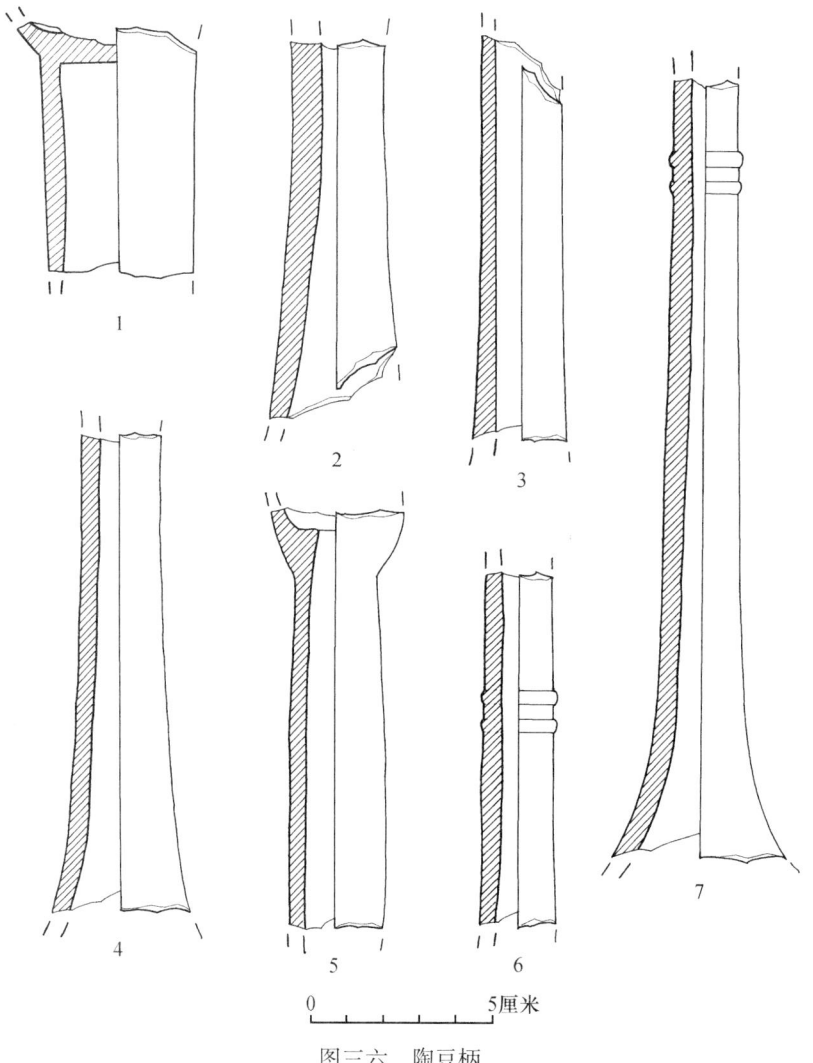

图三六 陶豆柄
1. A型（H10∶10） 2~5. Ba型（T2⑤∶1、T5⑦∶2、H10∶11、T1⑥∶12） 6、7. Bb型（H12∶4、H10∶12）

T1⑥∶13，夹砂黄褐陶。残高13厘米（图三七，4）。

Cb型 1件。柄身中部有节凸。T1⑥∶14，泥质黑皮陶。残高11厘米（图三七，5）。

豆圈足 9件。呈喇叭状。根据圈足高矮，分为二型。

A型 1件。圈足较高。H10∶20，泥质黑皮陶。足跟加厚外撇，足身微内弧。素面。足径20、残高4.8厘米（图三一，8）。

B型 8件。圈足较矮，足跟微加厚，足身内弧。T1⑥∶17，泥质黑皮陶。柱状豆柄，孔径小，器壁较厚。素面。足径19、残高14.8厘米（图三一，9）。T3⑥∶4，泥质橙黄陶。素面。足径20、残高2.5厘米（图三一，10）。H12∶5，泥质黑皮陶。素面。足径18、残高3.2厘米（图三一，11）。

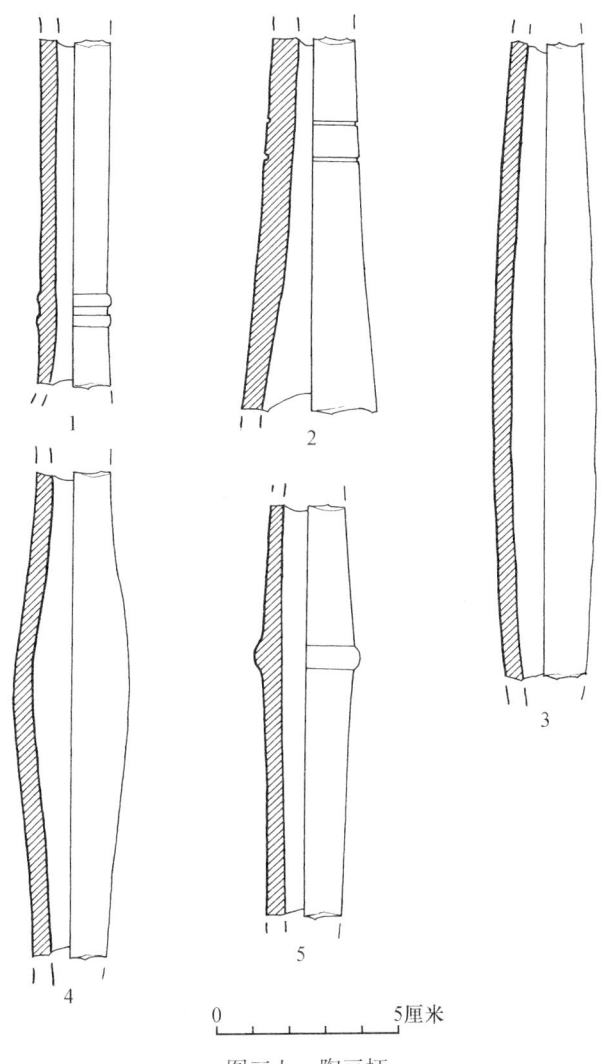

图三七　陶豆柄

1. Bb型（T5⑦：3）　2. Bc型（H10：13）　3、4. Ca型（T5⑦：4、T1⑥：13）　5. Cb型（T1⑥：14）

器盖　63件。根据器盖整体特征和器表装饰的不同，分为八型。

A型　9件。盖面有装饰。根据盖缘形态的不同，分为二亚型。

Aa型　5件。方缘，有缘面。H10：28，夹砂红褐陶。盖身稍高，微外弧。盖面饰 ">>>" 纹，其下有一周凹弦纹。口径20、残高3.2厘米（图三八，1）。

Ab型　4件。弧缘，缘部圆滑。H3：3，夹砂灰陶。盖身稍高。盖面饰斜向绳纹。口径26、残高1.8厘米（图三八，2）。

B型　5件。盖缘加厚呈叠唇状，方缘，呈斜截面状。T8⑥：6，夹砂灰褐陶。盖身较高且平。素面。口径42、残高3.2厘米（图三八，3）。H1：30，夹砂灰陶。盖身较高且平。素面。口径50、残高3.8厘米（图三八，4）。

C型　5件。缘面平，呈斜截面状。根据盖缘形态的不同，分为二亚型。

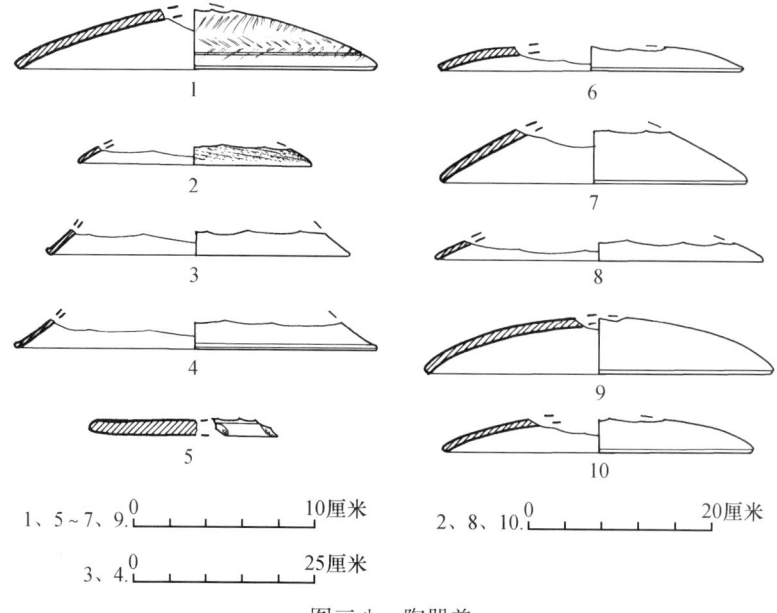

图三八 陶器盖

1. Aa型（H10∶28） 2. Ab型（H3∶3） 3、4. B型（T8⑥∶6、H1∶30） 5. Ca型（T2⑥∶20） 6. Cb型（T2⑥∶16） 7. Da型（T3⑦∶7） 8. Db型（T2⑥∶17） 9. Ea型（H1∶31） 10. Eb型（T1⑥∶23）

Ca型　3件。盖缘有凸棱。T2⑥∶20，泥质灰陶。盖缘上斜，盖身矮平。素面。残高0.8厘米（图三八，5）。

Cb型　2件。盖缘平整。T2⑥∶16，泥质灰陶。盖缘下斜，盖身稍矮，微外弧。素面。口径17、残高1.3厘米（图三八，6）。

D型　7件。盖面平整，缘面圆滑，盖身较平直。根据盖身高矮，分为二亚型。

Da型　2件。盖身稍高。T3⑦∶7，夹砂褐陶。素面。口径16.8、残高2.8厘米（图三八，7）。

Db型　5件。盖身稍矮。T2⑥∶17，泥质黑皮陶。素面。口径36、残高2厘米（图三八，8）。

E型　21件。盖面平整，缘面圆滑，盖身外弧。根据盖身高矮，分为二亚型。

Ea型　11件。盖身稍高。H1∶31，夹砂灰陶。素面。口径19、残高3厘米（图三八，9）。

Eb型　10件。盖身稍矮。T1⑥∶23，夹砂黄褐陶。素面。口径34、残高1.7厘米（图三八，10）。

F型　7件。盖缘圆滑，外侧略加厚，盖身较平。T2⑤∶7，夹砂红褐陶。盖身较高。素面。口径34、残高3厘米（图三九，1）。H10∶59，夹砂黄褐陶。盖身较高。素面。口径28、残高2.4厘米（图三九，2）。

G型　7件。盖缘面平，方缘。根据盖缘形态，分为二亚型。

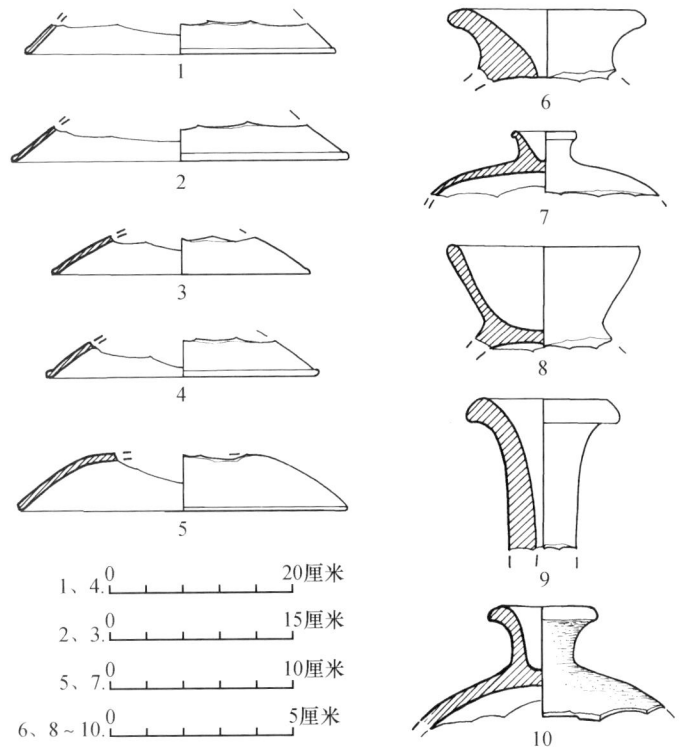

图三九　陶器盖、盖纽

1、2. F型器盖（T2⑤：7、H10：59）　3. Ga型器盖（H10：60）　4. Gb型器盖（H10：61）　5. H型器盖（T1⑥：37）　6. A型盖纽（T2⑥：14）　7. Bb型盖纽（H10：15）　8. C型盖纽（H10：16）　9. D型盖纽（T5⑦：1）　10. Ba型盖纽（H10：14）

Ga型　3件。盖缘略上凸。H10：60，夹砂灰褐陶。盖身稍高，微外弧。素面。口径21、残高2.9厘米（图三九，3）。

Gb型　4件。盖缘上翻。H10：61，夹砂红褐陶。盖身较高，较平。素面。口径30、残高3.7厘米（图三九，4）。

H型　2件。盖身呈覆碟形，外弧。T1⑥：37，夹砂灰褐陶。方缘，盖身稍矮。素面。口径18、残高2.8厘米（图三九，5）。

盖纽　11件。根据盖纽整体特征的不同，分为四型。

A型　1件。盘状纽。T2⑥：14，夹砂黄褐陶。素面。纽径5.4、残高1.9厘米（图三九，6）。

B型　6件。圈形纽。根据纽缘形态的不同，分为二亚型。

Ba型　1件。纽缘微卷，尖缘状。H10：14，夹砂黄褐陶。素面。纽径3.2、残高2.4厘米（图三九，10）。

Bb型　5件。纽缘加厚下卷。H10：15，夹砂灰褐陶。素面。纽径3.6、残高3.3厘米（图三九，7）。

C型　3件。杯形纽。H10∶16，夹砂黑褐陶。素面。纽径5.2、残高2.7厘米（图三九，8）。

D型　1件。柱状纽。T5⑦∶1，夹砂灰褐陶。素面。纽径4.1、残高3.9厘米（图三九，9）。

圈足　111件。根据圈足整体特征和器表装饰的不同，分为十四型。

A型　9件。器表规整无装饰，足身较高且直。T3⑦∶5，泥质黑皮陶。足径8.8、残高4.6厘米（图四〇，1）。H1∶25，泥质灰黄陶。足径17、残高8.4厘米（图四〇，2）。

B型　6件。器表规整无装饰，足身较矮，微内弧或较平。H5∶8，泥质黑皮陶。足身较平。足径15、残高2.7厘米（图四〇，3）。

C型　13件。足跟外侧加厚呈叠唇状。H1∶26，泥质橙黄陶。足身稍矮，较平。足径22、残高3.6厘米（图四〇，4）。

D型　47件。足身有戳印或镂孔装饰，稍矮，微外弧。H1∶27，夹砂黄陶。足缘饰戳印枣核形纹。足径14、残高3.6厘米（图四〇，5）。T3⑦∶6，夹砂红陶。足壁饰圆形镂孔。足径11、残高2.7厘米（图四〇，6）。H18∶6，夹砂红褐陶。足缘饰指甲状纹。足径13、残高6.6厘米（图四〇，7）。

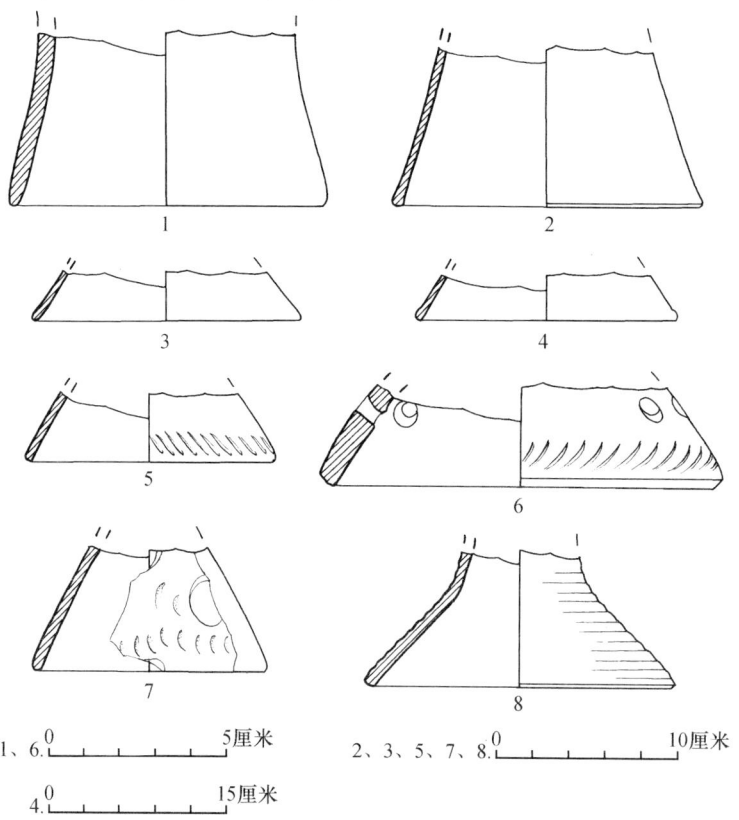

图四〇　陶圈足

1、2.A型（T3⑦∶5、H1∶25）　3.B型（H5∶8）　4.C型（H1∶26）　5～7.D型（H1∶27、T3⑦∶6、H18∶6）　8.E型（H1∶28）

E型 4件。足身有瓦棱纹装饰。H1∶28，泥质黑皮陶。足身较高，内弧。足径17、残高7.4厘米（图四〇，8）。

F型 1件。足跟内斜，呈凸棱状。H6∶5，夹砂红陶。足身较矮，微内弧。素面。足径13、残高2.4厘米（图四一，15）。

G型 5件。足跟外凸，足身稍高，较平。H10∶54，夹砂红褐陶。素面。足径30、残高2.4厘米（图四一，7）。

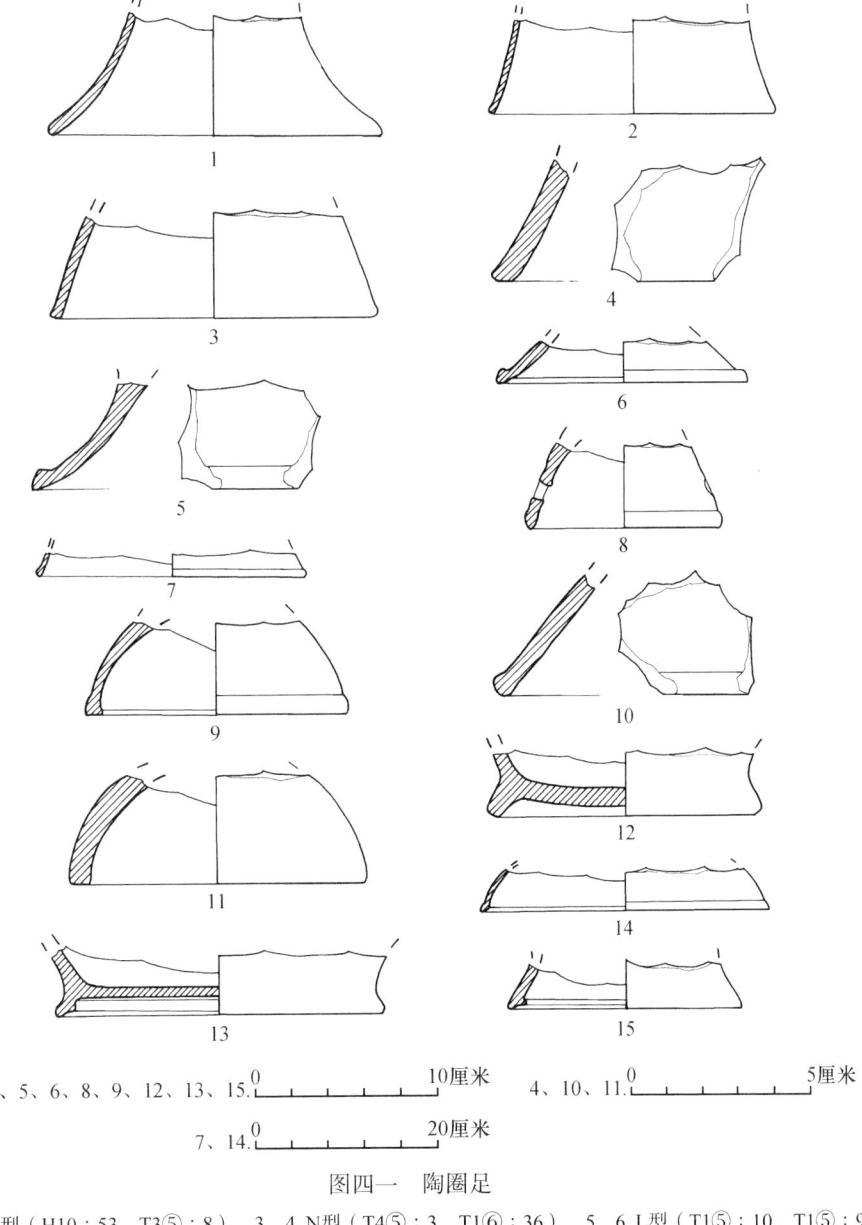

图四一 陶圈足

1、2.M型（H10∶53、T3⑤∶8） 3、4.N型（T4⑤∶3、T1⑥∶36） 5、6.L型（T1⑤∶10、T1⑤∶9）
7.G型（H10∶54） 8、9.Ha型（T1⑥∶35、H10∶55） 10.K型（T2⑤∶5） 11.Hb型（T3⑤∶10）
12、13.J型（H10∶57、T2⑤∶6） 14.I型（H10∶58） 15.F型（H6∶5）

H型　12件。足身呈覆碗形。根据足跟特征，分为二亚型。

Ha型　9件。足跟外侧加厚呈叠唇状。T1⑥：35，夹砂红褐陶。足身稍平，足底圆滑。足壁有镂孔装饰。足径11、残高4.4厘米（图四一，8）。H10：55，夹砂红褐陶。足壁外弧，足底平，内侧略内凸。素面。足径15.2、残高4.8厘米（图四一，9）。

Hb型　3件。足跟无装饰。T3⑤：10，夹砂红陶。素面。足径8.2、残高2.9厘米（图四一，11）。

I型　1件。足跟外凸，足底上斜，呈尖圆唇状。H10：58，夹砂灰陶。足身稍高，外弧。素面。足径32、残高4.4厘米（图四一，14）。

J型　4件。矮圈足。H10：57，夹砂黄褐陶。素面。足径15.4、残高3.4厘米（图四一，12）。T2⑤：6，夹砂红褐陶。足底内凹。素面。足径18、残高3.4厘米（图四一，13）。

K型　2件。足跟外侧略加厚，足身较矮，较平。T2⑤：5，夹砂红陶。素面。残高3.3厘米（图四一，10）。

L型　3件。足跟上翻，足身稍高，内弧。T1⑤：10，夹砂黄褐陶。素面。残高5.6厘米（图四一，5）。T1⑤：9，夹砂红褐陶。素面。足径14、残高2.2厘米（图四一，6）。

M型　2件。器表规整无装饰，足身较高且内弧。H10：53，夹砂黄陶。素面。足径18.4、残高6.6厘米（图四一，1）。T3⑤：8，泥质灰黄陶。素面。足径16、残高5厘米（图四一，2）。

N型　2件。器表规整无装饰，足身较高且平，足跟外侧有一道浅凸棱。T4⑤：3，夹砂红褐陶。素面。足径18、残高5.4厘米（图四一，3）。T1⑥：36，夹砂灰褐陶。素面。残高3.3厘米（图四一，4）。

器底　249件。根据陶质、整体形态及所属器类的不同，分为五型。

A型　86件。泥质陶。平底。此型可能是尊或喇叭口高领罐等器物的底部。根据有无装饰，分为二亚型。

Aa型　73件。素面。H9：6，泥质黑皮陶。素面。底径8、残高2.3厘米（图四二，1）。

Ab型　13件。装饰绳纹。H8：15，泥质灰黄陶。近底处饰斜向绳纹。底径14、残高2.9厘米（图四二，2）。

B型　12件。夹细砂陶。平底。可能是有领罐等器物的底部。H1：23，夹细砂灰黄陶。素面。底径10、残高2.4厘米（图四二，3）。

C型　42件。夹砂较粗。平底。可能是敞口尊或绳纹花边口罐等器物的底部。根据有无装饰，分为二亚型。

Ca型　37件。素面。H1：24，夹砂褐陶。素面。底径12、残高5.4厘米（图四二，4）。

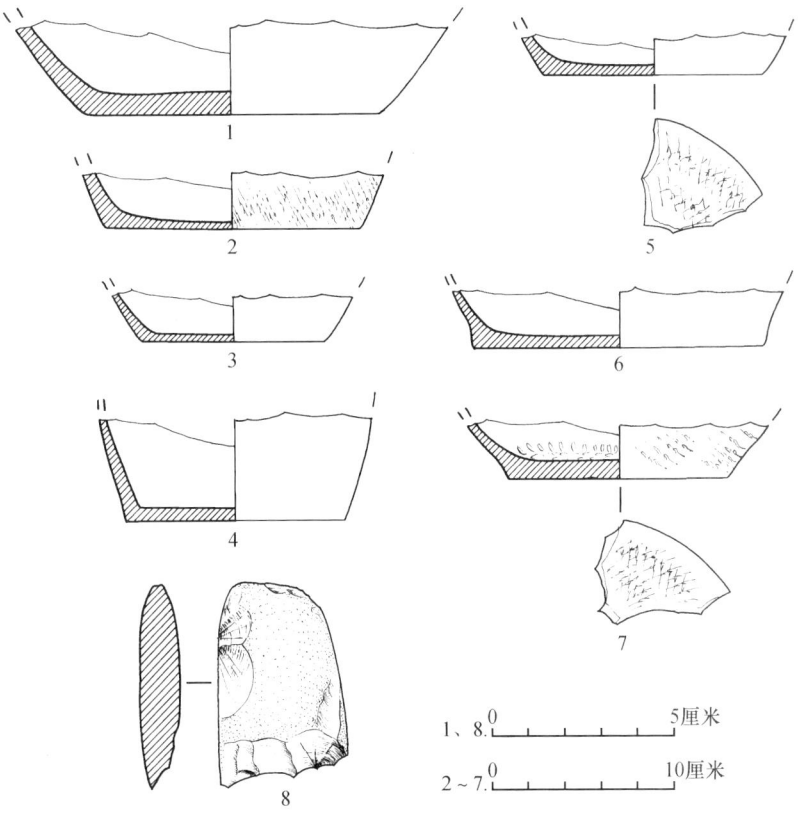

图四二　陶器底、石锛

1. Aa型陶器底（H9∶6）　2. Ab型陶器底（H8∶15）　3. B型陶器底（H1∶23）　4. Ca型陶器底（H1∶24）
5. Cb型陶器底（H5∶7）　6. Da型陶器底（H8∶16）　7. Db型陶器底（H8∶17）　8. 石锛（H1∶1）

Cb型　5件。近底处或底部装饰绳纹。H5∶7，夹砂红褐陶。底部装饰交错绳纹。底径12、残高2厘米（图四二，5）。

D型　48件。夹粗砂陶。底部呈假台底。可能是绳纹花边口罐等器物的底部。根据有无装饰，分为二亚型。

Da型　9件。素面。H8∶16，夹砂灰褐陶。素面。底径16、残高2.9厘米（图四二，6）。

Db型　39件。近底处或底部装饰绳纹。H8∶17，夹砂红褐陶。内底饰戳印纹，器表近底处饰斜向绳纹，底部饰交错绳纹。底径12、残高2.9厘米（图四二，7）。

E型　61件。夹砂陶。整体形态较规整。可能是侈口罐、敛口罐、小平底罐或瓮等器类的底部。根据底径大小及所属器类的不同，分为二型。

Ea型　47件。底径较大。可能是敛口罐或侈口罐等器类的底部。T1⑥∶34，夹砂黄褐陶。下腹至底部略弧收。素面。底径9.6、残高8.5厘米（图四三，1）。H10∶50，夹砂黄褐陶。底中部微上凸。素面。底径10、残高2.8厘米（图四三，2）。H6∶4，夹砂灰褐陶。底中部略上凸。素面。底径9、残高1.6厘米（图四三，3）。

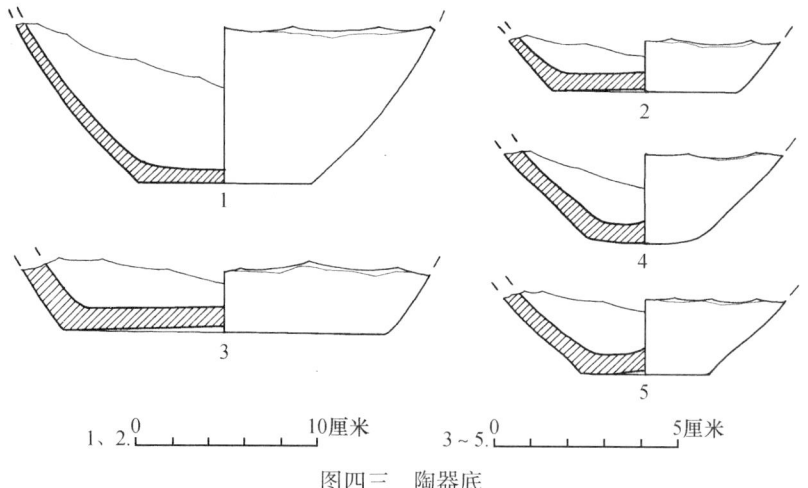

图四三　陶器底
1~3. Ea型（T1⑥：34、H10：50、H6：4）　4、5. Eb型（H10：51、H10：52）

Eb型　14件。小平底，底径较小。底内壁中部有一凸钉，可能是小平底罐的底部。H10：51，夹砂黄褐陶。素面。底径2.8、残高2.4厘米（图四三，4）。H10：52，夹砂黄褐陶。素面。底径3.5、残高2厘米（图四三，5）。

2. 石器

8件，绝大多数为小型磨制石器，仅1件打制石器。器类有斧、锛、凿，以锛为主。

锛　5件。直刃。H1：1，青灰石质。平面略呈梯形，刃宽顶窄，刃部和顶部均残，通体磨光。残长4.9、宽3.5、厚1.1厘米（图四二，8）。T2⑥：1，乳白石质。平面略呈梯形，刃宽顶窄，底端直刃偏锋，顶端残，两侧至顶端内收，通体磨光。残长5.7、宽3、厚0.9厘米（图四四，1）。T2⑤：2，青灰石质。平面略呈长方形，底端直刃偏锋，顶端残断，两侧残损严重，通体磨光。残长4.8、宽3.4、厚1.2厘米（图四四，2）。T5⑤：1，深灰石质。平面略呈长方形，底端直刃偏锋，顶端残断，一侧较直，一侧至顶段微内收，通体磨光。残长3.5、宽3、厚0.8厘米（图四四，3）。T2⑤：3，打制，青灰石质。平面呈椭圆形，底端及一侧均两面打制成刃，一侧及顶端残断，从刃部观察可能系半成品。长12.9、宽5.6、厚2.2厘米（图四四，7）。

斧　2件。磨制。T1⑥：1，深灰石质。平面呈长方形，底端直刃正锋，顶端残断，一侧平直，一侧残断，通体磨光。残长6、宽6、厚1厘米（图四四，4）。T2⑤：1，青灰石质。平面呈圆角长方形，底端及两侧均为直刃正锋，顶端残断，两侧至底端弧收，通体磨光。残长4.7、宽4.3、厚0.9厘米（图四四，5）。

凿　1件。H10：1，青灰石质。平面呈长条形，刃部偏锋，顶端及刃部残断，两侧至两面微弧，通体磨光。残长8.5、宽3.5、厚1.8厘米（图四四，6）。

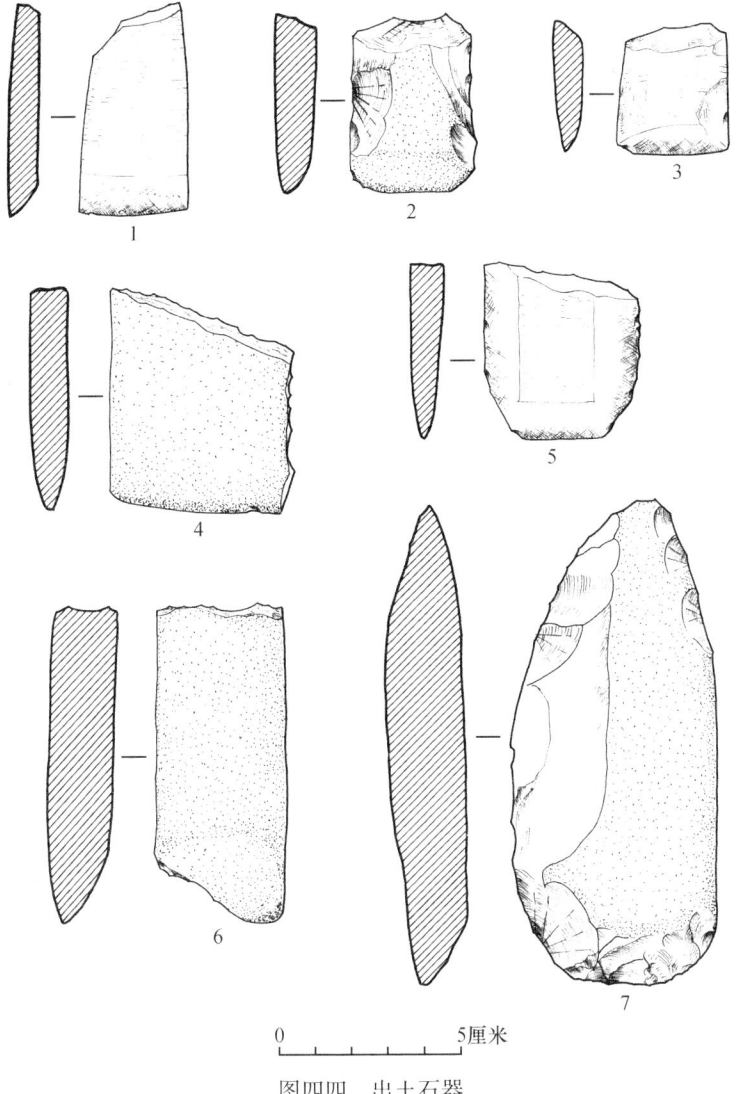

图四四　出土石器

1～3、7. 锛（T2⑥∶1、T2⑤∶2、T5⑤∶1、T2⑤∶3）　4、5. 斧（T1⑥∶1、T2⑤∶1）　6. 凿（H10∶1）

四、文化分期与年代

根据层位关系和出土陶器，可将褚家村二组遗址先秦时期文化遗存分为四期。

一期单位包括T1～T4的第7层和H7～H9，T6的第5、6层和H18～H20，T8的第6、7层和H15、H16，T9的第6层和H11。一期的基本陶器组合以宽沿尊、敞口尊、盘口尊、喇叭口高领罐和绳纹花边口罐为代表。T3⑦∶3盘口罐与郫县古城遗址出土的D型绳纹花边罐（H10∶10）相似[1]，喇叭口高领罐全无锯齿状花边装饰，瘦高形盘口尊（B型盘口尊）、直腹形宽沿尊（B型宽沿尊）占一定比例，均为宝墩文化三期遗存的代表性器物[2]，但未发现宝墩文化三期晚段的典型器物窄沿罐，故推断一期遗存属于宝墩文化范畴，时代处于宝墩文化三期偏早阶段。

二期单位包括H1、H3、H5。二期遗存陶器除宽沿尊外，还有有领罐、敛口罐、瓮和缸等。在一部分三、四期单位中也出土了二期的代表性器物（如有领罐），应是晚期单位扰动早期单位所致。二期陶器特征与鱼凫村遗址第三期同类器物相似[3]，T2⑥∶12和T1⑥∶10有领罐分别与郫县曹家祠遗址三期出土的C型罐（T1⑤∶1、T2⑤∶8）相同，A型敛口罐也与曹家祠遗址三期出土的A型罐（T2⑤∶20）相近[4]，所以推断二期遗存属于宝墩文化范畴，时代处于宝墩文化四期[5]。

三期单位包括T1～T4的第6层和H4、H6、H10、H12, T5的第7层。H13、F1这两个单位从层位上介于H10与第6层之间，H10与第6层均属于三期遗存，那么H13、F1也应属于三期遗存。三期遗存陶器组合以小平底罐、侈口罐、敛口罐、高领罐、豆柄等为代表。高领罐与金沙遗址春雨花间地点出土的Ca型高领罐（H1137∶11、H1137∶14）相同，Ba型、Bb型盆与之出土的陶盆也十分接近，都有一窄沿，上腹外斜或稍直，并饰凹弦纹[6]。A型小平底罐与金沙遗址兰苑地点出土的Aa型Ⅰ式小平底罐（H202∶26）相近，Bb型小平底罐也与该地点出土的Aa型Ⅱ式小平底罐（H22∶7）器形相同[7]。江章华将金沙遗址的十二桥文化遗存分为六期，春雨花间和兰苑地点出土的上述遗存在其分期中属一期[8]，故推断三期遗存属于十二桥文化范畴，时代处于十二桥文化早期。

四期单位包括T1～T4的第5层。该期陶器大多延续了三期的陶器，当属于十二桥文化范围。与三期陶器相比，新出现了素面的D型敛口罐、折足上翻的L型圈足，时代稍晚于三期。

五、结　　语

此次发掘，基本揭示了褚家村二组遗址的主要文化面貌。依据层位关系与陶器组合，可将该遗址出土的先秦文化遗存分为四期，一、二期属于宝墩文化范畴，分别处于宝墩文化三、四期。三、四期属于十二桥文化范畴，均处于十二桥文化早期。

褚家村二组遗址中无论是宝墩文化还是十二桥文化时期遗存，遗迹都比较单一，绝大多数为灰坑。出土遗物也只是一般性陶器和石器，无特殊性遗物。从遗址在厂区内的分布形状及面积推测，整个遗址面积不是很大。综上可以推断该遗址是一般性的聚落遗址，等级不是很高。

通过对T7的解剖可知，在遗址南部存在一条与遗址同时期的河道。遗址西部外侧亦为河道或漫滩，从施工剖面看，其年代下限为汉代。

褚家村二组遗址同时包含了宝墩文化和十二桥文化两种文化遗存，尤其是宝墩文化四期遗存的发现，为深入研究成都平原先秦考古学文化的演变及聚落环境的变迁提供了一批宝贵的资料。

遗址内晚期活动扰动早期堆积的现象较为严重，晚期单位出土较多早期遗物，这给发掘和整理带来了一定的困难。

附记：参加此次发掘和整理的人员有成都文物考古研究院刘雨茂、陈云洪、杨占凤、陈贵元，成都市新都区文物保护管理所王波、陈立新、余应启、陈蒿、李信龙、张浩，四川大学历史文化学院本科生胡盛。

修复：余成英

绘图：曹桂梅　卢斐斐

执笔：杨占风　胡　盛　王　波

注　释

[1] 成都市文物考古工作队、郫县博物馆：《四川省郫县古城遗址调查与试掘》，《文物》1999年第1期。
[2] 江章华、王毅、张擎：《成都平原先秦文化初论》，《考古学报》2002年第1期。
[3] 成都市文物考古研究所：《温江县鱼凫村遗址1999年度发掘》，《成都考古发现》（1999），科学出版社，2001年。
[4] 成都文物考古研究所、郫县望丛祠博物馆：《郫县曹家祠遗址先秦文化遗存试掘简报》，《成都考古发现》（2010），科学出版社，2012年。
[5] 江章华：《宝墩文化四期遗存分析》，《成都考古研究》（一），科学出版社，2013年。
[6] 成都文物考古研究所：《成都市金沙遗址春雨花间地点发掘简报》，《成都考古发现》（2004），科学出版社，2006年。
[7] 成都市文物考古研究所：《成都市金沙遗址"兰苑"地点发掘简报》，《成都考古发现》（2001），科学出版社，2003年。
[8] 江章华：《金沙遗址的初步分析》，《文物》2010年第2期。

附表

单位		器类	宽沿尊 A		宽沿尊 B			C	盘口尊 A			盘口尊 B		敞口尊 A		B	C	喇叭
			Aa	Ab	Ba	Bb	Bc		Aa	Ab	Ac	Ba	Bb	Aa	Ab			Aa
T1~T4		⑦	1															3
		H9												1				
		H8	4		1	2	1		5									2
		H7																2
		H1	1	2						2	3			1				2
		H3												1				1
		H5	3															2
	扰动	H4																
		H6	2		1									1				1
		H12																
		⑥	4	4	5			2	3	1	2		1	3				8
		H10	2			1							1			1	2
		⑤																3
T5		⑦																
		⑤																
T6		H20		1														
		H19		1						3		1						
		H18	1						3	1	1	2		1				1
		⑥																
		⑤								2	1		1					
T8		⑦	1													2		
		H16		1											1			
		H15	1							2								
		⑥							2		1							2
	扰动	⑤		1														
T9		⑥								1	1							1
		H11	1	1														
	扰动	⑤	1	1														

注：H2、H13、H17、F1无可辨器形，只有残陶片

统计表

领罐	绳纹花边口罐					翻沿罐	盘口罐	有领罐									敛口罐			
B	A		B		C			A		B		C		D			A	B		
Bb	Aa	Ab	Ba	Bb				Aa	Ab	Ba	Bb	Ca	Cb	Da	Db	Dc		Ba	Bb	Bc
	1						1													
	2	2	1	1		1														
1		1			4	1														
				1																
1		1				1				1							1			
1		1															1			
	2		1									1								
		3	1		2					1			1	1	1	1		4	2	
		1				1	1				1				1	1		8	8	
								1				1			1					1
		1																		
		1																		
		1																		
		1	1																	
		1	2																	
1																				
		1																		
																		2	1	
	1	1																		

单位		器类	敛口罐 C		D	E	侈口罐 A		B		C	小平底罐 A	B		高领罐 A	B	矮领罐 A	
			Ca	Cb			Aa	Ab	Ba	Bb			Ba	Bb			Aa	Ab
T1~T4		⑦																
		H9																
		H8																
		H7																
		H1																
		H3																
		H5																
	扰动	H4	1				1											
		H6							1		1							
		H12								1								
		⑥	3			1			2	1	2	2	2	1				1
		H10	8	2			1	2	9	3	3	3	7	1	4		2	
		⑤	3		1		1	1	1		1		1		1	1	1	
T5		⑦					1					1	1	1				
		⑤					1											
T6		H20																
		H19																
		H18																
		⑥																
		⑤																
T8		⑦																
		H16																
		H15																
		⑥																
	扰动	⑤	1													1		
T9		⑥																
		H11																
	扰动	⑤	2				1											

高圈足豆	矮圈足豆	腰沿器	盆 A		盆 B		瓮 A	瓮 B	瓮 C	瓮 D	瓮 E	瓮 F	壶 A	壶 B	缸 A	缸 B	豆柄 A	豆柄 B	
			Aa	Ab	Ba	Bb												Ba	Bb
							1						1						
		1	2																
													1						
2	2	1	2				3	1	2	2			1	1					
	1												2						
						1													
																		1	1
3			1	5	1	4	1				2		1			1	2		
			1	1		4					3	1		1			2	14	2
											1	2				1		5	
											1							2	1
2																			
																		1	

单位	器类	豆柄 B	豆柄 C	豆柄 C	豆圈足	豆圈足	器耳	钵	盂	盖纽 A	盖纽 B	盖纽 B	盖纽 C	盖纽 D	器盖 A	器盖 A
		Bc	Ca	Cb	A	B				A	Ba	Bb	C	D	Aa	Ab
T1~T4	⑦															
	H9															
	H8															
	H7															
	H1															
	H3															1
	H5															
扰动	H4															
	H6															
	H12					1										
	⑥		1	1		3	1	1								
	H10	1			1	4			2	1	5	3			5	2
	⑤						1									
T5	⑦		1											1		
	⑤															
T6	H20															
	H19															
	H18															
	⑥															
	⑤															
T8	⑦															
	H16															
	H15															
	⑥															
扰动	⑤															
T9	⑥															
	H11															
扰动	⑤															1

	器盖										圈足													
C		D		E		F	G		H	A	B	C	D	E	F	G	H		I	J	K	L	M	N
Ca	Cb	Da	Db	Ea	Eb		Ga	Gb									Ha	Hb						
	1		1							1			7											
													2											
							1					1	3											
				2	1					1		3	1	3										
													1											
			1								1		2											
											2		3	1										
													2											
2		1		6	4				2	3	1	4	4			2	3							1
	1		1			6	2	4		1			5			3	6		1	1		1		
													3					3		3	2	3	1	1
						1							1											
				1																				
				1																				
				2							1	1												
			1								1													
											1	1												
													2											
			1							1			2											
		1	1								1	1	5	1										
													1											
													1											
				1							1	1	1											
1																								

单位	器类		器底								不明器
			A		B	C		D		E	
			Aa	Ab		Ca	Cb	Da	Db	Ea	Eb	
T1~T4		⑦	2	1		1		1	1			
		H9	2						5			
		H8	4	2		1		2	7			
		H7	1									
		H1	6		2	5			3			1
		H3	2						1			
		H5	3			1	1		3			
	扰动	H4										
		H6	7	2		2				3		
		H12										
		⑥	14	3	4	9	3	3	5	18		
		H10	7	1	2	7		1	3	16	11	
		⑤	7	1	4	1	1		1	8	2	
T5		⑦								2	1	
		⑤										
T6		H20	1			1						
		H19	2			2		1				
		H18	2			2		1	1			
		⑥										
		⑤				1						
T8		⑦	1									
		H16	1	1		1			3			
		H15	3									
		⑥	2	1		1			3			
	扰动	⑤	2	1		1			3			
T9		⑥	1									
		H11	3			1						
	扰动	⑤										

成都市新都区新繁和平村遗址发掘简报

成都文物考古研究院

和平村遗址位于成都市新都区新繁镇和平村七组、八组，地理坐标为东经103°59′20″、北纬30°53′45″，海拔约460米（图一）。

为了配合统一实业有限公司（小地名为谢家菜园子）的开发建设，新都区文物保护管理所受成都文物考古研究院委托，于2012年11月对该项目进行了地下文物勘探工作，发现了先秦时期遗址。勘探结果表明，遗址保存较好的区域位于项目南部和北部两侧的台地。2013年1～2月，成都文物考古研究院会同新都区文物保护管理所联合对该地块进行了抢救性考古发掘。发掘工作按正南北方向在项目南北两侧各布一组探方，两组相距约200米。共布10米×10米探方5个，发掘编号为"2013XXH"，探方编号为T1～T5（图二、图三），发掘面积共计500平方米。

一、地层堆积

和平村遗址的地层堆积较简单，根据土质土色和包含物，经过统一划分，文化层堆积可分7层。现以T2北壁剖面为例介绍如下（图四）。

第1层：灰黑色土，结构疏松，堆积较水平。厚0.2～0.4米。包含较多植物根茎、卵石、红砖块、生活垃圾等，为现代耕土层。

第2层：灰黄色沙土，夹杂少许褐色斑点，结构较紧密，堆积呈斜坡状。厚0～0.1米。包含物有瓷片、卵石等，为明清时期地层。

第3层：灰褐色黏土，夹杂黑褐色斑点，结构疏松，堆积较水平。厚0.05～0.26米。包含物有卵石、唐宋时期瓷片等，为唐宋时期地层。开口于该层下的遗迹有H3。

第4层：灰黄色淤泥质沙土，结构疏松，堆积较水平。厚0.4～0.5米。未见包含物，应为发生洪水形成的淤积间歇层。

第5层：黑褐色黏土，夹杂褐色斑点，结构致密，堆积较水平。厚0.16～0.25米。包含物有卵石以及夹砂灰陶、褐陶残片等（附表一），为商周时期地层。开口于该层下的遗迹有H1、H2、H4、H6～H9、G1等。

第6层：浅褐色黏土，夹杂较多褐色斑点，结构较致密，堆积较水平。厚0.08～0.16米。包含物有少许卵石以及夹砂褐陶、泥质褐陶、泥质黑衣陶残片等，可辨器形有花边口沿罐、圈足器、喇叭口高领罐等，为新石器时期地层。

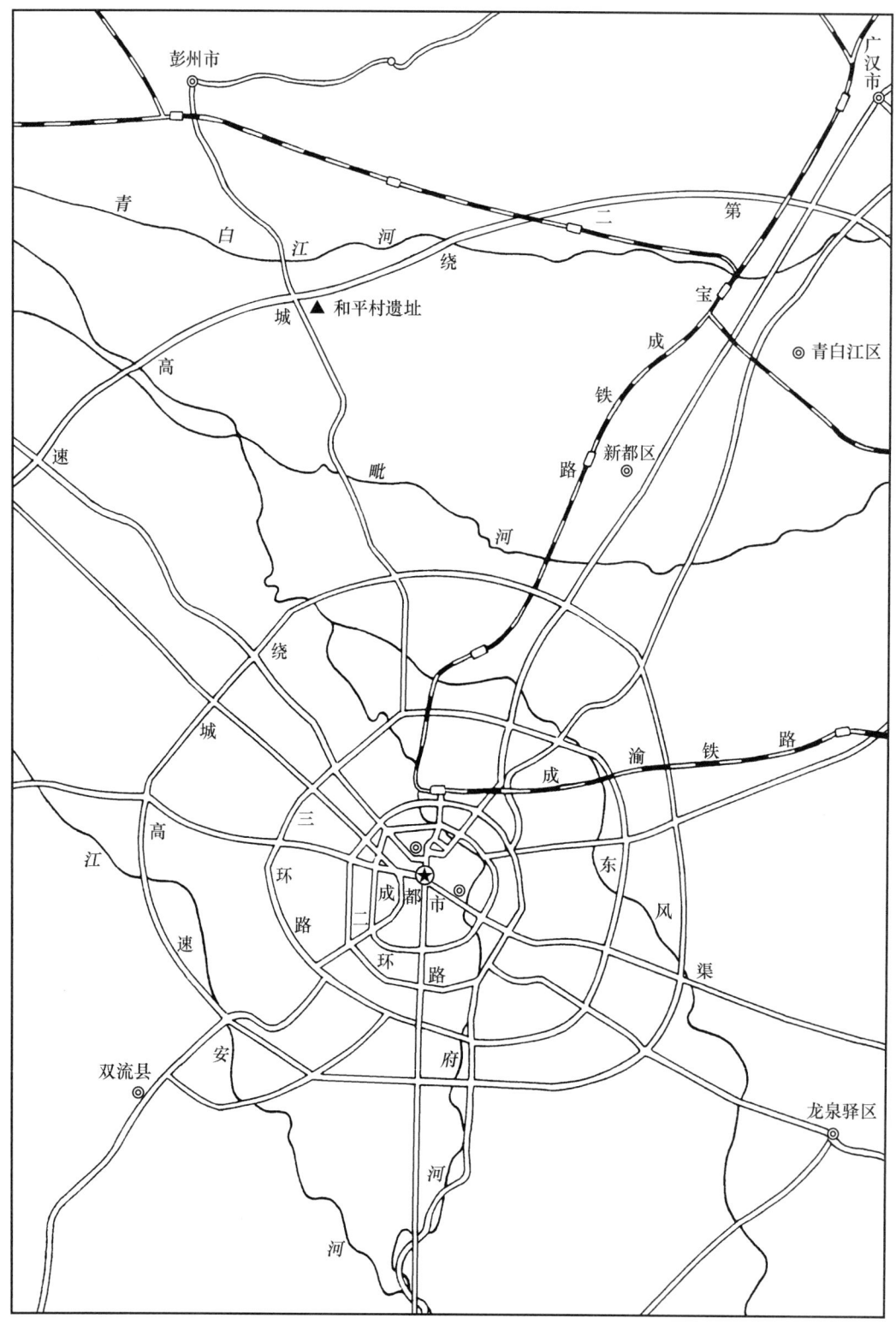

图一　遗址位置示意图

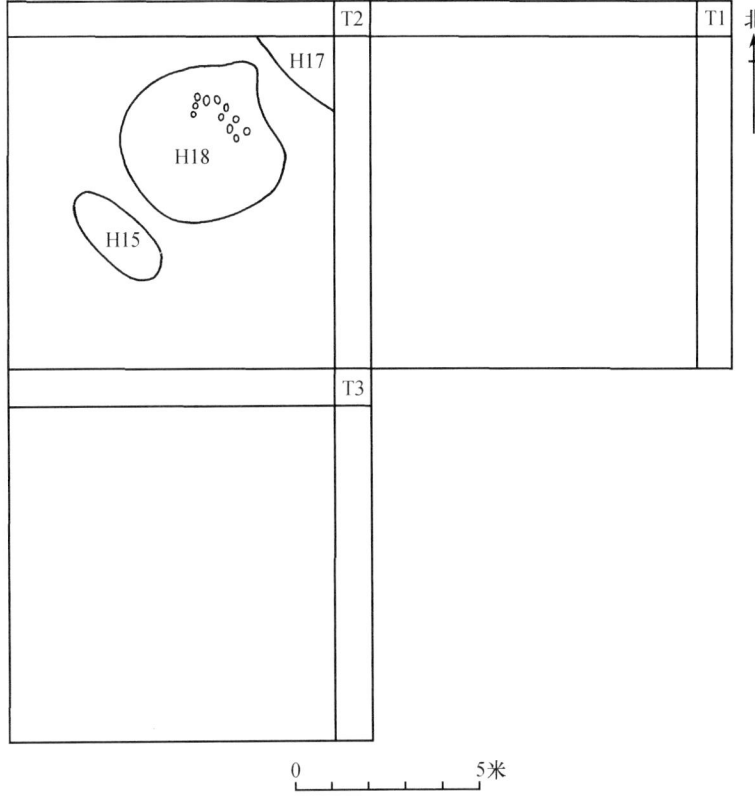

图二 北部发掘区遗迹分布图

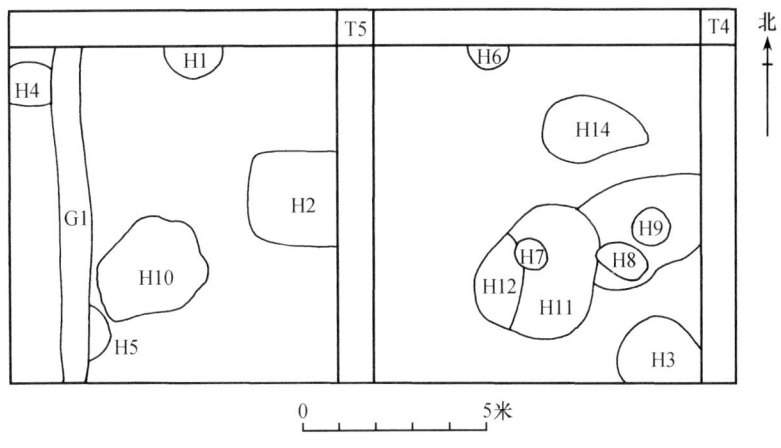

图三 南部发掘区遗迹分布图

第7层：深褐色黏土，夹杂大量褐色斑点，结构致密，堆积较水平。厚0.08～0.25米。包含物有卵石、石器、泥质灰陶片等（附表二），陶器可辨器形有花边口沿罐、圈足器、平底尊等，为新石器时期地层。开口于该层下的遗迹有H5、H10～H15、H17、H18等。

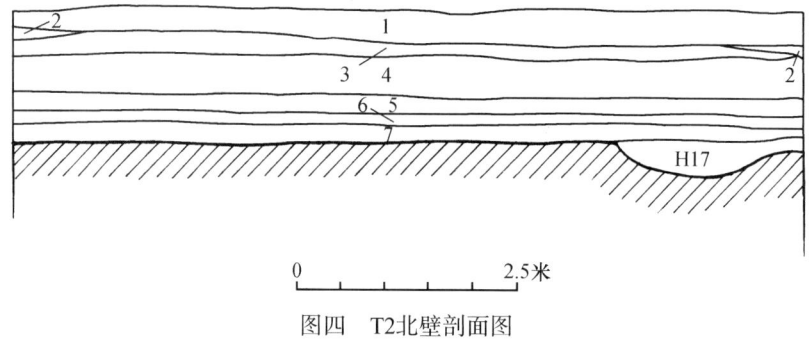

图四　T2北壁剖面图

第7层以下为黄色黏土，结构致密，为无人类活动的纯净生土。

二、遗　迹

遗迹仅有灰坑和灰沟两种。

灰坑根据平面形状的不同可分为椭圆形、长方形、圆形和不规则形四类。

1. 灰坑

椭圆形　10个。包括H3、H4、H7、H8、H11~H15、H18。

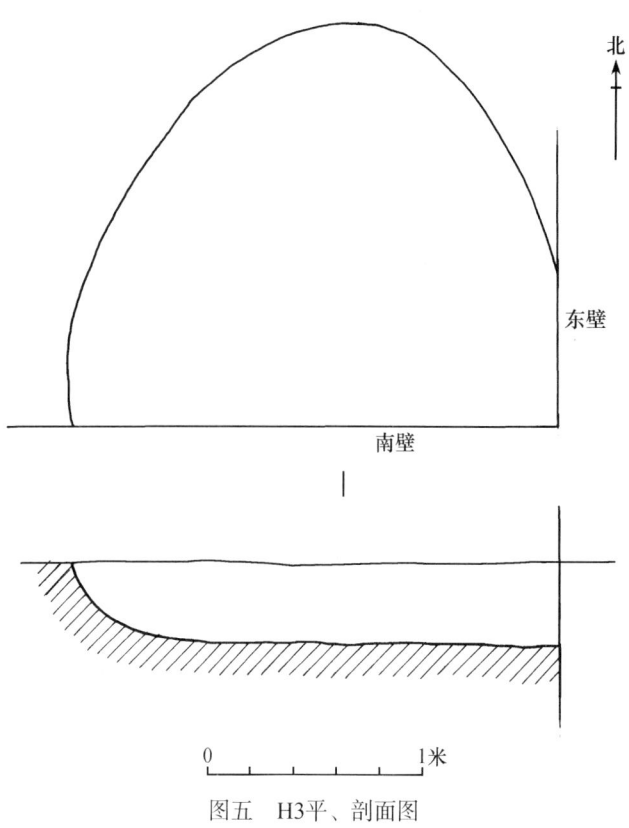

图五　H3平、剖面图

H3　位于T4东南部。开口于第3层下。平面呈椭圆形，坑壁略斜，平底。距地表深约0.5米。坑口可见长2.27、宽1.77、深0.37米（图五）。填土为灰褐色黏土，土质略硬，包含灰烬、炭粒、大量夹砂陶片和少量泥质陶片。夹砂陶有黑褐色、灰色、红色、黄色和黄褐色陶等，约占全部陶片的95%；泥质陶有灰色、灰黄色、黑皮陶等。纹饰以素面为主，约占98%；另有极少量菱形纹。可辨器形有高领罐、尖底杯、圈足器、簋形器等。

H18　位于T2中部。开口于第7层下。平面呈椭圆形，坑壁略斜，底部不平。距地表深约1.5米。坑口长径5.2、短径4.4、深

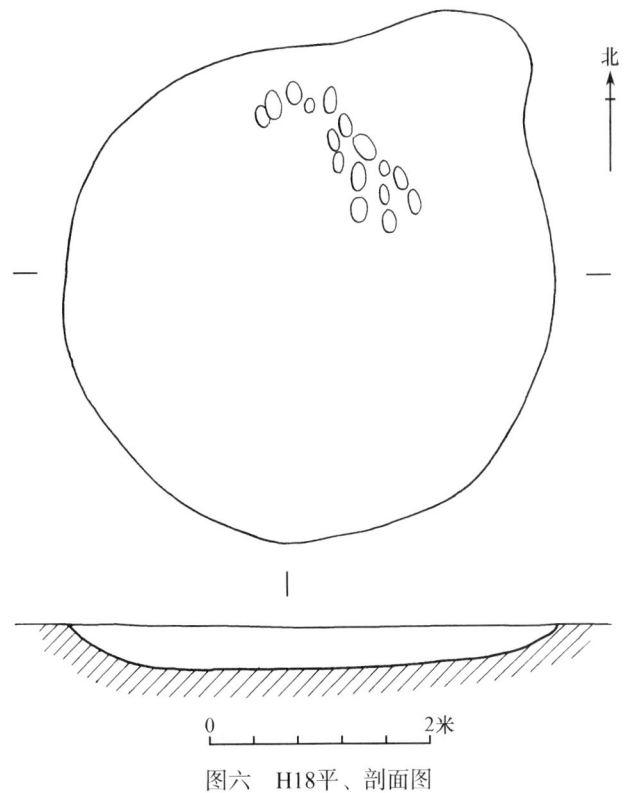

图六　H18平、剖面图

0.4米（图六）。填土为黑褐色黏土，土质略紧密，包含卵石、灰烬、泥质陶片、夹砂陶片等。夹砂陶有黑褐色、灰色、黄色和黄褐色陶等，约占全部陶片的91%；泥质陶有灰色、灰黄色陶等。纹饰以素面为主，约占94.6%；另有少量绳纹、弦纹等。器形有绳纹花边口沿罐、宽沿尊、高领罐、圈足等。

长方形　1个。

H2　位于T5东部，部分延伸至东隔梁下。开口于第5层下。平面呈长方形，坑壁略斜，平底。距地表深约1.08米。坑口可见长、宽相同，为2.5米，深0.2米（图七）。填土为灰黑色黏土，土质略疏松，包含灰烬、炭粒、泥质陶片和夹砂陶片等。夹砂陶有褐色、灰色、红色、红褐色陶等，约占97.5%；泥质陶有灰色陶等。纹饰以素面为主，约占96.9%；另有少量弦纹和云雷纹。可辨器形有尖底盏、高领罐、敛口罐等。

圆形　5个。包括H1、H5、H6、H9、H17。

H5　位于T5西南角，被G1打破。开口于第7层下。平面呈圆形，斜壁，平底。距地表深约1.5米。坑口可见最大径1.5、深0.3米（图八）。填土为黄褐色沙性黏土，土质略疏松，包含灰烬、夹砂陶片等。夹砂陶有灰色、红色、灰黄色和红褐色陶等。纹饰以素面为主，约占85.7%；另有少量弦纹和凸棱纹。可辨器形有高领罐。

不规则形　1个。

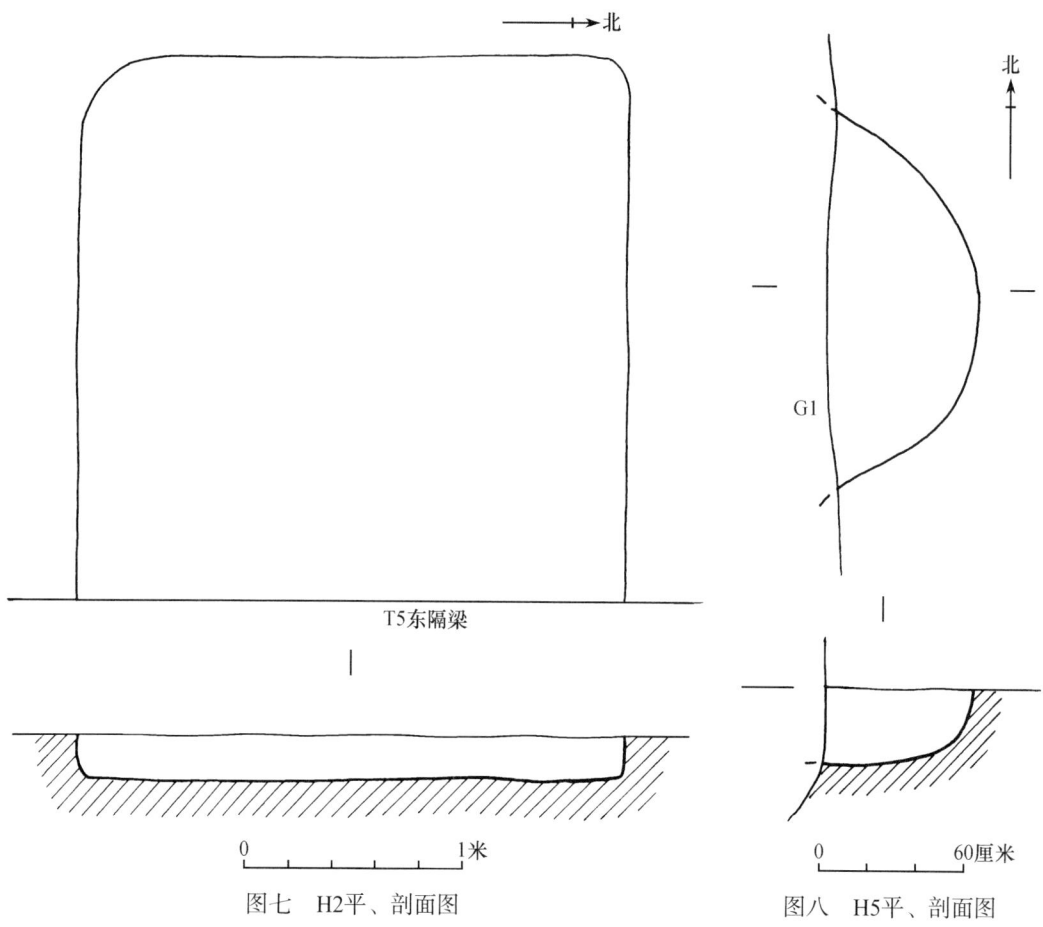

图七 H2平、剖面图　　　图八 H5平、剖面图

H10　位于T5中部。开口于第7层下。平面呈不规则形，坑壁略斜，平底。距地表深约1.5米。坑口长径3.2、短径2.7、深0.2米（图九）。填土为深褐色黏土，土质略紧密，包含炭粒、泥质陶片、夹砂陶片等。泥质陶有灰色、红色、灰黄色和黑皮陶等，约占64.4%；夹砂陶有黑褐色、红色、灰黄色和红褐色陶等。纹饰种类较为丰富，以素面为主，约占73.7%；另有绳纹、镂孔、弦纹、戳印纹、附加堆纹等（附表三）。可辨器形有宽沿尊、绳纹花边口沿罐、高领罐等。

2. 灰沟

1条。

G1　位于T5西部。开口于第5层下。平面呈长条形，南北走向，坑壁较直，平底。距地表深约1.08米。坑口可见长径9、短径0.8、深0.47米（图一〇）。填土为褐色黏土，土质略紧密，包含炭粒、夹砂陶片、泥质陶片等。夹砂陶有灰黄色和红褐色陶等，约占90.8%；泥质陶有灰色陶等。纹饰以素面为主，约占99%；另有极少量弦纹。可辨器形有尖底杯、高领罐、敛口罐、高柄豆等。

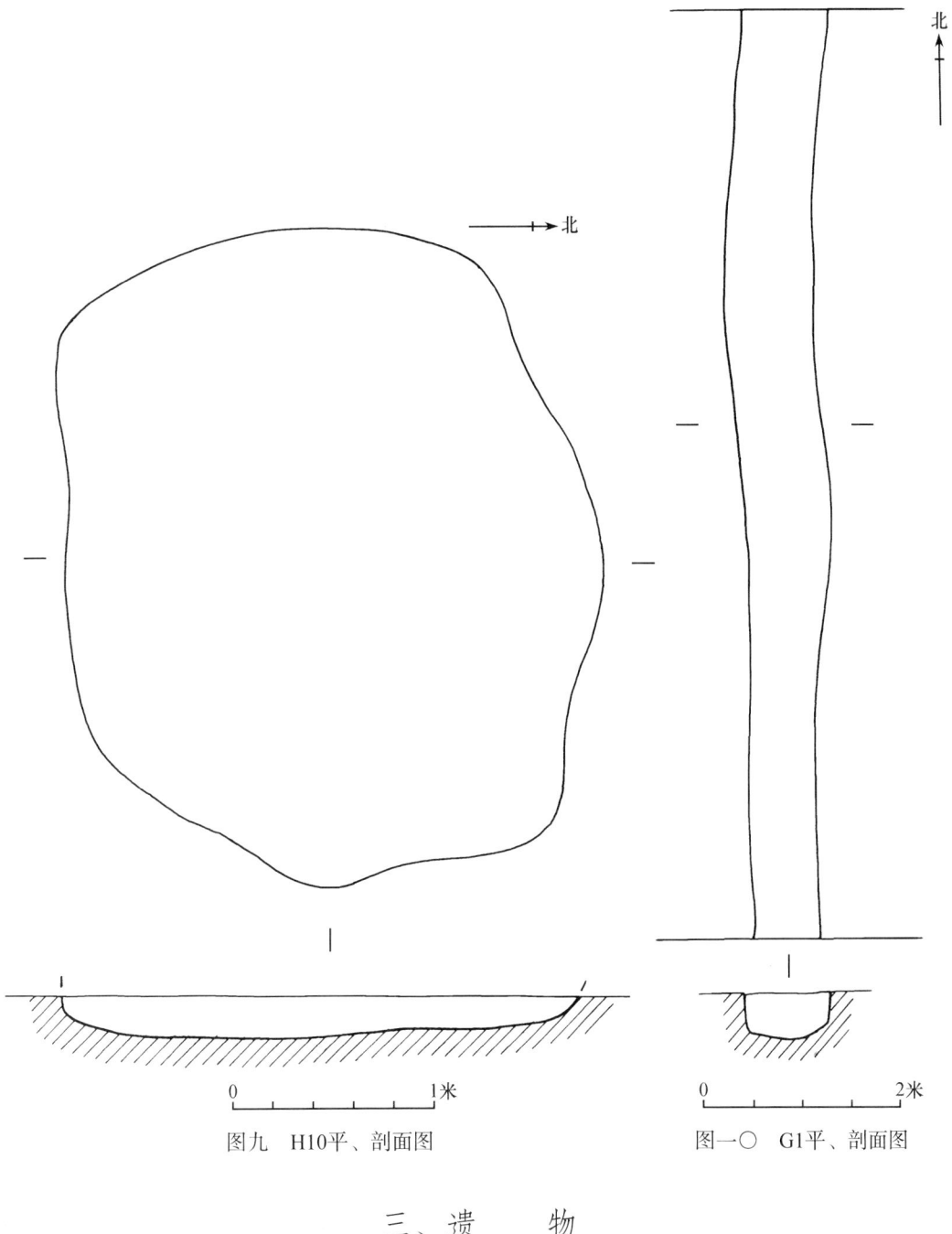

图九 H10平、剖面图　　图一〇 G1平、剖面图

三、遗　物

本次出土遗物均为陶器，陶片数量较多，但保存较差，无可修复的器物。陶质有夹砂和泥质两种。纹饰以素面为主，另有网格纹、重菱纹、绳纹、凸棱纹、划纹、凹弦纹、附加堆纹、戳印纹等。可辨器形有绳纹花边口沿罐、壶、瓮、宽沿尊、盘口尊、高领罐、窄沿罐、敛口罐、曲沿罐、小平底罐、盆、簋形器、器盖、圈足、尖底杯、尖底盏、高柄豆、纺轮等。

绳纹花边口沿罐　16件。敛口，折沿。口沿和肩腹部饰斜向或者交错绳纹。根据肩部的不同，分为三型。

A型　7件。弧肩。H11∶19，夹砂灰褐陶。残高5厘米（图一一，1）。H11∶34，夹砂红褐陶。残高7.5厘米（图一一，2）。H10∶1，夹砂红陶。残高5厘米（图一一，3）。H12∶3，夹砂红褐陶。口径21、残高5厘米（图一一，4）。H12∶1，夹砂红褐陶。残高5.5厘米（图一一，5）。T3⑥∶6，夹砂红褐陶。残高4.5厘米（图一一，6）。T4⑦∶11，夹砂红褐陶。残高3厘米（图一一，7）。

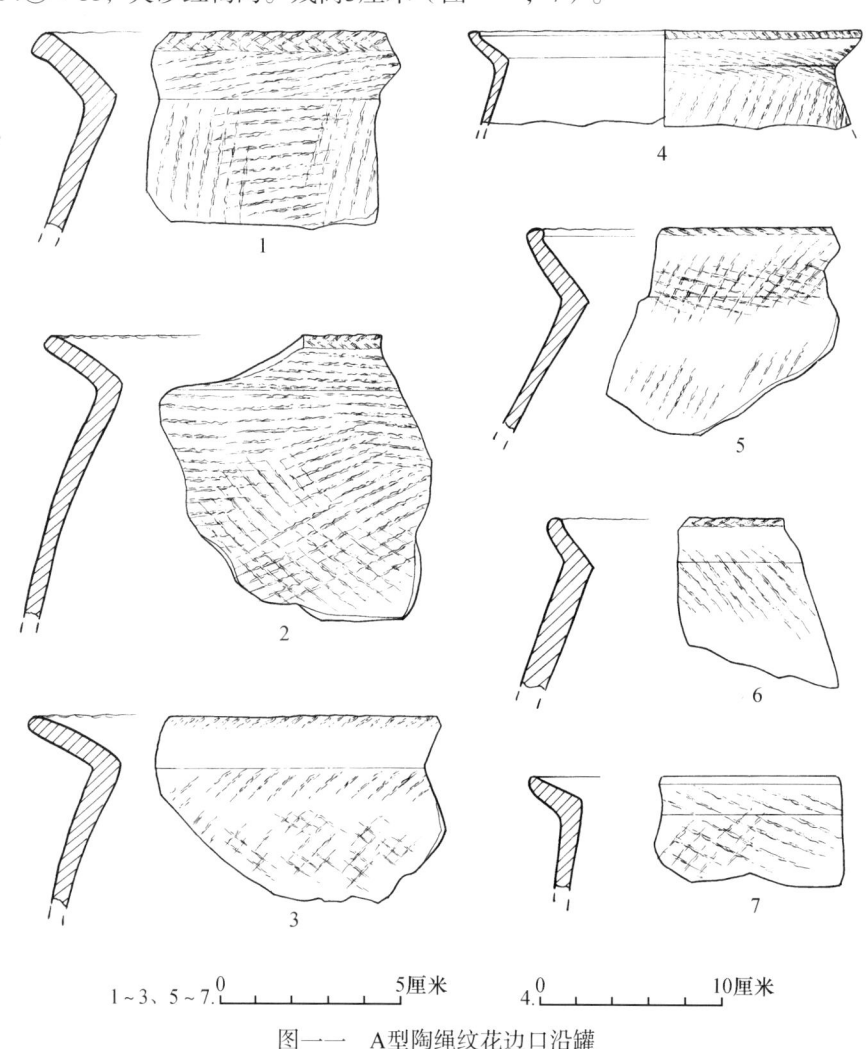

图一一　A型陶绳纹花边口沿罐
1. H11∶19　2. H11∶34　3. H10∶1　4. H12∶3　5. H12∶1　6. T3⑥∶6　7. T4⑦∶11

B型　8件。溜肩。根据口沿的不同，分为二亚型。

Ba型　6件。沿部较宽。H11∶44，夹砂红褐陶。口径19、残高4.5厘米（图一二，1）。H11∶24，夹砂红褐陶。口径39、残高5.5厘米（图一二，2）。T4⑦∶2，夹砂红

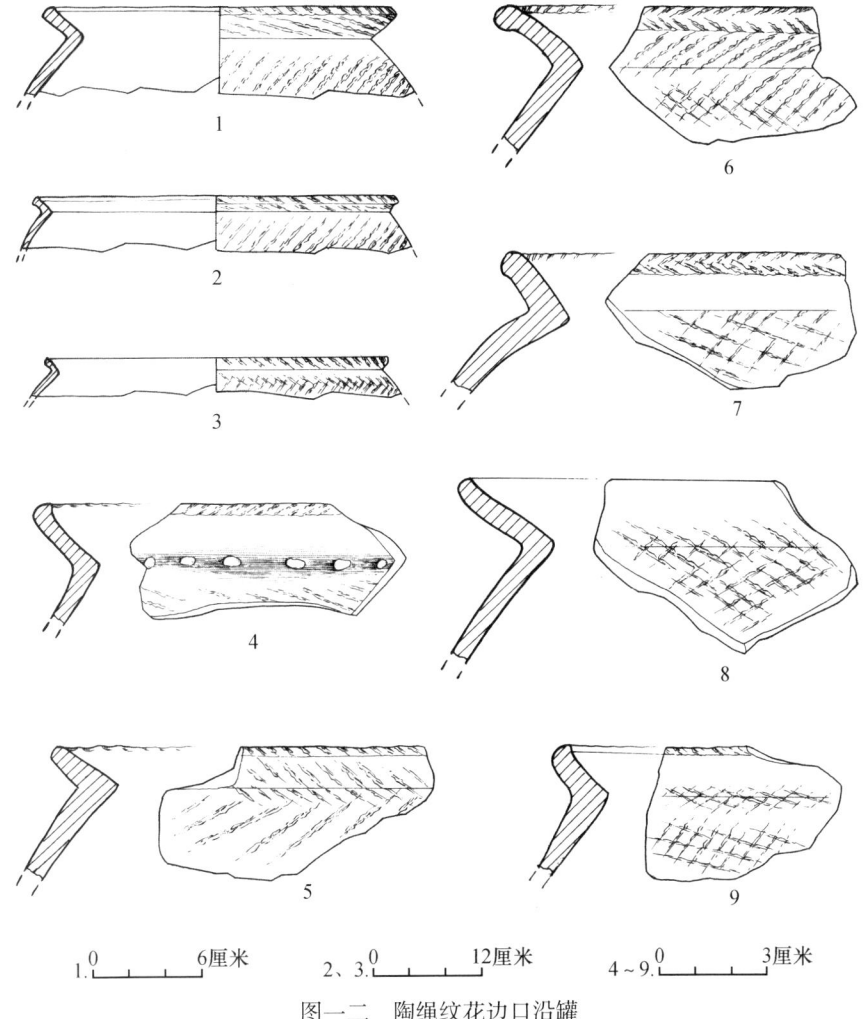

图一二　陶绳纹花边口沿罐

1~4、6、8.Ba型（H11∶44、H11∶24、T4⑦∶2、H10∶11、T5⑦∶9、H18∶8）　5、9.Bb型（T4⑦∶10、T5⑦∶6）　7.C型（T3⑥∶1）

褐陶。口径37、残高4厘米（图一二，3）。H10∶11，夹砂红陶。颈部饰一周椭圆形戳印纹。残高3厘米（图一二，4）。T5⑦∶9，夹砂红褐陶。残高3.5厘米（图一二，6）。H18∶8，夹砂红褐陶。残高4.5厘米（图一二，8）。

Bb型　2件。沿部较窄。T4⑦∶10，夹砂红褐陶。残高3.5厘米（图一二，5）。T5⑦∶6，夹砂红褐陶。残高3.5厘米（图一二，9）。

C型　1件。鼓肩。T3⑥∶1，夹砂红褐陶。残高3.5厘米（图一二，7）。

高领罐　26件。领部较高。根据口部的不同，分为四型。

A型　12件。喇叭口。素面。T2⑦∶12，泥质黄褐陶。残高4.7厘米（图一三，1）。H12∶7，泥质灰陶。残高3.3厘米（图一三，2）。H11∶37，泥质黑皮陶。残高3.2厘米（图一三，3）。H18∶13，泥质灰黄陶。残高2.5厘米（图一三，4）。

H18∶2，泥质灰白陶。残高7厘米（图一三，5）。H15∶1，泥质灰黄陶。口径26、残高5.3厘米（图一三，6）。H18∶1，夹细砂灰陶。口径31、残高5.6厘米（图一三，7）。H12∶4，泥质灰黄陶。口径15、残高5.7厘米（图一三，8）。H11∶2，泥质灰黄陶。口径23、残高5.3厘米（图一三，9）。H11∶11，泥质灰白陶。口径27、残高2.4厘米（图一三，10）。H10∶5，泥质灰白陶。口径20、残高5.6厘米（图一三，11）。H6∶2，泥质黄褐陶。口径30、残高3.6厘米（图一三，12）。

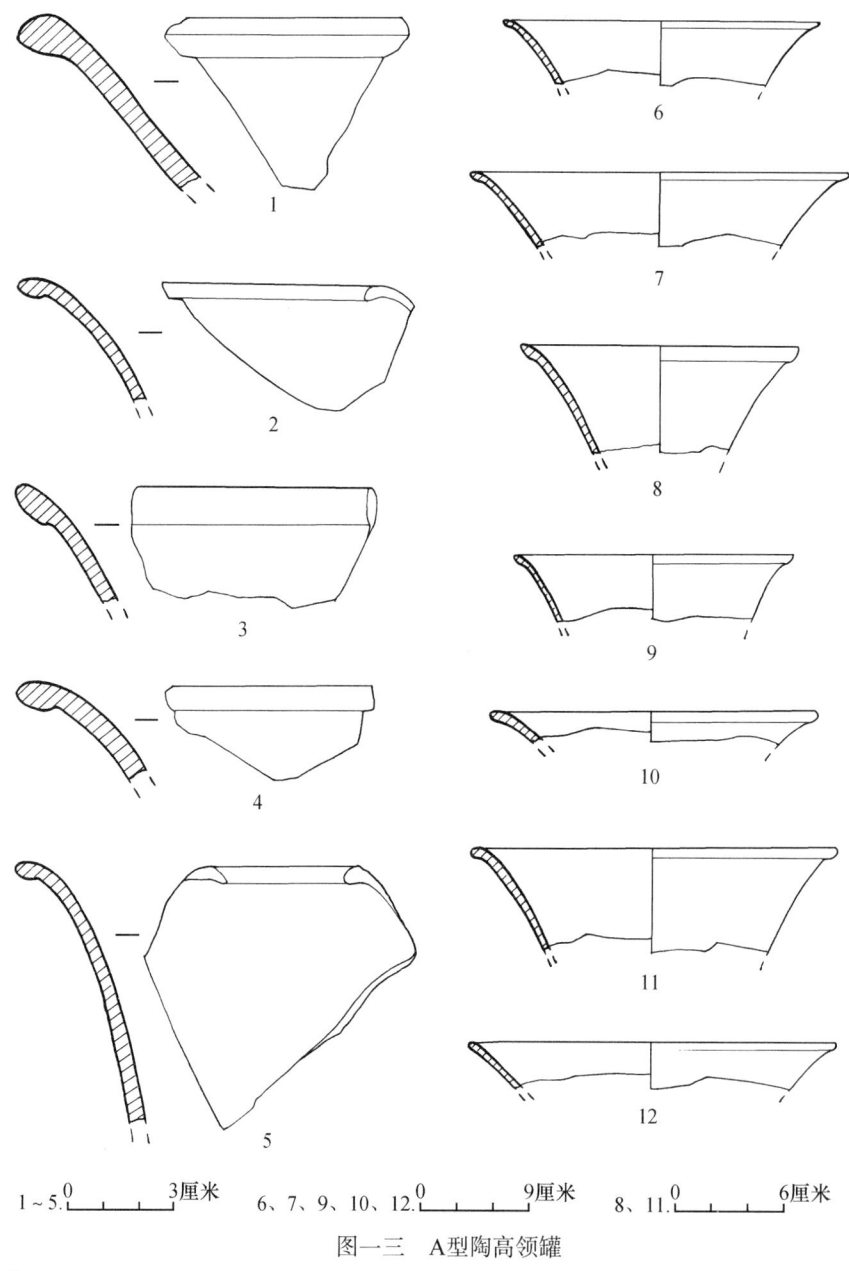

图一三　A型陶高领罐

1. T2⑦∶12　2. H12∶7　3. H11∶37　4. H18∶13　5. H18∶2　6. H15∶1　7. H18∶1　8. H12∶4　9. H11∶2
10. H11∶11　11. H10∶5　12. H6∶2

B型　5件。盘口。素面。T4⑤：7，夹细砂红褐陶。口径22、残高6.3厘米（图一四，1）。T4⑤：19，夹砂灰陶。口径20、残高3.8厘米（图一四，2）。H5：3，夹细砂灰陶。残高3.5厘米（图一四，5）。T4⑤：27，泥质红褐陶。残高5厘米（图一四，6）。H3：20，夹细砂红褐陶。残高4.8厘米（图一四，8）。

C型　4件。敞口。素面。T4⑤：3，夹细砂褐陶。口径21、残高5.8厘米（图一四，3）。T4⑤：13，夹砂灰褐陶。口径20、残高5.5厘米（图一四，4）。T1⑤：1，泥质黑皮陶。残高2.5厘米（图一四，7）。T4⑤：21，夹砂红褐陶。残高4.8厘米（图一四，9）。

D型　5件。侈口。T4⑤：25，夹砂灰黄陶。素面。口径19、残高5.5厘米（图一五，1）。G1：2，夹砂灰黄陶。素面。口径16、残高4厘米（图一五，2）。

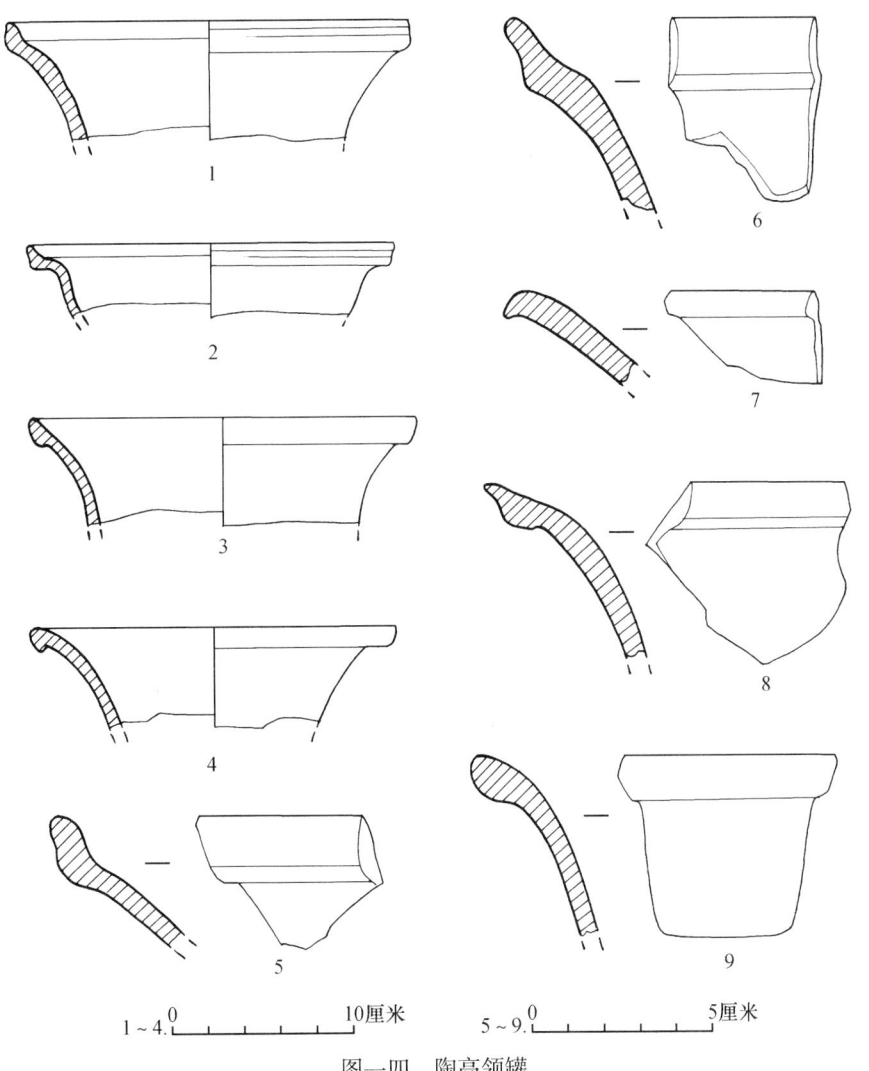

图一四　陶高领罐

1、2、5、6、8.B型（T4⑤：7、T4⑤：19、H5：3、T4⑤：27、H3：20）　3、4、7、9.C型（T4⑤：3、T4⑤：13、T1⑤：1、T4⑤：21）

T5⑤：16，夹砂灰褐陶。素面。口径20、残高5厘米（图一五，3）。H2：6，夹砂灰褐陶。素面。口径20、残高6.7厘米（图一五，4）。T3⑤：1，泥质红陶。鼓腹，平底略内凹。领部饰一周凸弦纹。口径8.2、底径6.8、高14.2厘米（图一五，5）。

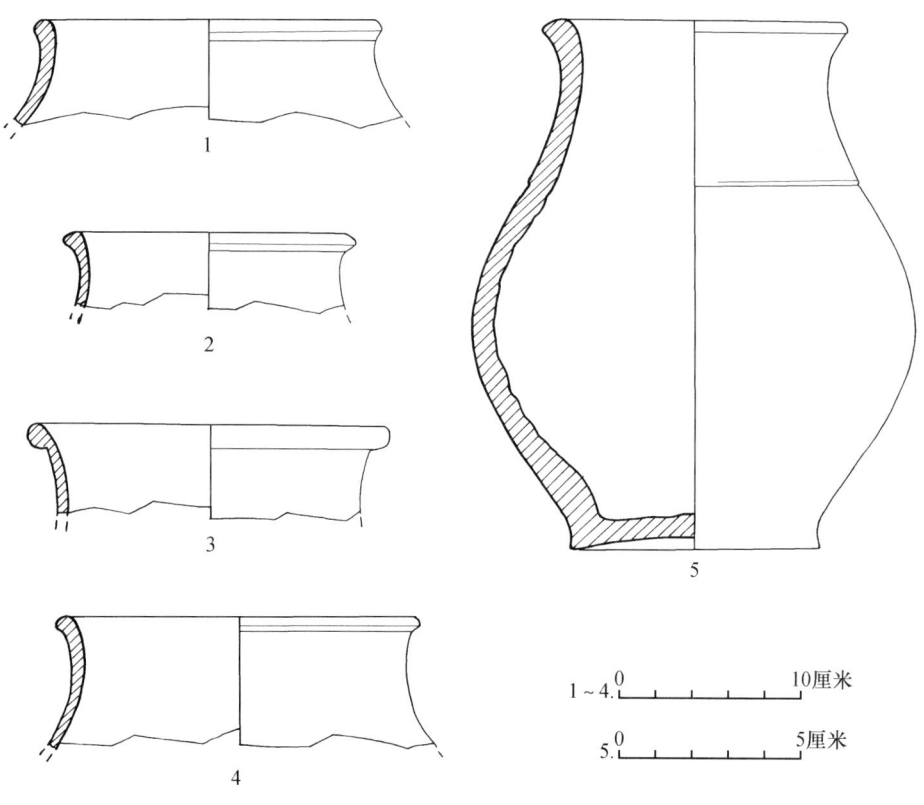

图一五　D型陶高领罐
1.T4⑤：25　2.G1：2　3.T5⑤：16　4.H2：6　5.T3⑤：1

窄沿罐　4件。折沿，沿部较窄。根据肩部的不同，分为二型。

A型　3件。溜肩。H11：47，夹砂红褐陶。口沿及腹部饰绳纹。残高5厘米（图一六，1）。T3⑥：3，夹砂红褐陶。口沿及腹部饰绳纹。残高4厘米（图一六，3）。T2⑤：1，夹细砂褐陶。肩部饰一周戳印纹。残高3.5厘米（图一六，4）。

B型　1件。弧肩。T5⑦：4，夹砂红褐陶。肩部饰两周附加堆纹。残高3.2厘米（图一六，2）。

敛口罐　33件。颈部轮制痕迹比较明显。根据肩部和腹部的不同，分为五型。

A型　13件。溜肩。素面。G1：1，夹砂黄褐陶。残高3.5厘米（图一七，1）。H3：10，夹砂灰褐陶。残高4.2厘米（图一七，2）。T5⑤：1，夹砂黄褐陶。残高5.7厘米（图一七，3）。H11：10，泥质黑皮陶。残高3.2厘米（图一七，4）。T4⑤：11，夹砂灰黄陶。残高4厘米（图一七，5）。H10：4，泥质黄褐陶。残高2.5厘米（图一七，6）。T5⑤：2，夹砂灰黄陶。口径28、残高6.5厘米（图一七，7）。T5⑤：7，夹砂灰

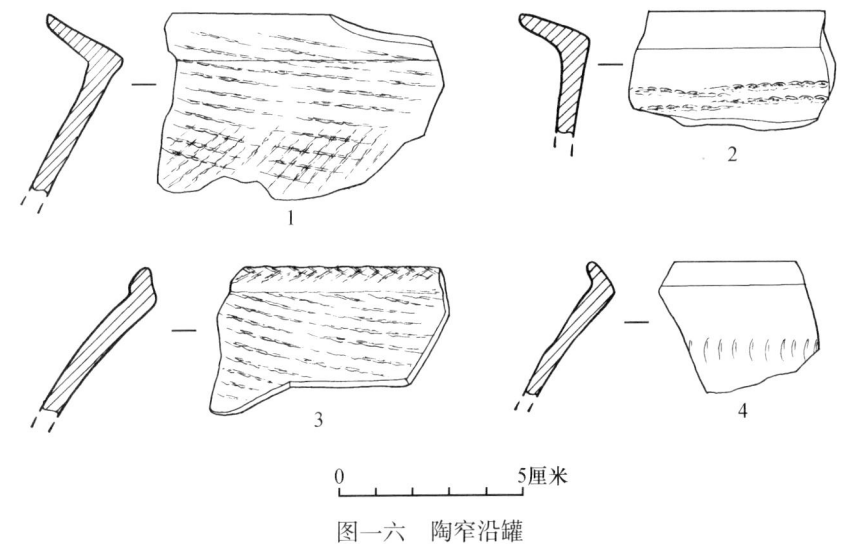

图一六　陶窄沿罐
1、3、4.A型（H11∶47、T3⑥∶3、T2⑤∶1）　2.B型（T5⑦∶4）

黄陶。口径18、残高6.5厘米（图一七，8）。G1∶3，夹细砂褐陶。口径16、残高2.8厘米（图一七，9）。H3∶1，夹砂灰黄陶。口径40、残高7.5厘米（图一七，10）。T4⑤∶1，夹砂灰黄陶。口径28、残高5.5厘米（图一七，11）。T5⑤∶13，夹砂灰褐陶。残高3.5厘米（图一七，12）。H3∶26，夹砂黑褐陶。残高4.3厘米（图一七，13）。

B型　10件。弧肩。素面。T4⑤∶4，夹砂灰黄陶。残高10.5厘米（图一八，1）。T4⑤∶41，夹粗砂灰陶。残高5.4厘米（图一八，2）。H3∶18，夹砂灰黄陶。残高5.2厘米（图一八，3）。H2∶1，夹砂灰黄陶。残高5厘米（图一九，1）。H3∶9，夹砂灰黄陶。残高5.2厘米（图一九，2）。T4⑤∶20，夹砂灰黄陶。残高5厘米（图一九，3）。H2∶8，夹砂灰黄陶。残高5厘米（图一九，4）。T5⑤∶11，夹砂灰黄陶。残高3.2厘米（图一九，5）。T4⑤∶18，夹砂红褐陶。残高4.2厘米（图一九，6）。H10∶7，泥质红陶。口径21、残高5.4厘米（图一九，7）。

C型　2件。鼓肩。素面。H3∶11，夹砂灰陶。口径29、残高10厘米（图二〇，1）。T5⑤∶4，夹砂灰黄陶。口径28、残高6厘米（图二〇，2）。

D型　1件。折沿，直腹。素面。H3∶24，夹砂红陶。残高3厘米（图二〇，3）。

E型　7件。广肩。颈部有轮制痕迹。根据口部的不同，分为三亚型。

Ea型　3件。沿部外折。素面。T4⑤∶17，夹砂红褐陶。口径38、残高5厘米（图二一，1）。H3∶8，夹砂黑褐陶。口径38、残高4厘米（图二一，3）。H3∶5，夹砂灰黄陶。口径27、残高5.2厘米（图二一，5）。

Eb型　3件。沿部略向内收。H3∶16，夹砂灰黄陶。素面。口径20、残高4厘米（图二一，2）。H3∶3，夹砂黑褐陶。肩部饰重菱纹。口径36、残高5.3厘米（图二一，

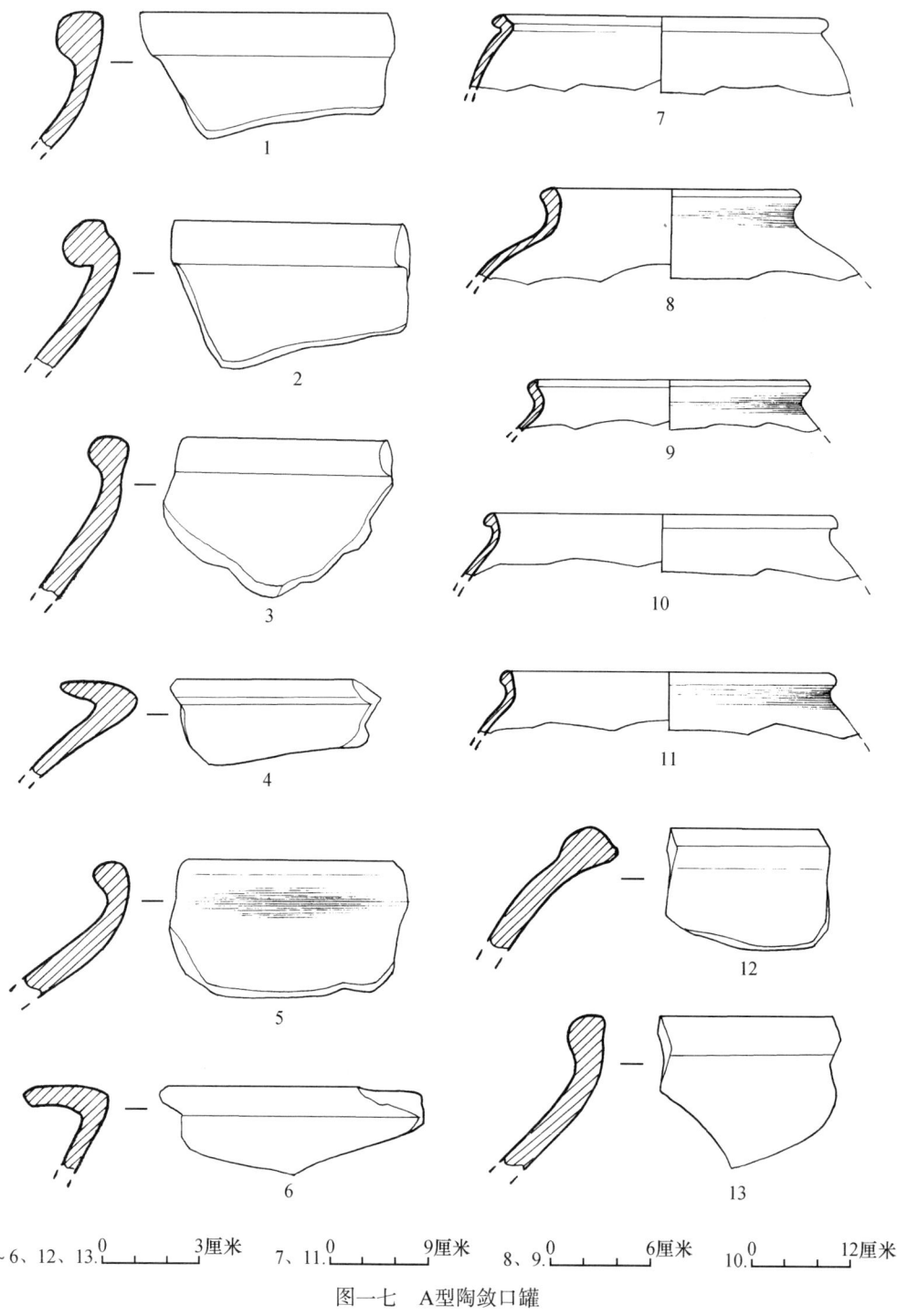

1~6、12、13. 0—3厘米　7、11. 0—9厘米　8、9. 0—6厘米　10. 0—12厘米

图一七　A型陶敛口罐

1. G1:1　2. H3:10　3. T5⑤:1　4. H11:10　5. T4⑤:11　6. H10:4　7. T5⑤:2　8. T5⑤:7　9. G1:3
10. H3:1　11. T4⑤:1　12. T5⑤:13　13. H3:26

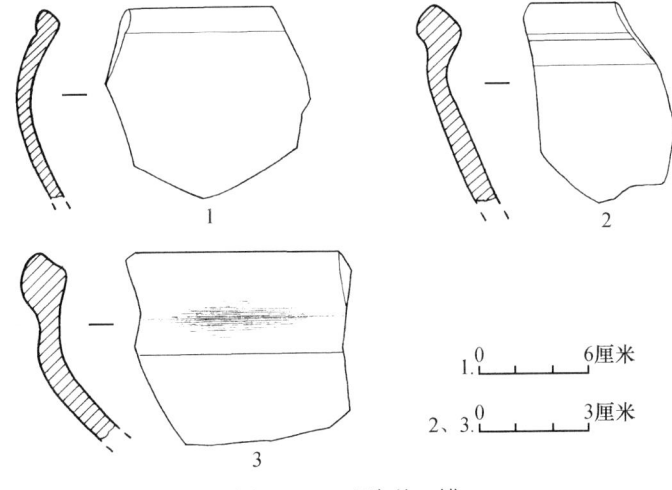

图一八　B型陶敛口罐
1. T4⑤∶4　2. T4⑤∶41　3. H3∶18

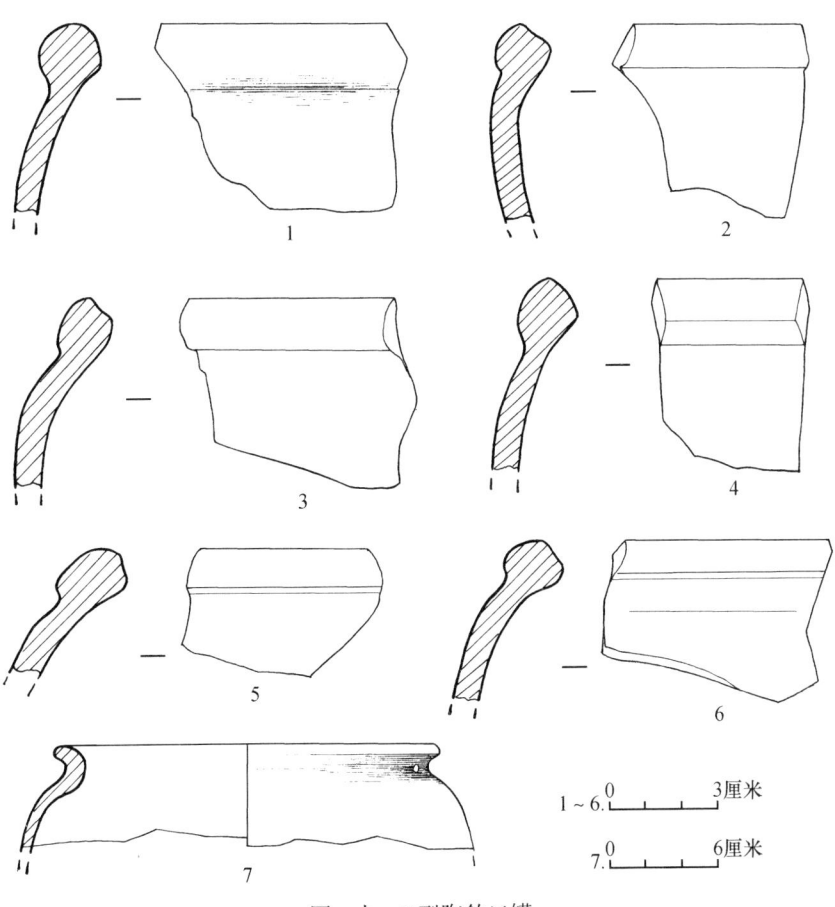

图一九　B型陶敛口罐
1. H2∶1　2. H3∶9　3. T4⑤∶20　4. H2∶8　5. T5⑤∶11　6. T4⑤∶18　7. H10∶7

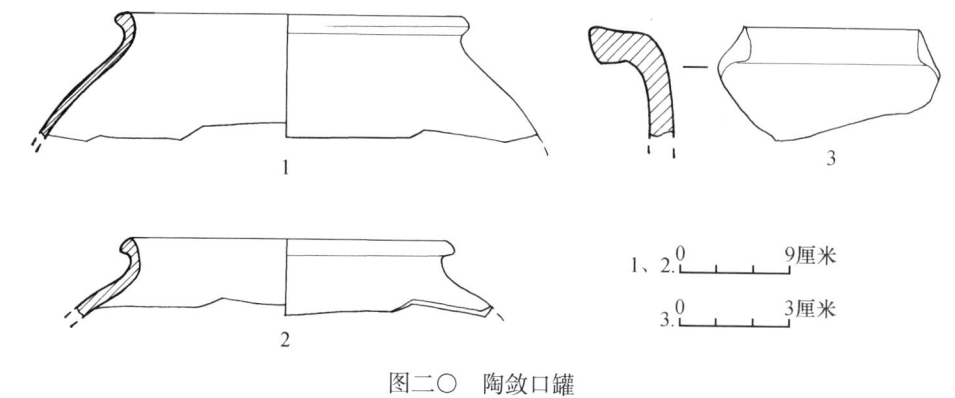

图二〇　陶敛口罐
1、2. C型（H3:11、T5⑤:4）　3. D型（H3:24）

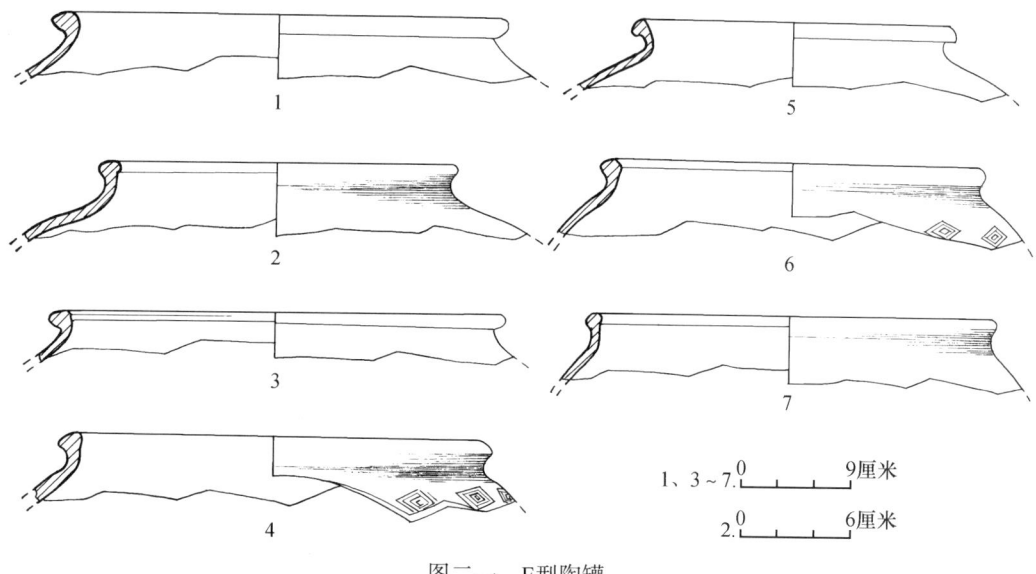

图二一　E型陶罐
1、3、5. Ea型（T4⑤:17、H3:8、H3:5）　2、4、6. Eb型（H3:16、H3:3、T4⑤:15）　7. Ec型（H3:4）

4）。T4⑤:15，夹砂灰黄陶。肩部饰重菱纹。口径32、残高6.3厘米（图二一，6）。

Ec型　1件。沿部竖直。H3:4，夹砂黑褐陶。素面。口径34、残高5.3厘米（图二一，7）。

曲沿罐　1件。T3⑤:5，夹细砂灰褐陶。敛口，溜肩。素面。残高3.2厘米（图二二，3）。

小平底罐　1件。H4:1，夹细砂褐陶。敛口，卷沿，圆唇，鼓腹。素面。口径24、残高4.6厘米（图二二，4）。

壶　9件。素面。根据口部的不同，分为二型。

A型　6件。侈口。H12:2，泥质黑皮陶。颈部有一圆孔。残高6厘米（图二三，1）。H11:1，泥质黑皮陶。残高7.2厘米（图二三，3）。H11:16，泥质灰黄陶。颈

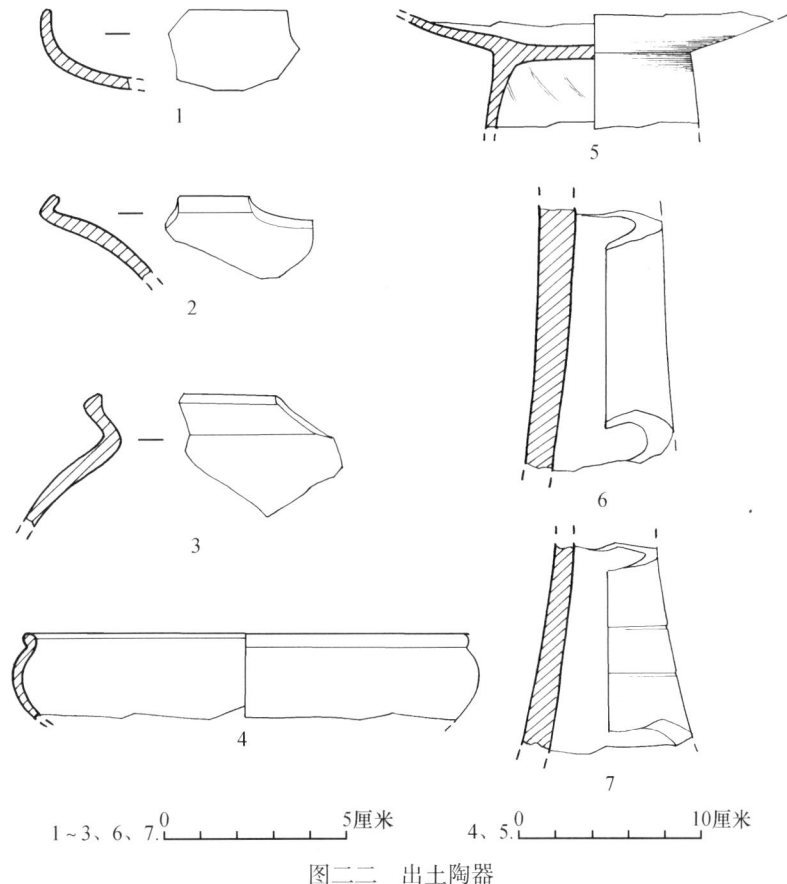

图二二　出土陶器

1、2.尖底盏（H2：12、H2：10）　3.曲沿罐（T3⑤：5）　4.小平底罐（H4：1）　5～7.高柄豆（H11：22、T5⑤：17、G1：6）

部有一圆孔。残高6.2厘米（图二三，6）。T4⑤：37，夹砂灰黄陶。残高3.6厘米（图二四，1）。H1：1，夹砂灰褐陶。残高3厘米（图二四，2）。T5⑤：14，夹砂红褐陶。残高4厘米（图二四，3）。

B型　3件。敞口。H11：43，泥质灰黄陶。残高4.2厘米（图二三，2）。H11：5，泥质灰白陶。残高3.1厘米（图二三，4）。H11：23，泥质灰白陶。残高4.5厘米（图二三，5）。

瓮　1件。T4⑤：31，夹砂灰褐陶。侈口，卷沿，圆唇。素面。残高4厘米（图二四，4）。

宽沿尊　17件。折沿，圆唇。根据口部和腹部的不同，分为二型。

A型　7件。腹部较直，口径大致与腹径相当。H11：15，泥质灰黄陶。腹部偏上处有一周凸棱纹。口径32、残高6.6厘米（图二五，1）。H11：7，泥质灰黄陶。素面。口径29、残高4.6厘米（图二五，2）。H11：35，泥质灰黄陶。素面。残高3.8厘米（图二五，3）。T5⑦：7，泥质黑皮陶。素面。残高2.7厘米（图二五，4）。H9：2，泥质

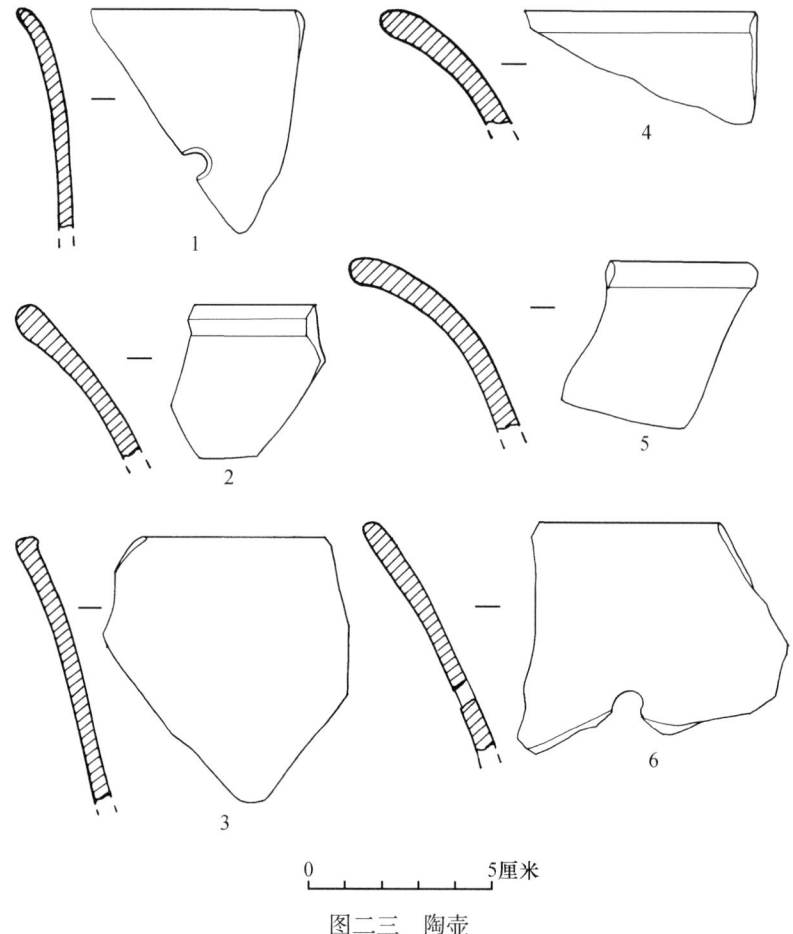

图二三 陶壶

1、3、6.A型（H12：2、H11：1、H11：16） 2、4、5.B型（H11：43、H11：5、H11：23）

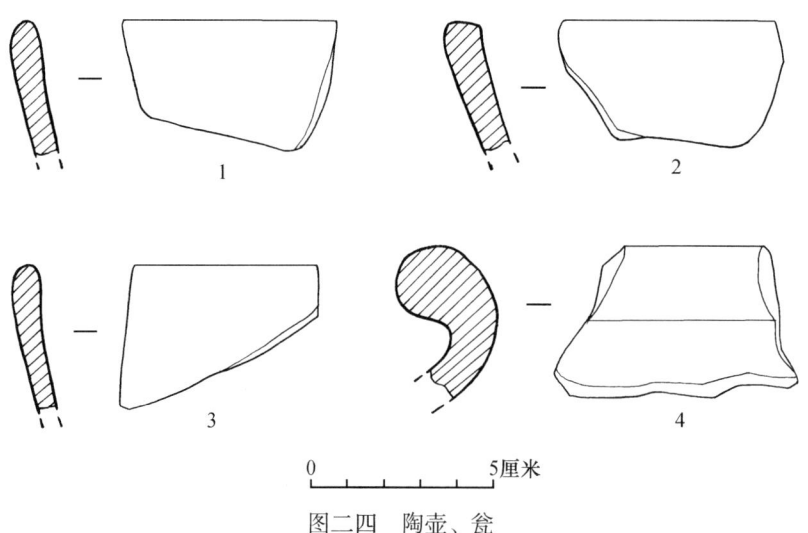

图二四 陶壶、瓮

1~3.A型壶（T4⑤：37、H1：1、T5⑤：14） 4.瓮（T4⑤：31）

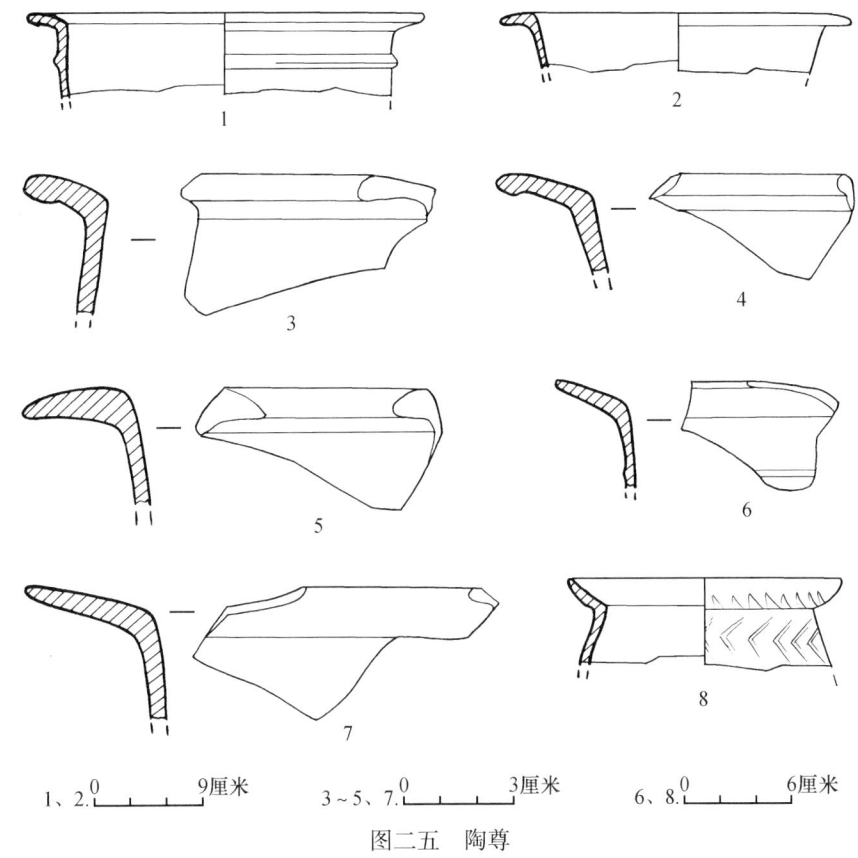

图二五　陶尊
1~7. A型宽沿尊（H11∶15、H11∶7、H11∶35、T5⑦∶7、H9∶2、H11∶41、H18∶3）　8. 盘口尊（H11∶38）

灰黄陶。素面。残高3.2厘米（图二五，5）。H11∶41，泥质黑皮陶。素面。残高5.8厘米（图二五，6）。H18∶3，泥质黑皮陶。素面。残高3.5厘米（图二五，7）。

B型　10件。腹部斜直，口径大于腹径。根据沿部的不同，分为二亚型。

Ba型　8件。沿部较宽。H11∶8，泥质灰黄陶。素面。口径24、残高6厘米（图二六，1）。H11∶50，泥质灰黄陶。腹部近口沿处饰一周凹弦纹和戳印纹。口径27、残高5厘米（图二六，2）。H11∶40，泥质黑皮陶。素面。口径22、残高5.6厘米（图二六，3）。H11∶18，泥质黑皮陶。素面。口径20、残高4.2厘米（图二六，4）。H11∶42，夹砂灰陶。素面。残高3.8厘米（图二六，5）。H11∶13，泥质黑皮陶。素面。残高3.2厘米（图二六，6）。H18∶12，夹细砂灰褐陶。腹部饰一周凹弦纹。残高3.8厘米（图二六，7）。H10∶3，夹细砂灰陶。腹部饰两周凹弦纹。残高4.2厘米（图二六，8）。

Bb型　2件。沿部较窄。T1⑥∶5，泥质灰黄陶。素面。残高4厘米（图二六，9）。T2⑦∶5，夹细砂红褐陶。腹部饰两周水波纹。残高5厘米（图二六，10）。

盘口尊　1件。H11∶38，夹砂红褐陶。盘口，无沿，圆唇，弧腹。盘口近腹部饰一周戳印纹，腹部饰一周双折线纹。口径15、残高4.5厘米（图二五，8）。

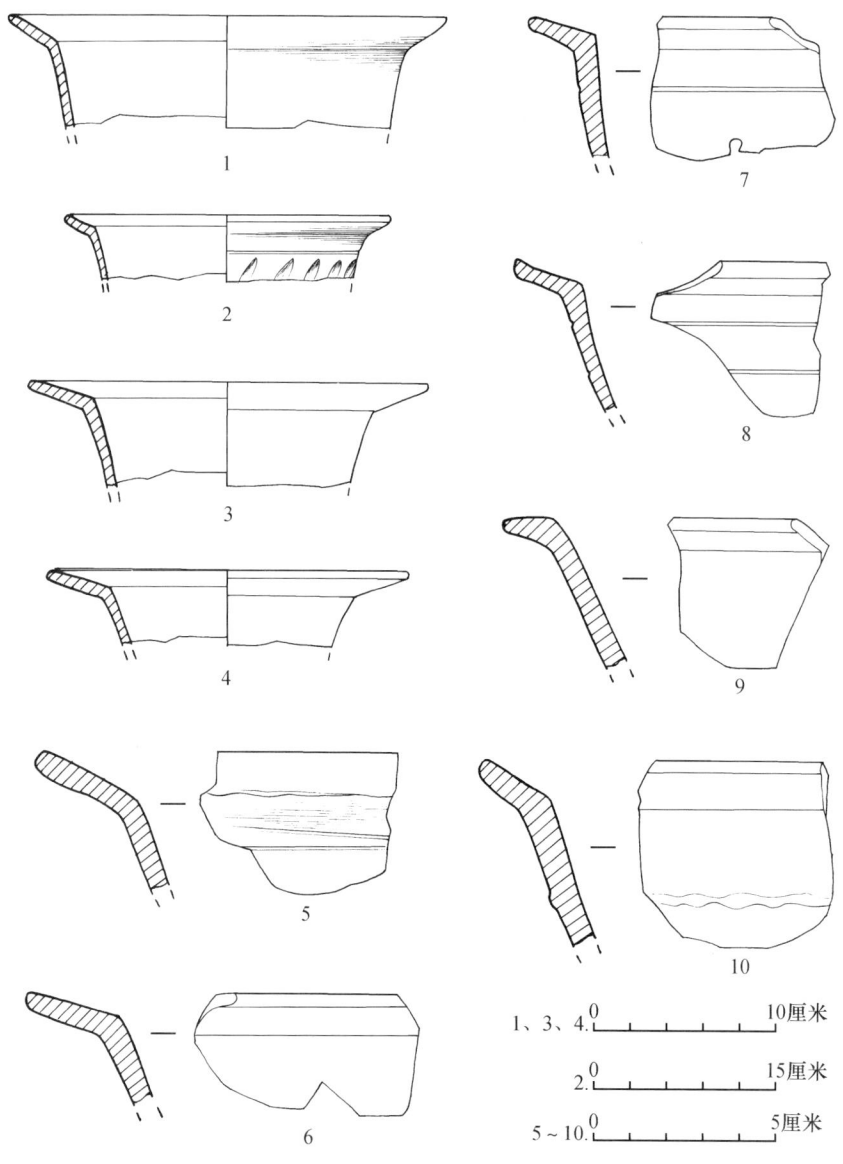

图二六　陶宽沿尊

1~8. Ba型（H11∶8、H11∶50、H11∶40、H11∶18、H11∶42、H11∶13、H18∶12、H10∶3）　9、10. Bb型（T1⑥∶5、T2⑦∶5）

盆　6件。折沿。根据腹部的不同，分为三型。

A型　2件。鼓腹。敛口，方唇。素面。T4⑤∶32，夹砂红褐陶。残高5.5厘米（图二七，1）。T4⑤∶2，夹砂黄褐陶。残高7厘米（图二七，3）。

B型　2件。直腹。折沿，圆唇。T3⑥∶2，夹砂红陶。腹部饰交错绳纹。残高5.5厘米（图二七，2）。T4⑥∶4，夹砂红陶。口沿处饰交错绳纹，腹部饰斜向绳纹。残高2.8厘米（图二七，4）。

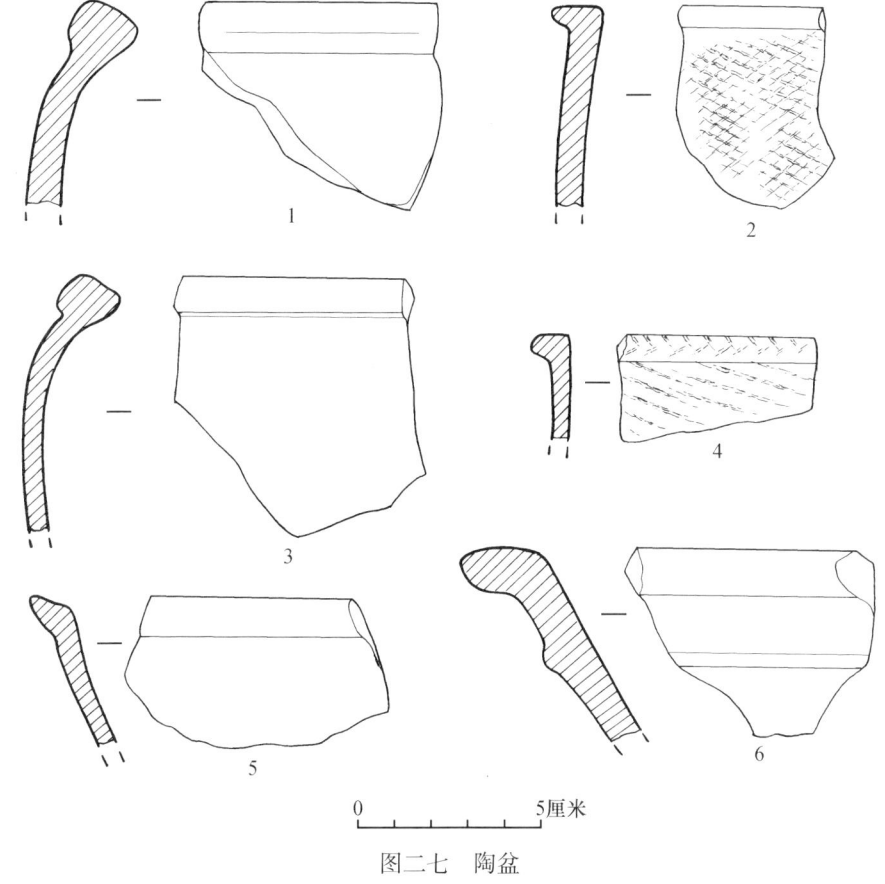

图二七　陶盆

1、3. A型（T4⑤：32、T4⑤：2）　2、4. B型（T3⑥：2、T4⑥：4）　5、6. C型（H11：45、T4⑤：3）

C型　2件。腹部斜直。折沿。H11：45，夹砂红褐陶。尖圆唇。素面。残高4厘米（图二七，5）。T4⑤：3，泥质灰褐陶。方圆唇。上腹部有一周凸棱纹。残高5厘米（图二七，6）。

簋形器　7件。仅残存口沿，内斜唇，上壁斜直。素面。T4⑤：34，夹细砂红褐陶。残高5厘米（图二八，1）。T5⑤：5，夹细砂红褐陶。口径37、残高7.2厘米（图二八，2）。T4⑤：23，夹细砂灰褐陶。口径30.5、残高4.5厘米（图二八，3）。H3：7，夹细砂红褐陶。残高6厘米（图二八，4）。H3：21，夹细砂红褐陶。残高6厘米（图二八，5）。T4⑤：35，夹细砂灰褐陶。残高5.6厘米（图二八，6）。T5⑤：23，夹砂红褐陶。残高3.6厘米（图二八，7）。

器盖　4件。平面形状呈覆盘状。H12：8，夹砂红褐陶。器表饰数周凹弦纹。残高3厘米（图二九，1）。H8：4，泥质黑皮陶。素面。残高2.5厘米（图二九，2）。H13：7，泥质黑皮陶。器表饰数个重环纹。口径34、残高3厘米（图二九，3）。T4⑤：26，夹细砂褐陶。素面。盖身有明显的轮制痕迹。残高4厘米（图二九，6）。

器纽　2件。圆形，盘口状。T4⑤：46，夹砂灰褐陶。纽底部有镂孔。残高3厘米

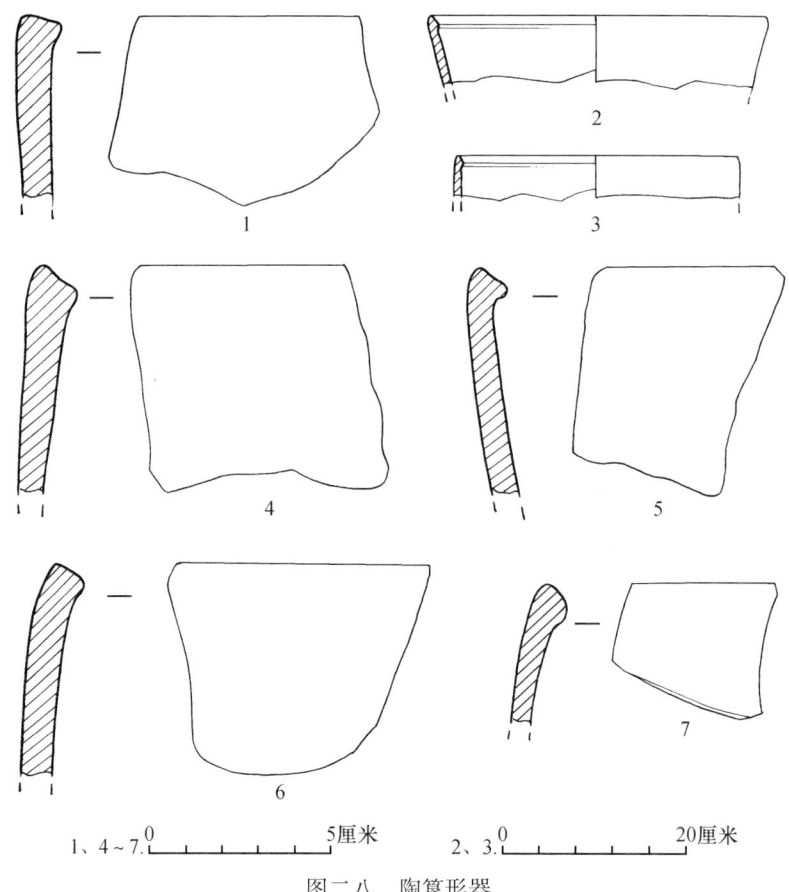

图二八 陶簋形器

1. T4⑤:34 2. T5⑤:5 3. T4⑤:23 4. H3:7 5. H3:21 6. T4⑤:35 7. T5⑤:23

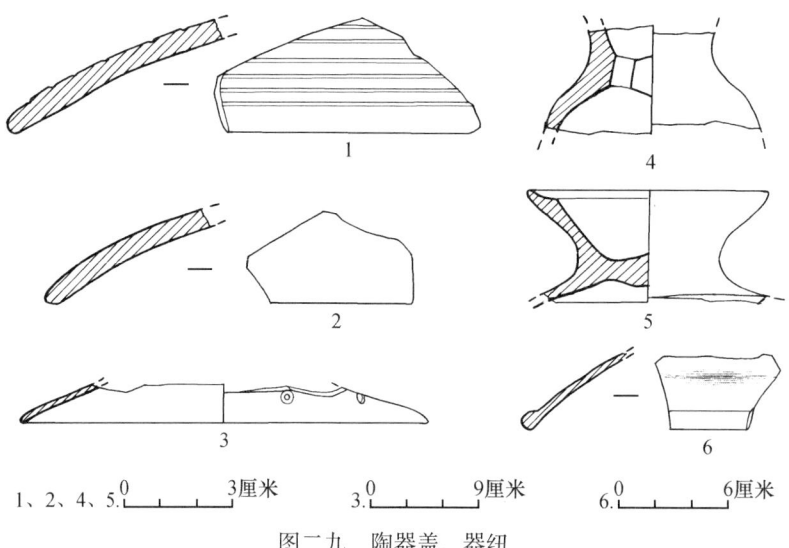

图二九 陶器盖、器纽

1~3、6.器盖（H12:8、H8:4、H13:7、T4⑤:26） 4、5.器纽（T4⑤:46、H8:2）

（图二九，4）。H8∶2，夹砂红褐陶。纽径6.5、残高3厘米（图二九，5）。

尖底杯　5件。保存较差，仅为底部。素面。根据腹部和底部的不同，分为二型。

A型　4件。杯底呈炮弹形。T4⑤∶43，泥质灰陶。残高2.7厘米（图三〇，1）。H3∶31，泥质灰陶。残高2.5厘米（图三〇，2）。H3∶34，泥质灰陶。残高2.8厘米（图三〇，3）。T5⑤∶21，泥质灰陶。残高2.6厘米（图三〇，4）。

B型　1件。有折棱。G1∶5，泥质灰陶。残高4厘米（图三〇，5）。

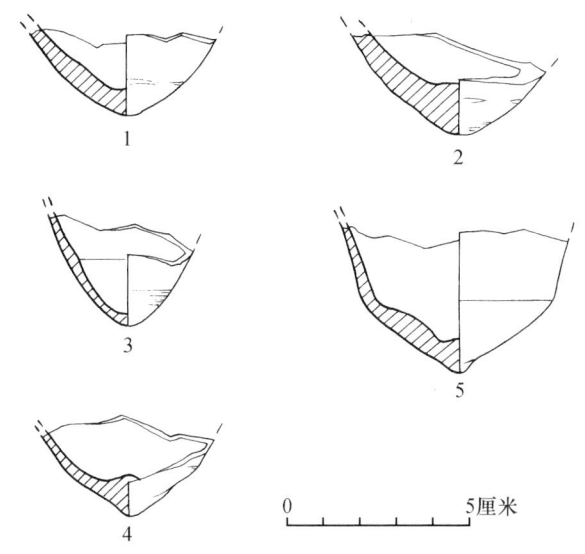

图三〇　陶尖底杯
1~4.A型（T4⑤∶43、H3∶31、H3∶34、T5⑤∶21）　5.B型（G1∶5）

圈足　5件。根据足部的不同，分为二型。

A型　1件。足部内敛。H3∶28，夹细砂红褐陶。素面。残高3厘米（图三一，1）。

B型　4件。足部外侈，可能为尊的圈足。H3∶25，夹细砂灰褐陶。素面。足径13、残高4.2厘米（图三一，2）。H11∶52，泥质黑皮陶。素面。足径18、残高9.2厘米（图三一，3）。H18∶5，夹砂红陶。近底处饰镂孔和一周戳印纹。残高4.2厘米（图三一，4）。H18∶4，夹砂红陶。近底处饰镂孔和一周戳印新月纹。足径9、残高4.5厘米（图三一，5）。

尖底盏　2件。素面。H2∶12，夹砂灰黑陶。直口，腹部较圆润。残高2.2厘米（图二二，1）。H2∶10，夹砂红陶。敛口，折腹。残高2.2厘米（图二二，2）。

高柄豆　3件。圆管状，中空。H11∶22，泥质灰黄陶。素面。残高6厘米（图二二，5）。T5⑤∶17，夹砂红陶。素面。残高7厘米（图二二，6）。G1∶6，泥质红褐陶。豆柄中部饰两周凹弦纹。残高5.5厘米（图二二，7）。

纺轮　2件。素面。根据剖面形状的不同，分为二型。

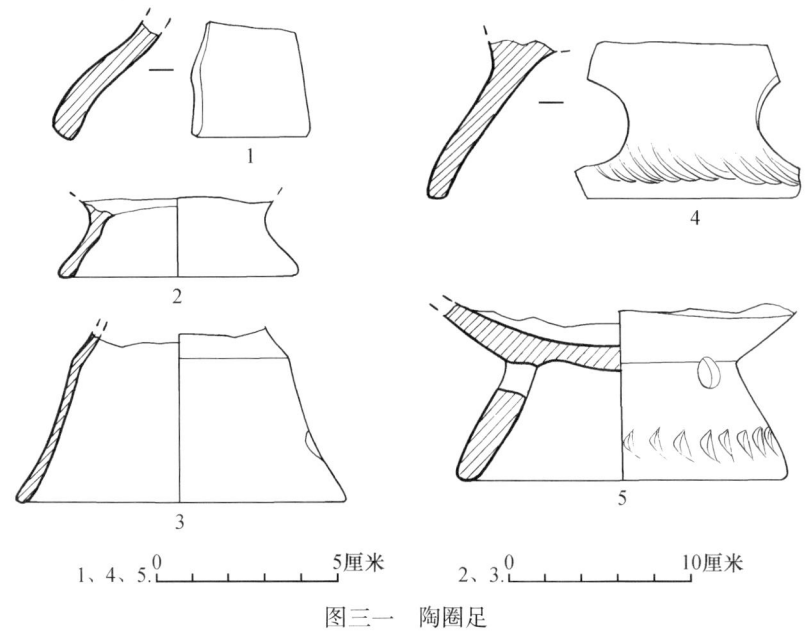

图三一 陶圈足
1.A型（H3∶28） 2～5.B型（H3∶25、H11∶52、H18∶5、H18∶4）

A型 1件。剖面形状为长方形。H1∶3，夹砂灰褐陶。直径4.7、孔径0.4～0.7厘米（图三二，1）。

B型 1件。剖面形状为梯形。T5⑤∶22，泥质红褐陶。上径1.5、下径4.6、上孔径0.45、下孔径0.4、高2厘米（图三二，2）。

器底 3件。平底。素面。H13∶5，泥质灰黄陶。底径7.2、残高4.3厘米（图

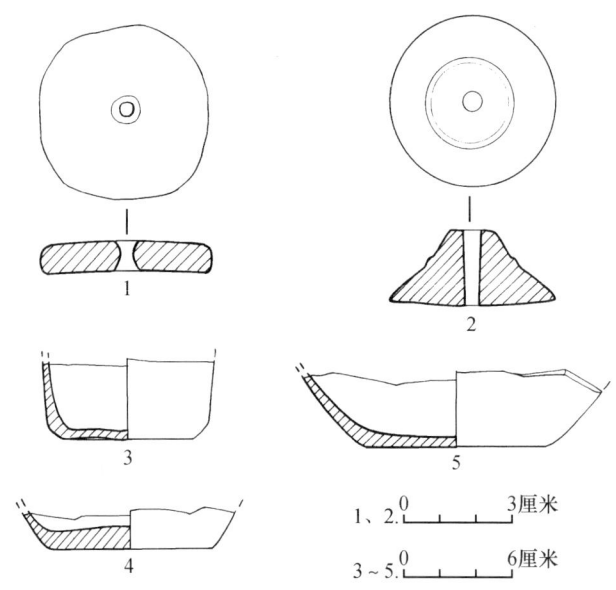

图三二 出土陶器
1.A型纺轮（H1∶3） 2.B型纺轮（T5⑤∶22） 3～5.器底（H13∶5、T2⑦∶1、H15∶7）

三二,3)。T2⑦:1,泥质红陶。底径9、残高2厘米(图三二,4)。H15:7,泥质灰黄陶。底径10、残高4厘米(图三二,5)。

四、结　语

此次和平村遗址发掘工期紧,揭露面积十分有限,但还是在一定程度上掌握了该遗址的时代、内涵和文化面貌等信息。

和平村遗址发现遗物大致可以分为A、B两组。A组以泥质陶所占比例略高,器形以绳纹花边口沿罐、壶、喇叭口高领罐、窄沿罐、曲沿罐、圈足器、尊为主;纹饰种类有戳印纹、新月纹、弦纹、镂孔等。均出土于第6、7层和第7层下的灰坑中,个别发现于晚期地层第5层中,如曲沿罐(T3⑤:5)。其中曲沿罐与鱼凫村遗址[1]T9⑤:83、窄沿罐与鱼凫村遗址A型Ⅲ式侈口罐(H48③:117)、圈足与鱼凫村遗址A型Ⅰ式圈足器(H43③:55)均十分相近。B组以夹砂褐陶为主,器形以高柄豆、小平底罐、尖底盏、尖底杯、瓮、器盖、纺轮、篦形器、高领罐为主,均出土于第5层和开口于第5层下的灰坑中。B组以尖底器、器盖、纺轮等最有时代特征,这批陶器在十二桥遗址[2]中均可找到同类器形。例如,尖底杯A型、B型分别与十二桥遗址Ab型Ⅰ式、Ab型Ⅱ式,尖底盏与十二桥遗址D型Ⅲ、Ⅳ式,器盖与十二桥遗址Ad型、Af型,纺轮与十二桥遗址B型、F型均十分类似。参照《成都平原先秦文化初论》一文"这一时期(宝墩文化)的绳纹花边罐主要是沿袭二期的斜侈沿型……戳印纹有新月形纹……新出现曲沿罐、窄沿罐……肩部饰重菱纹的敛口广肩罐(十二桥文化)……尖底杯多弧腹圆润……原折腹的尖底盏变为折肩浅腹……"[3],不见十二桥文化二期晚段的陶釜和外叠唇瓮等,我们倾向于将和平村遗址A组时代定为宝墩文化三期,B组时代定为十二桥文化二期早段,上限或在十二桥文化一期晚段。

新都区北有青白江,南有毗河,自古就是巴蜀先民的中心聚居地,且发现的先秦时期遗址大致沿着古河道分布,本次发现的和平村遗址即位于青白江南岸台地上。在新都区,目前既发现了宝墩文化二、三期的忠义遗址[4],又发现了三星堆文化三期的五四村商代遗址[5],还发现了十二桥文化一期早段的褚家村遗址[6]及稍后的正因村遗址[7]。此外,距遗址数千米内还发现了新繁水观音遗址[8]和同盟村遗址[9],这两处遗址的时代均为十二桥文化时期。从这批遗址出土遗物可以明显看出它们之间的承继关系和时代变迁,这对研究新都地区先秦时期的聚落环境演变及变迁意义重大。和平村遗址为研究成都平原先秦时期的地貌特征和聚落分布提供了新的材料。

领队:陈云洪

发掘:姜世良　程远福　宋世友

张　浩　陈　蒿　杨　洋

绘图：李福秀
执笔：陈云洪　杨　洋

注　释

[1] 成都市文物考古工作队、四川联合大学历史系考古教研室、温江县文管所：《四川省温江县鱼凫村遗址调查与试掘》，《文物》1998年第12期。

[2] 四川省文物考古研究院、成都文物考古研究所：《成都十二桥》，文物出版社，2009年。

[3] 江章华、王毅、张擎：《成都平原先秦文化初论》，《考古学报》2002年第1期。

[4] 成都文物考古研究所、新都区文物管理所：《成都市新都区忠义遗址发掘简报》，《四川文物》2009年第3期。

[5] 成都市文物考古工作队、新都县文物管理所：《四川新都县桂林乡商代遗址发掘简报》，《文物》1997年第3期。

[6] 成都市文物考古工作队、新都县文物管理所：《成都市新都区褚家村遗址发掘简报》，《四川文物》2010年第4期。

[7] 成都文物考古研究所、新都区文物管理所：《成都市新都区商周遗址发掘简报》，《文物》2008年第5期。

[8] 四川省博物馆：《四川新凡县水观音遗址试掘简报》，《考古》1959年第8期。

[9] 成都文物考古研究所、新都区文物管理所：《成都市新都区同盟村遗址商周时期遗存发掘简报》，《四川文物》2015年第5期。

附表一　第5层陶片陶质陶色及纹饰统计表

纹饰 \ 数量/件 \ 陶质陶色	夹砂（91.75%）			泥质（8.25%）		合计	百分比/%
	灰黄	红褐	黄褐	灰	黄		
素面	127	98	117	25	8	375	93.75
绳纹			10			10	2.5
弦纹			2			2	0.5
镂孔			1			1	0.25
菱形纹	8	2				10	2.5
网格纹			2			2	0.5
合计	135	100	132	25	8	400	
百分比/%	33.75	25	33	6.25	2		100

附表二　第7层陶片陶质陶色及纹饰统计表

纹饰 \ 数量/件 \ 陶质陶色	夹砂（57%）				泥质（43%）				合计	百分比/%
	黑褐	红	灰黄	红褐	灰	黑皮	黄	红		
素面	6	20	14	8	13	13	13	15	102	70.8
绳纹	2	6	3	10					21	14.6
弦纹		4	1	5	2	2	1	2	17	11.8
戳印纹		2	1						3	2.1
凸棱纹							1		1	0.7
合计	8	32	19	23	15	16	14	17	144	
百分比/%	5.6	22.2	13.2	16	10.4	11.1	9.7	11.8		100

附表三　H10出土陶片陶质陶色及纹饰统计表

纹饰 \ 数量/件 \ 陶质陶色	夹砂（35.5%）				泥质（64.5%）				合计	百分比/%
	黑褐	红	灰黄	红褐	灰	黑皮	黄	红		
素面	19	15	18	10	46	33	64	75	280	73.7
绳纹	5	9	7	31					52	13.7
弦纹	1	3	3	3	10	4	5	6	35	9
镂孔						1		1	2	0.6
戳印纹	4	1	1	2					8	2.1
附加堆纹				3					3	0.9
合计	29	28	29	49	56	38	69	82	380	
百分比/%	7.6	7.4	7.6	12.9	14.7	10	18.2	21.6		100

2017年会理县马鞍子遗址调查简报

成都文物考古研究院
凉山彝族自治州博物馆
会理县文物管理所

　　会理是古代"南方丝绸之路"入滇的要津，因其重要的地理位置，素有"川滇锁钥"的盛誉。地理坐标为东经101°52′~102°38′、北纬26°5′~27°12′，北距西昌市185千米，南距攀枝花市120千米。其境内山峦起伏，河流纵横，沟谷相间，山地、丘陵、平坝是其主要的自然地理景观，平坝较少。地势北高南低，一般海拔约2000米，相对高差为800~1000米，有"一山分四季，十里不同天"之说。境内主要河流有成河、摩挲河、岔河、矮郎河等10余条。气候属于中亚热带西部半湿润性气候，高海拔、低纬度使其气候呈现冬无严寒、夏无酷暑的特点。垂直差异大，高山积雪与峡谷炎热并见。元鼎六年（前111年），汉武帝诛杀邛君、筰侯，以邛都为越嶲郡（西昌），置邛都、定筰、苏云、台登、会无、三绛、卑水、姑复、遂久、青蛉、灵光、筰秦、大筰、潜街、阐15县。会无即今会理，三绛在今会理县所属黎溪境。此为会理正式建制见于文字记载之始，此后历经2000多年其境域变化一直不大。

　　马鞍子遗址位于会理县东南部的通安镇新发镇乐寨村4组（图一），遗址地处通安至新发公路右侧一河沟边的台地上，因台地两头高、中间低形似马鞍，故名。遗址坐落于两条小河沟交汇之处，东部开阔，西部狭窄，文化堆积仅见分布于鞍部，马鞍两端不见。遗址地理坐标为东经102°15′50″、北纬26°20′31″，海拔1784米，现存面积约21600平方米。

　　2015年当地村民因在遗址西部建房，发现了大量陶片和石器，同时对遗址西部造成了较大破坏。2016年11月会理县文物管理所唐翔所长对该遗址进行了调查，确认该遗址为先秦时期遗址。遗址现地表植被以石榴为主，另有少量麦子，地表散落着大量的石器和陶片。石器主要包括斧、锛、石片、石料等。陶片以夹砂灰黑陶、灰褐陶为主，褐陶、红陶、灰陶次之；常见纹饰主要有刻划纹、篦点纹、绳纹等。器形主要为平底罐、钵等。此外，在遗址内还发现大量建筑遗存的土坯墙块、红烧土及动物骨骼。因该遗址的文化层堆积较厚，从房屋后堡坎断面观察有1.8~2米，土色呈黑褐色，包含物有大量陶片、红烧土颗粒及炭屑等。为了进一步了解该遗址的文化内涵、时代特征及保存状况等信息，2017年3月由成都文物考古研究院、凉山彝族自治州博物馆、会理县文物管理所组成的联合调查队，再次对该遗址进行了调查。除了地面踏查外，为了获取进一步

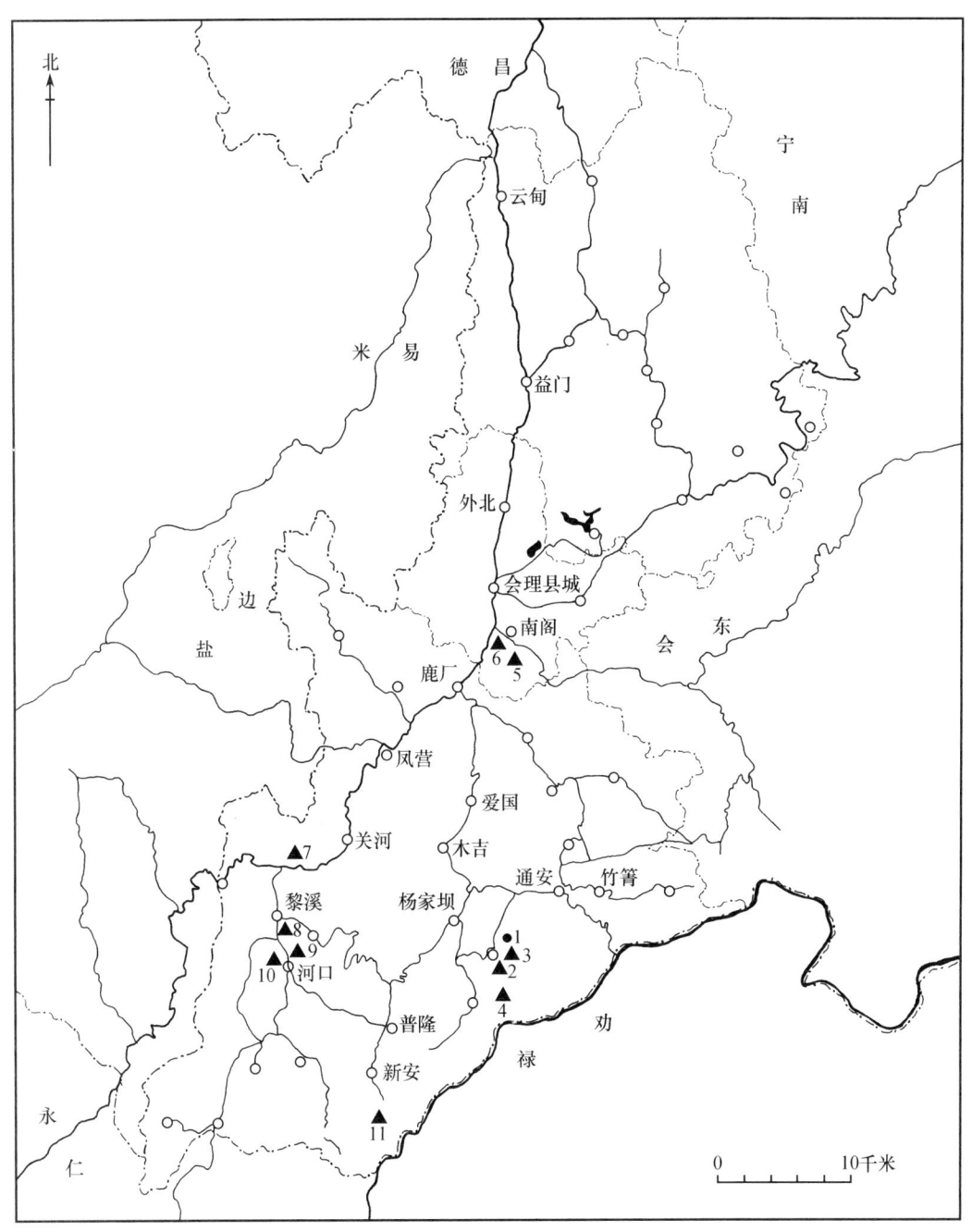

图一 遗址位置示意图

1.马鞍子遗址 2.庙子老包墓地 3.郭家堡墓地 4.浑水塘冶炼遗址 5.东咀遗址 6.雷家山墓地 7.莲塘遗址 8.唐家坡遗址 9.饶家地遗址 10.粪箕湾墓群 11.猴子洞遗址

信息,同时在遗址西部挖一条5米×4米的探沟,发掘编号为"2017SHM",探沟编号为TG1(图二)。由于堆积较深,考虑遗址保护和获取资料的目的,遂在整体发掘至第5层后,对该探沟仅进行二分之一发掘。本次调查与试掘采集和出土了大量遗物,以陶

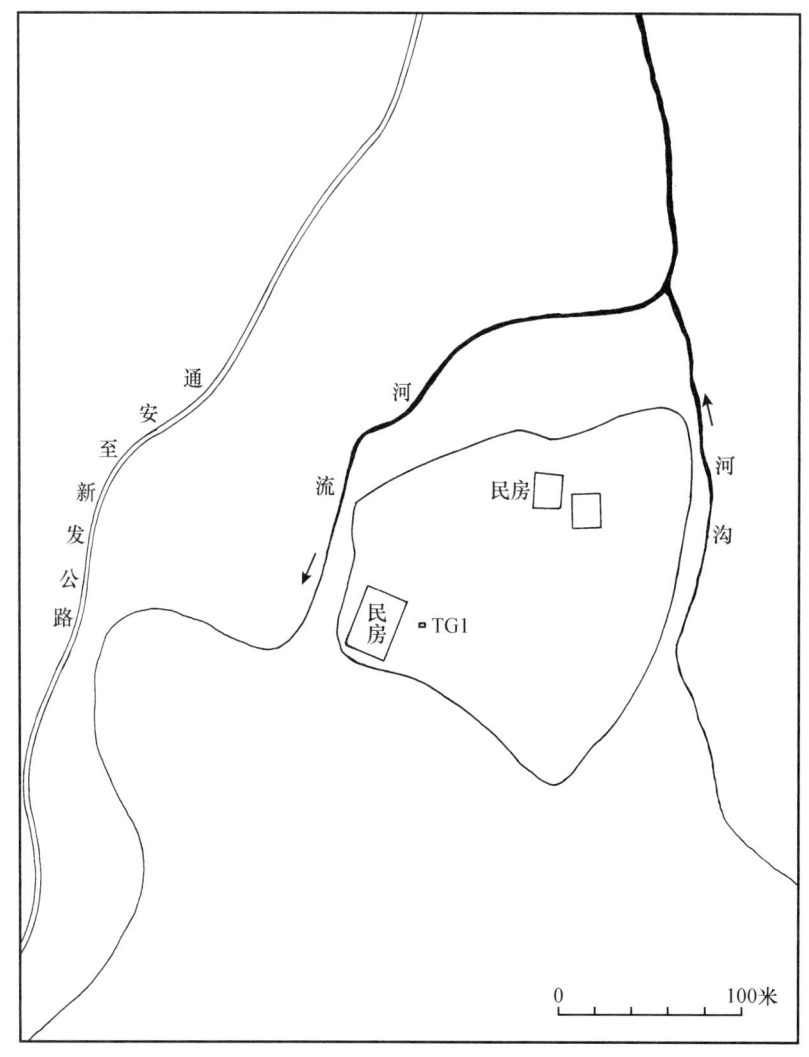

图二 遗址平面图和TG1位置示意图

片、石器、动物遗骸最为多见,还有大量的红烧土块和炭屑,试掘区域遗迹现象单一,仅见一烧土坑。现将本次调查与试掘收获简报如下。

一、地层堆积

TG1内堆积可统一分为7层,地层堆积以TG1北壁为例介绍如下(图三)。

第1层:浅褐灰色黏土,质地疏松,堆积随地势东高西低。厚0.25~0.4米。内含大量石榴树根、残陶片、石器及现代塑料和生活垃圾。为现代耕土层。

第2层:褐灰色黏土,质地疏松,堆积近水平。距地表深0.25~0.4、厚0.2~0.3米。内含少量石榴树根、残陶片、瓷片及现代塑料和生活垃圾。时代推测为近现代。

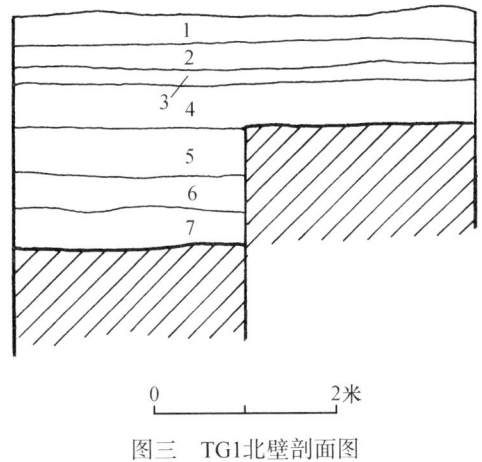

图三 TG1北壁剖面图

第3层：褐黄色黏土，质地板结，堆积两端高、中间低。距地表深0.55～0.6、厚0.15～0.2米。地层内石榴树根发现较少，另有少量陶片、瓷片、石器、炭屑及少量红烧土颗粒等包含物。时代推测为明清时期。

第4层：黑色黏土，质地疏松，堆积近水平。距地表深0.75～0.8、厚0.45～0.5米。地层内几乎不见石榴树根，包含大量陶片、石块、炭屑、红烧土颗粒或土块以及少量石器、动物遗骸等遗物。时代推测为青铜时代。

第5层：黑褐色黏土，质地板结，堆积近水平。距地表深1.15～1.25、厚0.5米。地层内包含大量夹砂陶片、炭屑、红烧土颗粒或土块以及少量石器、动物遗骸等遗物。时代推测为青铜时代。

第6层：褐黑色沙土，结构相对疏松，堆积近水平。距地表深1.6～1.7、厚0.35米。地层内包含一定数量的夹砂陶片、炭屑、红烧土颗粒或土块以及少量石器、动物遗骸等遗物。时代推测为新石器时代。

第7层：褐黄色黏土，质地板结，堆积近水平，东高西低。距地表深1.95～2.15、厚0.4米。地层内包含少量夹砂陶片、炭屑、红烧土颗粒或土块、石器、动物遗骸等遗物。时代推测为新石器时代。

第7层以下为黄色生土。

二、遗物类型学分析

先秦时期的文化堆积出土遗物以陶器、石器、动物遗骸、土坯墙体及红烧土颗粒和炭屑等为主，其中陶器出土数量和种类最为丰富，石器也占有相当比例。石器形制单一，仅为斧、锛、刀、砺石、半成品等，不具备类型学分析条件。陶器形制相对多样且相对清晰，常见器形有缸形器、锯齿状花边罐、束颈罐、乳钉纹罐、高领喇叭口罐、壶形器、纺轮等。为了描述方便，下文对其主要器形进行类型学分析。

缸形器 9件。未见可复原之器，陶片多为口部，陶质均为夹砂红陶，陶胎较厚，胎土细腻，但夹杂大片石英或大颗沙砾，烧制火候较高。表面装饰粗绳纹或篮纹，纹饰刻划较深。厚唇圆，唇部多有压印纹。根据口部形态的不同，分为四型。

A型 2件。侈口。TG1⑦：12（图五，9）。

B型 2件。直口。TG1⑦：14（图五，2）。

C型 4件。敛口。TG1⑦：8（图五，3）。

D型 1件。喇叭口。TG1⑥：14（图七，8）。

锯齿状花边罐 54件。唇部饰抹断锯齿纹。根据口部和沿部形态的不同，分为四型。

A型 14件。敞口，卷沿。TG1⑦：18（图五，10）。

B型 28件。侈口，宽折沿。TG1⑤：14（图一〇，3）。

C型 7件。喇叭口。TG1⑦：16（图五，4）。

D型 5件。盘口。TG1⑦：10（图五，5）。

乳钉纹罐 57件。根据器物形态和颈部的不同，分为三型。

A型 24件。罐形，颈部突出，束颈。根据口部形态的不同，分为二亚型。

Aa型 22件。敞口，窄卷沿，高领。TG1④：55（图一九，1）。

Ab型 2件。器形偏大，侈口，宽沿，矮领。TG1④：48（图一九，9）。

B型 32件。尊形，器形偏小，小口，颈部不突出，矮领。TG1④：46（图一九，2）。

C型 1件。瓮形，敛口，无颈。TG1④：41（图二〇，2）。

束颈罐 79件。根据口部形态的不同，分为四型。

A型 26件。侈口，束颈。根据沿部形态的不同，分为二亚型。

Aa型 19件。折沿。TG1④：42（图一九，7）。

Ab型 7件。卷沿。TG1④：27（图二一，3）。

B型 43件。敞口，卷沿，束颈。TG1④：33（图二一，8）。

C型 5件。喇叭口，束颈。TG1④：13（图二一，6）。

D型 5件。碗口，沿部内凹，折沿，束颈。TG1④：25（图一八，12）。

纺轮 4件。根据平面形状的不同，分为二型。

A型 2件。算珠形。TG1④：1（图二二，6）。

B型 2件。圆饼形。TG1③：1（图二二，7）。

器底 181件。根据底部形态的不同，分为二型。

A型 161件。平底。根据底部有无纹饰，分为二亚型。

Aa型 131件。素面。TG1⑤：27（图一三，2）。

Ab型 30件。底部饰有叶脉纹。TG1⑤：24（图一三，1）。

B型 20件。饼足。TG1⑤：25（图一三，3）。

三、遗迹与遗物

TG1除了发现1个烧土坑外,未见其他明显的遗迹现象,先秦时期的文化堆积中出土了大量遗物,以陶器、石器、动物遗骸、土坯墙体以及红烧土颗粒和炭屑等多见,其中陶器出土数量最多、种类最为丰富,石器也占有相当比例,动物骨骼保存较好。现按地层堆积顺序介绍如下。

(一)第7层出土遗物

1. 陶器

第7层出土陶片最少,以夹砂陶为主,几乎不见泥质陶。夹砂陶以红褐陶、灰褐陶、灰黑陶、褐陶多见,泥质陶仅见灰陶。该层出土陶片数量最多的是夹砂红褐色或灰褐色粗绳纹(篮纹)陶片,陶片烧制火候较高,陶胎羼合料较多,质地粗糙。部分夹砂灰黑陶片表面施黑色陶衣,陶胎质地相对较为细腻,陶衣上往往装饰繁缛的纹饰,以刻划和戳印为主,纹饰种类有弦纹和连续折线三角纹组成的复合纹饰带、戳印点纹和网格划纹组成的复合纹饰带、戳印圆圈纹等(图四)。陶片残碎,可辨器形较少,仅见缸形器、锯齿状花边罐等。

缸形器 4件。

A型 2件。TG1⑦:17,夹砂红陶。厚唇。唇部饰压印辫索纹,表面饰斜向篮纹。残高3.1厘米(图五,8)。TG1⑦:12,夹砂红陶。口微侈,厚圆唇。唇部饰压印斜向条纹,表面饰交错篮纹。残高4.5厘米(图五,9)。

B型 1件。TG1⑦:14,夹砂红陶。厚唇。表面饰斜向篮纹。残高4.5厘米(图五,2)。

C型 1件。TG1⑦:8,夹砂红陶。厚唇。表面饰交错粗绳纹。残高6.1厘米(图五,3)。

锯齿状花边罐 9件。

A型 3件。TG1⑦:6,夹砂红陶。厚圆唇。唇部饰压印细辫索纹。残高2.7厘米(图五,7)。TG1⑦:18,夹砂灰褐陶。圆唇。唇部饰压印细锯齿纹。残高3厘米(图五,10)。

C型 2件。TG1⑦:16,夹砂灰褐陶。圆唇。唇部饰压印细锯齿纹。残高2.3厘米(图五,4)。

D型 4件。TG1⑦:4,夹砂灰褐陶。圆唇。唇部饰压印细锯齿纹。残高4.3厘米(图五,1)。TG1⑦:10,夹砂灰褐陶,胎土中夹杂较多金沙石英砂粒。厚圆唇,束颈。唇部饰压印锯齿纹,表面饰斜向草叶纹。口径13.4、残高3厘米(图五,5)。

图四　第7层陶片纹饰拓片

1、2.弦纹（TG1⑦：19、TG1⑦：27）　3、7.粗绳纹（TG1⑦：22、TG1⑦：33）　4、10.点线纹和弦纹组成复合纹饰（TG1⑦：24、TG1⑦：28）　5、9.弦纹和连续折线三角纹复合纹饰（TG1⑦：20、TG1⑦：37）　6、8.点线纹（TG1⑦：21、TG1⑦：26）　11.戳印连珠纹（TG1⑦：25）

TG1⑦：11，夹砂灰褐陶。圆唇。唇部饰压印细锯齿纹。残高3.4厘米（图五，6）。

器底　15件。

Aa型　TG1⑦：9，夹砂褐陶。大平底。底径8.6、残高3.5厘米（图六，6）。TG1⑦：7，夹砂灰褐陶。大平底。底径11.2、残高4厘米（图六，7）。TG1⑦：5，泥质灰陶。大平底。底径17.4、残高2厘米（图六，8）。

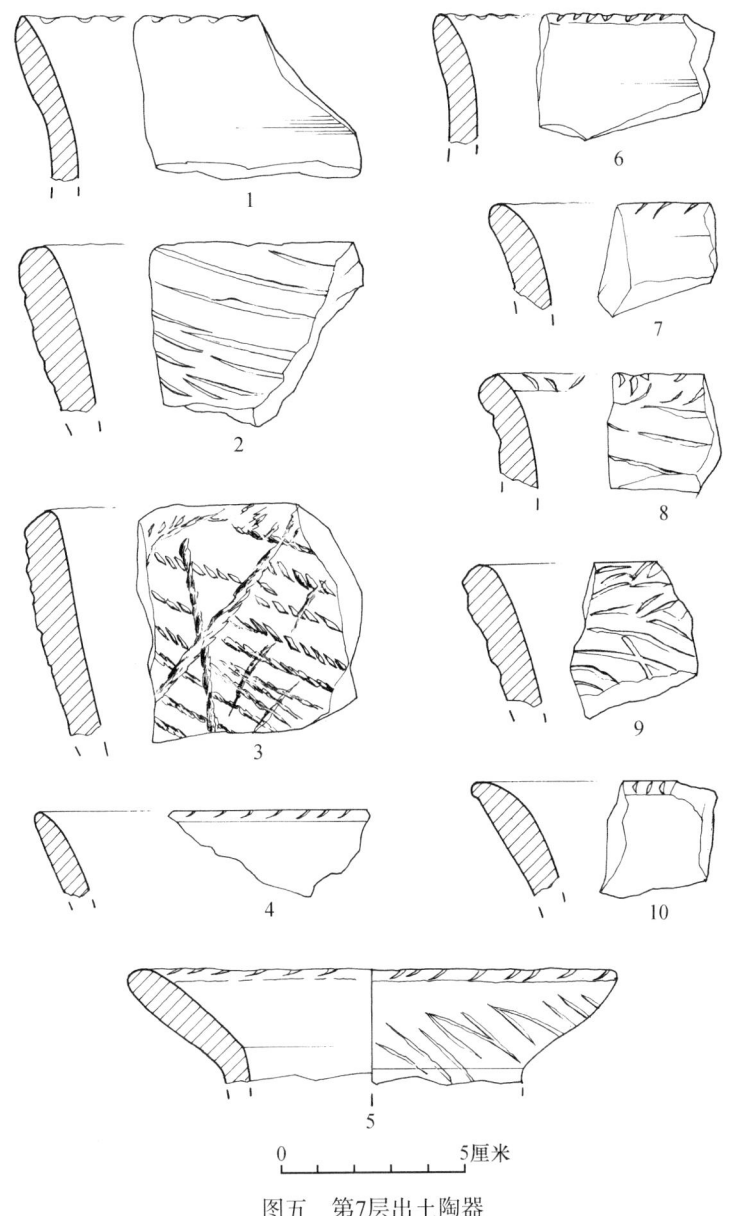

图五　第7层出土陶器

1、5、6. D型锯齿状花边罐（TG1⑦：4、TG1⑦：10、TG1⑦：11）　2. B型缸形器（TG1⑦：14）　3. C型缸形器（TG1⑦：8）　4. C型锯齿状花边罐（TG1⑦：16）　7、10. A型锯齿状花边罐（TG1⑦：6、TG1⑦：18）　8、9. A型缸形器（TG1⑦：17、TG1⑦：12）

2. 石器

石器数量非常少，均为磨制石器，器形仅见斧、锛及石器加工时打落的崩片。

斧　1件。TG1⑦：15，灰黑色石质。器身浑厚，仅存顶部一段，刃部残缺。平面呈三角形。器身表面磨制较精细，顶部和两侧有大量崩疤，未见磨制痕迹。残长8.7、残宽2.5～5.8、厚3.3厘米（图六，1）。

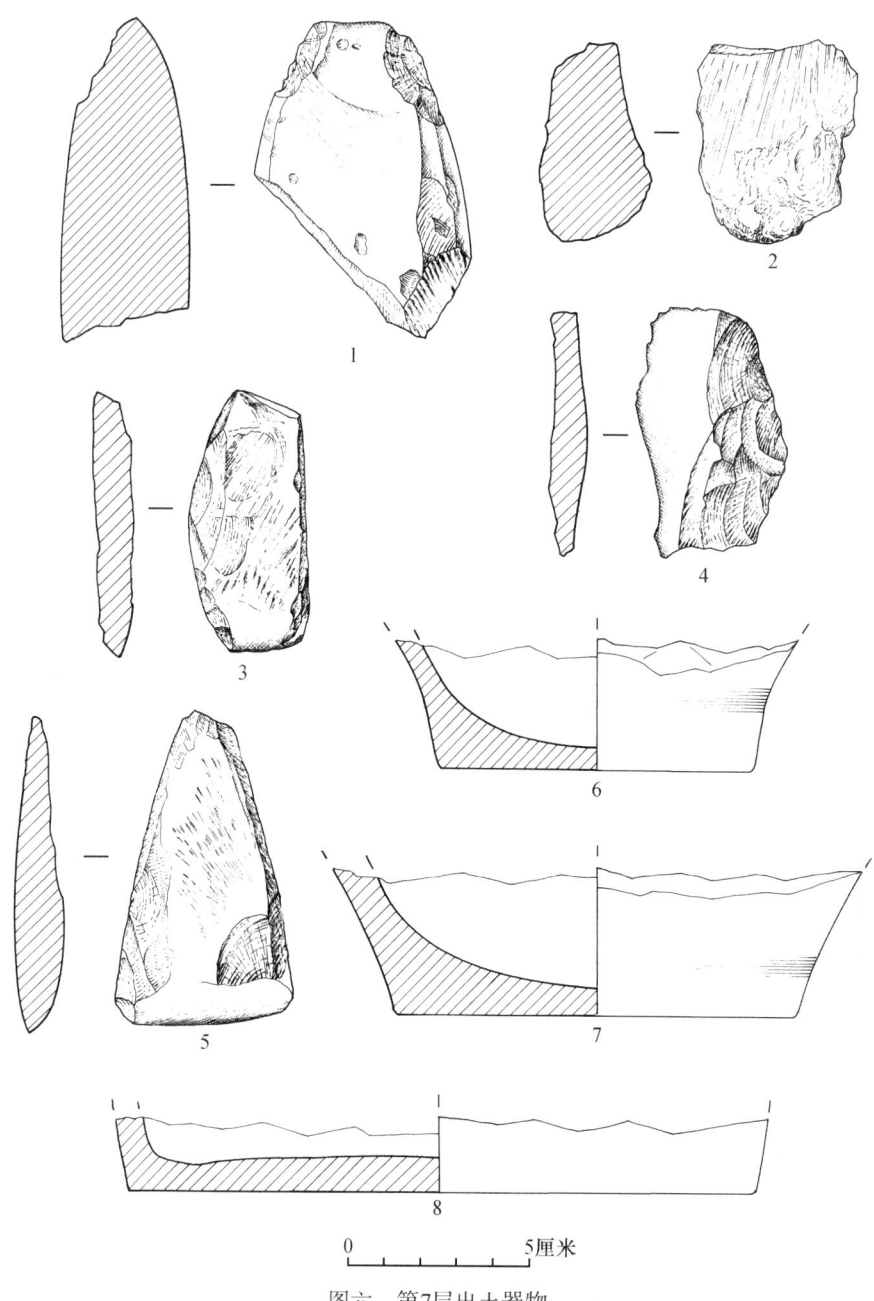

图六　第7层出土器物

1. 石斧（TG1⑦：15）　2. 土坯（TG1⑦：29）　3、5. 石锛（TG1⑦：3、TG1⑦：1）　4. 石切割器（TG1⑦：13）　6～8. Aa型陶器底（TG1⑦：9、TG1⑦：7、TG1⑦：5）

锛　2件。TG1⑦：3，灰黑色石质。一侧边残缺。平面呈长方形，斜顶，弧刃。刃部磨制较精，器身表面有大量崩疤痕迹。长7.1、宽2.2～3.2、厚1厘米（图六，3）。TG1⑦：1，灰黑色石质。顶部残断。平面呈三角形，尖顶，弧刃。刃部磨制较精，器身稍加磨制，器体一侧和器身有大量崩疤痕迹。残长8.4、宽1.7～5.1、厚1.3厘米（图六，5）。

切割器 1件。TG1⑦：13，灰黑色石质。薄片状，平面呈不规则椭圆形。表面一端磨制，磨制端刃部锋利，另一端遗留有大量崩疤；背面为打制残缺。残长6.5、宽2.7~3.8、厚0.9厘米（图六，4）。

3. 土坯

3件。TG1⑦：29，泥质红陶，陶胎内夹杂较多作为羼合料的黑色炭化植物杆茎。平面呈不规则三角形。土坯一面和一端保留原始面。表面上遗留纵向植物条痕。残长5.2、残宽3.5~4.5、厚3.4~4.7厘米（图六，2）。

（二）第6层出土遗物

1. 陶器

第6层出土陶片较少，陶质以夹砂陶为主，泥质陶少见。陶色以灰黑色多见，其次为红褐、灰褐色，褐色极少见。陶片数量最多的仍是夹砂红褐色或灰褐色粗绳纹陶片，但比例较之第7层有所减少。陶片烧制火候较高，陶胎羼合料较多，质地粗糙。纹饰制法以压印和刻划为主，种类计有粗绳纹、连珠纹、网格纹、附加纵向泥条等，不见叶脉纹和乳钉装饰。陶片残碎，可辨器形有缸形器、锯齿状花边罐、束颈罐等。

缸形器 4件。

C型 3件。TG1⑥：11，夹砂红陶，因埋藏原因红色陶衣褪去。厚圆唇，溜肩。唇部饰压印绳纹，肩部饰交错粗绳纹。残高5.3厘米（图七，4）。TG1⑥：12，夹砂红陶，因埋藏原因红色陶衣褪去。厚圆唇，溜肩。唇部饰压印绳纹，肩部饰交错粗绳纹。残高5.6厘米（图七，9）。

D型 1件。TG1⑥：14，夹砂红陶。厚圆唇。唇部饰压印绳纹，肩部饰横向粗绳纹。残高5.5厘米（图七，8）。

锯齿状花边罐 7件。

A型 1件。TG1⑥：15，夹砂灰褐陶。圆唇。唇部饰不清晰压印细辫索纹。残高3.4厘米（图七，6）。

B型 5件。TG1⑥：8，夹砂灰褐陶。尖圆唇，弧肩。唇部饰锯齿纹，肩部饰一周圆形乳钉纹。口径18、残高6.1厘米（图七，3）。TG1⑥：13，夹砂灰褐陶。方唇。唇部饰不清晰压印细辫索纹。口径32、残高3.5厘米（图八，1）。

D型 1件。TG1⑥：16，夹砂灰褐陶。卷沿，厚圆唇。残高4.2厘米（图七，7）。

束颈罐 3件。

Aa型 2件。TG1⑥：10，夹砂灰褐陶。圆唇，溜肩。口径24.4、残高5.1厘米（图七，1）。TG1⑥：17，夹砂灰褐陶。圆唇。残高3.6厘米（图七，5）。

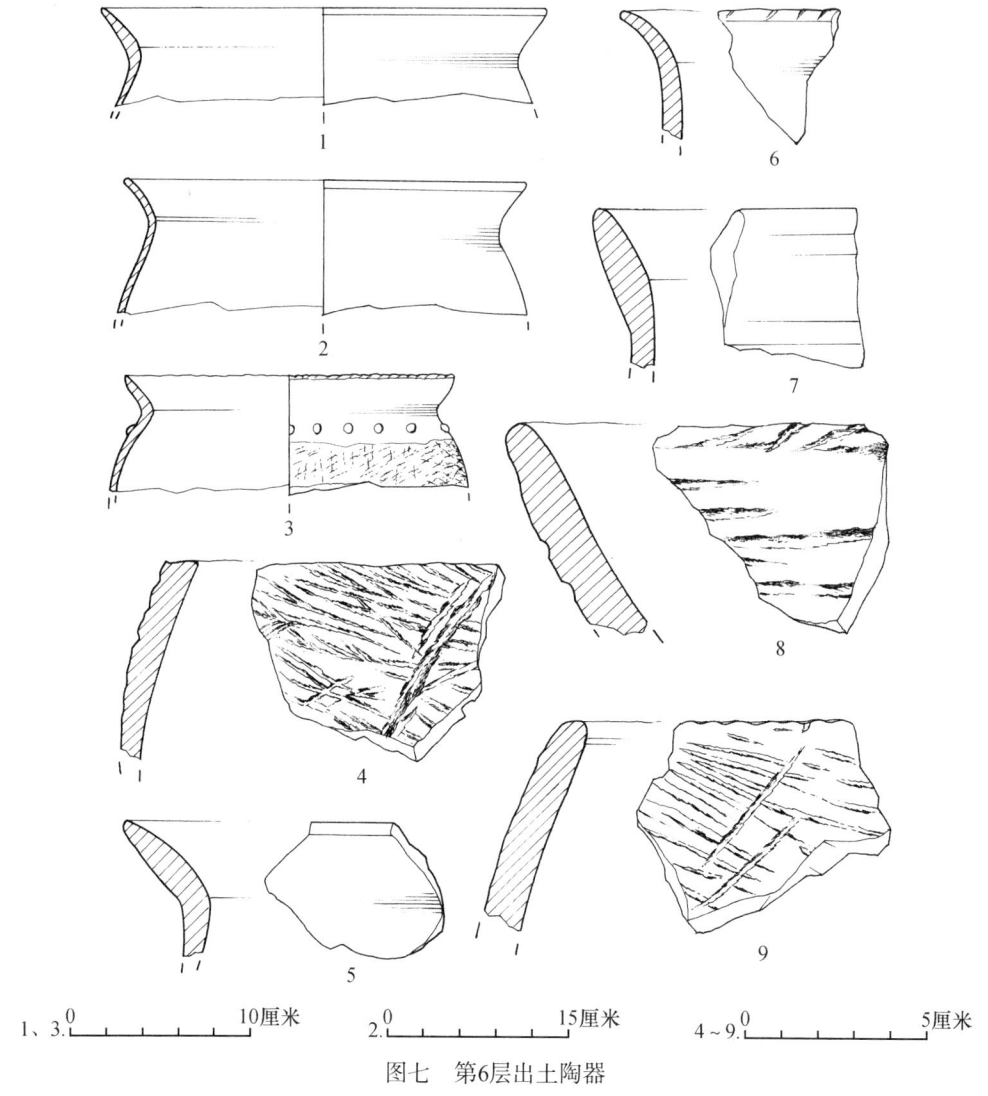

图七　第6层出土陶器

1、5. Aa型束颈罐（TG1⑥：10、TG1⑥：17）　2. B型束颈罐（TG1⑥：9）　3. B型锯齿状花边罐（TG1⑥：8）　4、9. C型缸形器（TG1⑥：11、TG1⑥：12）　6. A型锯齿状花边罐（TG1⑥：15）　7. D型锯齿状花边罐（TG1⑥：16）　8. D型缸形器（TG1⑥：14）

B型　1件。TG1⑥：9，夹砂灰褐陶。颈部与肩部为二次对接而成，内壁遗留明显的对接痕迹。卷沿，圆唇，溜肩。口径33、残高11厘米（图七，2）。

器底　11件。

Aa型　TG1⑥：5，夹砂灰褐陶，胎土中夹杂较多石英和砂粒。器底较厚。底径6、残高2.3厘米（图八，4）。TG1⑥：6，夹砂灰褐陶，胎土中夹杂较多石英和砂粒。器底略厚。底径8、残高1.6厘米（图八，5）。TG1⑥：4，夹砂灰褐陶，胎土中夹杂较多石英和砂粒。器底较厚。底径6.6、残高3.8厘米（图八，6）。

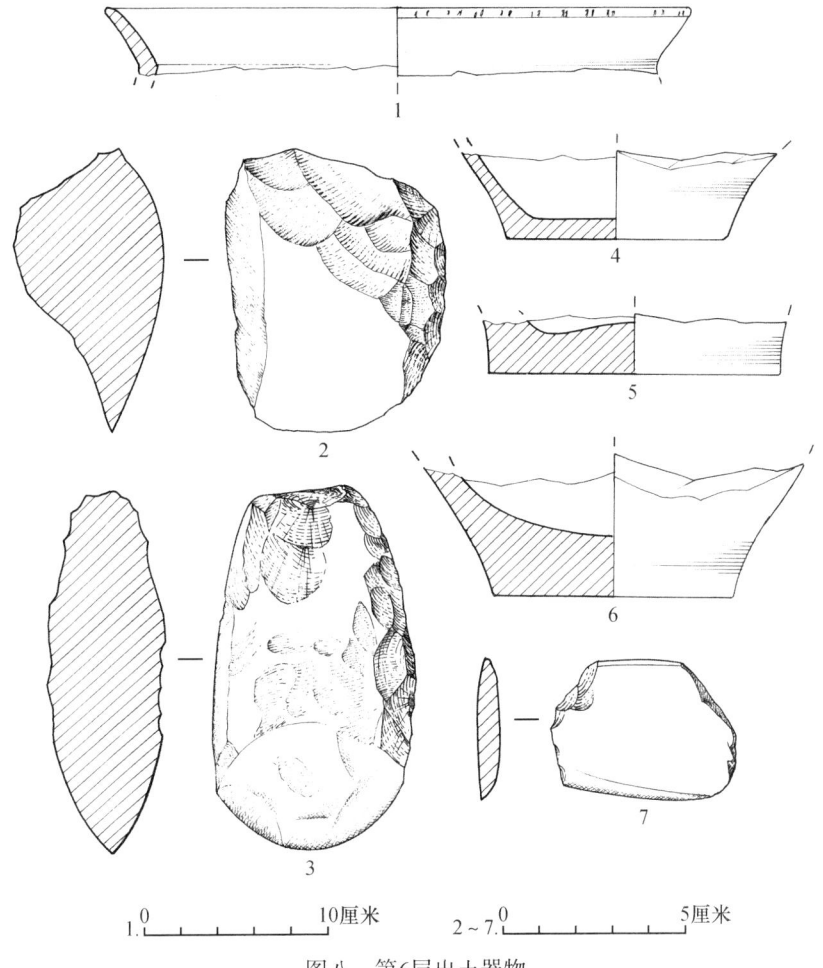

图八 第6层出土器物

1. B型陶锯齿状花边罐（TG1⑥：13） 2、3. 石斧（TG1⑥：7、TG1⑥：1） 4~6. Aa型陶器底（TG1⑥：5、TG1⑥：6、TG1⑥：4） 7. 石刀（TG1⑥：3）

2. 石器

3件。均为磨制石器，器形仅见刀和斧，以斧多见。

刀　1件。TG1⑥：3，黑色页岩。仅存中段。平面呈梯形，直刃，平顶。刃部磨制较精。残长5.1、宽2~3.7、厚0.5厘米（图八，7）。

斧　2件。TG1⑥：7，灰黑色砾岩。两端残断。平面呈柱状。一端表面磨制光滑，上端遗留明显的崩疤痕迹，背面和侧面残缺，且遍布崩疤。残长7.5、宽3.2~5、厚4厘米（图八，2）。TG1⑥：1，灰黑色砾岩。平面近椭圆形，顶部打制不规则，近平顶。表面少见磨制痕迹，上表面遗留明显的崩疤痕迹，背面利用自然面，但仍遍布崩疤。长9.7、宽3~5.5、厚3.1厘米（图八，3）。

（三）第5层出土遗物

1. 陶器

第5层出土陶片相对较多，陶质以夹砂陶为主，另有少量泥质陶，夹砂陶以褐陶为主，较之第4层比例减少，其次为灰褐陶，灰陶非常少见；泥质陶仅见少量黑皮陶，不见青灰陶。纹饰制法以压印和刻划为主，种类有粗绳纹、锯齿状花边、网格划纹、戳印点纹、横"S"划纹、乳钉纹、叶脉纹等，叶脉纹和乳钉纹较第4层少见，个别乳钉呈角状，体量较大，叶脉纹较浅细。该层少见烧结变形的陶片，仍然以乳钉纹罐多见，器表发灰，表面遍布孔隙，质量轻薄。器形可辨有锯齿状花边罐、高领喇叭口罐、束颈罐、立耳罐、壶形器、盆等，另有少量器耳、器錾、动物足部，流行饼足器底。

锯齿状花边罐　29件。

A型　9件。TG1⑤：21，夹砂灰褐陶。厚圆唇。残高4.1厘米（图九，1）。TG1⑤：18，夹砂灰褐陶。厚圆唇。肩部饰网格划纹。残高3.1厘米（图九，3）。TG1⑤：13，夹砂灰褐陶。厚圆唇。残高3.6厘米（图九，7）。TG1⑤：11，夹砂黑褐陶。尖圆唇，束颈。口径21.2、残高6.7厘米（图一〇，1）。

B型　15件。TG1⑤：15，夹砂灰褐陶。圆唇，束颈。残高3.3厘米（图九，2）。TG1⑤：23，夹砂灰褐陶。圆唇，束颈。残高2.4厘米（图九，8）。TG1⑤：12，夹砂灰黑陶。圆唇，束颈。口径19.1、残高4.2厘米（图一〇，2）。TG1⑤：14，夹砂褐陶。圆唇，束颈。口径19.1、残高4.4厘米（图一〇，3）。TG1⑤：20，夹砂灰褐陶。圆唇，束颈。口径20.2、残高4.1厘米（图一〇，4）。TG1⑤：19，夹砂灰褐陶。圆唇，束颈。口径20.8、残高3.2厘米（图一〇，5）。

C型　5件。TG1⑤：17，夹砂褐陶。尖圆唇，束颈。口径22、残高4厘米（图九，5）。TG1⑤：22，夹砂褐陶。圆唇，束颈。口径23、残高2.2厘米（图九，6）。TG1⑤：16，夹砂褐陶。圆唇，束颈。口径16.6、残高3.6厘米（图一〇，11）。

束颈罐　21件。

Aa型　6件。TG1⑤：9，夹砂灰褐陶。近盘口，宽折沿，圆唇。残高3.2厘米（图九，4）。TG1⑤：7，夹砂灰褐陶。尖圆唇。口径31.2、残高4.2厘米（图一〇，6）。

Ab型　1件。TG1⑤：37，夹砂灰褐陶。宽沿，唇部残。残长6.1、残高4厘米（图一一，7）。

B型　12件。TG1⑤：3，夹砂褐陶。圆唇。口径30.4、残高5.1厘米（图一〇，7）。TG1⑤：5，夹砂灰褐陶。圆唇。口径17、残高3厘米（图一〇，8）。TG1⑤：6，夹砂灰褐陶。圆唇。口径18.2、残高3.4厘米（图一〇，9）。TG1⑤：10，夹砂灰褐陶。圆唇。口径12、残高4厘米（图一〇，12）。

C型　2件。TG1⑤：4，夹砂灰褐陶。圆唇。口径18、残高4.9厘米（图一〇，10）。

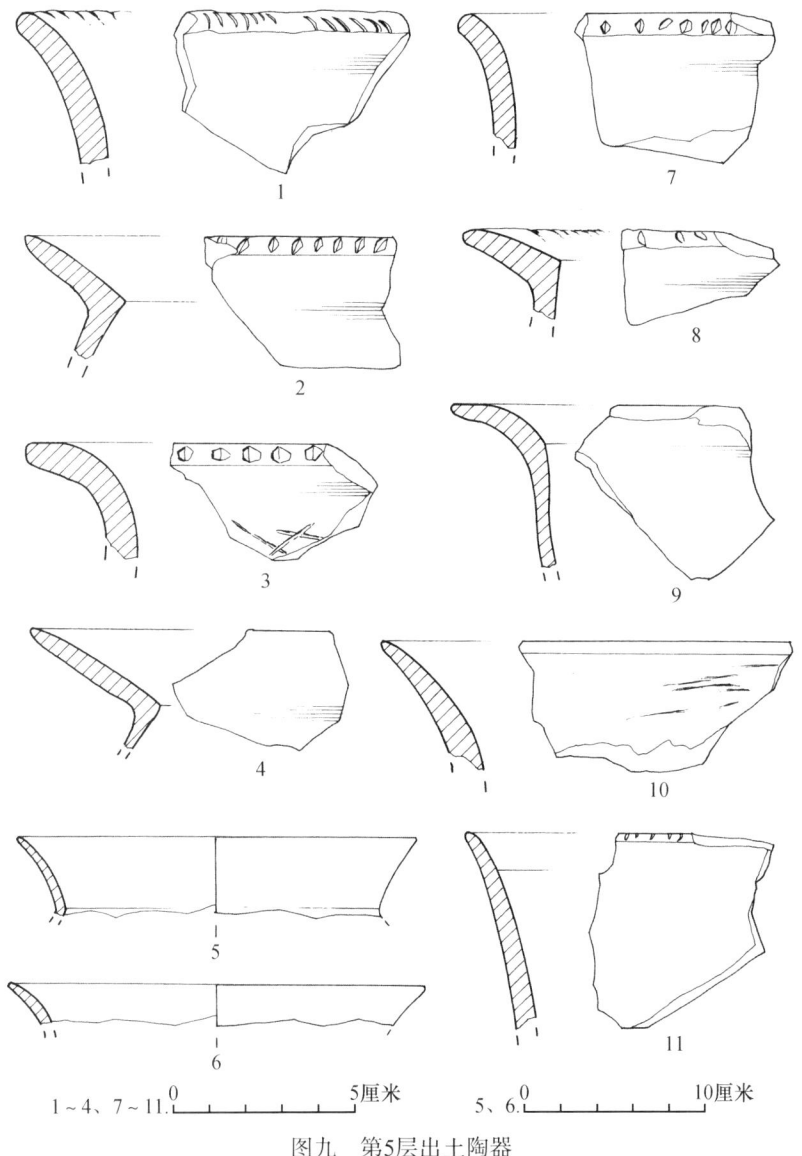

图九 第5层出土陶器

1、3、7.A型锯齿状花边罐（TG1⑤：21、TG1⑤：18、TG1⑤：13） 2、8.B型锯齿状花边罐（TG1⑤：15、TG1⑤：23） 4.Aa型束颈罐（TG1⑤：9） 5、6.C型锯齿状花边罐（TG1⑤：17、TG1⑤：22） 9.盆（TG1⑤：8） 10、11.壶形器（TG1⑤：35、TG1⑤：42）

高领喇叭口罐 8件。TG1⑤：29，夹砂褐陶。仅存颈部，内壁颈部与口沿二次对接痕迹明显。残高10厘米（图一一，2）。TG1⑤：34，夹砂灰黑陶。仅存颈部。残高7.2厘米（图一二，3）。

立耳罐 1件。TG1⑤：31，夹砂灰褐陶。仅存耳部，耳部为鸡冠状立耳。残高6.8厘米（图一二，1）。

盆 1件。TG1⑤：8，夹砂褐陶。侈口，尖圆唇，弧腹。残高4.3厘米（图九，9）。

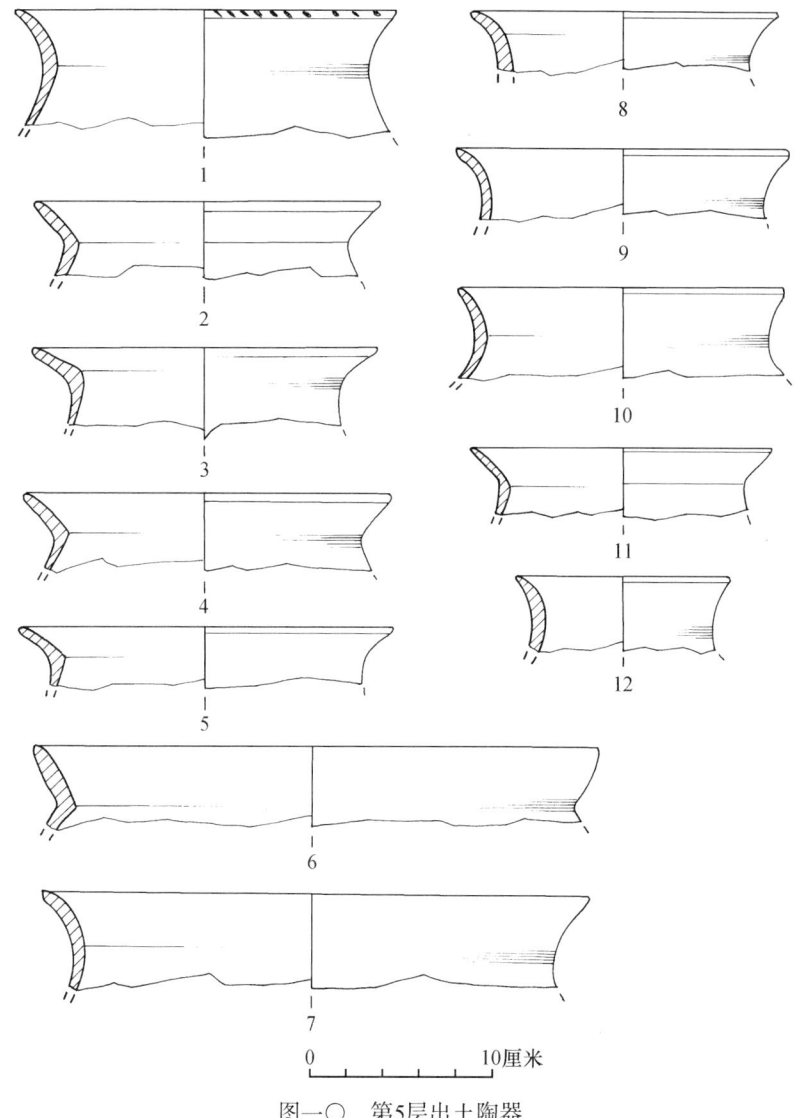

图一〇 第5层出土陶器

1.A型锯齿状花边罐（TG1⑤：11） 2~5.B型锯齿状花边罐（TG1⑤：12、TG1⑤：14、TG1⑤：20、TG1⑤：19） 6.Aa型束颈罐（TG1⑤：7） 7~9、12.B型束颈罐（TG1⑤：3、TG1⑤：5、TG1⑤：6、TG1⑤：10） 10.C型束颈罐（TG1⑤：4） 11.C型锯齿状花边罐（TG1⑤：16）

器耳 2件。TG1⑤：43，夹砂灰褐陶。桥形耳。残长4.4、宽1.8厘米（图一一，9）。TG1⑤：41，夹砂灰褐陶。近环形耳。残长7.8、厚1.5厘米（图一三，5）。

壶形器 7件。喇叭口，高领。TG1⑤：35，夹砂灰黑陶。圆唇。残高3.5厘米（图九，10）。TG1⑤：42，夹砂灰褐陶。圆唇。唇部饰压印锯齿纹。残高5.2厘米（图九，11）。TG1⑤：33，夹砂灰褐陶。圆唇。口径11、残高4.7厘米（图一一，1）。TG1⑤：32，夹砂灰褐陶。厚圆唇。口径11.2、残高5.6厘米（图一一，5）。TG1⑤：31，夹砂灰褐陶。圆唇。口径16、残高5.2厘米（图一一，6）。

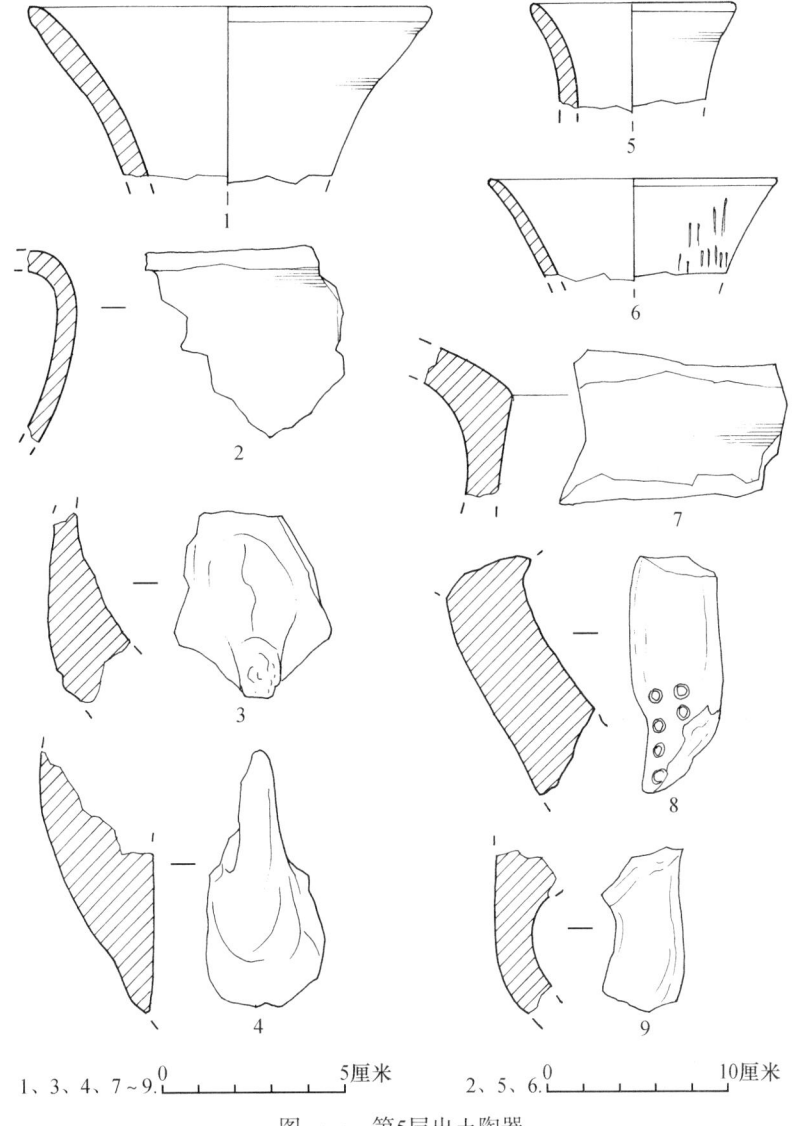

图一一　第5层出土陶器
1、5、6. 壶形器（TG1⑤：33、TG1⑤：32、TG1⑤：31）　2. 高领喇叭口罐（TG1⑤：29）　3、8. 动物足部（TG1⑤：40、TG1⑤：39）　4. 角形乳钉（TG1⑤：38）　7. Ab型束颈罐（TG1⑤：37）
9. 器耳（TG1⑤：43）

动物足部　4件。TG1⑤：40，夹砂褐陶。仅存上端，足跟残缺。残高4.9厘米（图一一，3）。TG1⑤：39，夹砂灰黑陶。两端均残。一端一侧饰有两排戳印圆圈纹。残高6.3厘米（图一一，8）。TG1⑤：44，夹砂褐陶。仅存上端，足跟残缺。残高3.2厘米（图一三，6）。

器鏊　1件。TG1⑤：36，夹砂红褐陶，胎土细腻。平面呈圆角长方形。一端饰一排戳印点纹。残长5.7、宽4.3厘米（图一二，2）。

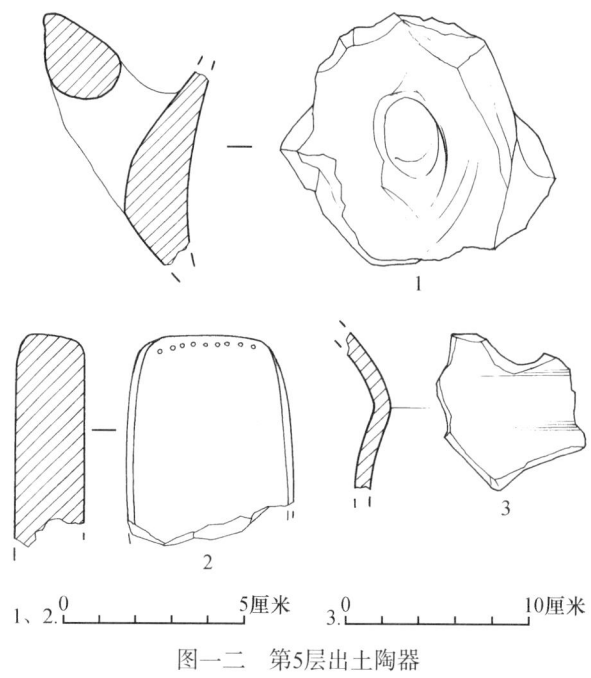

图一二 第5层出土陶器
1. 立耳罐（TG1⑤：31） 2. 器鋬（TG1⑤：36） 3. 高领喇叭口罐（TG1⑤：34）

角形乳钉 3件。角状。TG1⑤：38，夹砂褐陶。残高7厘米（图一一，4）。TG1⑤：30，夹砂褐陶。角尖残断。残高5.1厘米（图一三，7）。

器底 48件。

Aa型 40件。TG1⑤：27，夹砂灰褐陶，胎土中杂有较多石英砂粒。底径15、残高6.1厘米（图一三，2）。TG1⑤：28，夹砂灰褐陶。底径8、残高6.1厘米（图一三，8）。

Ab型 1件。TG1⑤：24，夹砂灰褐陶。底径11.8、残高5.1厘米（图一三，1）。

B型 7件。TG1⑤：25，夹砂灰黑陶。底部内凹。底径7.8、残高3.1厘米（图一三，3）。TG1⑤：26，夹砂灰黑陶。底径6.6、残高2.6厘米（图一三，4）。

2. 石器

9件。

斧 2件。均残。TG1⑤：49，黑色砾岩。仅存纵向一半，顶部残缺。平面呈不规则长方形，弧刃。表面磨制光滑。残长7.5、宽2.5、厚3.2厘米（图一四，4）。TG1⑤：48，灰褐色砾岩。仅存刃部一端。弧刃。表面磨制光滑。残长5、宽1.5～3.1、厚2.9厘米（图一四，5）。

斧半成品 3件。TG1⑤：51，青灰色砾岩。刃部残断。平面呈椭圆形，弧顶。顶部和侧边稍加磨制。残长13.2、宽2.9～7.1、厚4.7厘米（图一五，1）。TG1⑤：50，黑色砾岩。刃部残断。平面呈圆钝长方形，弧顶，刃部未磨制成型。表面多见打制崩疤痕

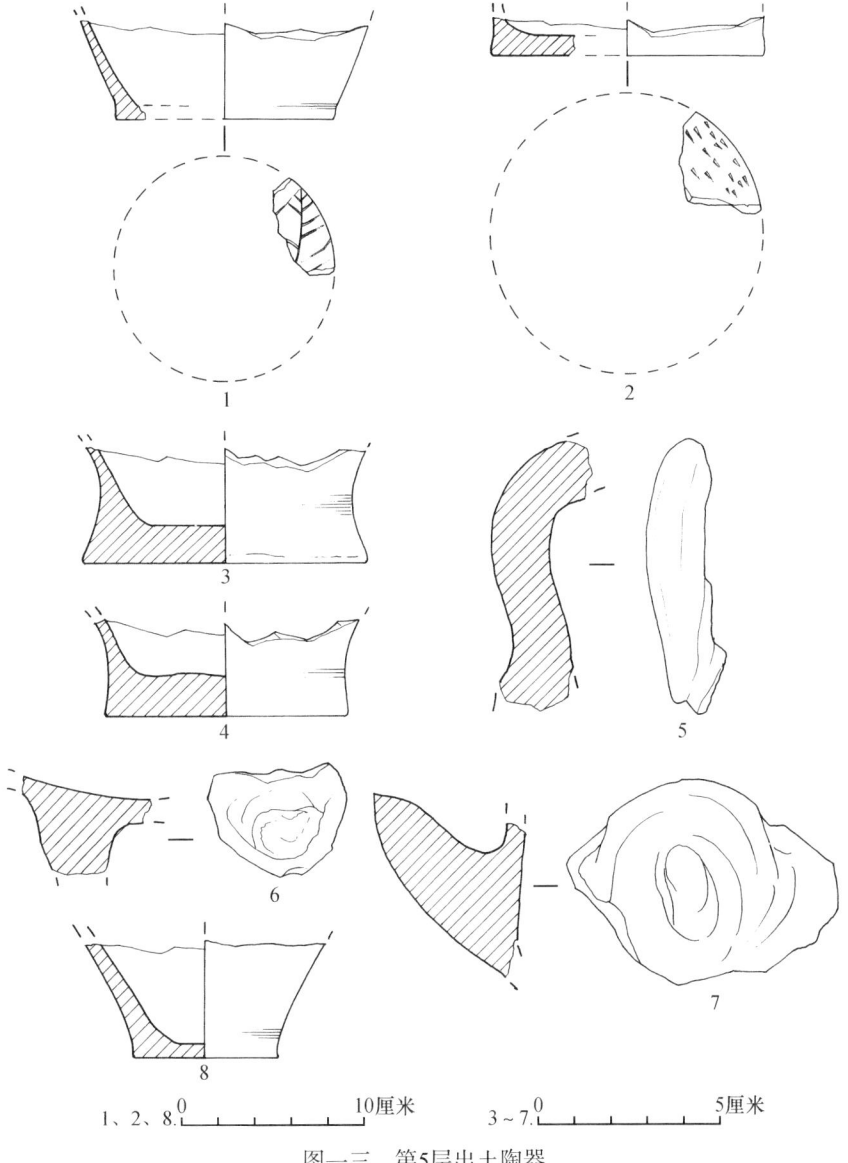

图一三 第5层出土陶器

1. Ab型器底（TG1⑤：24） 2、8. Aa型器底（TG1⑤：27、TG1⑤：28） 3、4. B型器底（TG1⑤：25、TG1⑤：26） 5. 器耳（TG1⑤：41） 6. 动物足部（TG1⑤：44） 7. 角形乳钉（TG1⑤：30）

迹。残长14.8、宽3.2～5.1、厚2.9厘米（图一五，2）。TG1⑤：2，灰色砾岩。顶部残断。平面呈长方形，弧刃。刃部一面稍加磨制，而另一面保留打制痕迹，器身有大量崩疤痕迹。残长8.8、宽3.6～4.8、厚2.2厘米（图一五，4）。

锛 1件。TG1⑤：1，灰色砾岩。顶部残缺。平面呈长方形，斜刃。器身表面有大量崩疤痕迹，背面残留打制痕迹。残长7.1、宽3～4.1、厚1.2厘米（图一四，2）。

砺石 1件。TG1⑤：46，红色砂岩。仅存一边，平面呈多边形。背面保留打制破裂面。残长7.9、宽2.7～8.2、厚1.4厘米（图一四，1）。

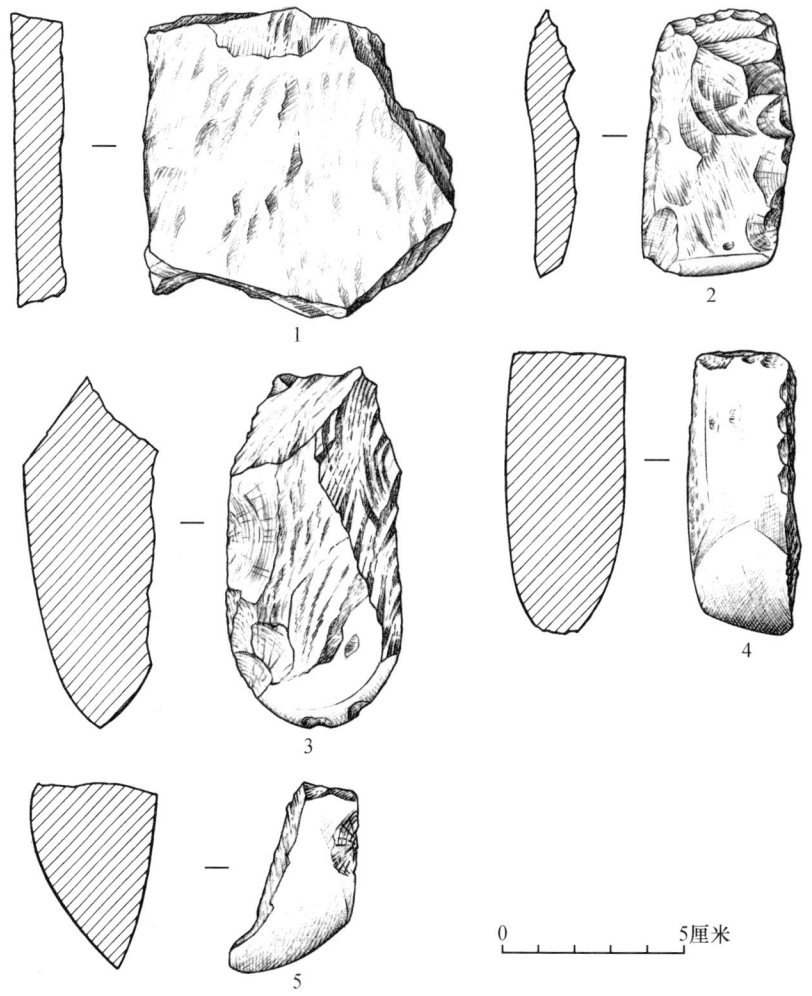

图一四　第5层出土石器
1. 砺石（TG1⑤：46）　2. 锛（TG1⑤：1）　3. 石料（TG1⑤：47）　4、5. 斧（TG1⑤：49、TG1⑤：48）

石料　2件。可能为斧坯料。TG1⑤：47，灰黑色砾岩。上端残缺。平面呈杵状。表面保留砾岩自然面，背面为打制破裂面，遗留大量崩疤，顶端有砸击痕迹。残长9.3、宽4.5、厚3.5厘米（图一四，3）。TG1⑤：45，青灰色砾岩。平面呈椭圆形。表面保留砾岩自然面，背面为打制破裂面，遗留大量崩疤，顶端为断面。残长9.3、宽7.4、厚3.4厘米（图一五，3）。

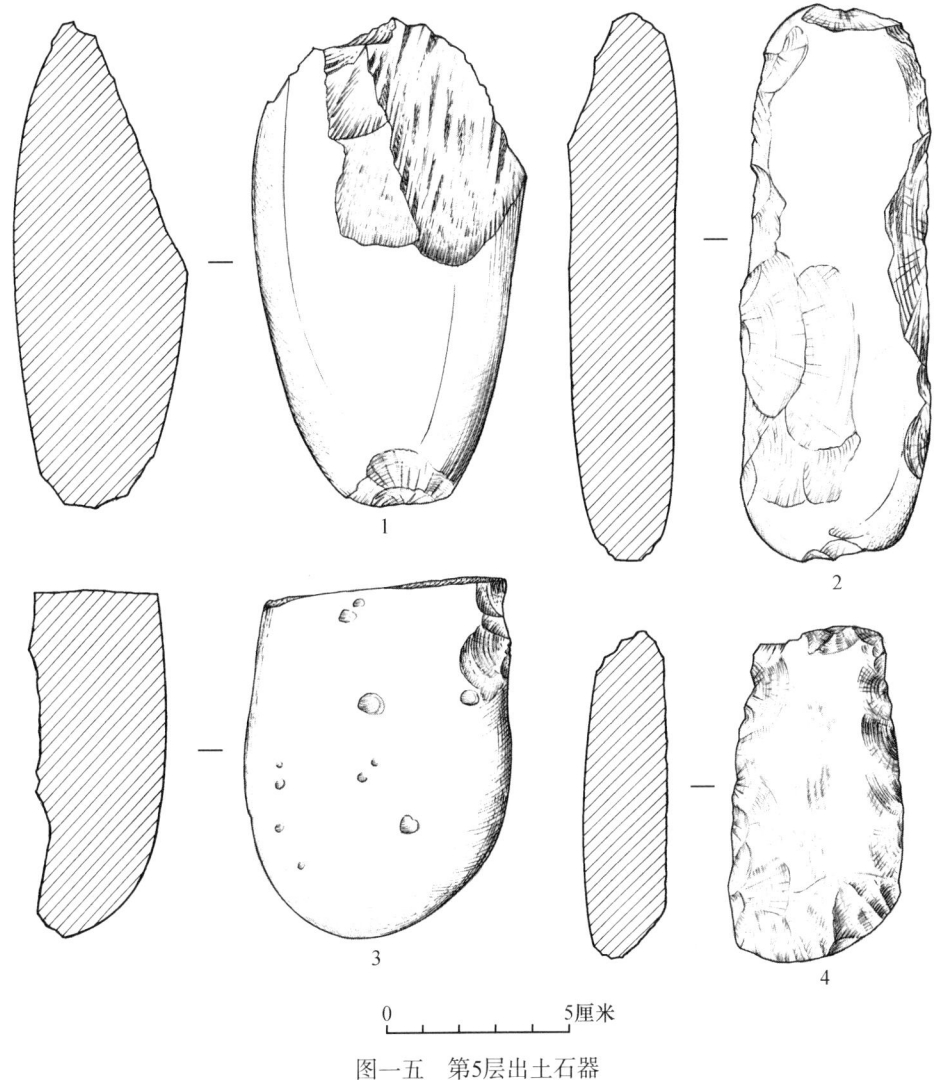

图一五 第5层出土石器
1、2、4. 斧半成品（TG1⑤：51、TG1⑤：50、TG1⑤：2） 3. 石料（TG1⑤：45）

（四）第4层下遗迹

烧土坑

位于TG1东北角，北部延伸进入发掘区外，未扩方清理。开口于第4层下，打破第5层。遗迹为一黄红色烧土面，整体平面呈椭圆形，烧土面中部颜色偏黄，近生土，边缘发红。长径1.3、短径0.8、厚0.36米。烧土面西侧为一浅坑，东部有一圆形小洞。浅坑平面呈椭圆形，长径0.6、短径0.5、深0.34米，填土为黑色黏土，结构相对疏松，夹杂有大量红烧土颗粒，坑底偏东置一块红砂石。小洞平面形状呈圆形，填土为褐色黏土，质地板结，直径0.23、深0.06米（图一六）。

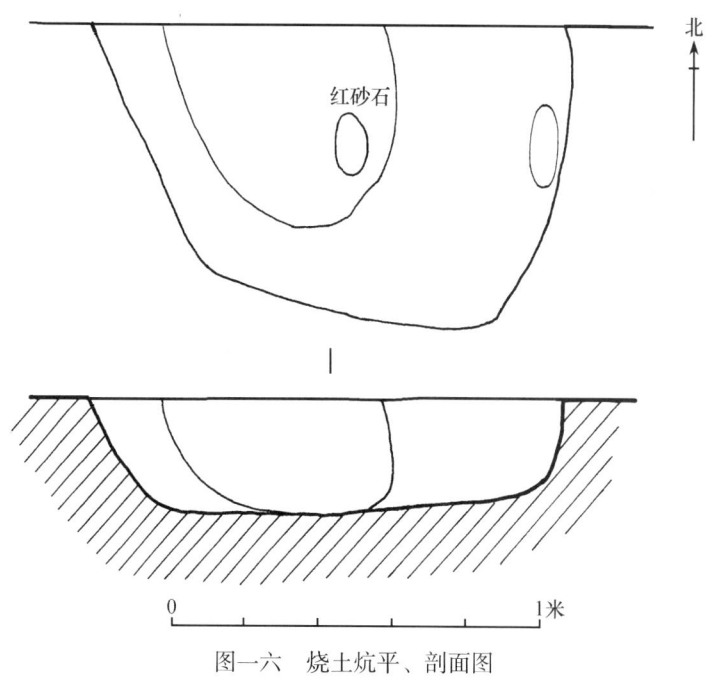

图一六　烧土炕平、剖面图

（五）第4层出土遗物

1. 陶器

该层是整个发掘区内出土陶片最为丰富的堆积，陶质以夹砂陶为主，泥质陶较少见，但较之第5~7层比例明显增多。夹砂陶以褐陶为主，其次为灰褐陶、青灰陶或黄灰陶，泥质陶仅见青灰陶和黑皮陶两种，青灰陶或黄灰陶仅见与南阁乡雷家山M1出土陶杯和单耳罐同类的器形，黑皮陶为尊形罐。纹饰制法主要有压印、刻划、戳印，纹饰种类有乳钉纹、叶脉纹、水波划纹、戳印三角纹、连续横折线划纹、绳纹、纵向附加泥条等，绳纹、纵向附加泥条较为少见，乳钉纹主要装饰于罐类肩部，叶脉纹全部饰于器物底部。该层多见烧结变形的陶片，以乳钉纹罐多见，器表发灰，表面遍布孔隙，质量轻薄，陶片变形明显。器形可辨乳钉纹罐、束颈罐、尊形罐、带耳罐、高领盘口罐、锯齿状花边罐、缸形器、壶形器、纺轮、圈足等，仅见圈足器和平底器，不见圜底器或三足器。

缸形器　1件。

B型　TG1④∶11，夹砂红褐陶。直口，圆唇，直腹。唇部和肩部饰交错粗绳纹。残高5.5厘米（图一七，6）。

锯齿状花边罐　5件。

B型　TG1④∶24，夹砂灰褐陶。方唇。口径34、残高4.8厘米（图一八，5）。TG1④∶23，夹砂褐陶。圆唇，束颈。口径17、残高3.4厘米（图一八，6）。

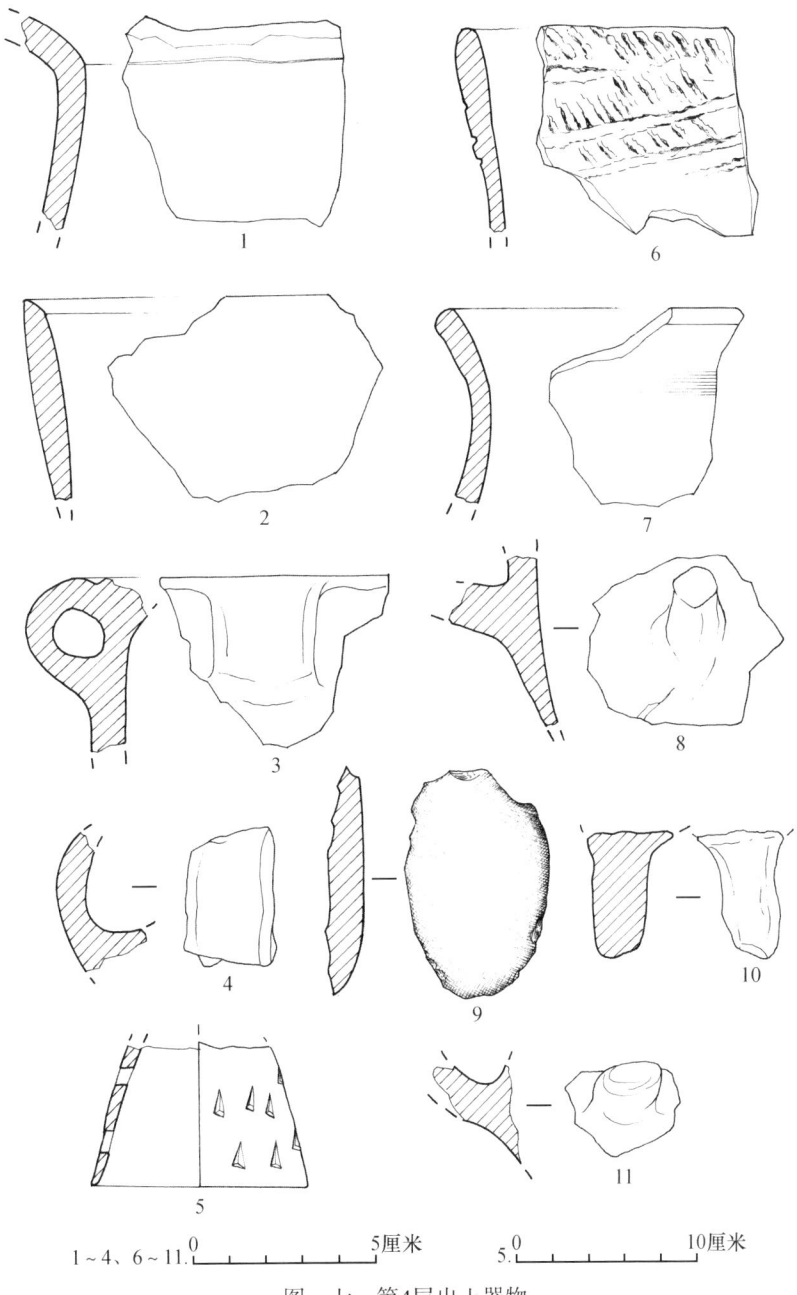

图一七　第4层出土器物

1.陶高领盘口罐（TG1④：21）　2.陶壶形器（TG1④：12）　3.陶带耳罐（TG1④：15）　4、11.陶器耳（TG1④：16、TG1④：20）　5.陶圈足（TG1④：10）　6.B型陶缸形器（TG1④：11）　7.Ab型陶束颈罐（TG1④：7）　8.陶角状乳钉（TG1④：14）　9.石切割器（TG1④：17）　10.陶器足（TG1④：19）

TG1④：28，夹砂褐陶。圆唇。残高3.5厘米（图一八，7）。TG1④：30，夹砂灰褐陶。圆唇。残高3.1厘米（图一八，10）。

乳钉纹罐　57件。

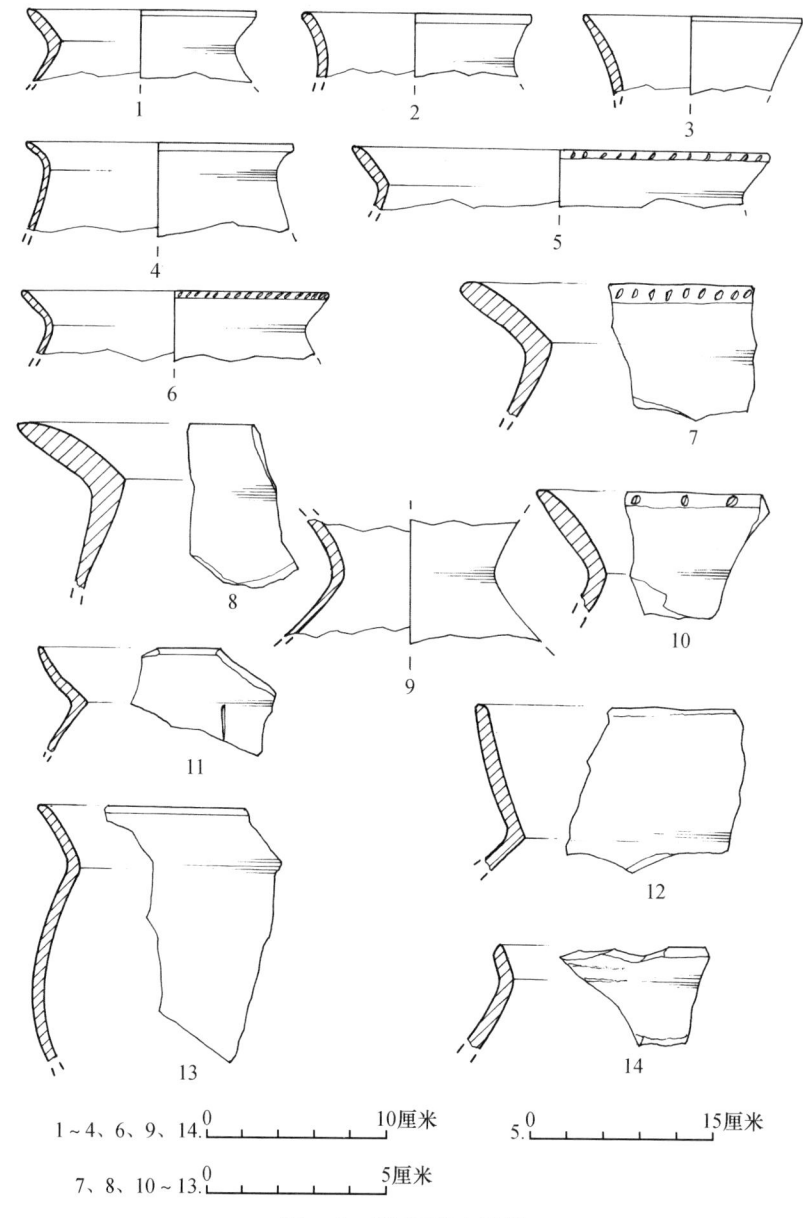

图一八 第4层出土陶器

1、8、13、14. Aa型束颈罐（TG1④：4、TG1④：31、TG1④：34、TG1④：29） 2、4. B型束颈罐（TG1④：35、TG1④：36） 3. 壶形器（TG1④：18） 5~7、10. B型锯齿状花边罐（TG1④：24、TG1④：23、TG1④：28、TG1④：30） 9. 高领盘口罐（TG1④：22） 11、12. D型束颈罐（TG1④：25、TG1④：26）

Aa型 22件。TG1④：55，夹砂灰褐陶。圆唇。口径26、残高3厘米（图一九，1）。TG1④：52，夹砂灰褐陶。圆唇。口径23、残高4.8厘米（图一九，4）。TG1④：51，夹砂灰褐陶。圆唇。口径22、残高5.7厘米（图一九，5）。TG1④：50，夹砂灰褐陶。圆唇。口径23.6、残高4.4厘米（图一九，12）。

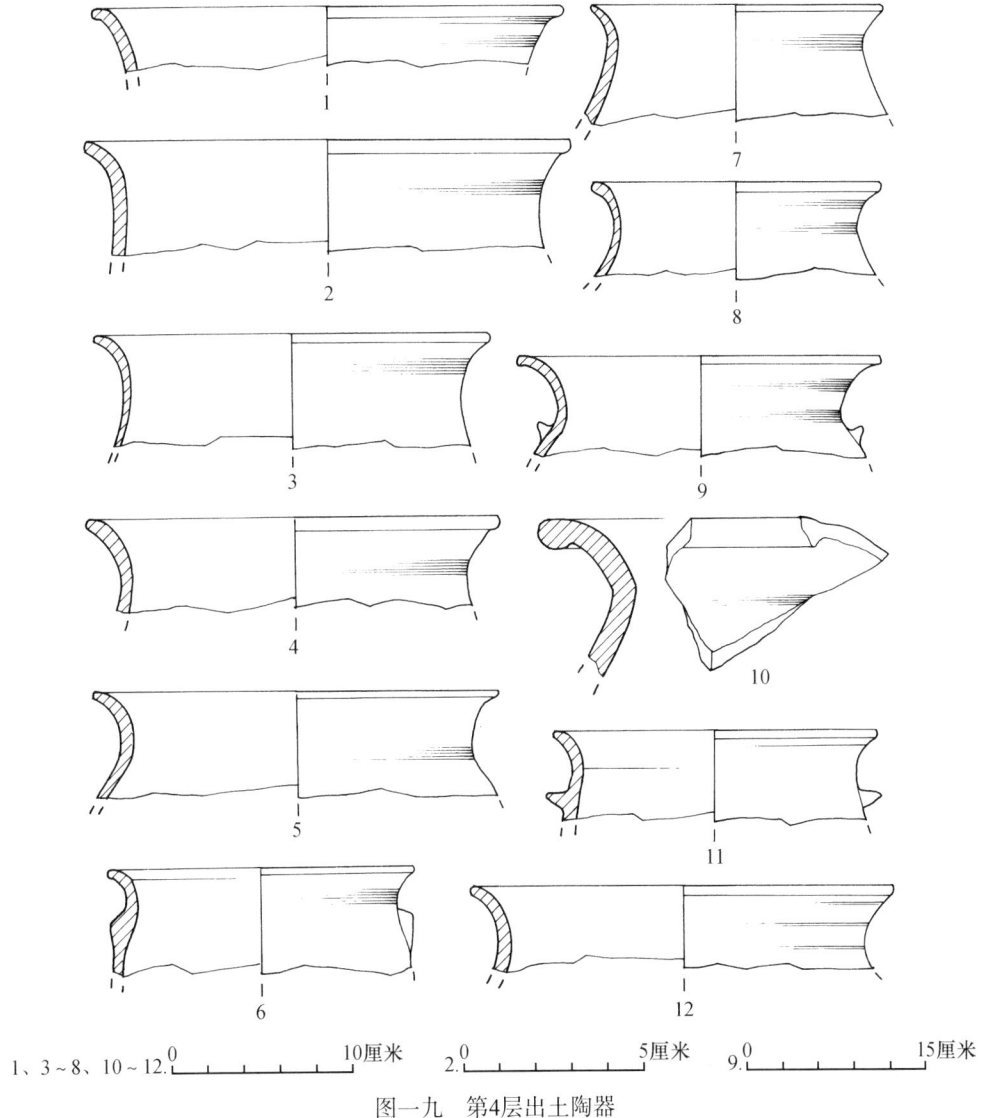

图一九　第4层出土陶器

1、4、5、12. Aa型乳钉纹罐（TG1④：55、TG1④：52、TG1④：51、TG1④：50）　2、3、6、8、11. B型乳钉纹罐（TG1④：46、TG1④：49、TG1④：43、TG1④：44、TG1④：45）　7. Aa型束颈罐（TG1④：42）
9、10. Ab型乳钉纹罐（TG1④：48、TG1④：54）

Ab型　2件。TG1④：48，夹砂灰褐陶，烧结变形。圆唇，广肩。肩部饰角形小乳钉。口径30、残高8.1厘米（图一九，9）。TG1④：54，夹砂灰褐陶。管状圆唇。残高4.1厘米（图一九，10）。TG1④：53，夹砂褐陶。圆唇。上腹部大角形乳钉脱落。残高7.2厘米（图二○，1）。

B型　32件。TG1④：46，夹砂灰褐陶。圆唇。口13.4、残高3厘米（图一九，2）。TG1④：49，夹砂灰褐陶。宽沿，圆唇。口径22、残高6厘米（图一九，3）。TG1④：43，夹砂灰褐陶。圆唇，弧腹。肩部饰角形小乳钉。口径17、残高5.4厘米

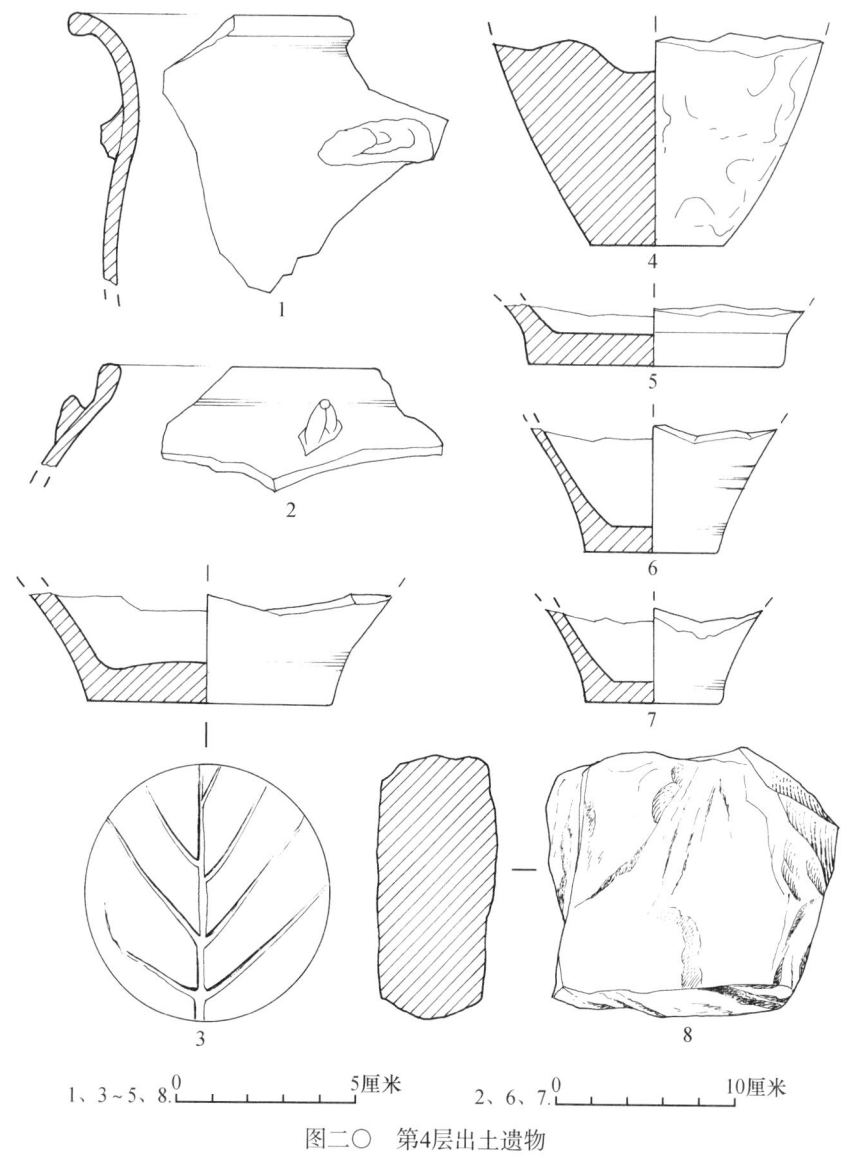

图二〇　第4层出土遗物

1. Ab型陶乳钉纹罐（TG1④:53）　2. C型陶乳钉纹罐（TG1④:41）　3. Ab型陶器底（TG1④:60）
4. 陶臼形器（TG1④:56）　5. B型陶器底（TG1④:61）　6、7. Aa型陶器底（TG1④:57、TG1④:59）
8. 土坯（TG1④:53）

（图一九，6）。TG1④:44，夹砂灰褐陶。圆唇。口径16.1、残高5厘米（图一九，8）。TG1④:45，夹砂灰陶，烧结变形。圆唇。上腹部饰角形小乳钉。口径18、残高4.8厘米（图一九，11）。

C型　1件。TG1④:41，夹砂黑陶，烧结变形。圆唇，广肩。肩部饰圆形乳钉。残高5.5厘米（图二〇，2）。

束颈罐　44件。

Aa型　11件。TG1④:42，夹砂灰褐陶。尖圆唇。口径16.2、残高6.1厘米（图

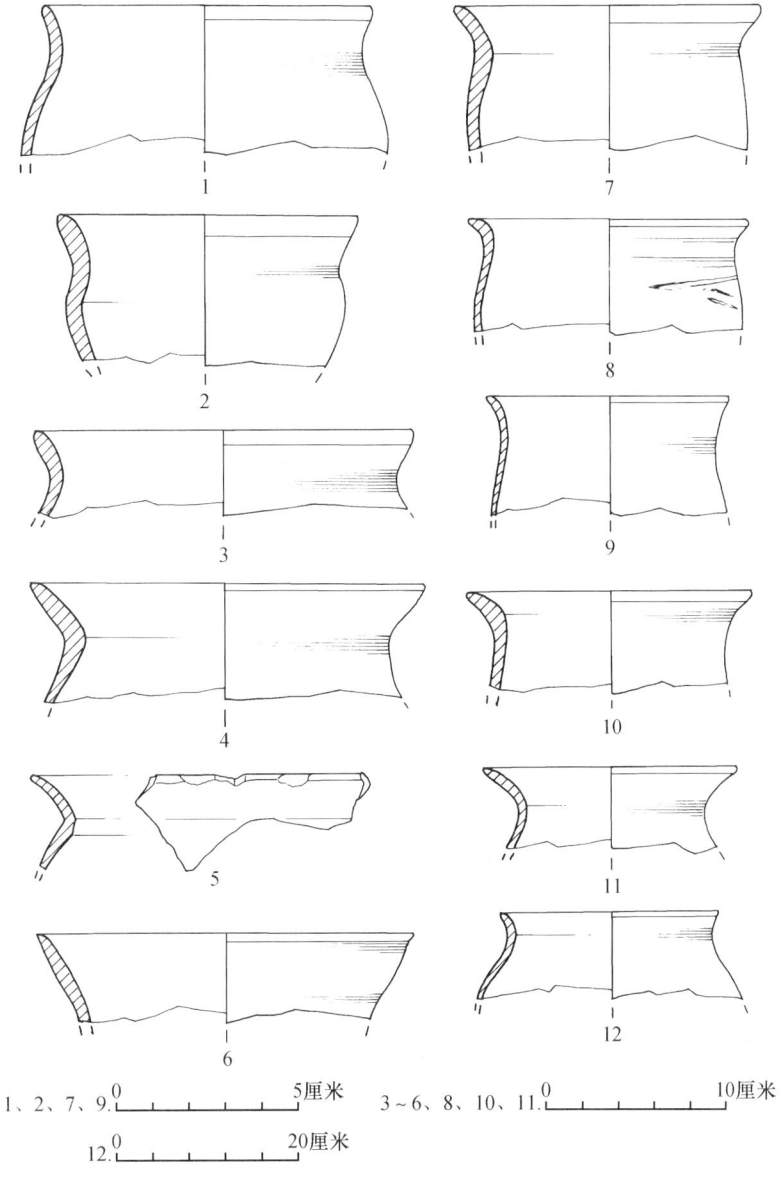

图二一　第4层出土陶器

1、2、7、9. 尊形罐（TG1④：38、TG1④：39、TG1④：32、TG1④：40）　3. Ab型束颈罐（TG1④：27）
4、5. Aa型束颈罐（TG1④：5、TG1④：9）　6. C型束颈罐（TG1④：13）　8、10~12. B型束颈罐
（TG1④：33、TG1④：37、TG1④：8、TG1④：6）

一九，7）。TG1④：5，夹砂灰褐陶。圆唇。口径21.6、残高6.1厘米（图二一，4）。TG1④：9，夹砂灰褐陶。尖圆唇，弧肩。残高5.1厘米（图二一，5）。TG1④：31，夹砂灰褐陶。圆唇。残高4.4厘米（图一八，8）。TG1④：4，夹砂灰陶。圆唇。口径25.1、残高7.3厘米（图一八，1）。TG1④：34，夹砂灰褐陶。圆唇。残高6.7厘米（图一八，13）。TG1④：29，夹砂灰褐陶。敞口，窄沿，圆唇，束颈。残高4.5厘米（图

Ab型　2件。TG1④：27，夹砂灰褐陶。圆唇。口径20、残高4.5厘米（图二一，3）。TG1④：7，夹砂灰褐陶。圆唇。残高5.2厘米（图一七，7）。

B型　27件。TG1④：33，夹砂褐陶。宽沿，圆唇，弧腹。上腹部饰细弦纹。口径15.4、残高6.2厘米（图二一，8）。TG1④：37，夹砂灰褐陶。口微敞，宽沿，圆唇。口径15.8、残高4.3厘米（图二一，10）。TG1④：8，夹砂褐陶。宽沿，圆唇。口径14.3、残高4.3厘米（图二一，11）。TG1④：6，夹砂灰褐陶，胎土中夹杂较多石英颗粒。圆唇，弧肩。口径24.4、残高9.2厘米（图二一，12）。TG1④：35，夹砂褐陶。圆唇。口径12.5、残高3.2厘米（图一八，2）。TG1④：36，夹砂灰褐陶。圆唇。口径14.7、残高4.9厘米（图一八，4）。

C型　1件。TG1④：13，夹砂灰褐陶。圆唇。口径20.4、残高4.7厘米（图二一，6）。

D型　3件。TG1④：25，夹砂灰褐陶。圆唇。残高4.3厘米（图一八，11）。TG1④：26，夹砂灰褐陶。尖圆唇，溜肩。肩上部有一条纵向泥条。残高5.4厘米（图一八，12）。

带耳罐　1件。TG1④：15，夹砂灰陶。侈口，圆唇，溜肩。唇部至颈部有一桥形环耳。耳宽3、残高4.6厘米（图一七，3）。

尊形罐　10件。器形较小，敞口，弧腹。TG1④：38，泥质黑皮陶。圆唇，深弧腹。口径8.8、残高4厘米（图二一，1）。TG1④：39，夹砂褐陶。口微敞，圆唇，深弧腹。口径8.2、残高4.1厘米（图二一，2）。TG1④：32，夹砂黄灰陶。圆唇，深弧腹。口径8.3、残高3.8厘米（图二一，7）。TG1④：40，泥质黑皮陶。尖圆唇，深弧腹。口径6.6、残高3.2厘米（图二一，9）。

高领盘口罐　3件。口沿残，器物内壁扣合，颈部二次对接痕迹不见。TG1④：22，夹砂灰褐陶。口沿残。残高6.5厘米（图一八，9）。TG1④：21，夹砂褐陶。残高5.6厘米（图一七，1）。

壶形器　4件。TG1④：18，夹砂褐陶。喇叭口，圆唇，高领。口径12、残高4厘米（图一八，3）。TG1④：12，夹砂灰褐陶。口微侈，圆唇。残高5.5厘米（图一七，2）。

圈足　3件。TG1④：10，夹砂黄灰陶，火候较高。仅存圈足，足部外侈，呈深杯状。表面饰三角形镂孔。足径12、残高7.6厘米（图一七，5）。

角状乳钉　10件。TG1④：14，夹砂灰陶。角尖残。残高4.5厘米（图一七，8）。

纺轮　1件。

A型　TG1④：1，夹砂灰陶，陶胎夹杂较多石英颗粒。直径3、腰径3.3、孔径0.2、高1.5厘米（图二二，6）。

器耳　2件。TG1④：16，夹砂褐陶。桥形耳。宽2.5、残高3.7厘米（图一七，4）。TG1④：20，泥质黄褐陶。桥形耳。宽1.6、残高2.5厘米（图一七，11）。

器足　1件。TG1④：19，夹砂灰褐陶。平面呈圆柱形。厚1.5、残高3.4厘米（图

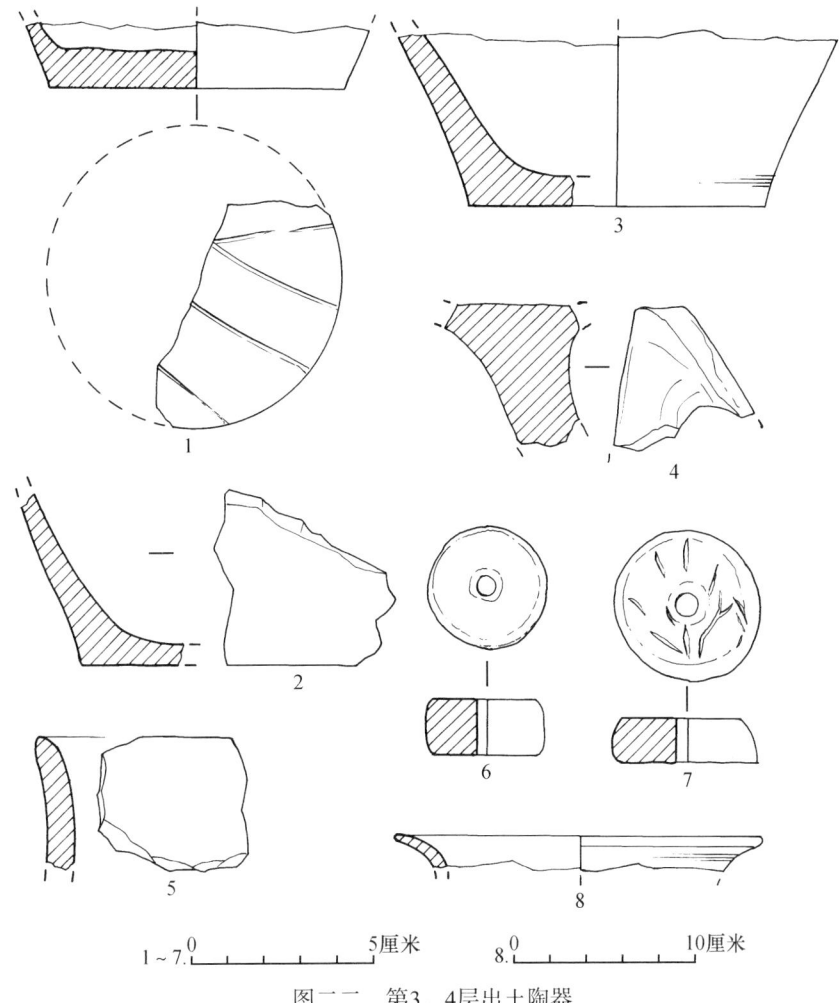

图二二　第3、4层出土陶器

1. Ab型器底（TG1③：4）　2、3. Aa型器底（TG1③：10、TG1③：2）　4. 动物足部（TG1③：6）　5. C型束颈罐（TG1③：15）　6. A型纺轮（TG1④：1）　7. B型纺轮（TG1④：1）　8. B型束颈罐（TG1③：3）

一七，10）。

器底　94件。

Aa型　56件。TG1④：57，夹砂褐陶，胎土中夹杂较多石英颗粒。底径7.4、残高6.8厘米（图二〇，6）。TG1④：59，夹砂灰褐陶，胎土中夹杂较多石英颗粒。底径7.6、残高5厘米（图二〇，7）。

Ab型　26件。TG1④：60，夹砂褐陶。底部饰粗叶脉纹。底径7、残高1.5厘米（图二〇，3）。

B型　12件。TG1④：61，泥质灰黑陶，烧制火候较高。底径6.8、残高3厘米（图二〇，5）。

臼形器　1件。TG1④：56，夹砂褐陶，胎土中夹杂较多石英颗粒。上部残缺。实心，顶部凹凸不平，立面呈器底状。底径3.6、残高5.6厘米（图二〇，4）。

2. 石器

3件。数量较少，器形单一，计有斧、镞、切割器等。

斧　1件。TG1④：3，灰青色砾岩。顶部残缺一段。平面呈斜三角形，弧刃。刃部稍加磨制，器表和两侧边有大量打制痕迹。残长12.8、宽7.4、厚3.5厘米（图二三，1）。

镞　1件。TG1④：2，灰黑色页岩。顶部残缺。平面呈三角形，尖顶，弧刃。器表磨制较精，器体两侧稍加磨制。长4.1、宽0.7～2.5、厚0.3厘米（图二三，2）。

切割器　1件。TG1④：17，青灰色砾岩。平面呈椭圆形。表面保留自然面，背面为打制破裂面，边缘打制呈刃部。残长6.1、宽3.9、厚0.9厘米（图一七，9）。

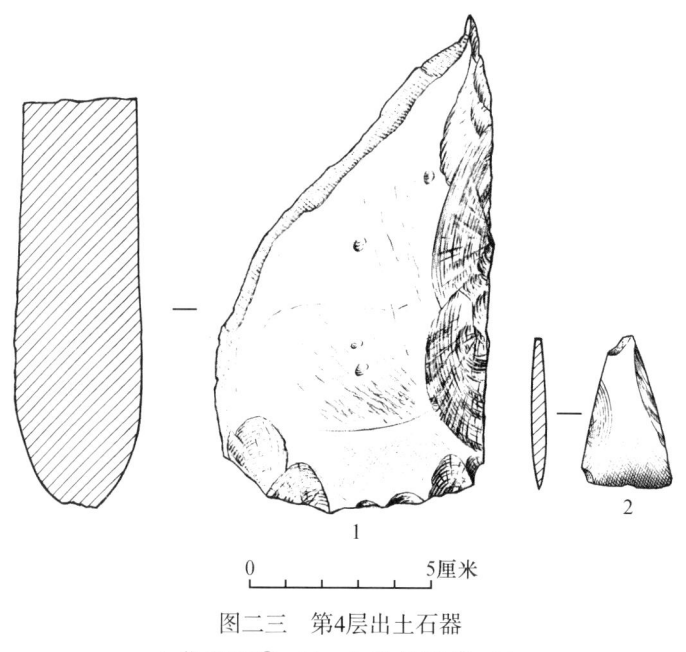

图二三　第4层出土石器
1. 斧（TG1④：3）　2. 镞（TG1④：2）

3. 土坯

1件。

TG1④：53，夹砂红褐陶，胎土细腻。平面呈不规则形。一面疑似有绳纹装饰。残长6.9、宽3.5～8、残高3.3厘米（图二〇，8）。

（六）第3层出土遗物

第3层出土遗物较少，仅见少量陶片，陶片残碎，器形单一，可辨器形有束颈罐、动物足部、器底及纺轮等。

束颈罐 2件。

B型 1件。TG1③：3，夹砂灰褐陶。圆唇。口径20.4、残高1.6厘米（图二二，8）。

C型 1件。TG1③：15，夹砂灰黑陶，胎土夹杂较多石英颗粒。圆唇。残高3.5厘米（图二二，5）。

动物足部 1件。TG1③：6，夹砂灰褐陶。仅存上部，足跟不存。残高3.8厘米（图二二，4）。

器底 3件。

Aa型 2件。TG1③：10，夹砂灰褐陶。残高4.5厘米（图二二，2）。TG1③：2，夹砂灰褐陶。底径8.2、残高4.4厘米（图二二，3）。

Ab型 1件。TG1③：4，夹砂红褐陶。平底。底径8、残高1.6厘米（图二二，1）。

纺轮 1件。

B型 TG1③：1，夹砂黑灰陶。一面残缺，上下直径不一，一面大，一面小。表面饰叶脉纹。上径3.3、腰径4、下径4、孔径0.3、高1.2厘米（图二二，7）。

（七）采集遗物

本年度调查中，在地面采集到大量遗物，有陶片、石器及土坯等。主要是陶片，可辨器形有锯齿状花边罐、束颈罐、錾耳罐、立耳罐、钵、壶、壶形器、动物足部、纺轮、圈足等；纹饰少见，常见叶脉纹，刻划纹、锯齿纹和镂孔少见。石器计有斧、锛、斧半成品等，以斧居多，多为残件，其次为锛。此外，还发现地表散落大量人骨遗骸。

1. 陶器

锯齿状花边罐 4件。

A型 1件。2017C：6，夹砂灰褐陶。尖圆唇。残高3.3厘米（图二四，10）。

B型 3件。2017C：9，夹砂灰褐陶。圆唇。残高3.5厘米（图二四，3）。2017C：20，夹砂灰褐陶。圆唇。残高3.3厘米（图二四，4）。2017C：21，夹砂灰褐陶。圆唇。残高3.5厘米（图二四，9）。

束颈罐 9件。

Ab型 4件。2017C：12，夹砂灰褐陶。圆唇。口径32、残高3厘米（图二四，5）。

B型 2件。2017C：11，夹砂褐陶。圆唇。残高3.6厘米（图二四，7）。

C型 1件。2017C：19，夹砂褐陶。圆唇。残高4.8厘米（图二四，6）。

D型 2件。2017C：13，夹砂灰褐陶。圆唇。残高4.6厘米（图二五，6）。

錾耳罐 1件。2017C：8，夹砂褐陶。侈口，卷沿，圆唇。宽耳从唇部向下与肩部

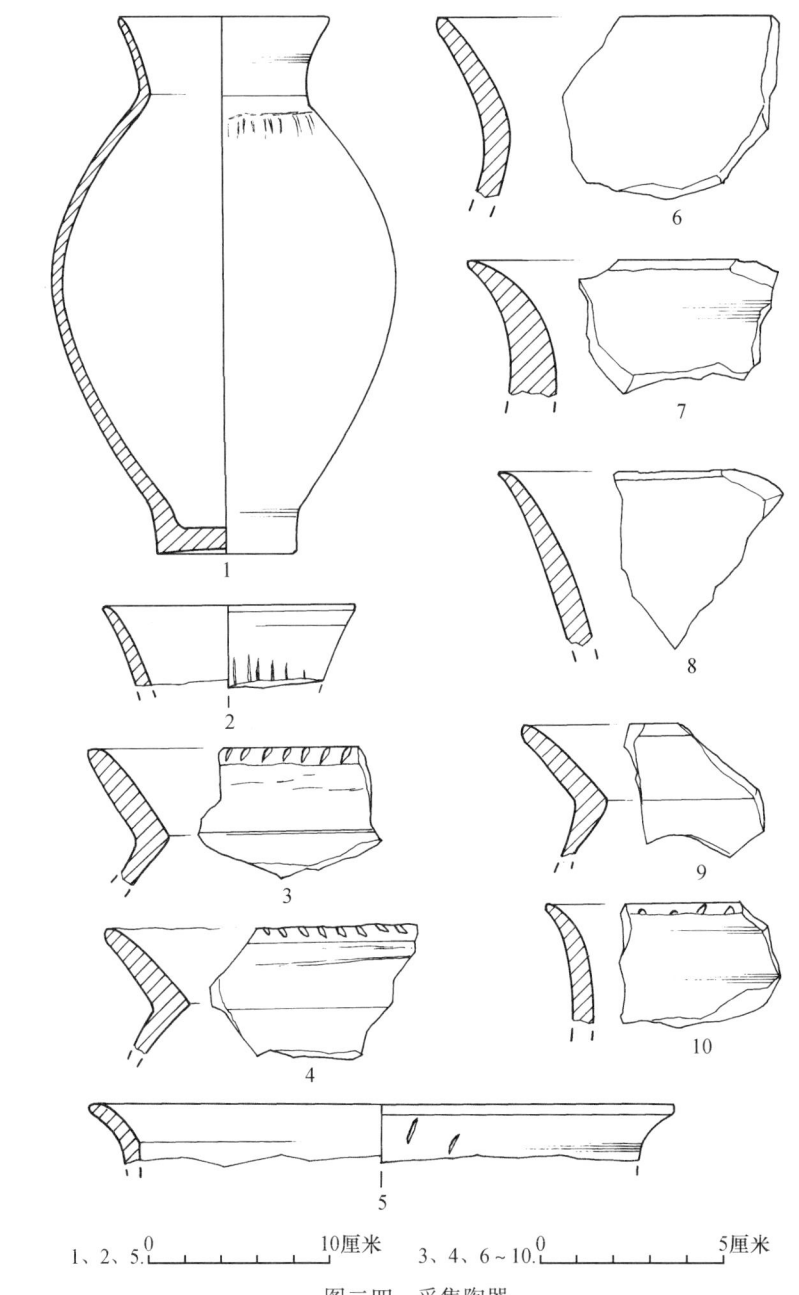

图二四 采集陶器

1.壶（2017C∶1） 2、8.壶形器（2017C∶5、2017C∶15） 3、4、9.B型锯齿状花边沿罐（2017C∶9、2017C∶20、2017C∶21） 5.Ab型束颈罐（2017C∶12） 6.C型束颈罐（2017C∶19） 7.B型束颈罐（2017C∶11） 10.A型锯齿状花边沿罐（2017C∶6）

连接。残高1.8厘米（图二五，2）。

立耳罐 1件。2017C∶17，夹砂灰褐陶。直口，圆唇，溜肩，弧腹。肩部立有一环耳。残高10厘米（图二五，4）。

钵　1件。2017C：9，泥质灰陶，火候较高，胎壁薄。直口，圆唇，弧腹。腹部饰数周平行凸弦纹。残高5.6厘米（图二五，1）。

壶　1件。2017C：1，夹砂灰黑陶，陶胎质地细腻，外表施黑色陶衣。侈口，圆唇，矮领，弧肩，腹部整体呈橄榄形，鼓腹，下腹部急收，底部呈饼足状。肩部与颈部处饰一周凹弦纹，弦纹下饰一周纵向短竖线纹。口径11.6、腹径18.4、底径7.6、高28.4厘米（图二四，1）。该器物系2015年村民修建房屋时挖出，据村民描述，该器物出土

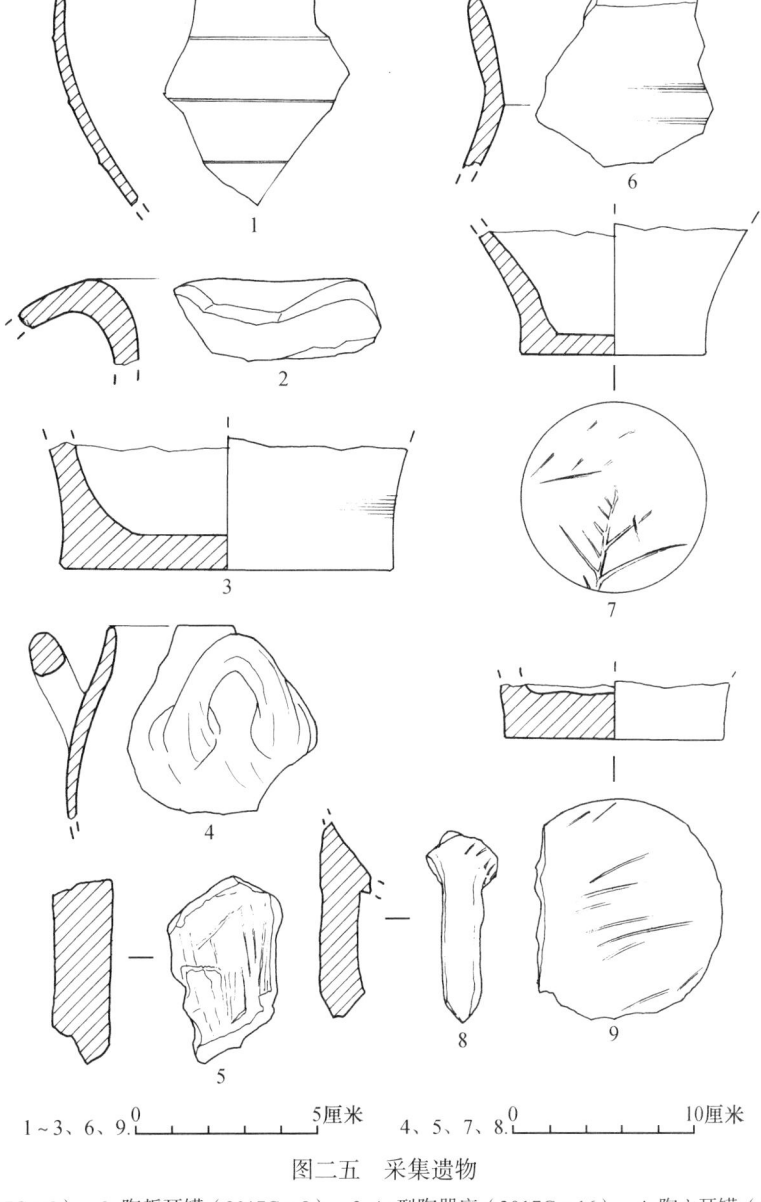

图二五　采集遗物

1. 陶钵（2017C：9）　2. 陶錾耳罐（2017C：8）　3. Aa型陶器底（2017C：16）　4. 陶立耳罐（2017C：17）
5. 土坯（2017C：3）　6. D型陶束颈罐（2017C：13）　7. Ab型陶器底（2017C：4）　8. 陶动物足部
（2017C：14）　9. B型陶器底（2017C：10）

于一具人骨旁，疑为墓葬随葬品。

壶形器　2件。2017C：5，夹砂褐陶。喇叭口，尖圆唇，高领。口径14、残高4.2厘米（图二四，2）。2017C：15，夹砂灰褐陶。喇叭口，尖圆唇，高领。残高4.6厘米（图二四，8）。

动物足部　2件。2017C：14，夹砂灰黑陶。厚2、残高10.3厘米（图二五，8）。

纺轮　2件。

A型　1件。2017C：23，夹砂灰褐陶。上径2.1、腰径2.7、下径2.7、孔径0.2、高1.4厘米（图二六，4）。

B型　1件。2017C：22，夹砂灰褐陶。一半残缺，上下直径不一，一面大，一面小。直径4、腰径4.8、孔径0.6、高1.4厘米（图二六，5）。

器底　10件。

Aa型　7件。2017C：16，夹砂灰黑陶。底径9.2、残高3.2厘米（图二五，3）。

Ab型　2件。2017C：4，夹砂褐陶。底径10、残高6.6厘米（图二五，7）。

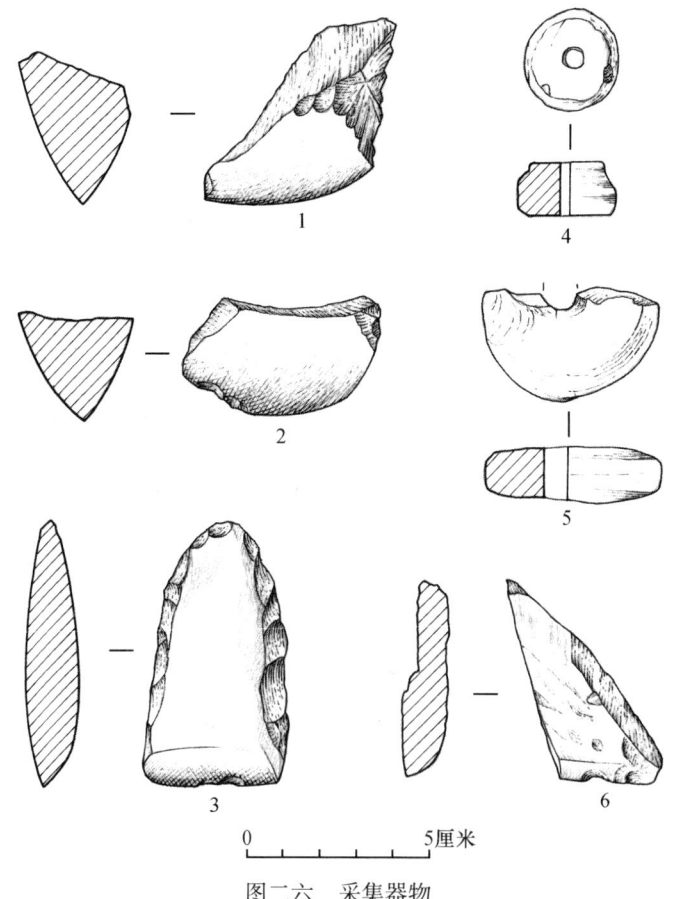

图二六　采集器物

1、2.石斧（2017C：25、2017C：24）　3、6.石锛（2017C：28、2017C：26）　4.A型陶纺轮（2017C：23）
5.B型陶纺轮（2017C：22）

B型　1件。2017C：10，夹砂灰黑陶。底部遗留有植物痕迹。底径6、残高1.5厘米（图二五，9）。

2. 石器

斧　4件。多为残件，器形多不可辨。2017C：25，青灰色砾岩。仅存刃部，弧刃，刃部磨制光滑。残长4.1、宽4.5、厚2.7厘米（图二六，1）。2017C：24，青灰色砾岩。仅存刃部，弧刃，刃部磨制光滑。残长2.7、宽5.3、厚2.4厘米（图二六，2）。2017C：27，灰褐色砾岩。平面呈圆角长方形，弧顶，弧刃，刃部磨制光滑。顶部和刃部崩疤痕迹显著，刃部有明显的使用痕迹，刃部有缺口。长7.6、宽3.4~5.1、厚2.6厘米（图二七，2）。2017C：29，青灰色砾岩。体形浑厚，平面呈椭圆形，顶部残缺，弧刃，刃部磨制光滑。刃部以上遍布崩疤。残长10.3、宽7.8、厚3.8厘米（图二七，3）。

斧半成品　1件。2017C：30，青灰色砾岩。平面呈柱状。两端残缺，周身有明显的打制痕迹，表面局部有磨制痕迹。残长8.8、宽2.8~5.1、厚2.2厘米（图二七，1）。

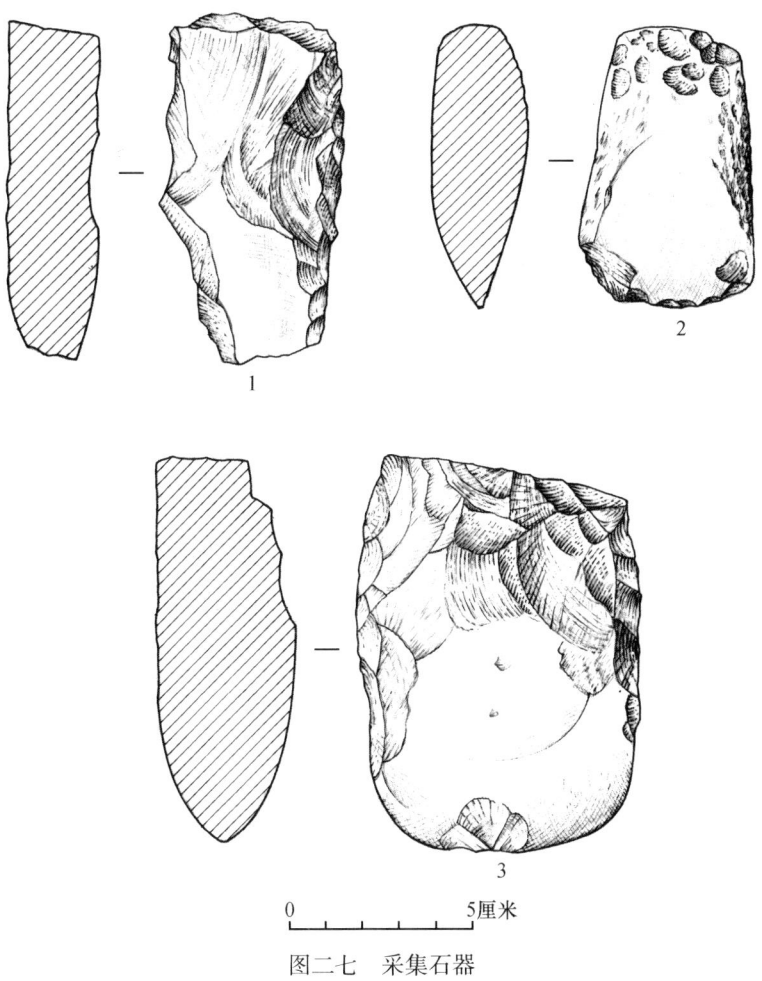

图二七　采集石器

1. 斧半成品（2017C：30）　2、3. 斧（2017C：27、2017C：29）

锛　2件。2017C：28，青灰色页岩。平面呈三角形，斜刃，刃部磨制规整，锥形器顶。顶部和侧边遗留有崩疤痕迹。长7.2、宽1.6~3.9、厚1.5厘米（图二六，3）。2017C：26，青灰色页岩。残缺一边。平面呈三角形，斜刃，刃部磨制规整，表面遗留崩疤痕迹。残长5.3、宽2.5~3、厚1.1厘米（图二六，6）。

3. 土坯

1件。

2017C：3，夹砂红陶。两面平整，平面形状呈不规则状。表面遗留明显的植物纵向茎秆痕迹。残长9.7、宽4~6.2、厚3.1厘米（图二五，5）。

四、结　语

马鞍子遗址是目前会理东北部地区唯一经过正式考古调查试掘的先秦时期遗址，该遗址先秦时期文化堆积深厚，出土遗物丰富，具有鲜明的地域与时代特色。依据器物组合与层位关系，可将该遗址先秦时期堆积粗分为早、晚两个时期。

早期遗存以第6、7层为代表，该期遗存出土遗物相对较少，其以缸形器、锯齿状花边罐为主，另有少量束颈罐，可能流行动物泥塑足部、高领盘口罐，不见乳钉纹罐、圈足器和带耳器、尊形罐、叶脉纹器底、饼足器底、乳钉纹状装饰、壶形器、钵、立耳罐等。早期遗存依据层位关系和遗物组合亦可分为早、晚两段，早段以第7层为代表，出土遗物虽然较少，但特征突出，仅见缸形器和锯齿状花边罐，器物胎体相对厚重，锯齿状花边呈捺窝不连续状，纹饰相对丰富，以刻划和戳印为主，弦纹和连续折线三角纹、戳印点线纹和网格划纹组成的复合纹饰流行，这些特征是川西南和滇西地区新石器晚期常见的装饰题材；晚段第6层为代表，除了早段常见器物外，素面束颈罐常见，锯齿状花边呈连续状压印，胎体相对轻薄，纹饰较之早段单一，仅见绳纹、连珠纹、网格纹、附加泥条等，复合纹饰非常少见。

晚期遗存包括第3~5层及开口于第4层下的烧土面。该期遗存依据层位关系和器物组合差异，可分为早、晚两段，早段遗存包括第5层堆积和开口于第4层的烧土面，该段遗物组合可分为A、B两组，A组即早期遗存晚段中常见的锯齿状花边罐、束颈罐、缸形器外，还新出现了高领盘口罐、锯齿状花边的壶形器等，束颈罐和花边罐无论器形还是数量均相对丰富；B组以角形乳钉（罐）、立耳罐、壶形器（唇部无花边）、带耳罐及叶脉纹器底和饼足器底为代表，该组器物中乳钉当为乳钉罐肩上装饰的乳钉，但截至目前尚未发现明确的乳钉罐口沿，且该组器物的数量非常少。晚段遗存包括第3、4层堆积，该段遗存中锯齿状花边罐、缸形器、高领盘口罐少见，束颈罐不仅数量多，尤其是B型束颈罐数量较多，形制较为丰富；乳钉罐大行其道，不仅数量众多而且器形丰富；同时新出现了尊形罐、钵、镂孔圈足杯等，带耳器和叶脉纹装饰发达，饼足器盛行，乳钉较之早段有所变化，早段乳钉体量大且呈角状，晚段乳钉体量较小，立面呈锥形。晚期遗存中常见的锯齿状花边罐、缸形器、动物足部等可能属于晚期活动扰动早期遗存所致。

马鞍子遗址早期遗存目前有2个^{14}C测年数据（附表一），其中第7层的^{14}C测年数据置信度为68.2%的为2197BC（17.7%）2168BC、2149BC（16.8%）2121BC、2094BC（33.6%）2042BC；置信度为95.4%的为2275BC（2.0%）2256BC、2209BC（93.4%）2024BC。第6层的^{14}C测年数据置信度为68.2%的为2027BC（68.2%）1948BC，置信度为95.4%的为2121BC（5.9%）2094BC、2042BC（89.5%）1899BC，由此推测早期遗存早段的时代大概在距今4200～4000年；晚段则可能为距今4000～3900年，因此将早期遗存的时代推测为距今4200～3900年。早期遗存中锯齿状花边罐、缸形器、动物足部同会理西南部黎溪盆地周边的饶家地遗址[1]、莲塘遗址[2]和唐家坡遗址[3]出土同类器相近，这些遗址的时代推测为距今4000年左右，这与马鞍子遗址早期遗存推测的时代相近，表明它们可能属于同一时代的新石器文化。

马鞍子遗址晚期遗存目前有2个^{14}C测年数据（附表一），其中第5层的^{14}C测年数据置信度为68.2%的为1881BC（10.6%）1867BC、1848BC（57.6%）1774BC；置信度为95.4%的为1893BC（95.4%）1748BC；第4层的^{14}C测年数据置信度为68.2%的为1877BC（27.4%）1841BC、1821BC（18.5%）1796BC、1782BC（22.3%）1752BC，置信度为95.4%的为1885BC（93.1%）1741BC、1710BC（2.3%）1701BC，第5层和第4层的测年接近，年代范围集中在距今3900～3750年，若依据上述数据可将晚期遗存的时代推测为距今3900～3750年，但晚期遗存显示出的文化内涵的复杂性，无论文化面貌抑或时代均呈现多样性特征，促使我们需要进一步厘清彼此之间关联。晚段早期遗存中A组器物同早期遗存晚段相近，文化面貌相近，时代亦相近，因此推测A组遗存的时代为距今3900～3750年，文化属性和时代属于当地新石器晚期文化范畴。而B组器物同安宁河流域的高坡遗存和滇东北地区的野石山遗存[4]中的同类器非常接近，二者时代可能相近，研究认为高坡遗存的时代为商代晚期至西周前期，由此推测B组遗存的时代为商晚周初，文化属性和时代属于当地青铜时代早期文化范畴。

晚段遗存中的器物组合与文化面貌明显不同于早段，该段遗存所出土器物少见A组器物，以B组器物为主，其与A组部分器形既有联系，亦有变化，而新出现的镂孔圈足杯、深腹钵等同新发乡境内的庙子老包墓地M1[5]和成河上游的雷家山墓地M1[6]出土同类器相近；由于该段遗存出土的乳钉纹罐同安宁河流域的沙坪站遗址早期遗存相近，沙坪站遗址乳钉形制尽管同B组乳钉类似，但在形态上却有着明显的变化，二者可能有着时代上的差异，沙坪站早期遗存的时代以西周中晚期概率最大（附表二），因此晚段遗存的时代可能同沙坪站遗址早期遗存和庙子老包M1的时代相近，推测为西周中晚期至春秋早期。晚期遗存出现属于早段年代的测年数据，笔者认为其可能属于晚期活动扰动早期遗存所致。

新发乡地处金沙江北岸，境内先后发现了郭家堡墓地、庙子老包墓地[7]、浑水塘冶铜遗址[8]，马鞍子遗址晚期遗存晚段所出遗物同庙子老包墓地M1文化面貌和时代非常接近，二者之间可能有着密切的联系？它们是否为同一时期居民的遗留，有待于进一步发掘与研究工作。同时马鞍子遗址晚期遗存中的乳钉纹罐明显受到来自安宁河流域商周时期高坡遗存影响的产物。马鞍子早期遗存和晚期遗存中的A组器物同会理境内的新石器晚期文化（饶家地遗址早期遗存、莲塘遗址、唐家坡遗址早期遗存等）的文化面貌一致，其与金沙江南岸以龙川江流域为中心的元谋大墩子、永仁菜园子应属于同一文化圈，可暂命名为"大墩子或金沙江中游文化圈"，该文化圈代表了金沙江中游南北两岸新石器时代晚期居民之间频繁的文化互动以及文化认同，并为当地青铜时代居民的人群互动与文化交流奠定了基础。

马鞍子遗址的考古调查对于认识会理东北部地区先秦时期的文化面貌与时代特征提供重要的实物资料，同时也提供了金沙江南北两岸自新石器时代晚期以来频繁的人群互动与文化交流证据，延伸了该区域先秦时期考古学文化的内涵与外延。遗址中新石器时代遗存各阶段无论是发现的遗迹现象抑或遗物出土数量与形制均非常有限，阻碍了我们对其开展深入的探讨，还需要进一步的考古工作，方可对其面貌有基本的认识。遗址中大量土坯、陶片烧结变形物及人骨的存在，说明该遗址有着广泛的定居活动以及陶窑作坊和墓地的存在，但囿于该遗址目前尚未进行系统的钻探与一定规模的考古发掘，对其认识还需下一步的系统钻探与发掘来拓展。

附记：参与本次调查的人员有会理县文物管理所肖桑、王杰、赫少祥、唐翔，凉山彝族自治州博物馆孙策、刘灵鹤、张文、补琦，成都文物考古研究院杨颖东、闫雪、田剑波、向川、徐龙、周志清。

绘图：钟雅莉　张立超　陈睿　孙策
拓片：戴福尧
执笔：周志清　孙策　唐翔　刘灵鹤　田剑波　补琦

注　释

[1] 成都文物考古研究院、凉山彝族自治州博物馆、会理县文物管理所、重庆师范大学历史与社会学院：《2012年会理县饶家地遗址发掘简报》，《成都考古发现》（2015），科学出版社，2017年。
[2] 成都文物考古研究院、凉山彝族自治州博物馆、会理县文物管理所：《会理县1987年古代遗址调查简报》，《成都考古发现》（2015），科学出版社，2017年。2015年发掘资料现存成都文物考古研究院。

［3］成都文物考古研究院、凉山彝族自治州博物馆、会理县文物管理所：《会理县唐家坡遗址、张家地墓地2015年试掘简报》，《成都考古发现》（2015），科学出版社，2017年。

［4］周志清：《公元前十三世纪至公元前九世纪昭鲁盆地与安宁河流域之间的文化互动——以高坡遗存为例》，《滇东黔西青铜时代的居民》，科学出版社，2014年；云南省文物考古研究所、昭通市文物管理所、鲁甸县文物管理所：《云南鲁甸县野石山遗址发掘简报》，《考古》2009年第8期；刘旭、孙华：《野石山遗存的初步分析》，《考古》2009年第8期；游有山：《鲁甸野石新石器时代遗址调查报告》，《云南文物》1985年总第18期。

［5］成都文物考古研究院、凉山彝族自治州博物馆、会理县文物管理所：《2017年会理县新发乡庙子老包M1清理简报》，见本书。

［6］成都文物考古研究所、凉山州博物馆、会理县文物管理所：《四川会理县雷家山M1发掘报告》，《成都考古发现》（2007），科学出版社，2009年。

［7］成都文物考古研究所、会理县文物管理所、四川大学考古系、凉山州博物馆：《2009年度会理县新发乡考古调查简报》，《成都考古发现》（2008），科学出版社，2010年。

［8］成都文物考古研究所、会理县文物管理所、四川大学考古系、凉山州博物馆：《2009年度会理县新发乡考古调查简报》，《成都考古发现》（2008），科学出版社，2010年。2017年3月成都文物考古研究院发现30座炼炉，对其暴露的炼炉进行抢救性清理，共计清理21座，资料现存成都文物考古研究院。

附表一 会理县马鞍子遗址加速器质谱（AMS）^{14}C测试报告

测定日期：2018年11月

Lab编号	样品	样品原编号	^{14}C年代（BP）	树轮校正后年代	
				1σ（68.2%）	2σ（95.4%）
BA171399	稻	2017SHM1（④）	3480±25	1877BC（27.4%）1841BC 1821BC（18.5%）1796BC 1782BC（22.3%）1752BC	1885BC（93.1%）1741BC 1710BC（2.3%）1701BC
BA171400	稻	2017SHM2（⑤）	3500±25	1881BC（10.6%）1867BC 1848BC（57.6%）1774BC	1893BC（95.4%）1748BC
BA171401	稻	2017SHM3（⑥）	3625±30	2027BC（68.2%）1948BC	2121BC（5.9%）2094BC 2042BC（89.5%）1899BC
BA171402	黍	2017SHM4（⑦）	3725±35	2197BC（17.7%）2168BC 2149BC（16.8%）2121BC 2094BC（33.6%）2042BC	2275BC（2.0%）2256BC 2209BC（93.4%）2024BC

注：所用^{14}C半衰期为5568年，BP为距1950年的年代。树轮校正所用曲线为IntCal13，所用程序为OxCal v4.2.4

附表二　西昌市沙坪站遗址早期遗存加速器质谱（AMS）^{14}C测试报告

测定日期：2015年11月

Lab编号	样品	样品原编号	^{14}C年代（BP）	树轮校正后年代	
				1σ（68.2%）	2σ（95.4%）
BA150476	碎种	2014XYS1（F1）	样品无法满足实验需要		
BA150477	稻	2014XYS2（F2）	2755±20	920BC（34.3%）8908BC 880BC（33.9%）840BC	970BC（3.7%）950BC 940BC（91.7%）830BC
BA150478	稻	2014XYS3（F3）	2815±20	1000BC（68.2%）930BC	1020BC（95.4%）900BC
BA15-479	稻	2014XYS4（F3）	2775±20	975BC（15.8%）955BC 945BC（52.4%）895BC	1000BC（95.4%）840BC
BA150480	稻	2014XYS5（F5）	3380±20	1730BC（9.4%）1715BC 1695BC（68.8%）1635BC	1740BC（95.4%）1620BC
BA150481	稻	2014XYS6（F5）	2660±20	825BC（68.2%）800BC	890BC（1.5%）875BC 840BC（93.9%）795BC
BA150482	稻	20154XYS7（F6）	2685±20	845BC（68.2%）805BC	895BC（95.4%）800BC
BA150483	稻	2014XYS8（G2）	2805±25	1000BC（68.2%）920BC	1030BC（95.4%）890BC

注：所用^{14}C半衰期为5568年，BP为距1950年的年代。树轮校正所用曲线为IntCal13，所用程序为OxCal v4.2.4

2017年会理县新发乡庙子老包M1清理简报

成都文物考古研究院
凉山彝族自治州博物馆
会理县文物管理所

　　会理是古代"南方丝绸之路"入滇的要津，因其重要的地理位置，素有"川滇锁钥"的盛誉。地理坐标为东经101°52′~102°38′、北纬26°5′~27°12′，北距西昌市185千米，南距攀枝花市120千米。其境内山峦起伏，河流纵横，沟谷相间，山地、丘陵、平坝是其主要的自然地理景观，平坝较少。地势北高南低，一般海拔约2000米，相对高差为800~1000米，有"一山分四季，十里不同天"之说。境内主要河流有成河、摩挲河、岔河、矮郎河等10余条。气候属于中亚热带西部半湿润性气候，高海拔、低纬度使其气候呈现冬无严寒、夏无酷暑的特点。垂直差异大，高山积雪与峡谷炎热并见。元鼎六年（前111年），汉武帝诛杀邛君、笮侯，以邛都为越嶲郡（西昌），置邛都、定笮、苏云、台等、会无、三绛、卑水、姑复、遂久、青蛉、灵光、笮秦、大笮、潜街、阐15县。会无即今会理，三绛在今会理县所属黎溪境。此为会理正式建制见于文字记载之始，此后历经2000多年其境域变化一直不大。

　　庙子老包墓地位于会理县东南部的通安镇新发乡铜厂村四组，地处平面呈圆形的小山包上，距离郭家堡墓地直线距离500米左右[1]。地表现主要种植玉米。2009年3月，由成都文物考古研究院、凉山彝族自治州博物馆、会理县文物管理所组成的联合考古调查队对庙子老包墓地进行了详细的考古调查[2]。该墓地基本在20世纪60年代坡改地运动中已经遭到彻底破坏。调查中曾发现一残墓，由于农民种植庄稼时已经将其大部分破坏，剩余部分残存于田埂断面上，依稀可见陶罐、圈足杯残件。由于当时该墓不具备清理条件，未进行进一步的清理，只是将该墓出土的遗物进行了采集和记录。采集石坠5件、陶圈足2件。据发现者称，该墓还曾出土了陶纺轮、石箭镞等器物。2017年3月成都文物考古研究院、凉山彝族自治州博物馆、会理县文物管理所组成的联合考古队对新发乡铜厂村周边地区调查时，再次复查了该墓地，在铜厂村四组村民王继发地里的陡坎上发现一座暴露的残墓，器物已经裸露出头，为了防止其被进一步破坏，联合调查队对其进行了抢救性清理，墓葬编号为2017SHMM1（以下省略"2017SHM"）。地理坐标为东经102°16′19.69″、北纬26°16′37.05″，海拔1924.1米（图一）。该墓被破坏严重，仅出土了少量的陶、石器。

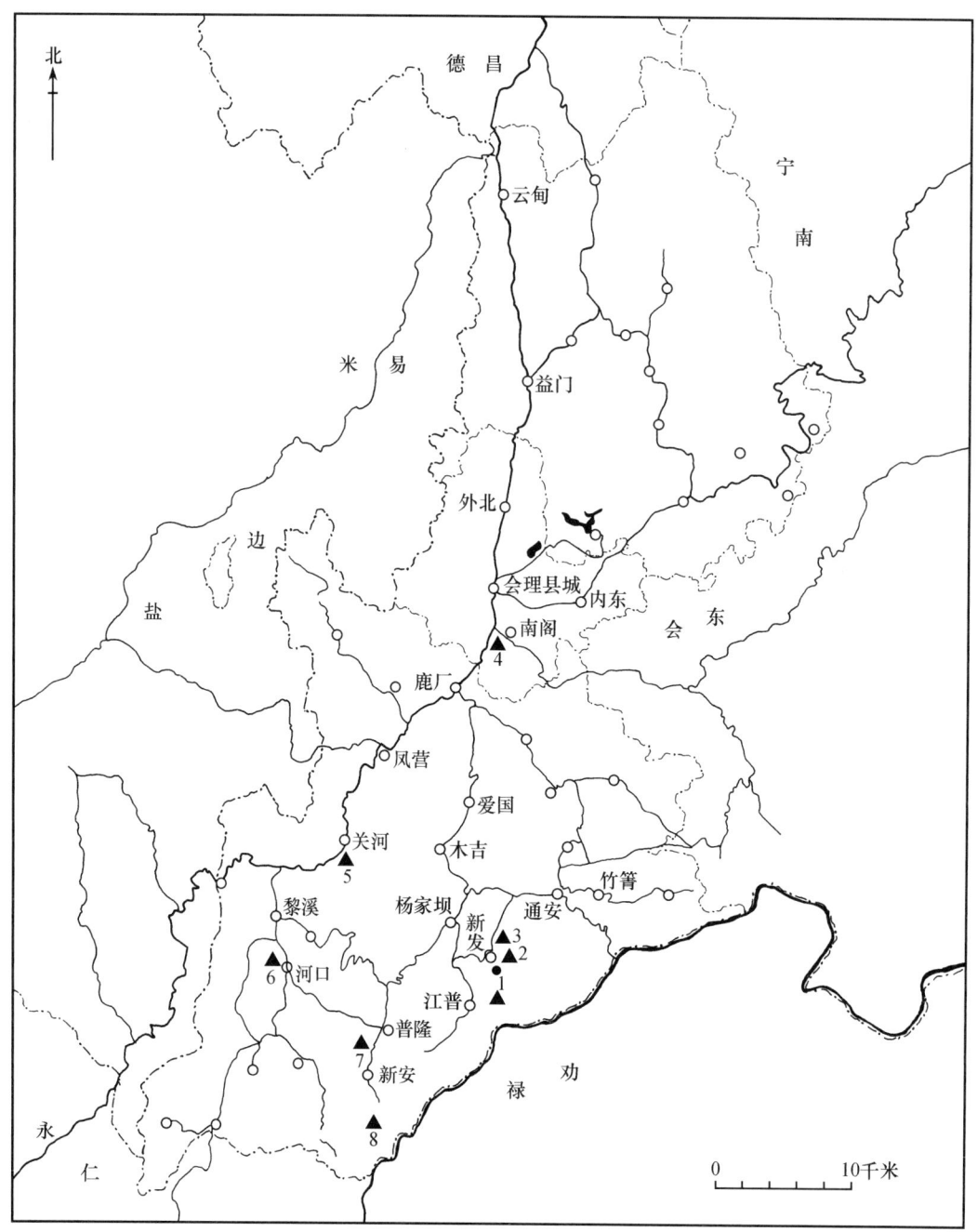

图一 庙子老包墓地位置示意图
1. 庙子老包墓地 2. 郭家堡墓地 3. 马鞍子遗址 4. 雷家山墓地 5. 王家梁子墓地 6. 粪箕湾墓群
7. 瓦石田墓地 8. 猴子洞遗址

一、墓葬形制

M1为竖穴土坑墓，平面大致呈圆角方形。开口于耕土层下，直接打破生土，距地表深0.3米。由于村民常年耕种和坡改地，墓室东段大部分不存，目前仅存墓室西端一小段，现存一个窄坑。墓室残长3～3.2、宽1.86、残深0.06～0.9米。方向285°。墓室内未见人骨和葬具的痕迹。填土为灰褐色沙土，结构疏松，内含少量植物根茎和炭屑。墓室西端出土了大量随葬器物，主要是陶器和石器，因后期人为破坏，陶器多残碎，器物摆放凌乱，未发现明显的规律，大致的堆放情况是最上层为陶器，往下陶器、石器交错而放，越接近底部陶器的数量逐渐减少（图二）。陶器的器形主要有杯、罐、壶、瓶、壶形器、纺轮等，石器有箭镞、穿孔石坠。

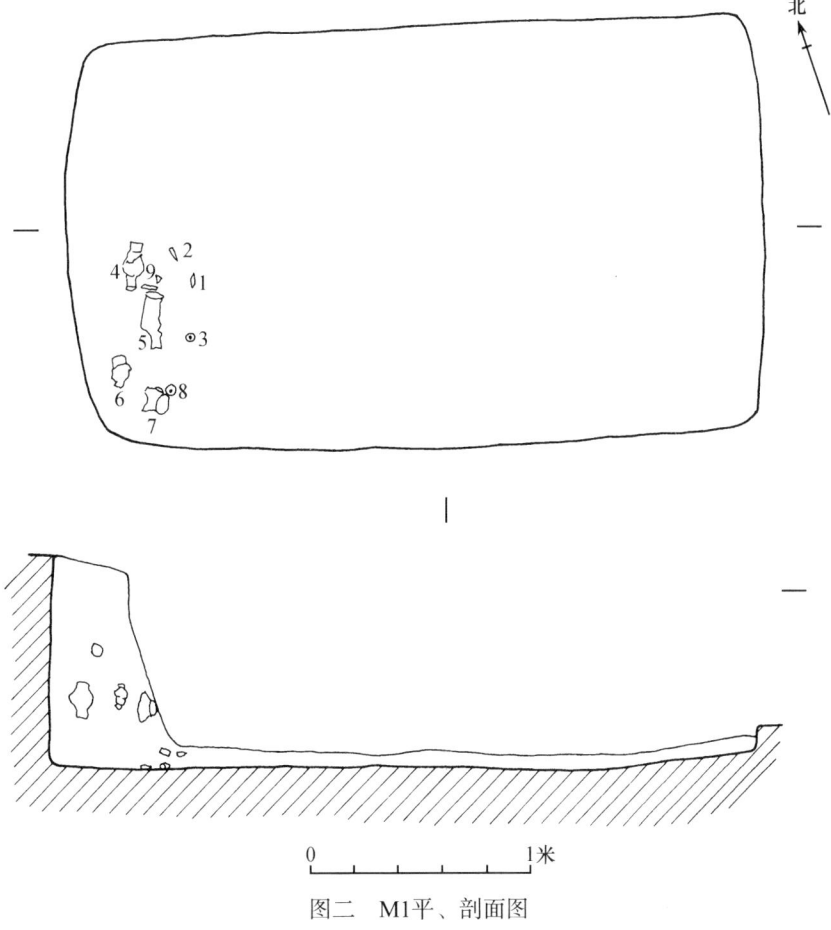

图二 M1平、剖面图
1.石箭镞 2.穿孔石坠 3、8、9.陶纺轮 4、7.陶罐 5.陶杯 6.陶壶

二、随葬器物

1. 陶器

13件。绝大多数为泥质陶，少数为夹砂陶，夹砂陶仅见罐。泥质陶多为黑皮陶，部分陶衣脱落。陶器器类主要有杯、壶、壶形器、罐、瓶、纺轮等。纹饰常见的有弦纹、叶脉纹、镂孔等。

杯 2件。折腹，器形瘦长。M1∶5，泥质灰黑陶，黑色陶衣因埋藏环境而脱落。侈口，尖圆唇，长颈，折腹，圈足微侈。颈部遗留明显轮制痕迹；肩部饰由两组弦纹和连续三角划纹组成的复合纹饰；圈足上饰不规则镂孔，镂孔未穿透器物内壁。口径6.4、腹最大径9.4、足径6.8、足高4.4、高18.2厘米（图三，8；图版一，1）。M1∶11，仅存肩部。泥质黑皮陶。折肩。肩部饰两条由平行弦纹和折线三角纹组成的纹饰带。残高6.3厘米（图四，2）。M1∶5形制与雷家山Ba型Ⅰ式（M1∶64）非常接近[3]，颈部较之略短，腹部和圈足纹饰略有差异。

罐 3件。夹砂陶。根据耳部有无，分为二型。

A型 2件。无耳罐。M1∶4，夹砂黑灰陶，器表所施黑色陶衣因埋藏而大都脱落。侈口，尖圆唇，短颈，溜肩，折腹，下腹内收，平底。口径8、腹最大径14、底径6.4、高19厘米（图三，1；图版一，2）。M1∶7，夹砂黑皮陶。仅存下腹部和底，下腹内收，平底内凹。底部饰叶脉纹。底径5.6、残高6厘米（图四，7）。

B型 1件。带耳罐。M1∶16，夹砂灰褐陶。仅存口部，侈口，短颈，窄桥形耳。残高2.8厘米（图四，5）。

壶形器 4件。泥质陶。均为残件，仅存口部。根据口部形态的不同，分为三型。

A型 2件。口微敛。M1∶13，泥质黑皮陶。尖圆唇，高领。口径10.4、残高3.6厘米（图四，1）。M1∶17，泥质黑皮陶。尖圆唇，高领。口径10、残高2.3厘米（图四，6）。

B型 1件。喇叭口。M1∶12，泥质黑褐陶，黑皮脱落。仅存口部和颈部，圆唇，束颈。残高6.5厘米（图四，4）。

C型 1件。侈口。M1∶14，泥质黑皮陶，黑皮脱落。仅存口部和颈部，圆唇，高领。口径10、残高6厘米（图三，5）。

壶 1件。M1∶6，泥质黑皮陶。口微侈，近直口，短颈。口径5.4、残高6厘米（图三，9）。

瓶 1件。M1∶10，夹砂红褐陶，表面施黑色陶衣，因埋藏而脱落。仅存颈部以下，腹中部微束腰，下腹外弧，平底。底径5.4、残高8.2厘米（图四，3）。

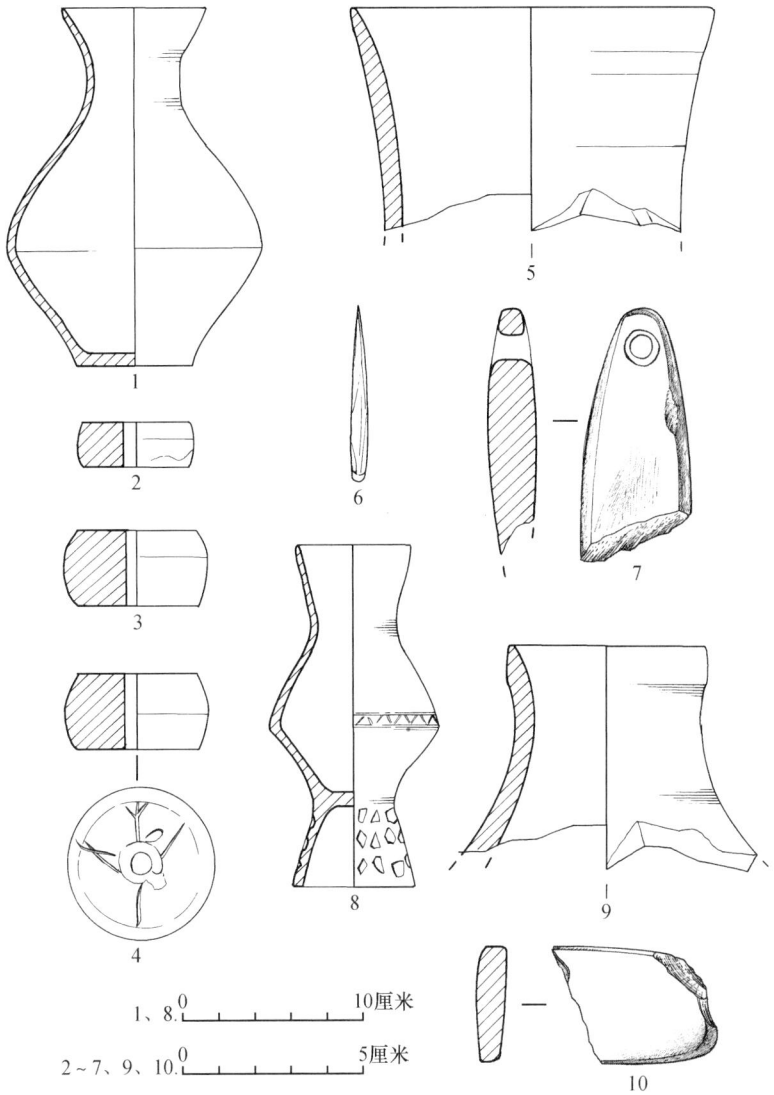

图三　M1出土随葬器物

1. A型陶罐（M1∶4）　2. B型陶纺轮（M1∶3）　3、4. A型陶纺轮（M1∶8、M1∶9）　5. C型陶壶形器（M1∶14）　6. 石箭镞（M1∶1）　7. 穿孔石坠（M1∶2）　8. 陶杯（M1∶5）　9. 陶壶（M1∶6）　10. 残石器（M1∶15）

纺轮　3件。根据平面形状的不同，分为二型。

A型　2件。算珠形。M1∶8，夹砂黑灰陶。直径3.3、腰径4、孔径0.3、高2厘米（图三，3；图版一，3）。M1∶9，夹砂黑灰陶。一面饰叶脉纹。直径3.3、腰径4、孔径0.3、高2厘米（图三，4；图版一，4）。

B型　1件。圆饼形。M1∶3，夹砂黑灰陶。表面饰斜向划纹。直径3、腰径3、孔径0.4、高1.2厘米（图三，2）。

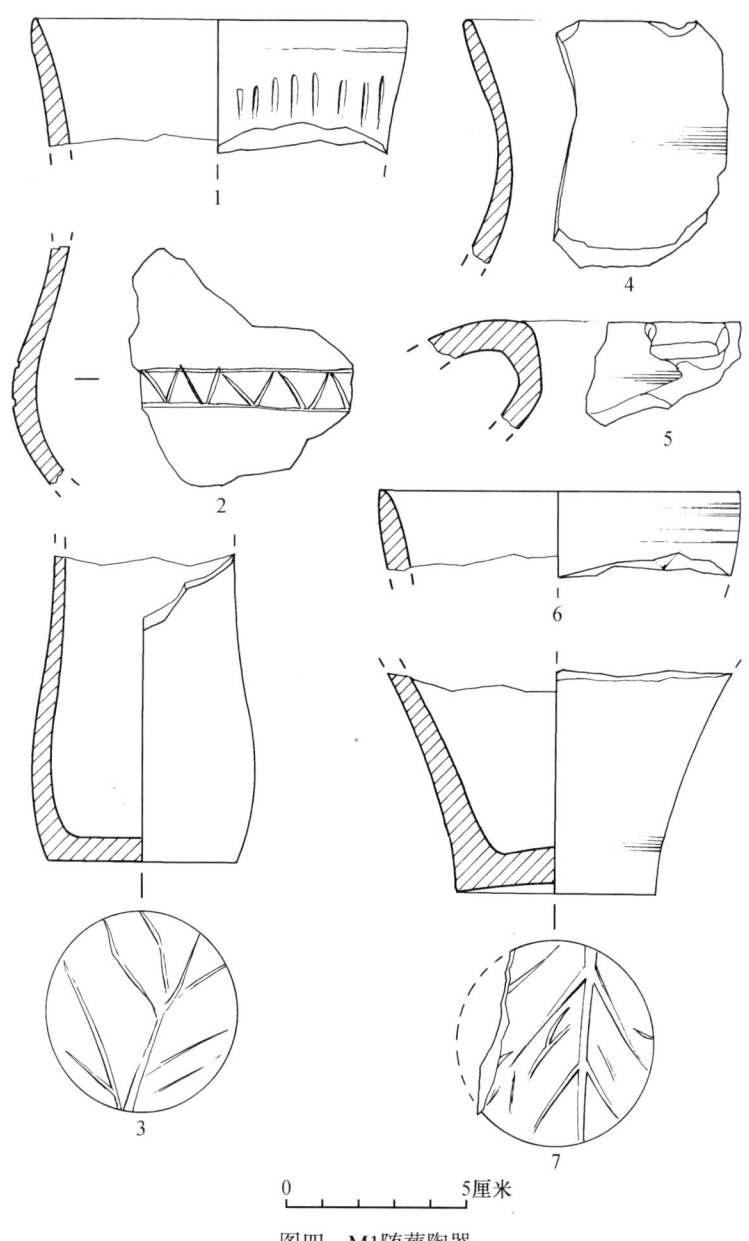

图四　M1随葬陶器

1、6. A型壶形器（M1：13、M1：17）　2. 杯（M1：11）　3. 瓶（M1：10）　4. B型壶形器（M1：12）
5. B型罐（M1：16）　7. A型罐（M1：7）

2. 石器

3件。

穿孔石坠　1件。紫灰色石质。仅存顶部一段，顶部均有圆形穿孔，为双面管钻。平面为圆钝三角形。M1：2，残长6.5、宽1.2~2.9、厚1.3、孔径1厘米（图三，7；图版一，5）。

箭镞　1件。M1∶1，灰黑色页岩。平面呈针叶状，断面呈圆形，磨制光滑，锋部锋利。长4.5、厚0.5厘米（图三，6）。

残石器　1件。M1∶15，青灰色石质。仅存顶部一端，平面为梯形，表面磨制规整。残长4.6、宽2.9、厚0.7厘米（图三，10）。

三、结　　语

庙子老包墓地M1出土的镂孔高圈足折腹杯与成河上游的雷家山墓地M1有惊人的相似之处[4]，二者除了颈部长短、圈足高矮及肩部纹饰有差异外，其余形制几乎一致；针叶形石箭镞和穿孔石坠也是雷家山M1的常见之物；墓葬平面近圆角长方形竖穴土坑的形制和随葬品置于墓室一端层累堆放的习俗也有相同之处。镂孔高圈足折腹杯在邻近的新发乡新发镇乐寨村4组马鞍子遗址青铜时代遗存中也有发现[5]，且与角状乳钉纹折沿罐（瓮）共存，角状乳钉纹折沿罐（瓮）是安宁河流域商周时期高坡遗存的典型器物，在滇东北的昭鲁盆地边缘的野石山遗存[6]也有发现，高坡遗存流行的时代为商代晚期至西周早期。马鞍子遗址青铜时代遗存中除了常见的角状乳钉纹折沿罐外，并不见高坡遗存常见的折肩碗、钵、双耳泥质黑皮小口罐、鸭嘴形器流等典型器物，二者之间可能有着时代和文化面貌上的差异，这尚需进一步研究。鉴于马鞍子遗址青铜时代遗存的^{14}C测年数据目前尚未公布，对其年代的讨论只能依托周边材料进行比较。雷家山M1的时代推测为春秋时期[7]，笔者认为庙子老包墓地M1的时代应当同其相近，鉴于针叶形石箭镞在城河下游的粪箕湾水坪梁子墓地和瓦石田墓地均有发现，而最新研究认为以粪箕湾水坪梁子墓地为代表的青铜时代遗存主要流行时代为春秋时期[8]，粪箕湾遗存亦有角状乳钉纹罐随葬，此类器物常见于该遗存的早期阶段，在形态上有所退化，可能代表此类器物的晚近形态。无独有偶，此类器物在安宁河流域的沙坪站早期遗存中也广泛存在，沙坪站角状乳钉折沿罐更接近马鞍子遗址同类器，沙坪站早期遗存的时代以西周中晚期概率最高[9]（附表），而庙子老包墓地M1同雷家山M1同类器的异同，笔者以为可能是时代上的差异，庙子老包墓地M1年代可能早于以雷家山M1为代表青铜时代遗存。我们推测庙子老包墓地M1的时代可能在西周中晚期至春秋前期。

由于庙子老包墓地已经被毁，其墓地整体的情况已经不可能调查清楚，清理的M1由于破坏严重，其出土遗物也难以全面反映该墓随葬器物的文化全貌，但残留的陶圈足杯、陶壶形器、陶带耳罐、陶瓶、针叶形石箭镞、穿孔石坠等为我们认识该墓地的文化面貌提供了重要实物资料。特别是该墓出土的陶圈足杯、壶形器、罐等器物，具有明显的区域和时代特色。目前会理境内发现的青铜时代遗存主要为墓葬，以土坑墓多见，集中分布于城河流域下游地区的黎溪盆地内[10]，经过正式发掘的有粪箕湾墓地[11]、瓦石田墓地[12]及王家梁子墓地[13]，这些墓地的丧葬习俗与出土器物基本相同，时代大致在春秋时期[14]。这些墓葬与雷家山M1既有相近之处，如流行针叶形石箭镞和卵石随葬，但陶器组合和形制差异较大，二者应当属于不同性质的文化遗存，雷家山墓地出土的折腹圈足杯、豆、瓶等器物不见于会理西南部黎溪盆地以粪箕湾为代表的青铜时代遗存，而广见于会理东北部通安新发乡境内，这是否反映出以雷家山为代表青铜时代遗存主要分布于今会理境内的东北部地区有待进一步研究，其与流行于黎溪盆地的粪箕湾遗存有着明显的差异。新发乡境内折腹圈足杯和角状乳钉纹罐的发现，反映出安宁河流域青铜文化的影响已经深入会理境内，并在进入城河上游地区后分道扬镳，形成南北两条文化传播线路，北线经由南阁经过通安至新发境内进而南渡金沙江进入云南境内；而南线则为粪箕湾遗存流行区域，其通过会理城关经由黎溪盆地进入云南。南北两条线路遥相呼应，截至目前，二者之间尚未发现交集的情形，它们之间的关系介于当前资料限制，尚有待于进一步讨论的空间。庙子老包墓地M1的清理，为我们了解会理东北部地区青铜时代遗存的文化面貌提供了重要的考古资料，丰富了会理境内的青铜文化面貌，反映出该区域多元的青铜文化面貌，延伸了以雷家山墓地为代表的青铜时代遗存的文化内涵与外延。

附记：参加本次考古调查的人员有凉山彝族自治州博物馆补琦、孙策、刘灵鹤、张文，会理县文物管理所唐翔、肖桑、王杰、赫少祥，成都文物考古研究院田剑波、闫雪、杨颖东、徐龙、周志清。

绘图：钟雅莉　张立超
执笔：周志清　孙　策　唐　翔
　　　补　琦　田剑波

注　释

[1] 成都文物考古研究所、会理县文物管理所、四川大学考古系、凉山州博物馆：《2009年度会理县新发乡考古调查简报》，《成都考古发现》（2008），科学出版社，2010年。

[2] 成都文物考古研究所、会理县文物管理所、四川大学考古系、凉山州博物馆：《2009年度会理县新发乡考古调查简报》，《成都考古发现》（2008），科学出版社，2010年。

[3] 成都文物考古研究所、凉山州博物馆、会理县文物管理所：《四川会理县雷家山M1发掘报告》，《成都考古发现》（2007），科学出版社，2009年。

[4] 成都文物考古研究所、凉山州博物馆、会理县文物管理所：《四川会理县雷家山M1发掘报告》，《成都考古发现》（2007），科学出版社，2009年。

[5] 成都文物考古研究院、凉山彝族自治州博物馆、会理县文物管理所：《2017年会理县马鞍子遗址调查简报》，见本书。

[6] 周志清:《公元前十三世纪至公元前九世纪昭鲁盆地与安宁河流域之间的文化互动——以高坡遗存为例》,《滇东黔西青铜时代的居民》,科学出版社,2014年;云南省文物考古研究所、昭通市文物管理所、鲁甸县文物管理所:《云南鲁甸县野石山遗址发掘简报》,《考古》2009年第8期;刘旭、孙华:《野石山遗存的初步分析》,《考古》2009年第8期;游有山:《鲁甸野石新石器时代遗址调查报告》,《云南文物》1985年总第18期。

[7] 成都文物考古研究所、凉山州博物馆、会理县文物管理所:《四川会理县雷家山M1发掘报告》,《成都考古发现》(2007),科学出版社,2009年。

[8] 四川省文物考古研究院、会理县文物管理所、凉山彝族自治州博物馆、成都文物考古研究院:《会理粪箕湾水坪梁子墓地发掘报告》,科学出版社,2018年。

[9] 2016年西昌市沙坪站遗址发掘材料,资料现存成都文物考古研究院。

[10] 唐翔:《会理城河流域的古代文化遗存》,《四川文物》1992年第4期。

[11] 会理县文物管理所、凉山彝族自治州博物馆、四川省文物考古研究所:《四川会理县粪箕湾墓群发掘简报》,《考古》2004年第10期。

[12] 陶鸣宽、赵殿增:《四川会理县发现瓦石田遗址》,《文物资料丛刊》(5),文物出版社,1981年;唐翔:《会理青铜文化综述》,《四川文物》1999年第4期。

[13] 成都文物考古研究院、凉山彝族自治州博物馆、会理县文物管理所:《四川省会理县王家梁子墓地清理简报》,《会理粪箕湾水坪梁子墓地发掘报告》,科学出版社,2018年。

[14] 四川省文物考古研究院、会理县文物管理所、凉山彝族自治州博物馆、成都文物考古研究院:《会理粪箕湾水坪梁子墓地发掘报告》,科学出版社,2018年。

附表 西昌市沙坪站遗址早期遗存加速器质谱(AMS)^{14}C测试报告

测定日期:2015年11月

Lab编号	样品	样品原编号	^{14}C年代(BP)	树轮校正后年代	
				1σ(68.2%)	2σ(95.4%)
BA150476	碎种	2014XYS1(F1)	样品无法满足实验需要		
BA150477	稻	2014XYS2(F2)	2755±20	920BC(34.3%)8908BC 880BC(33.9%)840BC	970BC(3.7%)950BC 940BC(91.7%)830BC
BA150478	稻	2014XYS3(F3)	2815±20	1000BC(68.2%)930BC	1020BC(95.4%)900BC
BA15-479	稻	2014XYS4(F3)	2775±20	975BC(15.8%)955BC 945BC(52.4%)895BC	1000BC(95.4%)840BC
BA150480	稻	2014XYS5(F5)	3380±20	1730BC(9.4%)1715BC 1695BC(68.8%)1635BC	1740BC(95.4%)1620BC
BA150481	稻	2014XYS6(F5)	2660±20	825BC(68.2%)800BC	890BC(1.5%)875BC 840BC(93.9%)795BC

续表

Lab编号	样品	样品原编号	^{14}C年代（BP）	树轮校正后年代	
				1σ（68.2%）	2σ（95.4%）
BA150482	稻	20154XYS7（F6）	2685±20	845BC（68.2%）805BC	895BC（95.4%）800BC
BA150483	稻	2014XYS8（G2）	2805±25	1000BC（68.2%）920BC	1030BC（95.4%）890BC

注：所用^{14}C半衰期为5568年，BP为距1950年的年代。树轮校正所用曲线为IntCal13，所用程序为OxCal v4.2.4

2017年茂县营盘山石棺葬调查勘探简报

成都文物考古研究院
茂县羌族博物馆

茂县营盘山石棺葬墓地位于四川省阿坝藏族羌族自治州茂县凤仪镇所在的河谷冲积扇平原，墓地地处岷江东南岸三级阶地上，台地中部地理坐标为东经103°48′53.9″、北纬31°39′25″（图一；图版二）。台地东临阳午沟，东北面、北面、西面均为岷江环绕，东距茂县县城2.5千米。台地平面约呈梯形，东西宽120～200、南北长约1000米，总面积近15万平方米。台地海拔1650～1710米，高出岷江河谷约160米，背靠龙门山脉主峰九顶山，面向岷江河谷，表面地势略呈缓坡向北倾斜。土质为黄色黏土，地表常年种植蔬菜和苹果树。

1979年1月中旬，原茂汶羌族自治县文化馆曾在营盘山清理了1座已暴露在水沟边的同类墓葬，2月初又在营盘山基建工程中发现了石棺葬群，为配合该工程，清理了已

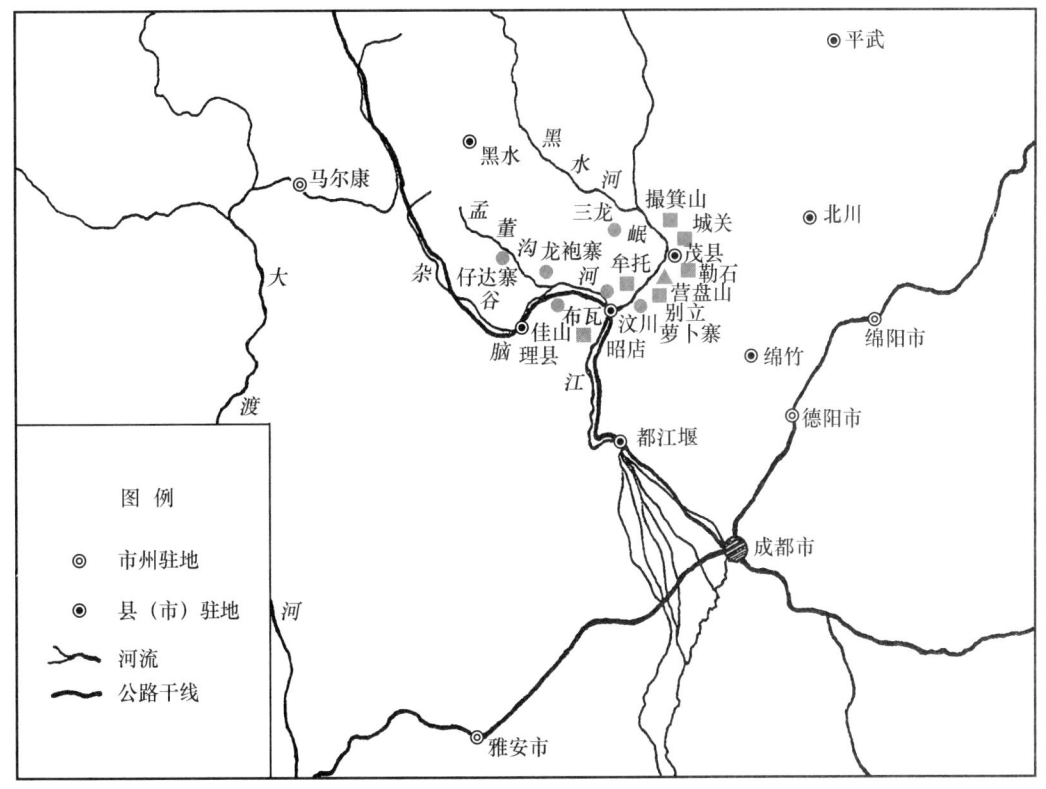

图一　营盘山及周边石棺葬分布图

暴露的9座，前后两次共清理了10座墓葬，出土随葬器物250余件。成都文物考古研究院、阿坝藏族羌族自治州文物管理所、茂县羌族博物馆于2000、2002、2003、2004、2006年在营盘山遗址进行了五次试掘及发掘，揭露面积近2000平方米，勘探面积达6000平方米，共计清理了石棺葬200余座。为推进国家"一带一路"倡议建设及丝绸之路的考古工作和文化遗产保护工作，配合国家大遗址保护成都片区相关工作的实施，加强"十三五"时期成都阿坝文化交流合作，提升区域文化一体化发展水平，实现合作共赢，并为省重点文化工程古蜀文明传承创新工程奠定基础，也为营盘山遗址的保护规划制定工作提供现场资料，成都文物考古研究院与茂县羌族博物馆2017年继续深入推进岷江上游地区的考古工作，组成了联合考古队，对营盘山遗址进行调查、试掘工作。在历年工作基础上，对营盘山遗址进行调查、试掘工作，共发掘6米×3米、10米×2米探沟两条。整个遗址内分布着大量石棺葬，由于果树栽培暴露出来，且面临进一步农业生产的破坏，对暴露出来的石棺葬进行了发掘清理，共计清理石棺葬12座，现将石棺葬的发掘情况报告如下。

一、墓葬总述

（一）墓葬分布与形制

共清理石棺葬12座，多为成组分布，可以分为三个地点：第一地点位于遗址中部偏西，清理1座石棺葬M1；第二地点位于遗址北部偏东南，清理石棺葬5座。方向较为一致，M2~M5、M12平行排列，规格较大（图二）；第三地点位于遗址北部偏东北的TG2中，清理石棺葬6座。M6~M8为一组，位于TG2南部，方向较为一致，平行排列，规格短小；M9~M11为一组，位于TG2中部，方向较为一致，平行排列，规格短小（图三）。

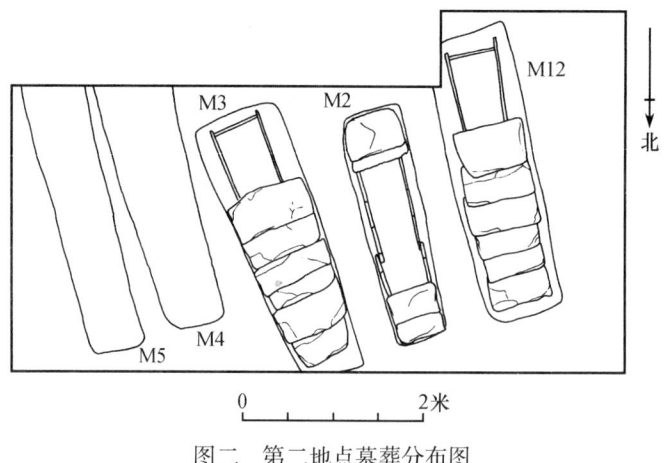

图二　第二地点墓葬分布图

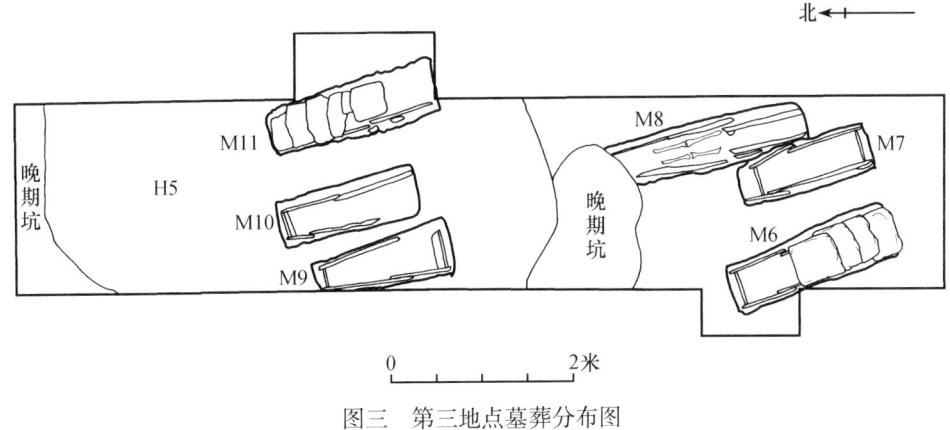

图三　第三地点墓葬分布图

地层情况以第三地点TG2西壁剖面为例介绍如下（图四）。

第1层：耕土，灰黑色粉沙土，土质疏松，夹杂陶片、碎石片、植物根系等。厚0~0.4米。M6~M11、H5开口于第1层下。

第1层下为生土。

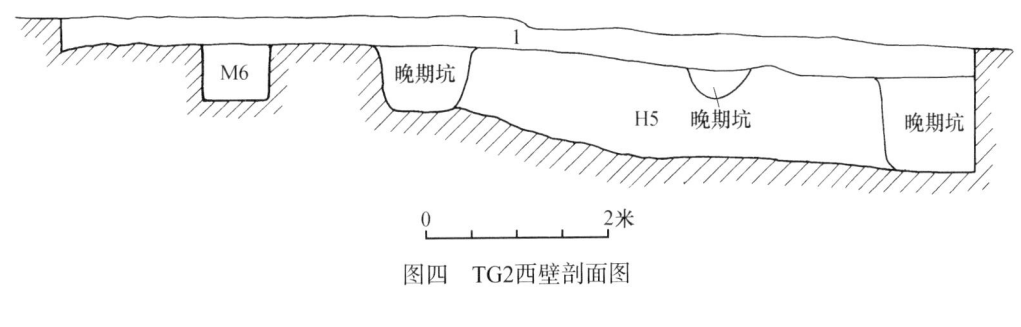

图四　TG2西壁剖面图

（二）出土遗物

出土遗物为陶器和铜器，共139件。其中，陶器137件。陶器多为素面，仅有少量有抹压暗纹，部分陶器底部有阳文符号。按陶质陶色可以分为两类：夹砂褐陶，手制，器形多较小，质地较差，烧制火候较低，器形有平底罐、小平底罐、长颈小罐、小杯等；泥质灰陶或黑皮陶，轮制，有体量较大的容器，质地较好，烧制火候较高，器形有双耳罐、簋式豆、盂、高领罐、单耳罐、长颈小罐、小杯等。

陶双耳罐　4件。根据器形的不同，分为二型。

A型　1件。器形瘦高。

B型　3件。器形矮胖。根据有无装饰，分为二亚型。

Ba型　2件。有暗纹。

Bb型　1件。素面。

陶簋式豆　5件。根据器形的不同，分为二型。

A型　2件。器形较瘦高。

B型　3件。器形较矮胖。

陶高领罐　7件。根据肩部的不同，分为二型。

A型　1件。折肩。

B型　6件。鼓肩。

陶单耳罐　29件。根据器形的不同，分为三型。

A型　1件。器形瘦高。

B型　15件。器形较瘦高。根据颈部的不同，分为三亚型。

Ba型　2件。束颈不明显。

Bb型　9件。短束颈。

Bc型　4件。长束颈。

C型　13件。器形矮胖。根据颈部的不同，分为三亚型。

Ca型　2件。束颈不明显。

Cb型　4件。短束颈。

Cc型　7件。长束颈。

陶盂　4件。

陶平底罐　4件。根据器形的不同，分为二型。

A型　2件。器形较瘦高。

B型　2件。器形较矮胖。

陶小平底罐　1件。

陶长颈小罐　41件。根据器形的不同，分为二型。

A型　9件。器形较矮胖，束颈不明显。

B型　32件。器形较瘦高，束颈。根据口部的不同，分为二亚型。

Ba型　18件。小侈口。

Bb型　14件。大敞口，卷沿。

陶小杯　39件。根据腹部的不同，分为三亚型。

A型　8件。斜直腹。

B型　15件。斜折腹。

C型　16件。弧腹略深。

陶纺轮　3件。

A型　1件。扁平算珠状。

B型　2件。螺旋状。

铜器　2件。片饰和泡各1件。

二、墓葬分述

除M4、M5被破坏严重形制不全外，其余10座根据墓葬结构可分为三类。

（一）无头箱石棺葬

7座。

M1　位于遗址中部偏西第一地点，TG1以南30米，在村民挖苹果树坑时暴露出来。竖穴土坑墓，墓口平面呈长方形，墓向138°。墓口长1.2、宽0.52米，墓口距墓底头端深0.4、足端深0.41米（图五）。葬具为石棺，以大石板砌于墓坑内。石棺内长1.1、头端宽0.36、足端宽0.26、头端高0.38、足端高0.23米。盖板坡度为8°。现存盖板两块，从足端依次叠压而成，头部盖板缺失。两侧由两块厚约3厘米的石板错缝相接，足端靠外，石板顶部打磨成阶梯状以方便合上盖板。墓内填充大量黄褐色土。未发现人骨，葬

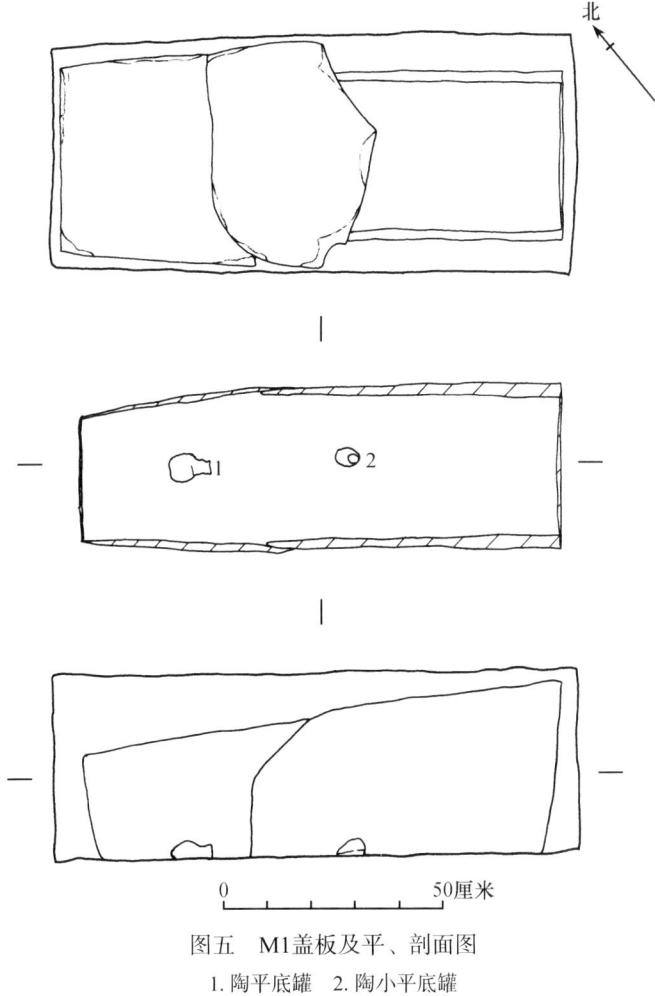

图五　M1盖板及平、剖面图
1.陶平底罐　2.陶小平底罐

式不明。出土随葬品2件，位于墓葬中部和足部。

陶平底罐　1件。

A型　器形较瘦高。M1∶1，夹砂褐陶，手制。侈口，圆唇，束颈，溜肩，弧腹下收，平底。口径8.8、腹径5、底径6.5、高12厘米（图六，3）。

陶小平底罐　1件。小平底。M1∶2，夹砂褐陶，手制。腹部以上残，弧腹内收。底径3.4、残高4.8厘米（图六，1）。

M6　位于TG2南部偏西。竖穴土坑墓，墓口平面呈长方形，墓向144°。墓口长1.86、头端宽0.64、足端宽0.52米，墓口距墓底头端深0.6、足端深0.56米（图七）。

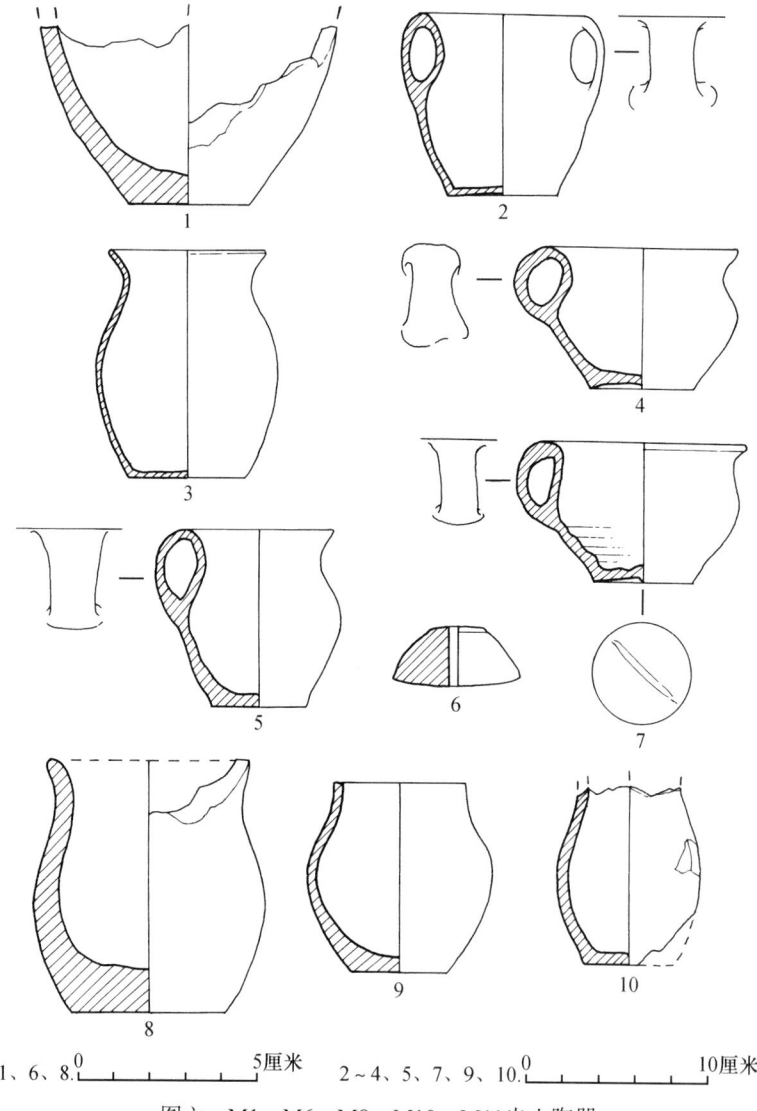

图六　M1、M6、M8、M10、M11出土陶器

1.陶小平底罐（M1∶2）　2.A型双耳罐（M11∶1）　3、10.A型平底罐（M1∶1、M8∶1）　4.Bb型单耳罐（M6∶2）　5.A型单耳罐（M11∶2）　6.A型陶纺轮（M11∶3）　7.Ca型单耳罐（M6∶1）　8、9.B型平底罐（M10∶1、M11∶4）

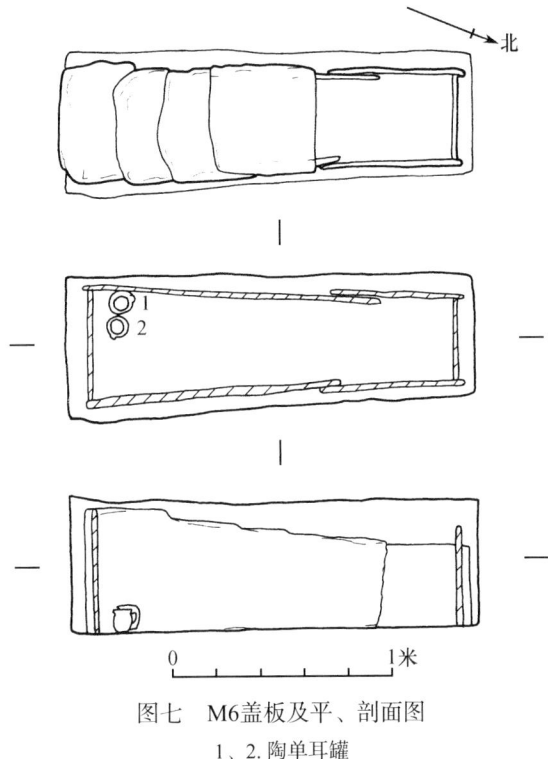

图七 M6盖板及平、剖面图
1、2.陶单耳罐

葬具为石棺，以大石板砌于墓坑内。石棺内长1.68、头端宽0.54、足端宽0.4、头端高0.54、足端高0.41米。盖板坡度为3°。现存盖板四块，从头端依次叠压而成，足端盖板缺失。石板顶部打磨成阶梯状以方便合上盖板。墓内填充大量黄褐色土。未发现人骨，葬式不明。出土随葬品2件，出土时置于头端。

陶单耳罐 2件。

Bb型 1件。器形较瘦高，短束颈。M6:2，泥质灰陶，器表磨光。圆唇，鼓肩，底部内凹，单耳连接口部至肩部最大径处。口径10.2、底径5.6、高7.5、耳高5厘米（图六，4）。

Ca型 1件。器形矮胖，口微侈，束颈不明显。M6:1，泥质黑皮陶，器表磨光。尖圆唇，弧肩，底部内凹，单耳连接口部至肩部最大径处。外底中压印"一"字形阳文。口径11.2、底径5.5、高7.4、耳高4.4厘米（图六，7）。

M7 位于TG2南部。竖穴土坑墓，墓口平面呈长方形，墓向135°。墓口长1.52、头端宽0.58、足端宽0.56米，墓口距墓底头端深0.66、足端深0.62米（图八）。葬具为石棺，以大石板砌于墓坑内。石棺内长1.18、头端宽0.41、足端宽0.34、头端高0.54、足端高0.46米。盖板坡度为4°。盖板缺失。石棺头端、足端各立石板一块，两侧用两块石板错缝相接，足端靠外，石板顶部打磨成阶梯状以方便合上盖板。墓内填充大量黄褐色土。未发现人骨，葬式不明。无随葬品。

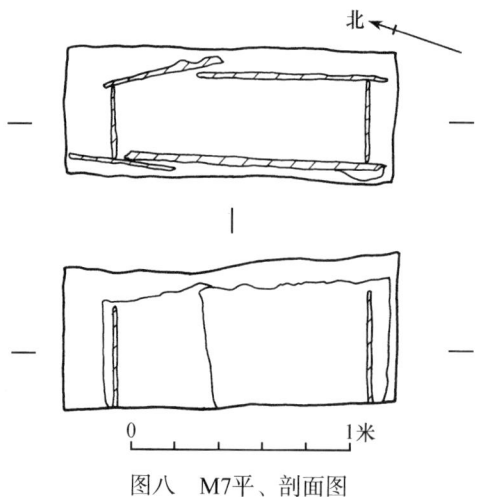

图八　M7平、剖面图

M8　位于TG2南部偏东。竖穴土坑墓，墓口平面呈长方形，墓向150°，足端被晚期坑打破。墓口残长2.2、头端宽0.5、足端宽0.46米，墓口距墓底头端深0.48、足端深0.41米（图九）。葬具为石棺，以大石板砌于墓坑内。石棺内残长2.12、头端宽0.34、足端宽0.34、头端高0.4、足端高0.24米。盖板坡度为5°。盖板缺失，石棺头端、足端立板缺失，两侧用两块石板错缝相接，足端靠外，石板顶部打磨成阶梯状以方便合上盖板。墓内填充大量黄褐色土，仅存一具人骨，仰身直肢葬，上肢扰动，仅存下肢部分。出土随葬品1件，出土时置于石棺中部胯骨一侧。

陶平底罐　1件。

A型　器形较瘦高。M8：1，夹砂褐陶，手制。颈部以上残缺，弧腹，平底。腹径8、底径5、残高9.5厘米（图六，10）。

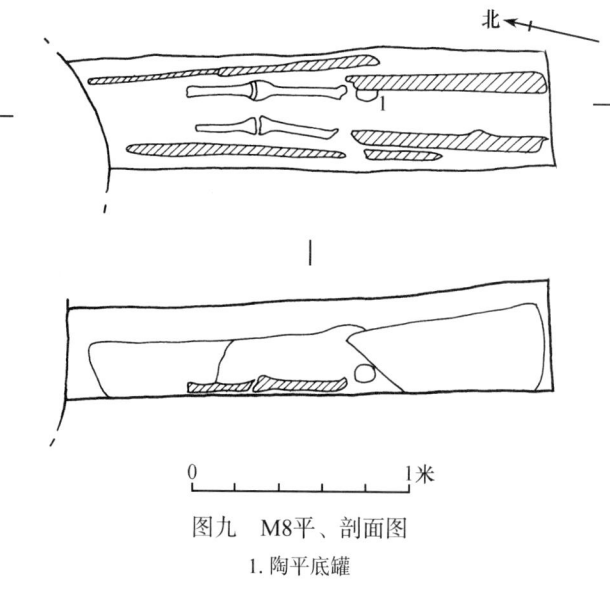

图九　M8平、剖面图
1.陶平底罐

M9　位于TG2中部偏西。竖穴土坑墓,墓口平面呈长方形,墓向139°。墓口长1.44、头端宽0.58、足端宽0.36米,墓口距墓底头端深0.52、足端深0.44米(图一〇)。葬具为石棺,以大石板砌于墓坑内。石棺内残长1.43、头端宽0.46、足端宽0.26、头端高0.4、足端高0.22米。盖板坡度为5°。盖板缺失。石棺头端、足端各立石板一块,两侧用两块石板错缝相接,足端靠外,石板顶部打磨成阶梯状以方便合上盖板。墓内填充大量灰褐色土。未发现人骨,葬式不明。无随葬品。

M10　位于TG2中部。竖穴土坑墓,墓口平面呈长方形,墓向143°。墓口长1.56、头端宽0.54、足端宽0.5米,墓口距墓底头端深0.48、足端深0.42米(图一一)。葬具为石棺,以大石板砌于墓坑内。石棺内残长1.44、足端宽0.26、头端高0.46、足端高0.28米。盖板坡度为7°。盖板缺失。头端石板缺失,仅存足端一块。西侧仅存两块石板错缝相接足端靠外,其外有石块加固,头部西侧板缺失;东侧用两块石板错缝相接。石板顶部打磨成阶梯状以方便合上盖板。墓内填充大量灰褐色土。未发现人骨,葬式不明。出土随葬品1件,出土时置于石棺内头端。

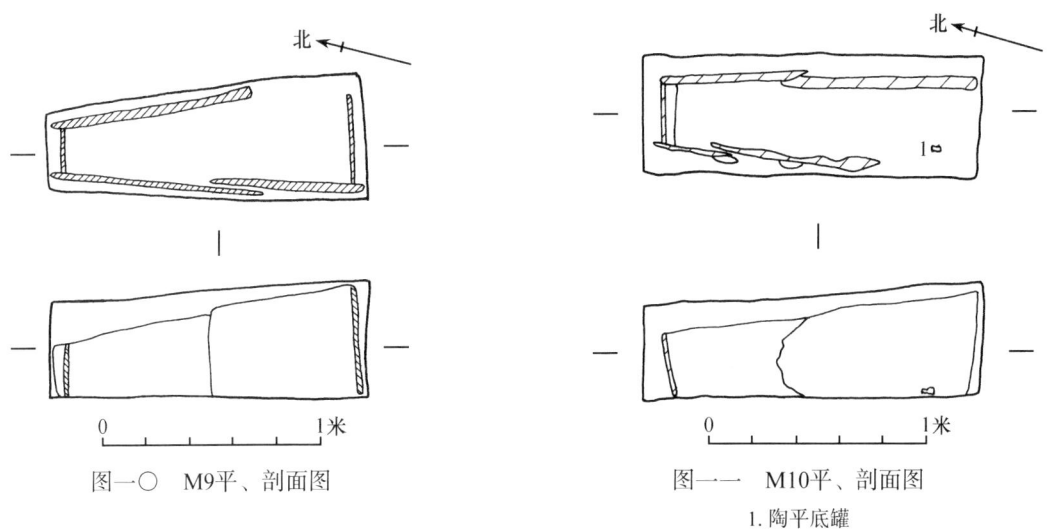

图一〇　M9平、剖面图
图一一　M10平、剖面图
1.陶平底罐

陶平底罐　1件。

B型　器形较矮胖。M10:1,夹砂褐陶,手制。口微侈,圆唇,溜肩,弧腹下收,平底。腹径6.7、底径4.4、高6.7厘米(图六,8)。

M11　位于TG2中部偏东。竖穴土坑墓,墓口平面呈长方形,墓向153°。墓口长1.74、头端宽0.62、足端宽0.34米,墓口距墓底头端深0.5、足端深0.42米(图一二)。葬具为石棺,以大石板砌于墓坑内。石棺内残长1.5、足端宽0.3、头端高0.45、足端高0.26米。盖板坡度为7°。头端石板缺失,仅存足端一块。两侧用三块石板错缝相接,从头端依次叠压,东侧头部石板缺失,中部石板倒塌向内侧倾斜。西侧头部石板外有三块石头加固。石板顶部打磨成阶梯状以方便合上盖板。墓内填充大量灰褐色土。未发现人

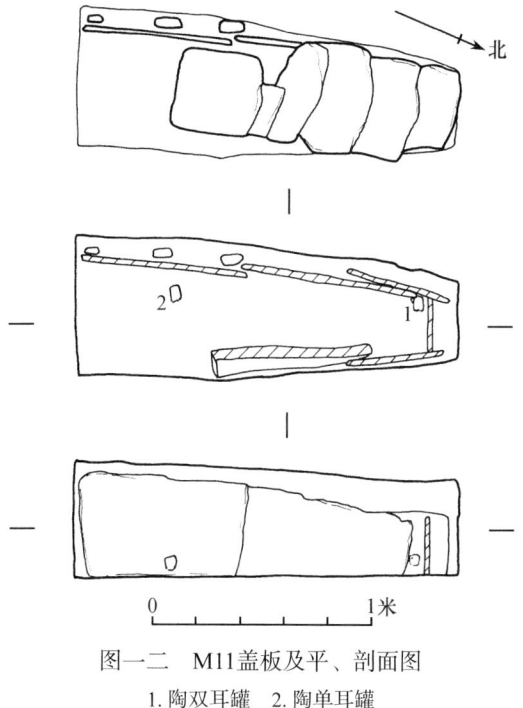

图一二 M11盖板及平、剖面图
1.陶双耳罐 2.陶单耳罐

骨，葬式不明。出土随葬品4件。

陶双耳罐 1件。

A型 器形瘦高。出土时置于石棺足端。M11:1，夹砂褐陶，手制。侈口，方唇，束颈，溜肩，弧腹下收，平底，双小耳连接口部与肩部。口径9、底径6、高9.6、耳高4.2厘米（图六，2）。

陶单耳罐 1件。

A型 器形瘦高。出土时置于石棺头端。M11:2，夹砂褐陶，手制。口微侈，圆唇，长束颈，弧肩，弧腹下收，平底，单小耳连接口部与肩上部。口径8.2、底径5.4、高9.4、耳高5.3厘米（图六，5）。

陶平底罐 1件。

B型 器形矮胖。出土于石棺内填土中。M11:4，夹砂褐陶，手制。直口，圆唇，弧肩，弧腹下收，平底。口径7.2、腹径10、底径5.4、高10厘米（图六，9）。

陶纺轮 1件。

A型 扁平算珠状。出土于石棺内填土中。M11:3，泥质灰陶。顶部有一周折棱。底径3.5、高1.6厘米（图六，6）。

（二）两道头箱石棺葬

2座。

M2 位于遗址北部偏东南，TG2以南约50米处，在村民挖苹果树坑时暴露出来。竖穴土坑墓，墓口平面呈长方形，墓向160°。墓口长2.66、头端宽0.75、足端宽0.55米，墓口距墓底头端深0.76、足端深0.74米（图一三；图版三）。葬具为石棺，以大石板砌于墓坑内。石棺内长2.31、头端宽0.54、足端宽0.4、头端高0.69、足端高0.5米。盖板坡度为10°。现存盖板四块，从足端依次叠压而成，中部石盖板缺失。两侧由两块厚

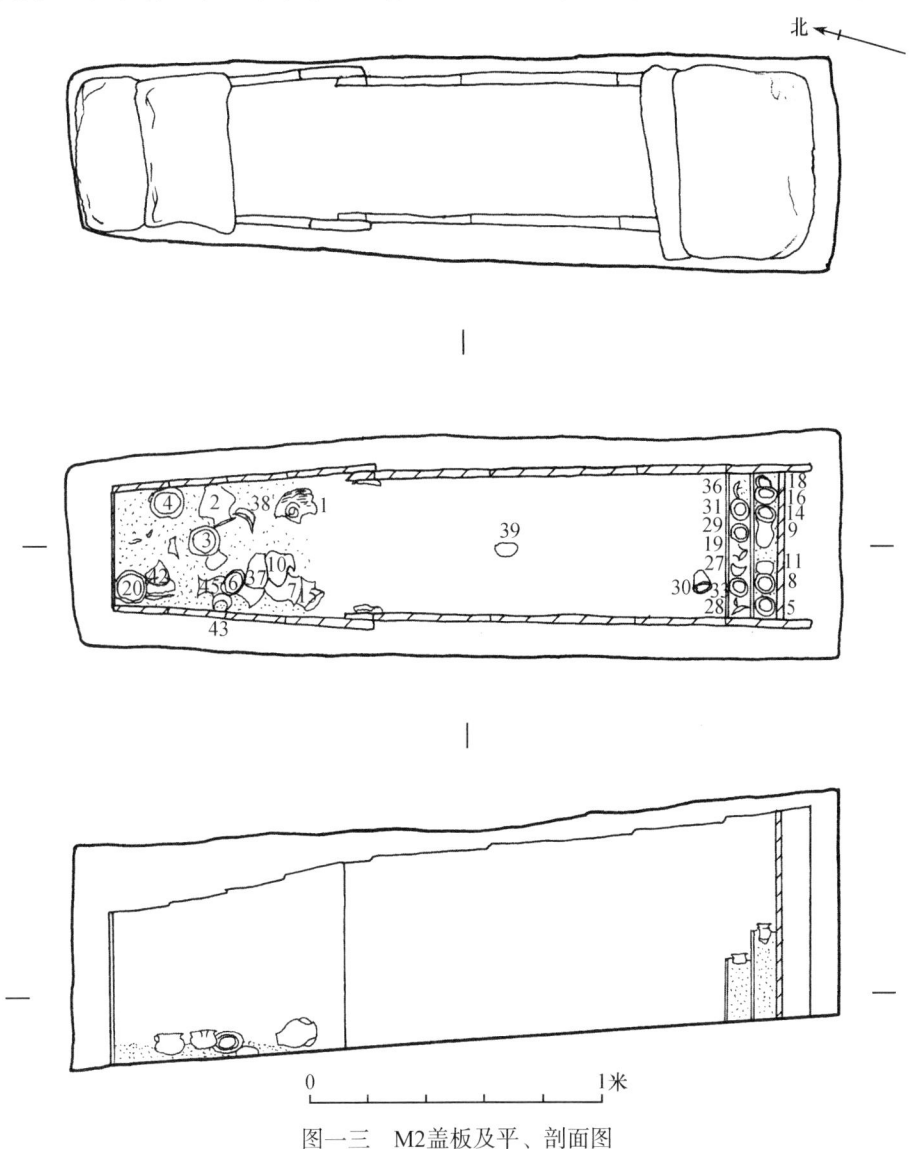

图一三 M2盖板及平、剖面图

1、42.陶双耳罐 2、10、45.陶高领罐 3、4、15、20、37、38、43.陶单耳罐 5、8、14、16、18、27～31、33.陶小杯
6、7.陶簋式豆 9、11、19、36.陶长颈小罐 39.铜片饰（部分器物被遮挡不可见）

约4厘米的石板错缝相接，足端靠外，内侧底部有石块加固，石板顶部打磨成阶梯状以方便合上盖板。棺内头端用三块厚约1.5厘米的薄石板隔出高低两层头箱。墓内填充大量黄褐色土。未发现人骨，葬式不明。出土随葬品53件，集中于头箱和足部，头箱及附近共散落陶长颈小罐13件、陶小杯12件，中部有铜片饰1件，足部有陶双耳罐3件、陶高领罐4件、陶簋式豆3件、陶单耳罐13件、陶盂2件、陶纺轮2件。

陶双耳罐　3件。

Ba型　2件。器形矮胖，表面饰暗纹。出土时置于足端。轮制。M2：1，泥质磨光灰陶。器表磨光。侈口，圆唇，束颈，鼓肩，弧腹下收，平底，双大耳连接口部至肩部最大径。颈部饰暗条纹，腹部饰对称抹压暗旋涡纹，器耳饰两周暗叶脉纹。口径9.4、肩径16、底径7.2、高17.4、耳高7.9厘米（图一四，1；图版四，1）。M2：42，泥质磨光灰陶。器表磨光。侈口，圆唇，束颈，鼓肩，弧腹下收，平底内凹，双大耳连接口部至肩部最大径。颈部饰暗条纹，腹部饰对称抹压暗旋涡纹，器耳饰两周暗叶脉纹。口径9.8、肩径16、底径6.8、高17.2、耳高8厘米（图一四，2；图版四，2）。

Bb型　1件。器形矮胖，素面。出土时置于足端。M2：51，泥质黑皮陶。器表纵向磨光。侈口，圆唇，束颈，圆鼓肩，弧腹下收，底部内凹，双大耳连接口部至肩部最大径，一耳残。器表有纵向抹痕。口径10.4、肩径16、底径7、高16.3、耳高9.2厘米（图一四，3；图版四，3）。

陶簋式豆　3件。

A型　2件。器形较瘦高。出土时置于足端。轮制。M2：7，泥质黑皮陶。圈足以上磨光。卷沿外翻，圆唇，长束颈，鼓腹较深，粗柄较长，喇叭形圈足较小，足沿部外翻，圈足上有一周折棱。口径13.8、豆盘腹径13、足径8.8、高17.3厘米（图一四，5）。M2：47，泥质灰陶。豆柄及以上磨光。尖圆唇，弧腹较深，粗柄，喇叭形圈足沿部外翻。豆盘及豆柄内均有轮旋纹，豆盘底部有压印的"一"字形阳文。口径13.2、豆盘腹径12.8、足径10.4、高14.4厘米（图一四，6；图版四，4）。

B型　1件。器形较矮胖。出土时置于足端。轮制。M2：6，泥质灰陶。豆柄及以上磨光。敞口，卷沿外翻，圆唇，短束颈，弧肩，弧腹下收，粗柄较短，喇叭形圈足沿部外翻。口径13.2、豆盘腹径11.4、足径9.8、高13.2厘米（图一四，4；图版四，5）。

陶高领罐　4件。

A型　1件。平卷沿，束颈，折肩。出土时置于足端。轮制。M2：2，泥质黑皮陶。器表磨光。敞口，尖唇，短束颈，折肩，鼓腹下收，底部内凹成矮圈足。外底压印"一"字形阳文。口径11.1、肩径16.1、底径7.6、高16.6厘米（图一五，1；图版五，1）。

B型　3件。束颈，鼓肩。出土时置于足端。轮制。M2：10，泥质黑皮陶。器表磨光。敞口，卷沿，圆唇，弧腹内收，底部内凹。腹内壁有轮旋纹。口径10.6、肩径15.8、底径7.2、高17.8厘米（图一五，2）。M2：48，泥质灰陶。器表磨光。敞口，卷

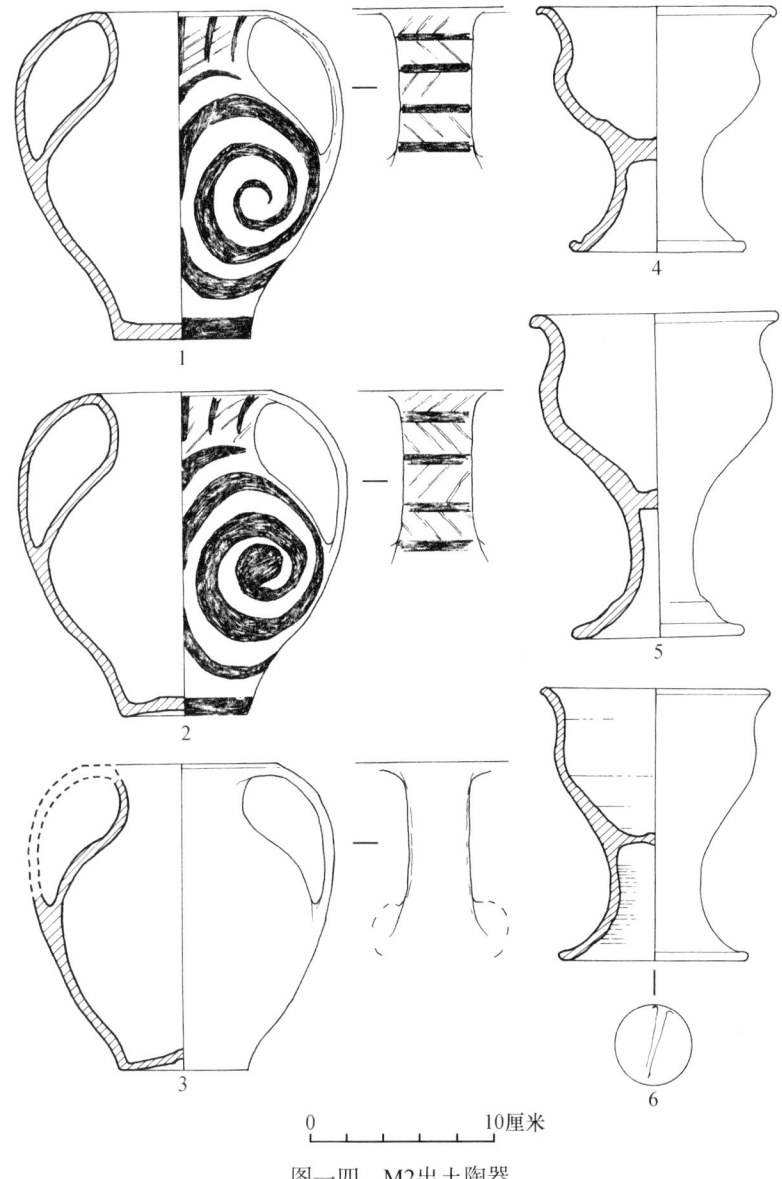

图一四　M2出土陶器

1、2.Ba型双耳罐（M2∶1、M2∶42）　3.Bb型陶双耳罐（M2∶51）　4.B型筒式豆（M2∶6）　5、6.A型筒式豆（M2∶7、M2∶47）

沿外翻，圆唇，弧腹内收，底部内凹成矮圈足。口径10.6、腹径14.8、底径7.6、高17厘米（图一五，3；图版五，2）。M2∶45，泥质灰陶，器表磨光。敞口，卷沿外翻，圆唇，弧腹内收，底部内凹成矮圈足。口径10.8、腹径15.2、底径7.8、高17.4厘米（图一五，4）。

陶单耳罐　13件。

Bb型　2件。器形较瘦高，短束颈。出土时置于足端。轮制。M2∶41，泥质黑皮

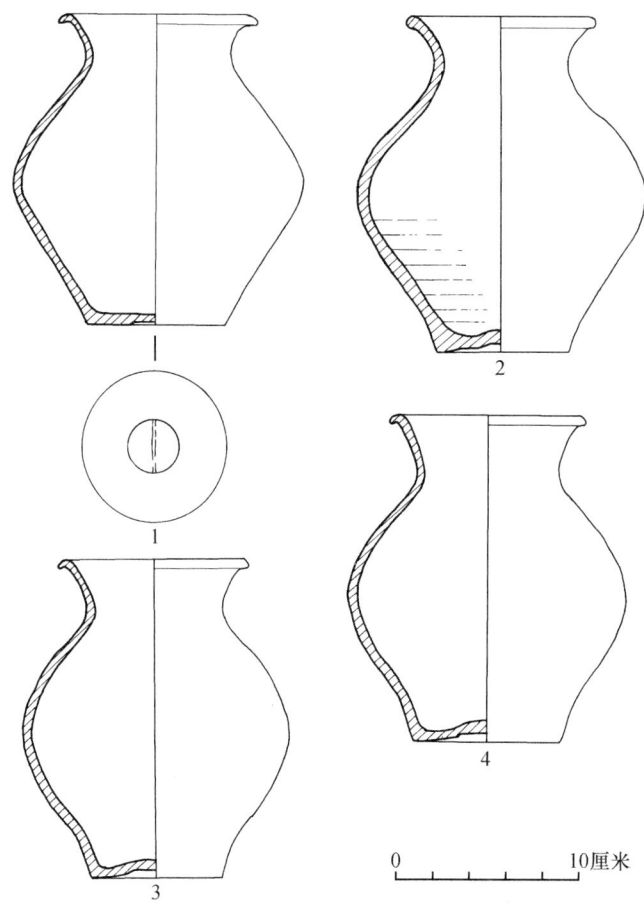

图一五　M2出土陶高领罐
1.A型（M2∶2）　2~4.B型（M2∶10、M2∶48、M2∶45）

陶。器表磨光。侈口，尖圆唇，弧肩，弧腹下收，底部内凹成矮圈足，单耳连接口部到肩下部。口径11.2、底径5.6、高8.4、耳高5.4厘米（图一六，2）。M2∶46，泥质灰陶。侈口，圆唇，弧肩，底部内凹，单耳连接口部至肩下部。外底压印"一"字形阳文。口径10.6、底径5.6、高7.5、耳高4.8厘米（图一六，4）。

Bc型　1件。器形较瘦高，长束颈。出土时置于足端。轮制。M2∶3，泥质黑皮陶。器表磨光。敞口，圆唇，弧肩，底部内凹成矮圈足。单耳连接口部至肩部最大径。外底中心压印"十"字形阳文。罐内发现羊骨残留。口径11.2、底径5.2、高8.2、耳高5厘米（图一六，1）。

Ca型　1件。器形矮胖，束颈不明显。出土时置于足端。轮制。M2∶40，泥质黑皮陶。器表磨光。侈口，圆唇，溜肩，弧腹下收底，底部内凹，单耳连接口部至肩部最大径。外底压印"一"字形阳文。口径10.7、底径5.8、高7.1、耳高5.4厘米（图一六，3；图版五，3）。

Cb型　2件。器形矮胖，短束颈。M2∶44，泥质灰陶，器表磨光。侈口，卷沿，

图一六　M2出土陶单耳罐

1. Bc型（M2∶3）　2、4. Bb型（M2∶41、M2∶46）　3. Ca型（M2∶40）　5、6. Cb型（M2∶44、M2∶38）

方唇，弧腹下收，平底，单耳连接口部至肩下部。罐内发现羊骨残留。口径11.6、底径7.2、高7.4、耳高5.6厘米（图一六，5）。M2∶38，泥质灰陶。侈口，卷沿，尖圆唇，弧肩，弧腹下收，平底，单耳连接口部至肩下部。外底压印"一"字形阳文。口径11、底径6、高7.6、耳高5.5厘米（图一六，6）。

Cc型　7件。器形矮胖，长束颈。M2∶15，泥质灰陶。器表磨光。侈口，尖圆唇，鼓肩，弧腹下收，平底，单耳连接口部至肩下部。口径12.5、底径5.6、高7.7、耳高5.6厘米（图一七，1）。M2∶4，泥质灰陶。器表磨光。侈口，方唇，鼓肩，弧腹下收，平底，单耳连接口部至肩部最大径。内壁及器表肩部以上有轮旋纹。口径12、底径5.6、高8.2、耳高5.6厘米（图一七，2）。M2∶49，泥质灰陶。器表磨光。侈口，圆唇，鼓肩，弧腹下收，平底，单耳连接口部至肩部最大径。内有轮制痕迹。口径12.2、底径6、高8、耳高5.1厘米（图一七，3）。M2∶20，泥质灰陶。表面一半熏黑。侈

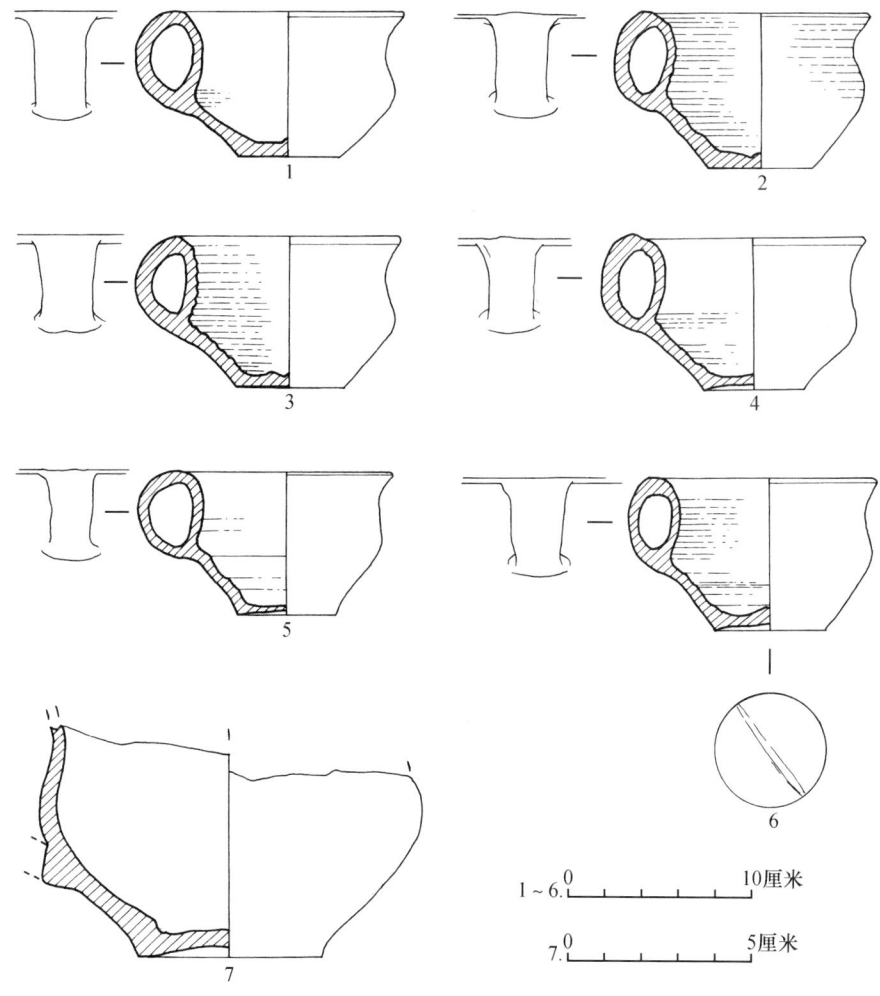

图一七　M2出土Cc型陶单耳罐
1. M2∶15 2. M2∶4 3. M2∶49 4. M2∶20 5. M2∶50 6. M2∶43 7. M2∶37

口，圆唇，鼓肩，弧腹下收，底部内凹，单耳连接口部至肩中部。内有轮制痕迹。口径12.4、底径5.6、高8、耳高5厘米（图一七，4）。M2∶50，泥质黑皮陶。器表磨光。口微侈，圆唇，弧肩，弧腹下收，底部内凹，单耳连接口部至肩部最大径。内壁有轮旋痕。口径11.6、底径5.4、高7.6、耳高4.8厘米（图一七，5）。M2∶43，泥质灰陶。器表磨光。侈口，圆唇，鼓肩，弧腹下收，底部内凹，单耳连接口部至肩部最大径。外底中心压印浅"一"字形阳文。口径11.8、底径6.2、高8、耳高5.2厘米（图一七，6）。M2∶37，泥质黑皮陶。器表磨光。口部及耳部残，鼓肩，弧腹下收，底部内凹，单耳连接至肩下部。肩径10.6、底径5.1、残高6厘米（图一七，7）。

陶盂　2件。出土时置于足端。轮制。M2∶17，泥质灰陶。侈口，圆唇，长束颈，弧肩，弧腹下收，腹底交接明显，底部内凹。内部有轮旋纹，外底压印"一"字形阳文。口径11.2、肩径10.9、底径6、高8厘米（图一八，4；图版五，4）。M2∶52，泥质

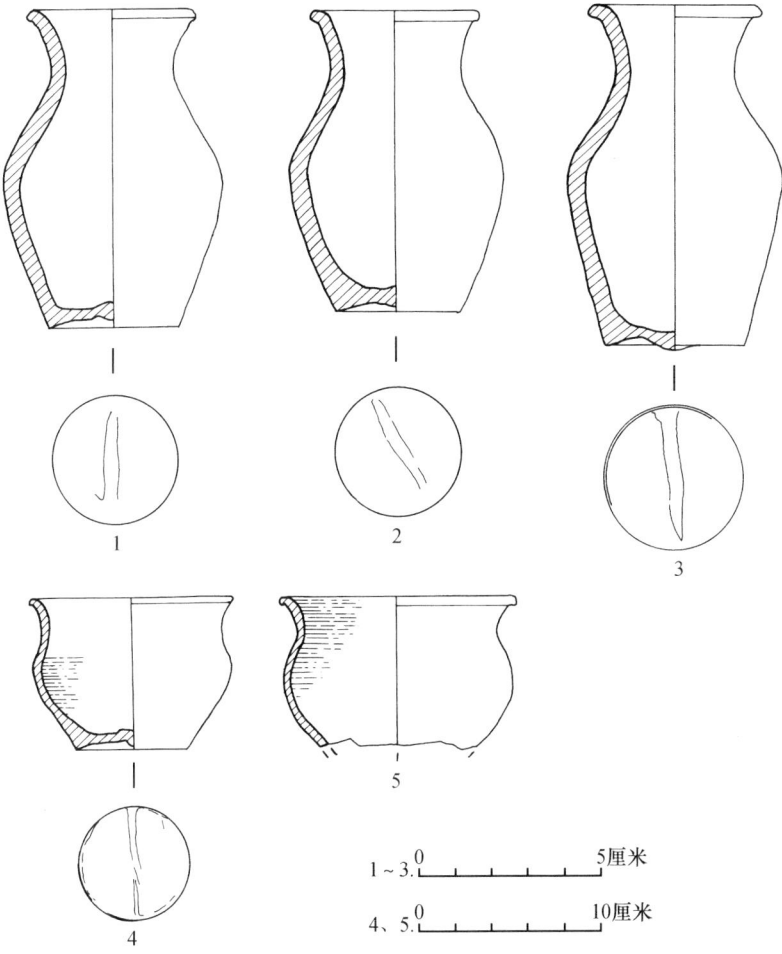

图一八　M2出土陶长颈小罐、陶盂

1~3.Ba型长颈小罐（M2:25、M2:26、M2:21）　4、5.盂（M2:17、M2:52）

黑皮陶。器表磨光。侈口，圆唇，长束颈，弧肩，弧腹下收，底部残缺。内部有轮旋纹。口径13、肩径12.6、残高8厘米（图一八，5）。

陶长颈小罐　13件。出土时置于头箱，多与陶小杯配套，部分上叠放陶小杯。

Ba型　8件。小侈口，束颈，弧腹下收。轮制。M2:25，泥质黑皮陶。口微侈，方唇，鼓肩，底部内凹。外底压印"一"字形阳文。口径4.6、肩径5.8、底径3.5、高8.3厘米（图一八，1）。M2:26，泥质灰陶。口微侈，方唇，鼓肩，底部内凹。外底压印"一"字形阳文。口径4.6、肩径6、底径3.5、高8.4厘米（图一八，2）。M2:21，泥质灰陶。卷平沿，方唇，鼓肩，底部内凹。外底压印"一"字形阳文。口径4.8、肩径5.9、底径3.9、高9厘米（图一八，3）。M2:22，泥质黑皮陶。圆唇，弧肩，底部内凹。外底压印"一"字形阳文。口径5、肩径5.8、底径3.6、高8.3厘米（图一九，1）。M2:35，泥质黑皮陶。方唇，鼓肩，底部内凹。外底压印"一"字形阳文。口径5、

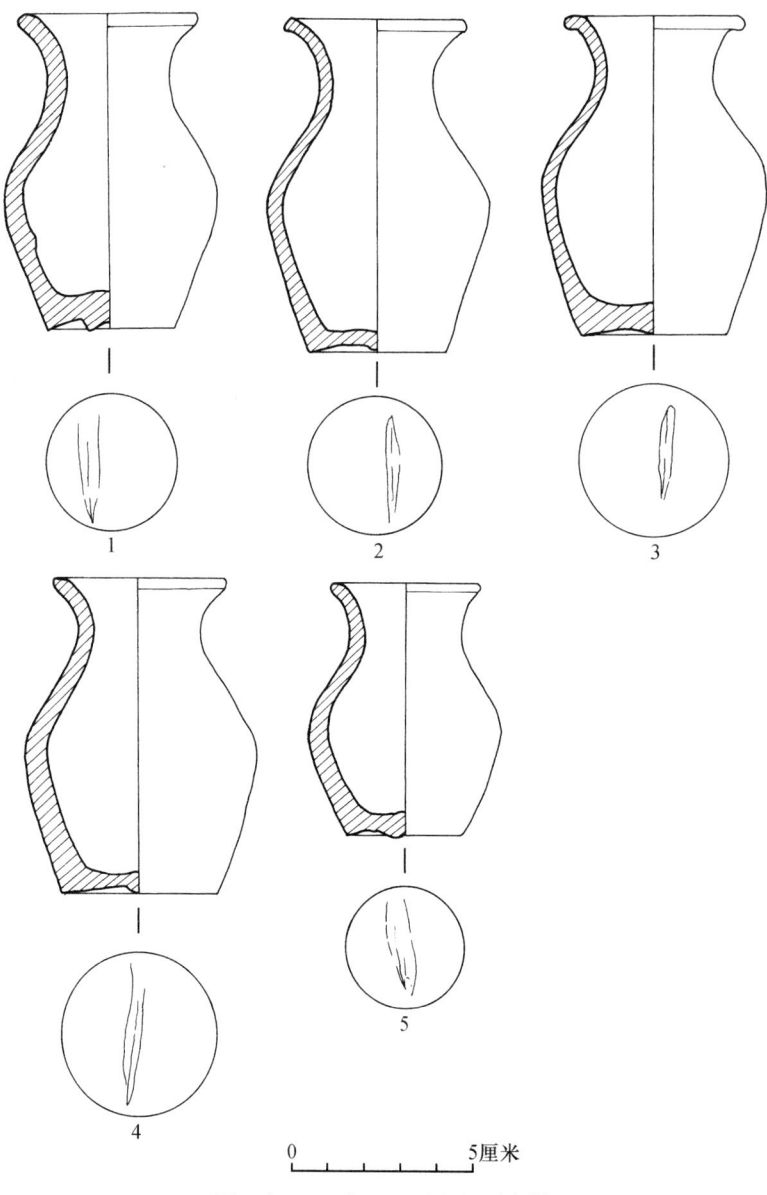

图一九　M2出土Ba型陶长颈小罐
1.M2∶22　2.M2∶35　3.M2∶23　4.M2∶24　5.M2∶19

肩径6、底径3.7、高8.8厘米（图一九，2）。M2∶23，泥质黑皮陶。卷平沿，方唇，弧肩，底部内凹。外底压印"一"字形阳文。口径4.9、肩径6、底径4、高8.5厘米（图一九，3）。M2∶24，泥质黑皮陶。圆唇，弧肩，底部内凹。外底压印"一"字形阳文。口径4.8、肩径6.4、底径4.4、高8.3厘米（图一九，4）。M2∶19，泥质黑皮陶，器形较小。圆唇，弧肩，平底。外底压印"一"字形阳文。口径4.1、肩径5.2、底径3.2、高6.6厘米（图一九，5）。

Bb型　5件。大口，卷沿外翻，束颈。轮制，器表有轮旋纹。M2∶9，泥质黑皮

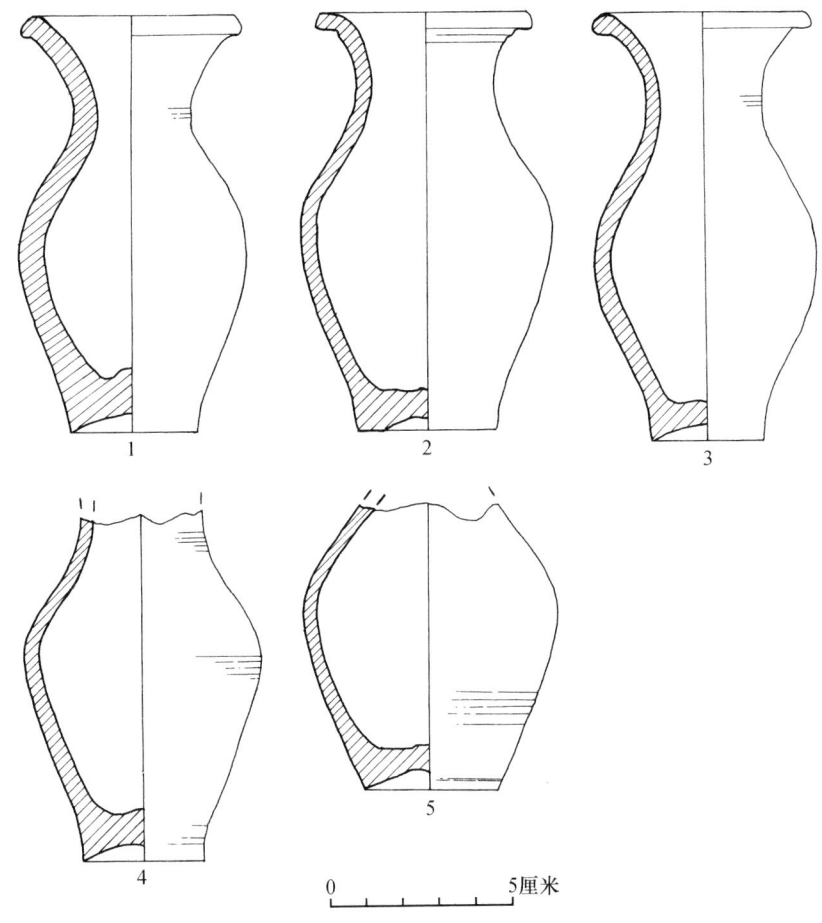

图二〇　M2出土Bb型陶长颈小罐
1. M2∶9　2. M2∶11　3. M2∶36　4. M2∶12　5. M2∶13

陶。方唇，鼓肩，弧腹内收，底部内凹。口径6、肩径6.1、底径3.4、高11厘米（图二〇，1；图版五，5）。M2∶11，泥质黑皮陶。方唇，弧肩，弧腹下收，底部内凹。口径5.8、肩径6.8、底径3.8、高11厘米（图二〇，2）。M2∶36，泥质黑皮陶。圆唇，弧肩，弧腹内收，底腹交接明显，底部内凹。口径6、肩径6、底径3、高11厘米（图二〇，3）。M2∶12，泥质黑皮陶。颈部以上残，鼓肩，弧腹内收，底部内凹。肩径6.4、底径3.2、残高9.2厘米（图二〇，4）。M2∶13，泥质黑皮陶。肩部以上残，鼓肩，弧腹下收，底部内凹。肩径7、底径3.8、残高7.6厘米（图二〇，5）。

陶小杯　12件。出土时置于头箱，多与陶长颈小罐配套，部分下叠压陶长颈小罐。

B型　6件。斜折腹。轮制。M2∶5，泥质黑皮陶。敞口，圆唇，底部内凹。器壁内外有轮旋纹。口径7、腹径5.7、底径2.8、高3.2厘米（图二一，1）。M2∶8，泥质黑皮陶。侈口，圆唇，底部内凹。口径6、腹径5、底径2.7、高2.9厘米（图二一，2）。M2∶16，泥质黑皮陶。侈口，尖圆唇，浅腹，底部内凹。外底压印"一"字形阳文。

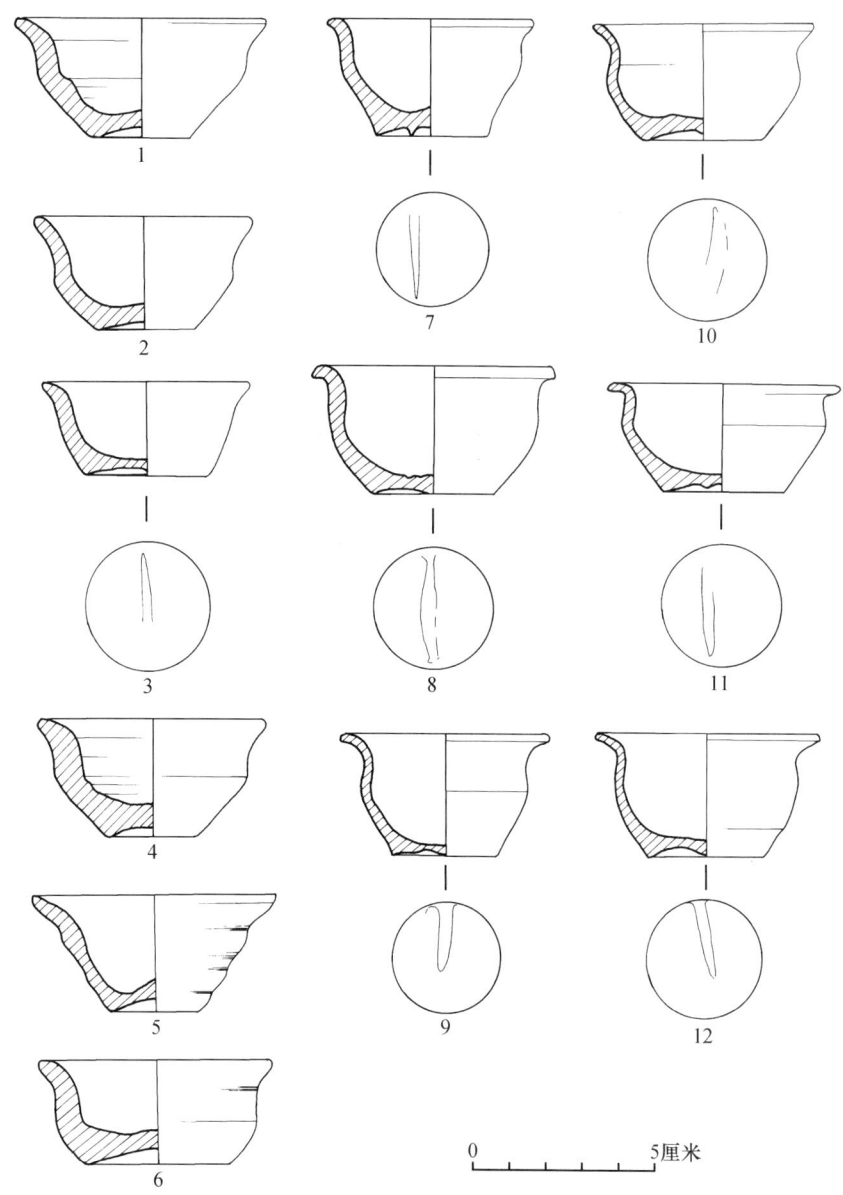

图二一　M2出土陶小杯

1~6. B型（M2：5、M2：8、M2：16、M2：28、M2：33、M2：27）　7~12. C型（M2：14、M2：18、M2：31、M2：29、M2：30、M2：34）

口径5.8、底径3.4、高2.5厘米（图二一，3）。M2：28，泥质黑皮陶。侈口，圆唇，小底内凹。内部有轮旋纹。口径6.3、腹径5.4、底径2.4、高3.1厘米（图二一，4）。M2：33，泥质黑皮陶。敞口，尖唇，下部不规整，小底内凹。器表有轮旋纹。口径6.8、底径2.5、高3.1厘米（图二一，5）。M2：27，泥质黑皮陶。侈口，尖唇，浅腹，下部不规整，底部内凹。器表有轮旋纹。口径6.5、腹径5.6、底径4、高2.8厘米（图二一，6）。

C型　6件。弧腹略深。轮制。M2∶14，泥质黑皮陶。侈口，卷沿，尖圆唇，底部内凹。外底压印"一"字形阳文。口径5.6、腹径4.8、底径3、高3.1厘米（图二一，7）。M2∶18，泥质灰陶。口微侈，卷沿，尖圆唇，底部内凹。外底压印"一"字形阳文。口径6.6、腹径5.5、底径3.2、高3.4厘米（图二一，8）。M2∶31，泥质灰陶。侈口，卷沿，圆唇，折腹，底部内凹。外底压印"一"字形阳文。口径5.7、腹径4.5、底径2.9、高3.2厘米（图二一，9）。M2∶29，泥质灰陶。侈口，圆唇，底部内凹。外底压印"一"字形阳文。口径5.8、腹径5.2、底径3.2、高3.1厘米（图二一，10；图版五，6）。M2∶30，泥质黑皮陶。敛口，卷平沿，尖唇，底部内凹。外底压印"一"字形阳文。口径6.4、腹径5.6、底径3.5、高2.9厘米（图二一，11）。M2∶34，泥质黑皮陶。侈口，卷沿，圆唇，底部内凹。外底压印"一"字形阳文。口径6.1、腹径5、底径3.2、高3.3厘米（图二一，12）。

陶纺轮　2件。

B型　螺旋状，中部凸出，截面呈梯形，中部有穿孔。M2∶32，泥质褐陶。表面有四周折棱。底径4.1、高1.9厘米（图二二，3）。M2∶53，泥质黑陶。表面有三周折棱。底径3.7、高1.9厘米。出土于双耳罐M2∶1内（图二二，4）。

铜片饰　1件。出土时置于石棺中部。M2∶39，椭圆形。两端有圆形穿孔，一端残缺。一面有纺织品痕迹。残长5.1、宽3.3、孔径0.3、孔距4.1厘米（图二二，5）。

M12　位于TG2以南约50米处。竖穴土坑墓，墓口平面呈长方形，墓向153°。墓口长3.02、头端宽0.9、足端宽0.75米，墓口距墓底头端深0.84、足端深0.82米（图二三；图版六）。葬具为石棺，以大石板砌于墓坑内。石棺内长2.53、头端宽0.58、足端宽

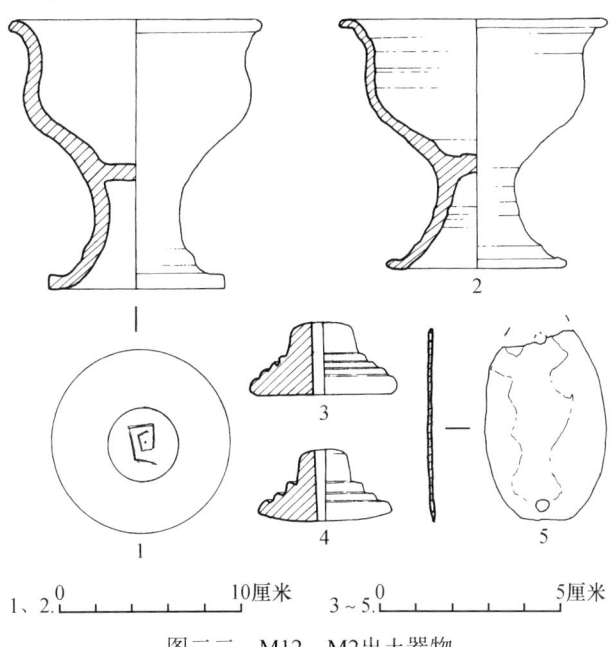

图二二　M12、M2出土器物

1、2.陶簋式豆（M12∶16、M12∶17）　3、4.B型陶纺轮（M2∶32、M2∶53）　5.铜片饰（M2∶39）

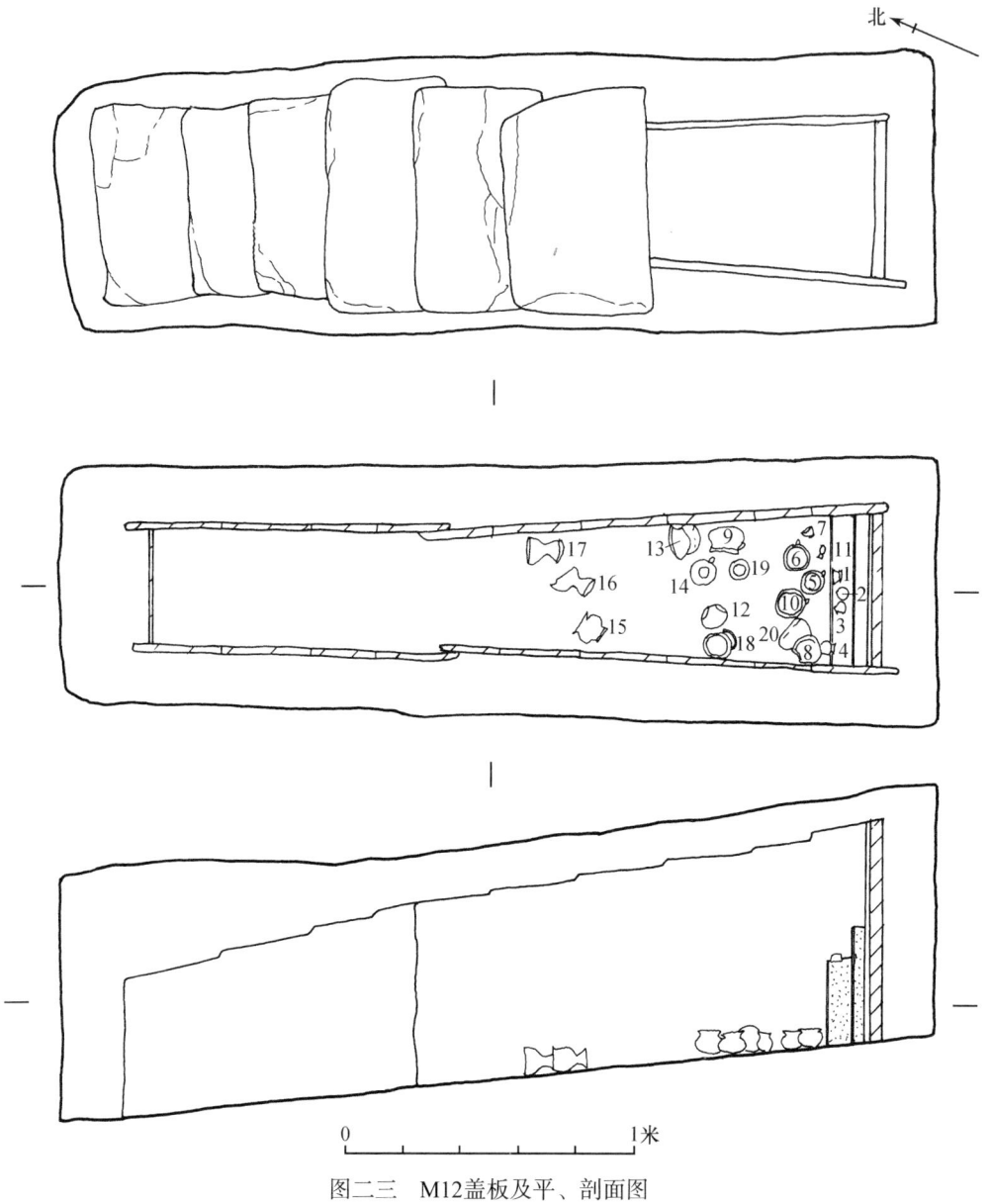

图二三　M12盖板及平、剖面图
1、3、4、11、19.陶长颈小罐　2、7.陶小杯　5、6、9、10、12~15、18、20.陶单耳罐　8.陶高领罐
16、17.陶簋式豆（部分器物被叠压或由残片拼成）

0.42、头端高0.75、足端高0.46米。盖板坡度为11°。现存盖板6块，从足端依次叠压而成，头部石盖板缺失。两侧由两块厚约3厘米的石板错缝相接，足端靠外，石板顶部打磨成阶梯状以方便合上盖板。棺内头端用三块厚约1.5厘米的薄石板隔出高低两层头箱。墓内填充大量黄褐色土。未发现人骨，葬式不明。出土随葬品30件，集中于头箱及附近，有陶长颈小罐9件、陶小杯8件、陶单耳罐10件、陶高领罐1件、陶簋式豆2件、铜泡1件。

陶簋式豆　2件。

B型　器形较矮。出土时置于头端附近。轮制。M12：16，泥质灰陶。器表圈足以上磨光。侈口，卷沿外翻，尖唇，束颈，弧腹较浅，粗柄，喇叭形圈足平沿外翻。豆柄及圈足饰凸弦纹，豆盘外底有螺旋纹。口径13.8、豆盘腹径12.4、足径8.8、高14.2厘米（图二二，1）。M12：17，泥质灰陶。器表圈足以上磨光。侈口，卷沿外翻，圆唇，弧腹，粗柄，喇叭形圈足沿部外翻。豆柄及圈足饰凸弦纹，器壁内外有轮旋纹。口径14.8、豆盘腹径12、足径10、高13.2厘米（图二二，2；图版七，1）。

陶高领罐　1件。

B型　鼓肩。M12：8，泥质灰陶。器表磨光。卷沿外翻，圆唇，束颈，弧腹下收，底部内凹成矮圈足。底部压印"十"字形阳文。腹上部压印席状暗纹，内壁有轮旋纹。口径11、肩径16.2、底径8、高17厘米（图二四，4；图版七，2）。

陶单耳罐　10件。

Ba型　2件。器形较瘦高，口微侈，束颈不明显。出土时置于头端附近。轮制。M12：6，泥质灰陶。方唇，溜肩，弧腹下收，底部内凹成矮圈足，单耳连接口部至肩部最大径。器表部分熏黑，内壁有轮旋纹。口径11、底径5.2、高7、耳高4.8厘米（图二五，1）。M12：10，泥质灰皮陶。耳部及口部略残。侈口，尖圆唇，溜肩，弧腹内收，小底内凹成矮圈足，单耳连接口部至肩部最大径。外底中心压印"十"字形阳文。口径9.6、底径4.4、高7、耳高4.4厘米（图二五，7）。

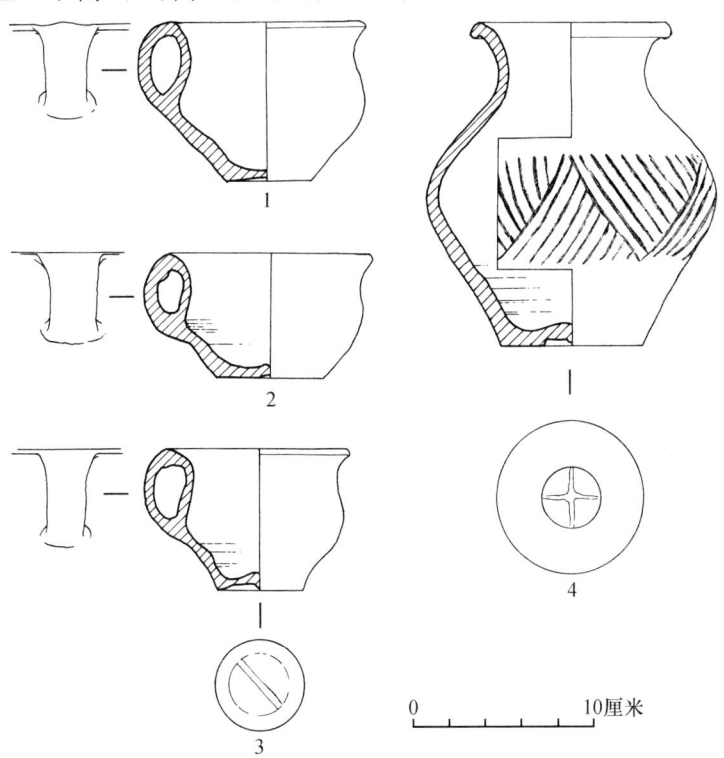

图二四　M12出土陶器

1、3. Bc型陶单耳罐（M12：18、M12：12）　2. Cb型陶单耳罐（M12：20）　4. B型陶高领罐（M12：8）

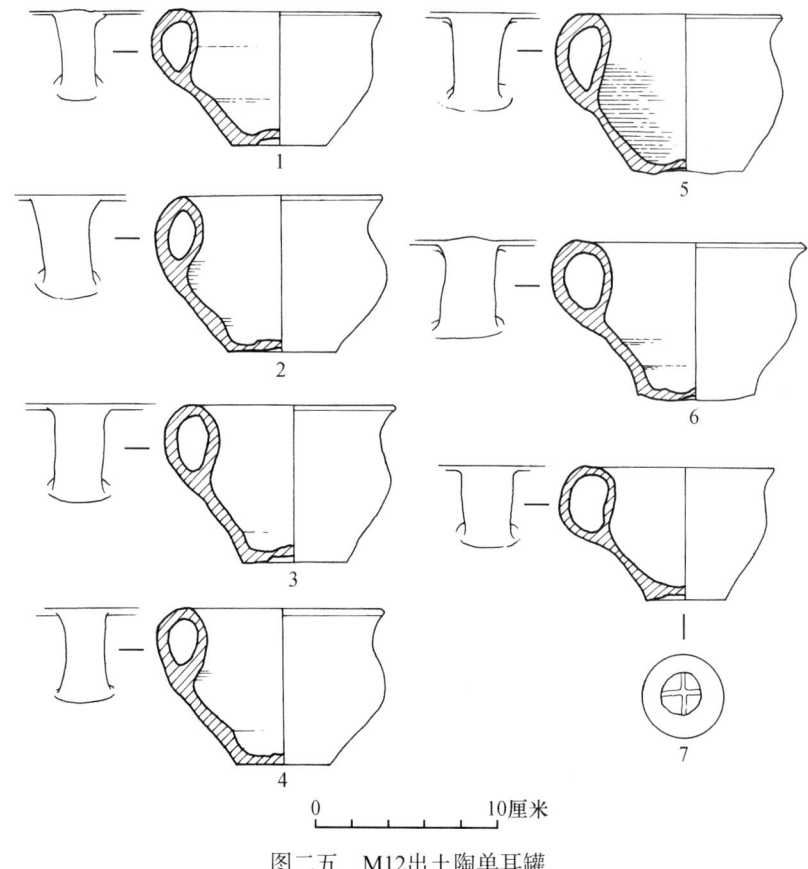

图二五　M12出土陶单耳罐

1、7. Ba型（M12∶6、M12∶10）　2~6. Bb型（M12∶5、M12∶9、M12∶13、M12∶14、M12∶15）

Bb型　5件。器形较瘦高，短束颈。出土时置于头端附近。轮制。M12∶5，泥质灰陶。器表磨光。侈口，方唇，鼓肩，底部内凹，耳连接口部至肩上部。罐内发现白色石子。口径11、底径5.8、高8.3、耳高5.4厘米（图二五，2；图版七，3）。M12∶9，泥质黑皮陶。器表磨光。侈口，圆唇，鼓肩，底部内凹成矮圈足，单耳连接口部至肩上部。罐内发现羊骨残留。口径11.2、底径5.8、高8.3、耳高5.2厘米（图二五，3；图版七，4）。M12∶13，泥质灰陶。器表磨光。侈口，圆唇，鼓肩，平底，单耳连接口部至肩上部。内壁有轮旋纹。口径10.9、底径5.2、高8.3、耳高5厘米（图二五，4）。M12∶14，泥质黑皮陶。器表磨光。侈口，尖圆唇，弧肩，底部内凹成矮圈足，单耳连接口部至腹部。口径10.6、底径6、高8.3、耳高5.3厘米（图二五，5）。M12∶15，泥质灰陶。器表磨光。敞口，圆唇，弧肩，弧腹内收，底略内凹，单耳连接口部至肩部最大径。口径12、底径5.6、高8.4、耳高5.2厘米（图二五，6）。

Bc型　2件。器形较瘦高，长束颈。出土时置于头部附近。轮制。M12∶18，泥质灰陶。器表磨光。侈口，方唇，弧肩，弧腹内收，小底内凹，单耳连接口部到肩部最大径。罐内有白色石子。口径10.8、底径4.8、高8.4、耳高5.2厘米（图二四，1）。

M12：12，泥质黑皮陶。尖唇，弧肩，弧腹内收，小底内凹，单耳连接口部至腹部。内壁有轮旋纹，外底压印"一"字形阳文。口径9.6、底径5.6、高7.4、耳高5.2厘米（图二四，3）。

Cb型　1件。器形矮胖，短束颈。出土时置于头部附近。轮制。M12：20，泥质黑皮陶。器表磨光。口微侈，圆唇，弧肩，弧腹下收，底部内凹成矮圈足，单耳连接口部至腹部。内壁有轮旋纹。罐内有白色石子和羊骨。口径11、底径5.6、高6.6、耳高4.8厘米（图二四，2）。

陶长颈小罐　9件。

A型　敞口较大，束颈不明显。出土时置于头箱及附近，多与陶小杯配套。夹砂红褐陶。手制。M12：11，圆唇，鼓肩，弧腹下收，底部内凹。口径5.1、肩径6.1、底径3.2、高8.1厘米（图二六，1）。M12：4，圆唇，鼓肩，底部内凹。口径6、肩径6.8、

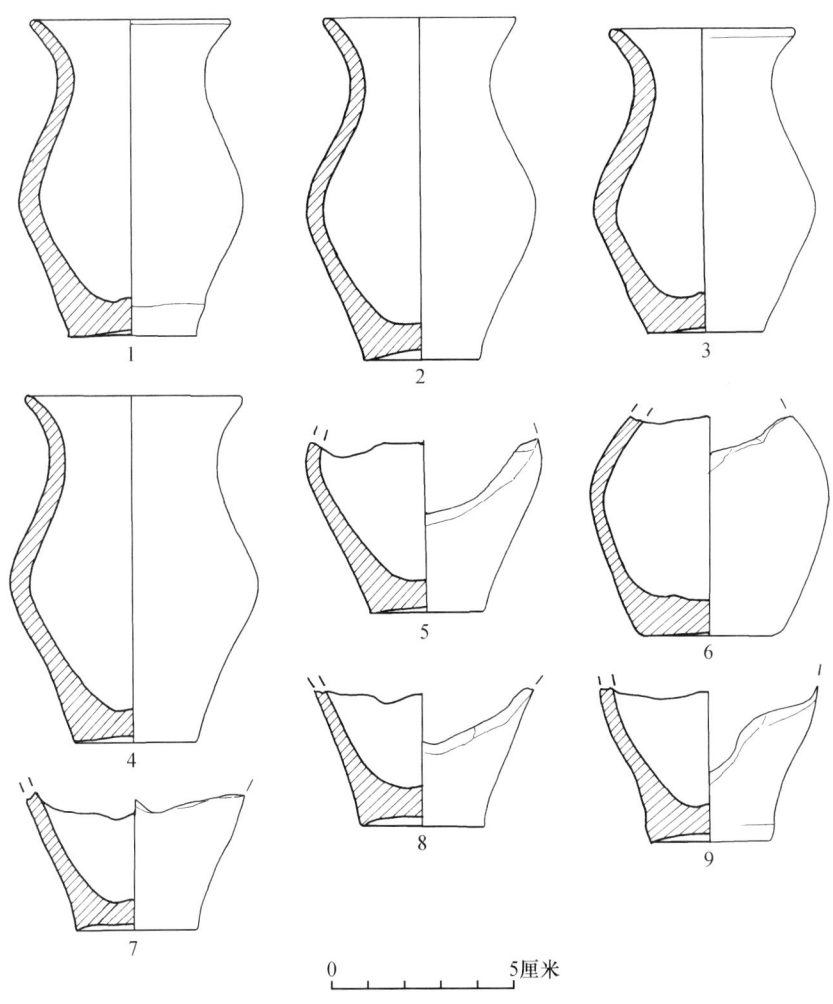

图二六　M12出土A型陶长颈小罐

1. M12：11　2. M12：4　3. M12：19　4. M12：1　5. M12：28　6. M12：3　7. M12：25　8. M12：29
9. M12：30

底径3.4、高9.2厘米（图二六，2）。M12:19，圆唇，弧肩，弧腹内收，底内凹。口径5.4、肩径6.1、底径3.4、高8.5厘米（图二六，3）。M12:1，圆唇，弧肩，腹底交接明显，弧腹下收，底部内凹。口径5.2、肩径6.2、底径3.2、高9.2厘米（图二六，4；图版七，5）。M12:28，肩部以上残，弧腹内收，小底内凹。肩径6、底径3.2、残高4.6厘米（图二六，5）。M12:3，颈部及以上残，弧腹下收，底部内凹。肩径6.6、底径4、残高5.9厘米（图二六，6）。M12:25，腹部以上残，弧腹内收，小底内凹。底径3.4、残高3.6厘米（图二六，7）。M12:29，肩部以上残，底部内凹。底径3.4、残高3.6厘米（图二六，8）。M12:30，肩部以上残，弧腹内收，小底内凹。底径3.4、残高4.1厘米（图二六，9）。

陶小杯　8件。

A型　出土时置于头箱及附近，多与陶长颈小罐配套。夹砂褐陶。敞口，斜直腹，手制。M12:2，圆唇，小平底。口径6.4、底径3.2、高3.4厘米（图二七，1）。M12:7，圆唇，平底。口径6.2、底径3.3、高3.2厘米（图二七，2；图版七，6）。M12:23，圆唇，小平底略残。口径5.4、高3厘米（图二七，3）。M12:21，圆唇，小底内凹。口径6、底径3、高3.2厘米（图二七，4）。M12:22，圆唇，底残。口径6.4、残高3.4厘米（图二七，5）。M12:24，圆唇，小底近平。口径6、底径2.9、高3.2厘米（图二七，6）。M12:26，圆唇，腹底交接明显，底部内凹。口径6、底径2.8、高3.5厘米（图二七，7）。M12:27，圆唇，小底近平。口径5.7、底径2.9、高3.2厘米（图二七，8）。

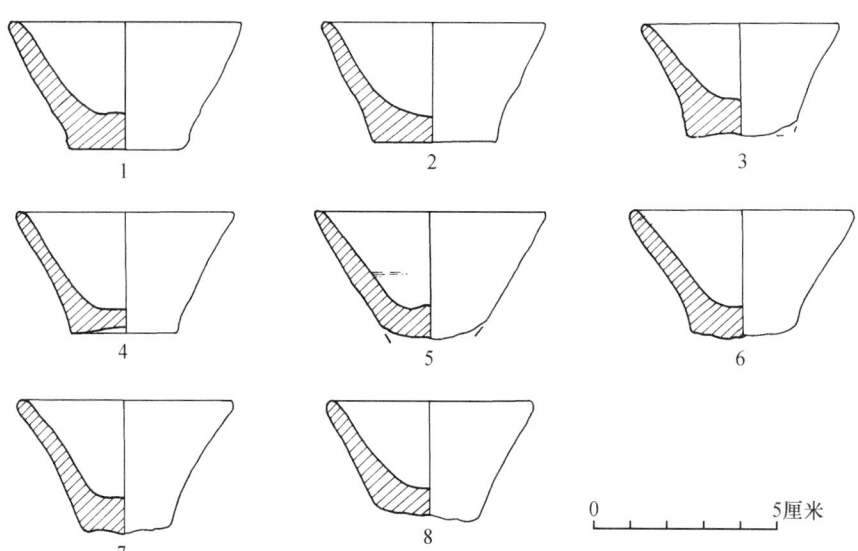

图二七　M12出土A型陶小杯

1. M12:2　2. M12:7　3. M12:23　4. M12:21　5. M12:22　6. M12:24　7. M12:26　8. M12:27

（三）三道头箱石棺葬

1座。

M3 位于TG2以南约50米处。竖穴土坑墓，墓口平面呈长方形，墓向150°。墓口长2.94、头端宽0.96、足端宽0.84米，墓口距墓底头端深0.73、足端深0.73米（图二八；图版八）。葬具为石棺，以大石板砌于墓坑内。石棺内长2.54、头端宽0.64、足端宽0.37、头端高0.62、足端高0.52米。盖板坡度为4°。石棺头端、足端各立石板一块，现存盖板6块，从足端依次叠压而成，头部石盖板缺失。两侧由两块厚约3厘米的石板错缝

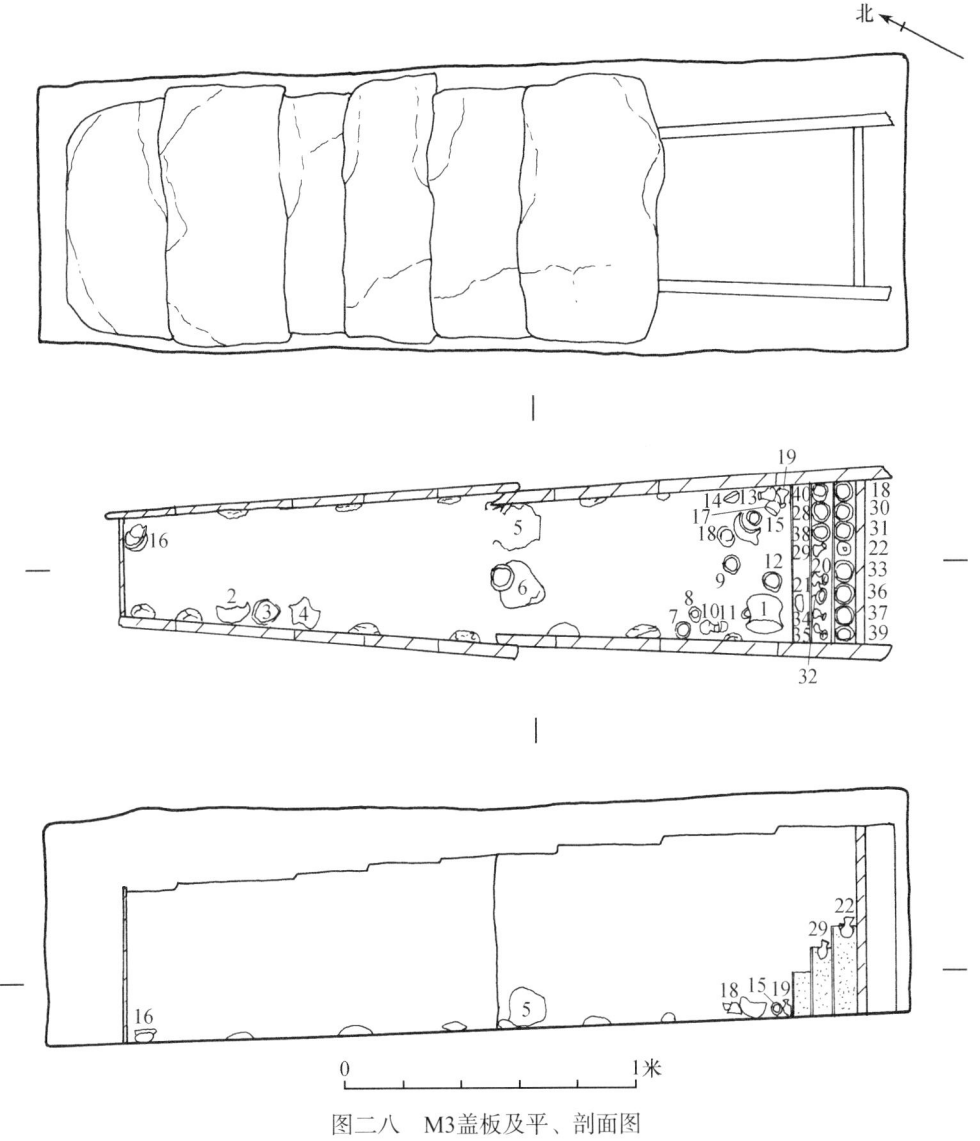

图二八 M3盖板及平、剖面图

1、2、16.陶单耳罐 3、4.陶盉 5、6.陶高领罐 7~9、11、12、14、15、17、18、28、30、31、33、36~40.陶小杯 10、13、19、20、22、29、32、34、35.陶长颈小罐 21.铜泡（部分器物被压不可见）

相接，足端靠外，内侧底部有石块加固，石板顶部打磨成阶梯状以方便合上盖板。棺内头端用三块厚约1.5厘米的薄石板隔出高、中、低三层头箱。墓内填充大量黄褐色土。未发现人骨，葬式不明。出土随葬品46件，集中于头箱，头箱及附近共散落陶长颈小罐19件、陶小杯19件、铜泡1件，另外有陶单耳罐3件、陶高领罐2件、陶盂2件。

陶高领罐　2件。

B型　鼓肩。出土时置于石棺中部。轮制。M3：5，泥质黑皮陶。器表磨光。卷沿，圆唇，束颈，弧腹内收，底部内凹成矮圈足。口径11.2、肩径16.2、底径7.2、高18厘米（图二九，1）。M3：6，泥质灰陶，器表磨光。口微侈，折沿，方唇，束颈，弧腹内收，底部内凹成矮圈足。口径10.2、肩径15.2、底径7.8、高18厘米（图二九，2；

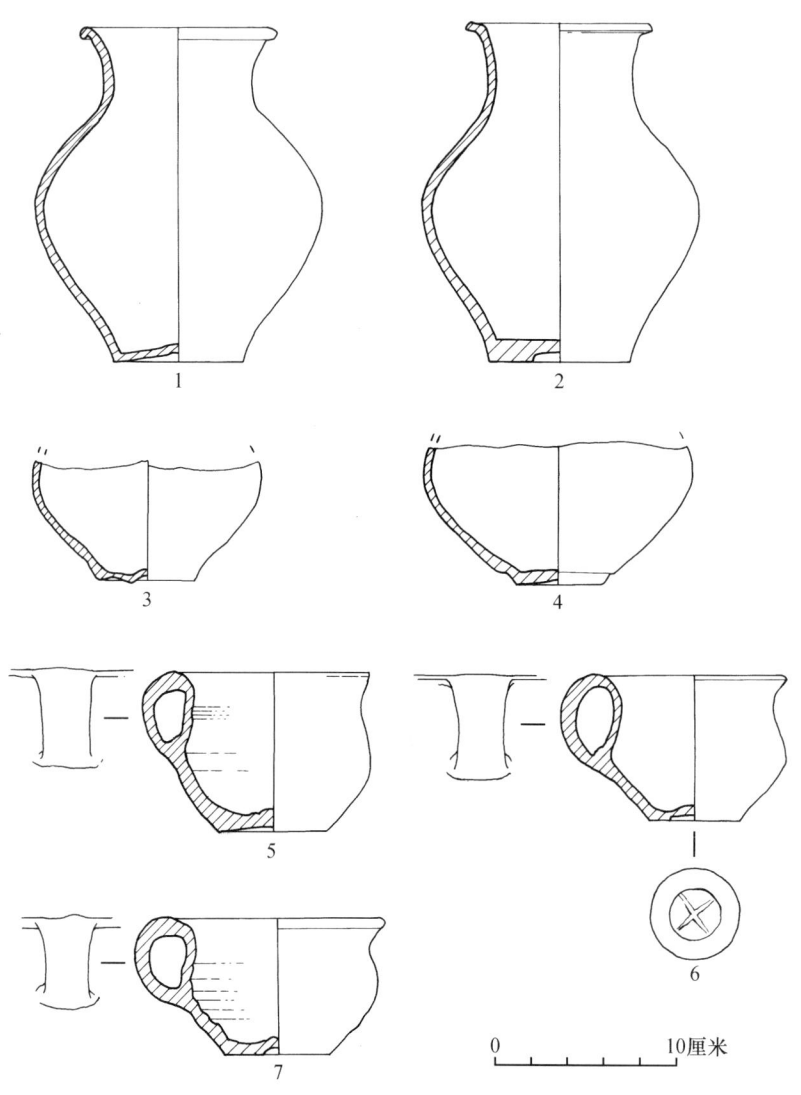

图二九　M3出土陶器
1、2.B型高领罐（M3：5、M3：6）　3、4.盂（M3：4、M3：3）　5.Bb型单耳罐（M3：2）
6.Bc型单耳罐（M3：1）　7.Cb型单耳罐（M3：16）

图版九，1）。

陶单耳罐　3件。出土时置于头箱附近和足部。

Bb型　1件。器形较瘦高，短束颈。轮制。M3∶2，泥质黑皮陶。器表磨光。口微侈，方唇，弧肩，弧腹下收，底部内凹，单耳连接口部至肩上部。内壁有轮旋纹。口径10.6、底径5.6、高8.5、耳高5.1厘米（图二九，5）。

Bc型　1件。器形较瘦高，长束颈。轮制。M3∶1，泥质黑陶。器表磨光。侈口，鼓肩，弧腹内收，底部内凹成矮圈足，单耳连接口部至肩部最大径。外底压印"十"字形阳文。口径10.2、底径4.8、高7.7、耳高5.6厘米（图二九，6）。

Cb型　1件。器形矮胖，短束颈。轮制。M3∶16，泥质黑皮陶。器表磨光。侈口，圆唇，弧肩，弧腹下收，底部内凹成玉璧底，单耳连接口部至肩下部。内壁有轮旋纹。口径11.8、底径6、高7.2、耳高5.9厘米（图二九，7；图版九，2）。

陶盂　2件。出土时置于石棺足端。轮制。M3∶4，泥质黑皮陶。器表磨光。肩部以上残，弧腹内收，底部内凹。外底压印"一"字形阳文。肩径12.8、底径5.6、残高6.4厘米（图二九，3）。M3∶3，泥质黑皮陶。器表磨光。肩部以上残，弧腹下收，肩腹交接明显，底部内凹。肩径14.8、底径4.8、残高7.5厘米（图二九，4）。

陶长颈小罐　19件。出土时置于头箱，多与陶小杯配套，部分上叠放陶小杯。

Ba型　10件。小侈口，束颈。轮制。M3∶23，泥质灰陶。圆唇，弧肩，弧腹内收，底部内凹。外底压印"一"字形阳文。口径5、肩径6、底径3.6、高8.6厘米（图三〇，1）。M3∶19，泥质灰陶。方唇，鼓肩，弧腹下收，底部内凹成矮圈足。肩部有轮旋纹，外底压印"一"字形阳文。口径4.6、肩径6、底径3.7、高7.6厘米（图三〇，2）。M3∶27，泥质灰陶。方唇，鼓肩，弧腹下收，底部内凹。肩部有轮旋纹，外底压印"一"字形阳文。口径4.5、肩径5.4、底径3.5、高8.1厘米（图三〇，3）。M3∶10，泥质灰陶。方唇，弧肩，弧腹下收，底部内凹成矮圈足。外底压印"一"字形阳文。口径4.6、腹径5.7、底径3.3、高7.9厘米（图三〇，4）。M3∶26，泥质灰陶。圆唇，弧肩，弧腹下收，底部内凹。外底压印"一"字形阳文。口径4.8、肩径6、底径3.8、高8.5厘米（图三〇，5；图版九，3）。M3∶20，泥质灰陶。尖唇，鼓肩，底部内凹。外底压印"一"字形阳文。口径4.4、腹径6、底径3.6、高8厘米（图三一，1）。M3∶22，泥质灰陶，表面部分熏黑。方唇，弧肩，底部内凹。外底压印"一"字形阳文。口径4.6、腹径5.5、底径3.4、高7厘米（图三一，2）。M3∶24，泥质灰陶。圆唇，鼓肩，底部内凹成矮圈足。外底压印"一"字形阳文。口径4.4、肩径6、底径3.5、高7.6厘米（图三一，3）。M3∶25，泥质黑皮陶。方唇，弧肩，底部内凹。外底压印"一"字形阳文。口径4.6、肩径5.9、底径4、高8.6厘米（图三一，4）。M3∶44，泥质灰陶。平沿，方唇，弧肩，底部内凹。外底压印"一"字形阳文。口径4.8、肩径5.7、底径4、高8.4厘米（图三一，5）。

Bb型　9件。大口，卷沿，唇部外翻，束颈。轮制。M3∶13，泥质黑皮陶。尖圆

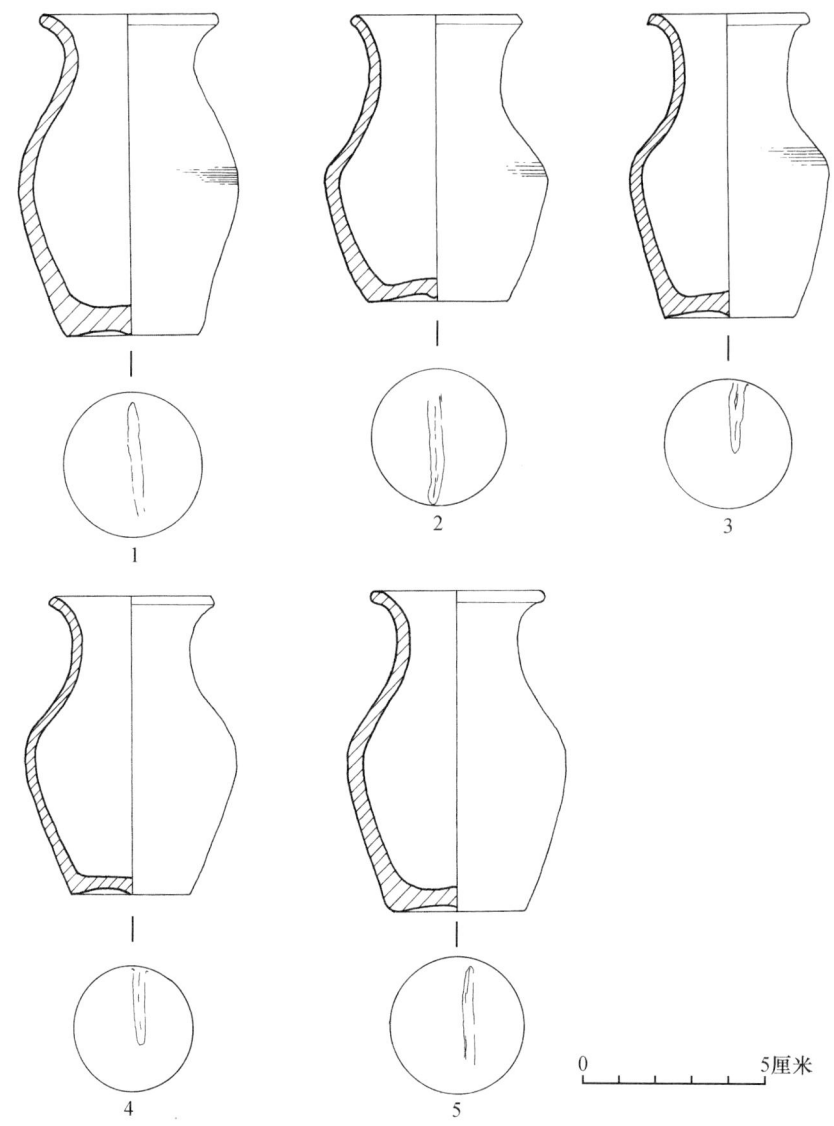

图三〇　M3出土Ba型陶长颈小罐
1. M3：23　2. M3：19　3. M3：27　4. M3：10　5. M3：26

唇，鼓肩，弧腹下收，底部内凹。口径6.4、肩径7、底径4.2、高10.4厘米（图三二，1）。M3：29，泥质黑皮陶。方唇，鼓肩，底部外撇，底部内凹成矮圈足。口径5.9、肩径6.3、底径3.4、高10.8厘米（图三二，2）。M3：34，泥质黑皮陶。圆唇，鼓肩，底部外撇内凹成矮圈足。沿下有一周旋纹。口径6、肩径6.1、底径3.6、高10.6厘米（图三二，3）。M3：35，泥质黑皮陶。方唇，弧肩，底部外撇内凹。口径5.8、肩径6、底径3.6、高10厘米（图三二，4）。M3：42，泥质黑皮陶。圆唇，弧肩，底部内凹成矮圈足。颈部有三周旋纹，内壁有轮旋纹。口径6、肩径6、底径3.8、高10.7厘米（图三二，5）。M3：46，泥质黑皮陶。尖唇，弧肩，弧腹下收，底部残缺。腹部有两周

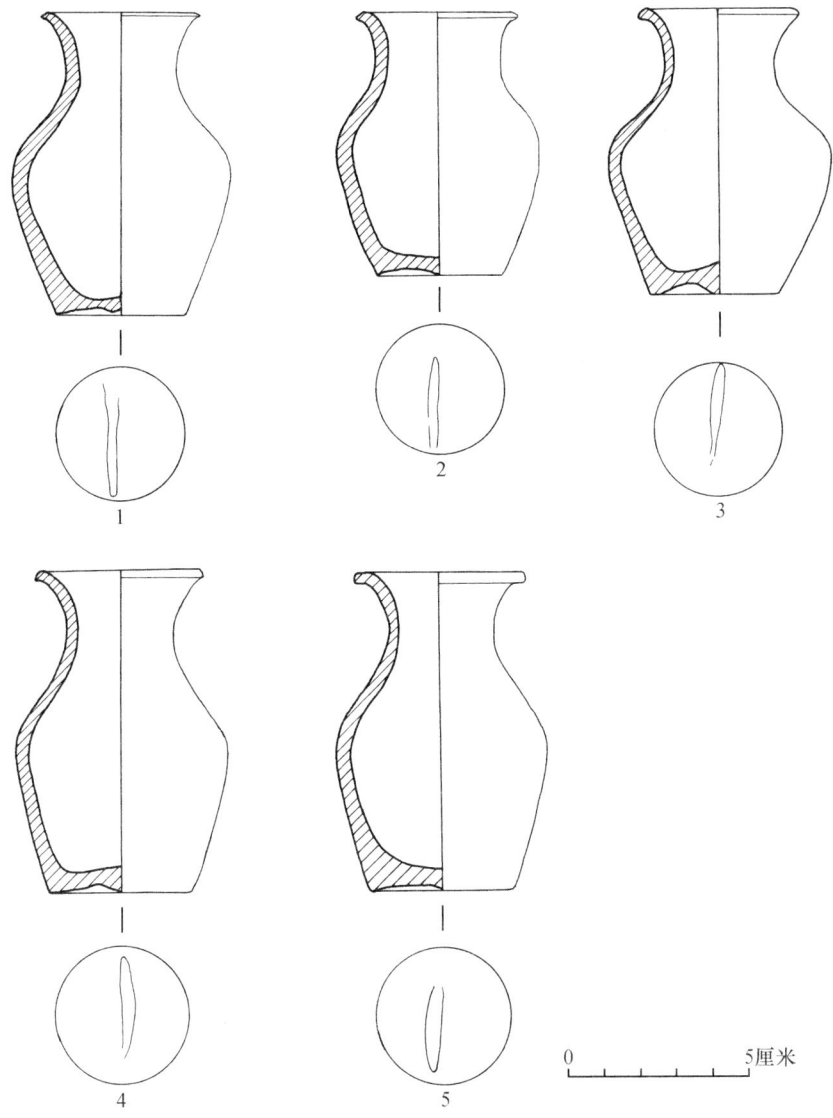

图三一　M3出土Ba型陶长颈小罐
1. M3∶20　2. M3∶22　3. M3∶24　4. M3∶25　5. M3∶44

旋纹。口径6.2、肩径6.6、残高9.8厘米（图三二，6）。M3∶43，泥质黑皮陶。方唇，鼓肩，底部外撇，底部内凹。口径5.8、肩径6、底径3.6、高10.4厘米（图三二，7）。M3∶45，泥质黑皮陶。方唇，鼓肩，底部外撇，底部内凹。口径5.7、肩径6.5、底径3.4、高9.4厘米（图三二，8）。M3∶32，泥质黑皮陶。圆唇，弧肩，底部内凹。肩、腹部各有一周旋纹。口径5.4、肩径6.4、底径4.2、高10厘米（图三二，9）。

陶小杯　19件。出土时置于头箱，多与陶小杯配套，部分下叠压陶长颈小罐。

B型　9件。斜折腹。轮制。M3∶36，泥质黑皮陶。敞口，圆唇，底部内凹。口径7.9、腹径7.6、底径3.6、高3.7厘米（图三三，1）。M3∶37，泥质黑皮陶。敞口，圆

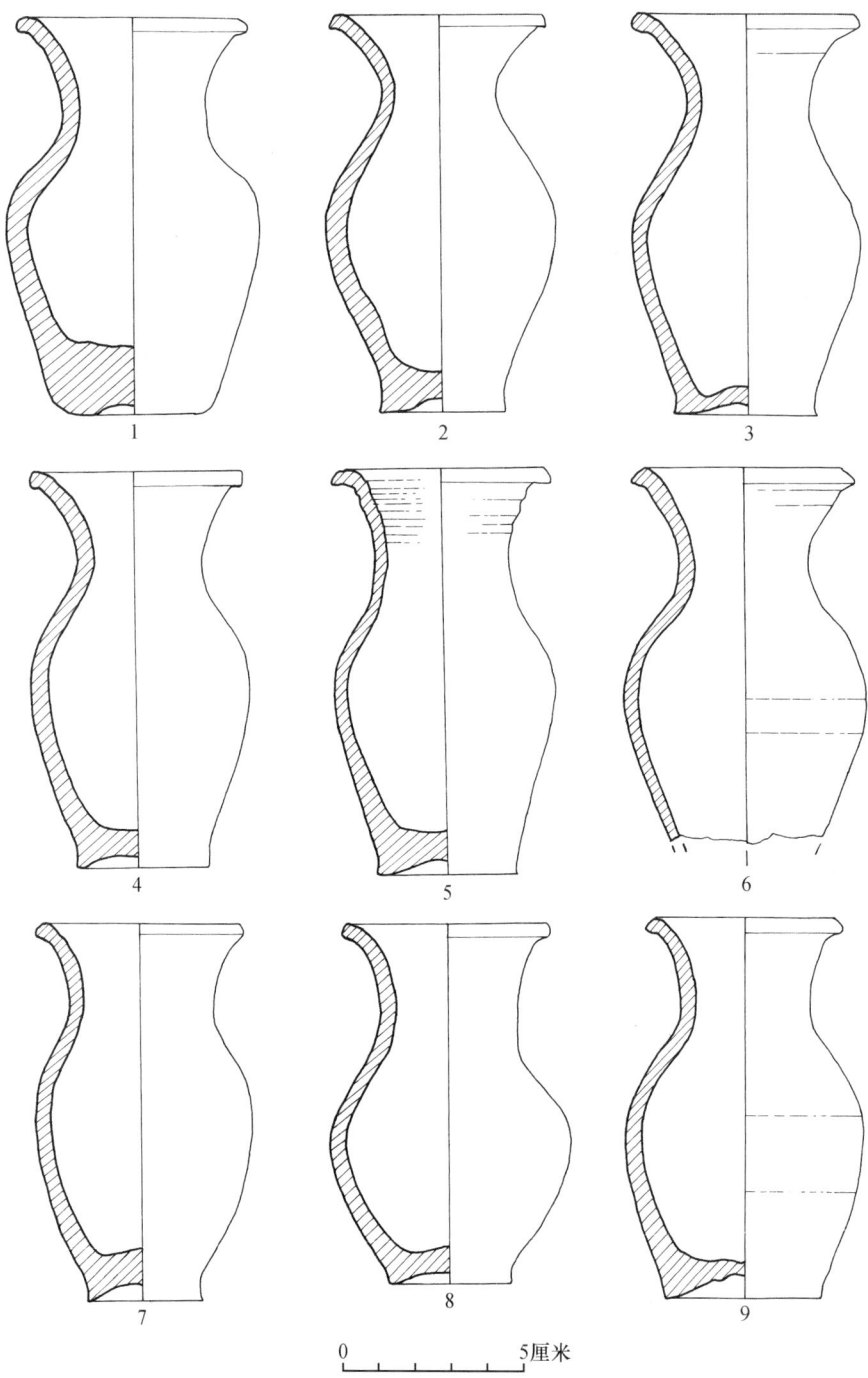

图三二　M3出土Bb型陶长颈小罐

1. M3∶13　2. M3∶29　3. M3∶34　4. M3∶35　5. M3∶42　6. M3∶46　7. M3∶43　8. M3∶45　9. M3∶32

唇，小平底。口径6.4、腹径5.2、底径2.5、高3.1厘米（图三三，2）。M3∶17，泥质黑皮陶。侈口，圆唇，小底内凹。口径7.2、腹径6.1、底径2.4、高3.7厘米（图三三，3；

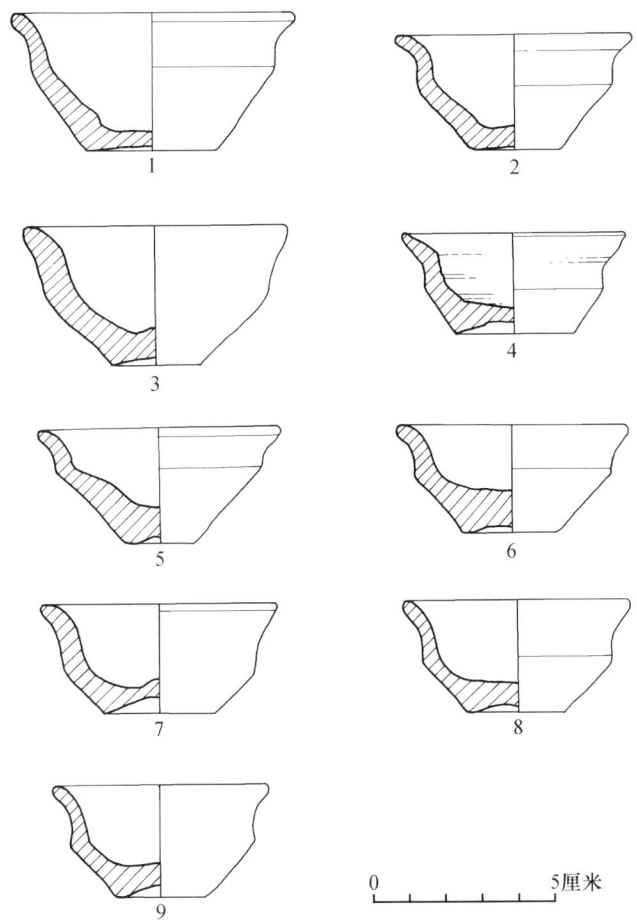

图三三　M3出土B型陶小杯

1. M3：36　2. M3：37　3. M3：17　4. M3：31　5. M3：39　6. M3：40　7. M3：30　8. M3：33　9. M3：41

图版九，4）。M3：31，泥质黑皮陶。敞口，方唇，底部内凹。外壁沿下有一周旋纹，内壁有轮旋纹。口径6.2、腹径4.8、底径3.2、高2.7厘米（图三三，4）。M3：39，泥质黑皮陶。敞口，圆唇，小底，底部内凹成矮圈足。口径6.6、腹径5.6、底径1.8、高3.1厘米（图三三，5）。M3：40，敞口，圆唇，小底内凹成矮圈足。口径6.4、腹径5.3、底径2.5、高2.9厘米（图三三，6）。M3：30，泥质黑皮陶。敞口，圆唇，底部内凹。口径6.4、腹径5.1、底径3、高2.9厘米（图三三，7）。M3：33，泥质黑皮陶。敞口，圆唇，底部内凹。口径6.2、腹径5.3、底径2.7、高3厘米（图三三，8）。M3：41，泥质黑皮陶。侈口，尖圆唇，底部内凹。口径5.8、腹径4.9、底径3、高3厘米（图三三，9）。

C型　10件。弧腹略深。轮制。M3：7，泥质灰陶。直口，折沿，圆唇，底部内凹。外壁沿下有一周旋纹，内壁有轮旋纹，外底中心压印"一"字形阳文。口径6.6、腹径5.5、底径3.6、高3.2厘米（图三四，1）。M3：8，泥质黑皮陶。敞口，圆唇，近

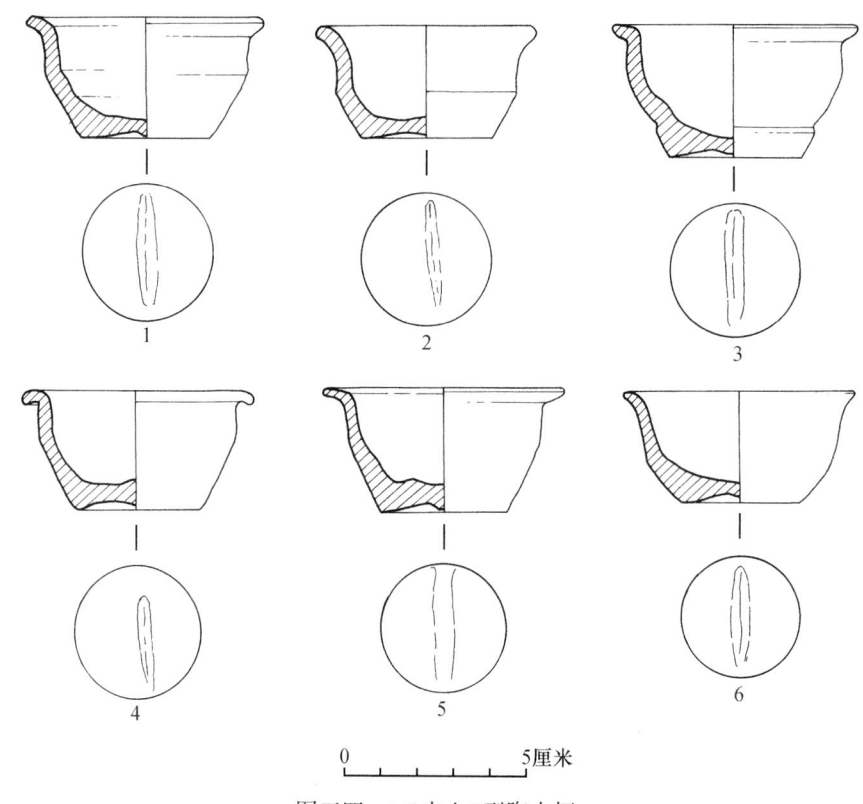

图三四　M3出土C型陶小杯
1. M3：7　2. M3：8　3. M3：9　4. M3：11　5. M3：14　6. M3：15

平底。外底中心压印"一"字形阳文。口径5.4、腹径4.6、底径3、高3厘米（图三四，2）。M3：9，泥质灰陶。直口，折沿，圆唇，腹底交接处有明显粘接痕迹，底部内凹。沿下有一周旋纹，外底中心压印"一"字形阳文。口径6.6、腹径5.8、底径3.6、高3.5厘米（图三四，3）。M3：11，泥质灰陶。侈口，卷沿外翻，圆唇，底部内凹。外底中心压印"一"字形阳文。口径6.4、腹径5.5、底径3.4、高3.1厘米（图三四，4）。M3：14，泥质黑皮陶。直口，平卷沿，尖圆唇，底部内凹。沿下一周旋纹，外底中心压印"一"字形阳文。口径6.8、腹径5.1、底径3.3、高3.3厘米（图三四，5）。M3：15，泥质黑皮陶。敞口，圆唇，底部内凹。外底中心压印"一"字形阳文。口径6.6、腹径5、底径3.3、高3厘米（图三四，6）。M3：12，泥质黑皮陶。侈口，折沿，圆唇，弧肩，底部内凹。外底中心压印"一"字形阳文。口径6.4、腹径5.9、底径3.4、高3厘米（图三五，1）。M3：28，泥质黑皮陶。侈口，卷沿外翻，圆唇，底部微内凹。外底压印"一"字形阳文。口径5.6、腹径4.8、底径3.5、高3.4厘米（图三五，2）。M3：18，泥质黑皮陶。敛口，圆唇，底部内凹。外底压印"一"字形阳文。口径6.2、腹径5.5、底径3.8、高3.8厘米（图三五，3）。M3：38，泥质灰陶。侈口，尖圆唇，底部内凹，外底中心压印"一"字形阳文。口径6.2、腹径5.5、底径3.8、高3.8厘米（图三五，4）。

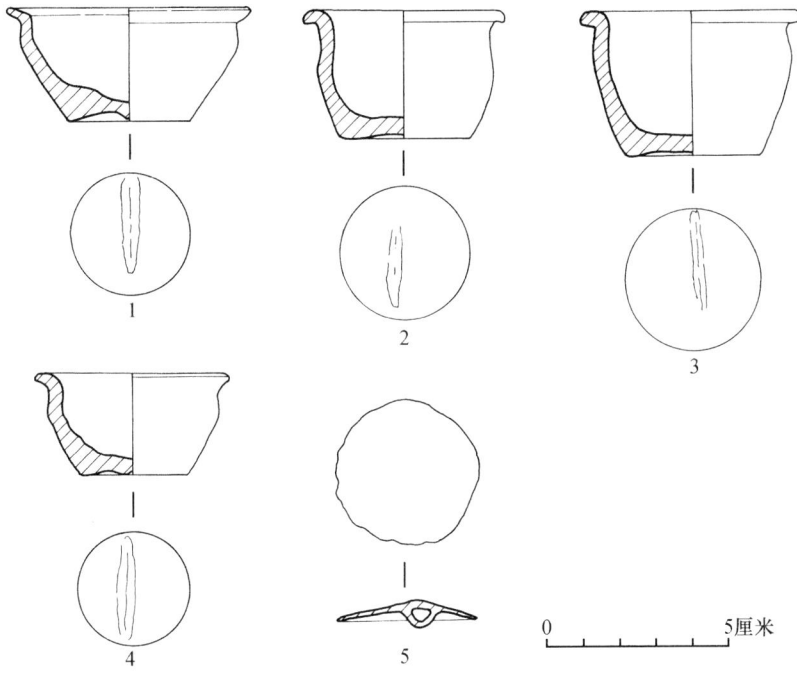

图三五　M3出土器物

1~4. C型陶小杯（M3∶12、M3∶28、M3∶18、M3∶38）　5.铜泡（M3∶21）

铜泡　1件。出土时置于最低一层头箱中部。M3∶21，斗笠状，内有半圆状纽。直径3.8、纽径0.4、高0.8厘米（图三五，5）。

（四）形制不详石棺葬

2座。

M4　位于TG2以南约50米处。石棺完全被破坏，仅剩墓圹，揭露墓口长2.7、宽0.78米。

M5　位于TG2以南约50米处。石棺完全被破坏，仅剩墓圹，揭露墓口长2.9、宽0.68米。

三、结　语

（一）墓葬分期与年代

由于此次清理的石棺葬未发现墓葬间的叠压打破关系，因此分期研究主要根据墓葬随葬品的组合情况进行。根据随葬陶器的组合情况，可以将此次发掘的有随葬品、墓葬形制保存较为完好的8座墓葬分为以下3组。

A组墓葬4座，包括M1、M8、M10、M11。随葬器物包括A型陶双耳罐、A型陶单耳罐、陶平底罐、陶小平底罐、A型陶纺轮。均为夹砂陶，手制，器物种类单一。

B组墓葬1座，为M12。随葬器物包括B型陶单耳罐、Cb型陶单耳罐、B型陶高领罐、A型陶长颈小罐、A型陶小杯。

C组墓葬3座，包括M2、M3、M6。随葬器物包括B型陶双耳罐、A型陶簋式豆、B型陶簋式豆、陶盂、Bb型陶单耳罐、Bc型陶单耳罐、C型陶单耳罐、陶高领罐、B型陶长颈小罐、B型陶小杯、C型陶小杯、B型陶纺轮、铜片饰。均为泥质陶，轮制，器物种类丰富。

关于此前营盘山石棺葬历次发掘的分期，整理者将其分为两期5段[1]：早期Ⅰ段年代当在西周晚期到春秋早期，早期Ⅱ段年代大约在春秋中晚期，晚期Ⅲ段年代在战国早期，晚期Ⅳ段年代应该为战国中期，晚期Ⅴ段年代可能为战国晚期。本次清理的墓葬时段依然在此范围内，大致可分为两期3段。

早期Ⅰ段仅见A组器物A型陶双耳罐、A型陶单耳罐、陶平底罐、A型陶纺轮。陶器均为手制夹砂褐陶，不见轮制泥质陶。大致和营盘山之前发掘石棺葬的早期Ⅰ段年代相当，该期所出A型陶双耳罐M11：1与营盘山D型陶双耳罐2002M11：1相似，A型陶单耳罐M11：2与营盘山A型Ⅰ式陶单耳罐2004M11：3、撮箕山Bc型陶单耳罐1984M49：1相似[2]，陶平底罐M8：1与营盘山A型Ⅰ式陶平底罐2002M5：4、撮箕山Db型陶小口罐1984M2：3相似。营盘山报告中将此类器物归入早期Ⅰ段，年代判定在西周晚期到春秋早期。考虑文化发展中的滞后因素，综合以上分析，推测该期墓葬的时代为春秋早期。

晚期有B、C两组器物，可分为早、晚两段。

晚期2段为B组器物，可以分为两类，B型陶单耳罐、B型陶簋式豆、A型陶高领罐为代表的实用器，以及以A型陶长颈小罐、A型陶小杯为代表的明器。其中，B型陶簋式豆与营盘山Bb型Ⅲ式（2000M2：33），Ba型陶单耳罐与营盘山2000M11：7相似，Bb型陶单耳罐与营盘山2000M11：6相似。在报告中将此类墓葬归入晚期Ⅳ段，年代判定在战国中期。而明器类A型陶长颈小罐年代与营盘山Aa型Ⅰ式陶长颈罐2002M27：7，A型陶小杯与营盘山Ⅲ式陶小底杯2002M27：11、撮箕山Bb型Ⅱ式陶杯1984M58：4相似，报告都将这两类归入战国早期。由此，可推测该期墓葬的时代应该为战国早中期。

晚期3段为C组器物，可以分为两类，典型的B型陶双耳罐、C型陶单耳罐、陶簋式豆、陶高领罐、陶盂为代表的实用器和成组出现的B型陶长颈小罐和B型陶小杯、C型陶小杯。其中，Ba型抹压暗旋涡纹双耳罐与营盘山C型抹压暗旋涡纹胖体双耳罐2002M34：1、2004M37：1相似，A型陶簋式豆与营盘山A型Ⅲ式豆2002M48：65相似，B型陶长颈小罐和B型、C型陶小杯与牟托一号墓出土高领小陶罐、陶小杯类似[3]。此类墓葬的年代推测都在战国晚期。再考虑到此次发现的墓葬中不见"半两""五铢"以及汉代豆、鼎、圆鼓肩罐等典型秦汉时期器物。故晚期3段墓葬的时代应该为战国晚期。

（二）人群与族属

历年来在岷江上游地区发现的大量具有鲜明地域特征的石棺葬及相关遗存，与此次在营盘山清理的石棺葬所反映的文化面貌与内涵一致，应该属于相同文化体系。长久以来，关于岷江上游地区石棺葬族属问题的讨论一直众说纷纭。其中，较有代表性的观点有：戈基人说，认为岷江上游石棺葬主人可能为羌族传说中的戈基人[4]；氐人说，认为岷江上游石棺葬主人是冉駹，族属是氐人[5]；羌人说，认为岷江上游石棺葬主人是包括冉駹在内的羌人[6]；蜀人说，认为冉駹为蜀人[7]；僰人说[8]；夷人说，认为应该为"夷人"系统中的筰都和冉駹说[9]。虽然在族属认识上有较大差异，但"冉駹"是该地区主体居民是主流观点。

从文献中来看，商代甲骨文中就对岷江上游人群有所记载，饶宗颐认为茂县与汶川盆地原有住民应是游牧民族，先为羌族之一支，即为汉代冉氏、冉駹之族[10]。自汉以后相关文献更多，《史记·西南夷列传》《后汉书·南蛮西南夷列传》《括地志》等都对"冉駹"有明确记载，基本确定该地区两汉时期的主体居民应该为"冉駹"无误。从历次考古发现来看，岷江上游石棺葬虽然包含了多种文化因素，但是其文化主体依然是本地某一特定族群的文化遗产，与周边地区同时期文化有所区别。因此，结合文献记载和考古学文化因素分析，判定营盘山石棺葬文化应该是文献中的"冉駹"人群所遗留的。对于边境少数民族的历史文献多来源于中原文明记载，在不同历史时期往往有不同的称谓，甚至相同称谓下内涵和外延都有变化，"羌"也不例外。民族的交错杂居是岷江流域乃至整个西南地区的特点，《后汉书·南蛮西南夷列传》中也有"其山有六夷、七羌、九氐，各有部落"的记载。最早甲骨文中"羌"在历史时期中也不同称谓，其中应该包括"冉駹"。甲骨文中的"羌"发展到今天应该是多个少数民族的重要来源，当代羌族也毫无疑问的位列其中。而文献中记载的"冉駹"与现今自称rma的羌族多方面吻合，包括居住、习俗、服饰、丧葬、原始崇拜、自称等多个方面，应该是其主要来源。此次清理的M12∶5、M12∶18、M12∶20内发现的白色石子应该与当时民族风俗崇拜有关，白石崇拜不仅是当代羌族而且是羌语支语言使用者的一个古老的、共同的文化特征[11]。所以说，岷江上游石棺葬文化应该是以"冉駹"为主的古代羌人的一支，与今天羌族不同但有传承关系。

此次发现的石棺葬中清理出的3座成组分布、保存较好的大型石棺葬，出土了大量随葬品，有2座带有两道头箱，1座带有三道头箱，这是营盘山石棺葬墓地首次发现的带有三道头箱的石棺葬，也是岷江上游地区继牟托一号墓之后考古发现的第二座带有三道头箱的石棺葬。对更加全面了解营盘山石棺葬墓地，乃至整个岷江上游地区这一时期考古学文化有重要意义。

附记：参加勘探工作的人员有成都文物考古研究院陈剑、刘祥宇、向导、白铁勇、黎光全，茂县羌族博物馆蔡清、刘永文、郭亮、蔡雨茂、郭峰、刘刚，阿坝藏族羌族自治州文物管理所李勤学、任星河，黑水县文广新局杨雪等。

绘图：陈　睿　张立超　郑永霞
照相：陈　剑　向　导
执笔：向　导　刘祥宇　蔡雨茂　郭　亮
　　　陈　剑　蔡　清　刘永文

注　释

[1] 成都文物考古研究所、阿坝藏族羌族自治州文物管理所、茂县羌族博物馆：《茂县营盘山石棺葬墓地》，文物出版社，2013年。

[2] 四川省文物考古研究院、阿坝藏族羌族自治州文物管理所、茂县羌族博物馆、成都文物考古研究所：《1984年度茂县撮箕山石棺葬发掘报告》，《南方民族考古》（第九辑），科学出版社，2013年。

[3] 茂县羌族博物馆、成都文物考古研究所、阿坝藏族羌族自治州文物管理所：《茂县牟托一号石棺墓》，文物出版社，2012年。

[4] 冯汉骥、童恩正：《岷江上游的石棺葬》，《考古学报》1973年第2期。

[5] 林向：《〈羌戈大战〉的历史分析——兼论岷江上游石棺葬的族属》，《巴蜀文化新论》，成都出版社，1995年。

[6] 沈仲常、李复华：《关于石棺葬文化的几个问题》，《中国考古学会第一次年会论文集》，文物出版社，1980年。

[7] 徐学书：《岷江上游石棺葬文化综述》，《四川大学考古专业创建三十五周年纪念文集》，四川大学出版社，1998年。

[8] 曾文琼：《岷江上游石棺葬族属试探》，《中央民族学院学报》1984年第1期。

[9] 宋治民：《川西和滇西北的石棺葬》，《考古与文物》1987年第3期。

[10] 饶宗颐：《甲骨文中的冉与冉駹》，《文物》1998年第1期。

[11] 孙宏开：《古代羌人和现代羌语支族群的关系》，《西南民族大学学报》（人文社会科学版）2011年第1期。

附表 墓葬登记表

编号	位置	方向/(°)	墓圹 长×宽—深/米	石棺 长×宽—高/米	石棺 头箱 长×高	盖板坡度/(°)	葬式	随葬器物/件	分类	分期
M1	TG1南侧	138	1.2×0.52—(0.4, 0.41)	1.1×(0.36, 0.26)—(0.38, 0.23)	无	8	不详	2: A型陶平底罐1、陶小平底罐1	甲类	早期Ⅰ段
M2	TG2南侧	160	2.66×(0.75, 0.55)—(0.76, 0.74)	2.31×(0.54, 0.4)—(0.69, 0.5)	0.48×0.29 0.47×0.21	10	不详	53: Ba型陶双耳罐2、Bb型陶双耳罐1、A型陶镗式豆2、B型陶镗式豆1、A型陶高领罐1、B型陶高领罐3、Bb型陶单耳罐2、Bc型陶单耳罐1、Ca型陶单耳罐1、Cb型陶单耳罐2、Cc型陶单耳罐7、陶盖2、Ba型陶长颈小罐8、Bb型陶长颈小罐5、B型陶长颈小罐6、C型陶小杯6、B型陶纺轮2、铜片饰1	乙类	晚期Ⅲ段
M3	TG2南侧	150	2.94×(0.96, 0.84)—(0.73, 0.73)	2.54×(0.64, 0.37)—(0.62, 0.52)	0.54×0.29 0.53×0.22 0.52×0.14	4	不详	46: B型陶高领罐2、Bb型陶单耳罐1、Bc型陶单耳罐1、Cb型陶单耳罐10、Bb型陶长颈小罐9、B型陶小杯10、C型陶小杯1、铜泡1	丙类	晚期Ⅲ段
M4	TG2南侧		揭露2.7×0.78				不详	无	不详	不详
M5	TG2南侧		揭露2.9×0.68				不详	无	不详	不详
M6	TG2南部西侧	144	1.86×(0.64, 0.52)—(0.6, 0.56)	1.68×(0.54, 0.4)—(0.54, 0.41)	无	3	不详	2: Bb型陶单耳罐1、Ca型陶单耳罐1	甲类	晚期Ⅲ段
M7	TG2南部	135	1.52×(0.58, 0.56)—(0.66, 0.62)	1.18×(0.41, 0.34)—(0.54, 0.46)	无	4	不详	无	甲类	不详

续表

编号	位置	方向/(°)	墓圹 长×宽－深/米	石棺 长×宽－高/米	头箱 长×高	盖板坡度/(°)	葬式	随葬器物/件	分类	分期
M8	TG2南部偏东	150	残2.2×(0.5, 0.46)－(0.48, 0.41)	2.12×(0.34, 0.34)－(0.4, 0.24)	无	5	仰身直肢	A型陶平底罐1	甲类	早期Ⅰ段
M9	TG2中部偏西	139	1.44×(0.58, 0.36)－(0.52, 0.44)	1.43×(0.46, 0.26)－(0.4, 0.22)	无	5	不详	无	甲类	不详
M10	TG2中部	143	1.56×(0.54, 0.5)－(0.48, 0.42)	1.44×(?, 0.26)－(0.46, 0.28)	无	7	不详	B型陶平底罐1	甲类	早期Ⅰ段
M11	TG2中部偏东	153	1.74×(0.62, 0.34)－(0.5, 0.42)	1.5×(?, 0.3)－(0.45, 0.26)	无	7	不详	4：A型陶双耳罐1、A型陶平底罐1、B型陶平底罐1、A型陶纺轮1	甲类	早期Ⅰ段
M12	TG2南侧	153	3.02×(0.9, 0.75)－(0.84, 0.82)	2.53×(0.58, 0.42)－(0.75, 0.46)	0.51×0.39 0.5×0.3	11	不详	30：B型陶簋式豆2、B型陶高领罐1、Ba型陶单耳罐2、Bb型陶单耳罐5、Bc型陶单耳罐2、Cb型陶单耳罐1、A型陶小长颈罐9、A型陶小杯8	乙类	晚期Ⅱ段

盐源县小官梁子遗址2017年调查与试掘简报

成都文物考古研究院
凉山彝族自治州博物馆
盐源县文物管理所

　　小官梁子遗址位于四川省凉山彝族自治州盐源县干海乡三村二组（图一），南距盐源县城约7.4千米，地理坐标为东经101°30′1″、北纬27°29′29″，海拔2390米。该遗址于1996年由凉山彝族自治州博物馆等调查发现，为进一步了解遗址的内涵，成都文物考古研究院联合凉山彝族自治州博物馆和盐源县文物管理所于2017年再次对遗址进行了调查和试掘，在遗址不同位置布设探沟4条（编号为2017YXT1～2017YXT4，以下简写为T1～T4），其中T1、T2、T4均为2米×5米，T3为2米×4米，总面积为38平方米。调查和试掘获得了一批青铜时代的遗存，现将2017年调查与试掘收获及1996年调查采集遗物介绍如下。

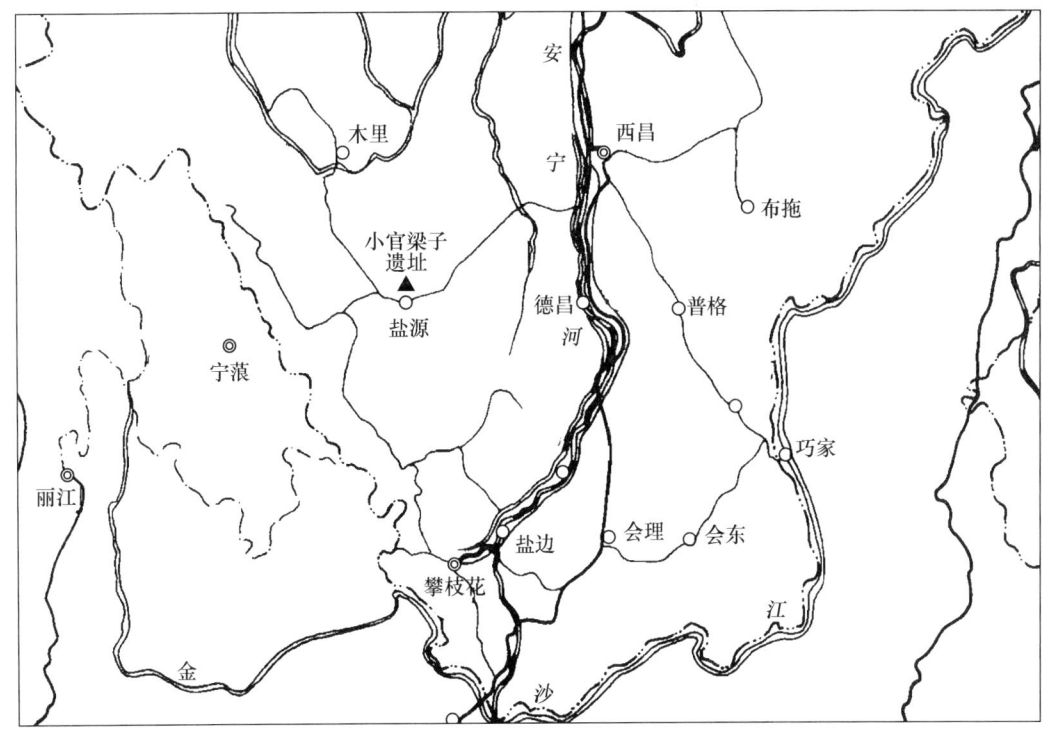

图一　遗址位置示意图

一、地层堆积

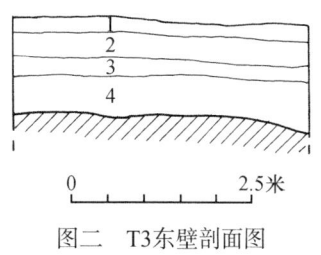

图二　T3东壁剖面图

在2017年试掘的4条探沟中，T1和T2均无早期文化堆积，耕土下即为生土，下面以T3东壁（图二）为例介绍遗址地层堆积情况如下。

第1层：黄色土，土质疏松。全方分布，由北向南略微倾斜。厚0.17~0.24米。包含大量植物根茎及现代生活垃圾，以及瓷片和陶片等，为现代耕土层。

第2层：灰色土，质地松软。全方分布，由北向南略微倾斜。厚0.3~0.35米。出土了一些瓷片和陶片，为近现代堆积。

第3层：灰黑色土，土质较疏松，夹杂黄褐色斑点。全方分布，由北向南倾斜。厚0.16~0.25米。出土一些瓷片和陶片等，为近现代堆积。

第4层：黑色土，土质较硬且致密。全方分布，由北向南倾斜。厚0.5~0.7米。夹杂一些炭屑，出土大量陶器和石器等，为青铜时代堆积。

第4层以下为生土。

二、遗　　物

1996年调查采集遗物全部为石器（编号96C）。2017年试掘未发现遗迹，所有遗物均出土于地层中或为地面采集所得，包括陶器、石器和铜器三类。出土和采集的陶器均为夹砂陶，陶色以红褐、灰褐、黄褐等为主，陶器火候较低，均为素面，可辨器形有罐、盘等，另有较多平底器、带錾（耳）器、带流器的残片。出土和采集的石器种类丰富，包括斧、锛、凿、刀、砍砸器、网坠、磨棒、研磨器、砺石、石核工具和石片工具11类。

以下按照2017年发掘出土遗物、2017年采集遗物和1996年采集石器分别描述。

（一）2017年发掘出土遗物

1. 陶器

罐　4件。T3①:2，夹砂红褐陶。口部残，鼓肩。残高4.7厘米（图三，1）。T3①:3，夹砂黄褐陶。侈口，颈部以下残。口径14.2、残高4厘米（图三，2）。T3①:4，夹砂灰褐陶。侈口，颈部以下残。口径14、残高3厘米（图三，3）。T3②:2，夹砂灰褐陶。侈口，颈部以下残。残高3.9厘米（图三，7）。

盘　1件。T3④:1，夹砂红褐陶。卷沿外撇，平底。口径14.4、底径12.4、高1.5厘

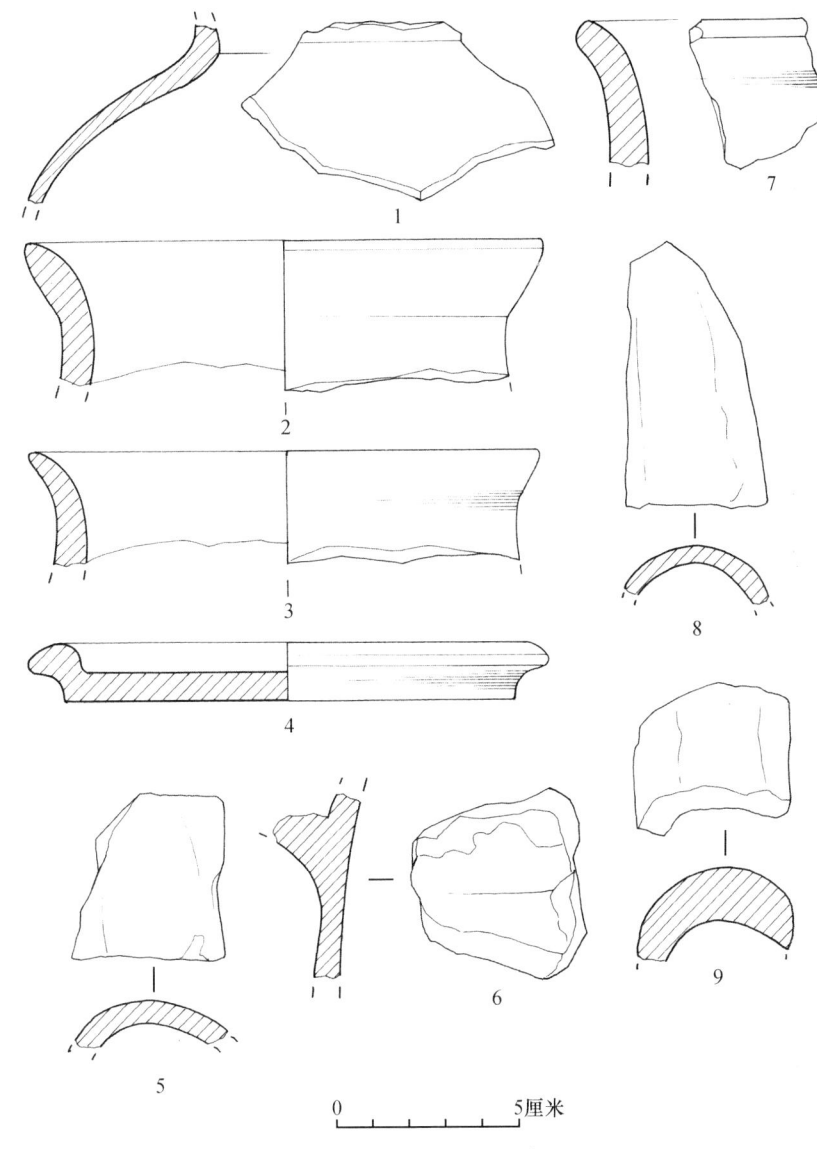

图三 2017年发掘出土陶器
1~3、7.罐（T3①:2、T3①:3、T3①:4、T3②:2） 4.盘（T3④:1） 5、8、9.带流陶器残片
（T3④:14、T3④:4、T3④:2） 6.带錾陶器残片（T4②:3）

米（图三，4）。

器底 5件。T3②:1，夹砂黄褐陶。底内凹。底径10.8、残高3.8厘米（图四，1）。T3④:5，夹砂褐陶。平底。底径4.5、残高2.5厘米（图四，5）。T3④:6，夹砂褐陶。平底。底径4、残高1.8厘米（图四，6）。T3④:11，夹砂黄褐陶。圈足底，圈足残。残高2.5厘米（图四，3）。T3④:12，夹砂黄褐陶。圈足底，圈足残。残高4厘米（图四，2）。

带錾陶器残片 2件。T4②:1，夹砂灰褐陶。陶片表面有一圆形乳钉装饰，其作

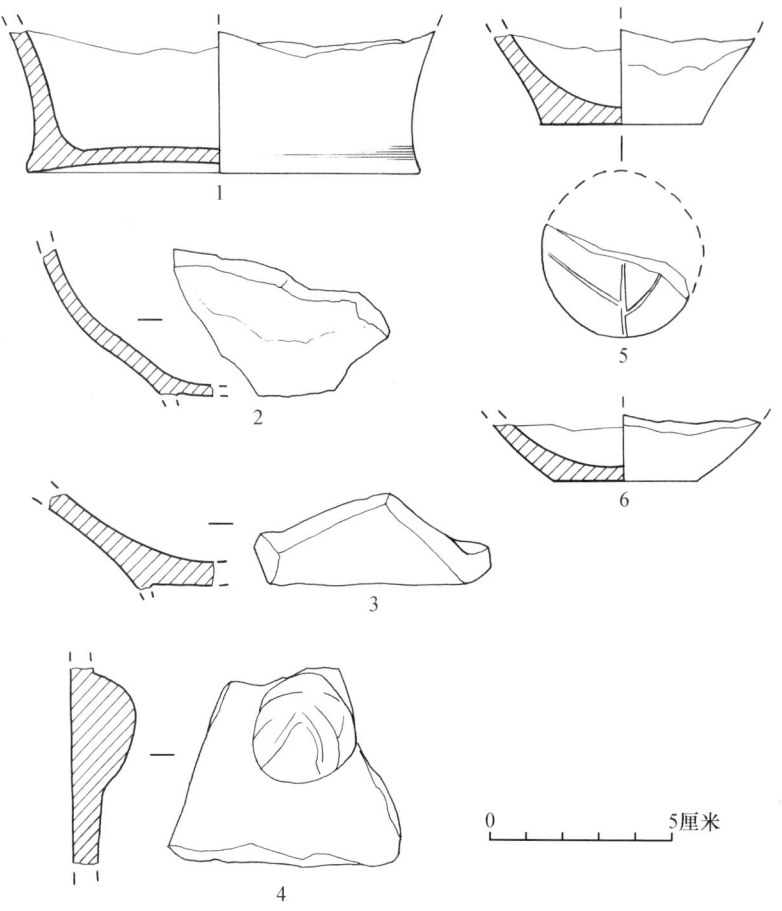

图四 2017年发掘出土陶器
1~3、5、6.器底（T3②：1、T3④：12、T3④：11、T3④：5、T3④：6） 4.带錾陶器残片（T4②：1）

用可能类似錾。残高5.3厘米（图四，4）。T4②：3，夹砂灰褐陶。外壁带錾，残。残高5厘米（图三，6）。

带流陶器残片 3件。T3④：2，残长4.1厘米（图三，9）。T3④：4，残长7.2厘米（图三，8）。T3④：14，残长4.5厘米（图三，5）。

2. 石器

斧 1件。T3④：13，灰色石质。双面弧刃，双面磨光，大部分残缺。长13.4、残宽4、厚2.1厘米（图五，2）。

锛 1件。T3④：18，青灰色石质。单面磨光。长14.8、宽7.2、厚3.4厘米（图五，3）。

砍砸器 1件。T3④：17，灰色石质。双面磨光，一端有打制痕迹。长12.3、宽10.8、厚2厘米（图五，1）。

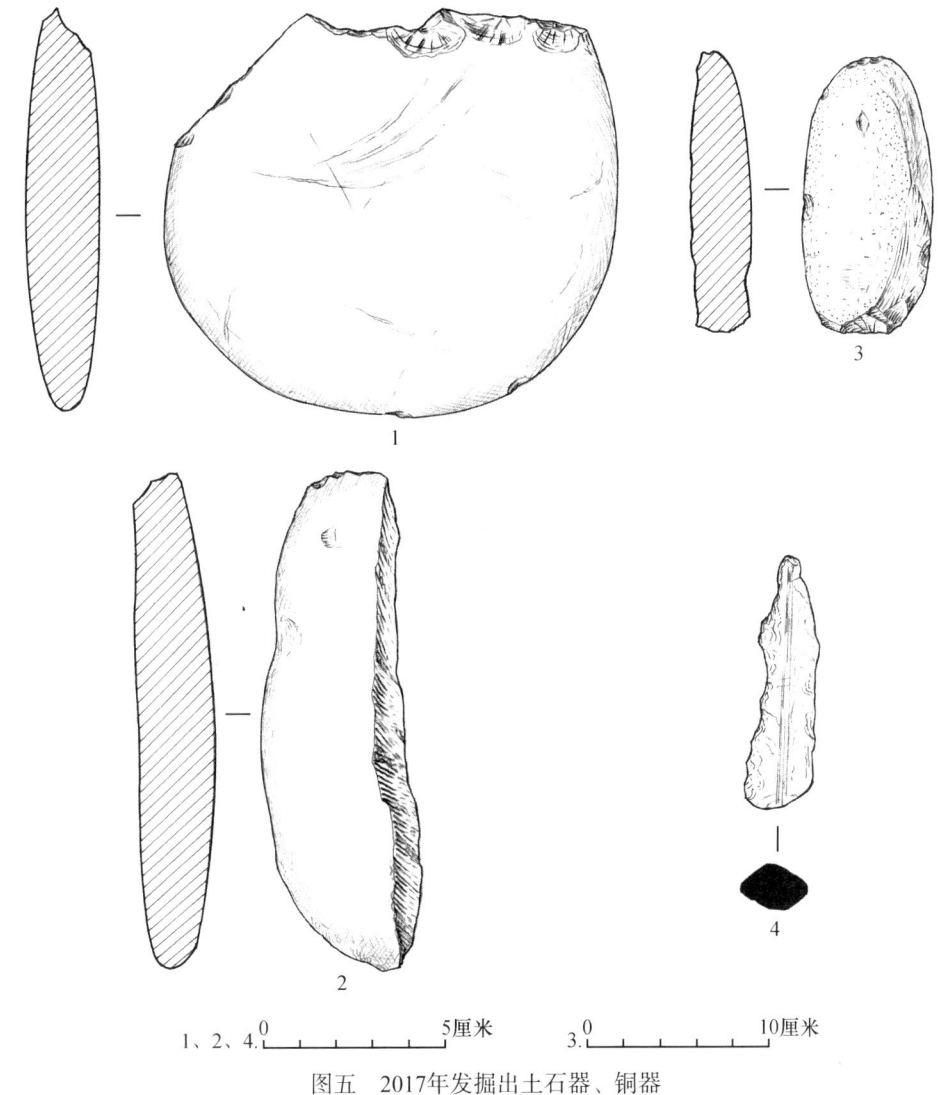

图五 2017年发掘出土石器、铜器
1. 石砍砸器（T3④：17） 2. 石斧（T3④：13） 3. 石锛（T3④：18） 4. 铜兵器（T3①：6）

网坠 4件。T1①：1，灰色石质。双面磨光，一端残缺，两侧各打制一竖向凹槽。残长7.2、宽6.5、厚1.4厘米（图六，3）。T3①：5，灰色石质。平面近椭圆形，双面磨光，两侧各打制一竖向凹槽。长17.2、宽12.4、厚2.6厘米（图六，2；图版一〇，1）。T3④：8，青灰色石质。平面近椭圆形，双面打磨，两侧各打制一竖向凹槽。长12.4、宽8.3、厚1.5厘米（图六，4）。T3④：9，青灰色石质。双面打磨，两侧各打制一竖向凹槽。长12.1、宽7.3、厚1.6厘米（图六，1）。

石核工具 5件。T3①：1，青黑色石质，为石核打制而成。长4、宽3.9、厚1.8厘米（图七，6）。T3④：3，青黑色石质，为石核打制而成。长5.9、宽3.7、厚3.4厘米（图七，5）。T3④：10，青黑色石质，为石核打制而成。长7.7、宽4.3、厚4厘米（图

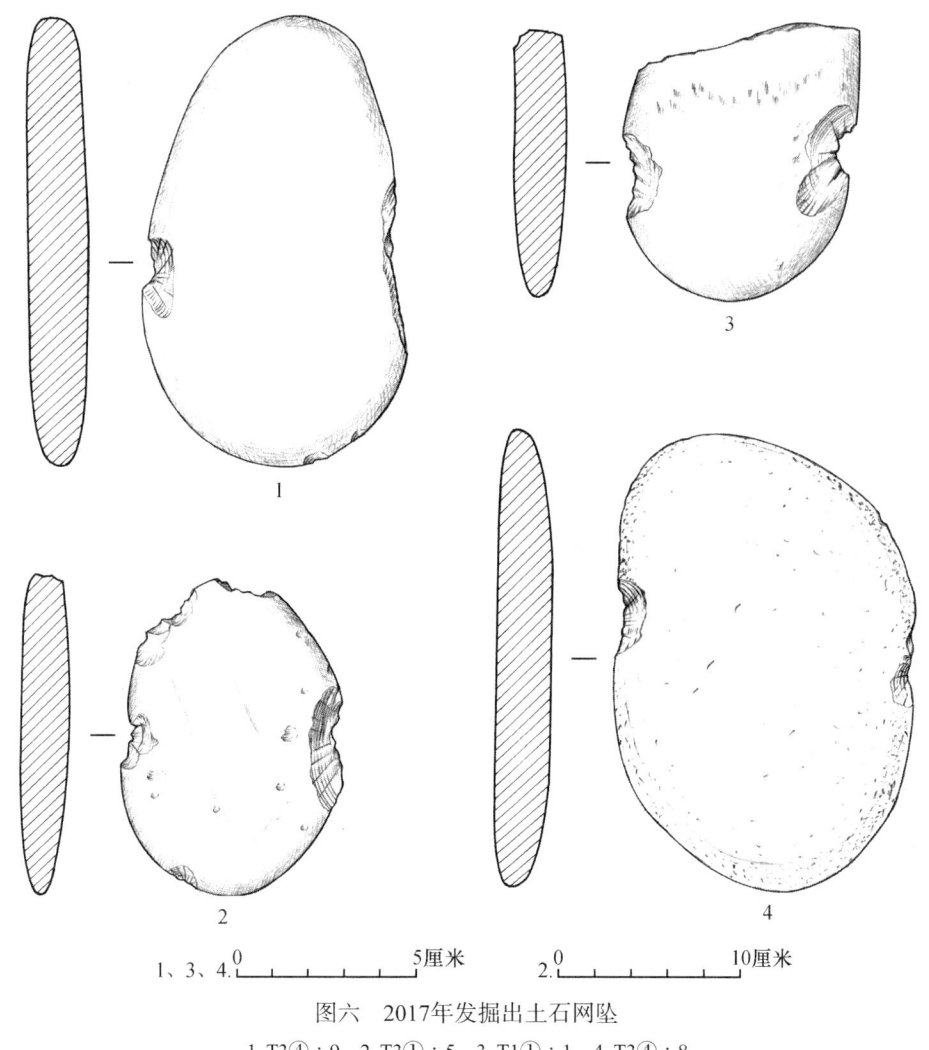

图六 2017年发掘出土石网坠
1. T3④:9 2. T3①:5 3. T1①:1 4. T3④:8

七,1)。T3④:15,青黑色石质,为石核打制而成。长9.3、宽4.7、厚3.8厘米(图七,2)。T3④:16,青黑色石质,为石核打制而成。长10.4、宽6.7、厚3.8厘米(图七,4)。

石片工具　1件。T3④:7,灰色石质,为剥离的石片加工而成。长8.8、宽5.1、厚1.9厘米(图七,3)。

3. 铜器

兵器　1件。T3①:6,平面略呈长三角形,截面略呈菱形,严重锈蚀,中脊较为明显。推测为剑或矛。残长6.8、宽1.9、厚1.2厘米(图五,4)。

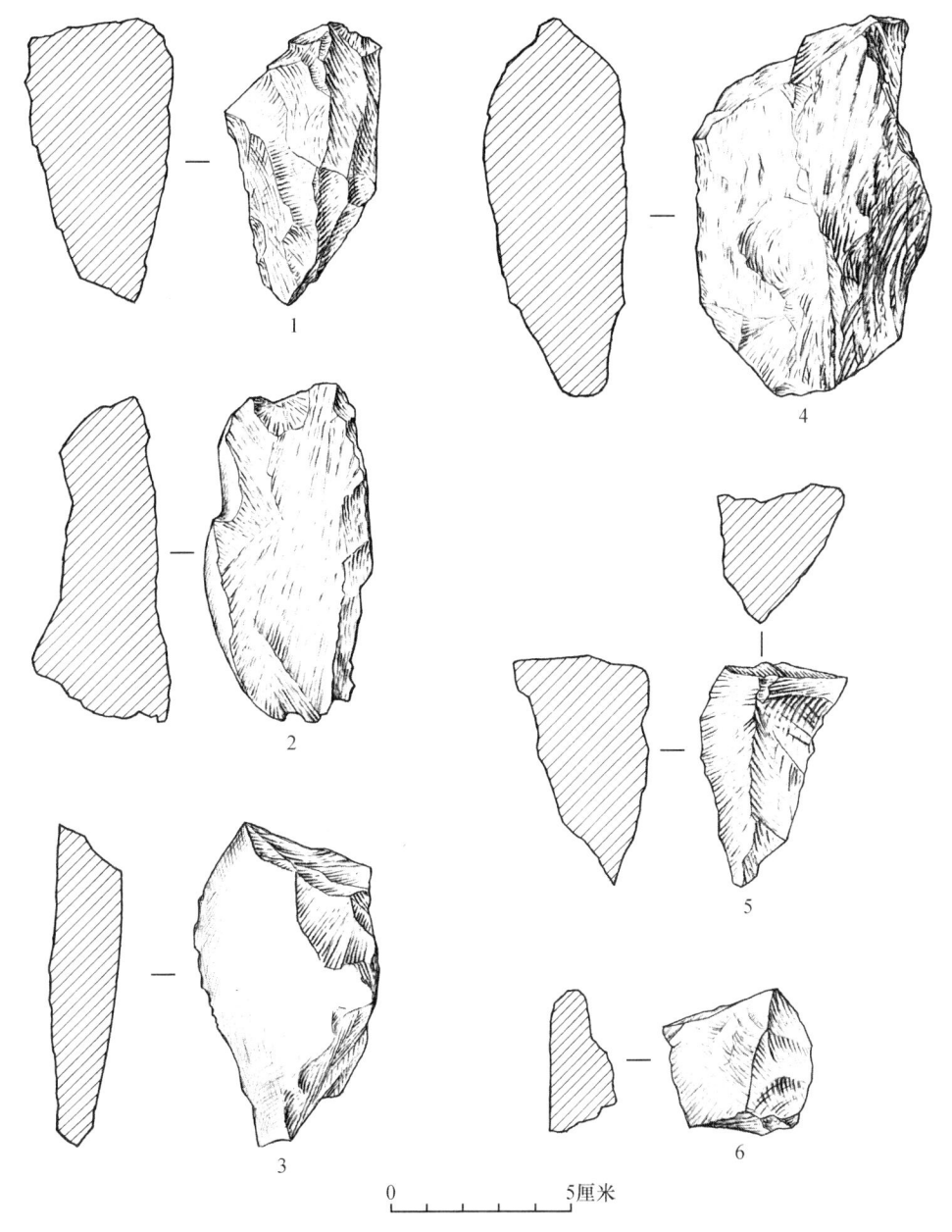

图七　2017年发掘出土石器

1、2、4~6.石核工具（T3④：10、T3④：15、T3④：16、T3④：3、T3①：1）　3.石片工具（T3④：7）

（二）2017年采集遗物

1. 陶器

罐　6件。C：39，夹砂褐陶。侈口，卷沿微折，颈部以下残。口径12、残高3厘米（图八，1）。C：40，夹砂黄褐陶。侈口，卷沿，颈部以下残。残高5.8厘米（图八，

4）。C∶43，夹砂红褐陶。侈口，卷沿，微束颈，肩部微鼓，肩部以下残。口径16、残高6厘米（图八，2）。C∶46，夹砂灰褐陶。侈口，卷沿，颈部以下残。残高5.4厘米（图八，3）。C∶48，夹砂灰褐陶。侈口，卷沿，颈部以下残。唇部似有锯齿状装饰。残高3.9厘米（图八，7）。C∶51，夹砂红褐陶。侈口，卷沿，颈部以下残。残高3.3厘米（图八，6）。

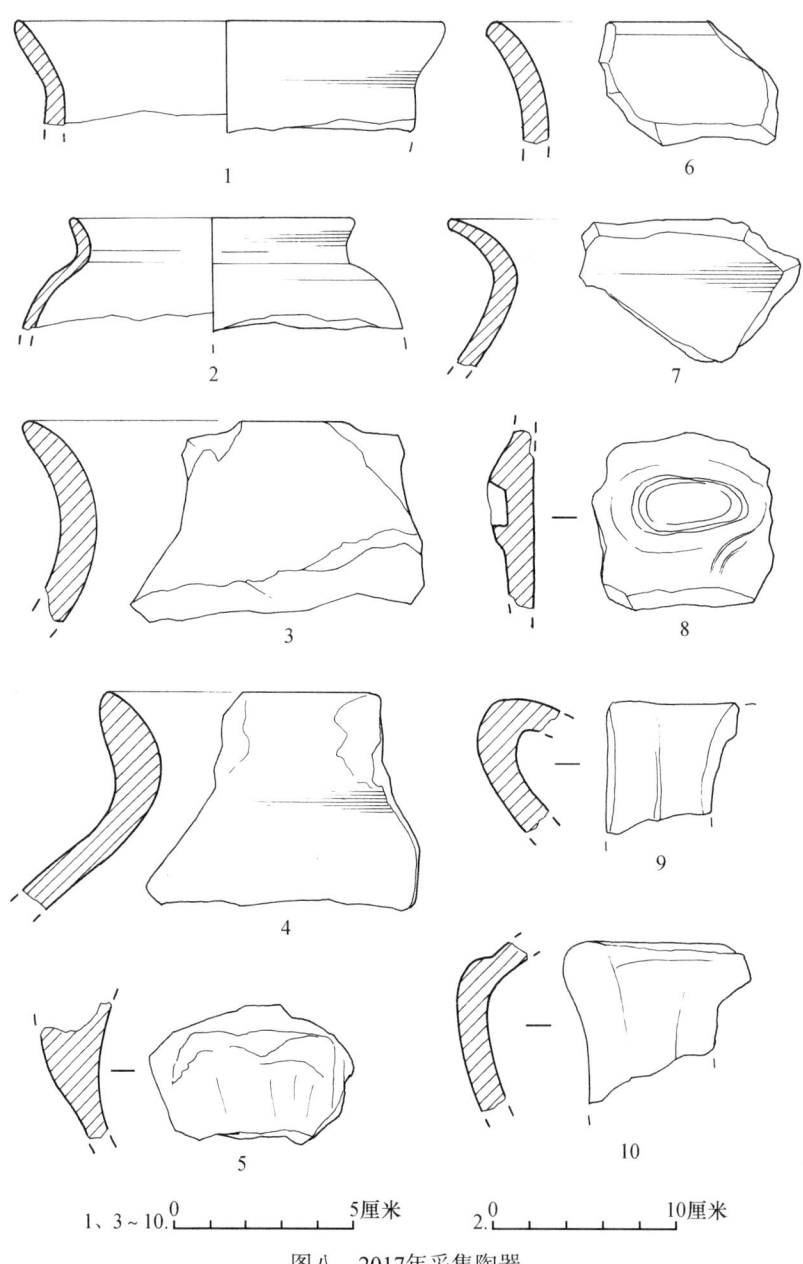

图八　2017年采集陶器

1~4、6、7.罐（C∶39、C∶43、C∶46、C∶40、C∶51、C∶48）　5、8.带錾陶器残片（C∶53、C∶47）
9、10.錾（C∶50、C∶52）

器底 4件。均为平底。C：37，夹砂红褐陶。底径6.4、残高4.1厘米（图九，2）。C：44，夹砂灰褐陶。残高3厘米（图九，5）。C：45，夹砂黑褐陶。底径10、残高3.5厘米（图九，3）。C：49，夹砂灰褐陶。底径6、残高1.5厘米（图九，6）。

带錾陶器残片 4件。C：42，夹砂红褐陶。外壁带弧形錾，残。残高3.5厘米（图九，1）。C：47，夹砂黄褐陶。外壁带錾，残。残高4.8厘米（图八，8）。C：53，夹砂灰褐陶。外壁带錾，残。残高3.6厘米（图八，5）。C：54，夹砂红褐陶。外壁带錾，残。残高4厘米（图九，4）。

錾 2件。C：50，夹砂灰褐陶。弧形錾。残高3.5厘米（图八，9）。C：52，夹砂黄褐陶。弧形錾。残高4.5厘米（图八，10）。

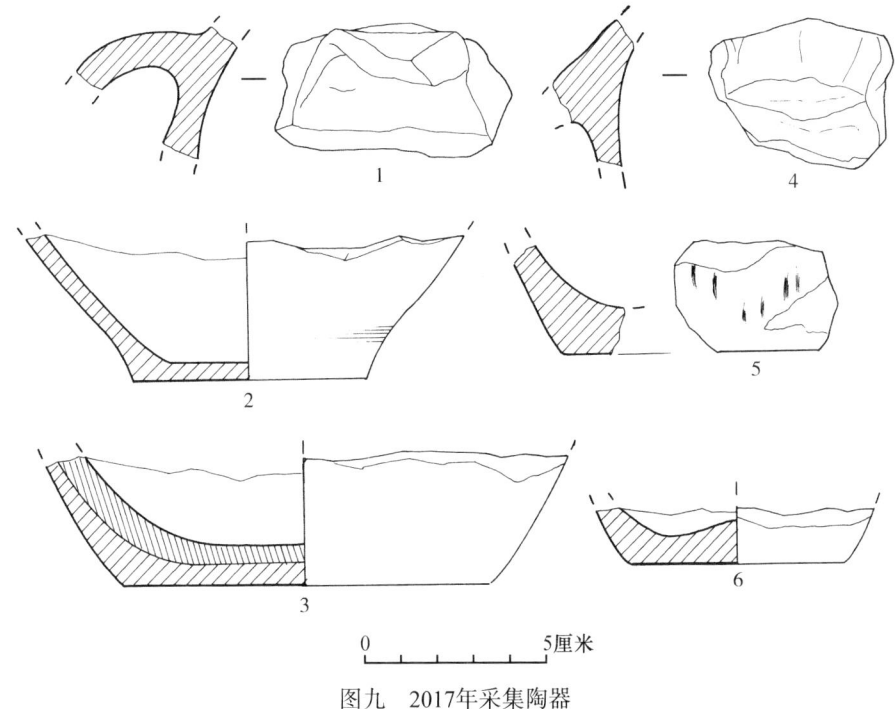

图九 2017年采集陶器
1、4.带錾陶器残片（C：42、C：54） 2、3、5、6.器底（C：37、C：45、C：44、C：49）

2. 石器

斧 11件。C：4，青灰色石质。双面弧刃，双面磨光，刃部局部打制而成，顶部亦有打制留下的片疤。长21.4、宽11、厚4.8厘米（图一〇，4）。C：6，青灰色石质。双面弧刃，以打制为主，局部磨光。长14.4、宽5.8、厚4.5厘米（图一〇，5）。C：13，青灰色石质。双面弧刃，双面均有一端磨光，且位置相反。这件石斧可能经过改制，功能有所不同。长13.1、宽5.9、厚4厘米（图一一，4）。C：19，青灰色石质。双面弧刃，上端残缺，双面磨光，刃部为打制而成，说明此器可能为改制而成。残长10、宽5.9、厚4.4厘米（图一〇，3）。C：20，青灰色石质。顶部残，双面弧刃，双面

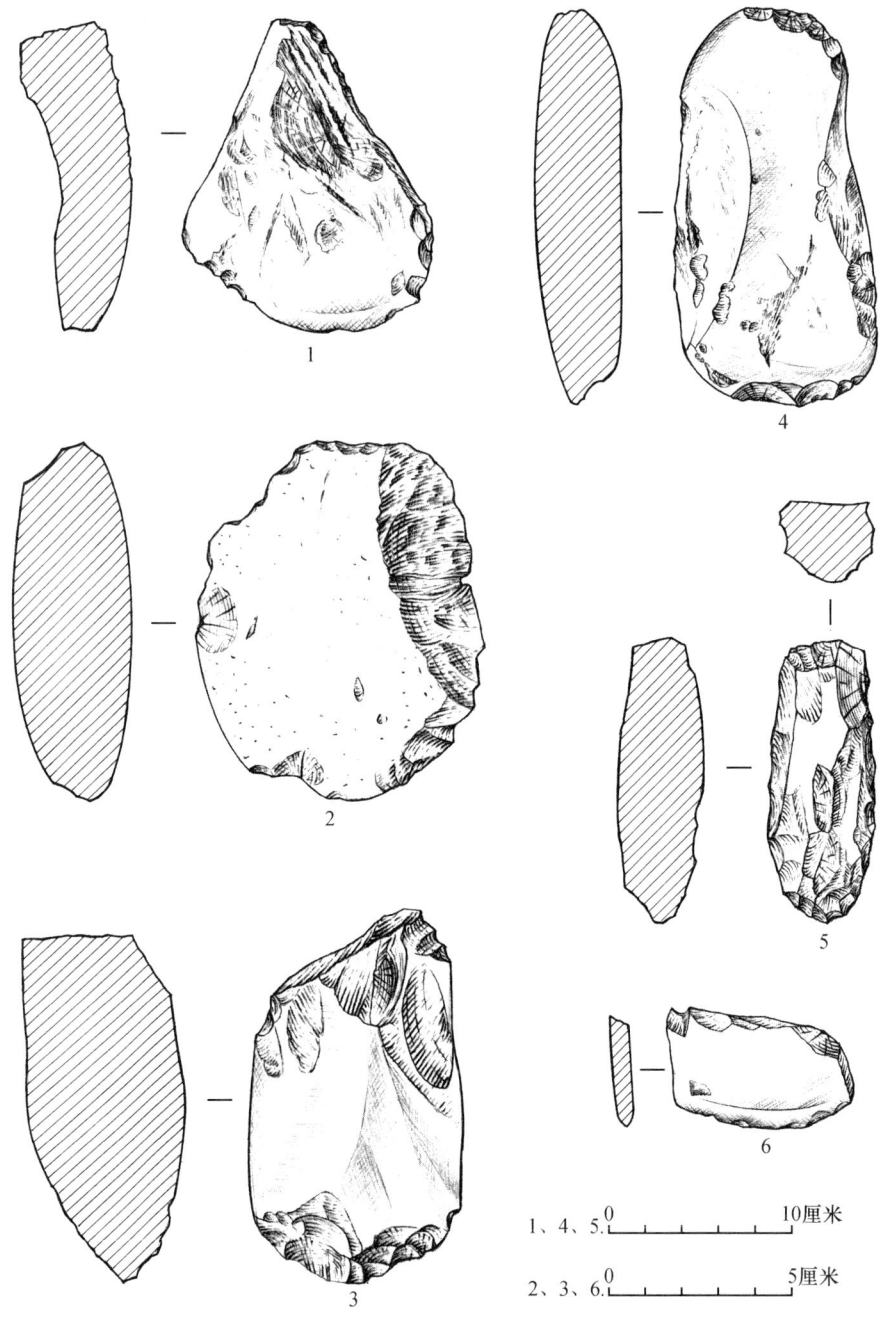

图一〇　2017年采集石器

1、2.砍砸器（C∶3、C∶11）　3~5.斧（C∶19、C∶4、C∶6）　6.刀（C∶23）

磨光，刃部有使用形成的破损。残长8.7、宽4.7、厚3.7厘米（图一二，1）。C∶25，青灰色石质。双面弧刃，双面磨光，刃部磨制精细，其余部位略粗糙。长20、宽7、厚5.4厘米（图一二，5；图版一〇，2）。C∶31，灰色石质。双面弧刃，双面磨光，大部分

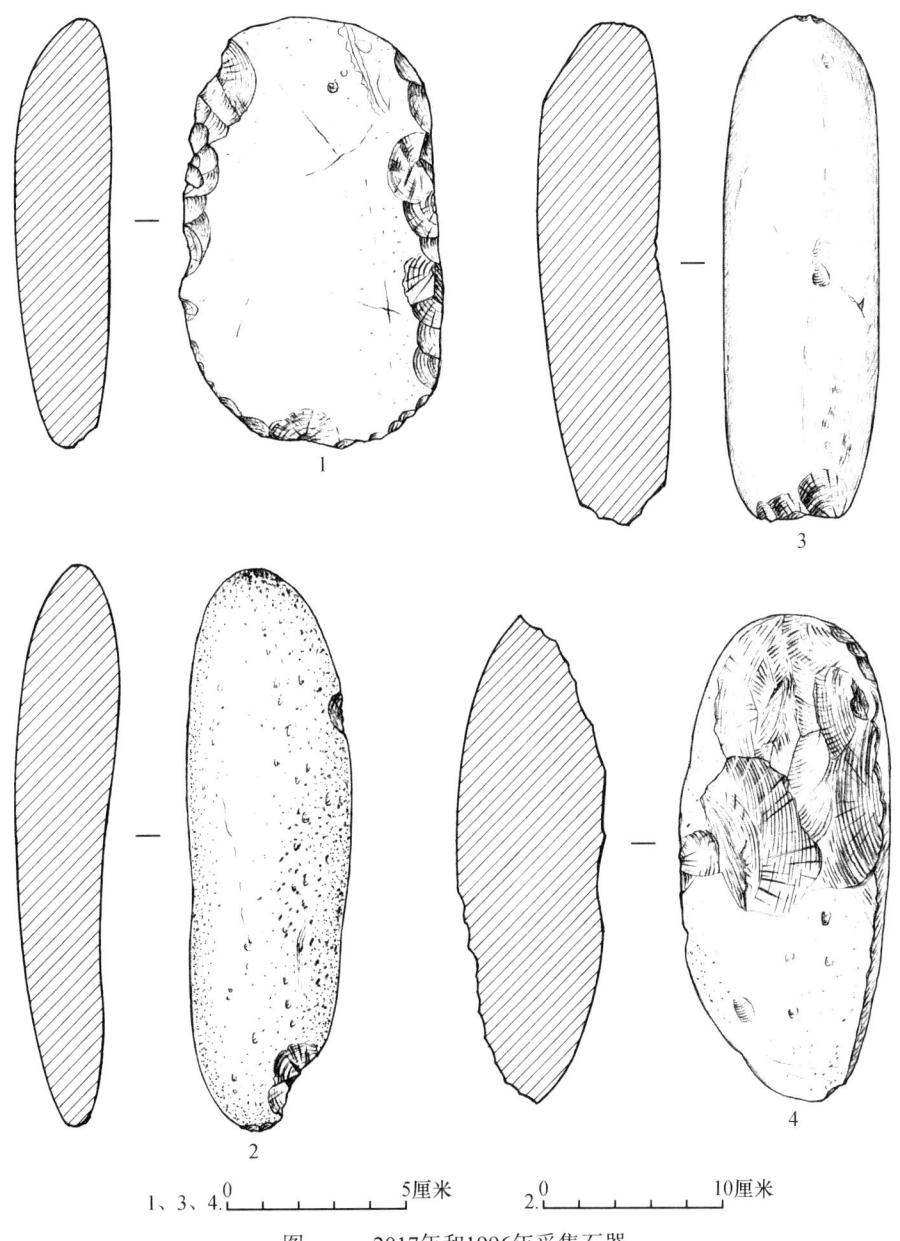

图一一　2017年和1996年采集石器
1、2. 砍砸器（C：29、C：26）　3. 磨棒（96C：2）　4. 斧（C：13）

残缺。残长10.3、残宽4.3、厚4.5厘米（图一三，5）。C：32，灰色石质。双面弧刃，双面磨光，大部分残缺。残长5.1、残宽2.6、厚1.3厘米（图一二，3）。C：33，青灰色石质。双面刃，上端残缺。残长8.5、宽5.5、厚4.1厘米（图一三，2）。C：34，灰色石质。上端残缺。残长5.5、宽4.8、厚1.6厘米（图一四，1）。C：56，青色石质。双面弧刃，上部及一侧残缺，双面磨光，刃部有使用痕迹。残长5.4、残宽3.4、厚3.8厘米（图一二，2）。

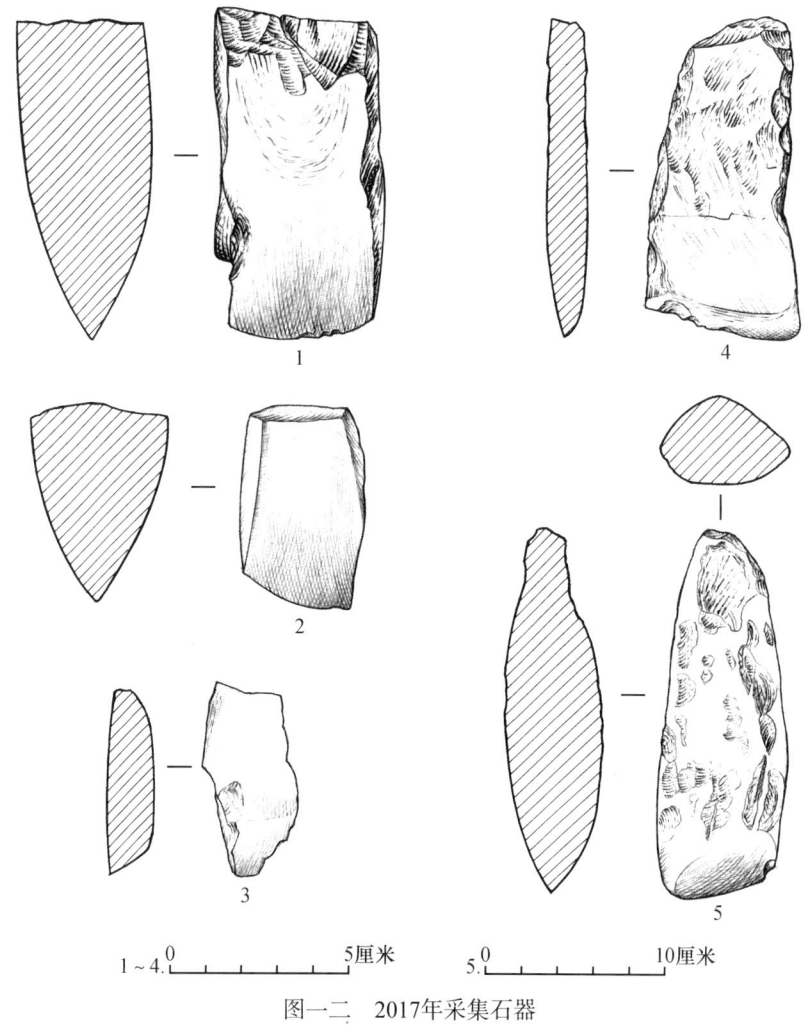

图一二　2017年采集石器
1~3、5.斧（C：20、C：56、C：32、C：25）　4.锛（C：24）

锛　1件。C：24，青色石质。平面近似梯形，双面磨光，其中刃部磨制较为精细，刃部有残缺，可能是使用留下的痕迹。长8.7、宽4.3、厚1.1厘米（图一二，4；图版一○，3）。

凿　1件。C：7，灰色石质。双面磨光，双面刃，上端残缺，刃部为打制而成。残长8.4、宽2.9、厚2厘米（图一五，3）。

刀　2件。C：10，青灰色石质。通体磨光，双面刃，一端残缺，顶部有一椭圆形穿孔，为双面钻形成。残长10.4、宽3.7、厚0.8厘米（图一六，1；图版一○，4）。C：23，青灰色石质。通体磨光，双面刃，大部分残缺。残长5、宽3、厚0.5厘米（图一○，6）。

砍砸器　8件。C：2，灰黄色石质。双面磨光，宽弧刃，刃部存在细碎的使用缺口。此器上端残缺，可能为改制而成。长13.1、宽9、厚2.9厘米（图一五，4）。

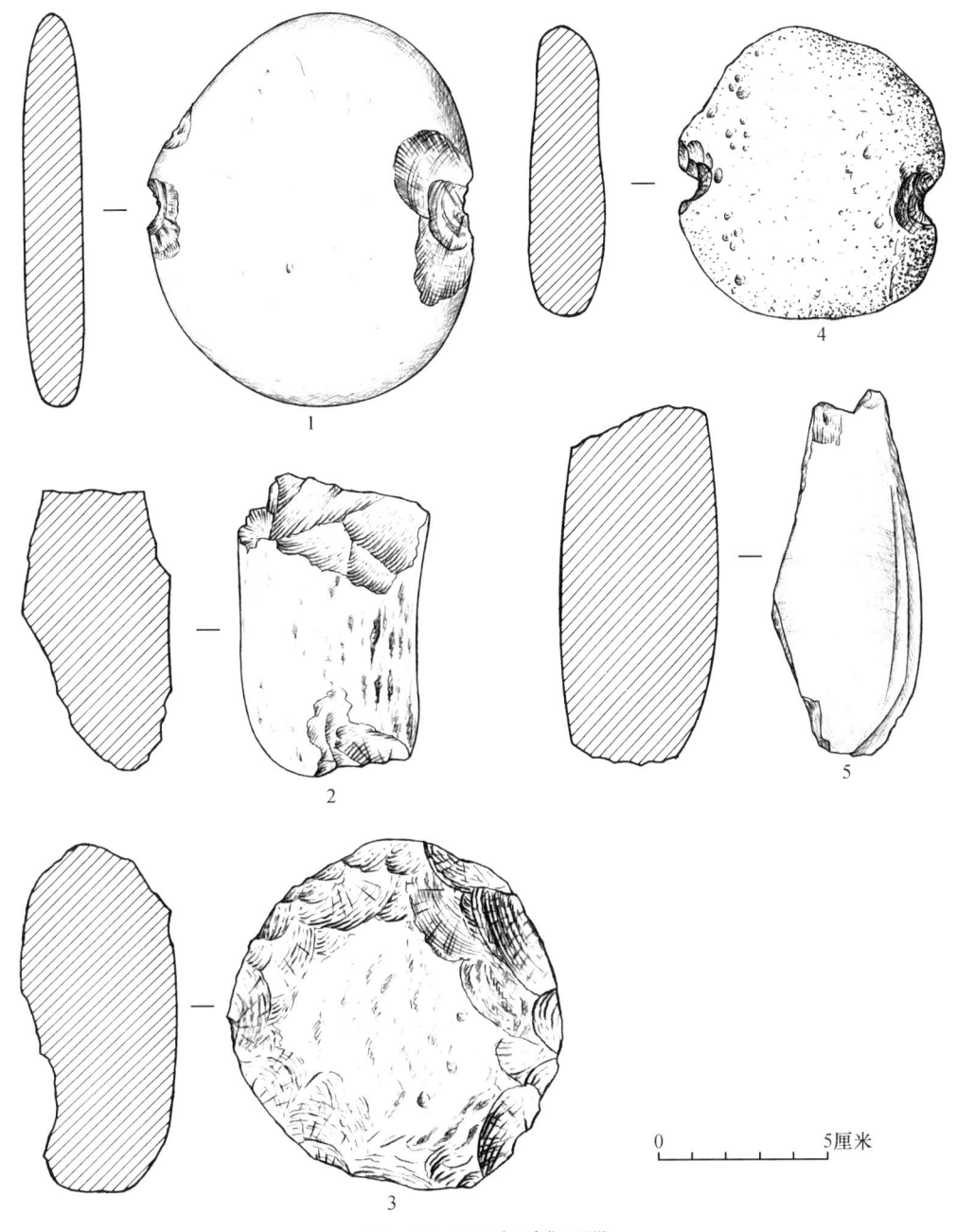

图一三　2017年采集石器
1、4. 网坠（C：35、C：17）　2、5. 斧（C：33、C：31）　3. 砍砸器（C：18）

C：3，灰黄色石质。双面打磨，但仍较为粗糙，宽弧刃，刃口有较多使用痕迹。长16.5、宽13.9、厚4厘米（图一〇，1；图版一〇，5）。C：11，灰色石质。平面略呈椭圆形，双面磨光，刃部有砍砸痕迹。此器上部残缺，侧面有与网坠一样的凹槽，推测此器是在一件网坠的基础上改制而成的。残长9.6、宽8、厚3.3厘米（图一〇，

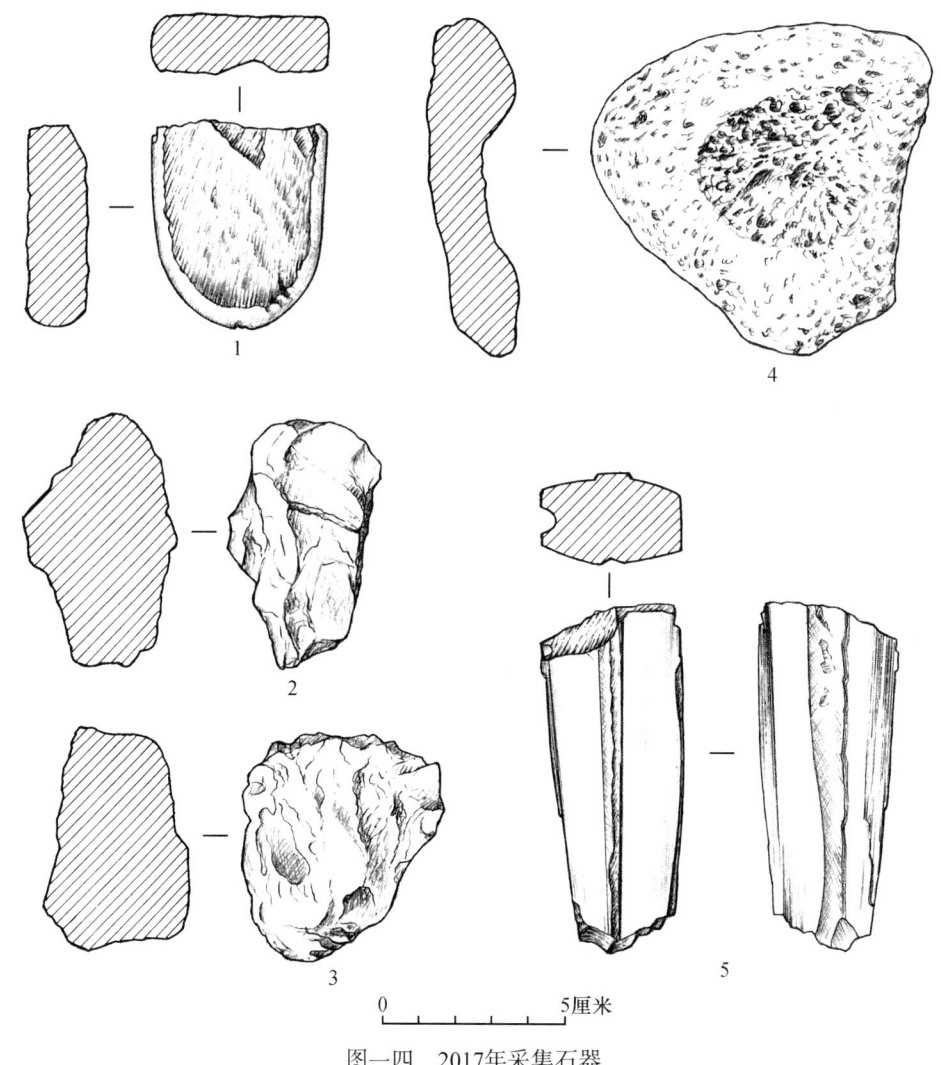

图一四 2017年采集石器
1. 斧（C：34） 2、3. 石核工具（C：38、C：36） 4. 研磨器（C：30） 5. 砺石（C：22）

2）。C：12，灰黄色石质。平面略呈刀形，但无刃，且较厚重，可能用于砍砸。在一端有两个对应的凹槽，说明此器有可能后来用作网坠。长19.7、宽6.8、厚2厘米（图一六，2）。C：14，灰色石质。双面磨光，刃部有打制痕迹，一端残缺，缺口经过打制修整，说明此器可能由其他器物改制而来。长11、宽10.1、厚3厘米（图一五，1）。C：18，红褐色石质。平面略呈圆形，打制而成，局部有打磨痕迹。四周均有打制痕迹，说明其使用部位不固定，四周均可使用。长径9.8、短径9.6、厚4.8厘米（图一三，3）。C：26，灰色石质。双面磨光，上部较厚，刃部较薄，有利于砍砸之用。长30、宽9.2、厚5.6厘米（图一一，2）。C：29，灰色石质。双面打磨，刃部较宽，多处残缺，可能是使用痕迹。长11.6、宽7.3、厚2.7厘米（图一一，1）。

网坠　8件。C：9，青灰色石质。平面呈椭圆形，双面磨光，两侧各打制一竖向

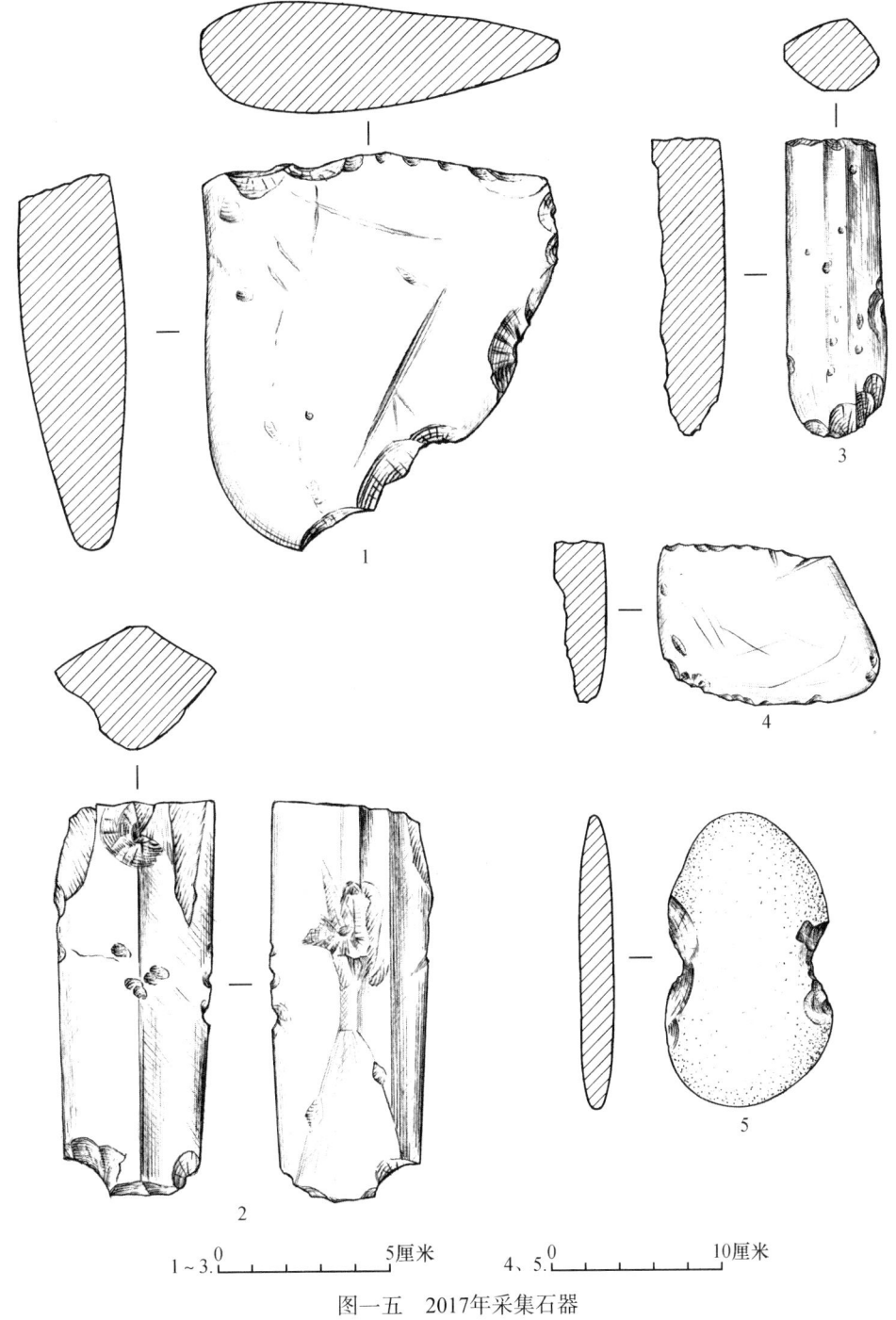

图一五　2017年采集石器
1、4.砍砸器（C：14、C：2）　2.砺石（C：8）　3.凿（C：7）　5.网坠（C：9）

凹槽。长16.6、宽9.3、厚1.9厘米（图一五，5）。C：15，红褐色石质。平面近椭圆形，双面打磨，两侧各打制一竖向凹槽。长13.4、宽7.6、厚2.9厘米（图一七，1）。

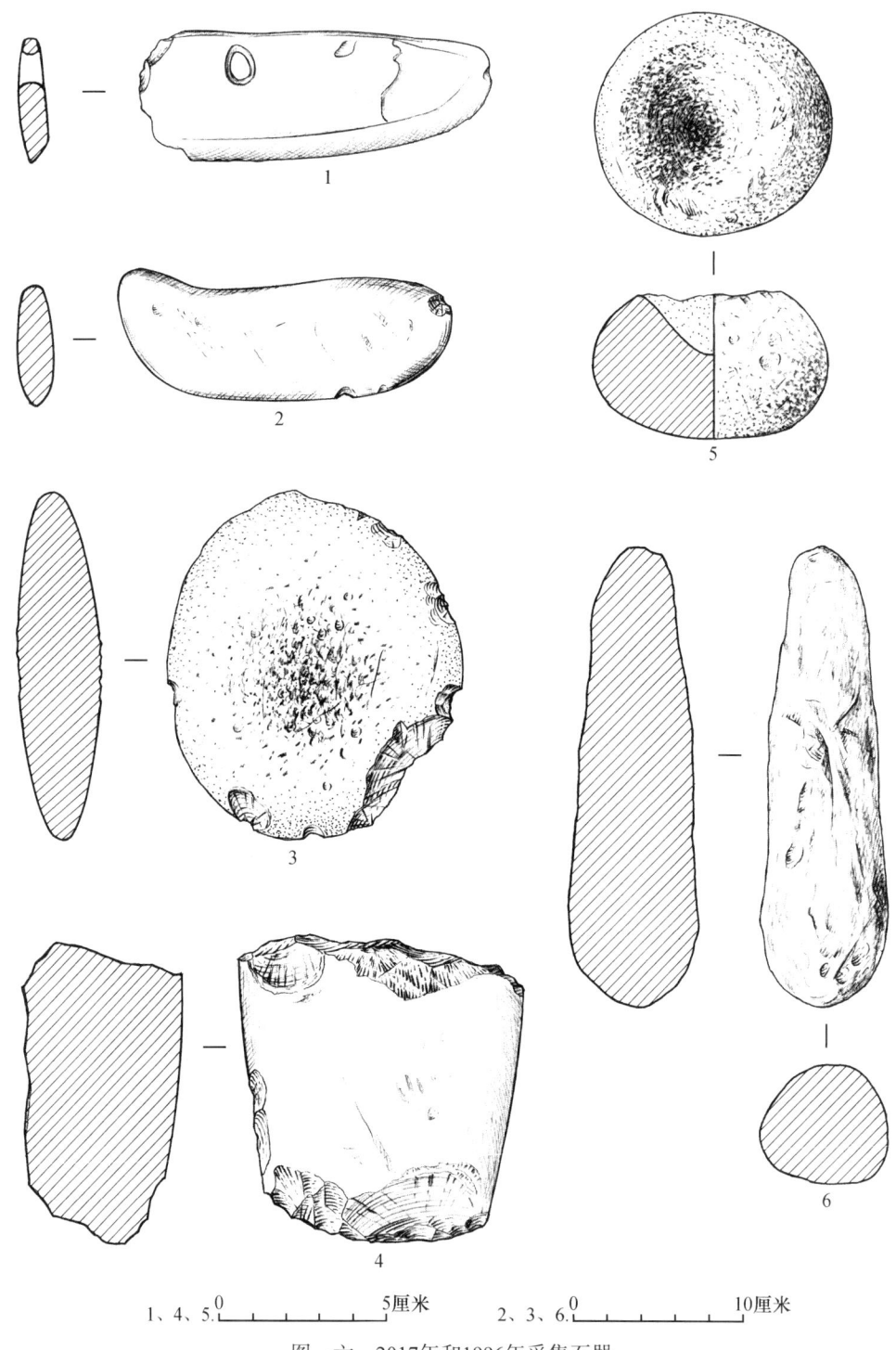

图一六　2017年和1996年采集石器

1. 刀（C∶10）　2. 砍砸器（C∶12）　3. 网坠（C∶16）　4. 斧（96C∶23）　5. 研磨器（C∶5）
6. 磨棒（C∶21）

C：16，灰色石质。平面近圆形，双面打磨，两侧各打制一竖向凹槽。其一端有较密集的打制痕迹，说明此器可能后来改作砍砸之用。长径20、短径17.4、厚5厘米（图一六，3）。C：17，红褐色石质。平面略呈椭圆形，双面磨光，两侧各打制一竖向凹槽。长8.2、宽7.7、厚2.1厘米（图一三，4）。C：27，红褐色石质。平面略呈椭圆形，双面打磨，但仍凹凸不平，两侧各打制一竖向凹槽。长10.9、宽7.4、厚2厘米（图一七，4）。C：28，红褐色石质。双面打磨，两侧各打制一竖向凹槽。长8.5、宽8.5、

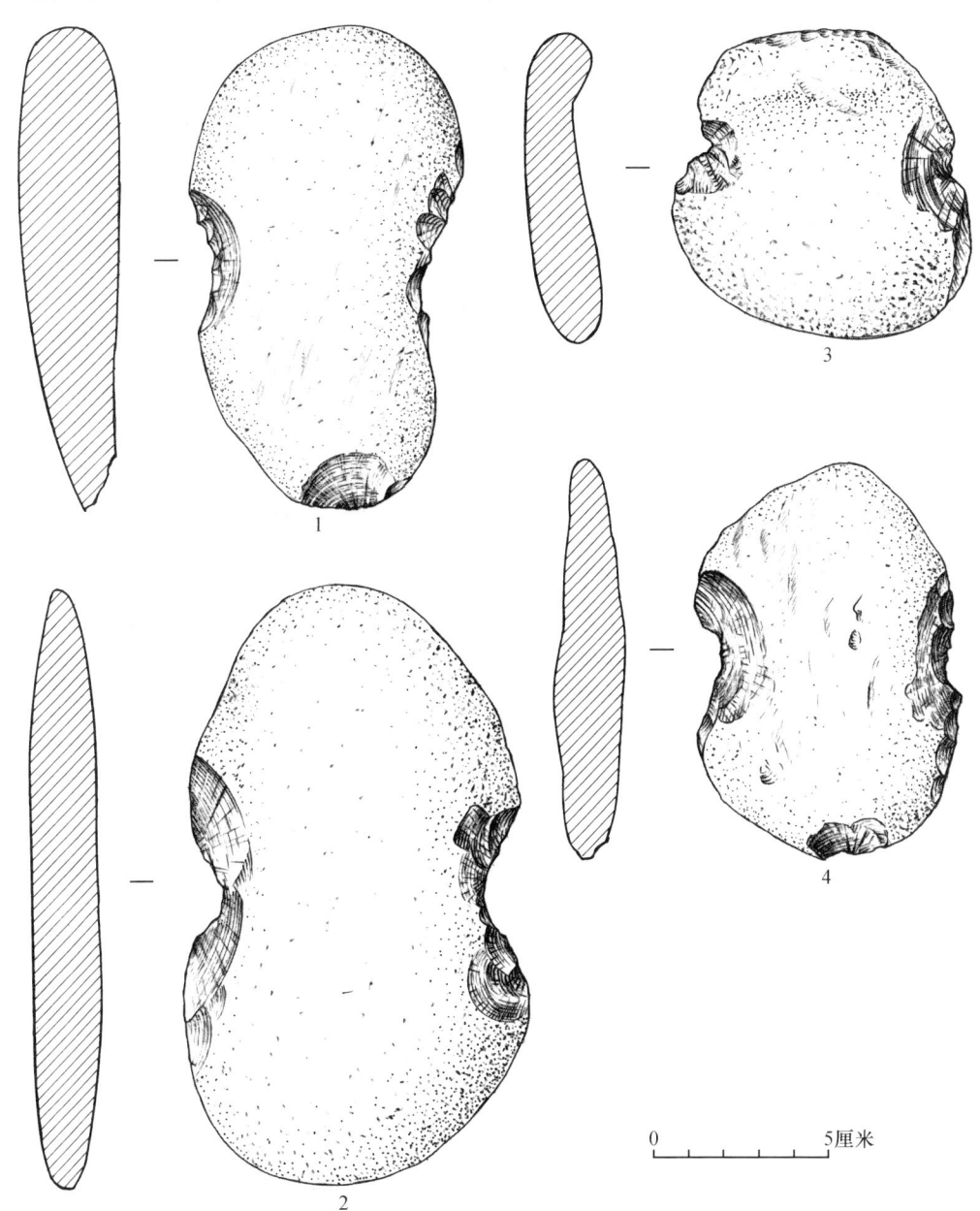

图一七　2017年采集石网坠
1. C：15　2. C：55　3. C：28　4. C：27

厚1.8厘米（图一七，3）。C：35，灰色石质。平面近椭圆形，双面磨光，两侧各打制一竖向凹槽。长11.1、宽9.4、厚1.6厘米（图一三，1；图版一一，1）。C：55，灰色石质。平面近椭圆形，双面磨光，两侧各打制一竖向凹槽。长16.5、宽9.8、厚2厘米（图一七，2）。

磨棒　1件。C：21，红褐色石质。长条状，截面近似圆形，通体均打磨，但不甚精细。长26.3、宽7.7、厚7.5厘米（图一六，6）。

研磨器　2件。C：5，灰色石质。平面近圆形，通体磨光，中间凹陷，内壁非常光滑，应是长期研磨形成的。长径7、短径6.5、高4.2厘米（图一六，5；图版一一，2）。C：30，黄褐色石质。平面形状不规则，通体磨光，中间凹陷，为长期研磨形成。长9.2、宽8.9、厚2.4厘米（图一四，4）。

砺石　2件。C：8，青黑色石质。长条形，截面近似菱形，一端残缺，表面磨光，有使用形成的沟槽。残长11.1、宽4.7、厚3.5厘米（图一五，2）。C：22，青黑色石质。长条形，两端均残缺，表面磨光，有长期磨制所形成的沟槽。残长9.3、宽3.9、厚2厘米（图一四，5；图版一一，3）。

石核工具　2件。C：36，青黑色石质，为石核打制而成。长6.1、宽5.6、厚4厘米（图一四，3）。C：38，青黑色石质，为石核打制而成。长5.8、宽4、厚4.2厘米（图一四，2）。

（三）1996年采集石器

斧　3件。96C：4，褐色石质。双面磨光，双面弧刃，刃部有打制痕迹。长16.2、宽8.4、厚2.9厘米（图一八，4）。96C：10，灰色石质。双面磨光，双面弧刃，刃部经过打制。长17.4、宽8.2、厚6.4厘米（图一八，5）。96C：23，灰色石质。双面打磨，双面弧刃，刃口打制而成，上端残缺。残长8.7、宽8.5、厚4.7厘米（图一六，4）。

凿　1件。96C：1，灰色石质。双面磨光，双面弧刃，一侧有残缺。长17.6、宽5.6、厚4.6厘米（图一九，4）。

砍砸器　13件。96C：5，青灰色石质。双面磨光，四周刃部均有打制痕迹。长10.3、宽8.3、厚2.7厘米（图一九，2）。96C：6，灰色石质。平面近椭圆形，双面磨光，表面多有打制痕迹。长径11.1、短径8.5、厚2.2厘米（图一九，1）。96C：7，灰色石质。双面磨光，器身上有较多打制痕迹。长9.4、宽7.4、厚1.6厘米（图二〇，2）。96C：8，灰色石质。平面近椭圆形，单面磨光，刃部锋利。长8、宽6.2、厚1.5厘米（图一九，3）。96C：11，灰黄色石质。平面近椭圆形，双面磨光，表面多有打制痕迹。长径10.8、短径9.6、厚4.8厘米（图一八，1）。96C：12，青灰色石质。平面近圆形，单面磨光，刃部有打制痕迹。长7.1、宽5.1、厚1.7厘米（图二一，2）。96C：14，灰色石质。平面近圆形，双面磨光，表面多有打制痕迹。长径9、短径8.8、厚1.7厘米

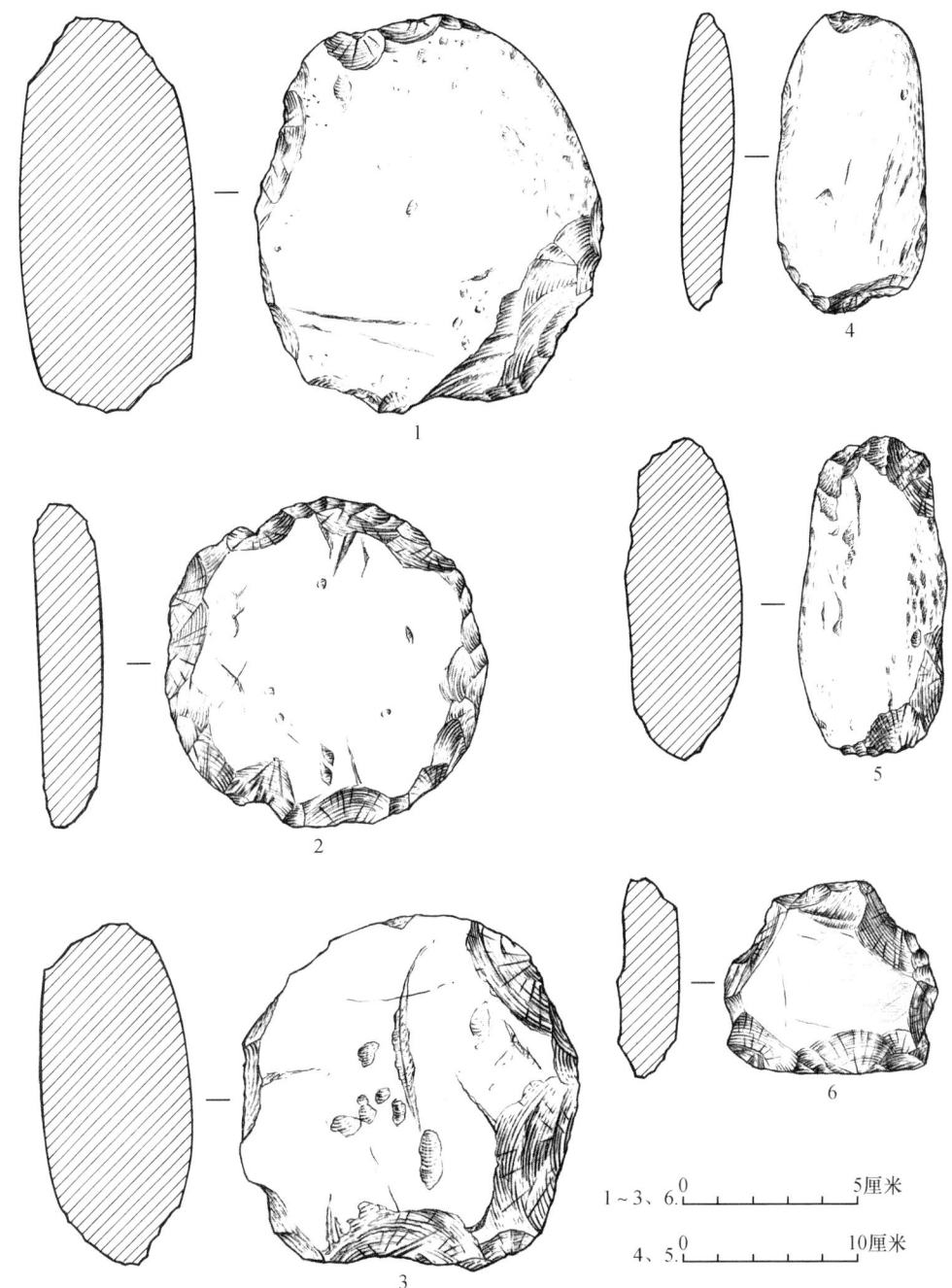

图一八 1996年采集石器

1~3. 砍砸器（96C∶11、96C∶14、96C∶19） 4、5. 斧（96C∶4、96C∶10） 6. 石片工具（96C∶13）

（图一八，2）。96C∶16，灰黄色石质。平面形状与刀接近，双面磨光，刃部有打制痕迹。长9.5、宽5、厚1.5厘米（图二一，4）。96C∶17，青灰色石质。平面近圆形，单面磨光，是从某一器上物剥离加工而成的。长径10.1、短径9.8、厚2.5厘米（图

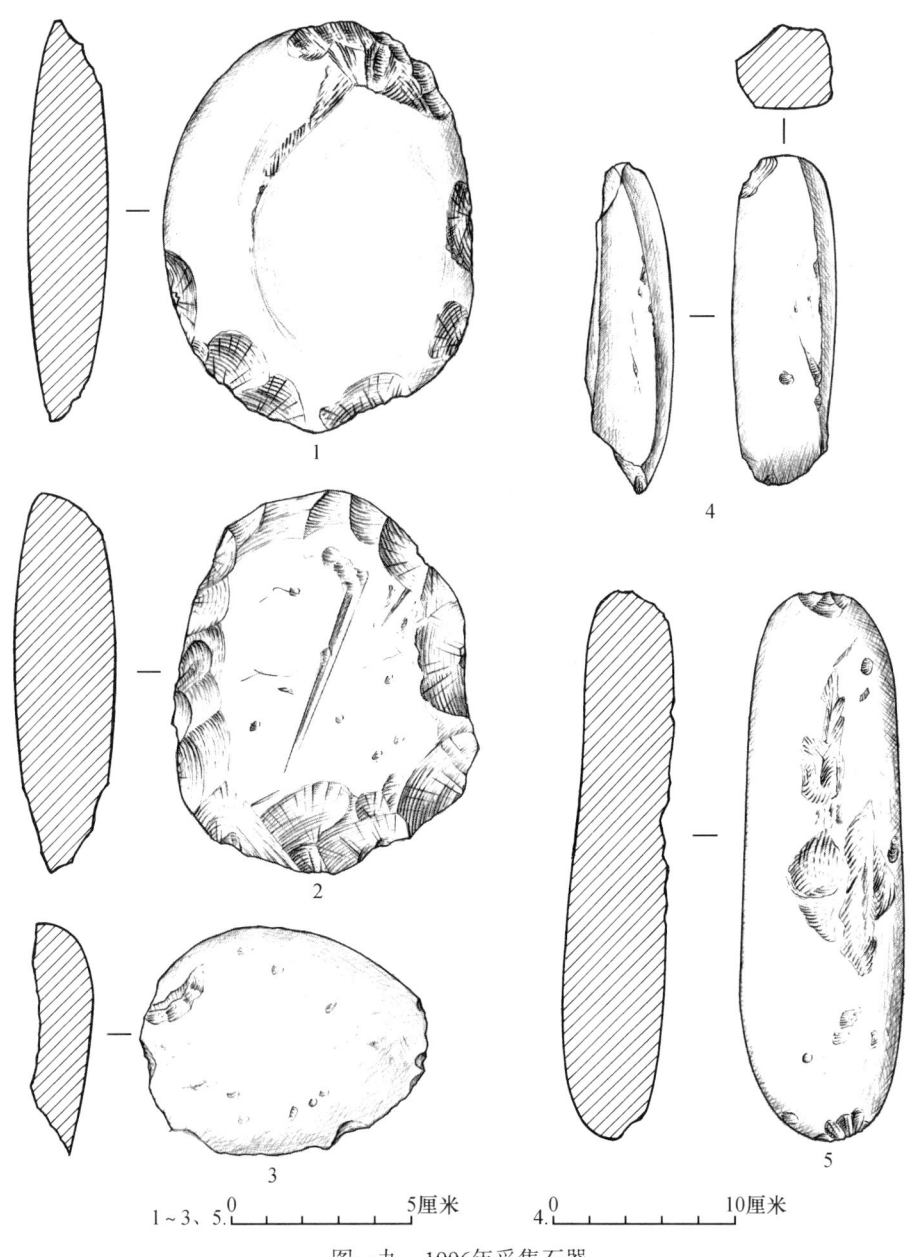

图一九　1996年采集石器

1~3. 砍砸器（96C：6、96C：5、96C：8）　4. 凿（96C：1）　5. 磨棒（96C：3）

二〇，1）。96C：19，灰黄色石质。平面近椭圆形，双面磨光，表面多有打制痕迹。长径9.7、短径9.3、厚4.2厘米（图一八，3）。96C：20，灰色石质。双面磨光，一侧有一竖向凹槽，另一端残缺。此器可能由网坠改制而来。长12、宽7.1、厚3.5厘米（图二一，3）。96C：21，黄色石质。平面近椭圆形，单面磨光，表面多有打制痕迹。长7.1、宽5、厚2.3厘米（图二一，5）。96C：22，灰黄色石质。平面形状不规则，单面磨光，刃部有打制痕迹。长7.7、宽6、厚1.6厘米（图二〇，3）。

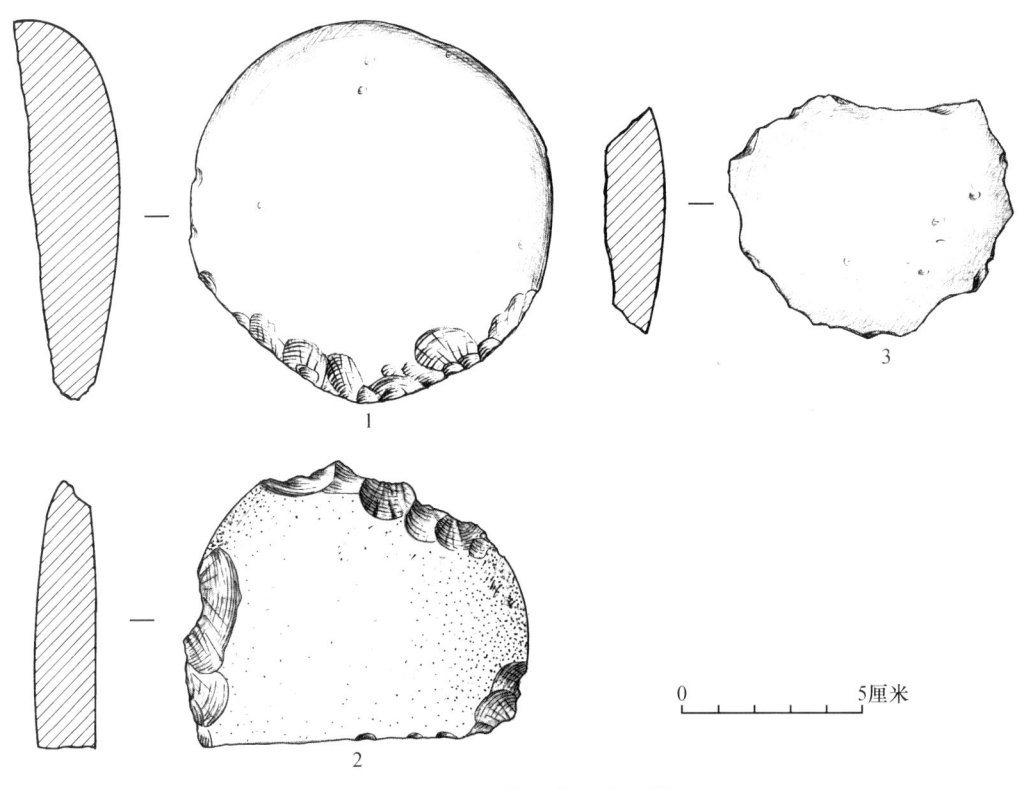

图二〇 1996年采集石砍砸器
1. 96C：17 2. 96C：7 3. 96C：22

网坠　1件。96C：18，灰色石质。双面磨光，两侧各打制一竖向凹槽。长8.8、宽5.7、厚1.9厘米（图二一，1）。

磨棒　2件。96C：2，青灰色石质。长条状，通体磨光，一端有打制痕迹。长13.5、宽4.3、厚3.4厘米（图一一，3）。96C：3，黄褐色石质。长条状，通体磨光，局部有打制痕迹。长14.7、宽4.5、厚2.8厘米（图一九，5；图版一一，4）。

石核工具　1件。96C：15，青黑色石质，为石片剥离之后的石核打制而成。长4、宽3.4、厚2.7厘米（图二一，6）。

石片工具　1件。96C：13，青黑色石质，为一石片打制而成，局部有磨制痕迹。长6.1、宽5.3、厚1.7厘米（图一八，6）。

三、结　　语

两次调查和发掘情况表明，小官梁子遗址被近现代农耕活动严重破坏，尤其是现代机器改土，使得遗址大部分文化堆积都被破坏，多数遗物散落在地表各处。调查和发掘获得陶器较少，且较为细碎，使得其年代判断存在一定困难。遗址出土陶器以火候较低的夹砂卷沿罐类为主，较多器物带耳或鋬，还有少量陶器带流。陶器的这些特征与盐源

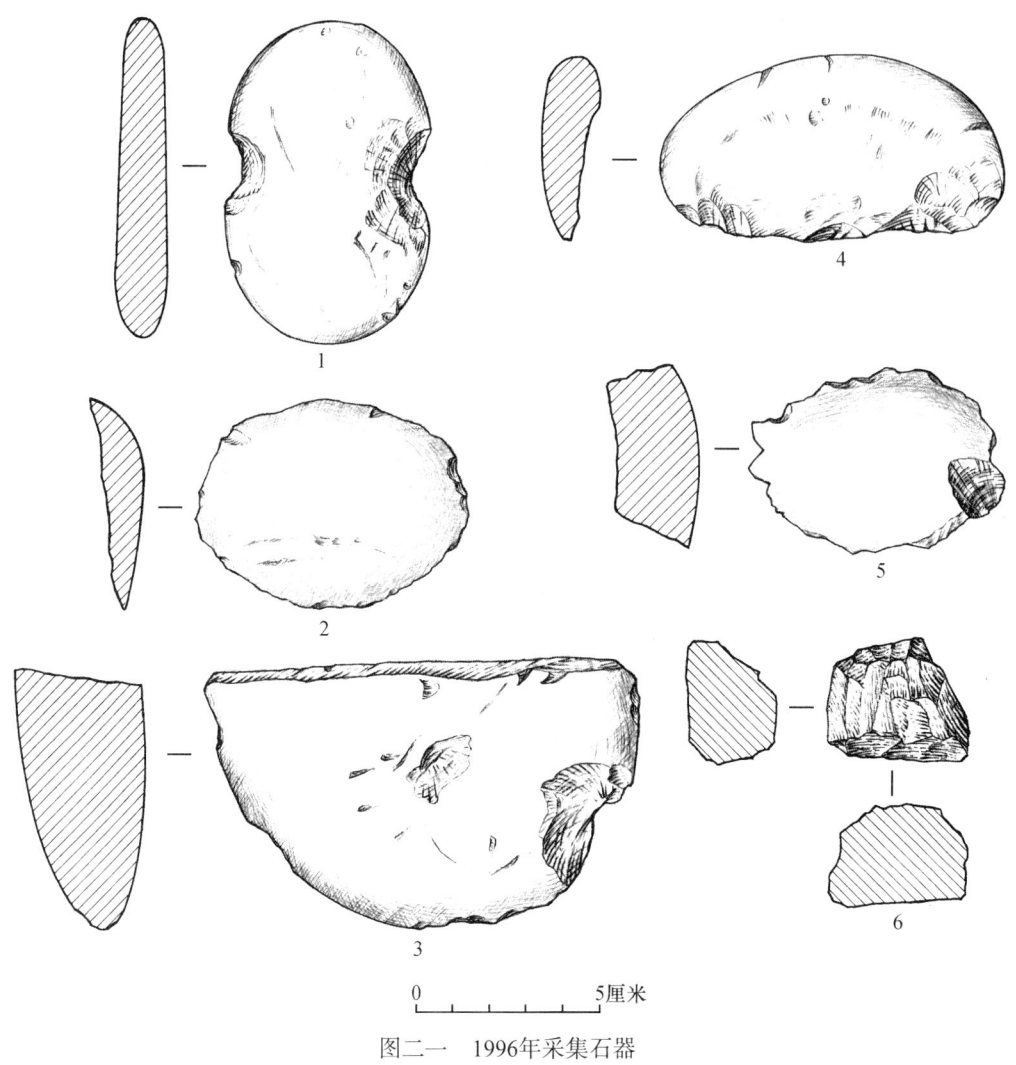

图二一　1996年采集石器

1. 网坠（96C：18）　2～5. 砍砸器（96C：12、96C：20、96C：16、96C：21）　6. 石核工具（96C：15）

老龙头[1]、云南永胜和宁蒗等地墓葬出土陶器有相似之处[2]，带流器物则在安宁河流域大石墓中有发现[3]。遗址出土的一件铜兵器，形制上与盐源地区常见的短剑和矛形制接近。上述相关遗存的年代大致在战国至西汉时期，大致可推测小官梁子遗址年代为战国至西汉时期，考虑到其陶器面貌与邻近的老龙头墓地有一定差异，部分遗存年代或能早至春秋时期。

在小官梁子遗址地表采集和发掘出土了大量石器，其中各式网坠数量丰富，石斧及砍砸器发达，说明当时人们可能以渔猎等方式取得食物。遗址地表散落大量鹅卵石，其质地与石器成品一致，说明当时人们主要为就地取材来制作石器工具。小官梁子遗址石器的另一特点是大量石器存在着"改制"现象，通过再加工赋予石器新的功能。

小官梁子遗址的调查和发掘为探寻盐源盆地早期青铜文化的研究提供了新的资料。

附记：参与本次调查与发掘的人员有刘弘、唐亮、周志清、黄云松、补琦、杨颖东、孙策、刘灵鹤、张文、闫雪、向川、王杰、田剑波等。

绘图：钟雅莉
照相：田剑波
执笔：田剑波　刘灵鹤　孙　策
　　　补　琦　周志清

注　释

[1] 凉山彝族自治州博物馆、成都文物考古研究所：《老龙头墓地与盐源青铜器》，文物出版社，2009年。

[2] 江章华：《对盐源盆地青铜文化的几点认识》，《成都考古研究》（一），科学出版社，2009年。

[3] 江章华：《安宁河流域考古学文化试析》，《四川文物》2007年第5期；左志强：《安宁河流域大石墓遗存分期研究刍议》，《成都考古研究》（二），科学出版社，2013年。

成都市青龙乡海滨村年家院子墓地发掘简报

成都文物考古研究院

海滨村年家院子位于成都市成华区海滨湾社区，北邻城北高速，东邻蜀龙路，南与二仙桥相望，西邻青龙路，中心地理坐标为东经104°07′45.84″、北纬30°42′13.83″（图一）。2017年3～6月，为配合成都市商业用地需要，成都文物考古工作队对海滨村年家院子工地展开了勘探发掘工作，发现一处古墓地，共清理墓葬31座（图二），其中战国时期土坑墓10座，五代及宋代砖室墓21座。出土陶器、瓷器、铜器、铁器、石刻等一批重要文物。工地代码为"2017CHN"。现就此次工作的基本情况报告如下。

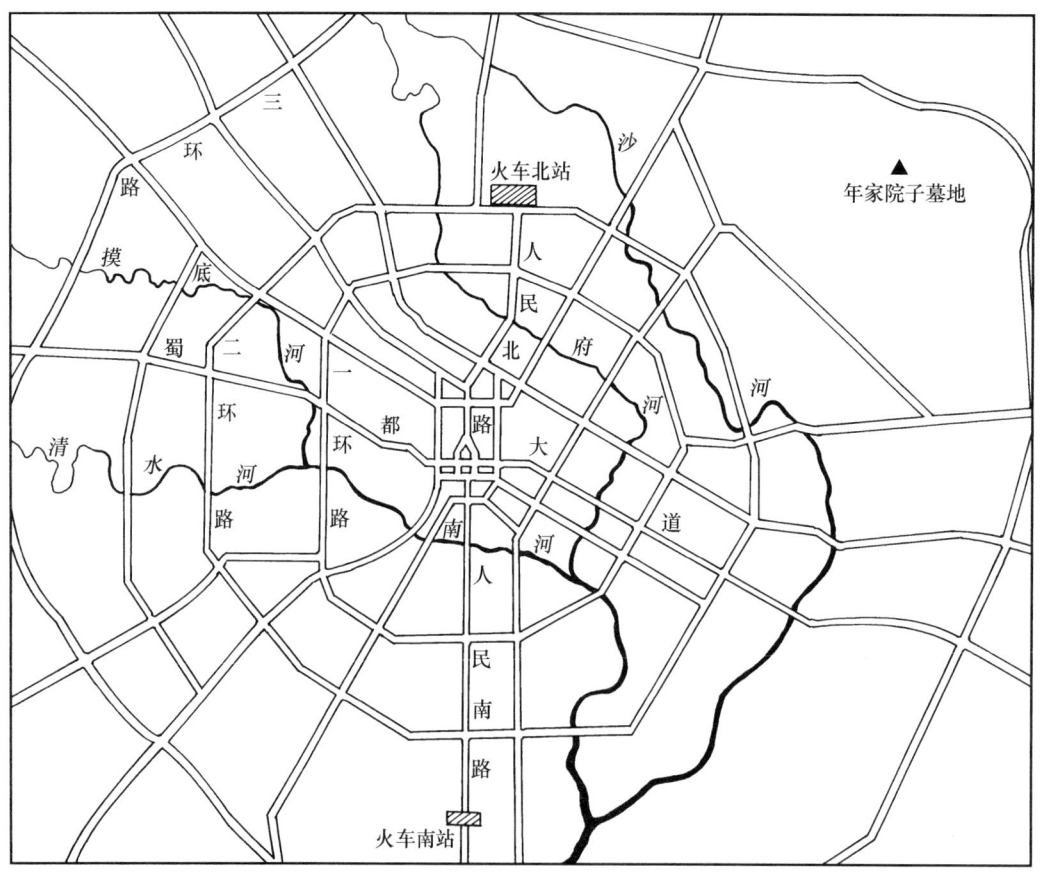

图一 墓地位置示意图

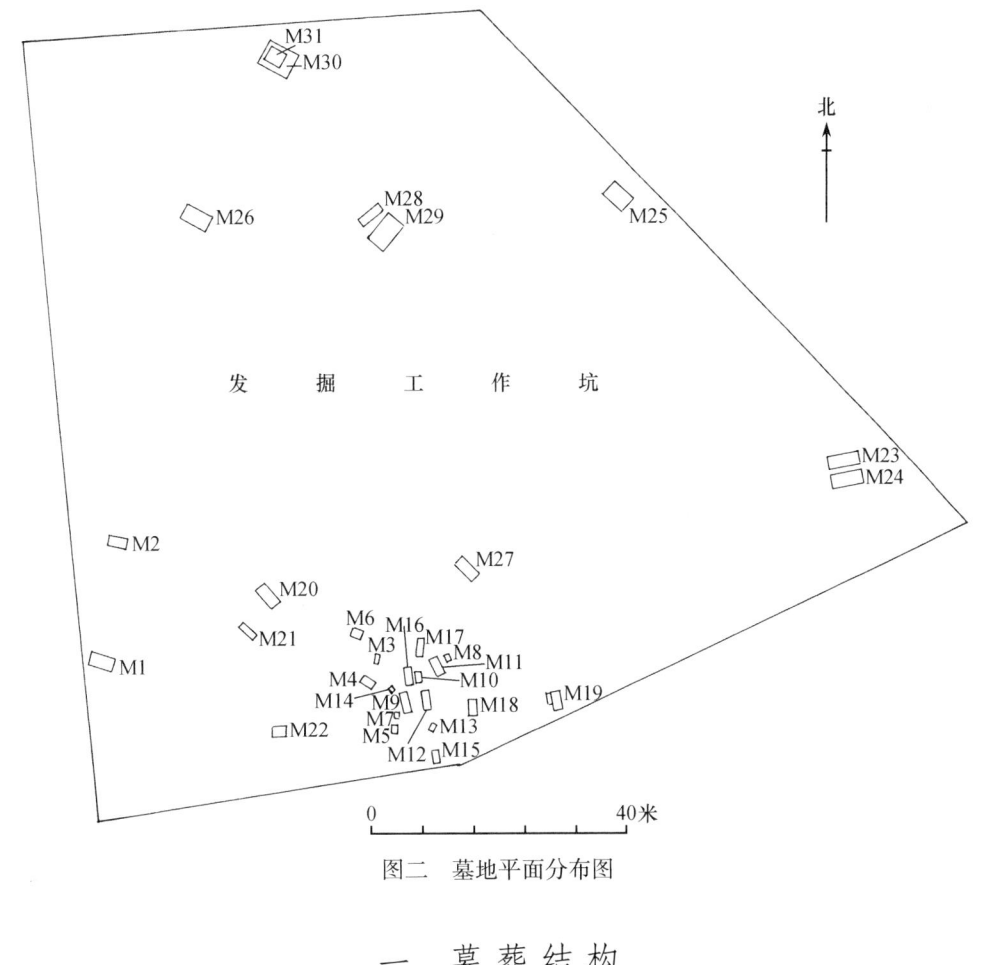

图二 墓地平面分布图

一、墓葬结构

海滨村年家院子工地清理发掘墓葬31座,根据墓葬构筑方式,可分为两类:甲类为长方形竖穴土坑墓,乙类为砖室墓。由于施工等晚期因素破坏,工地地表被揭掉1~2米,故墓葬的开口层位不清,部分长方形竖穴土坑墓残存墓底,多数砖室墓墓顶不存。

甲类 10座。均无墓道。根据墓葬坑口平面长宽比例的差异,分为二型。

A型 7座。坑口平面长宽之比小于2:1。根据墓坑内有无二层台分为二亚型。

Aa型 5座。墓坑内四周或两壁有一层二层台。包括M1、M2、M25、M26、M29。

Ab型 2座。墓坑内无二层台。包括M21、M30。

B型 3座。坑口平面长宽之比大于2:1。包括M20、M27、M28。

乙类 21座。根据墓室规模大小的差异分为两小类:Ⅰ类小型砖室墓及Ⅱ类一般砖室墓。

Ⅰ类 10座。墓室长度多在0.82~1.3米,宽度多在0.7米以下。根据墓葬形制的差异,分为二型。

A型　3座。墓室平面呈梯形，前宽后窄。包括M3、M10、M13。

B型　7座。墓室平面呈长方形。根据墓室数量的差异，分为二亚型。

Ba型　4座。单室墓。包括M5、M7、M8、M14。

Bb型　3座。双室墓。包括M4、M6、M22。

Ⅱ类　11座。墓室长度多在2米以上，宽度在0.55~1.7米。根据墓葬形制的差异，分为二型。

A型　5座。墓室平面呈梯形，前宽后窄。包括M9、M11、M12、M16、M18。

B型　6座。墓室平面呈长方形。根据墓室数量的差异，分为二亚型。

Ba型　4座。单室墓。包括M15、M17、M23、M24。

Bb型　2座。双室墓。包括M19、M31。

二、出土器物类型

1. 陶器

35件。可分为生活用具及俑两种。其中生活用具均出自土坑墓中，有泥质灰陶、泥质灰黑陶、泥质灰白陶、泥质褐陶等。因烧制温度较低，质地松软，出土时残损严重，经尽力修复，可辨器形者为23件，有圜底罐、豆、甑。部分器物制作不规则，器形不甚对称。俑皆出自砖室墓中，泥质红陶，部分为低温釉陶器，可辨器形者12件，有文俑、武俑、女侍俑、匍匐俑、鸡、狗六类。

圜底罐　19件，其中6件甚残，不可修复，故形制不详。其余13件。根据颈部、肩部形态的差异，分为二型。

A型　10件。侈口，颈部较长、微内束，折肩，扁圆腹。根据唇部形态的差异，分为二亚型。

Aa型　6件。方唇外折（图三，1）。

Ab型　4件。圆唇（图三，2）。

B型　3件。侈口，颈部较短、微内束，圆肩。根据唇部形态的差异，分为二亚型。

Ba型　2件。方唇外折（图三，3）。

Bb型　1件。圆唇（图三，4）。

豆　3件。口微敛，圆唇，斜弧腹，浅盘，喇叭形矮圈足。唇下饰一周凹弦纹（图三，5）。

甑　1件。甚残，仅能修复其中一圆形箅（图三，6）。

文俑　6件。其中1件未修复，另5件根据冠饰形态的差异，分为三型。

A型　2件。头戴平顶冠，面部丰满，身着交领宽袖长袍，双手置于胸前，左手在上，右手在下（图四，1）。

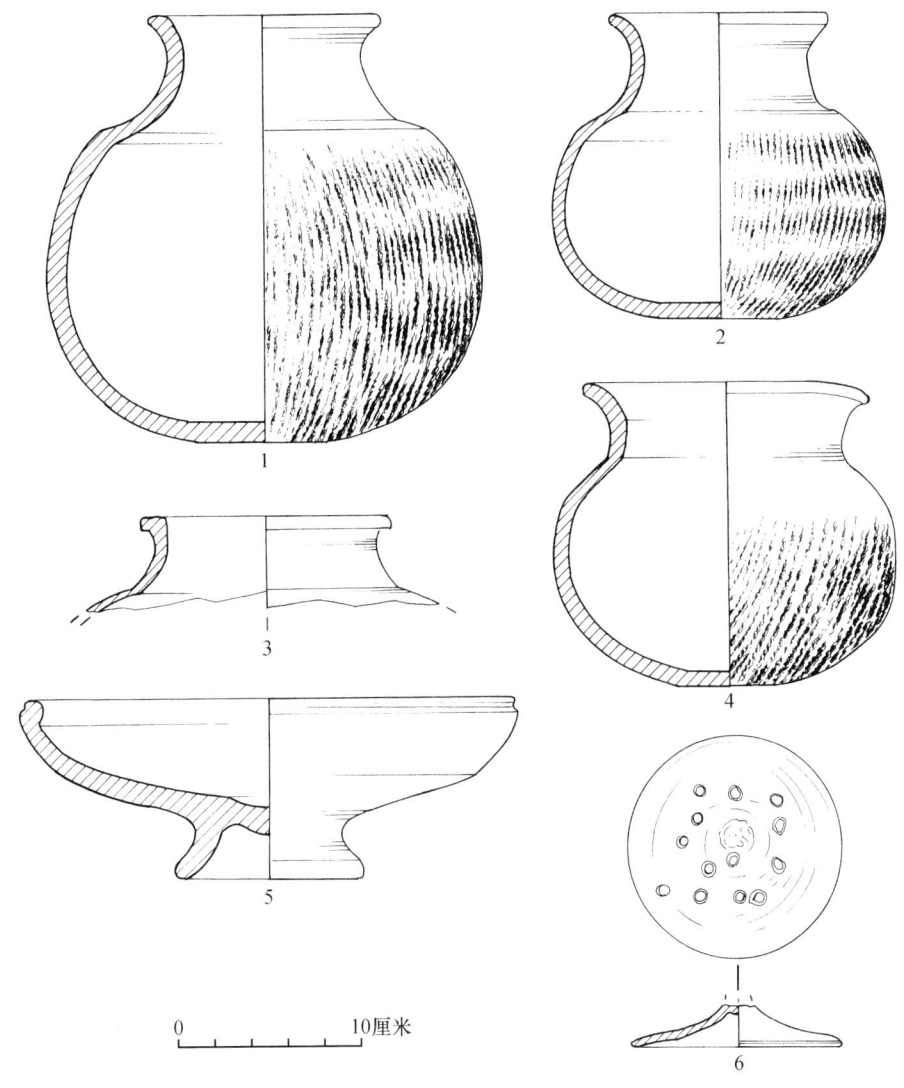

图三 出土陶器

1. Aa型圜底罐（M2∶1） 2. Ab型圜底罐（M2∶3） 3. Ba型圜底罐（M29∶1） 4. Bb型圜底罐（M25∶4）
5. 豆（M1∶1） 6. 甑（M2∶6）

B型 1件。头戴貂蝉冠，笼巾后垂披幅至肩部，细眼、宽鼻、厚唇，身着宽袖长袍，左手置于胸前，似执有某物，右手置于腹前，脚尖外露（图四，2）。

C型 2件。头戴进贤冠，身着交领宽袖长袍，双手拢袖合于腹前，面部丰满（图五，1）。

武俑 1件。头戴兜鍪顿项，顶上有缨饰，侧面有护耳，内着圆领长袍，外穿鳞状铠甲，双手叠握于腹前，右手在下，左手在上，下身着革制短腿裙，双脚分离，立于圆筒形座上，座前后各有一孔。面部丰满，头微昂，怒目圆睁，神情肃然（图五，2）。

女侍俑 1件。头顶双髻，身着交领窄袖长裙。面部丰满，神态安然，双手交叠放

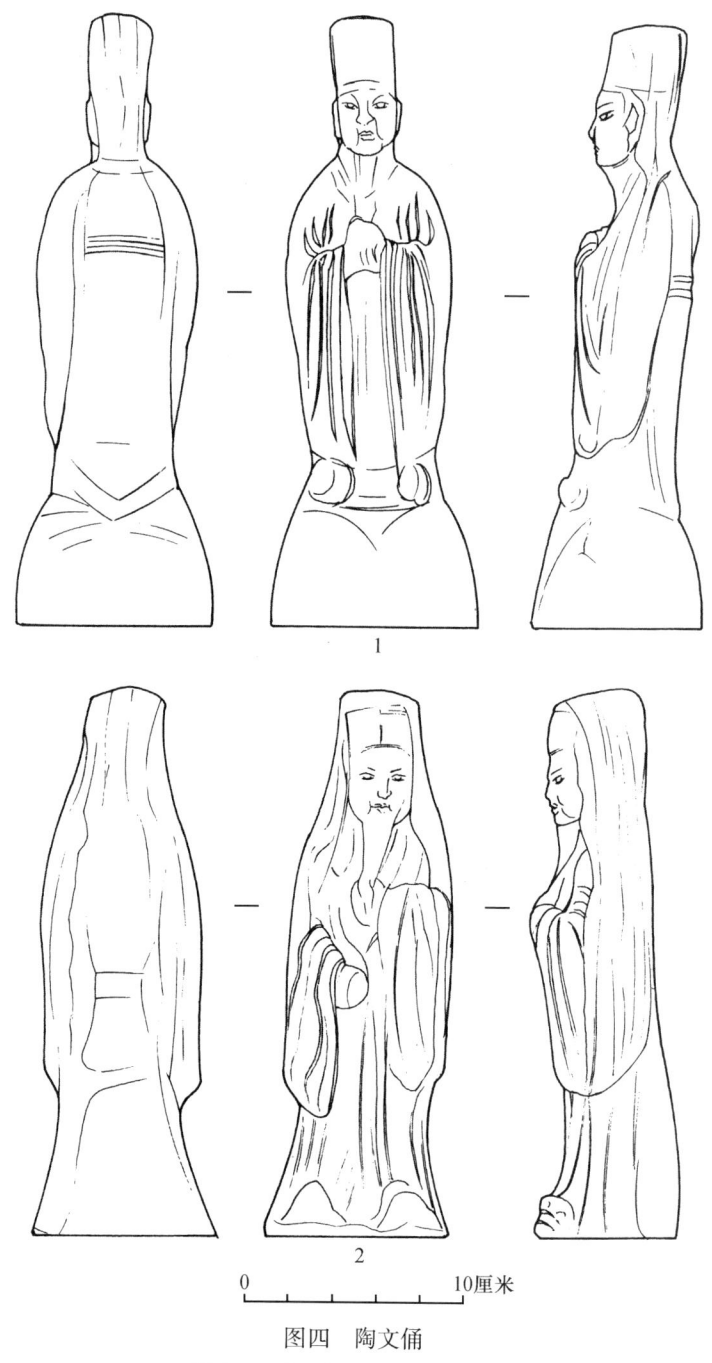

图四 陶文俑
1. A型（M22西：6） 2. B型（M22东：7）

于腹前，左手压在右手上（图六，1）。

匍匐俑 1件。头顶挽髻，面部丰腴，头部两侧有垂髻，手肘及手掌着地，双腿屈跪，作匍匐状，内着抹胸，外穿直领长衫（图六，2）。

狗 1件。头微昂，双耳斜立，前腿撑地，后腿曲卧，呈匍匐状，尾巴收于身体右

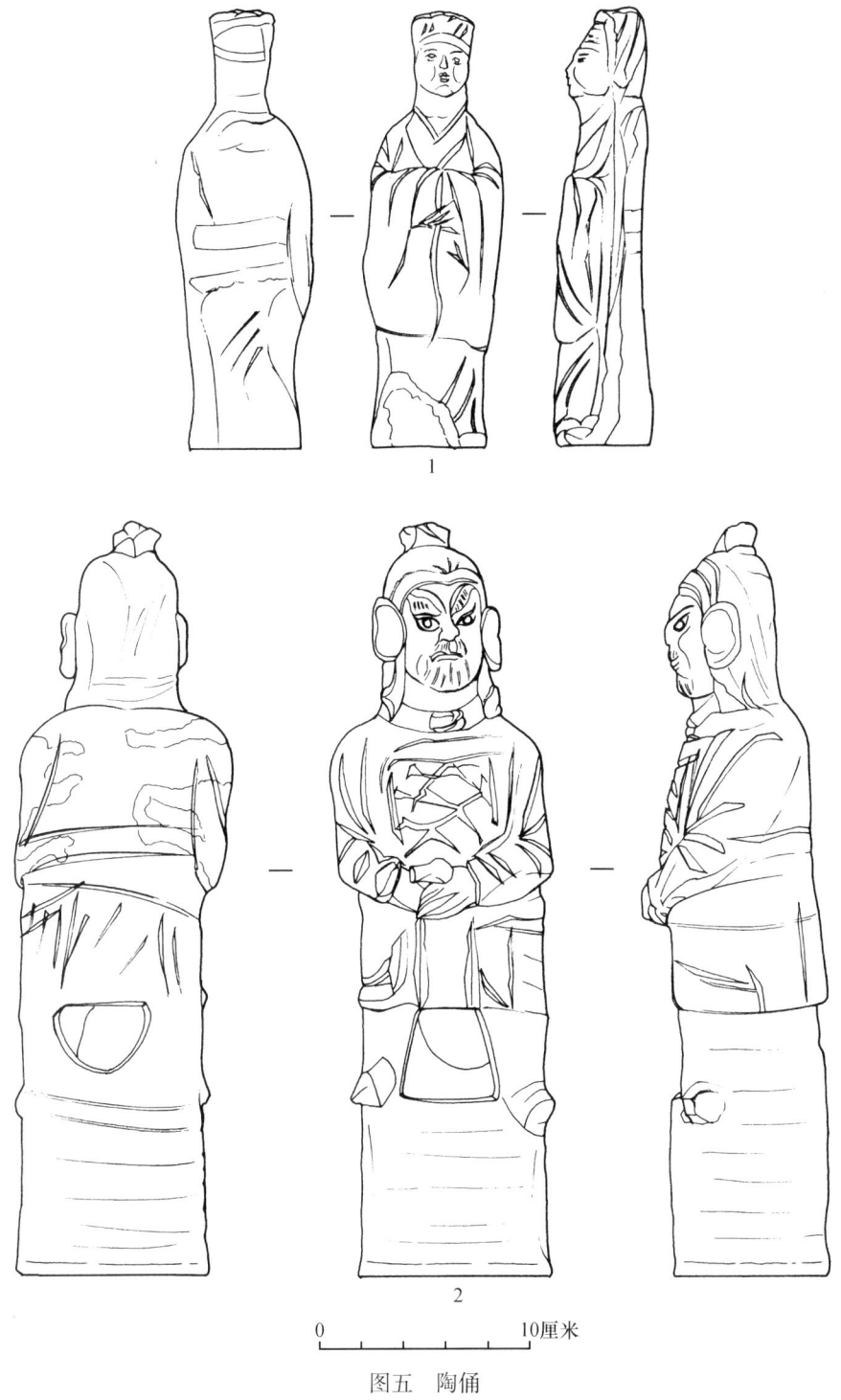

图五　陶俑
1. C型文俑（M31北：5）　2. 武俑（M31北：1）

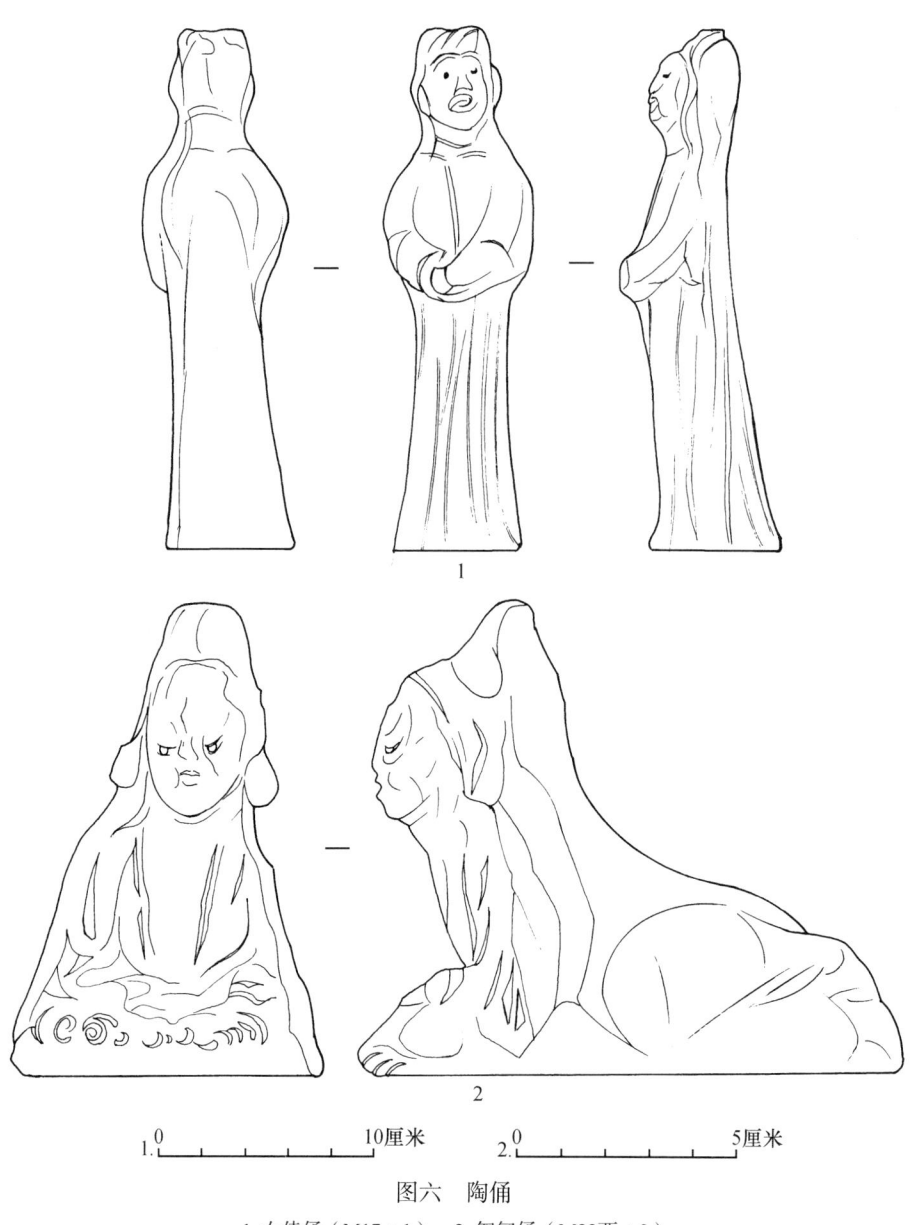

图六 陶俑
1. 女侍俑（M17:1） 2. 匍匐俑（M22西:2）

侧（图七，1）。

鸡 2件。高冠，尖喙，平视前方，挺胸，收翅，尾上翘，直立于圆形空心座上（图七，2）。

2. 瓷器

51件。皆出自砖室墓，以砖红胎及灰胎为主，釉色以青釉及酱釉为主，可辨器形有四系罐、双耳罐、小罐、盏、盘、碗、炉、龙形俑及罐腹片等。

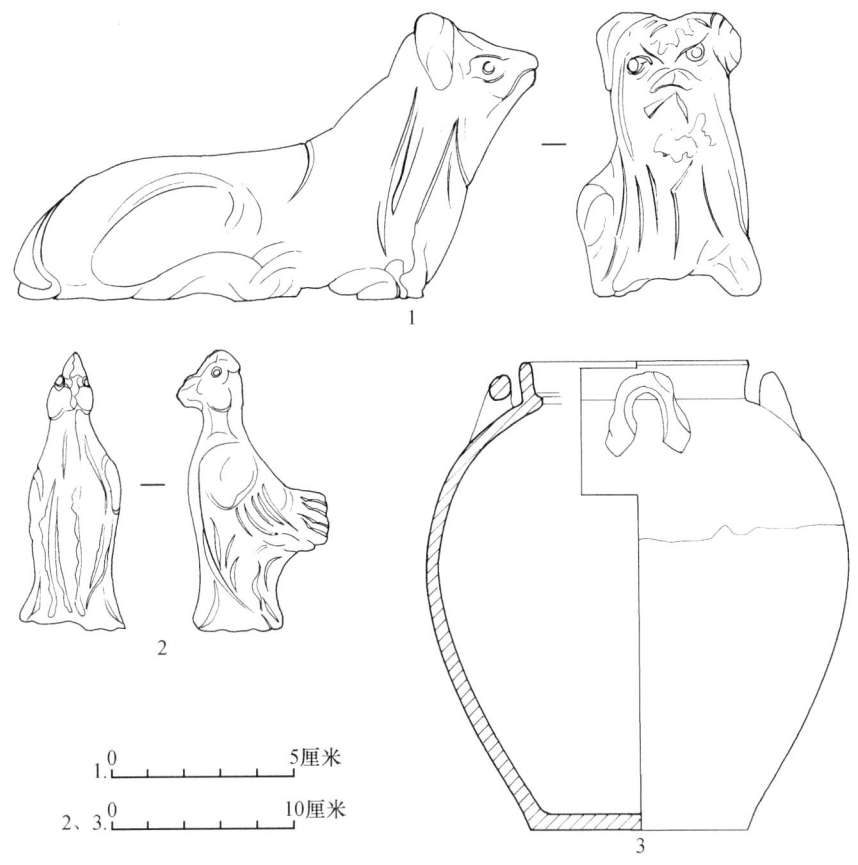

图七　出土陶器、瓷器
1. 陶狗（M31南∶1）　2. 陶鸡（M31南∶3）　3. Aa型瓷四系罐（M13∶1）

四系罐　8件。根据器物颈部、肩部及系部形态的差异，分为三型。

A型　5件。直口或口微敞，方唇，短直颈，溜肩，肩部置四横系，弧腹，平底。根据腹径与底径的大小比例以及口径与底径的大小之比，分为二亚型。

Aa型　2件。腹径与底径的比大于2∶1或约等于2∶1，口径大于底径（图七，3）。

Ab型　3件。腹径与底径的比小于2∶1，口径小于或等于底径，整件器物的重心较Aa型下降（图八，1）。

B型　1件。方唇，斜直颈，颈部带三周凸棱，丰肩，肩部置四竖系，弧鼓腹，平底（图八，2）。

C型　2件。直口或口微敞，方唇，筒状直颈，溜肩，肩部置四竖系，平底。根据腹部以及口径与底径的大小之比，分为二亚型。

Ca型　1件。卵形腹，口径与底径之比小于3∶2（图八，3）。

Cb型　1件。球形腹，口径与底径之比大于3∶2（图八，4）。

双耳罐　14件。根据器物颈部、系部、腹部及底部形态的差异，分为四型。

图八 出土瓷器

1. Ab型四系罐（M10∶1） 2. B型四系罐（M12∶1） 3. Ca型四系罐（M16∶2） 4. Cb型四系罐（M14∶1）
5. A型双耳罐（M23∶2） 6. B型双耳罐（M6东∶5）

A型 2件。口微侈，斜方唇，筒状直颈，溜肩，肩部置一对对称竖系，鼓腹，饼足（图八，5）。

B型 1件。方唇，斜直颈，颈部与腹部分界不明显，肩颈处置一对对称竖系，圆弧腹，饼足（图八，6）。

C型 2件。方唇，短直颈，溜肩，肩部带一对对称横系，圆弧腹，平底（图九，1）。

D型 9件。方唇或斜方唇，斜直短颈，溜肩，肩部置一对对称横系，卵形腹，饼足。根据器物最大径的位置变化及重心位置变化，分为二亚型。

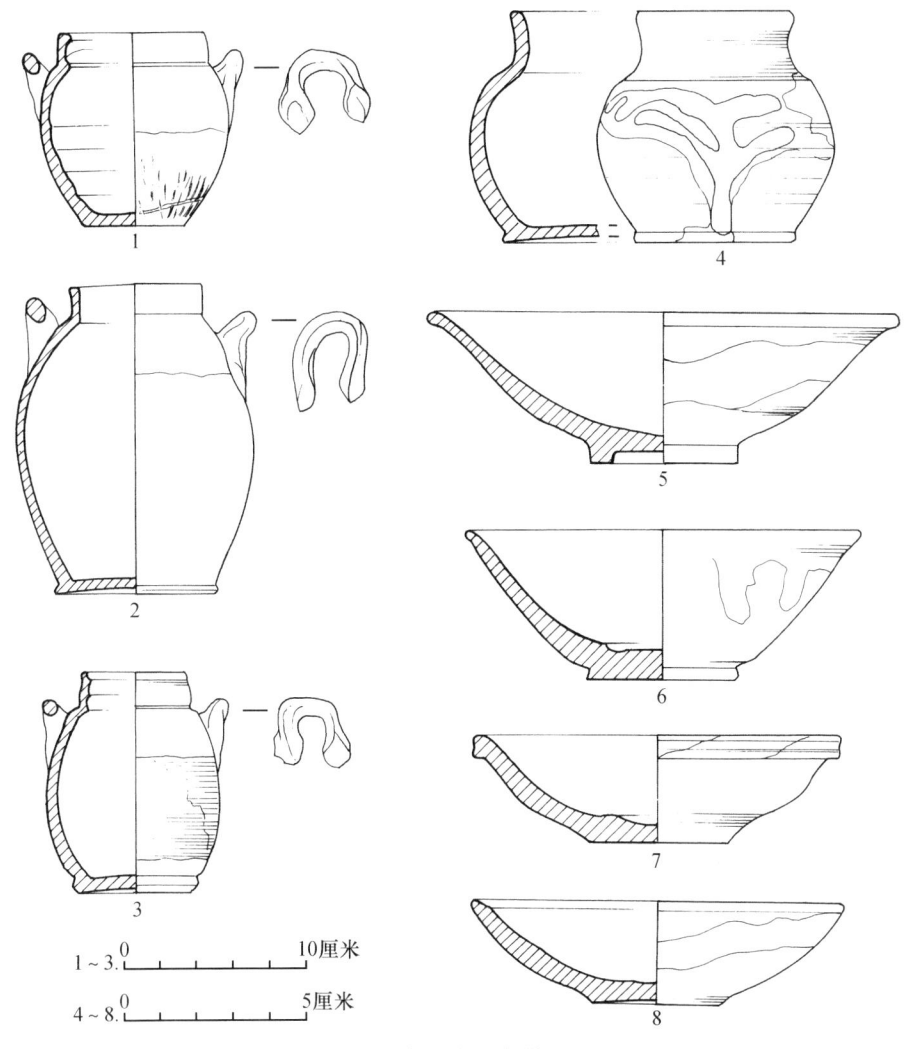

图九 出土瓷器
1. C型双耳罐（M14：3） 2. Da型双耳罐（M4西：1） 3. Db型双耳罐（M4东：3） 4. 小罐（M10：3）
5. Aa型盏（M6西：1） 6. Ab型盏（M13：2） 7. Ba型盏（M6东：2） 8. Bb型盏（M6西：2）

Da型 5件。最大径在腹中部（图九，2）。

Db型 4件。最大径在腹部偏下，重心较Da型下移（图九，3）。

小罐 1件。侈口，方唇，短束颈，圆弧腹，饼足（图九，4）。

盏 17件。根据器物胎壁与腹部的差异，分为三型。

A型 3件。胎壁较薄，斜直腹。根据口部与底部形态的差异，分为二亚型。

Aa型 2件。口微侈，圆唇，宽圈足（图九，5）。

Ab型 1件。敞口，尖圆唇，饼足（图九，6）。

B型 11件。胎壁较薄，斜弧腹。根据器物唇部、口部及底部形态的差异，分为四亚型。

Ba型　4件。敞口，方唇，平底或略带饼足（图九，7）。
Bb型　5件。敞口，圆唇，平底（图九，8）。
Bc型　1件。口微敛，尖圆唇，平底（图一〇，1）。
Bd型　1件。敞口，圆唇，圈足（图一〇，2）。
C型　3件。敞口，胎壁较厚，斜直腹，饼足。根据唇部形态的差异，分为二亚型。
Ca型　1件。厚方唇（图一〇，3）。
Cb型　2件。厚圆唇（图一〇，4）。
盘　1件。敞口，圆唇，折腹，饼足（图一〇，5）。
碗　2件。尖圆唇，斜直腹，近底处内收，饼足（图一〇，6）。
炉　5件。折沿，筒形腹，五足。根据唇部形态的差异，分为二型。
A型　4件。圆唇（图一一，1）。
B型　1件。圆唇带一周凸棱（图一一，2）。
龙形俑　2件。头顶有角，圆眼，尖长嘴，下身残（图一一，3）。
罐腹片　1件。圆弧形，外堆饰盘龙（图一一，4）。

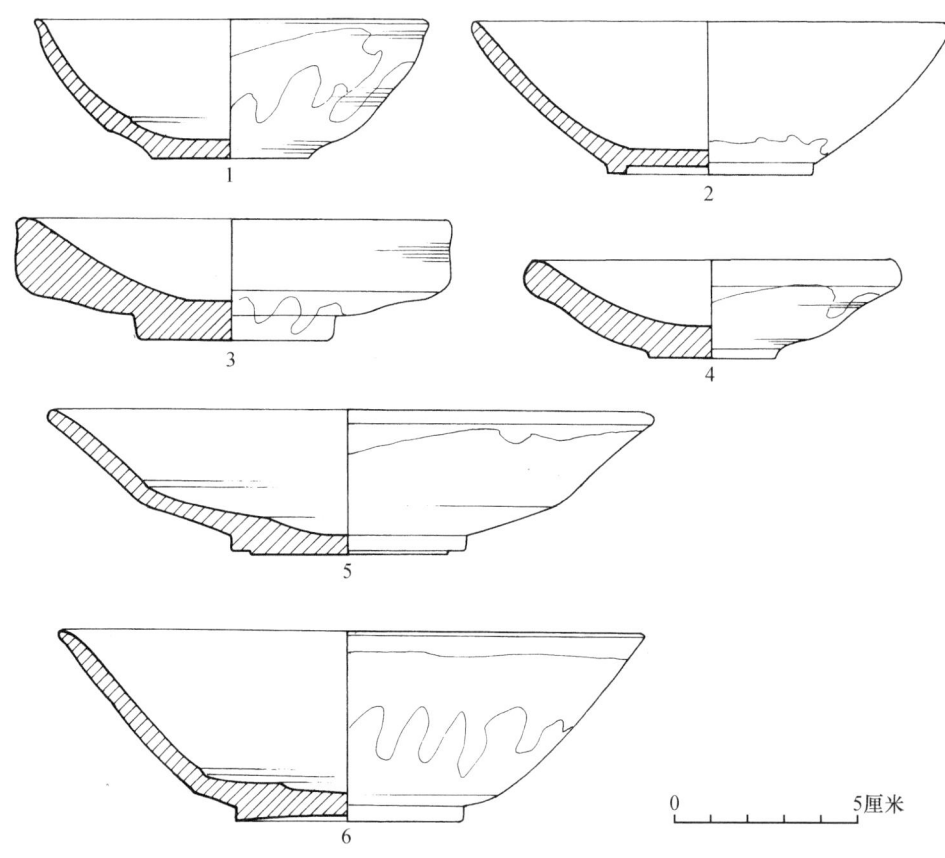

图一〇　出土瓷器
1. Bc型盏（M13∶4）　2. Bd型盏（M24填∶9）　3. Ca型盏（M24填∶8）　4. Cb型盏（M24∶4）
5. 盘（M23∶1）　6. 碗（M24填∶7）

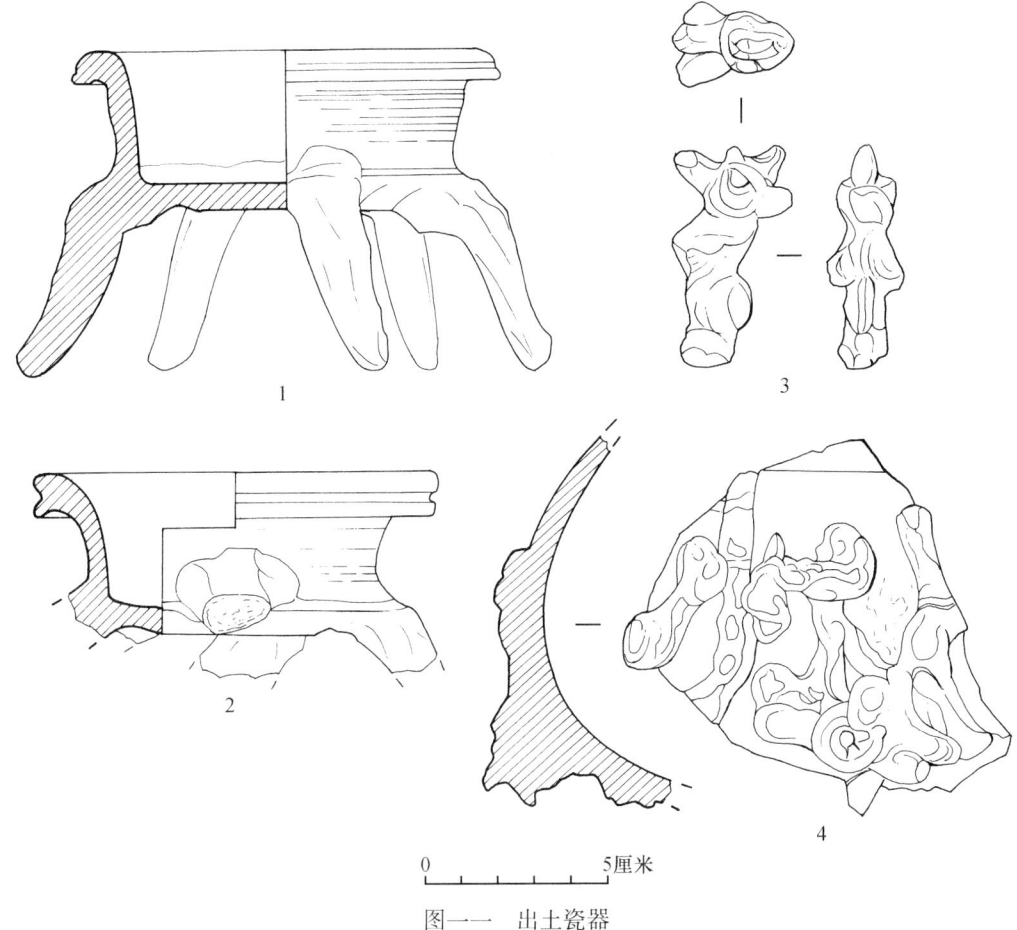

图一一 出土瓷器

1. A型炉（M24填：2） 2. B型炉（M24填：6） 3. 龙形俑（M24填：6） 4. 罐腹片（M24填：10）

3. 钱币

共185枚。有铜钱和铁钱两种。

铜钱 171枚，其中2枚钱文不可辨。可辨者有半两、开元通宝、太平通宝、咸平元宝、货泉及布泉六类。其中半两绝大多数出土于土坑墓中，货泉、布泉、开元通宝、太平通宝、咸平元宝皆出土于砖室墓中。

半两 138枚。根据钱文风格、钱径、孔径、重量的不同，分为四型。

A型 67枚。钱文规范程度低，多粗放，笔画粗细不均，方中带圆。"两"字较宽，上横或有或无，下部左右两笔有外撇的现象，内多长双人。"半"字多松散，比"两"字略长。流口在上或下，有的呈上、下均有流口的灯笼状。钱径3～3.3厘米，孔径较小（图一二，1）。

B型 15枚。钱文缩小，古拙怪趣，但较A型规范。"两"字上横或有或无，有上横者多较短，下部双人变短。半字窄小，上部多圆折。上、下见宽大流口。较A型轻

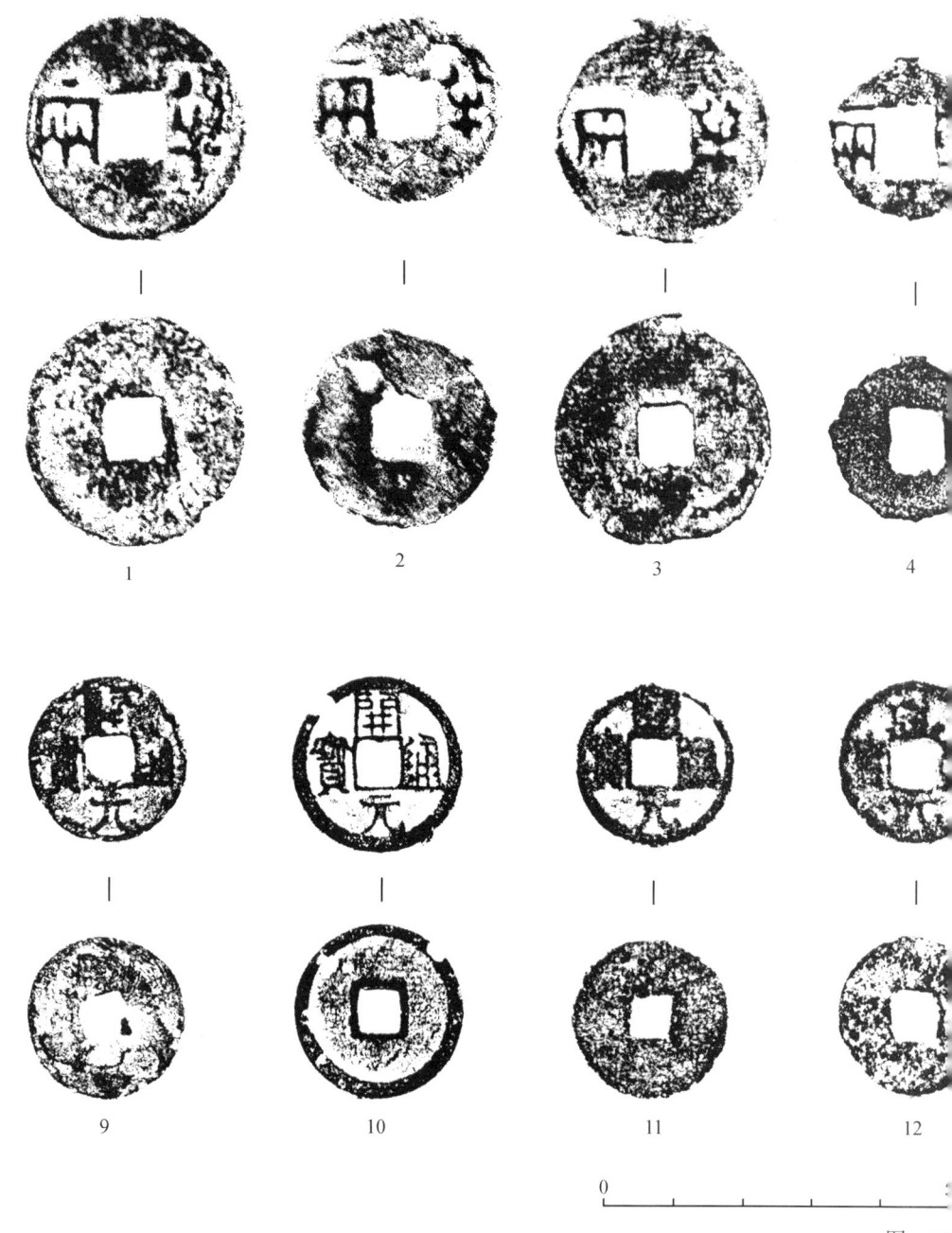

图一二

1. A型半两（M1:8） 2. Ba型半两（M1:14） 3. Bb型半两（M1:18） 4. Ca型半两（M30:3） 5. Cb型
（M9:1） 10. Ba型开元通宝（M23:8） 11. Bb型开元通宝（M23:9） 12. C型开元通宝（M23:

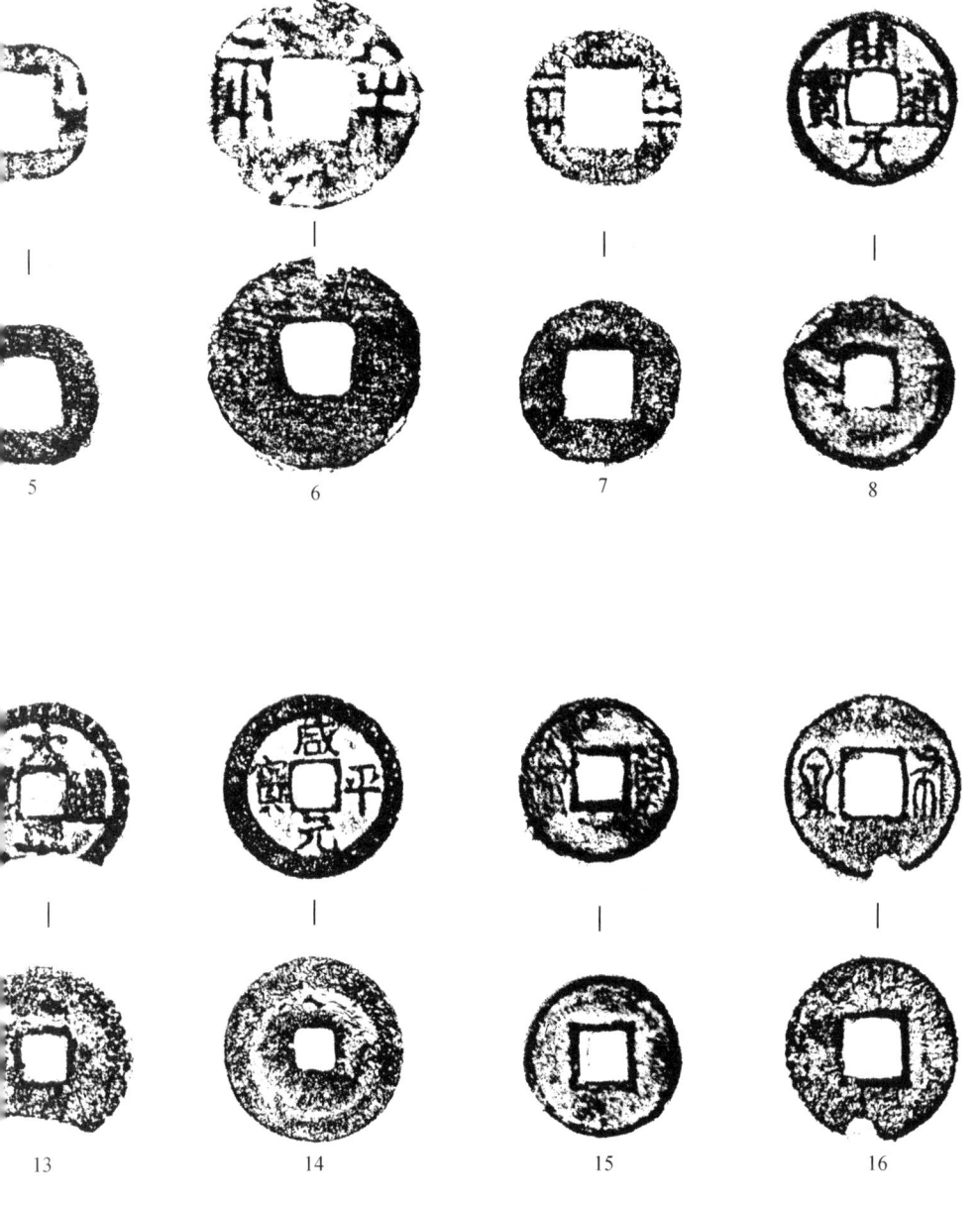

… 6. Da型半两（M30∶12） 7. Db型半两（M30∶17） 8. Aa型开元通宝（M12∶3） 9. Ab型开元通宝
… 平通宝（M18∶2） 14. 咸平元宝（M16∶4） 15. 货泉（M12∶2） 16. 布泉（M16∶3）

薄，边缘多参差不齐。根据钱径大小，分为二亚型。

Ba型　11枚。钱径多在2.7~2.9厘米（图一二，2）。

Bb型　4枚。钱径多在3~3.2厘米（图一二，3）。

C型　15枚。钱文较为随意，规范程度低，粗细不均，字体歪斜，"半"字松散，上半部有圆折及方折两种，穿孔明显变大，边缘参差不齐。根据钱径大小，分为二亚型。

Ca型　9枚。钱径在2.3~2.5厘米（图一二，4）。

Cb型　6枚。钱径在2厘米左右，孔径大于Ca型，为荚钱（图一二，5）。

D型　41枚。书写规范清晰，隶意较浓，笔画方折，横平竖直，粗细均匀。肉薄，个别有内外郭。流口在上侧、下侧或右侧。根据钱径及孔径大小的变化，分为二亚型。

Da型　29枚。钱径2.6~3.2厘米（图一二，6）。

Db型　12枚。钱径2~2.2厘米，孔径较Da型大（图一二，7）。

货泉　2枚。钱文为悬针篆，书写工整，线条纤细，面背均有内外郭（图一二，15）。

布泉　1枚。钱文为悬针篆，书写工整，线条纤细，面背均有内外郭（图一二，16）。

开元通宝　26枚。根据钱文风格、钱径大小、铸造工艺的差异，分为三型。

A型　12枚。"开"字间架匀称，疏密有致。"元"字首划为一短横，次划长横左挑。"通"字"辶"旁前三笔各不相连，呈三短撇。"宝"字"贝"字底中两横较短，且不与旁边两竖相连。背光。根据铸造工艺、钱径大小的差异，分为二亚型。

Aa型　10枚。面背俱有肉好周郭，轮廓规整，铜质纯净，钱文清晰规范。钱径2.4~2.5厘米（图一二，8）。

Ab型　2枚。背部周郭及穿郭近平，铜质较差，易锈蚀。钱径2.3厘米（图一二，9）。

B型　10枚。"元"字首横较长。"通"字"辶"旁前三笔呈似连非连的顿折状，"甬"字上笔开口较扁。"宝"字"贝"字底中两横较长，与左右两竖笔相衔接，有的背部穿上有月纹。根据铸造工艺、钱径大小的差异，分为二亚型。

Ba型　7枚。周郭及钱文尚工整，铜质纯净，钱文清晰规范。钱径2.4~2.5厘米（图一二，10）。

Bb型　3枚。背部周郭及穿郭近平，铜质较差，易锈蚀。钱径2.2~2.3厘米（图一二，11）。

C型　4枚。钱文模糊，肉薄量轻，穿郭、周郭宽窄不一，易锈蚀，制作十分粗陋（图一二，12）。

太平通宝　1枚。钱文隶书，书写工整，钱背穿下有一月纹。面背均有内郭，面有外郭，呈花边锯齿状（图一二，13）。

咸平元宝　1枚。钱文隶书，书写工整，面有内外郭，肉好（图一二，14）。

铁钱　14枚。锈蚀严重，字迹不清。

4. 铜器

共13件。器形有鍪、盆、带钩、璜、镜等。其中铜盆因锈蚀甚重而无法修复。除铜镜以外，其余皆出土于土坑墓中。

鍪　1件。侈口，束颈，球形腹，圜底。肩部置一辫索纹竖环耳（图一三，1）。

带钩　1件。兽头，勺形腹，腹体较厚，腹上饰卷云纹及三角形纹，且用银丝镶嵌，圆饼状扣（图一三，2）。

璜　8件。桥形，体薄，拱部均有一圆形穿。根据拱部的弧度，分为三型。

A型　2件。窄拱上隆较甚，两足平底，内外几乎同高（图一三，3）。

B型　5件。拱部较宽较缓，两足平底，外高内低（图一三，4）。

C型　1件。宽拱缓平，近半圆，两足平底，外低内高（图一四，1）。

镜　2枚。根据边缘形状及镜面纹饰的不同，分为二型。

A型　1件。委角弧边方形镜，背面有乳钉状圆纽，穿孔。素面（图一四，2）。

B型　1件。圆形镜，背面饰弦纹（图一四，3）。

盆　1件。腐朽甚重，无法提取。

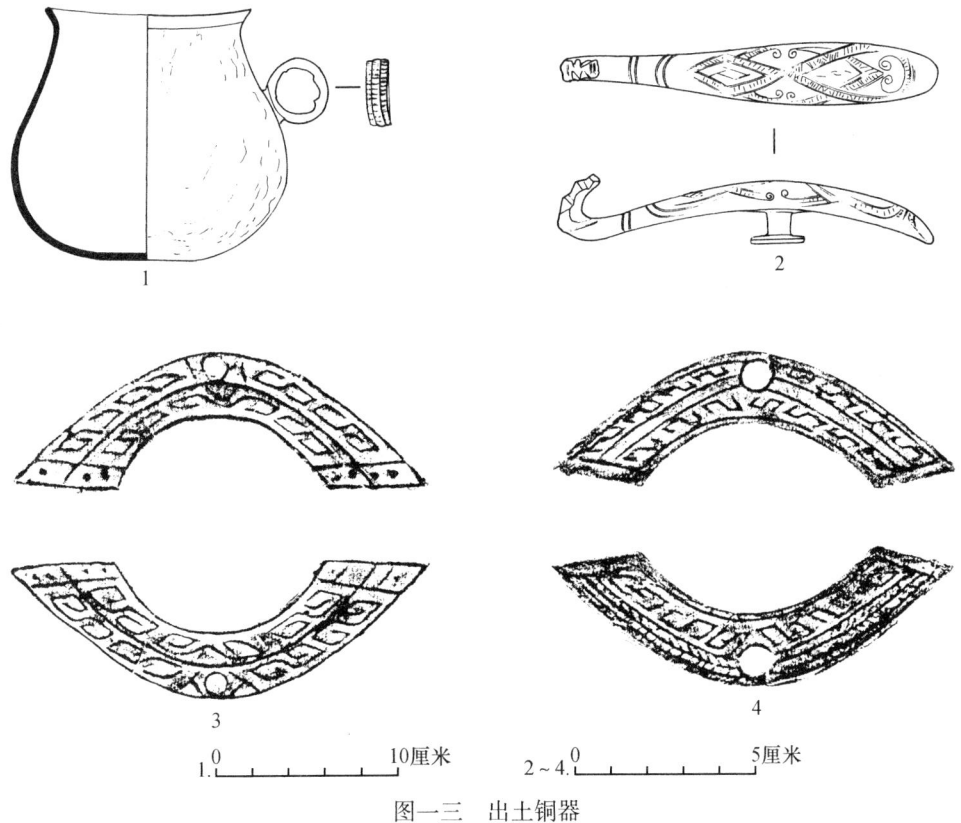

图一三　出土铜器

1. 鍪（M26：2）　2. 带钩（M26：1）　3. A型璜（M25：11）　4. B型璜（M25：6）

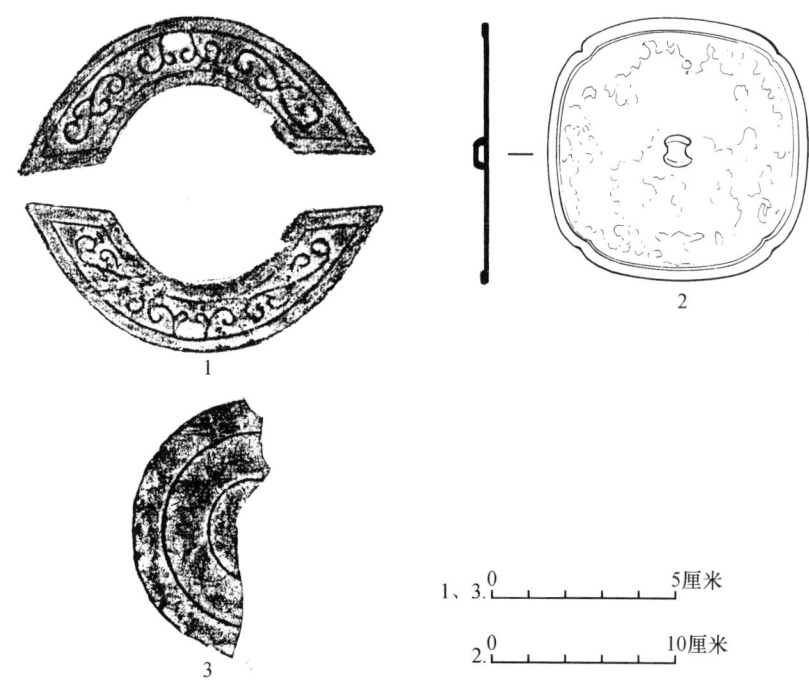

图一四　出土铜器
1. C型璜（M25∶10）　2. A型镜（M25∶1）　3. B型镜（M1∶2）

5. 铁器

1件。器形为削，腐朽甚重，无法提取。

6. 石刻

7件。有墓券及墓幢两类，皆红砂石质，出土于土坑墓中。

墓券　5方。券面方形或近方形，保存较差，有的无法提取或券面风化磨损甚重。

墓幢　2所。M24填∶11，仅存幢顶。M24填∶12，残存幢顶及幢身，幢身刻有墓记及《佛顶尊胜陀罗尼经咒》。

三、墓葬分述

（一）甲类墓

1. Aa型

M1　墓向97°。坑口平面呈长方形，长4.8、宽3.1、深2.9米。墓坑为斜直壁，平底，四周有一层生土二层台。墓坑底部长3.7、宽1.64~1.76米。二层台宽0.2~0.5、高约1.44米。墓葬填土可分为两层，有垮塌错层现象。第1层为黄色黏土与白膏泥混合而成的花土，厚约1.3米；第2层为黄色沙土与白膏泥混合而成的花土，厚约1.6米。葬具腐朽严重，仅存底板，为樟属木材，残长3.5、宽约1.6、厚约0.16米。人骨保存极差，仅剩数截残骨堆积于墓底东端。随葬器物主要集中放置于墓底东端。出土器物有陶豆、铜镜、铜盆、钱币、铁削等，其中铜盆、铁削腐朽甚重，已无法提取（图一五）。

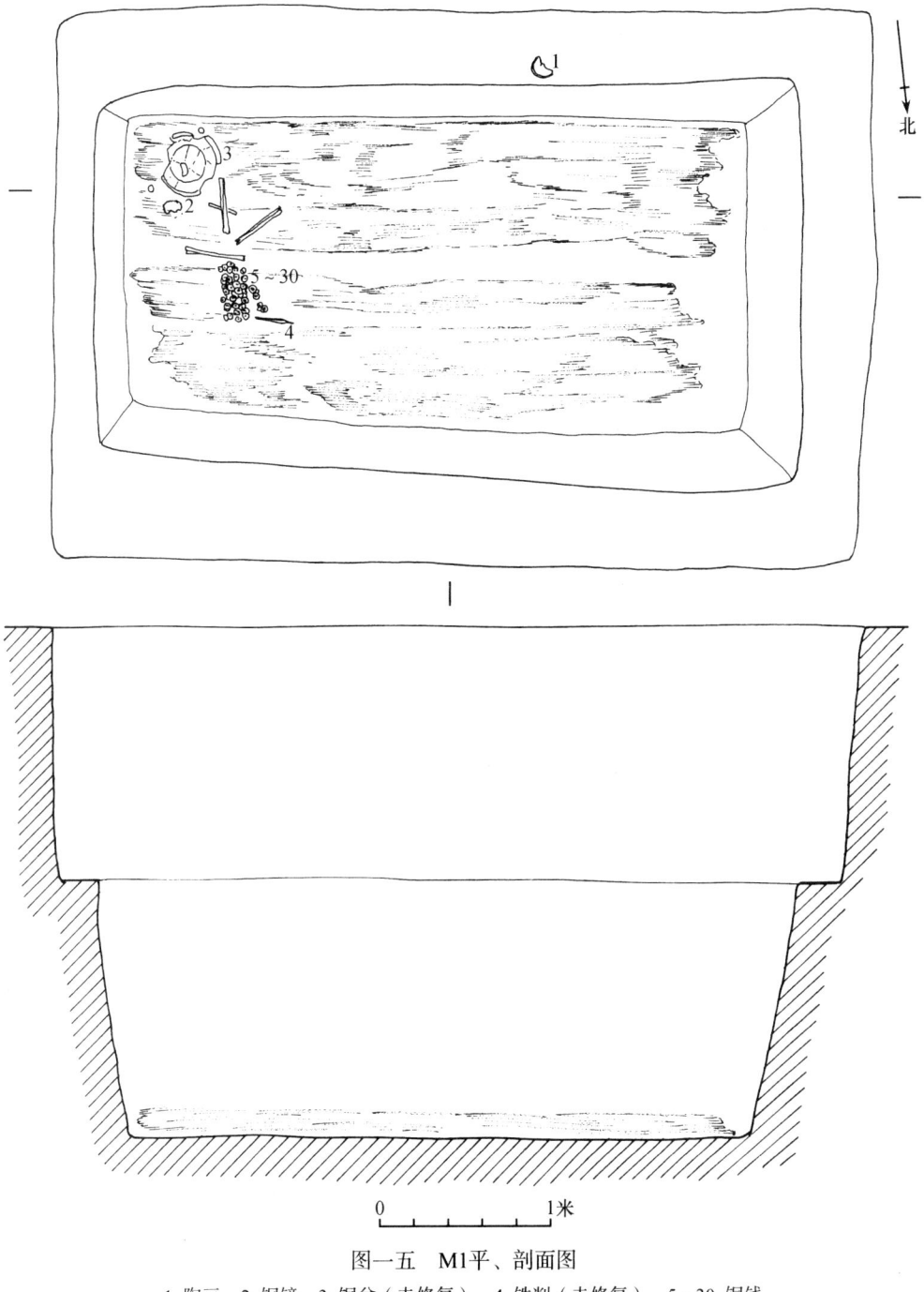

图一五 M1平、剖面图
1. 陶豆 2. 铜镜 3. 铜盆（未修复） 4. 铁削（未修复） 5~30. 铜钱

陶豆　1件。M1 : 1，泥质灰黑陶。口径27、足径10、高10厘米（图一六，1）。

B型铜镜　1件。M1 : 2，残径7、厚0.1厘米（图一六，2）。

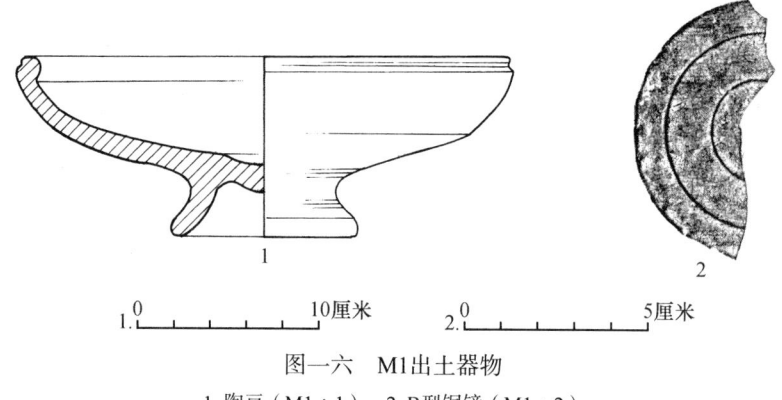

图一六　M1出土器物
1. 陶豆（M1 : 1）　2. B型铜镜（M1 : 2）

铜盆　1件。M1 : 3，甚残。无法提取，形制不详。

A型半两　60枚。M1 : 5，钱径3、穿宽1厘米，重3.87克（图一七，1）。M1 : 6，钱径3、穿宽0.9厘米，重3.84克（图一七，2）。M1 : 7，钱径3、穿宽1厘米，重4.58克（图一七，3）。M1 : 8，钱径3.2、穿宽1厘米，重4.34克（图一七，4）。M1 : 9，钱径3、穿宽1厘米，重5.45克（图一七，5）。M1 : 10，钱径3.2、穿宽1厘米，重5.65克（图一七，6）。M1 : 11，钱径3、穿宽1厘米，重6克（图一七，7）。M1 : 12，钱径3.1、穿宽1厘米，重7.03克（图一七，8）。M1 : 30，钱径3、穿宽0.9厘米，重3.71克（图一七，9）。

Ba型半两　10枚。M1 : 13，钱径2.7、穿宽0.9厘米，重2.56克（图一八，10）。M1 : 14，钱径2.6、穿宽1厘米，重1.84克（图一八，11）。M1 : 15，钱径2.5、穿宽1厘米，重2.48克（图一八，12）。M1 : 16，钱径2.7、穿宽1厘米，重2.83克（图一八，13）。M1 : 17，钱径2.8、穿宽0.7厘米，重2.9克（图一八，14）。

Bb型半两　4枚。M1 : 18，钱径3、穿宽1厘米，重3.7克（图一八，15）。M1 : 19，钱径3、穿宽0.7厘米，重3.72克（图一八，1）。M1 : 20，钱径3、穿宽1厘米，重3.82克（图一八，2）。M1 : 21，钱径3、穿宽0.8厘米，重3.33克（图一八，3）。

Da型半两　25枚。M1 : 22，钱径3、穿宽1厘米，重4.37克（图一八，4）。M1 : 23，钱径3、穿宽1厘米，重3.13克（图一八，5）。M1 : 24，钱径3、穿宽1厘米，重4克（图一八，6）。M1 : 25，钱径3、穿宽1厘米，重3.3克（图一八，7）。M1 : 26，钱径3、穿宽1厘米，重4.54克（图一八，8）。M1 : 27，钱径3、穿宽1厘米，重4.03克（图一八，9）。M1 : 28，钱径2.7、穿宽1厘米，重2.04克（图一七，10）。M1 : 29，钱径2.6、穿宽1厘米，重2.01克（图一七，11）。

铁削　1件。M1 : 4，甚残。无法提取，形制不详。

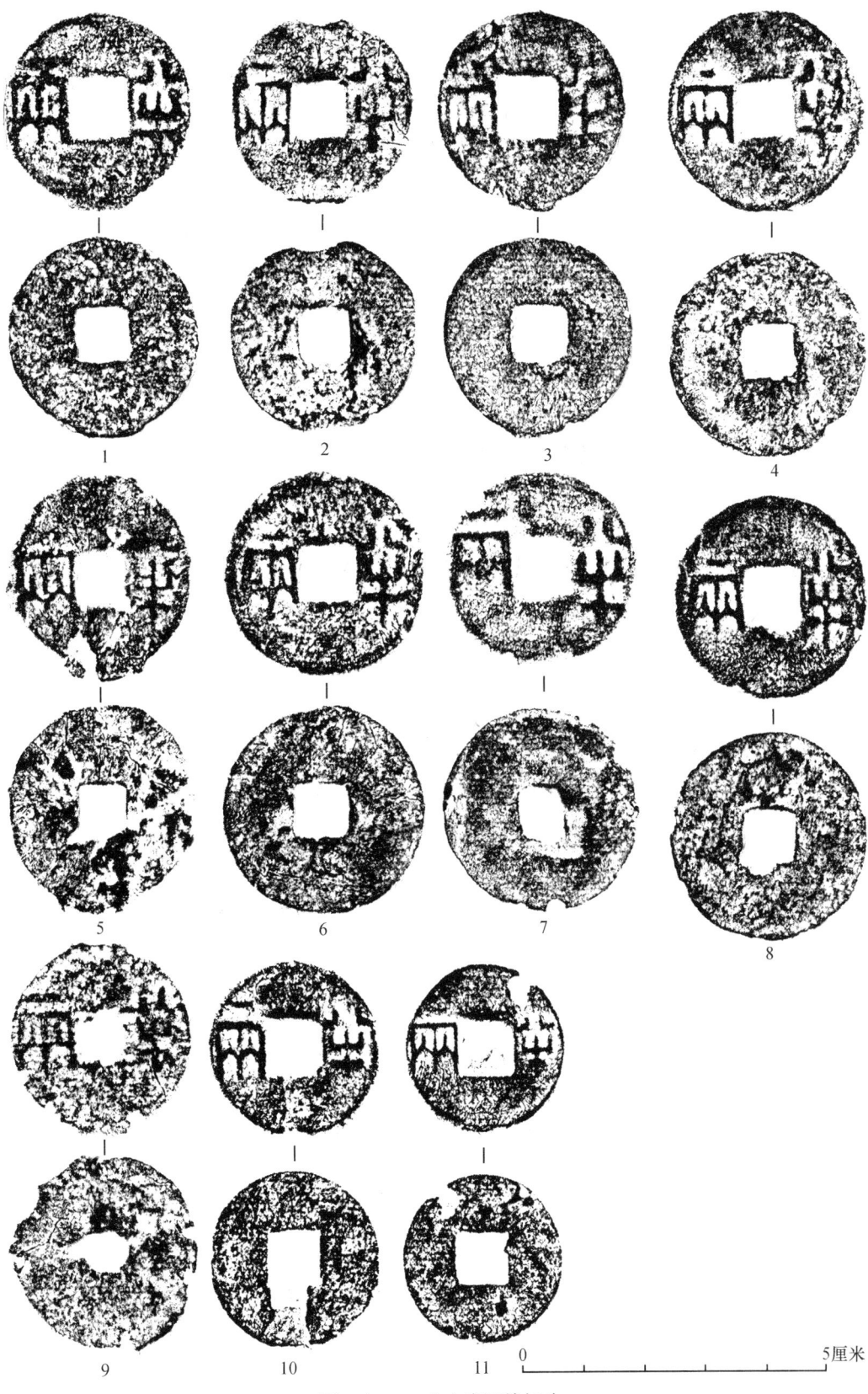

图一七 M1出土半两钱拓片

1~9.A型（M1:5、M1:6、M1:7、M1:8、M1:9、M1:10、M1:11、M1:12、M1:30） 10、11.Da型（M1:28、M1:29）

·210· 成都考古发现（2016）

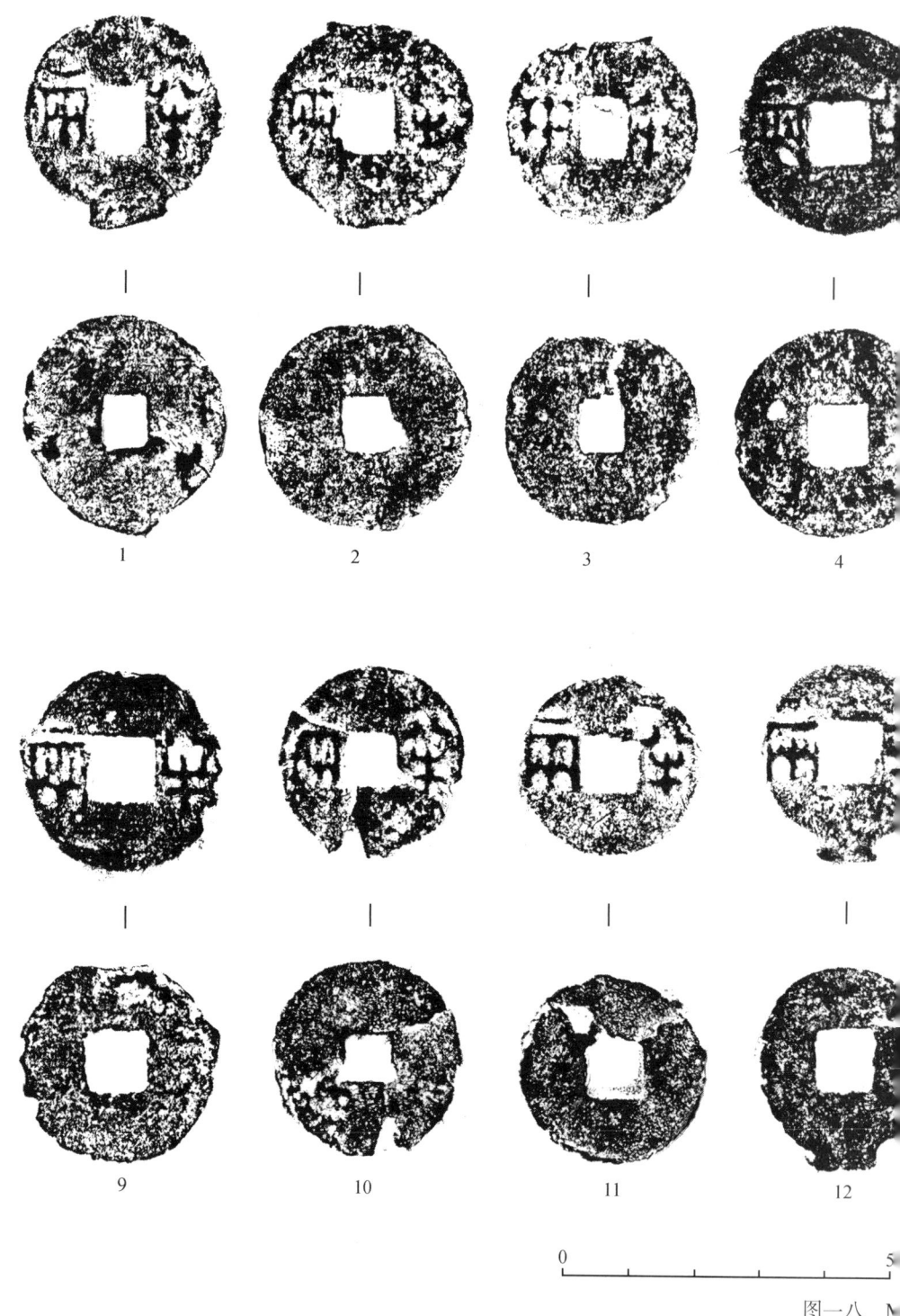

图一八 M
1~3.Bb型（M1:19、M1:20、M1:21） 4~9.Da型（M1:22、M1:23、M1:

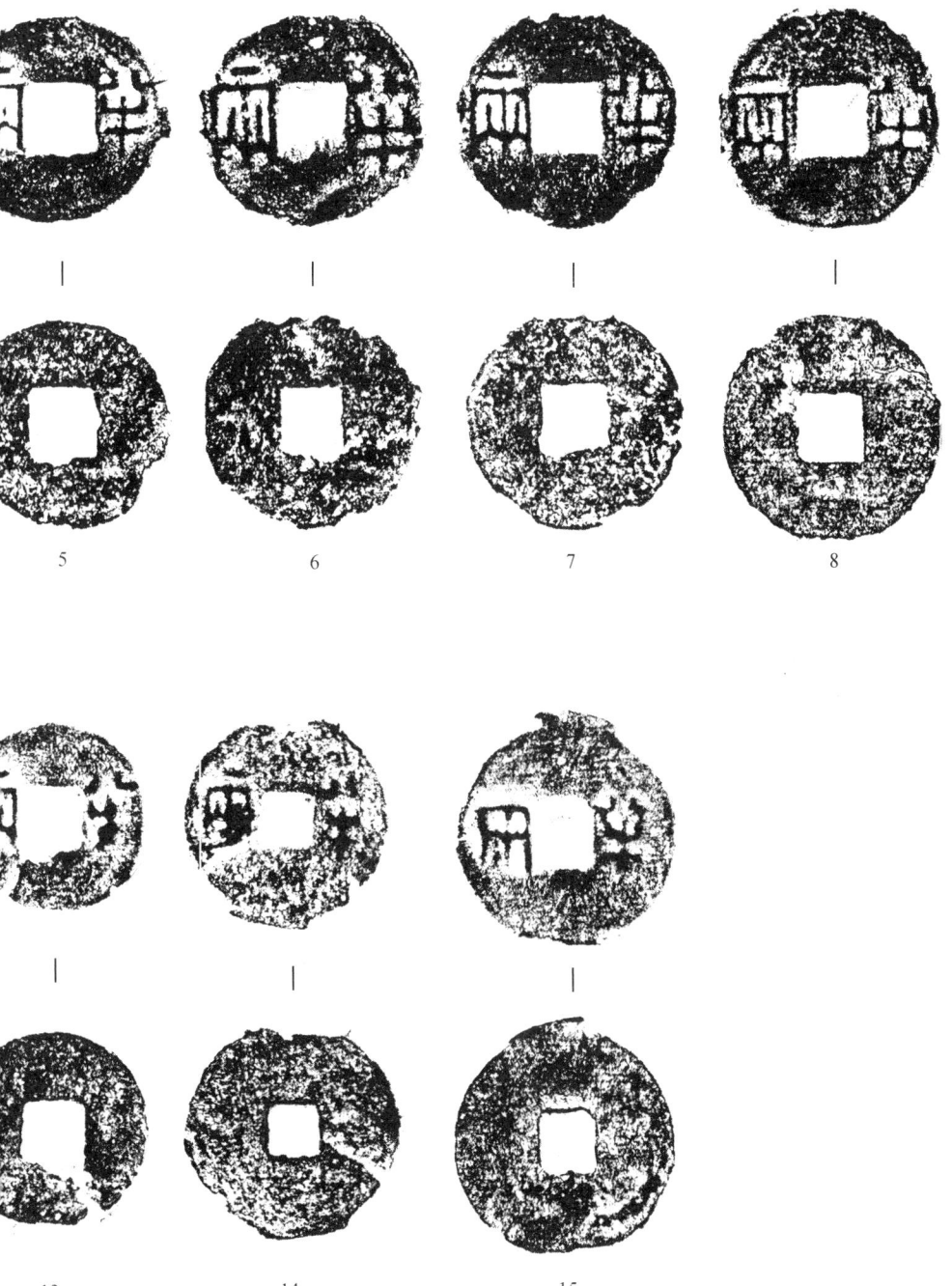

两钱拓片

25、M1∶26、M1∶27) 10~14.Ba型（M1∶13、M1∶14、M1∶15、M1∶16、

b型（M1∶18）

M2 墓向281°。坑口平面呈长方形，长3.6、宽2.6、深1.76米。墓坑为斜直壁，平底，四周有一层生土二层台。墓坑底部长2.9、宽1～1.05米。二层台宽0.25～0.68、高0.5～0.84米。墓葬填土可分为两层，有垮塌错层现象。第1层为黄色黏土与白膏泥混合而成的花土，厚约0.5米；第2层为黄色沙土与白膏泥混合而成的花土，厚约1.26米。葬具朽毁，接近墓底处有一层厚约0.03米的白膏泥。人骨不存。随葬器物集中放置于墓底西端。出土器物有陶圜底罐及陶甑等（图一九）。

图一九　M2平、剖面图
1、3.陶圜底罐　2、4、5、7.陶圜底罐（未修复）　6.陶甑

Aa型陶圜底罐　3件。M2：1，泥质陶，外灰内褐。肩部以下满布绳纹。口径12.6、腹径24、高22.8厘米（图二〇，1）。

Ab型陶圜底罐　3件。M2：3，泥质灰褐陶。肩部以下满布绳纹。口径12、腹径18.4、高16厘米（图二〇，2）。

陶甑　1件。M2：6，泥质灰陶。箅径12厘米（图二〇，3）。

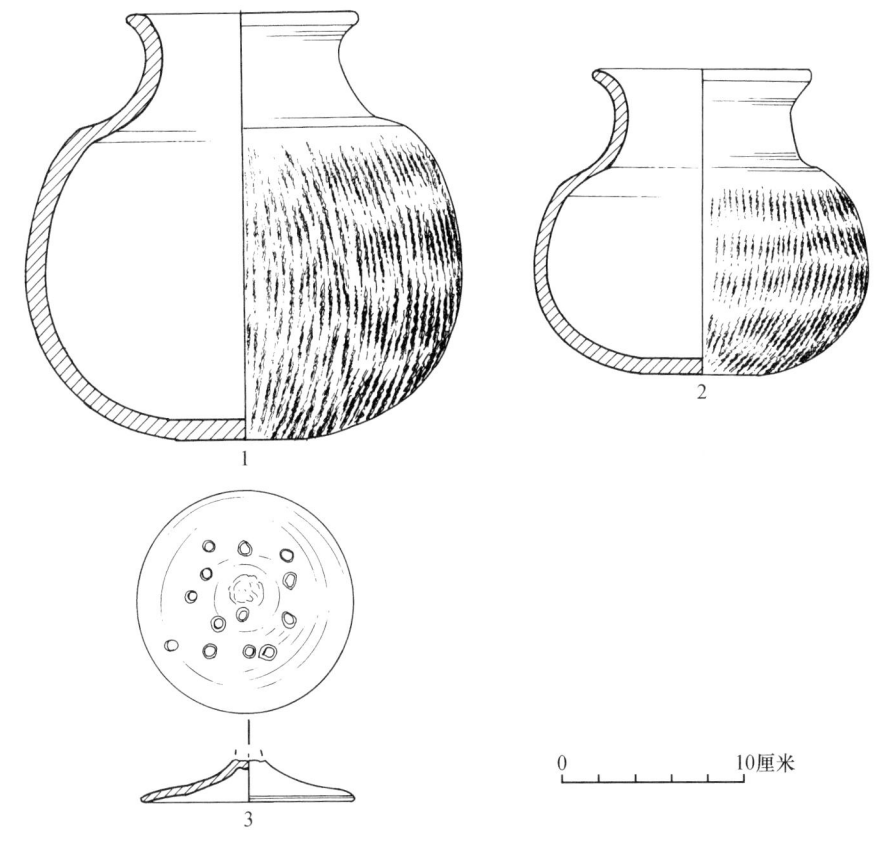

图二〇 M2出土陶器
1. Aa型圜底罐（M2∶1） 2. Ab型圜底罐（M2∶3） 3. 甑（M2∶6）

M25 墓向301°。坑口平面呈长方形，长4.24、宽2.72、深2.34米。墓坑为斜直壁，平底，东西两侧有一层生土二层台。墓坑底部长4.24、宽1.4米。二层台宽0.4～0.64、高约1.22米。墓葬填土可分为两层，有垮塌错层现象。第1层为黄色黏土与白膏泥混合而成的花土，厚约0.74米；第2层为黄色沙土与白膏泥混合而成的花土，厚约1.6米。葬具朽毁，仅于墓底东端残留一块朽木板，残长1.1、残宽0.8、厚约0.06米。二层台壁面及墓葬近底处有一层厚0.03～0.1米的白膏泥。人骨不存。随葬器物集中放置在墓底西部及中部。出土器物有陶圜底罐、铜璜等（图二一）。

Ab型陶圜底罐 1件。M25∶1，泥质陶，外黑内褐。肩部以下满布绳纹。口径12、腹径18、高15.4厘米（图二二，1）。

Bb型陶圜底罐 1件。M25∶4，泥质陶，外灰内褐。肩部以下满布绳纹。口径16、腹径19、高16.4厘米（图二二，2）。

A型铜璜 2件。正反两面器身均饰菱状"S"纹带两层，足端饰两层点线纹，两层之间用一条线纹隔开。M25∶11，器宽1.8、足宽2.8、高11.5厘米（图二三，5）。M25∶5，残宽1.6、足宽2.5、残高6.7厘米（图二三，6）。

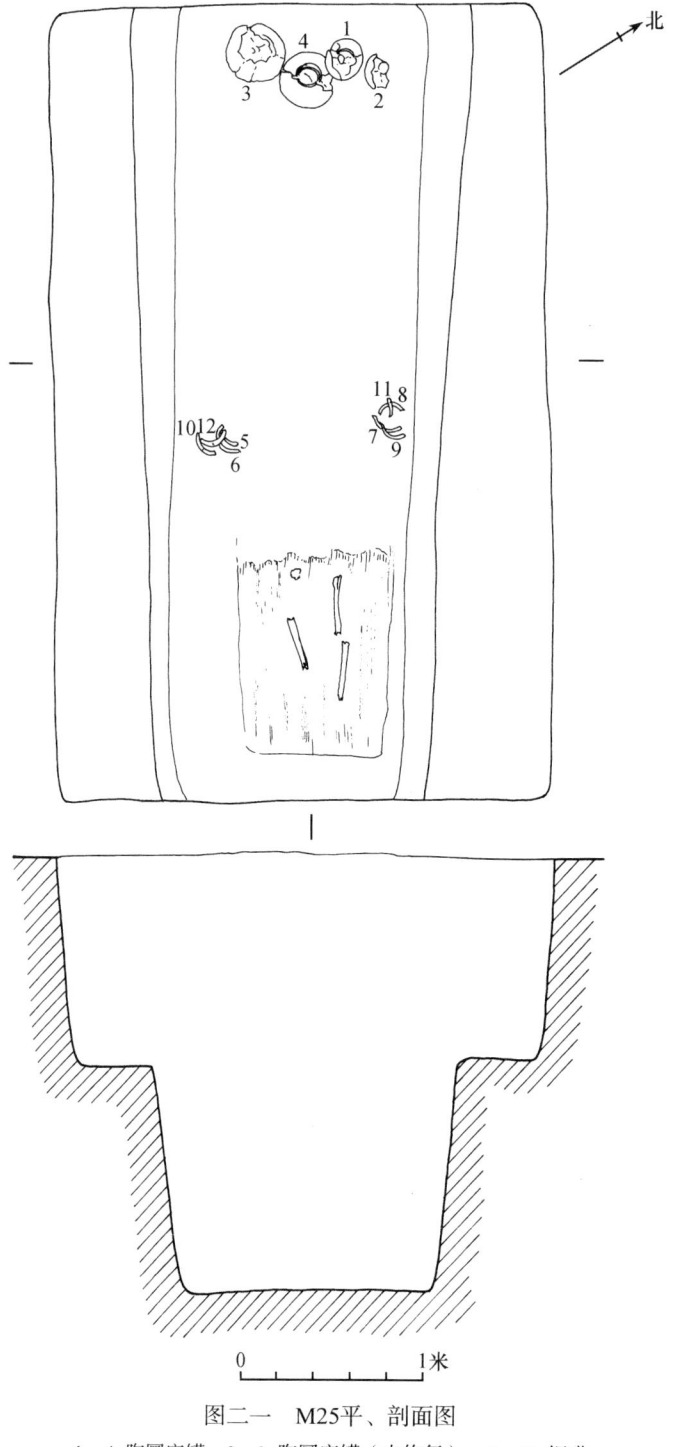

图二一　M25平、剖面图
1、4.陶圜底罐　2、3.陶圜底罐（未修复）　5~12.铜璜

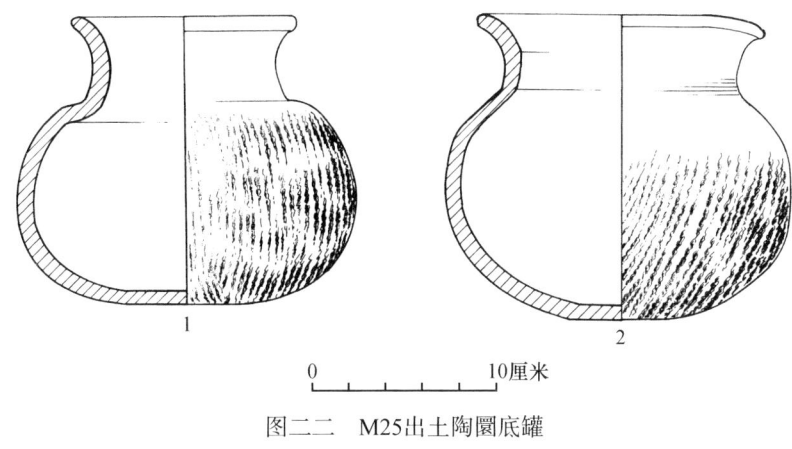

图二二　M25出土陶圜底罐
1. Ab型（M25∶1）　2. Bb型（M25∶4）

B型铜璜　5件。M25∶6、M25∶12，器身正面均饰菱状"S"纹带两层，两层之间用两条线纹隔开，背面饰一层菱状"S"纹带及一层麦穗纹带。大小相同，器宽1.7、足宽2.5、高11厘米（图二三，7、8）。M25∶7、M25∶9，正反两面器身均饰麦穗纹及菱状"S"纹带各一层，两层之间用两条线纹隔开。大小相同，器宽1.8、足宽2.4、高11厘米（图二三，1、2）。M25∶8，器身正反两面均饰一磬形框，框内饰一层麦穗纹带。器宽2、足宽2.2、高10厘米（图二三，3）。

C型铜璜　1件。M25∶10，器身正反两面均饰一磬形框，框内饰卷云纹。器宽1.8、足宽2、高10厘米（图二三，4）。

M26　墓向290°。坑口平面呈长方形，长4.65、宽2.6、深2.75米。墓坑为斜直壁，平底，四周有一层生土二层台。墓坑底部长3.6、宽1.6～1.64米。二层台宽0.24～0.36、高约1.3米。墓葬填土可分为两层，有垮塌错层现象。第1层为黄色黏土与白膏泥混合而成的花土，厚约0.55米；第2层为黄色沙土与白膏泥混合而成的花土，厚约2.2米。葬具朽毁，仅于二层台壁面见一周白膏泥及木朽痕。人骨不存。出土器物有铜鍪及铜带钩等（图二四）。

铜鍪　1件。M26∶2，口径11、腹径15、高13厘米（图二五，1；图版一二，1）。

铜带钩　1件。M26∶1，通长10.4、腹宽1.6厘米（图二五，2）。

M29　墓向218°。坑口平面呈长方形，长5.04、宽3.2、深2.48米。墓坑为斜直壁，平底，四周有一层生土二层台。墓坑底部长4.2、宽1.68米。二层台宽0.3～0.46、高约0.86米。墓葬填土可分为两层，有垮塌错层现象。第1层为黄色黏土与白膏泥混合而成的花土，厚约0.5米；第2层为黄色沙土与白膏泥混合而成的花土，厚约1.98米。葬具几近完全朽毁，仅二层台壁面见一周白膏泥与木朽痕，以及墓底残存两块木板痕迹。人骨不存。出土器物仅见陶罐（图二六）。

Ba型陶圜底罐　1件。M29∶1，泥质灰褐陶。口径14、残高5厘米（图二七）。

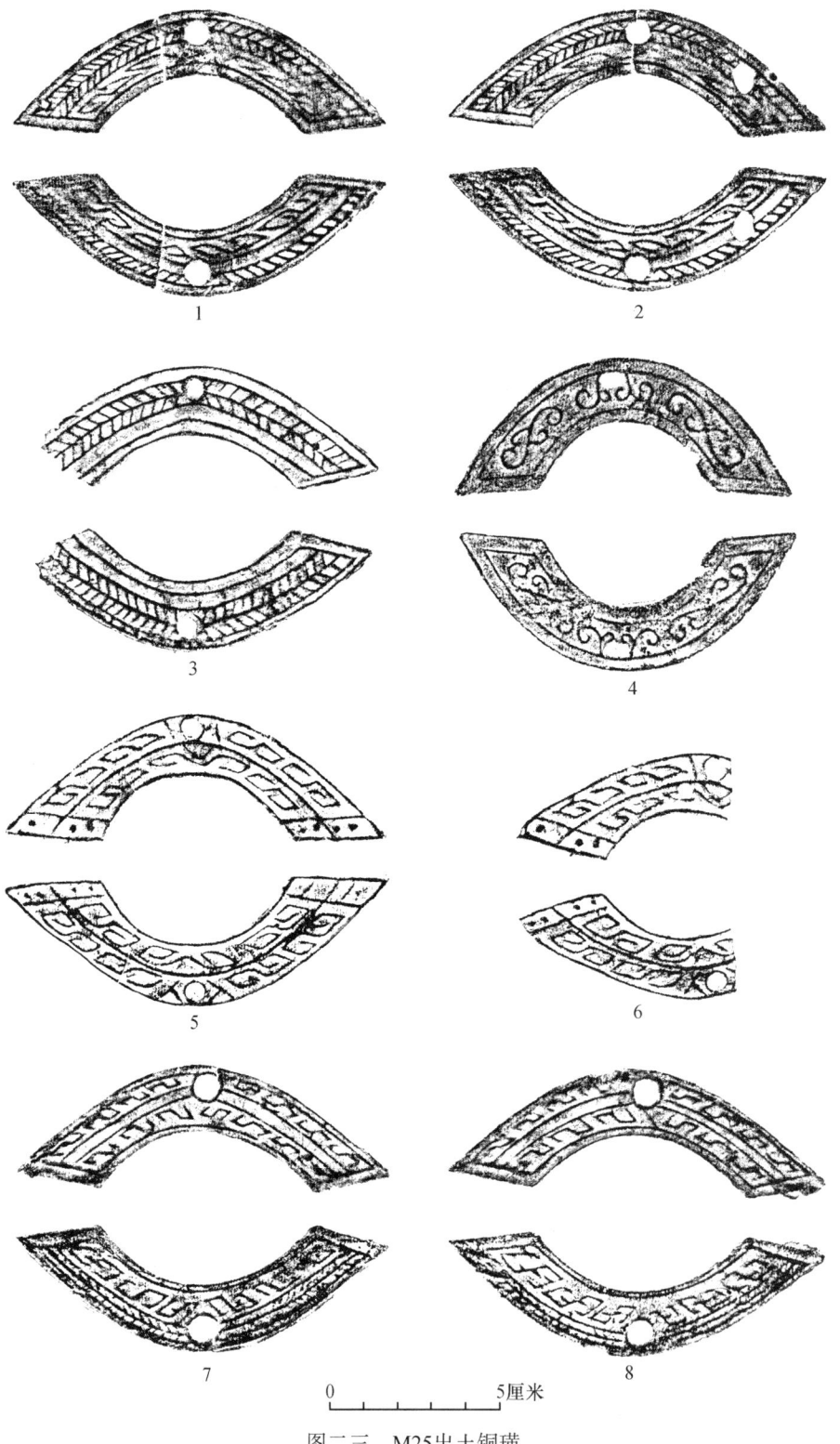

图二三　M25出土铜璜

1~3. B型（M25：7、M25：9、M25：8）　4. C型（M25：10）　5、6. A型（M25：11、M25：5）
7、8. B型（M25：6、M25：12）

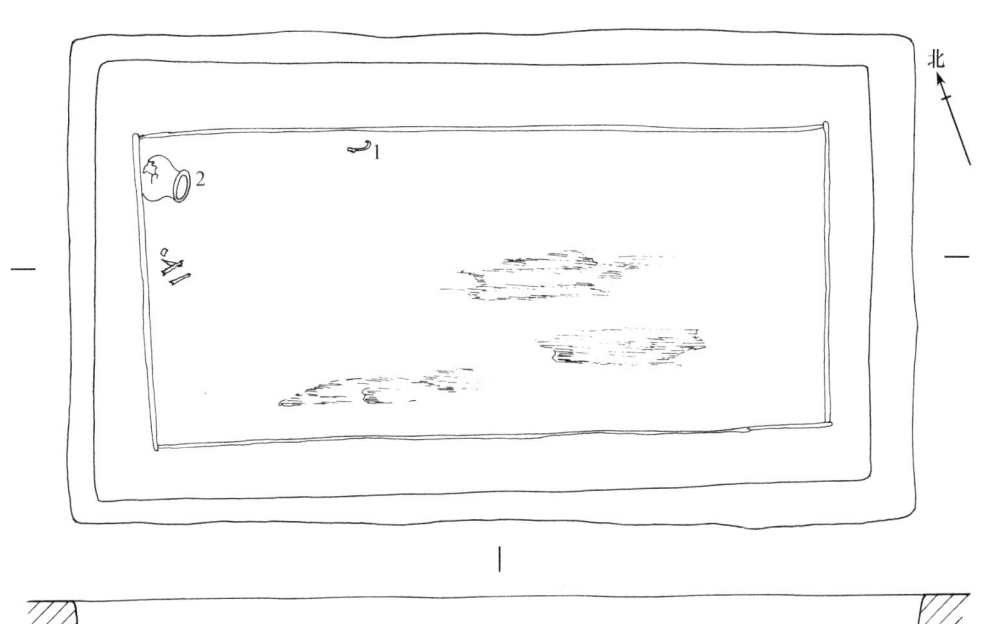

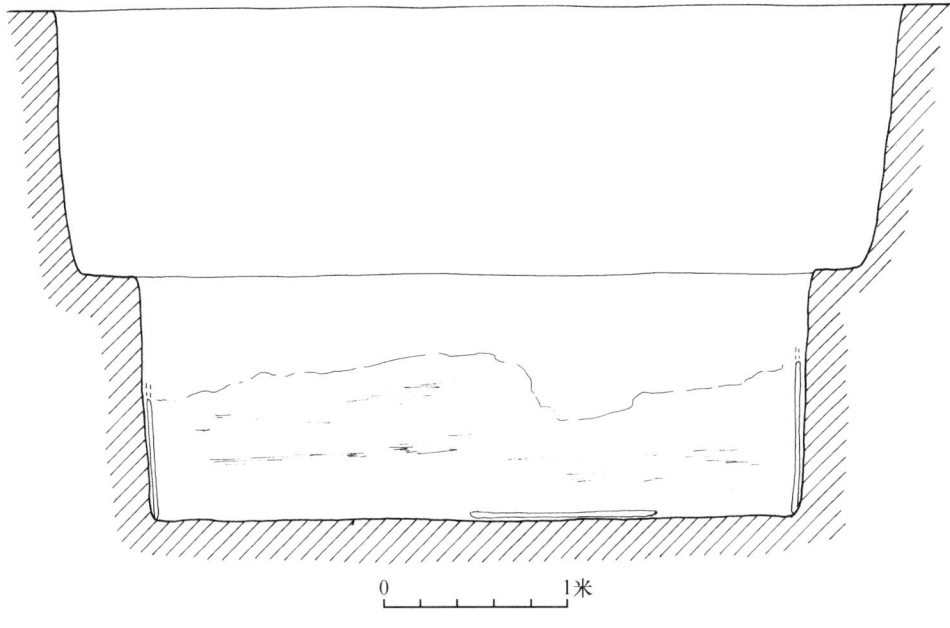

图二四　M26平、剖面图

1. 铜带钩　2. 铜鋬

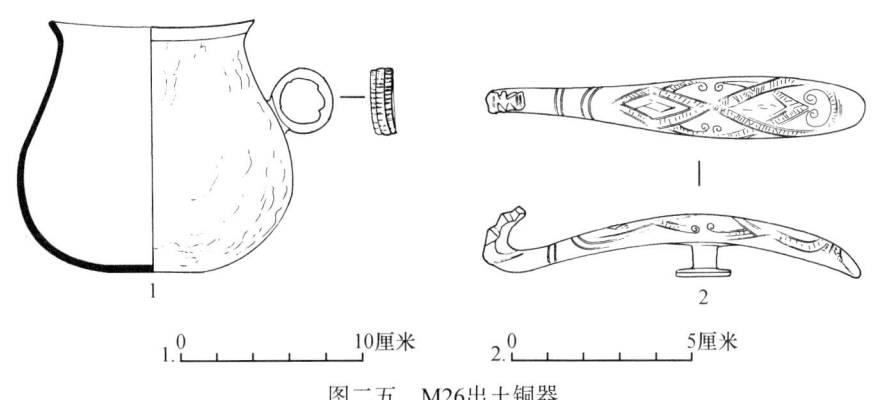

图二五　M26出土铜器

1. 鋬（M26:2）　2. 带钩（M26:1）

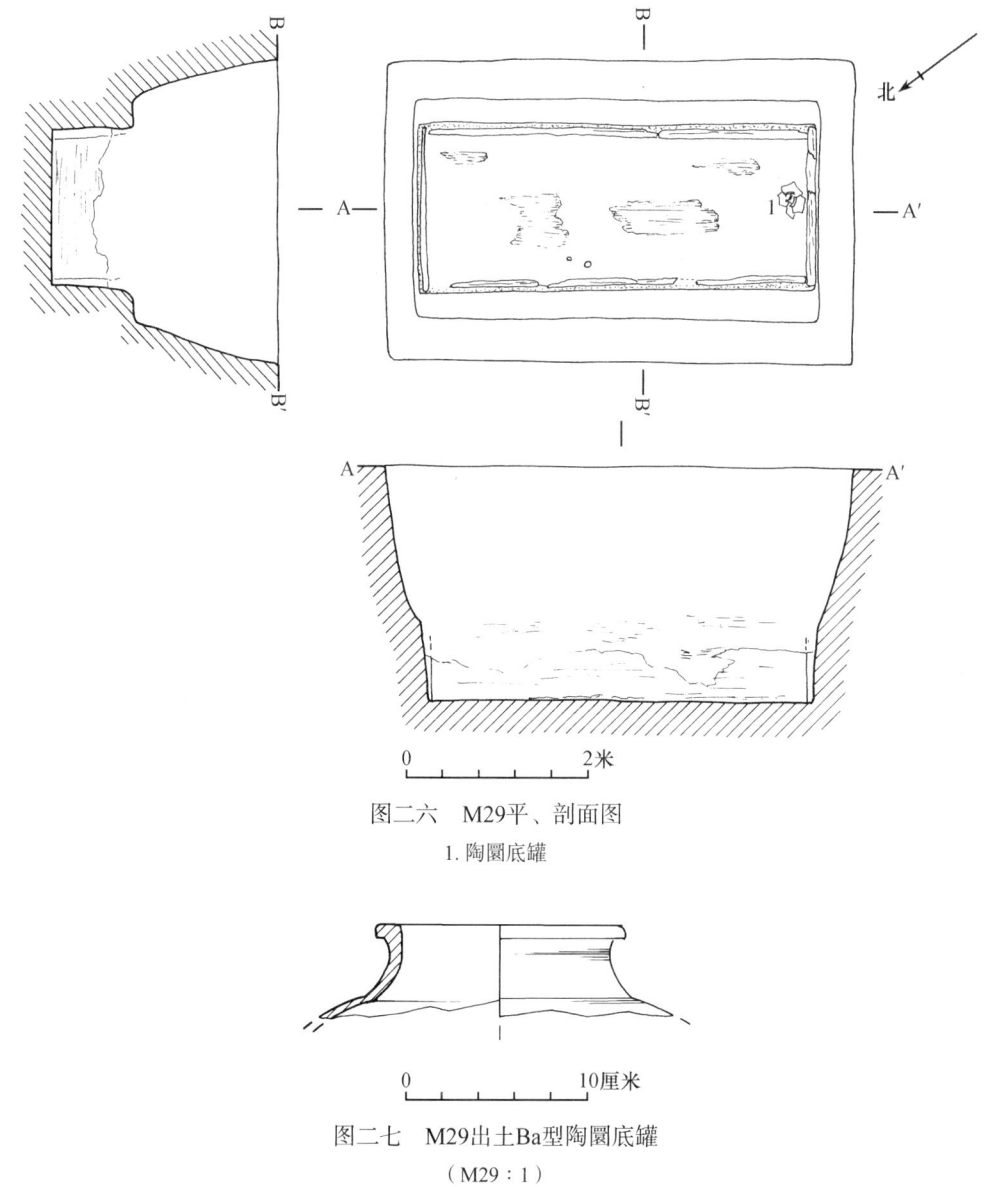

图二六　M29平、剖面图
1.陶圜底罐

图二七　M29出土Ba型陶圜底罐
（M29∶1）

2. Ab型

M21　墓向134°。残存墓底。现存坑口平面呈长方形，长3.26、宽1.96、残深0.36米。直壁，平底。葬具不存。未见人骨及出土物（图二八）。

M30　墓向301°。坑口平面呈长方形，长6.1、宽3.34、深3米。墓坑为斜直壁，平底。墓坑底部长5.86、宽3.2米。墓葬填土可分为两层，有垮塌错层现象。第1层为黄色黏土与白膏泥混合而成的花土，厚约0.8米；第2层为黄色沙土与白膏泥混合而成的花土，厚约2.2米。根据墓室内残存的两块木板推测葬具为一棺一椁，其中棺板有移位的现象，棺内底及周围皆包裹一层厚0.07～0.15米的白膏泥，棺残长2.5、宽0.96、残高0.2

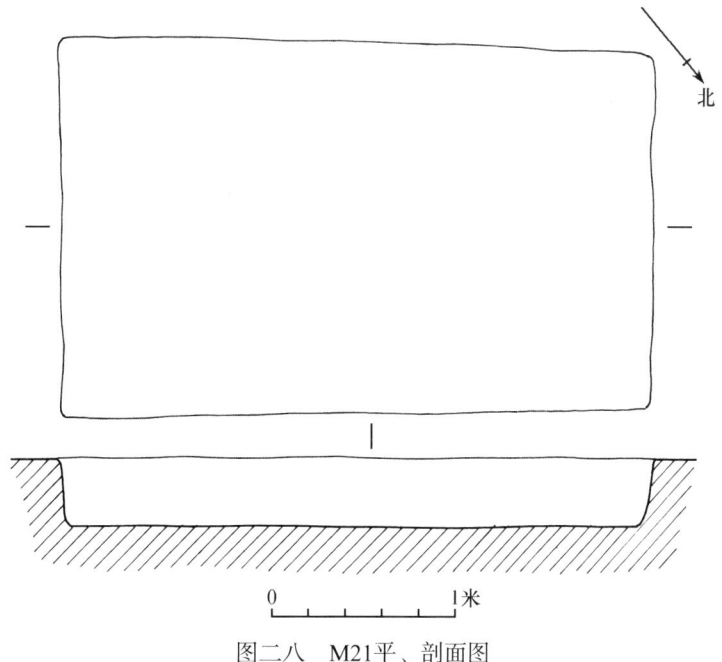

图二八　M21平、剖面图

米；椁板残长3.8、残宽2.16、残高0.5米。椁板外与墓壁之间填有包含大量白膏泥的灰白色黏土，土质紧实，夯打而成，夯窝明显，厚1.36米。人骨不存（图二九）。

出土器物仅见钱币。

A型半两　4枚。M30：1，钱径3、穿宽1厘米，重3.29克（图三〇，1）。

Ba型半两　1枚。M30：2，钱径2.9、穿宽1厘米，重4.4克（图三〇，2）。

Ca型半两　9枚。M30：3，钱径2.3、穿宽1厘米，重1.52克（图三〇，3）。M30：4，钱径2.3、穿宽1厘米，重1.55克（图三〇，4）。M30：5，钱径2.3、穿宽1厘米，重

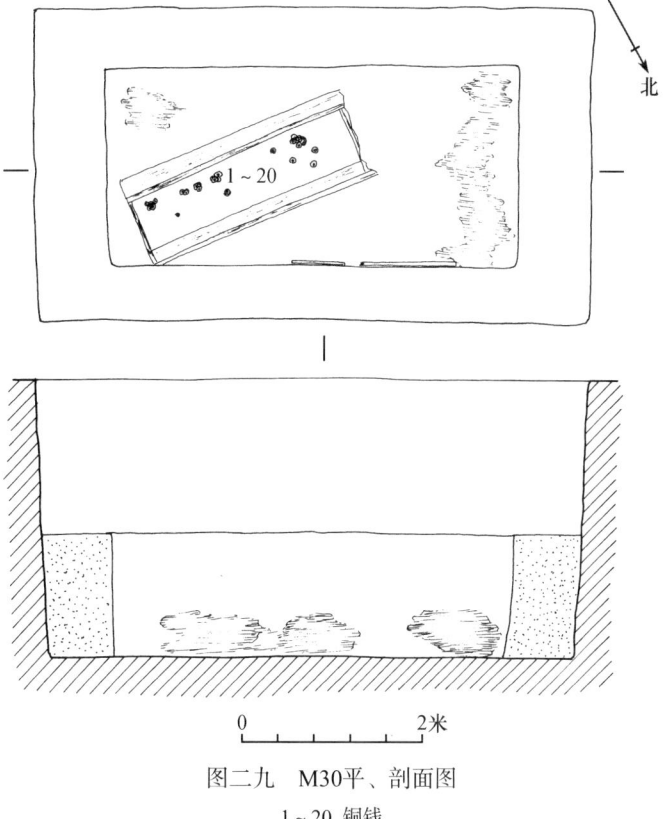

图二九　M30平、剖面图
1~20. 铜钱

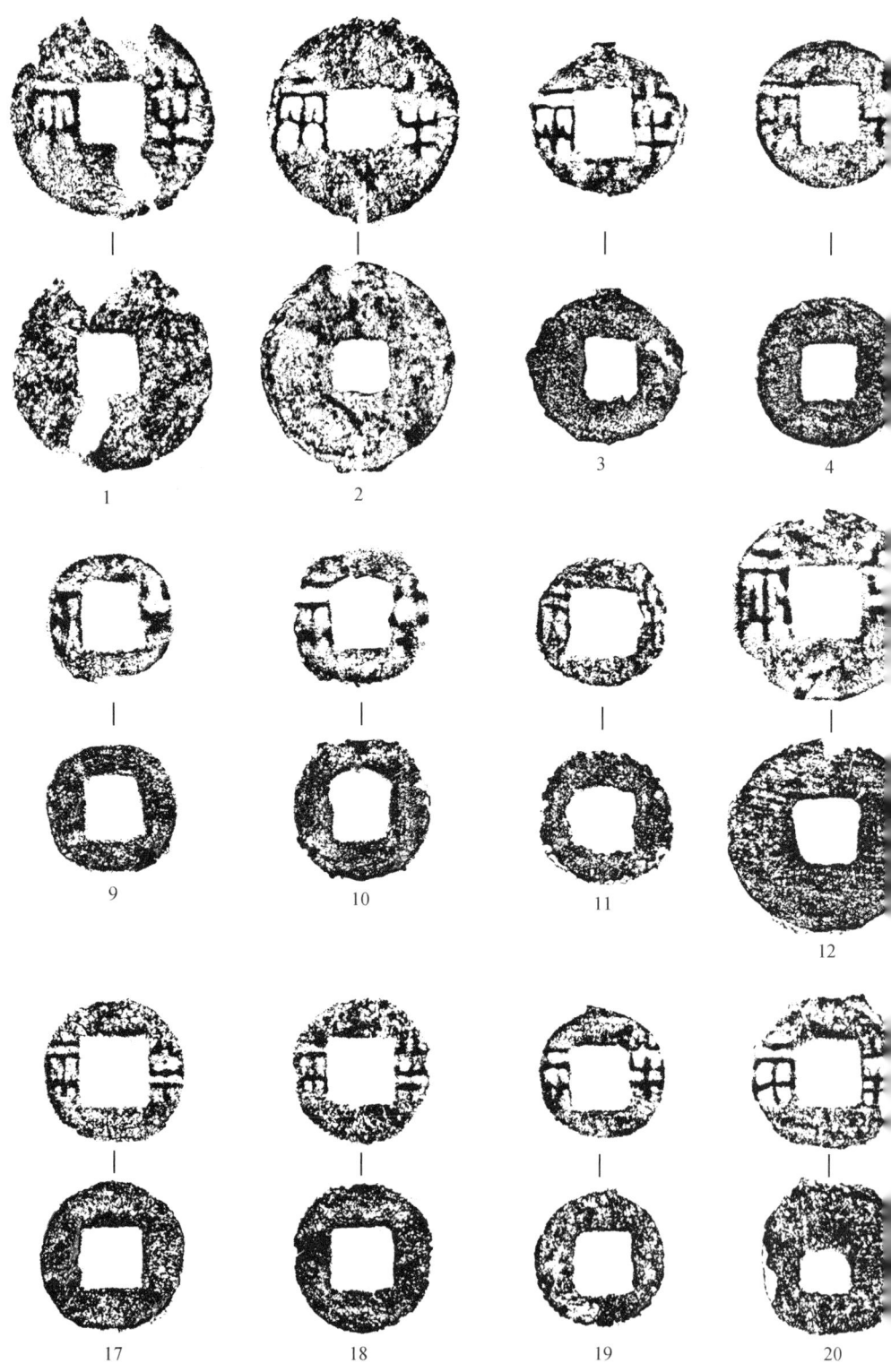

图三〇 M
1. A型（M30：1） 2. Ba型（M30：2） 3~8. Ca型（M30：3、M30：4、M30：5、M30：6、M30：7、M30
（M30：15、M30：16、M30：

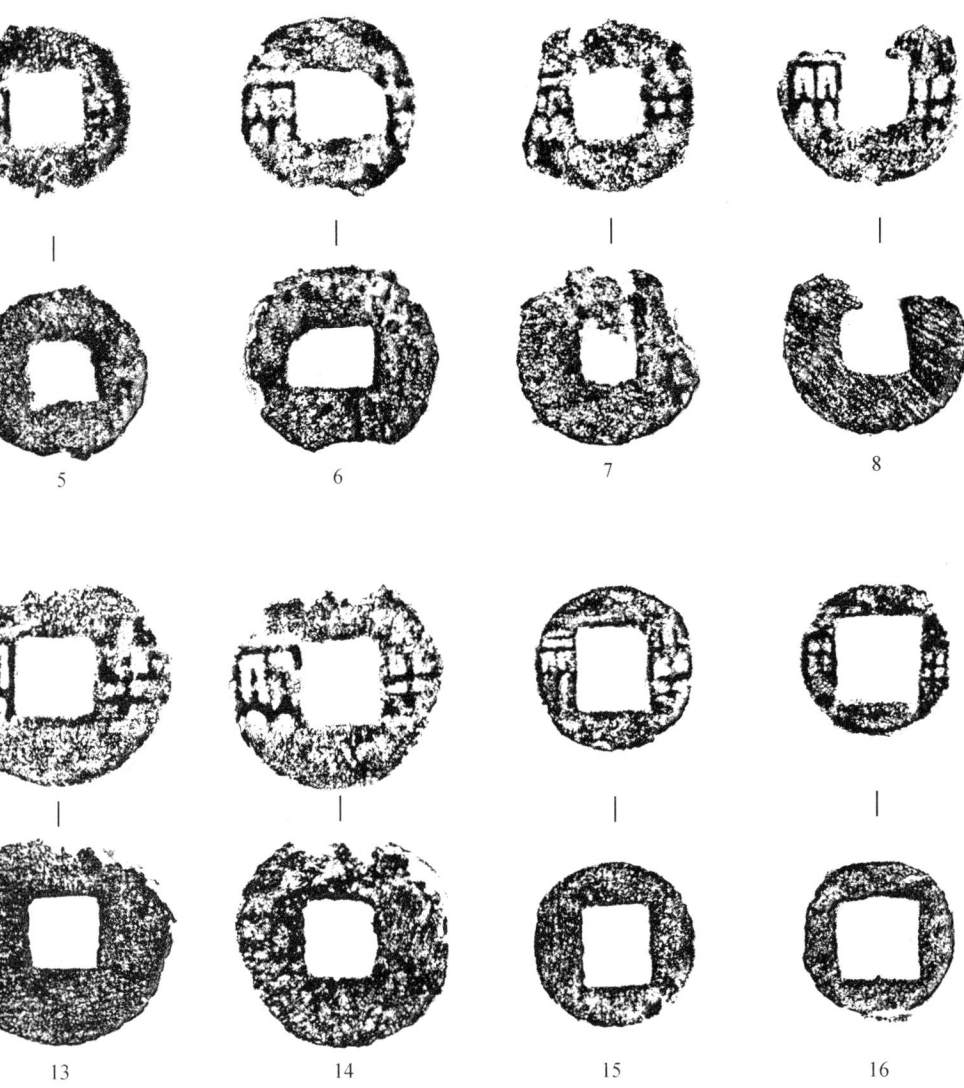

5厘米

两钱拓片

.Cb型（M30∶9、M30∶10、M30∶11） 12～14.Da型（M30∶12、M30∶13、M30∶14） 15～20.Db型
18、M30∶19、M30∶20）

1.85克（图三〇，5）。M30 : 6，钱径2.5、穿宽1厘米，重3.04克（图三〇，6）。M30 : 7，钱径2.5、穿宽1厘米，重1.58克（图三〇，7）。M30 : 8，钱径2.4、穿宽1厘米，重1.46克（图三〇，8）。

Cb型半两　6枚。M30 : 9，钱径2、穿宽1.1厘米，重1.08克（图三〇，9）。M30 : 10，钱径2、穿宽0.9厘米，重1.35克（图三〇，10）。M30 : 11，钱径1.9、穿宽1厘米，重0.65克（图三〇，11）。

Da型半两　4枚。M30 : 12，钱径2.8、穿宽1.1厘米，重2.62克（图三〇，12）。M30 : 13，钱径2.7、穿宽1.1厘米，重2.35克（图三〇，13）。M30 : 14，钱径3、穿宽1.1厘米，重2.41克（图三〇，14）。

Db型半两　12枚。M30 : 15，钱径2.2、穿宽1厘米，重1.2克（图三〇，15）。M30 : 16，钱径2.1、穿宽1厘米，重1.1克（图三〇，16）。M30 : 17，钱径2.2、穿宽1厘米，重1.11克（图三〇，17）。M30 : 18，钱径2.2、穿宽0.9厘米，重0.92克（图三〇，18）。M30 : 19，钱径2、穿宽1厘米，重1.06克（图三〇，19）。M30 : 20，钱径2.2、穿宽1厘米，重1.43克（图三〇，20）。

3. B型

M20　墓向322°。坑口平面呈长方形，长5.2、宽2.3~2.4、残深1.4米。墓坑为斜直壁，平底，四周有一层生土二层台。墓坑底部长4.64、宽1.9米。二层台宽0.16~0.34、厚约0.8米。墓葬填土可分为两层，有垮塌错层现象。第1层为黄色黏土与白膏泥混合而成的花土，厚约0.2米；第2层为黄色沙土与白膏泥混合而成的花土，厚约1.2米。葬具几近完全朽毁，仅二层台壁面见一周白膏泥与木朽痕。木朽痕与二层台之间留有0.1~0.22米的缝隙，缝隙内填黄色黏土与白膏泥混合而成的花土。人骨不存。随葬器物主要集中在墓底西端。出土器物有陶罐、陶豆等（图三一）。

Aa型陶圜底罐　2件。M20 : 3，泥质陶，外灰内褐。口径11、残高7厘米（图三二，1）。M20 : 5，泥质陶，外灰内褐。口径10.6、腹径1.9、底径6、高17厘米（图三二，2）。

Ba型陶圜底罐　1件。M20 : 4，泥质褐陶，外施黑色陶衣。口径11.6、残高5厘米（图三二，4）。

陶豆　2件。M20 : 1，泥质灰白陶。口径13、底径5、高5厘米（图三二，3）。M20 : 6，泥质灰黑陶。口径13.5、底径5、高5厘米（图三二，5）。

M27　墓向326°。现存坑口平面呈长方形，长4.1、宽约1.58、残深1.22米。墓坑为直壁，平底。墓葬填土可分为两层，有垮塌错层现象。第1层为黄色黏土与白膏泥混合而成的花土，厚约0.2米；第2层为黄色沙土与白膏泥混合而成的花土，厚约1.02米。二层台壁面及墓葬近底处有一层厚0.03~0.05米的白膏泥。葬具朽毁。人骨不存。出土器物仅见陶罐（图三三）。

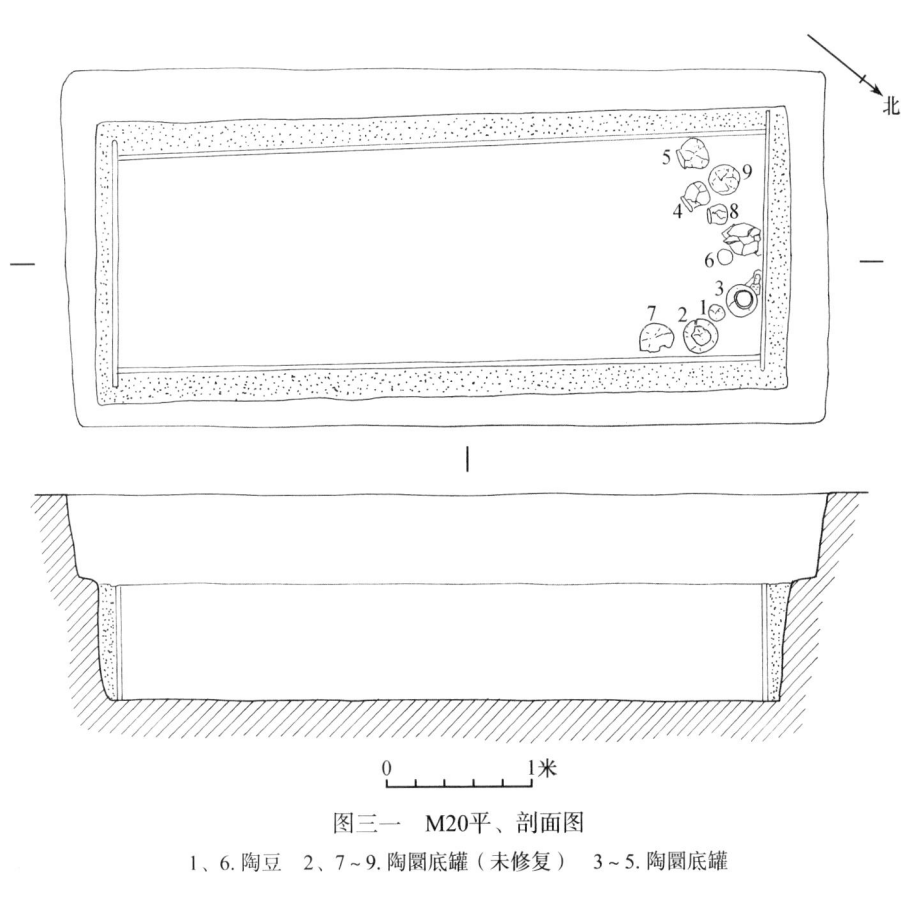

图三一 M20平、剖面图

1、6.陶豆 2、7~9.陶圜底罐（未修复） 3~5.陶圜底罐

图三二 M20出土陶器

1、2.Aa型圜底罐（M20:3、M20:5） 3、5.豆（M20:1、M20:6） 4.Ba型圜底罐（M20:4）

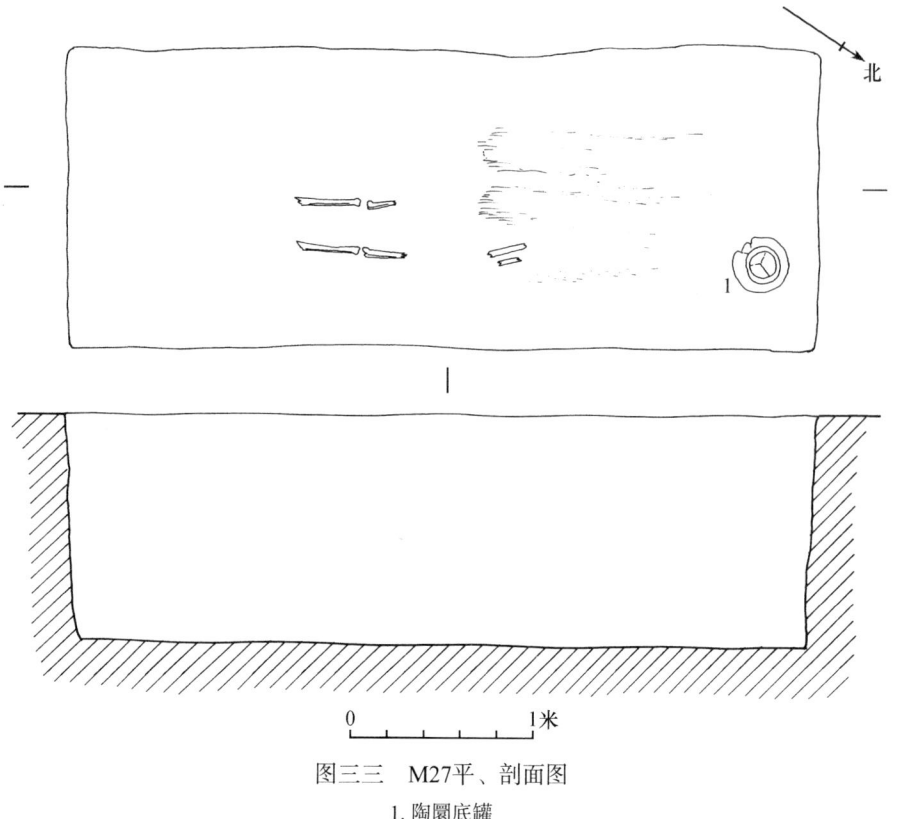

图三三　M27平、剖面图
1. 陶圜底罐

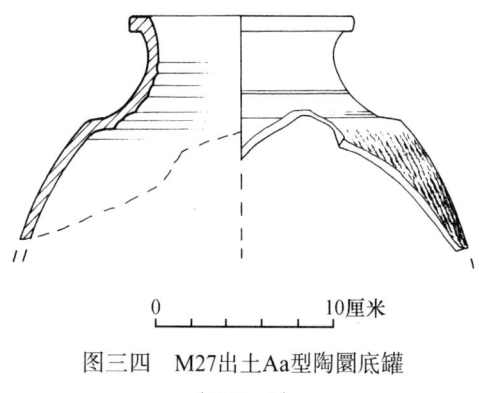

图三四　M27出土Aa型陶圜底罐
（M27：1）

Aa型陶圜底罐　1件。M27：1，泥质陶，外黑内褐。口径12.4、残高13厘米（图三四）。

M28　墓向221°。残存墓底，南壁被晚期墓葬打破。残存坑口平面呈长方形，长4、宽1.38、残深0.3米。直壁，平底。现葬具朽毁，仅在墓底北端见一块木朽痕。未见人骨及出土物（图三五）。

（二）乙类墓

1. Ⅰ类A型

M3　墓向187°。墓圹平面呈南宽北窄的梯形，长1.24、宽0.7～0.9、残深0.25米，填土为黄褐色含沙黏土。无墓道。墓圹内砌一砖室，无甬道。墓室长0.9、宽0.26～0.37、残高0.22米。墓室底部无棺台，由横砖错缝平铺。残存墓壁由一层平砖及一层丁砖交替而成。残存封门与墓壁砌筑方式相同，宽0.75、厚0.07、残高0.22米。墓顶因被破坏而形制不明。墓室墓砖有长方形青灰色砖及橙红色砖两种，主要规格为32厘米×16厘米—3.3厘米。出土器物仅见瓷四系罐1件（图三六）。

Ab型瓷四系罐　1件。M3：1，砖红色胎，酱黑釉。口径8.4、腹径15、底径10、高17厘米（图三七）。

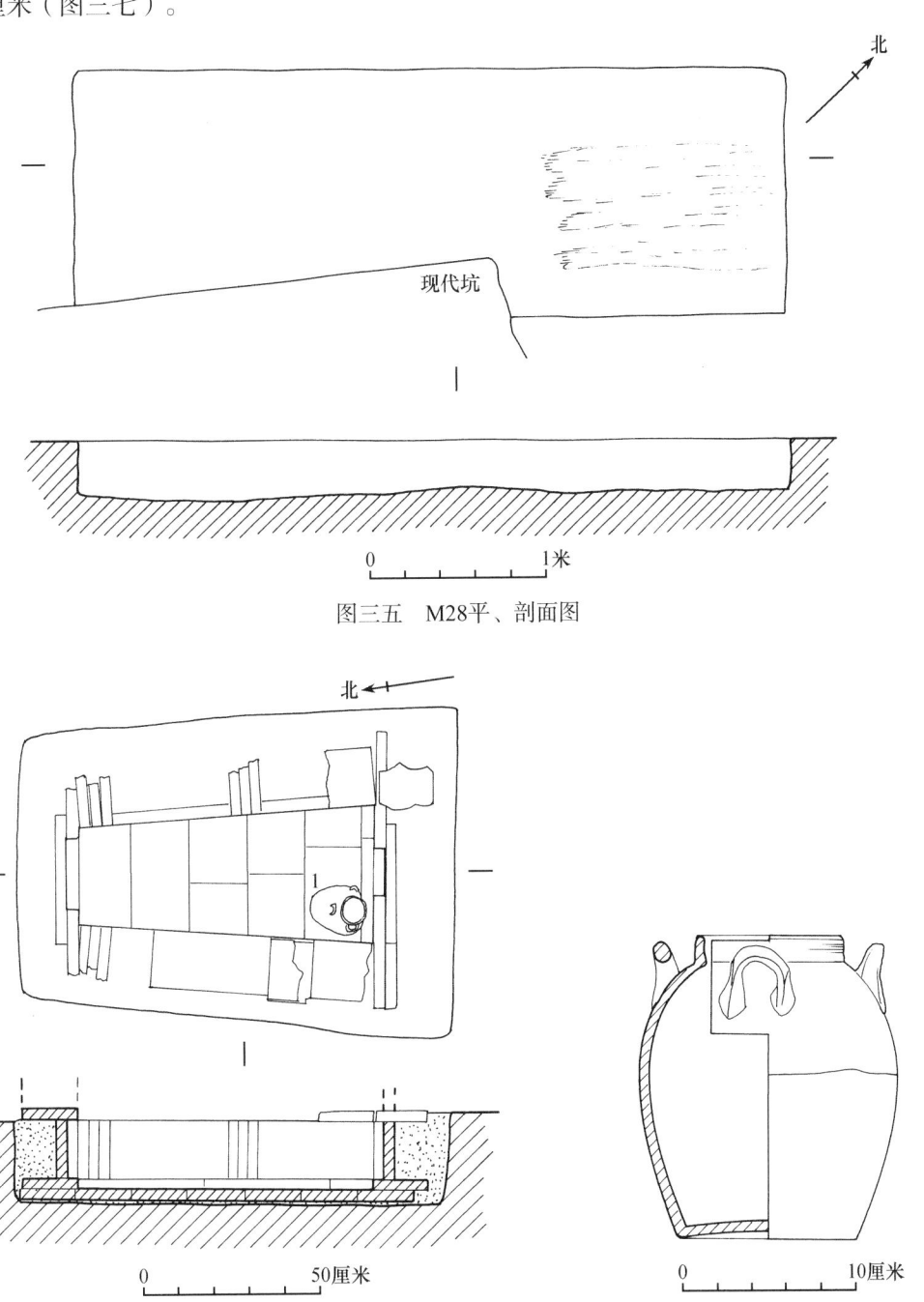

图三五　M28平、剖面图

图三六　M3平、剖面图
1. 瓷四系罐

图三七　M3出土Ab型瓷四系罐
（M3：1）

M10 墓向177°。墓圹平面呈南宽北窄的梯形，长1.8、宽0.73～1.08、残深0.45米，填土为黄褐色含沙黏土。无墓道。墓圹内砌一砖室，无甬道。墓室长1.3、宽0.23～0.5、残高0.49米。墓室底部无棺台，由横砖错缝平铺。残存墓壁在两组顺铺的平砖及横铺的丁砖上平铺三层。东西两壁各有一侧龛，大小、形制相同，宽0.15、高0.16、进深0.1米。现存封门在铺地砖上先砌筑一平一丁的横砖，再平铺三层横砖，宽0.7、厚0.07、残高0.29米。墓顶因被破坏而形制不明。墓砖有长方形青灰色砖及橙红色砖两种，主要有33厘米×16.6厘米—3.7厘米、33.5厘米×16.5厘米—3.5厘米两种规格。出土器物有瓷四系罐、瓷小罐、瓷盏等（图三八）。

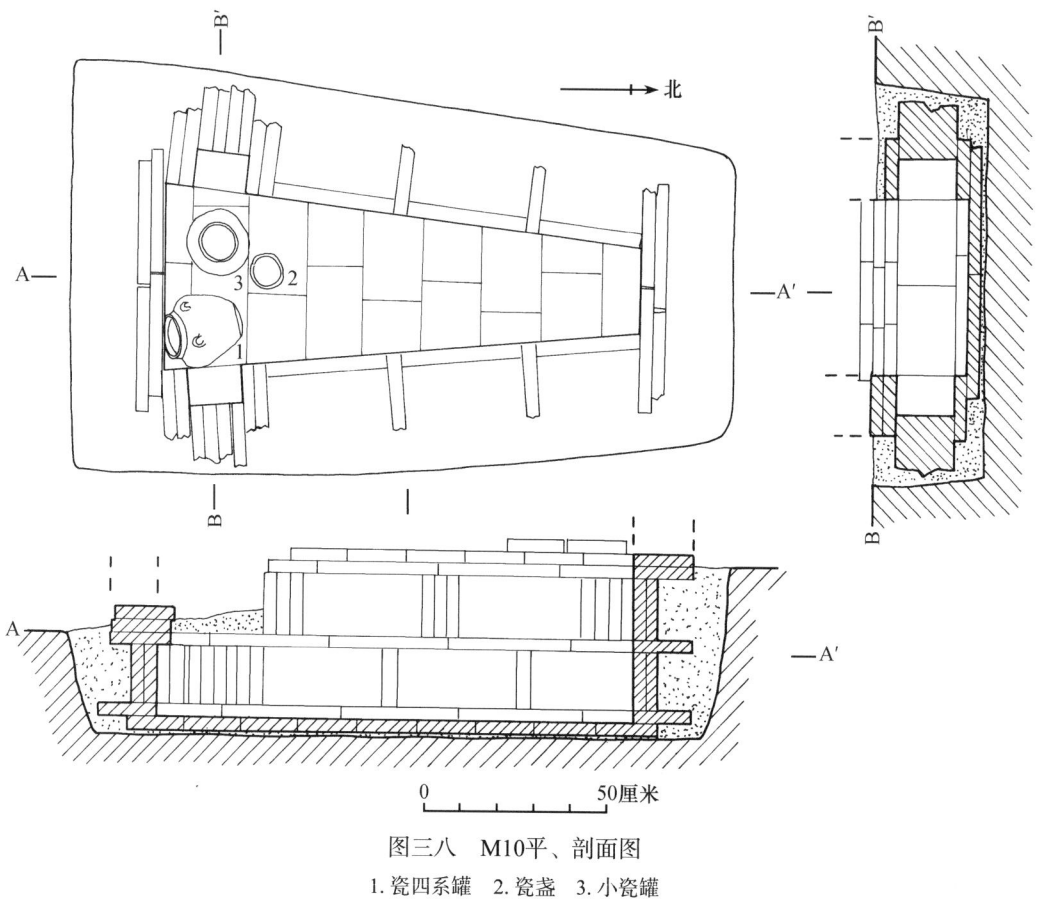

图三八　M10平、剖面图
1.瓷四系罐　2.瓷盏　3.小瓷罐

Ab型瓷四系罐　1件。M10∶1，灰褐色胎，酱黑釉。口径8.1、腹径13.4、底径8、高16.4厘米（图三九，1）。

小瓷罐　1件。M10∶3，砖红色胎，挂粉黄色化妆土，釉面脱落。口径4.2、腹径6、底径4.4、高6厘米（图三九，2）。

Bb型瓷盏　1件。M10∶2，砖红色胎，挂米黄色化妆土，青釉，内底残留支钉痕。口径11、底径4.5、高3厘米（图三九，3）。

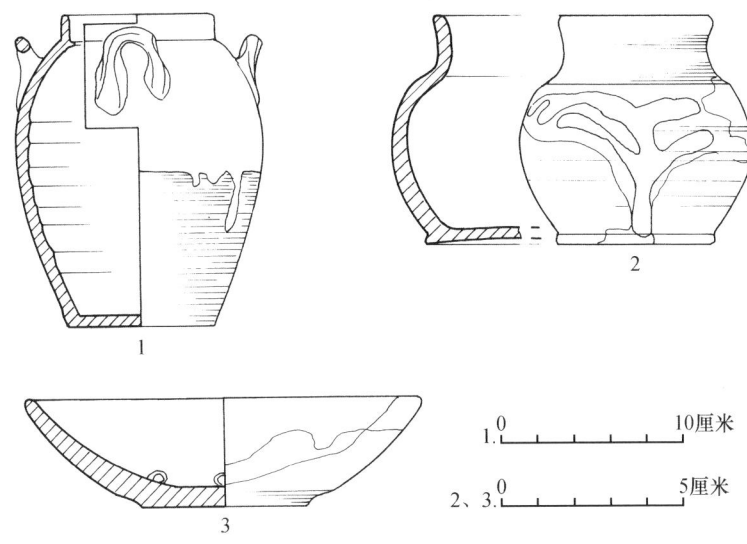

图三九　M10出土瓷器
1. Ab型四系罐（M10：1）　2. 小罐（M10：3）　3. Bb型盏（M10：2）

M13　墓向203°。墓圹平面呈南宽北窄的梯形，长1.58、宽0.8～1、残深0.48米，填土为黄褐色含沙黏土。无墓道。墓圹内砌一砖室，无甬道。墓室长1.03、宽0.34～0.46、残高0.49米。墓室底部无棺台，由横砖错缝平铺。残存墓壁由两组顺铺的平砖及横铺的丁砖构成。东西两壁各有一侧龛，侧龛大小、形制相同，宽0.13、高0.18、进深0.1米。现存封门在铺地砖上砌筑两组一平一丁的横砖，宽0.7、厚0.07、残高0.42米。墓顶因被破坏而形制不明。墓砖为长方形青灰色砖，主要有35厘米×17.2厘米—3厘米、35.4厘米×17.2厘米—3厘米两种规格。出土器物有瓷四系罐、瓷盏及钱币等（图四〇）。

Aa型瓷四系罐　1件。M13：1，棕红胎，挂米黄色化妆土，青釉。口径12.4、腹径23、底径12、高25厘米（图四一，1）。

Ab型瓷盏　1件。M13：2，灰胎，绿釉。口径10.8、底径4、高4厘米（图四一，2）。

Bc型瓷盏　1件。M13：4，棕红胎，挂米黄色化妆土，青釉，内底残留支钉痕。口径10.8、底径4.4、高3.5厘米（图四一，3）。

Ba型开元通宝　3枚。M13：3，钱径2.4、穿宽0.7厘米，重2.85克（图四一，4）。

Bb型开元通宝　1枚。M13：5，钱径2.7、穿宽0.7厘米，重1.75克（图四一，5）。

铁钱　9枚。M13：8，钱径3、穿宽1厘米，重5.49克。M13：9，钱径3、穿宽1厘米，重4.18。M13：10，钱径2.9、穿宽1厘米，重5.31克。

2. Ⅰ类Ba型

保存情况极差，现以M5、M14为例介绍如下。

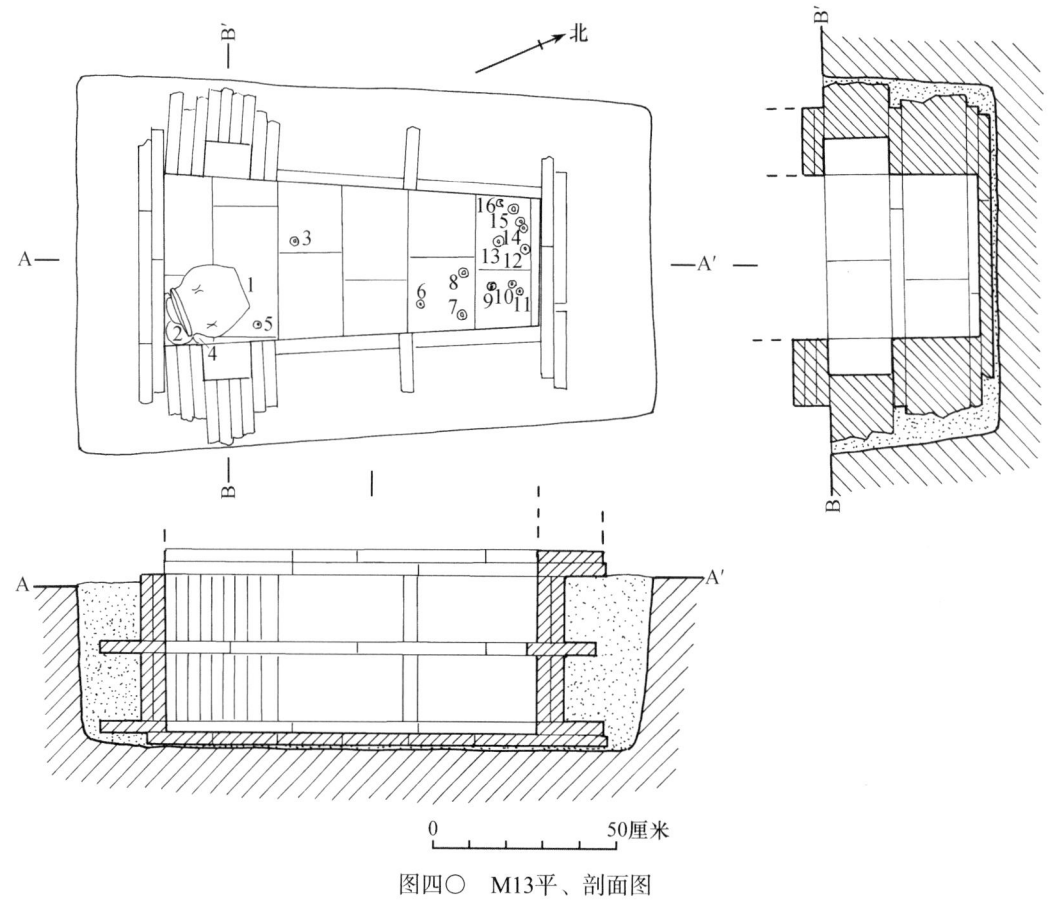

图四〇 M13 平、剖面图
1. 瓷四系罐　2、4. 瓷盏　3、5~7. 铜钱　8~16. 铁钱

M5　墓向1°。保存情况较差，残存墓底。墓圹平面呈长方形，长1.6、宽1.02、残深0.19米，填土为黄褐色含沙黏土。无墓道。墓圹内砌一砖室，无甬道。墓室长1.12、宽0.41、残高0.12米。墓室底部无棺台，由横砖错缝平铺。封门残存两层，在铺地砖上横铺一层平砖及一层丁砖。残宽0.68、厚0.14、残高0.21米。墓砖有长方形青灰色砖及橙红色砖两种，主要有36.5厘米×18.5厘米—3厘米、31.8厘米×16厘米—4厘米、37厘米×18.5厘米—3厘米三种规格。未见出土器物（图四二）。

M14　墓向143°。墓圹平面呈长方形，长1.18、宽0.86、残深0.28米，填土为黄褐色含沙黏土。无墓道。墓圹内砌一砖室，无甬道。墓室长0.82、宽0.34、残高0.29米。墓室底部无棺台，由横砖平铺而成。残存墓壁在铺地砖上先铺一层横顺交替的丁砖，再顺铺三层平砖。封门残存两层，在铺地砖上横向砌筑一层丁砖及三层平砖，残宽0.61、厚0.17、残高0.28米。墓顶因被破坏而形制不明。墓砖为长方形青灰色砖，主要有34.8厘米×17.4厘米—3.8厘米、35.8厘米×16.8厘米—4.3厘米两种规格。出土器物有瓷四系罐、瓷双耳罐、瓷盏等（图四三）。

成都市青龙乡海滨村年家院子墓地发掘简报 ·229·

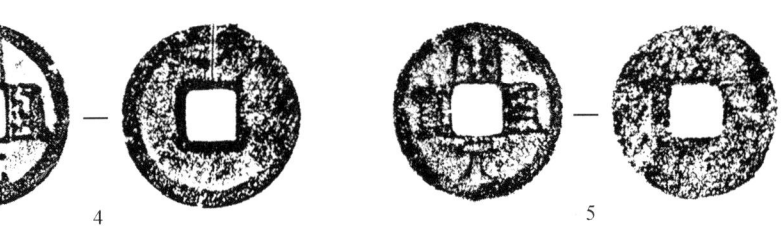

图四一　M13出土瓷器及开元通宝拓片
1. Aa型瓷四系罐（M13∶1）　2. Ab型瓷盏（M13∶2）　3. Bc型瓷盏（M13∶4）　4. Ba型开元通宝（M13∶3）
5. Bb型开元通宝（M13∶5）

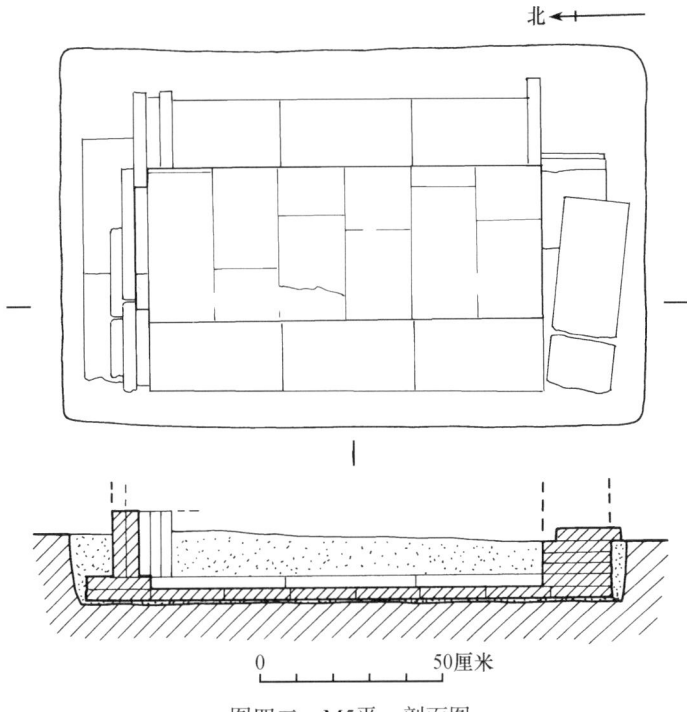

图四二　M5平、剖面图

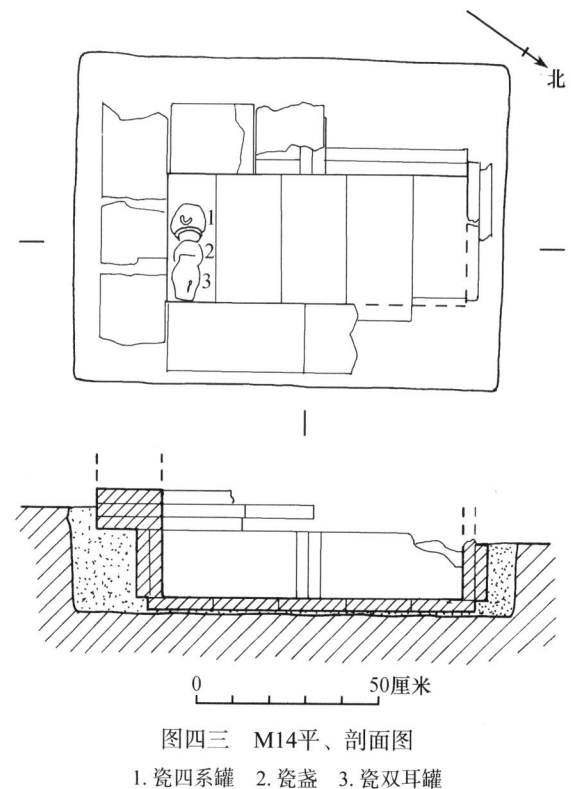

图四三　M14 平、剖面图
1. 瓷四系罐　2. 瓷盏　3. 瓷双耳罐

Cb 型瓷四系罐　1 件。M14：1，灰褐色胎，挂米黄色化妆土，青釉。口径 8、腹径 9.6、底径 4、高 11 厘米（图四四，1）。

C 型瓷双耳罐　1 件。M14：3，砖红色胎，挂米黄色化妆土，青釉。口径 8、腹径 10、底径 5.6、高 10 厘米（图四四，2）。

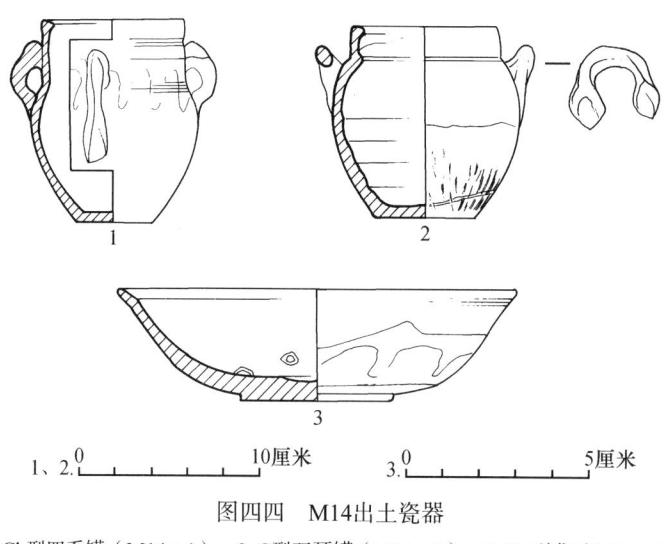

图四四　M14 出土瓷器
1. Cb 型四系罐（M14：1）　2. C 型双耳罐（M14：3）　3. Bb 型盏（M14：2）

Bb型瓷盏 1件。M14∶2，砖红色胎，挂米黄色化妆土，青釉，内底残留支钉痕。口径11、底径4、高3厘米（图四四，3）。

3. Ⅰ类Bb型

M4 墓向210°。墓圹平面呈长方形，长1.47、宽1.68、残深0.43米，填土为包含较多炭屑的黄色含沙黏土。无墓道。墓圹内砌两个砖室，大小、形制基本相同，用各自的壁相隔，现以东室为例进行介绍。墓室长1.02、宽0.42、残高0.16米。墓底铺砖一层，错缝平铺。铺地砖之上砌有棺台，长0.81、宽0.34、高0.03米，由横砖平铺而成，棺台两侧留有排水沟。残存墓壁在铺地砖上横顺交替砌一层丁砖。现存封门砌筑方式和墓壁相同，宽0.7、厚0.15、残高0.16米。墓顶因被破坏而形制不明。墓砖为长方形青灰色砖及橙红色砖，主要有33.7厘米×16.5厘米—3.3厘米、34厘米×16.5厘米—3厘米两种规格。出土器物有瓷双耳罐、瓷盏等（图四五）。

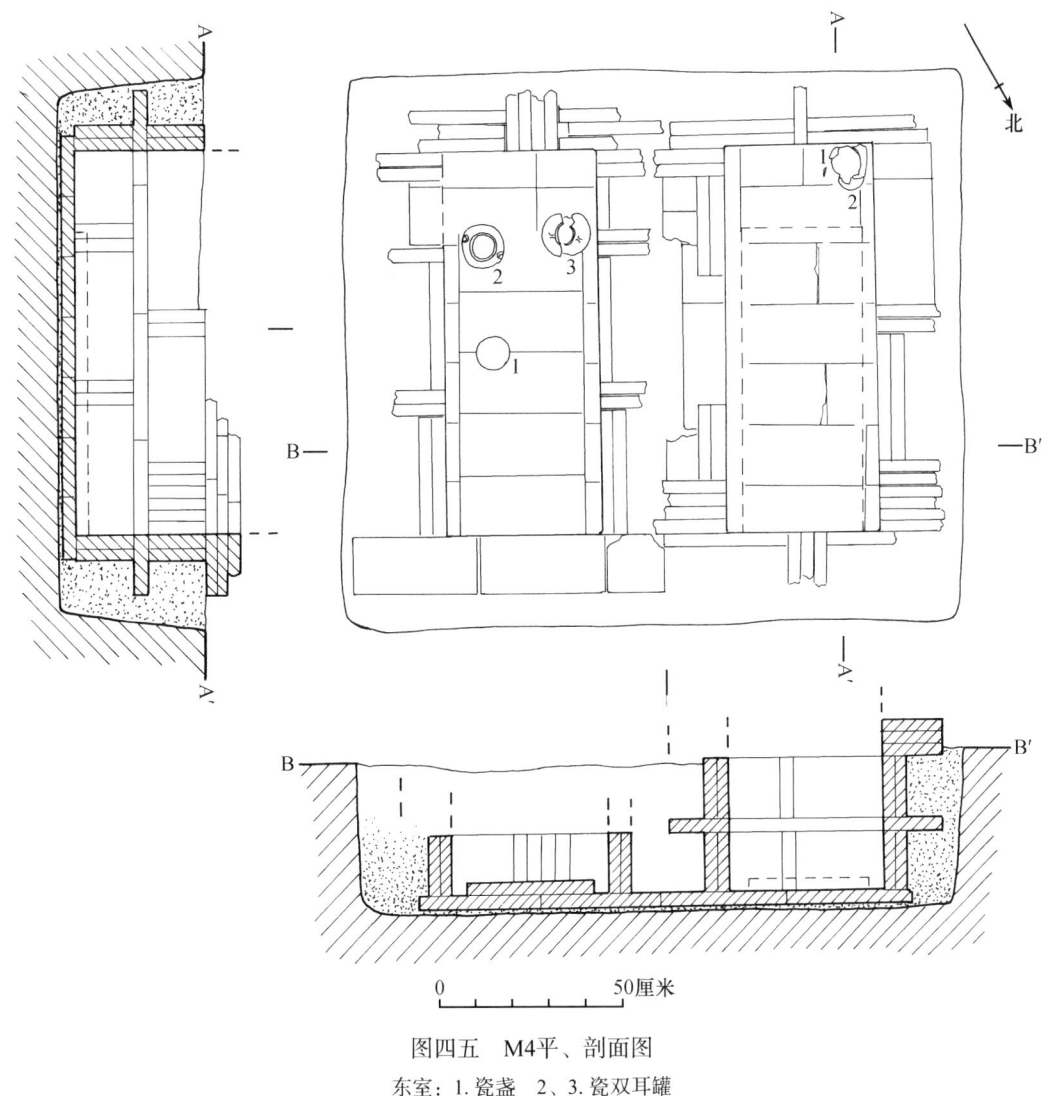

图四五 M4平、剖面图
东室：1.瓷盏 2、3.瓷双耳罐
西室：1.瓷双耳罐 2.瓷盏

Da型瓷双耳罐　2件。M4西：1，砖红色胎，挂粉黄色化妆土，釉面脱落。口径7.6、腹径13、底径9、高16.6厘米（图四六，1）。M4东：2，棕红色胎，腹部用化妆土绘斜线纹，釉面脱落。口径5.4、腹径9.6、底径6、高12厘米（图四六，2）。

Db型瓷双耳罐　1件。M4东：3，棕红色胎，挂米黄色化妆土，酱青釉。口径6、腹径9.2、底径6、高12厘米（图四六，3）。

Ba型瓷盏　1件。M4东：1，砖红胎，挂粉黄色化妆土，酱釉。口径9.8、底径3.7、高2.9厘米（图四六，4）。

Bb型瓷盏　1件。M4西：2，砖红胎，挂粉黄色化妆土，酱釉。口径10.6、底径3.4、高2.8厘米（图四六，5）。

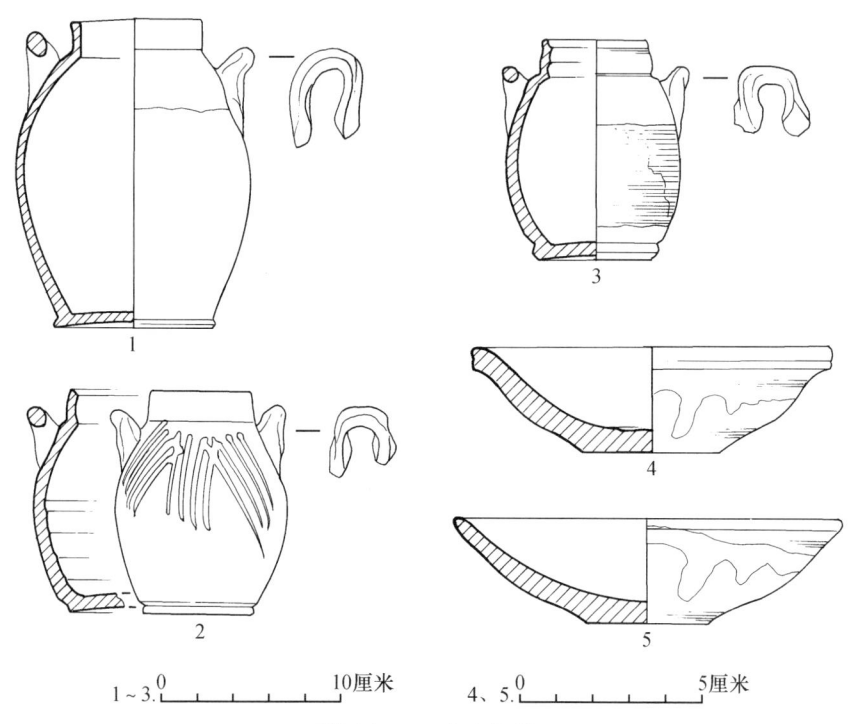

图四六　M4出土瓷器
1、2. Da型双耳罐（M4西：1、M4东：2）　3. Db型双耳罐（M4东：3）　4. Ba型盏（M4东：1）
5. Bb型盏（M4西：2）

M6　墓向189°。墓圹平面呈长方形，长1.5、宽1.66、残深0.4米，填土为黑褐色含沙黏土。无墓道。墓圹内砌两个砖室，大小、形制基本相同，用各自的壁相隔，现以东室为例进行介绍。墓室长0.97、宽0.42、残高0.39米。墓底铺砖一层，错缝平铺。铺地砖之上砌有棺台，长0.81、宽0.34、高0.03米，由横砖平铺而成，棺台两侧留有排水沟。残存墓壁在铺地砖上一丁一平砌两组。现存封门砌筑方式和墓壁相同，残宽0.62、厚0.17、残高0.35米。墓顶因被破坏而形制不明。墓砖为长方形青灰色砖及橙红色砖，规格为33厘米×17.5厘米—3.5厘米。出土器物有瓷双耳罐、瓷盏、墓券等（图四七）。

成都市青龙乡海滨村年家院子墓地发掘简报 ·233·

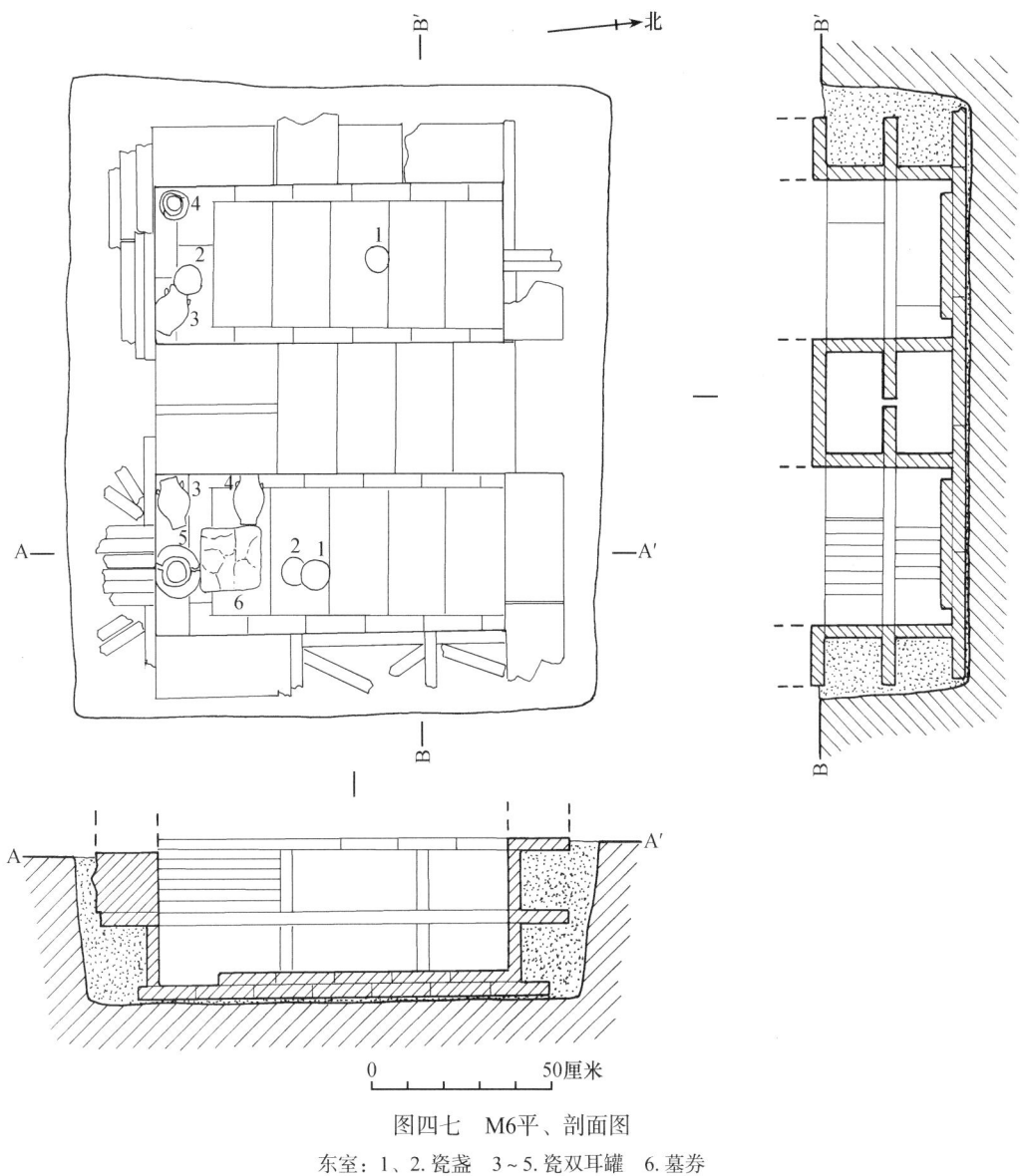

图四七 M6平、剖面图
东室：1、2. 瓷盏 3~5. 瓷双耳罐 6. 墓券
西室：1、2. 瓷盏 3、4. 瓷双耳罐

B型瓷双耳罐 1件。M6东：5，砖红色胎，挂米黄色化妆土，釉面脱落。口径14.4、腹径19.2、底径9、高18.4厘米（图四八，1）。

Da型瓷双耳罐 3件。M6东：3，砖红色胎，腹部用化妆土绘斜线纹，釉面脱落。口径6、腹径9.8、底径6、高12.6厘米（图四八，2）。M6东：4，砖红色胎，挂米黄色化妆土，酱釉。口径5.6、腹径9、底径6、高12厘米（图四八，3）。M6西：4，砖红色胎，挂米黄色化妆土，酱釉。口径5.6、腹径9、底径6、高12.6厘米（图四八，4）。

Db型瓷双耳罐 1件。M6西：3，砖红色胎，腹部用化妆土绘斜线纹，酱釉。口径

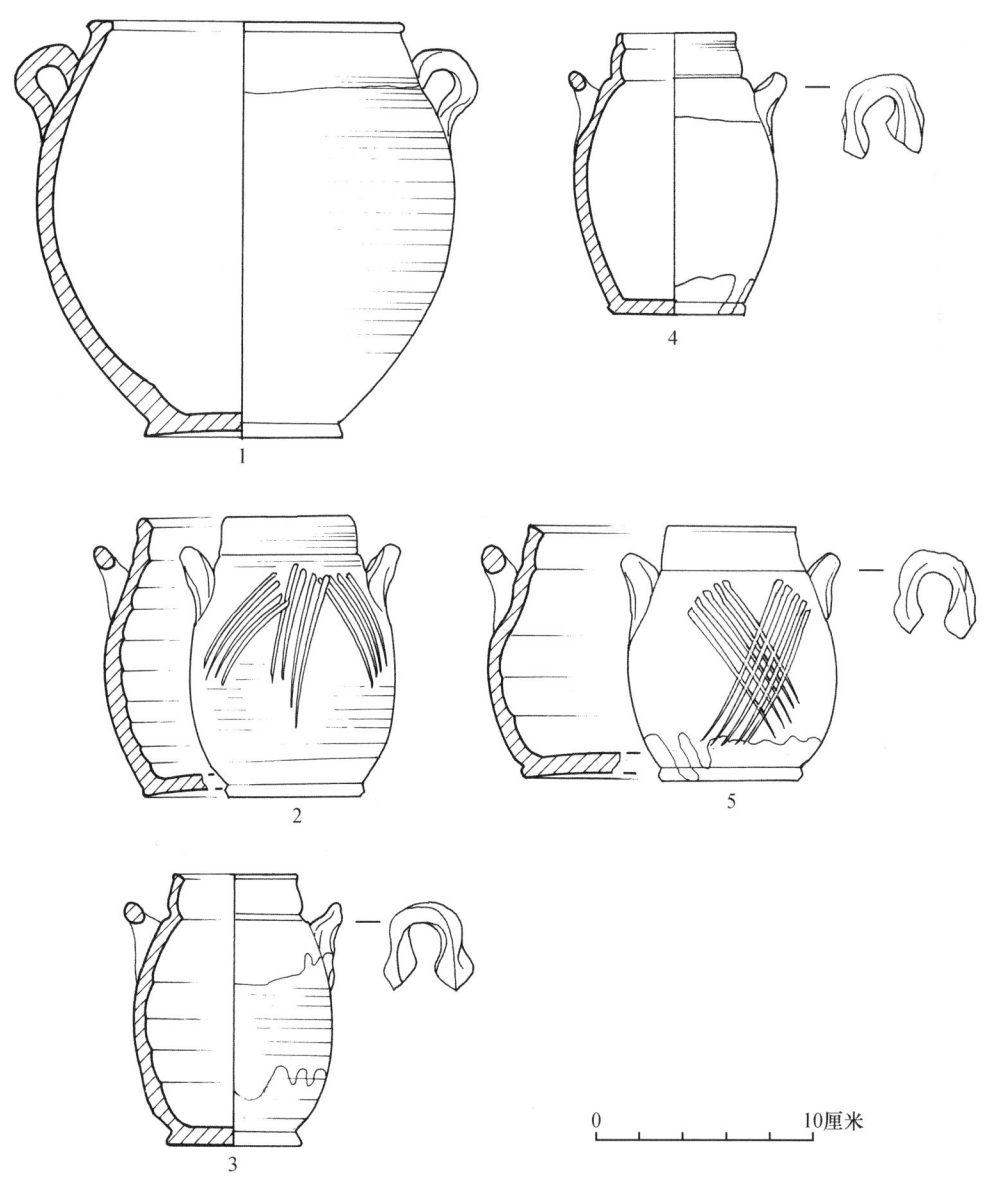

图四八　M6出土瓷双耳罐

1. B型（M6东∶5）　2~4. Da型（M6东∶3、M6东∶4、M6西∶4）　5. Db型（M6西∶3）

6、腹径9.6、底径6.4、高11.2厘米（图四八，5）。

Aa型瓷盏　2件。砖红色胎，挂白色化妆土，釉面脱落，仅唇部留有一周酱青色釉。M6东∶1，口径12.8、底径4、高4厘米（图四九，2）。M6西∶1，口径12.9、底径4、高4厘米（图四九，1）。

Ba型瓷盏　1件。M6东∶2，砖红胎，挂米黄色化妆土，酱釉。口径10、底径3.7、高3厘米（图四九，4）。

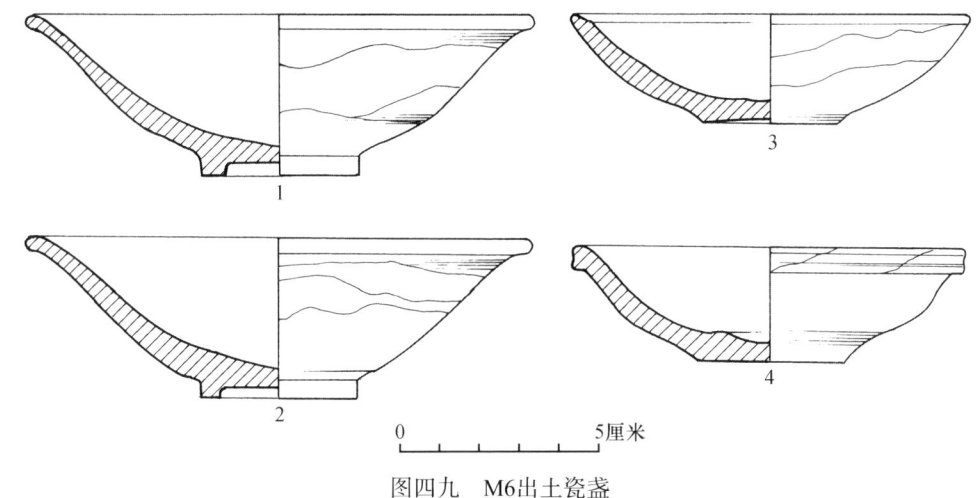

图四九　M6出土瓷盏

1、2. Aa型（M6西：1、M6东：1）　3. Bb型（M6西：2）　4. Ba型（M6东：2）

Bb型瓷盏　1件。M6西：2，砖红胎，挂米黄色化妆土，酱釉。口径10、底径3.5、高2.6厘米（图四九，3）。

墓券　1方。M6东：6，红砂石质。甚残，无法提取。

M22　墓向168°。墓圹平面呈两个并排的"凸"字形，长2.3、宽0.44～2.38、残深0.6米，南端带有两个斜坡墓道。填土为包含大量矿物颗粒的灰黄色含沙黏土。墓圹内砌两个砖室，大小、形制基本相同，用各自的壁相隔。现以东室为例进行介绍。墓道为斜坡状，平面大致呈圆角梯形，长0.85、宽0.5～0.75、残深0.53米。墓室平面呈长方形，长1.26、宽0.68、高0.78米。铺地砖之上用两排平砖砌筑棺台，长1.2、宽0.51、高0.03米，棺台四周留有排水沟。墓壁在铺地砖上以两组一丁一平起墙，至0.4米处平铺数层起券，券外铺砖两层。封门以一丁两平或一丁三平构成，宽0.9、厚0.21、高0.93米。墓砖为长方形青灰色砖及橙红色砖，墓砖有33厘米×17.5厘米—3.5厘米、34厘米×17厘米—3厘米两种规格。出土器物有瓷双耳罐、瓷盏、陶文俑、陶匍匐俑、墓券等（图五〇）。

C型瓷双耳罐　1件。M22西：1，砖红色胎，挂米黄色化妆土，酱釉。口径8.8、腹径11.2、底径6、高10厘米（图五一，1）。

Db型瓷双耳罐　2件。M22东：6，砖红色胎，挂米黄色化妆土，腹部用白色化妆土绘斜线纹，酱釉。口径6、腹径9.6、底径6、高11.6厘米（图五一，2）。M22西：4，砖红色胎，挂米黄色化妆土，酱釉。口径9、腹径15、底径9.6、高16厘米（图五一，6）。

Ba型瓷盏　1件。M22西：5，棕红色胎，挂米黄色化妆土，酱釉。口径10、底径3.5、高2.6厘米（图五一，4）。

Bb型瓷盏　1件。M22东：3，棕红色胎，挂米黄色化妆土，釉面脱落。口径10.5、底径3.2、高3厘米（图五一，5）。

图五一　M22出土器物

1. C型瓷双耳罐（M22西：1）　2、6. Db型瓷双耳罐（M22东：6、M22西：4）　3. 陶匍匐俑（M22西：2）
4. Ba型瓷盏（M22西：5）　5. Bb型瓷盏（M22东：3）

A型陶文俑　2件。M22西：6，脚尖外露，泥质红陶。通高27.4厘米（图五二，1）。M22东：1，泥质红陶。残高22厘米（图五二，2）。

B型陶文俑　1件。M22东：7，泥质红陶。通高24厘米（图五三）。

陶匍匐俑　1件。M22西：2，泥质红陶。通高10.5厘米（图五一，3）。

墓券　3方。红砂石质。磨损严重，其中两方字迹不存，另一方根据券文可判断为买地券。

买地券　1方。M22东：4，券面近方形，长25.5、宽25、厚2.2厘米。字迹难辨，书写舒展有力，可释读券文从右至左内容如下（图五四）：

……/……地券生居/……笾……/……星 桥乡福地之原 安厝/……朱雀/……分掌 四域 丘 丞/……军……/……见人岁/……保人 今 日直符□□安□

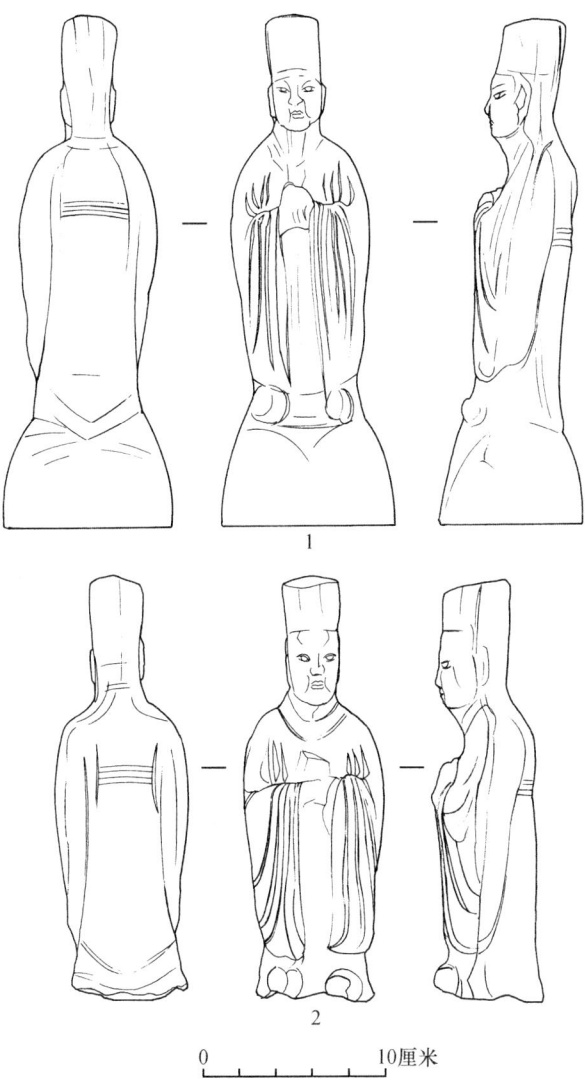

图五二　M22出土A型陶文俑
1. M22西：6　2. M22东：1

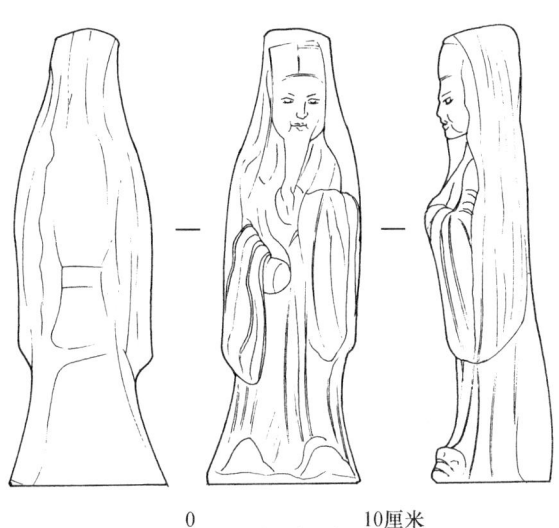

图五三　M22出土B型陶文俑
（M22东：7）

图五四　M22出土买地券拓片
（M22东：4）

4. Ⅱ类A型

M9　墓向165°。保存情况较差，残存墓底。墓圹平面呈南宽北窄的梯形，长3.1、宽1.02~1.22、残深0.51米，填土为包含大量矿物颗粒的黄色含沙黏土。无墓道。墓圹内砌一砖室，无甬道。墓室底部无棺台，由横砖错缝平铺，长2.41、宽0.6~0.74米。残存墓壁在铺地砖上顺铺一层平砖。墓砖为长方形青灰色砖，主要有38.5厘米×19.5厘米—3.5厘米、37厘米×18厘米—4厘米两种规格。出土器物仅见钱币（图五五）。

Ab型开元通宝　2枚。出于填土之中。M9：1，钱径2.3、穿宽0.7厘米，重2.01克（图五六）。

M11　墓向166°。墓顶部分被破坏，墓室被挤压变形。墓圹平面大致呈"凸"字形，长3.45、宽0.66~1.21、深0.52米。墓圹南端设一斜坡墓道，平面大致呈圆角梯形，长0.68、宽0.65~0.8、深0.5米。填土为夹杂少量锈斑的灰黄色含沙黏土。墓圹内砌一砖室，无甬道。墓室长2.3、宽0.27~0.55、高0.66米。墓底砖错缝平铺，无棺台。墓壁先在

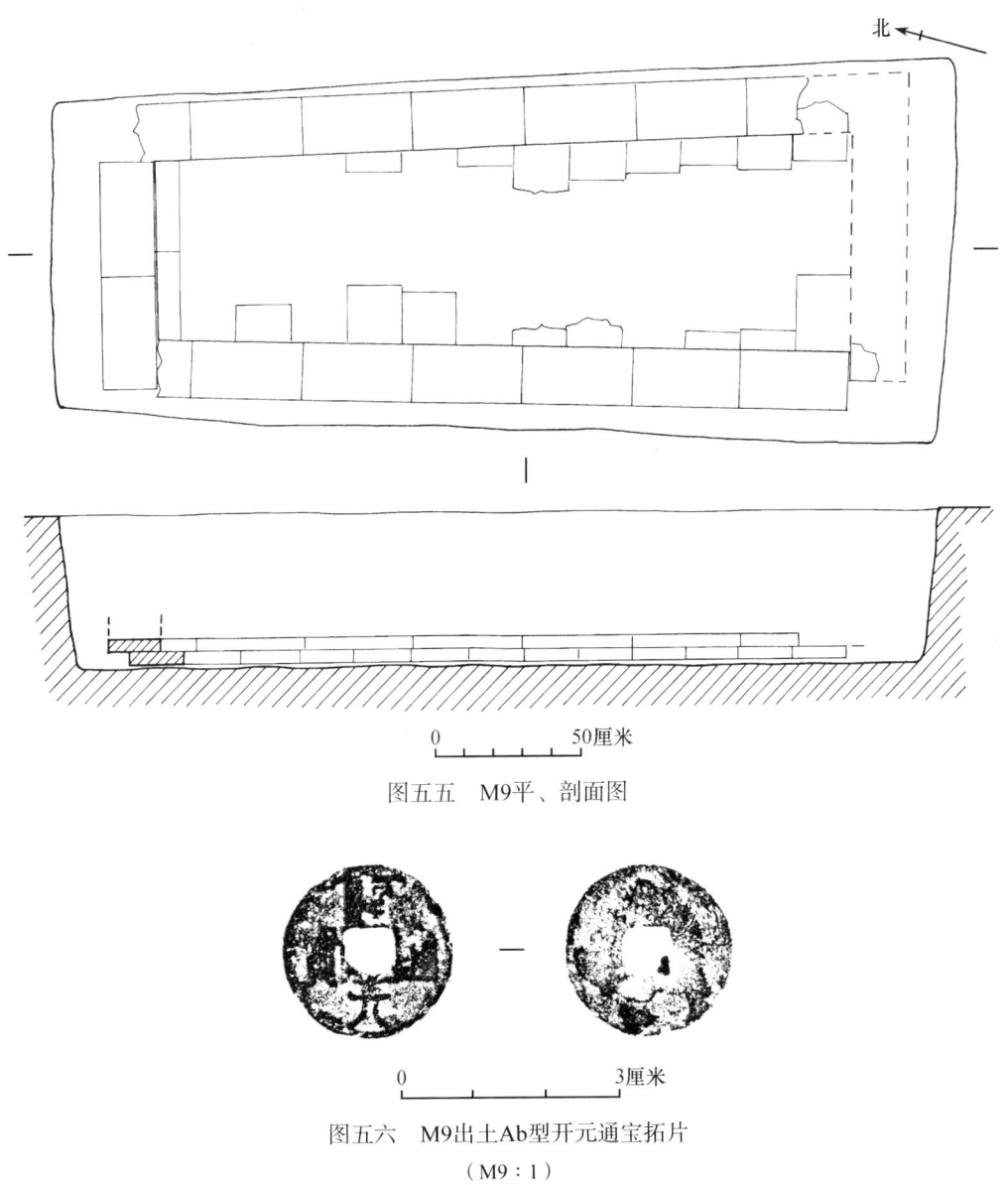

图五五 M9平、剖面图

图五六 M9出土Ab型开元通宝拓片
（M9：1）

铺地砖上砌筑一平一丁，其中平砖顺铺，丁砖横、顺相间，再在其上砌筑两平一丁后平铺起券，其中平砖错缝顺铺，丁砖皆横铺。两侧壁有三道肋柱，由南向北分别间隔0.5及0.81米。封门砌筑方式与两侧壁相同。墓室发现人骨，保存较差，仰身直肢，双踝、双膝、双髋并拢。墓砖有长方形青灰色砖及橙红色砖两种，主要有33.5厘米×17.5厘米—3厘米、33厘米×17厘米—3.5厘米两种规格。出土器物有瓷罐及钱币等（图五七）。

Ab型瓷四系罐　1件。M11：1，灰胎，酱黄釉。口径8、腹径14、底径9、高16厘米（图五八）。

铁钱　1枚。出于填土之中。M11：2，钱径2.8、穿宽0.8厘米。

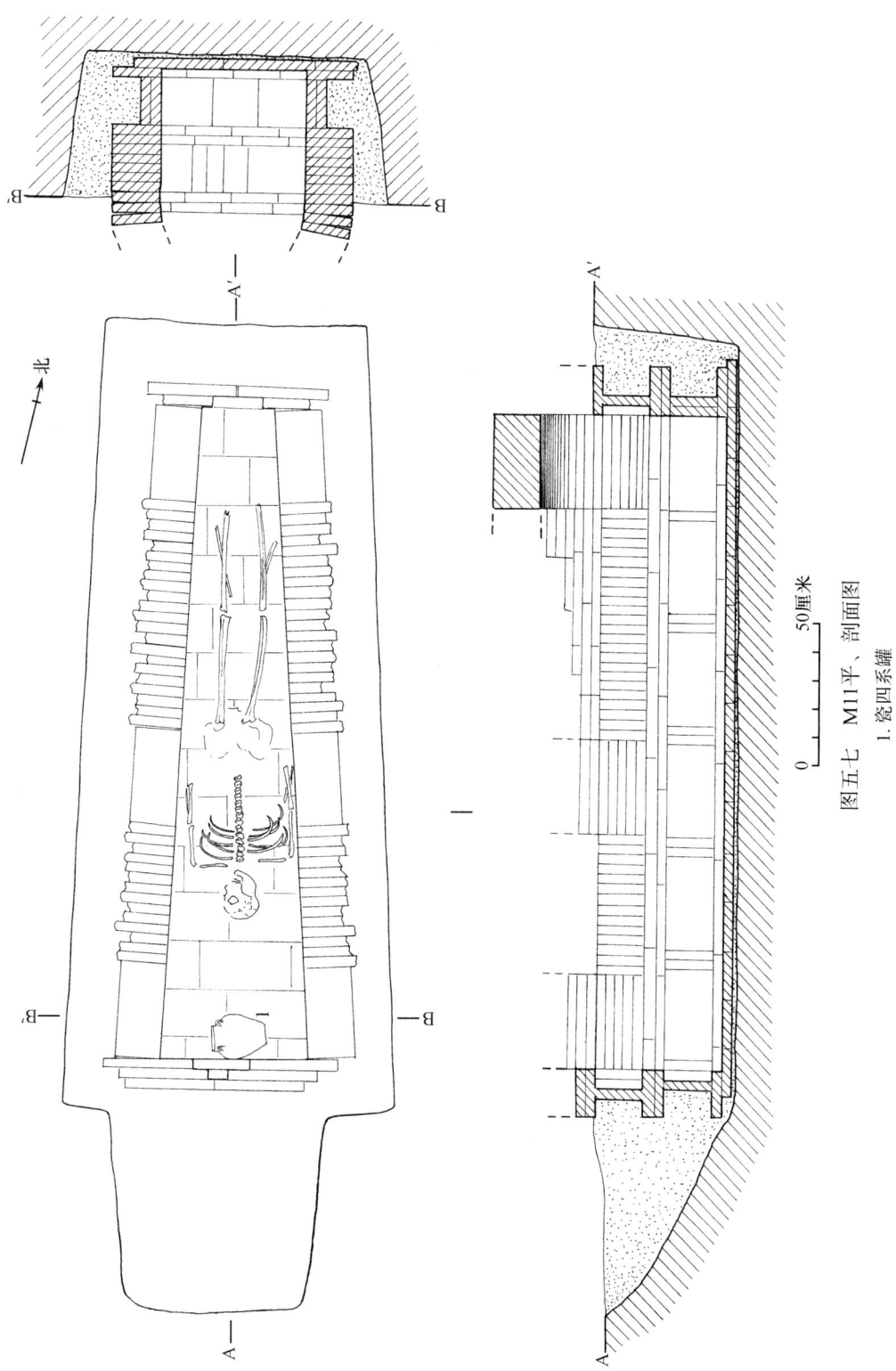

图五七 M11平、剖面图
1. 瓷四系罐

M12 墓向177°。墓顶部分被破坏，墓室被挤压变形。墓圹平面呈南宽北窄的梯形，长3.07、宽0.93～1.3、深0.51米，填土为黄褐色含沙黏土。无墓道。墓圹内砌一砖室，无甬道。墓室长2.65、宽0.43～0.59、残高0.81米。墓底砖错缝平铺，无棺台。墓壁在铺地砖上由一丁一平交替砌筑至0.65米处平铺数层起券，其中丁砖横顺交替，平砖皆顺铺。残存的两道肋柱在第二层平砖上由顺铺的数层平砖垒成，肋柱之间相隔0.62米。封门在铺地砖上砌筑两组一丁一平后平铺数层。墓室发现人骨，仰身直肢，保存较差。墓砖有

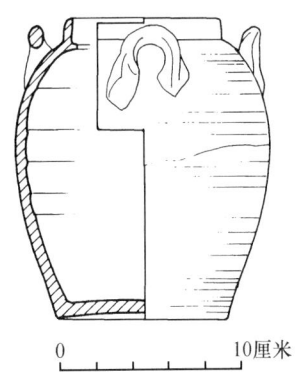

图五八 M11出土Ab型瓷四系罐
（M11∶1）

长方形青灰色砖及橙红色砖两种，主要有37.5厘米×19厘米—3厘米、32厘米×19.5厘米—3.5厘米、39厘米×17厘米—3.5厘米三种规格。出土器物有瓷四系罐及钱币等（图五九）。

B型瓷四系罐 1件。M12∶1，砖红胎，挂粉黄色化妆土，釉面脱落。口径14、腹径28、底径14、高26厘米（图六〇，1）。

货泉 2枚。M12∶2，钱径2、穿宽0.7厘米，重1.76克（图六〇，2）。

Aa型开元通宝 3枚。M12∶3，钱径2.3、穿宽0.7厘米，重2.95克（图六〇，3）。

M16 墓向158°。墓圹平面大致呈"凸"字形，长3.16、宽0.55～1.13、残深0.48米，南端设一斜坡墓道，平面大致呈正方形，边长0.52、深0.42米。填土为包含较多矿物颗粒的灰黄色含沙黏土。墓圹内砌一砖室，无甬道。墓室长2.2、宽0.4～0.65、残高0.65米。墓底砖错缝平铺，无棺台。东、西两壁在铺地砖之上砌筑两组一平一丁后平铺一层起墙，其中平砖皆顺铺，丁砖横、顺交替，至0.44米处以数层平砖横砌内收，形成叠涩顶。东壁被晚期墓葬打破。西壁南端有一宽0.13、高0.16、进深0.06米的壁龛。封门宽0.98、厚0.19、残高0.51米，在铺地砖上由一平一丁交替砌筑，其中平砖、丁砖皆横铺，至0.44米后用平砖顺铺数层。墓砖有长方形青灰色砖及橙红色砖两种，主要有33厘米×16厘米—3.8厘米、33.4厘米×16.4厘米—3.3厘米两种规格。出土器物有瓷四系罐及钱币等（图六一）。

Aa型瓷四系罐 1件。M16∶1，砖红胎，挂米黄色化妆土，青釉，釉面多脱落。口径16.8、腹径28、底径12、高29.6厘米（图六二，1）。

Ca型瓷四系罐 1件。M16∶2，砖红胎，挂米黄色化妆土，釉面脱落。口径9、腹径10、底径6.4、高14厘米（图六二，2）。

布泉 1枚。M16∶3，钱径2.4、穿宽0.8厘米，重1.85克（图六二，4）。

咸平元宝 1枚。M16∶4，钱径2.5、穿宽0.6厘米，重3.37克（图六二，3）。

M18 墓向178°。保存情况较差，残存墓底。墓圹平面大致呈长方形，长2.63、宽1.1～1.15、残深0.47米，填土为黄褐色含沙黏土。无墓道。墓圹内砌一砖室，无甬道。

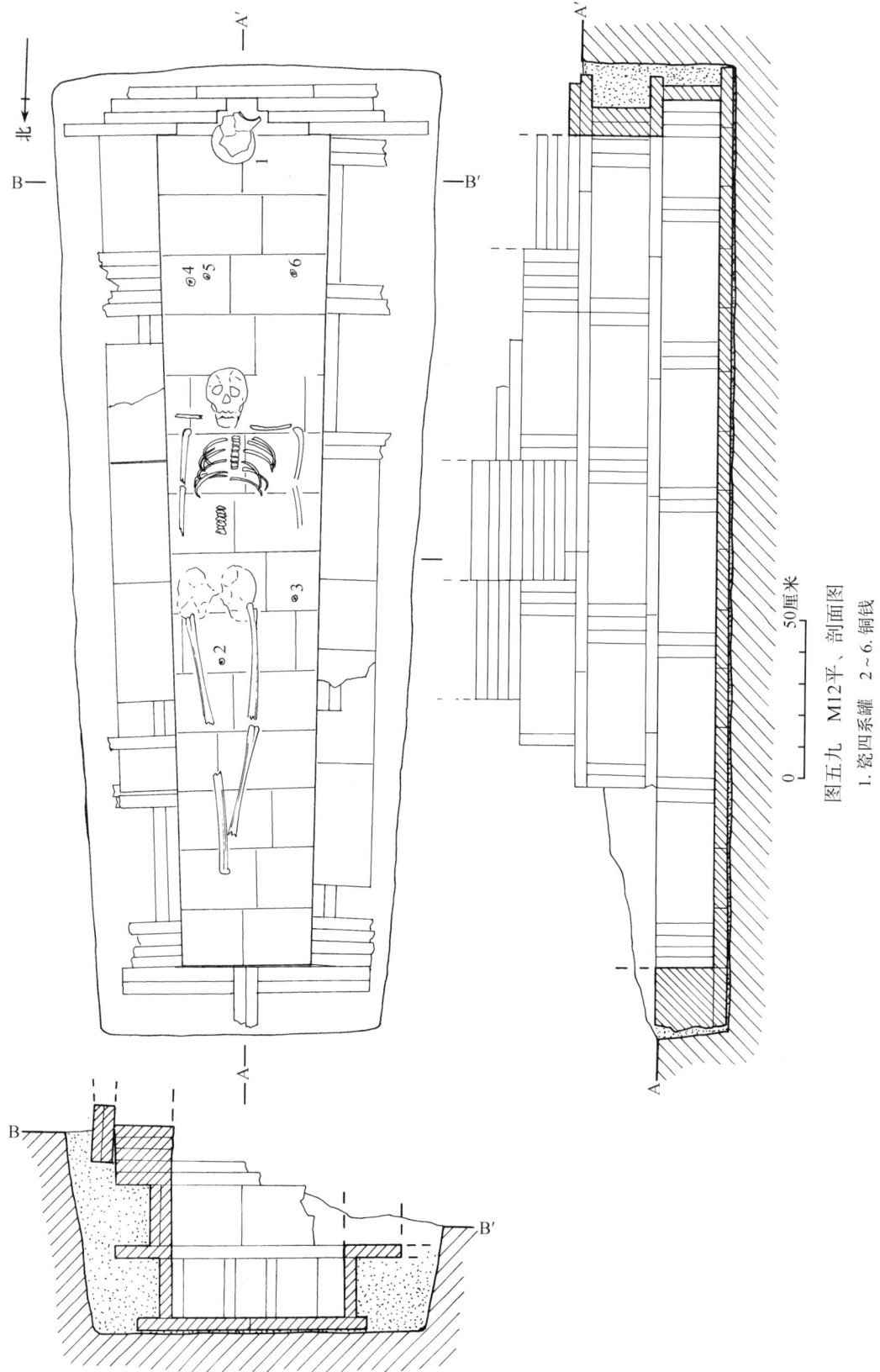

图五九 M12平、剖面图
1. 瓷四系罐 2~6. 铜钱

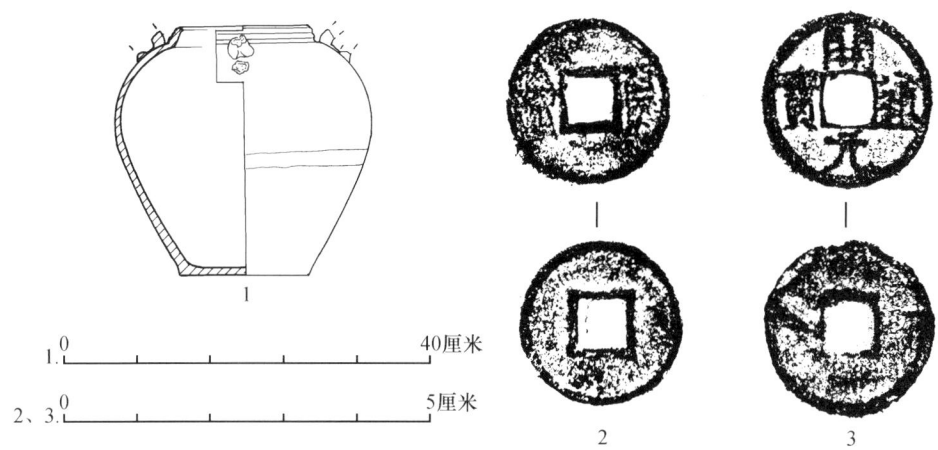

图六〇 M12出土瓷器及钱币拓片
1. B型瓷四系罐（M12∶1） 2. 货泉（M12∶2） 3. Aa型开元通宝（M12∶3）

墓室长2.23、宽0.51～0.69、残高0.43米。墓底由横砖错缝平铺，无棺台。东壁残存部分在铺地砖上砌一平一丁两层砖，其中平砖顺铺，丁砖纵横交错。后壁残存部分在铺地砖上由一层平砖及一层丁砖交替砌筑而成，其中平砖、丁砖皆横铺。墓砖为长方形青灰色砖，主要有32.5厘米×16厘米—3.5厘米、32.5厘米×16厘米—4厘米两种规格。出土器物有瓷碗及钱币（图六三）。

瓷碗　1件。M18∶7，灰白胎，青釉，内底残留支钉痕。口径17、底径7、高6厘米（图六四，1）。

A型半两　3枚。其中2枚出土于填土中。M18∶4，钱径3、穿宽1厘米，重1.81克（图六四，2）。

太平通宝　1枚。M18∶2，钱径2.4、穿宽0.6厘米，重1.43克（图六四，3）。

铁钱　4枚。M18∶5，钱径2.9厘米。

5. Ⅱ类Ba型

M15　墓向343°。墓葬南部被晚期坑破坏。墓圹平面大致呈长方形，残长1.49、宽1.27、深0.38米，填土为褐色含沙黏土。墓圹内砌一砖室，墓室残长1.13、宽0.78、残高0.47米。墓室底部由平砖错缝横铺。无棺台。残存墓壁在铺地砖上砌筑两丁夹三平，其中丁砖横铺，平砖皆顺铺。封门不存。墓顶因被破坏而形制不明。墓砖有长方形青灰色砖及橙红色砖两种，主要有38厘米×18.2厘米—3.5厘米、37.6厘米×18厘米—3.3厘米两种规格。墓室北端发现头骨一件及牙齿数颗。出土器物有铜镜等（图六五）。

A型铜镜　1枚。M15∶1，边长14厘米（图六六；图版一二，2）。

M17　墓向183°。墓圹平面大致呈"凸"字形，长3.22、宽0.62～1.19、深0.39米。墓圹南端设一斜坡墓道，平面大致呈梯形，长0.8、深0.39米。填土为夹杂炭屑及矿物颗粒的黄色含沙黏土。墓圹内砌一砖室，由甬道及墓室构成。甬道位于墓室南侧，平面呈

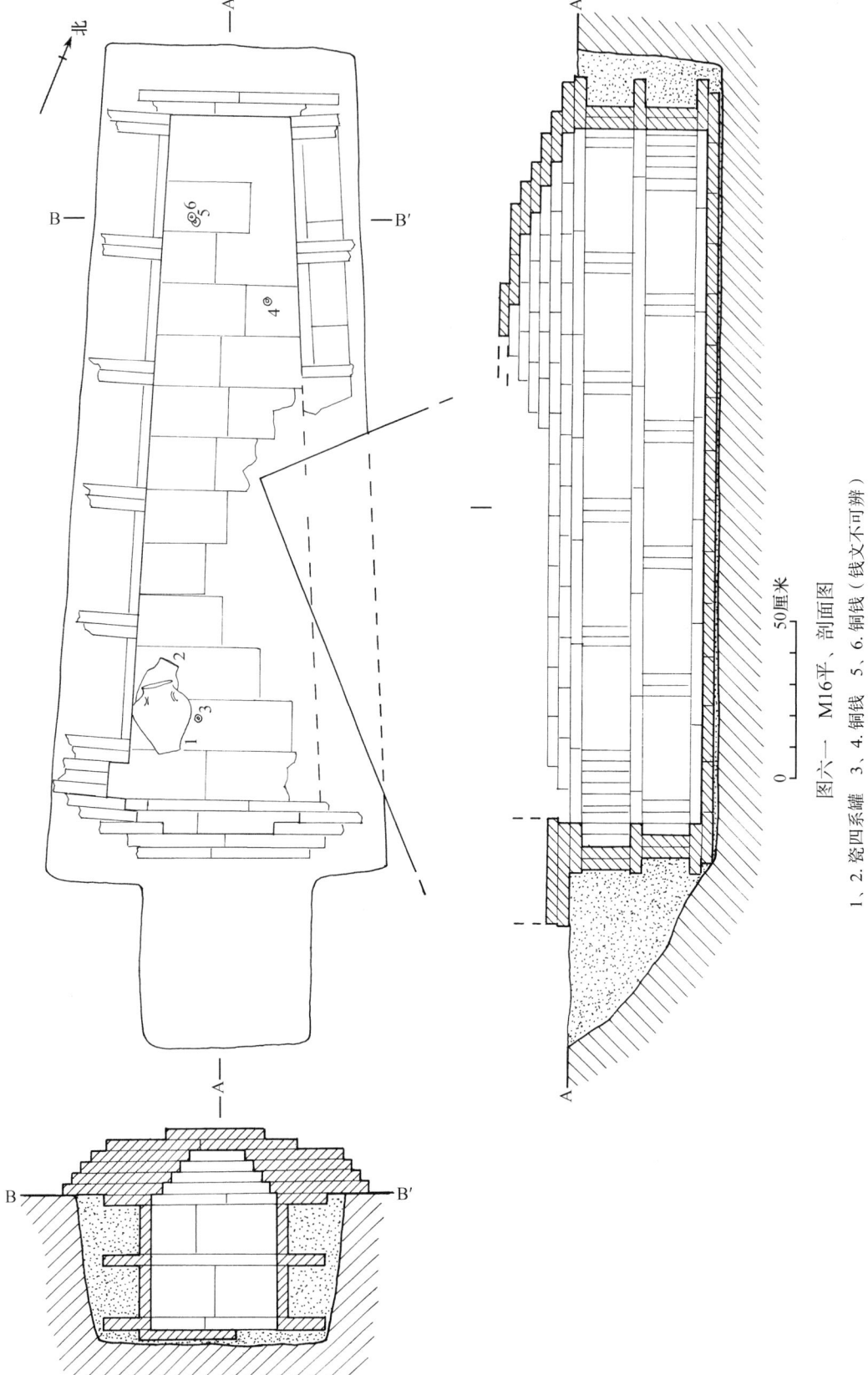

图六一 M16平、剖面图
1、2. 瓷四系罐 3、4. 铜钱 5、6. 铜钱（钱文不可辨）

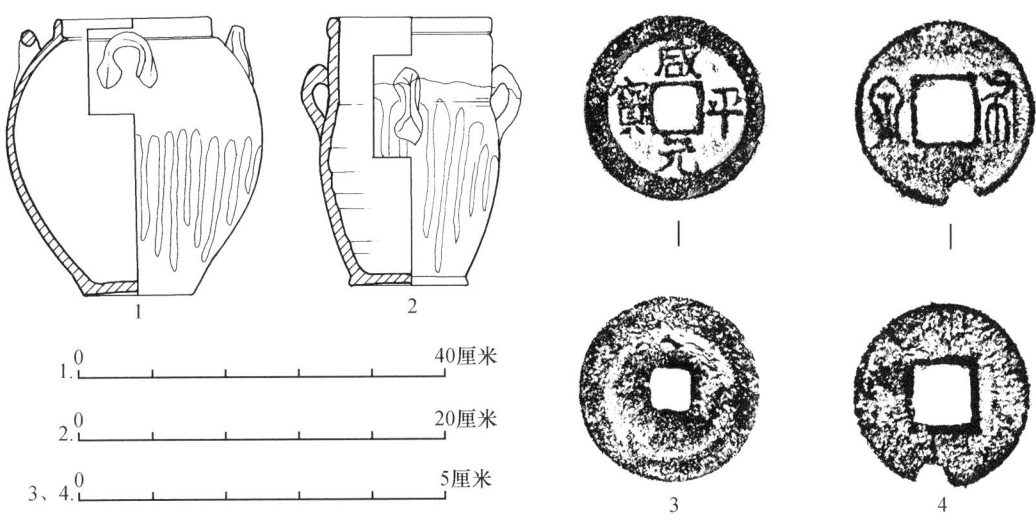

图六二　M16出土瓷器及钱币拓片
1. Aa型瓷四系罐（M16∶1）　2. Ca型瓷四系罐（M16∶2）　3. 咸平元宝（M16∶4）　4. 布泉（M16∶3）

长方形，长0.1、宽0.67、低于墓室0.03米，底部由平砖横铺。墓室长2、宽0.67、残高0.35米。墓室底部由两排平砖横铺而成。无棺台。残存墓壁以一丁一平交替砌筑两组，其中丁砖横、顺相间，平砖皆顺铺，其上残存由平砖垒砌而成的肋柱。肋柱长0.34、宽0.16米。残存封门以两丁两平构成。墓顶因被破坏而形制不明。墓砖为长方形青灰色砖，主要有33.3厘米×16.6厘米—3.3厘米、33.6厘米×17.1厘米—3厘米两种规格。出土器物仅见陶女侍俑（图六七）。

陶女侍俑　1件。M17∶1，泥质红陶。高22.8厘米（图六八）。

M23　墓向246°。墓圹平面大致呈长方形，长4.7、宽2.2、深1.2米，填土为夹杂大量锈斑的灰黄色含沙黏土。无墓道。墓圹内砌一砖室，由甬道及墓室构成。甬道位于墓室西侧，平面呈长方形，长0.6、宽1.24、低于墓室0.22米，底部由平砖错缝斜铺而成。墓室长3.34、宽1.64、高1.2米。墓室底部除靠近甬道处一排为平砖顺铺外，其余皆为平砖错缝横铺。无棺台。残存墓壁在铺地砖上以一丁一平交替砌筑三组后丁砌两层，其中丁砖横、顺相间，平砖皆顺铺。两侧壁有四道对称的肋柱，平砖砌筑而成。肋柱长0.4、宽0.19米。残存封门在甬道底部顺砌一丁三平后又顺砌一丁一平。部分墓顶被破坏。墓砖有长方形青灰色砖及橙红色砖两种，主要有40厘米×19.7厘米—3.8厘米、40.5厘米×20厘米—4厘米、41厘米×20厘米—3.8厘米三种规格。出土器物有瓷盘、瓷双耳罐、瓷龙形俑、墓券及铜钱等（图六九）。

瓷盘　1件。M23∶1，砖红胎，挂米黄色化妆土，青釉，釉面多脱落。口径16.6、底径6.4、高3.8厘米（图七〇，1）。

A型瓷双耳罐　2件。砖红胎，挂米黄色化妆土，釉面脱落。M23∶2，口径8、腹径11、底径6.4、残高13厘米（图七〇，2）。M23∶3，口径7、腹径10.8、底径6.4、高

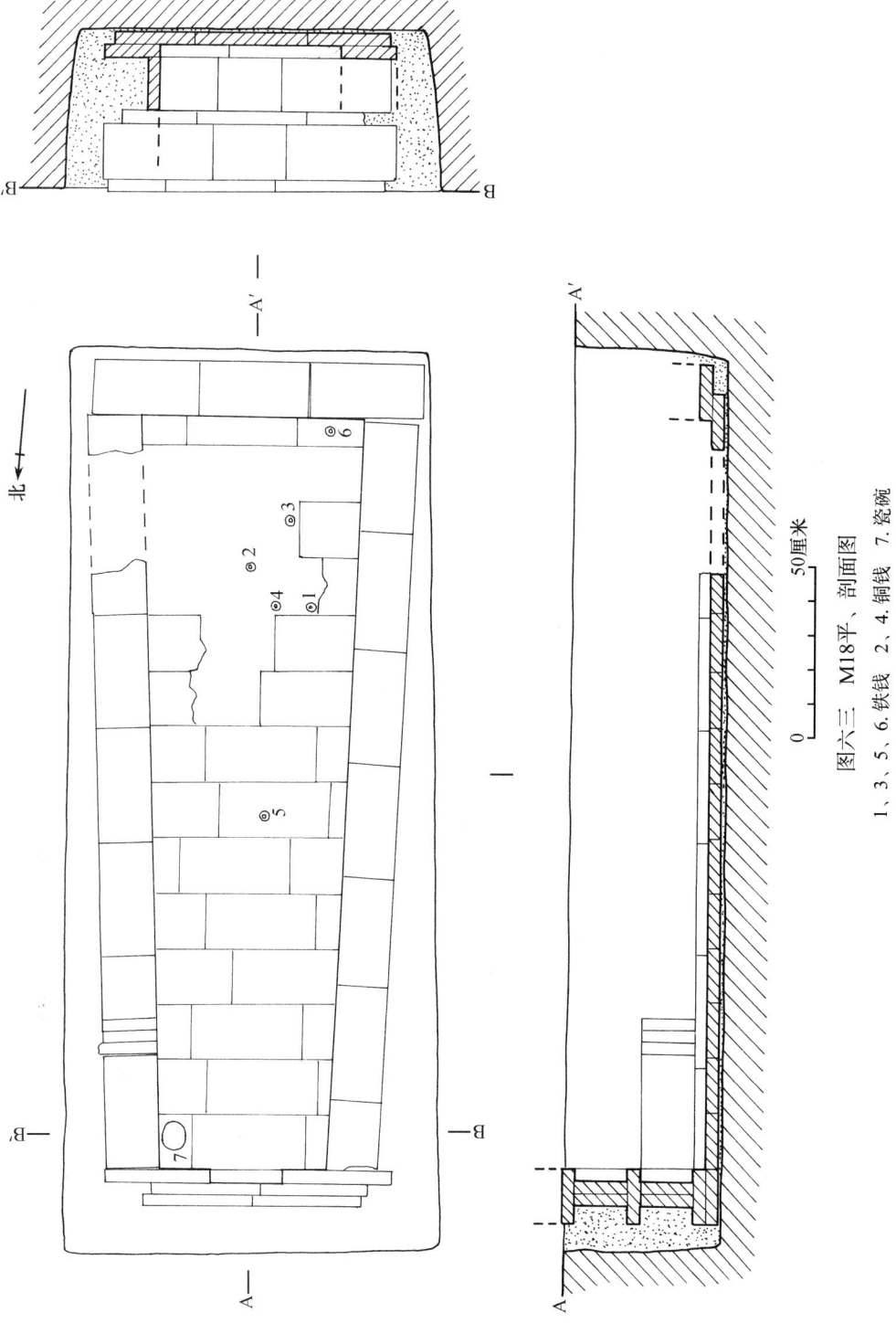

图六三　M18平、剖面图
1、3、5、6. 铁钱　2、4. 铜钱　7. 瓷碗

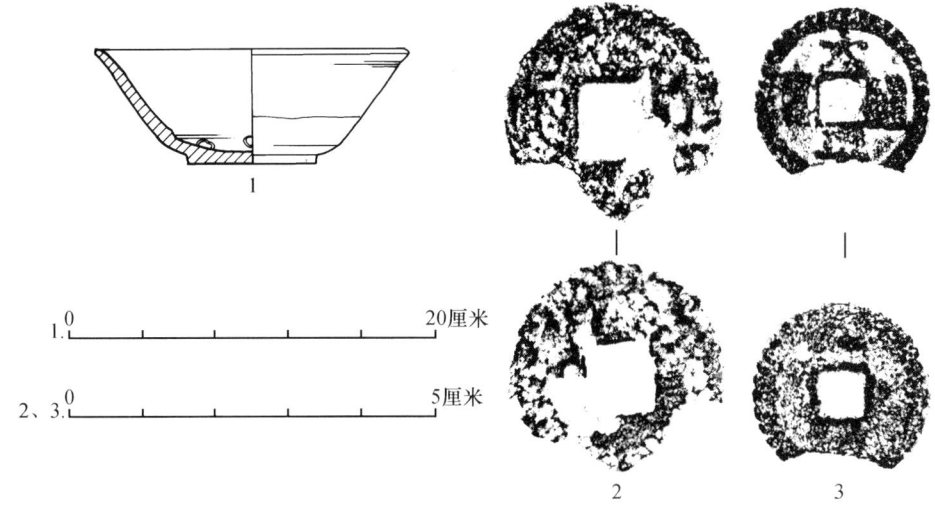

图六四　M18出土瓷器及钱币拓片
1. 瓷碗（M18∶7）　2. A型半两（M18∶4）　3. 太平通宝（M18∶2）

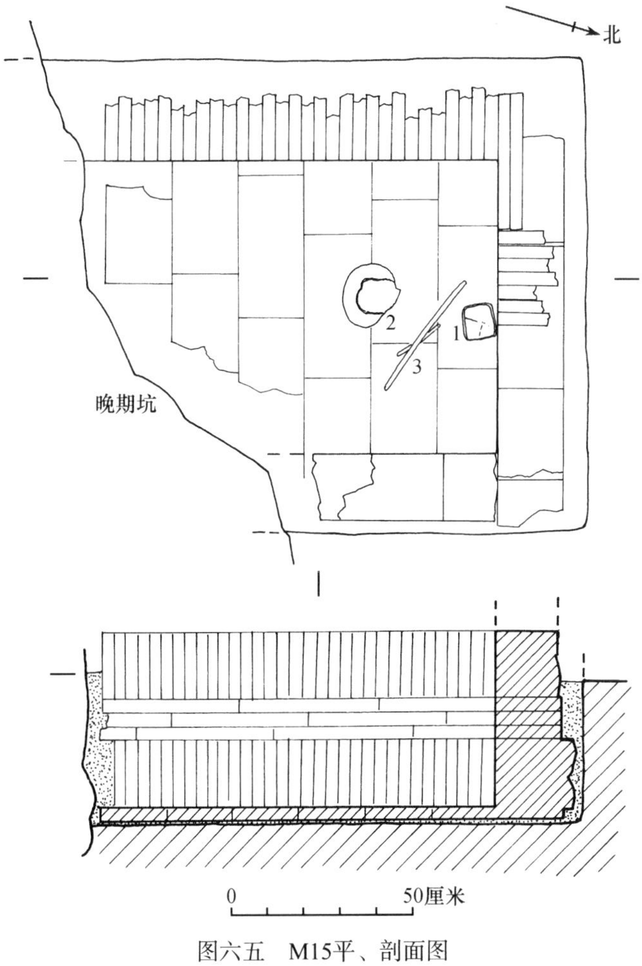

图六五　M15平、剖面图
1. 铜镜　2、3. 人骨

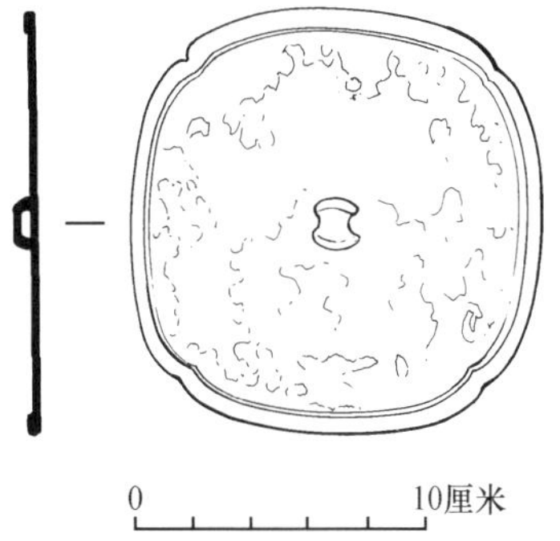

图六六　M15出土A型铜镜
（M15∶1）

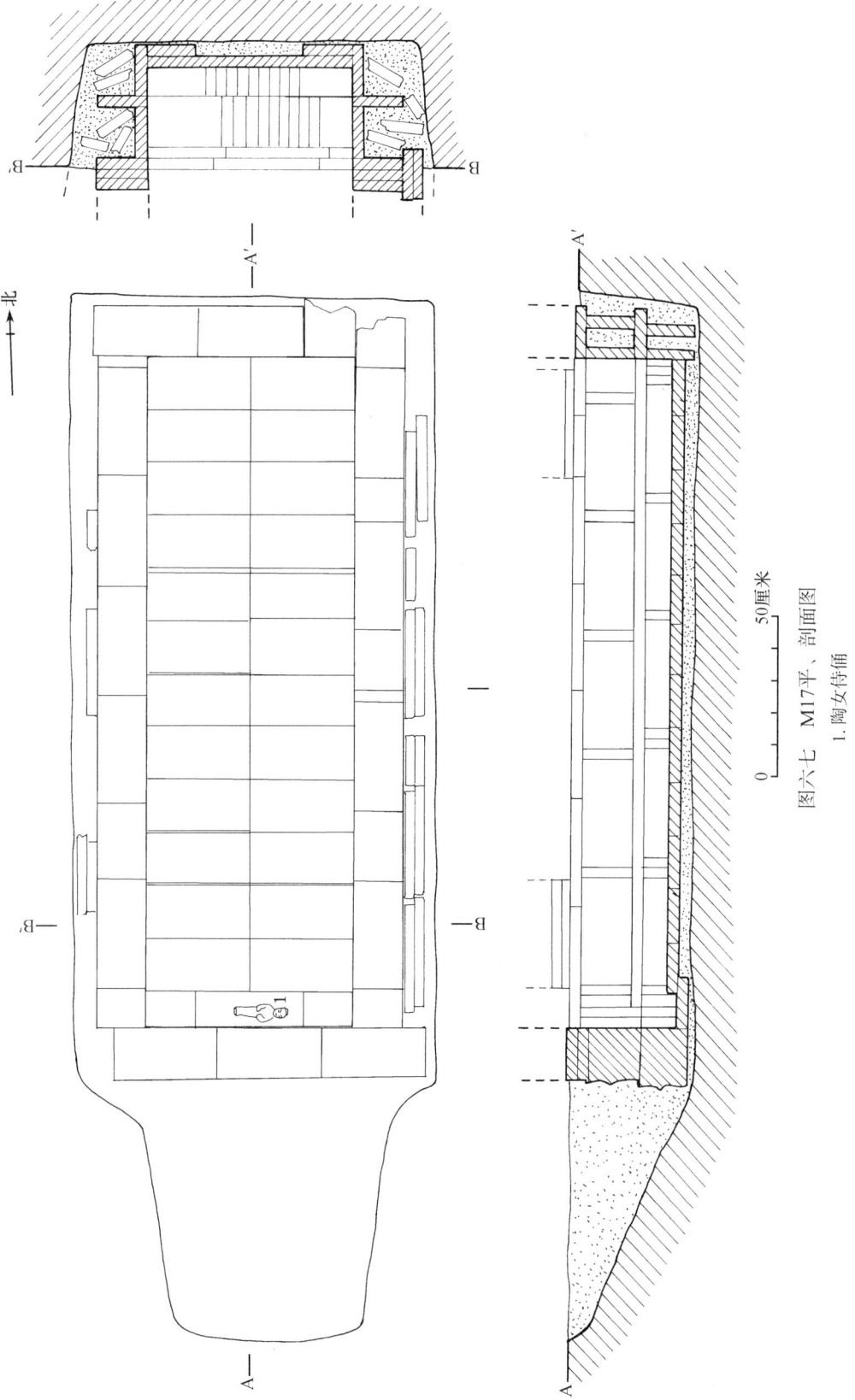

图六七 M17平、剖面图
1. 陶女侍俑

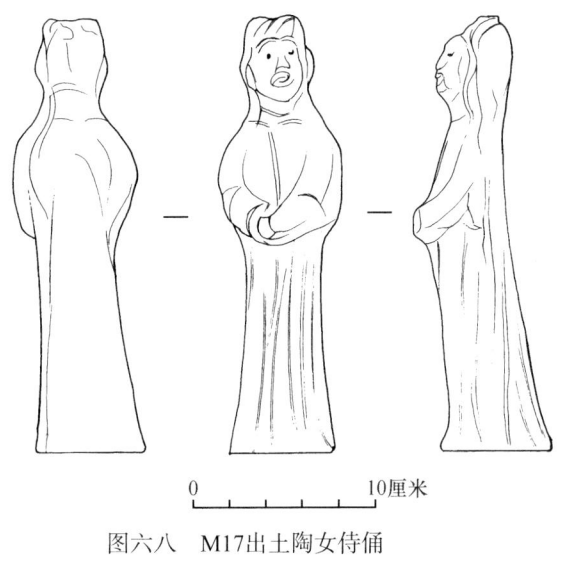

图六八　M17出土陶女侍俑
（M17∶1）

13厘米（图七〇，3）。

瓷龙形俑　1件。出于填土之中。M23∶4，灰胎，挂米黄色化妆土，釉面脱落。残高4.7厘米（图七〇，4）。

墓券　1方。根据券文内容判断为买地券。M23∶5，红砂石质，券石完整，方形，长35.4、宽33、厚2.2厘米。字迹清晰，书写工整。券面四边阴刻单线框栏，框栏内阴刻短线纹，券文从右至左内容如下（图七一）：

　　　维广政十九年岁次丙辰八月一日庚申/故彭州就粮左定戎指挥使前守蓬州刺史刘瑭/地券生居城邑死安宅兆今卜岁月/吉日宜于华阳县星桥乡望乡里之/原安厝其地东至青龙西至白虎南/至朱雀北至玄武内方构陈分掌四/域丘丞墓陌封步界畔道路将军蟄（整）/齐阡陌千秋万永无殃咎呵禁之者/将军停长收付河伯今以牲牢酒脯/百味香新共为信契安厝已后永保/贞吉知见人岁月主者永避万岁符/故气邪精不得忓恠先有居者永避/万里若远此约地府主吏自当其祸/主人内外存亡安吉/急急如五帝使者女青律令。

Aa型开元通宝　3枚。M23∶6，钱径2.4、穿宽0.7厘米，重3.66克（图七〇，5）。

Ba型开元通宝　3枚。M23∶7，钱径2.4、穿宽0.7厘米，重2.96克（图七〇，6）。M23∶8，钱径2.4、穿宽0.7厘米，重3.15克（图七〇，7）。

Bb型开元通宝　2枚。M23∶9，钱径2.2、穿宽0.7厘米，重3.15克（图七〇，8）。

C型开元通宝　2枚。M23∶10，钱径2.2、穿宽0.7厘米，重1.89克（图七〇，9）。

M24　墓向246°。墓圹平面大致呈长方形，长4.4、宽2.4、深0.96米。填土为夹杂大量锈斑的灰黄色含沙黏土。无墓道。墓圹内砌一砖室，由甬道及墓室构成。甬道位于墓室西侧，平面呈长方形，长0.57、宽1.28、低于墓室0.3米，底部由平砖错缝斜铺而

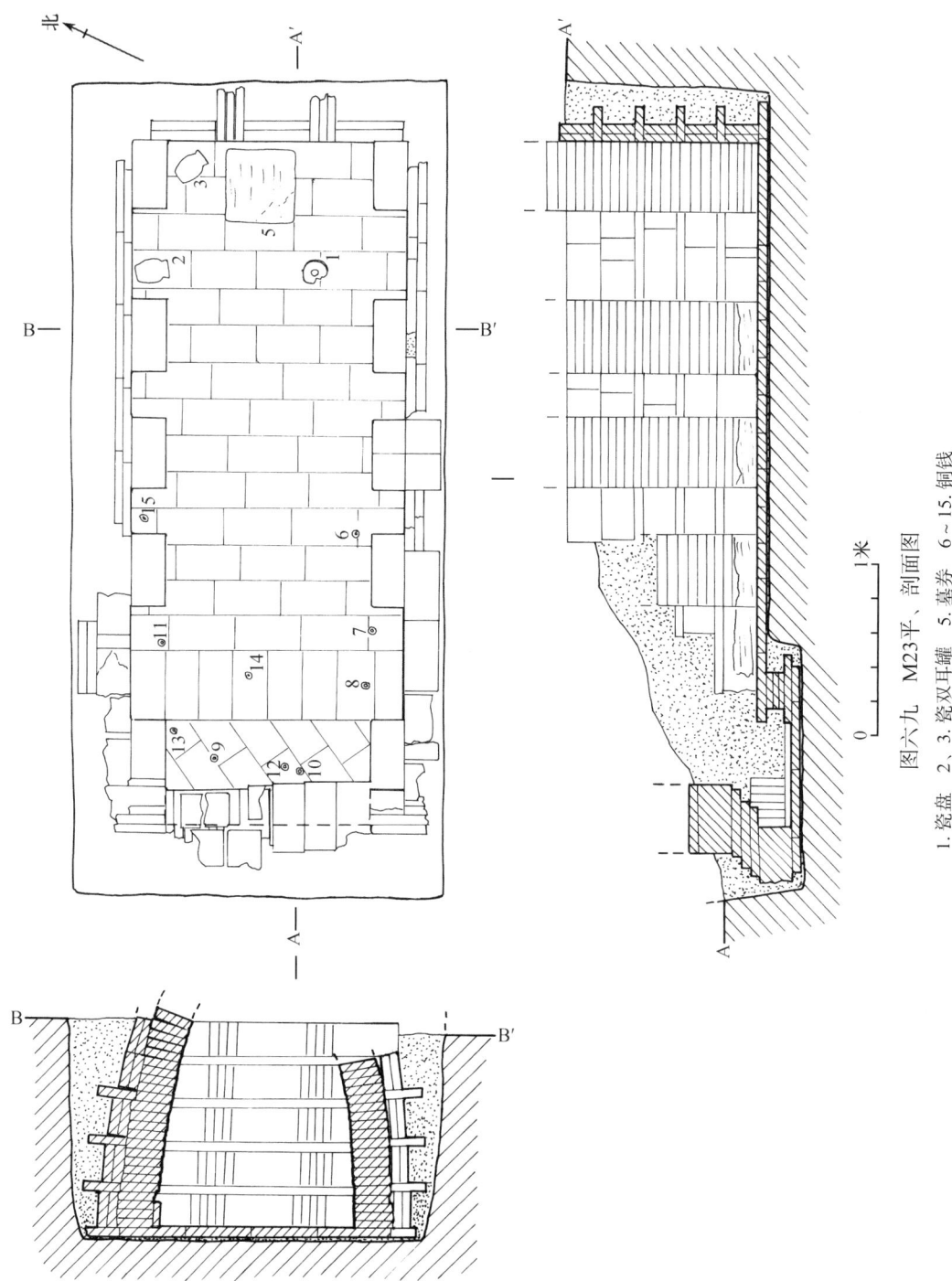

图六九　M23平、剖面图

1.瓷盘　2、3.瓷双耳罐　5.墓券　6～15.铜钱

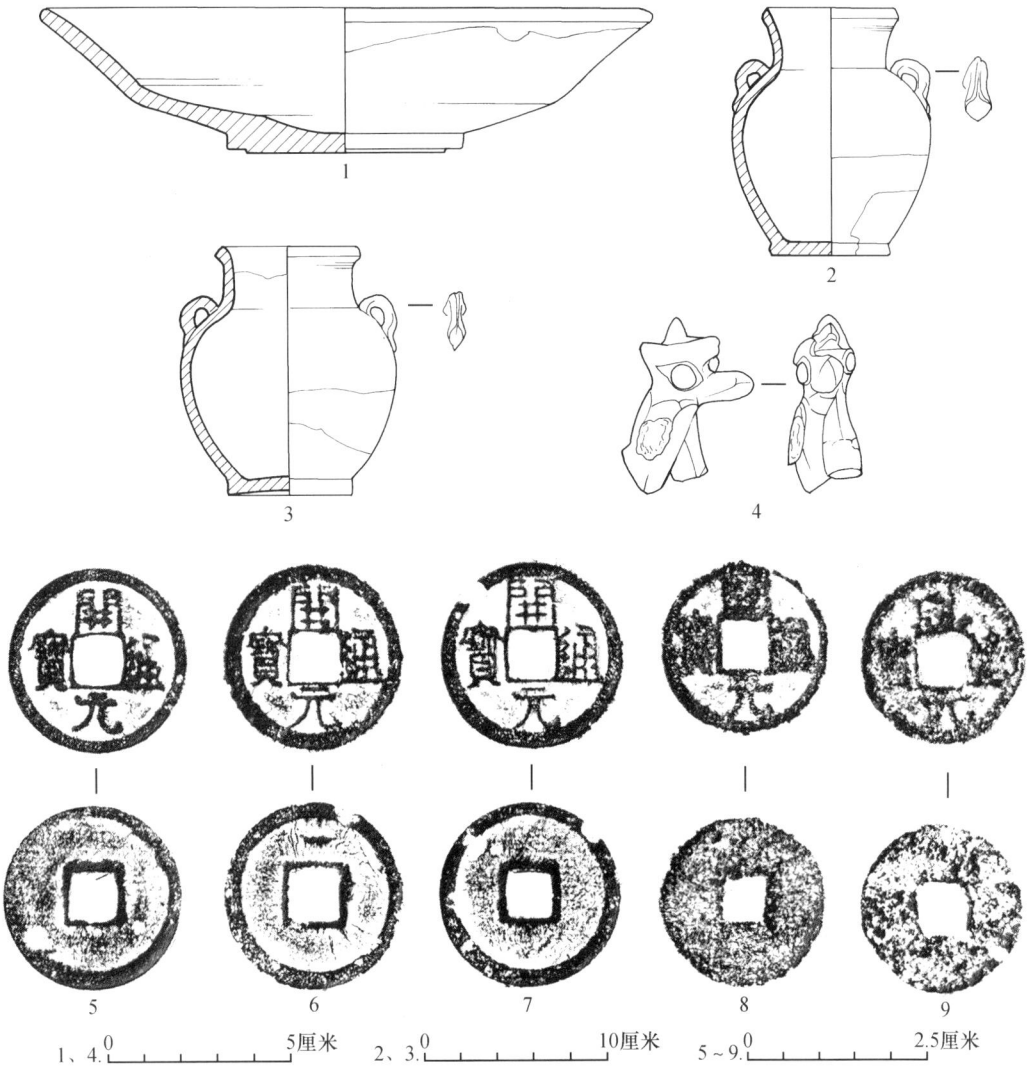

图七〇 M23出土瓷器及铜钱拓片

1. 瓷盘（M23:1） 2、3. A型瓷双耳罐（M23:2、M23:3） 4. 瓷龙形俑（M23:4） 5. Aa型开元通宝（M23:6） 6、7. Ba型开元通宝（M23:7、M23:8） 8. Bb型开元通宝（M23:9） 9. C型开元通宝（M23:10）

成。墓室长3.24、宽1.7、高1.1米。墓室底部除靠近甬道处一排为平砖顺铺外，其余皆为平砖错缝横铺。无棺台。残存墓壁在铺地砖上以一丁一平交替砌筑，其中丁砖横、顺相间，平砖皆顺铺。两侧壁有平砖砌筑而成的肋柱。北壁四道，南壁残存两道。肋柱长0.4、宽0.19米。残存封门在甬道底部砌筑一层丁砖。墓顶被破坏。墓砖有长方形青灰色砖及橙红色砖两种，主要有40厘米×19厘米—3.8厘米、39.7厘米×19.2厘米—3.85厘米、41.7厘米×20厘米—3.8厘米三种规格（图七二）。出土器物有瓷盏、瓷炉、瓷碗、瓷龙形俑、墓幢及钱币等。

Bd型瓷盏 1件。M24填:9，灰白胎，挂白色化妆土，透明釉，釉面较多开片。口径13、底径5.5、高4厘米（图七三，5）。

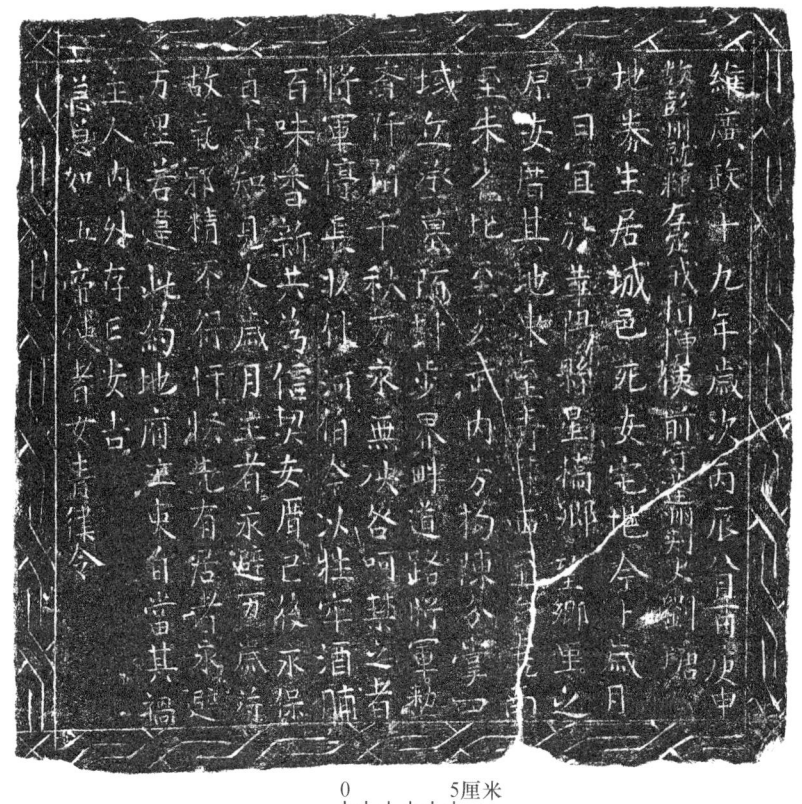

图七一 M23出土墓券拓片
（M23∶5）

Ca型瓷盏 1件。M24填：8，灰褐色胎，挂米黄色化妆土，釉面脱落。口径12、底径5.5、高3.2厘米（图七三，4）。

Cb型瓷盏 2件。灰胎，挂米黄色化妆土，釉面脱落。M24：3，口径10、底径3.5、高2.5厘米（图七三，7）。M24：4，口径9.7、底径3.5、高2.5厘米（图七三，6）。

A型瓷炉 4件。砖红胎，挂米黄色化妆土，酱釉。M24填：2，口径10、腹径9、高8.5厘米（图七四，1）。M24填：3，口径10.5、腹径9.5、高8.5厘米（图七四，2）。M24填：4，口径10、腹径9.5、高8厘米（图七四，4）。M24填：5，口径10.5、腹径9.5、高8.5厘米（图七四，5）。

B型瓷炉 1件。M24填：6，棕红胎，酱青釉。口径10.5、腹径9.5、残高5.5厘米（图七四，3）。

瓷碗 1件。M24填：7，砖红胎，挂米黄色化妆土，青釉，内底残留支钉痕。口径16、底径6、高5厘米（图七三，3）。

瓷龙形俑 1件。M24填：6，灰胎，挂米黄色化妆土，釉面脱落。残高3.5厘米（图七三，1）。

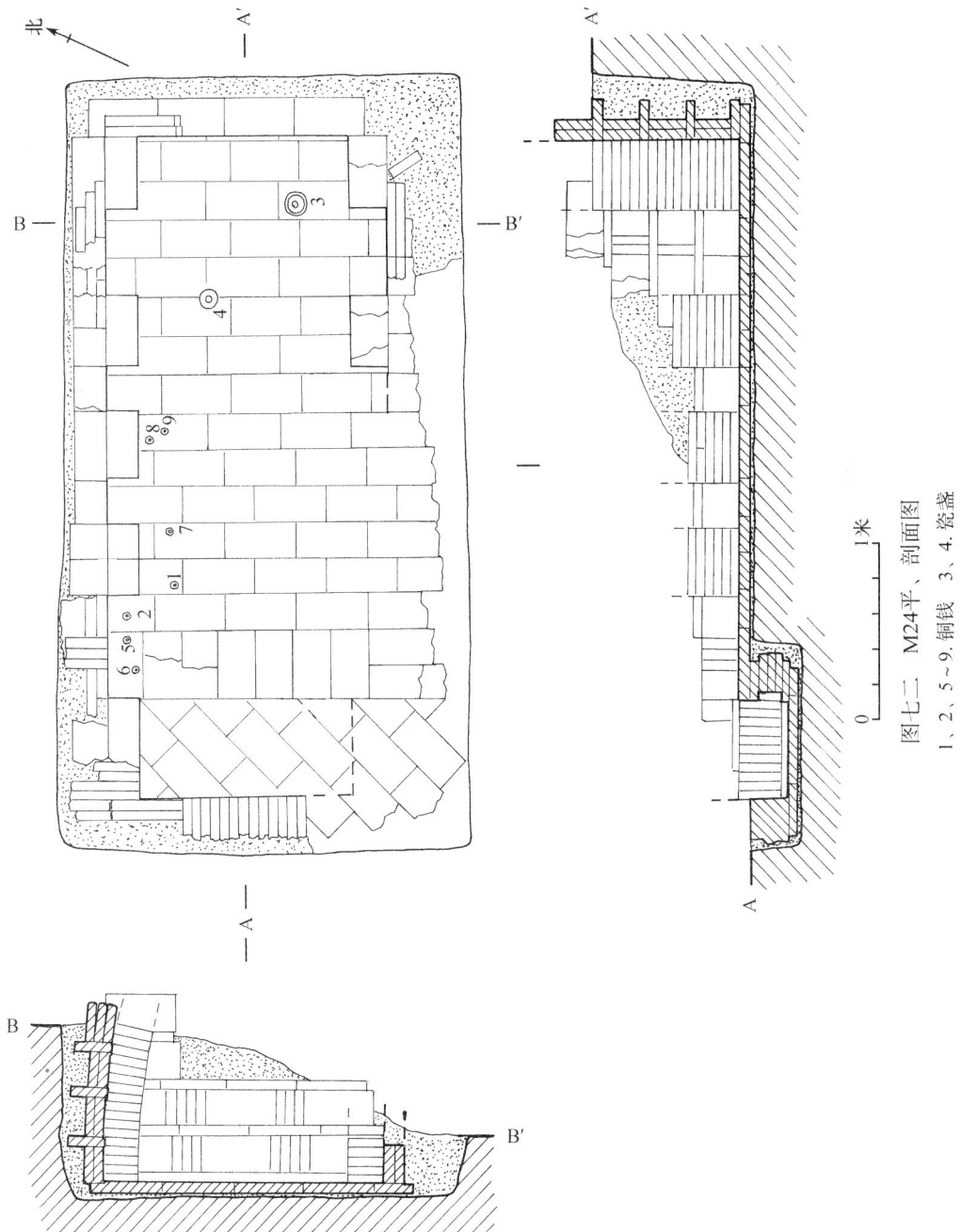

图七二 M24平、剖面图
1、2、5~9.铜钱 3、4.瓷盏

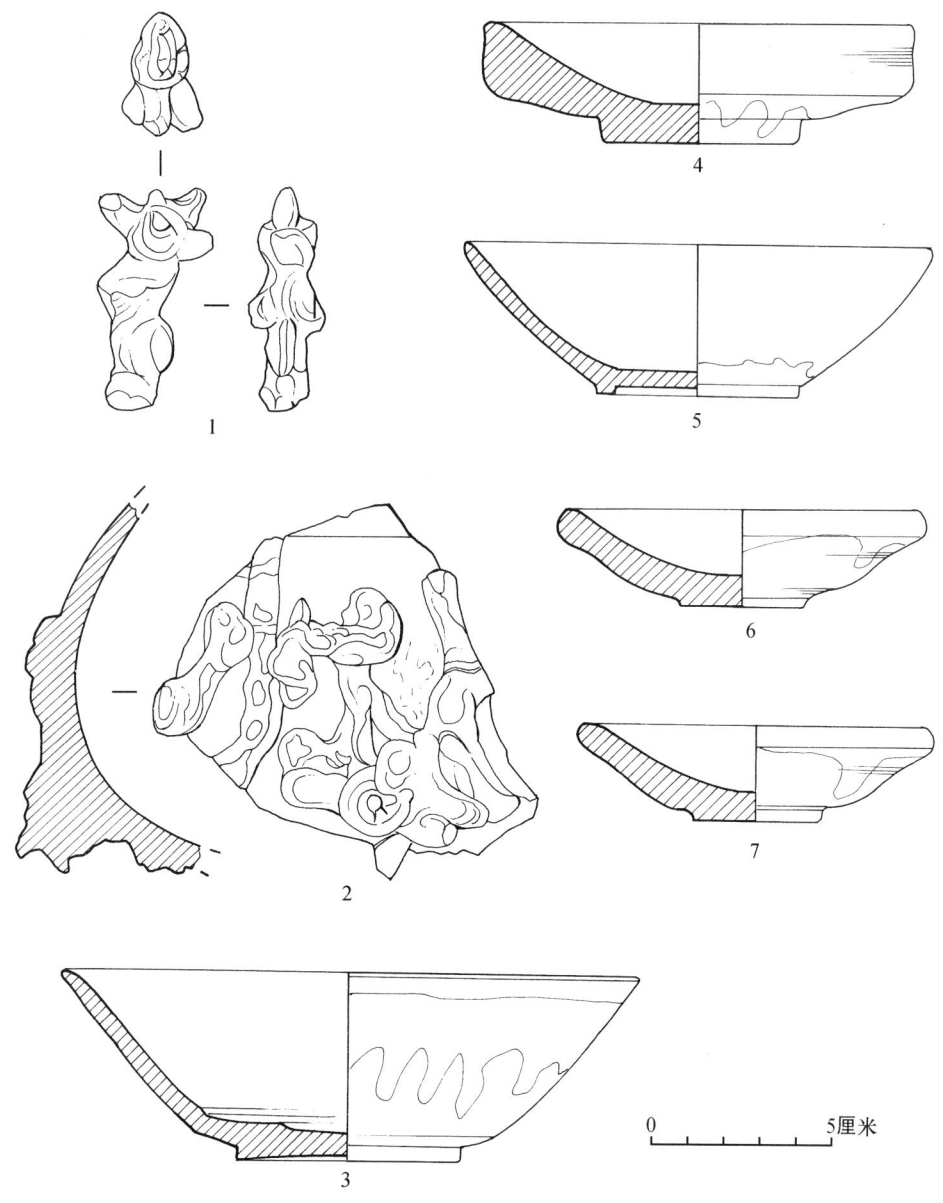

图七三　M24出土瓷器

1.龙形俑（M24填：6）　2.罐腹片（M24填：10）　3.碗（M24填：7）　4.Ca型盏（M24填：8）　5.Bd型盏（M24填：9）　6、7.Cb型盏（M24：4、M24：3）

瓷罐腹片　1件。M24填：10，砖红胎，挂米黄色化妆土，酱釉。残长9.5厘米（图七三，2；图版一二，3）。

墓幢　2所。M24填：11，红砂石质。仅存幢顶，幢顶由宝珠及仰莲构成。残高28厘米（图七五，2）。M24填：12，红砂石质。残存幢顶及幢身，幢顶由宝珠、仰莲及宝盖构成。幢身为八面柱形，其中一面阴刻墓记，另外七面阴刻《佛顶尊胜陀罗尼经

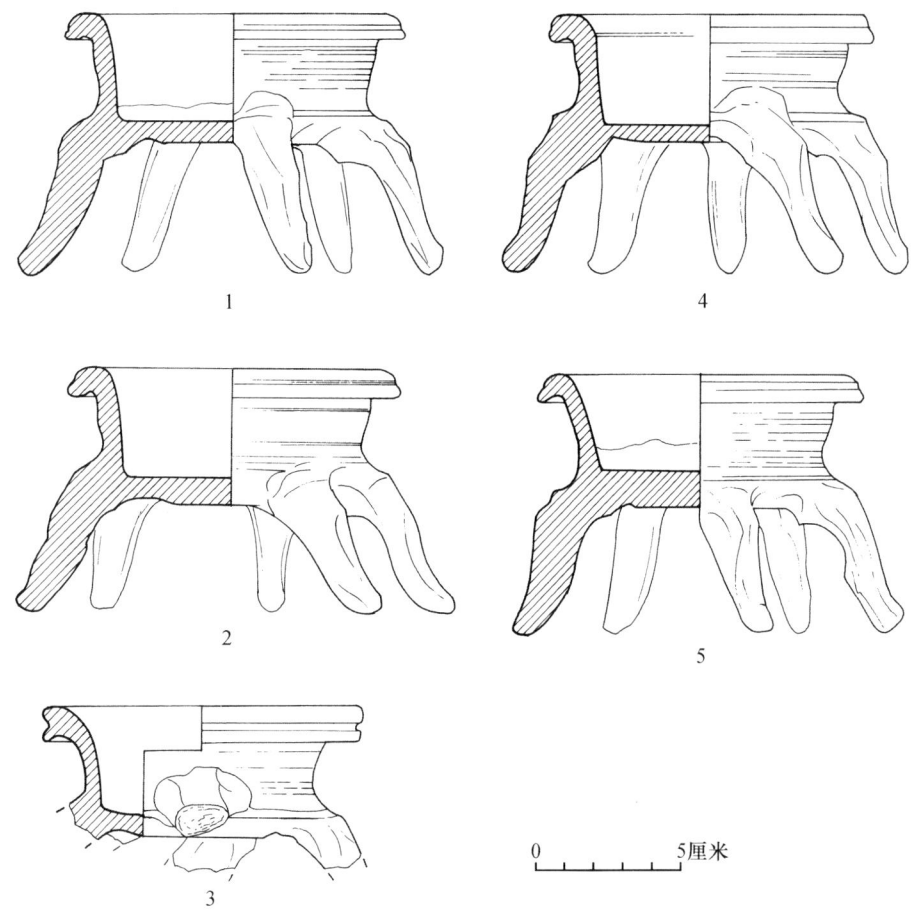

图七四　M24出土瓷炉
1、2、4、5.A型（M24填：2、M24填：3、M24填：4、M24填：5）　3.B型（M24填：6）

咒》。残高56厘米（图七五，1）。幢身残存记文如下（图七六）：

广政二十年……/奉为故……/郇□……/咤耶……/耶婆麽……/诃郇婆婆缚……/郇阿蜜嚜多毗……/散陀罗尼输驮……/乌瑟尼沙毗逝耶……/弥珊珠地帝婆……/地瑟耻帝慕姪□……/秫提婆婆伐罗挐……/耶阿庚秫提婆末……/你怛□多部多俱……/勃地秫提社耶□……/罗婆末罗勃□□□……/跛折罗揭鞞跛折……/娑埵写迦耶毗秫……/婆婆怛他揭多三……/勃陀勃陀蒲陀……/提婆婆怛他揭……/麽诃慕姪□……

Aa型开元通宝　4枚。M24：2，钱径2.4、穿宽0.7厘米，重3.09克（图七五，3）。M24：5，钱径2.4、穿宽0.7厘米，重2.37克（图七五，4）。

Ba型开元通宝　1枚。M24：6，钱径2.4、穿宽0.7厘米，重3.25克（图七五，5）。

C型开元通宝　2枚。M24：1，钱径2.4、穿宽0.7厘米，重1.69克（图七五，6）。

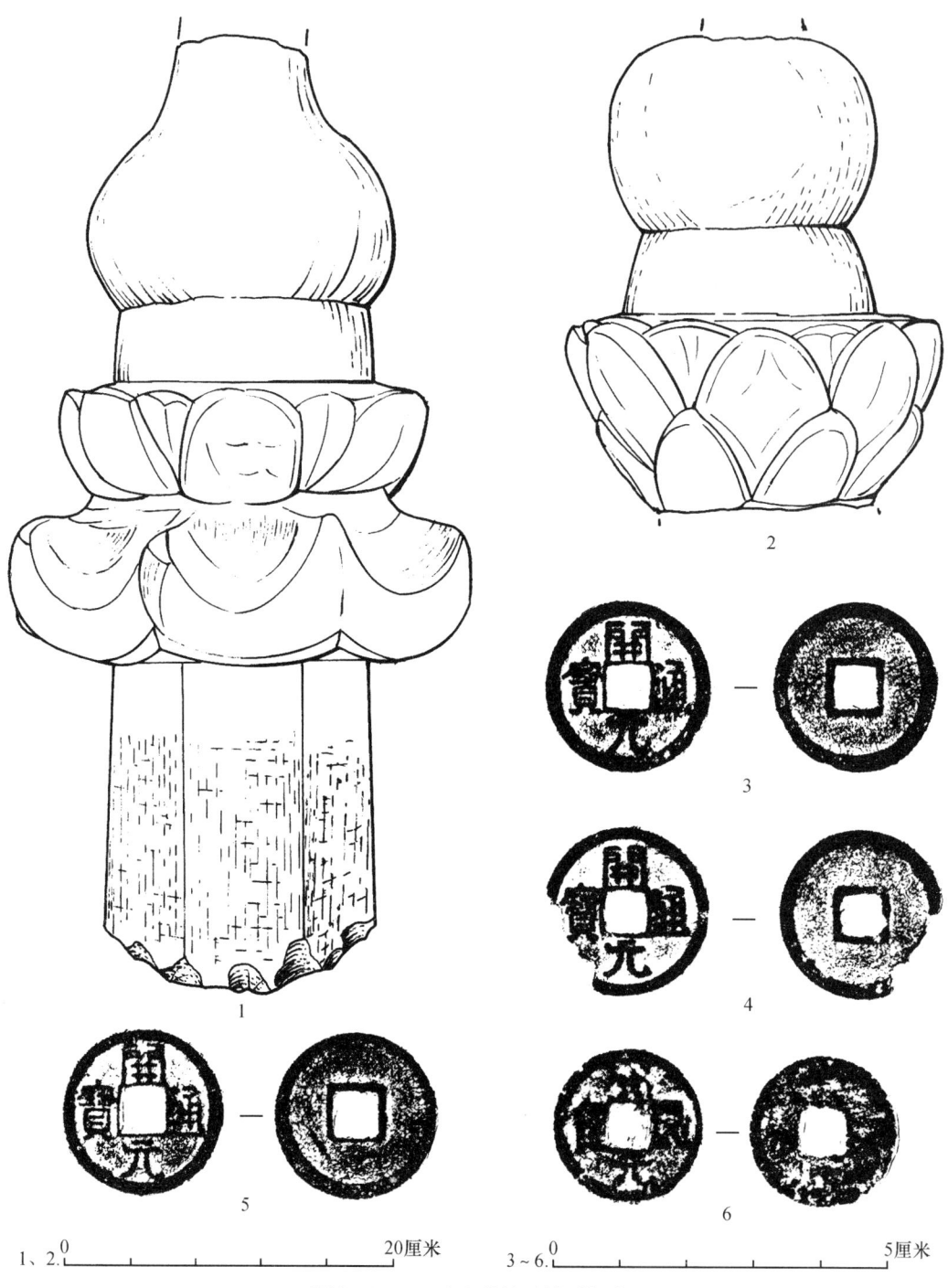

图七五 M24出土墓幢及钱币拓片

1、2. 墓幢（M24填：12、M24填：11） 3、4. Aa型开元通宝（M24：2、M24：5） 5. Ba型开元通宝（M24：6） 6. C型开元通宝（M24：1）

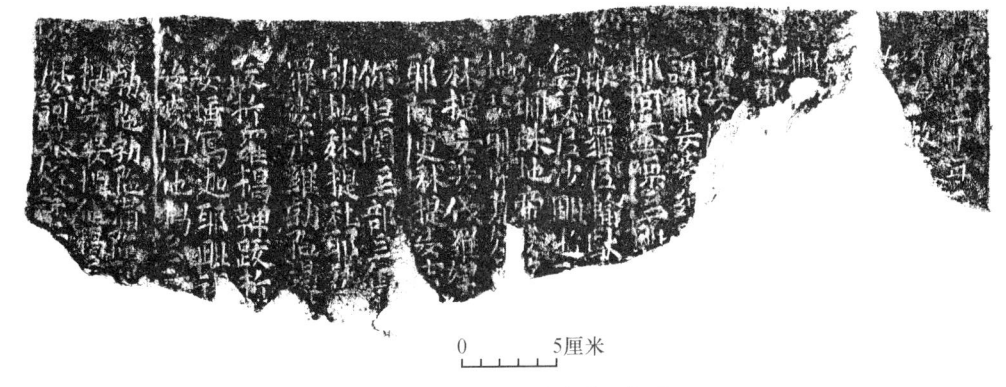

图七六　M24出土墓幢墓记拓片
(M24填：12)

6. Ⅱ类Bb型

M19　墓向153°。为墓圹相连的异穴双室墓。墓葬北部被晚期沟打破。墓顶因被破坏而形制不明。东室墓圹平面大致呈"凸"字形，残长3.4、宽0.55～1.34、深0.5米。墓圹南端设一斜坡墓道，平面大致呈梯形，长0.75、宽0.45～0.7、残深0.47米。填土为夹杂红烧土颗粒的黄褐色含沙黏土。墓圹内砌一砖室，墓室平面呈长方形，残长2.17、宽0.66、残高0.5米。无甬道。棺台在铺地砖之上由两层平砖纵横交错铺成，棺台两侧留有排水沟。东壁由两平一丁交替砌筑。西壁前部与东壁砌筑方式相同，后部在墓底砌筑两组一平一丁后平铺数层，平砖、丁砖皆纵横相间。残存封门在三平一丁之上砌筑一平一丁后再平铺两层，其中平砖横铺，丁砖顺铺。墓砖为长方形青灰色砖，主要有34厘米×17.7厘米—3.9厘米、32.1厘米×16.6厘米—3.4厘米两种规格。西室墓圹平面呈长方形，残长1.4、宽0.95、残深0.2米。墓室平面呈长方形，残长0.95、宽0.48、残高0.2米。铺地砖上用一层平砖横铺成棺台，棺台两侧留有排水沟。残存墓壁由一丁两平构成，其中平砖顺铺，丁砖纵横交错。残存封门与墓壁砌筑方式相同。墓砖为长方形青灰色砖，主要有34厘米×17.7厘米—3.9厘米、32.1厘米×16.6厘米—3.4厘米两种规格。未见出土器物（图七七）。

M31　墓向306°。墓圹平面呈两个并排的"凸"字形，长3.6、宽2.3、残深0.86米。西端设两个平面大致呈梯形的斜坡墓道，其中北墓道长0.6、宽0.56～0.66、残深0.62米，南墓道长0.5、宽0.42～0.66、残深0.84米。填土为包含大量矿物颗粒的灰黄色含沙黏土。墓圹内砌两个砖室，中间共用一壁。北墓室平面呈长方形，长2.06、宽0.74、残高0.84米。棺台砌于铺地砖之上，以一排顺铺的平砖及一排横铺的平砖组成，残长1.48、宽0.52、高0.03米，棺台南、北、西三侧皆留有排水沟。北墓室墓壁在铺地砖上砌两平一丁后再平铺两层起墙，其中平砖错缝顺铺，丁砖立砌，至0.44米处平铺数层形成四道肋拱柱。每道肋拱柱之间形成宽0.2、进深0.18米的壁龛。北墓室残存的封门先在铺地砖上砌两丁五平，再在其上砌筑一丁三平，其中丁砖横顺交替，平砖皆横铺，宽1.04、厚0.32、残高0.74米。南墓室平面呈长方形，长1.84、宽0.42、残高0.62米。棺台砌

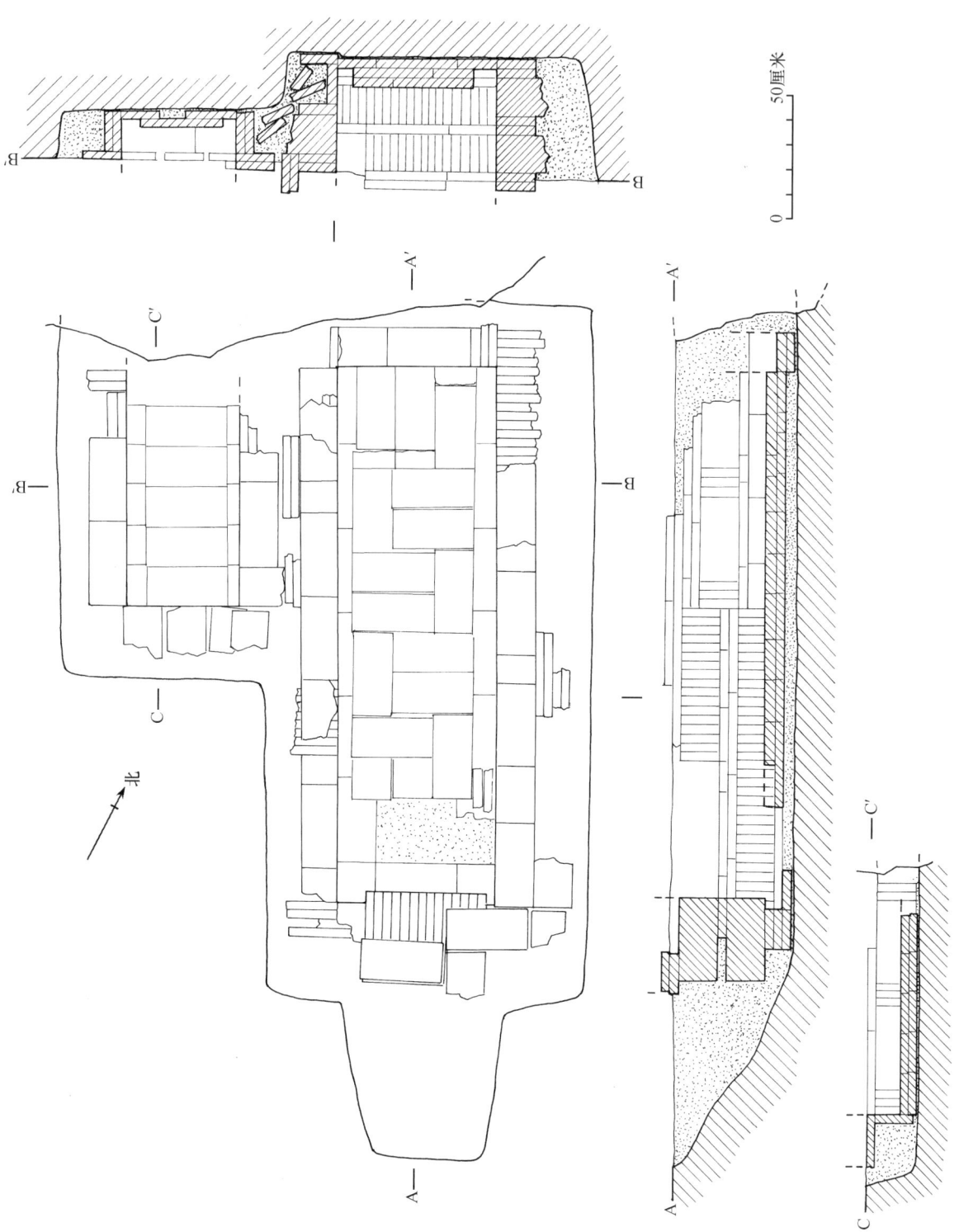

图七七 M19平、剖面图

于铺地砖之上,以一排平砖横铺而成,长1.84、宽0.32、高0.03米,棺台南北两侧留有排水沟。墓壁砌筑方法与北室相同,但仅有三道肋拱柱。肋拱柱之间形成两个壁龛,大小分别为宽0.24、进深0.18米与宽0.16、进深0.18米。南墓室残存封门以一丁三平或一丁两平构成,宽0.82、厚0.3、残高0.7米。南墓室后壁在铺地砖上砌两平一丁后再平铺两层起墙,至0.46米处以五层平砖横砌内收,形成叠涩顶。墓砖为长方形青灰色砖及橙红色砖,墓砖有32.5厘米×18厘米—3.3厘米、31.5厘米×17厘米—3厘米、29.5厘米×15.5厘米—2.8厘米三种规格。出土器物有瓷盏、陶文俑、陶武俑、陶鸡、陶狗等(图七八)。

Ba型瓷盏　1件。M31北:2,砖红胎,挂米黄色化妆土,酱釉。口径9.5、底径

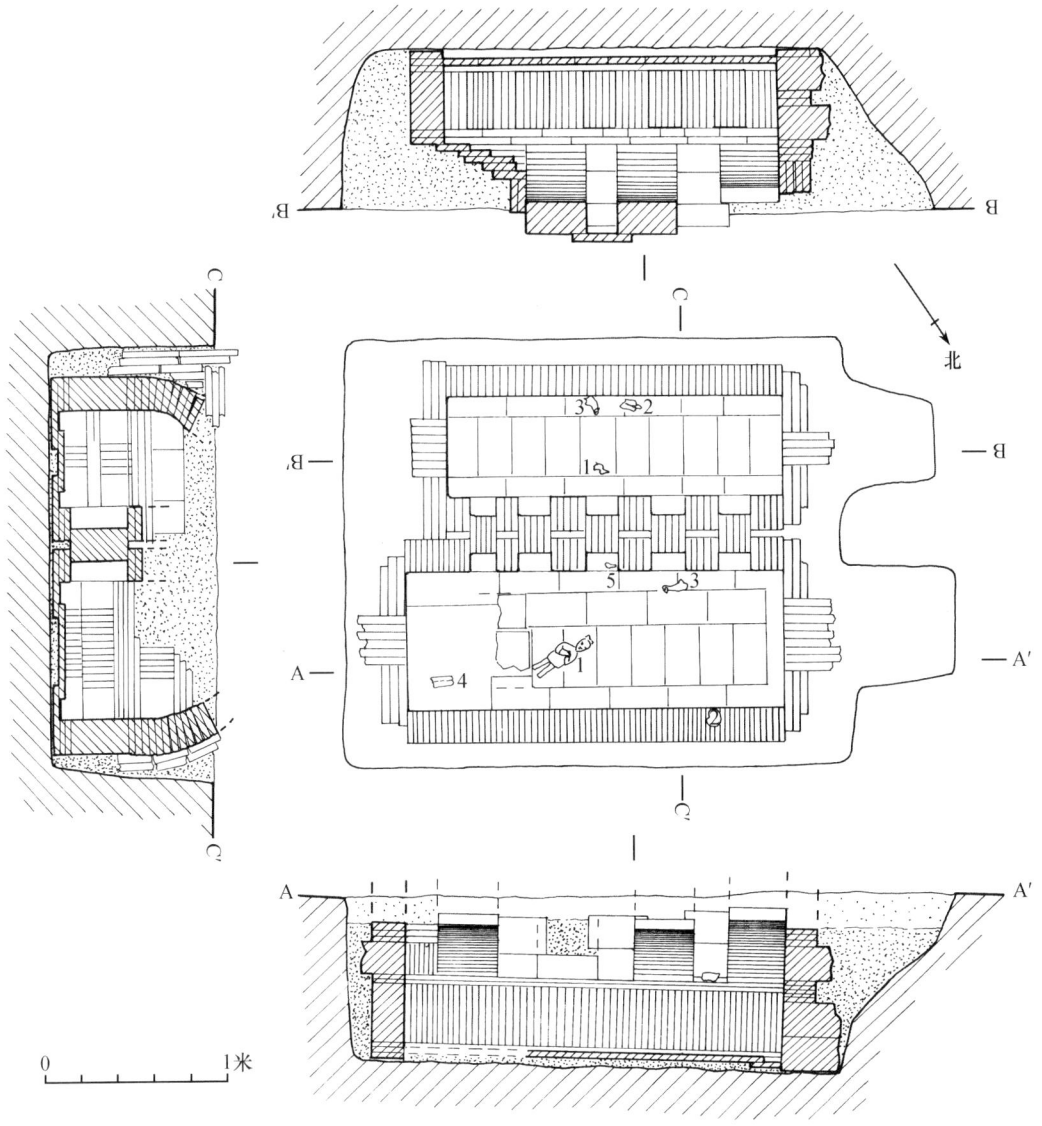

图七八　M31平、剖面图
北室:1.陶武俑　2.瓷盏　3.陶鸡　4.陶文俑(未修复)　5.陶文俑
南室:1.陶狗　2.陶文俑　3.陶鸡

3.6、高2.5厘米（图七九，4）。

C型陶文俑　2件。M31北：5，泥质红陶，挂米黄色化妆土，釉层脱落。通高20厘米（图八〇，2）。M31南：2，泥质红陶，挂米黄色化妆土，釉层脱落。头部不存。残高16厘米（图八〇，1）。

陶武俑　1件。M31北：1，泥质红陶。高35厘米（图八一；图版一二，4）。

陶鸡　2件。泥质红陶，挂米黄色化妆土，酱青釉，釉层脱落。M31北：3，高14厘米（图七九，3）。M31南：3，高15厘米（图七九，2）。

陶狗　1件。M31南：1，泥质红陶，挂米黄色化妆土，釉层脱落。通高7.5厘米（图七九，1）。

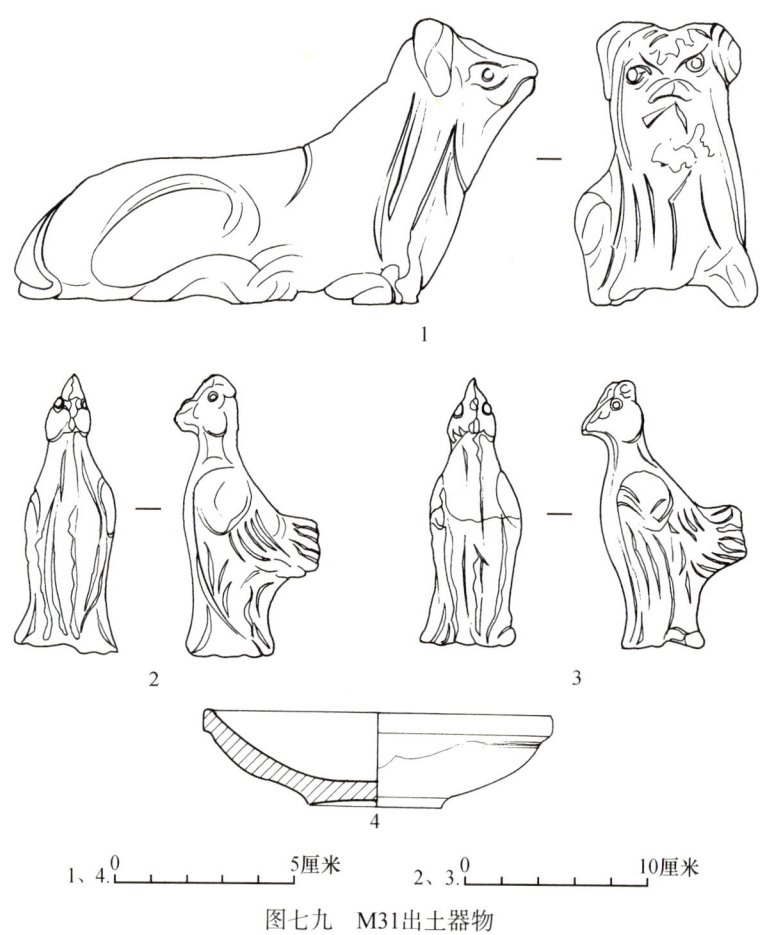

图七九　M31出土器物
1.陶狗（M31南：1）　2、3.陶鸡（M31南：3、M31北：3）　4.Ba型瓷盏（M31北：2）

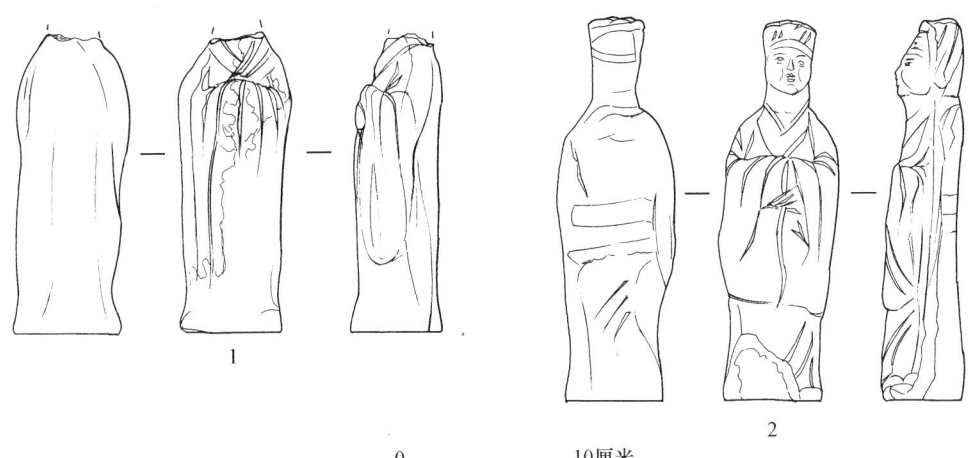

图八〇　M31出土C型陶文俑
1. M31南：2　2. M31北：5

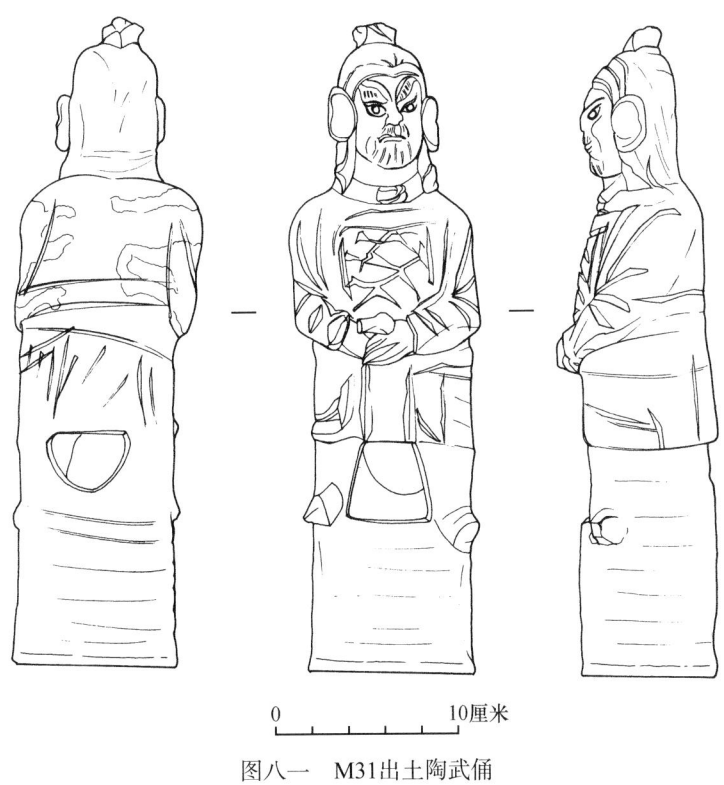

图八一　M31出土陶武俑
（M31北：1）

四、年代判断

本次发掘的M5、M7~M9、M21及M28因保存情况极差，也未见任何出土物或出土器物甚少而无法判断其年代，除此之外的25座墓葬中，有2座墓出土了刻有纪年文字的墓券及墓幢，另有9座墓出土了钱币，其中铜钱包括半两、开元通宝、太平通宝、咸平通宝、货泉及布泉，其余14座墓葬多出土年代特征明显的陶、瓷器。这些材料为我们判断墓葬的年代提供了可信的证据。依据出土器物的形制特征、组合关系的变化及差异，结合墓葬形制，可将这25座墓葬分成五期。

第一期，属于本期的墓葬有M2、M25、M26、M29、M27五座。均为长方形竖穴土坑墓。本期墓葬的陶器有圜底罐及瓿；铜器有璜、鍪、带钩；未见钱币。A型土坑墓长宽之比界于1:1与2:1之间，有研究认为这类墓为西汉中期墓葬[1]，但根据近年来的考古发掘情况来看，这类土坑墓战国早期即出现在成都平原地区，如什邡城关M25[2]。海滨村年家院子五座Aa型近方形土坑墓与2003年发掘的海滨村10组M2、M3[3]及郫县风情花园FM1、FM2[4]四座土坑墓形制相同，发掘者判断后四者的年代均为战国晚期。B型土坑墓长宽之比大于2:1，这类形制的墓葬在战国中期即已出现在成都平原，但主要流行于战国末至西汉早期。就随葬器物而言，陶瓿沿用时间较长，从战国中期直到西汉中期皆有此类瓿出土，但Aa型陶圜底罐，在成都平原常见于战国中、晚期，如什邡城关M90-1、M54[5]，成都十二桥新一村M1[6]等。Ba型陶圜底罐颈部变短，口部变大，在成都平原地区最早出现于战国中晚期，最晚可至西汉早期，但于秦代最为流行，如什邡城关M24、M20、M103[7]，郫县风情园FM5，郫县花园别墅HM10、HM13[8]均有这类圜底罐。综上所述，该期墓葬的年代多在战国晚期左右。

第二期，属于本期的墓葬有M1、M20、M30三座。墓葬形制与上一期相比，变化不大。本期墓葬的陶器有豆，Aa型、Ba型圜底罐；铜器有镜；钱币较多，皆为半两。该期最大的变化是出现了陶浅盘圈足豆及较多不同风格的"半两"钱。陶浅盘圈足豆是战国晚期成都平原地区的典型陶器，一直沿用至西汉早期，如四川大邑五龙M19[9]，什邡城关M14、M24、M20、M21、M65、M85等。另外，Da型半两，钱文规范，横平竖直，笔画纤细，薄如铜片，重量远轻于秦代半两，是典型的高后八铢半两，与龙泉驿北干道M3出土的Ⅲ式半两钱[10]及郫县花园别墅HM5出土的Ⅳ式半两[11]近似。Cb型及Db型半两，钱径小，穿宽大，均为荚钱，但相比而言，Db型半两的钱文更为纤细，笔画方折工整，在山西安泽及陕西西安地区多有出土，关汉亨认为这类钱当是汉初荚钱[12]。综上所述，该期墓葬的年代多在西汉早期左右。

第三期，属于本期的墓葬有M12、M23、M24三座。为Ⅱ类A型及Ba型砖室墓。出土瓷器有B型四系罐、盘、A型双耳罐、Bd型盏、C型盏、炉、碗、龙形俑等；钱币有货泉、Aa型开元通宝、B型开元通宝、C型开元通宝；石刻有墓券及墓幢。该期砖室墓长度在2.6米以上，均为单室墓。M12墓室平面呈梯形，墓壁在一条直线上，与邛崃临邛镇蒋庵子晚唐五代墓葬M4、M7、M8、M11[13]结构相似。乙类Ⅱ类Ba型砖室墓M23、M24的结构与成都西郊西窑村后蜀广政时期墓葬M21如出一辙，属于《四川地区唐代砖室墓分期研究初论》中唐末五代时期流行的A型Ⅲ式墓葬[14]。B型瓷四系罐系部具有双股竖系及颈部带有凸棱的特征，这种罐可与成都市龙泉驿区洪河大道M1及M10出土的A型Ⅰ式及A型Ⅱ式瓷四系罐相对应，发掘者认为M1及M10的年代分别是唐代晚期及五代到北宋初年[15]；M23及M24皆出土纪年材料，为墓葬的年代判断提供了证据，M23出土广政十九年（954年）买地券，M24出土的广政二十年（955年）墓幢虽然出于填土，但Cb型瓷盏具有典型的五代风格，如成都高新区紫荆南路晚唐墓葬M1出土的瓷碟[16]、成都土桥村筒车田晚唐墓葬M1出土的瓷碟[17]、成都西窑村后蜀广政时期墓葬M21出土的瓷盏[18]。综上所述，该期墓葬的年代多在五代。

第四期，属于本期的墓葬有M3、M10、M11、M13、M14~M19十座。出土陶器有女侍俑；瓷器有A型四系罐、C型四系罐、C型双耳罐、小罐、Ab型盏、Bb型盏、Bc型盏；钱币有B型开元通宝、咸平元宝、布泉及铁钱；铜器有A型镜。三座Ⅰ类A型砖室墓，为平面呈梯形的小型火葬墓，与成都龙泉驿青龙村M3[19]、邛崃临邛镇蒋庵子M5[20]风格相似。成都龙泉驿青龙村M3出土北宋崇宁五年（1106年）买地券。邛崃临邛镇蒋庵子M5为北宋晚期墓葬。Ⅰ类Ba型及Bb型砖室墓规模小，结构简单，是川西地区常见的火葬墓，《四川地区宋代墓葬研究》一文认为这类小型墓葬较早出现于北宋晚期。Ⅱ类Bb型砖室墓中M19未出土任何器物，东室墓葬形制对应《四川地区宋代墓葬研究》一文的乙类砖室墓中Ⅱ类Ab型Ⅰ式墓葬，年代可能在北宋中、晚期，西室墓葬形制较小，且墓底高于东室墓底，推测为晚期下葬时砌筑，年代应相对东室较晚。从出土器物来看，Ⅰ类A型砖室墓出土的Aa型瓷四系罐与成都东郊张确夫妇墓右室出土的Ⅰ式陶罐相同[21]，Ab型瓷四系罐与双流华阳欧香小镇M34出土的C型瓷四系罐[22]及成都三圣乡上河村M2[23]出土的陶罐一致，Bb型瓷盏与成都青龙乡海滨村M4出土的瓷盏[24]相似。张确夫妇墓右室、双流华阳欧香小镇M34、三圣乡上河村M2及青龙乡海滨村M4分别出土元祐八年（1093年）墓志、崇宁三年（1104年）买地券、熙宁二年（1069年）买地券及绍圣二年（1095年）墓志，下葬时间明确。Ⅰ类Ba型砖室墓M14出土的Cb型瓷四系罐与成都青白江艾切斯M5、M11出土的B型Ⅲ式四耳罐[25]如出一辙，后二者皆出土盘口呈杯状，长颈、短身的盘口壶，这种盘口壶多流行于北宋晚期，如新津县邓双乡元丰四年石室墓出土的A型瓷四耳罐[26]以及广汉雒城元祐年间M1出土的瓷高领四耳罐[27]；C型瓷双耳罐与双流华阳欧香小镇元祐二年（1087年）墓葬M31出土的B型Ⅰ式瓷双耳罐风格相同[28]。Ⅱ类A型砖室墓中，M11出土Ab型瓷四系罐，如上所述，年代当在北宋中晚期；M16出土咸平元宝一枚，故其年代上限当不早于北宋咸平年间，另外，出土的Ca型瓷四系罐与新津县邓双乡元丰四年（1081年）M1西室出土的Cb型瓷四耳罐相同；M18出土太平通宝1枚，故其年代上限不早于北宋太平兴国年间，另外，出土的瓷碗与张确夫妇墓出土的瓷碗如出一辙。两座乙类Ⅱ类Ba型砖室墓M15及M17分别出土的铜镜及釉陶女侍俑，流行于北宋至南宋时期，其中委角弧边铜镜与《中国铜镜图典》录入的咸平三年（1000年）铭文镜[29]以及湖北浠水县城关镇元祐四年（1089年）石室墓出土的铜镜[30]相同。综上所述，该期墓葬的年代在北宋中、晚期左右。

第五期，属于本期的墓葬有M4、M6、M22、M31四座。出土陶器有文俑、匍匐俑、武俑、鸡、狗；瓷器有B型、C型、D型双耳罐，Aa型、Ba型、Bb型盏；石刻有墓券。该期新增B型及D型瓷双耳罐、Aa及Ba型瓷盏。就墓葬形制而言，M31为券顶与叠涩顶相结合双室墓，单层券，有压拱砖，墓室平面为长方形，墓壁有多个壁龛，与北宋晚期至南宋早期的新津方兴M6、M37[31]，成都龙泉驿十陵镇M3[32]、成都高新区富通光缆M4[33]类似，可与《四川地区宋代墓葬研究》一文中乙类砖室墓Ⅰ类Ab型Ⅱ式南宋早期墓葬相对应。另外，Ba型瓷盏还见于成都高新区石墙村嘉定四年（1211年）M5右室[34]及成都西郊金鱼村淳熙九年（1182年）M11[35]。另外，Aa型瓷盏，即斗笠盏，唇部一圈青釉边，在成都琉璃厂古窑第二期十分常见[36]。综上所述，该期墓葬主要为南宋时期墓葬。

五、相关认识

海滨村年家院子墓地出土半两138枚，钱径大小、钱币轻重皆不相同，钱文风格亦十分丰富，几乎涵盖了从战国秦惠文王二年（前336年）"初行钱"到汉高后二年"行八铢钱"时期铸造的各种半两，包括战国半两、秦半两、汉初榆荚半两及高后八铢半两，年代序列清晰，为我们认识半两钱发展演变规律提供了实物资料。其中，数量最多的是战国半两，即A型半两，以钱文粗拙不工、变化多姿、铸造随意不规范为特征，有的钱文"半"字特别长（如M1∶11），与《半两货币图说》收录的战国长字型半两极为相似[37]；有的上、下皆有宽大铸口，形似灯笼（如M1∶9、M1∶30），与四川青川县战国墓M50出土半两[38]相似。B型半两亦属于战国半两，其钱文娇小但古拙怪趣，上、下有宽大的铸口，钱径在2.7~3.2厘米，关汉亨将此类半两归为小字型半两，在甘肃宁县、西和县、广阳县及陕西西安地区均有出土，可能是秦国早时期地方城邑铸币[39]。Ca型半两钱径在2.3~2.5厘米，钱文随意不规范，杜维善在《也说陕西凤翔高庄秦墓出土半两》一文中将此种形制的半两定为秦末四铢半两[40]，执相同观点的还有关汉亨，在其《半两货币图说》一书中收录的秦末四铢半两还出土于四川郫县、山西安泽县等地[41]。Cb型半两钱径小至2厘米，钱文高凸，笔风豪放，秦篆风味犹存，与四川茂汶县石棺葬CM7出土的半两相似[42]，发掘者判断该墓的年代为秦末。Da型半两，如前所述，根据其钱文、重量等特征将其定为汉代高后时期铸造的八铢半两。Db型半两与Cb型半两皆为"荚钱"，不同于秦"荚钱"，Db型半两钱文方正工整，笔画纤细，是为汉初之"荚钱"。我们观察到，半两钱经历了从篆书到隶书、从松散到规整的转变，同时与秦统一天下、国力由强盛到衰落、汉初承袭秦制等历史背景也是相对应的。不同时代的半两钱同时出现在一座墓葬中，一来与秦举巴蜀（前316年）到汉高祖一统天下（前206年），再到高后当政二年（前186年），仅历时一百三十年有余；二来似乎也正好体现了汉初币制频繁变革，在汉初承袭秦朝币制、改铸荚钱、高后整顿币制行八铢的这几个阶段，币制混乱的现象。

经人骨检视，发现M11墓主人为一女性，入葬时为仰身直肢，其双踝、双膝及双髋均有并拢现象，整体上埋葬形态反映出其在下葬过程中尸体被裹缚。包裹尸体乃一种殓尸方式。《孝经注疏·丧亲章》载"为之棺椁衣衾而举之"[43]，又《礼记正义·丧大记》记载了敛束尸体的方法，云："大敛：布绞，缩者三，横者五。布紟，二衾。"[44] 考古发现灵宝西坡墓地中共有30座仰韶时期的墓葬有尸体被绑缚的现象[45]。另外，马山一号楚墓[46]及马王堆一号汉墓[47]也均用衣衾裹缚尸体。云梦睡虎地M77虽然墓主人人骨不存，但该墓出土一批汉代简牍，其中五枚上载："彻侯衣衾毋过盈棺，衣衾敛束。（荒）所用次也。其杀：小敛用一特牛，棺、开各一大牢，祖一特牛……"[48]，并且棺内见丝织物[49]，故推测在入葬时，墓主人尸体仍经过裹缚。《略论我国古代墓葬的防护措施》一文认为，这种用多重织物包裹尸体的做法，其初衷在客观上是为了抑制尸体的早期腐化[50]。

附记：M1木材种属鉴定工作由成都市文物考古研究院闫雪同志完成。

发　掘：易　立　王　瑾　谢　常
整　理：王　瑾　候晓宁
绘　图：钟雅莉
拓　片：严　彬
照　相：江　滔
执　笔：王　瑾

注　释

[1] 四川省博物馆：《四川船棺葬发掘报告》，文物出版社，1960年，第84页；宋治民：《战国秦汉考古》，四川大学出版社，1993年，第117页。

[2] 四川省文物考古研究院、德阳市文物考古研究所、什邡市博物馆：《什邡城关战国秦汉墓地》，文物出版社，2006年，第256页。

[3] 成都市文物考古研究所：《成都市青龙乡海滨村墓葬发掘简报》，《成都考古发现》（2003），科学出版社，2005年，第268、269页。

［4］成都市文物考古研究所、郫县博物馆：《郫县风情园及花园别墅战国至西汉墓群发掘报告》，《成都考古发现》（2002），科学出版社，2004年，第283、284页。

［5］四川省文物考古研究院、德阳市文物考古研究所、什邡市博物馆：《什邡城关战国秦汉墓地》，文物出版社，2006年，第114、172页。

［6］成都市文物考古研究所：《成都十二桥遗址新一村发掘简报》，《成都考古发现》（2002），科学出版社，2004年，第203页。

［7］四川省文物考古研究院、德阳市文物考古研究所、什邡市博物馆：《什邡城关战国秦汉墓地》，文物出版社，2006年，第199、210、239页。

［8］成都市文物考古研究所、郫县博物馆：《郫县风情园及花园别墅战国至西汉墓群发掘报告》，《成都考古发现》（2002），科学出版社，2004年，第294、295页。

［9］四川省文管会、大邑县文化馆：《四川大邑五龙战国巴蜀墓葬》，《文物》1985年第5期。

［10］成都市文物考古研究所、龙泉驿区文物管理所：《成都龙泉驿区北干道木椁墓群发掘简报》，《文物》2000年第8期。

［11］成都市文物考古研究所、郫县博物馆：《郫县风情园及花园别墅战国至西汉墓群发掘报告》，《成都考古发现》（2002），科学出版社，2004年，第309页。

［12］关汉亨：《半两货币图说》，上海书店出版社，1995年，第283页。

［13］成都文物考古研究所、邛崃市文物管理局：《邛崃市临邛镇蒋庵子唐宋墓葬发掘简报》，《成都考古发现》（2014），科学出版社，2016年，第465、466页。

［14］刘雨茂、朱章义：《四川地区唐代砖室墓分期研究初论》，《四川文物》1999年第3期。

［15］成都市文物考古研究所、龙泉驿区文物保管所：《成都市龙泉驿区洪河大道南延线唐宋墓葬发掘简报》，《成都考古发现》（2001），科学出版社，2003年，第170、176、177页。

［16］王方、王仲雄等：《成都市高新区紫荆路唐宋墓发掘简报》，《成都考古发现》（1999），科学出版社，2001年，第195页。

［17］成都市文物考古工作队：《成都市西郊土桥村筒车田唐墓》，《四川文物》1999年第3期。

［18］成都市文物考古研究所：《成都西郊西窑村唐宋墓葬发掘简报》，《东南文化》2003年第7期。

［19］朱章义、刘雨茂、毛求学等：《成都市龙泉驿区青龙村宋墓发掘简报》，《成都考古发现》（1999），科学出版社，2001年，第281页。

［20］成都文物考古研究所、邛崃市文物管理局：《邛崃市临邛镇蒋庵子唐宋墓葬发掘简报》，《成都考古发现》（2014），科学出版社，2016年，第497页。

［21］翁善良、罗伟先：《成都东郊北宋张确夫妇墓》，《文物》1990年第3期。

［22］成都文物考古研究所、双流县文物管理所：《双流县华阳镇骑龙村"欧香小镇"唐宋墓葬发掘简报》，《成都考古发现》（2011），科学出版社，2013年，第450页。

［23］四川省文物管理委员会：《四川华阳县北宋墓清理简报》，《文物参考资料》1956年第12期。

［24］成都市文物考古研究所：《成都市青龙乡海滨村墓葬发掘简报》，《成都考古发现》（2003），科学出版社，2005年，第292页。

[25] 成都文物考古研究所、青白江区文物保护管理所:《成都青白江区艾切斯工地唐、宋墓葬发掘简报》,《成都考古发现》(2006),科学出版社,2008年,第241、245页。

[26] 成都市文物考古研究所、新津县文物管理所:《新津县邓双乡北宋石室墓发掘简报》,《成都考古发现》(2002),科学出版社,2004年,第400页。

[27] 四川省文物考古研究所、广汉县文物管理所:《四川广汉县雒城镇宋墓清理简报》,《考古》1990年第2期。

[28] 成都文物考古研究所、双流县文物管理所:《双流县华阳镇骑龙村"欧香小镇"唐宋墓葬发掘简报》,《成都考古发现》(2011),科学出版社,2013年,科学出版社,第450页。

[29] 孔祥星、刘一曼:《中国铜镜图典》,文物出版社,1994年,第667页。

[30] 浠水宋墓考古发掘队:《浠水县城关镇北宋石室墓发掘简报》,《江汉考古》1989年第3期。

[31] 成都文物考古研究所、新津县文管所:《成都市新津县方兴唐宋墓群发掘报告》,《成都考古发现》(2009),科学出版社,2011年,第511页。

[32] 成都市文物考古研究所、龙泉驿区文物管理所:《成都市龙泉驿区十陵宋墓发掘简报》,《成都考古发现》(2001),科学出版社,2003年,第180页。

[33] 成都文物考古研究所:《成都市高新西区富通光缆通信有限公司地点宋墓发掘简报》,《成都考古发现》(2010),科学出版社,2012年,第573页。

[34] 张擎、程远福、邓远波等:《成都市高新区石墙村宋墓发掘简报》,《成都考古发现》(1999),科学出版社,2001年,第258页。

[35] 成都市文物考古工作队:《四川成都市西郊金鱼村南宋砖室火葬墓》,《考古》1997年第10期。

[36] 成都文物考古研究所:《成都市琉璃厂古窑址2010年试掘报告》,《成都考古发现》(2010),科学出版社,2012年,第354页。

[37] 关汉亨:《半两货币图说》,上海书店出版社,1995年,第117页。

[38] 四川省文物考古研究院、青川县文物管理所:《四川青川县郝家坪战国墓群M50发掘简报》,《四川文物》2014年第3期。

[39] 关汉亨:《半两货币图说》,上海书店出版社,1995年,第119页。

[40] 杜维善:《也说陕西凤翔高庄秦墓出土半两》,《中国钱币》1991年第1期。

[41] 关汉亨:《半两货币图说》,上海书店出版社,1995年,第200、253页。

[42] 四川省文管会、茂汶县文化馆:《四川茂汶羌族自治县石棺葬发掘报告》,《文物资料丛刊》(7),文物出版社,1983年,第47页。

[43] (唐)李隆基注,(宋)邢昺疏:《孝经注疏》,北京大学出版社,1999年,第59页。

[44] (汉)郑玄注,(唐)孔颖达疏:《礼记正义》,北京大学出版社,1999年,第1263页。

[45] 中国社会科学院考古研究所、河南省文物考古研究所:《灵宝西坡墓地》,文物出版社,2010年,第284页。

[46] 湖北省荆州地区博物馆:《江陵马山一号楚墓》,文物出版社,1985年,第11页。

[47] 湖南省博物馆、中国科学院考古研究所:《长沙马王堆一号汉墓》,文物出版社,1973年,第32页。

[48] 彭浩:《读云梦睡虎地M77汉简〈葬律〉》,《江汉考古》2009年第4期。

[49] 湖北省文物考古研究所、云梦县博物馆:《湖北云梦睡虎地M77发掘简报》,《江汉考古》2008年第4期。

[50] 吴敬:《略论我国古代墓葬的防护措施》,《四川文物》2015年第3期。

成都市锦江区宾隆街古遗址发掘简报

成都文物考古研究院

宾隆街古遗址位于成都市锦江区宾隆街29号,东临顺城大街,西临天府广场,南临东御街,北临人民东路。工地平面呈长方形,东西长约100、南北宽约25米,占地面积约2500平方米(图一)。2016年9~11月,为配合"仁和春天"商城升级改造,成都文物考古研究院在工地范围内开展了考古发掘工作,共布探方4个,工地代码为"2016CJR"。探方方向为正南北向,受现代建筑基础破坏所限,探方有10米×10米、10米×5米、5米×5米三种规格。其中,T2因被现代障碍物破坏而未发掘。实际发掘面积为225平方米,获得了一批战国至明清时期城市考古新材料。现将此次工作的基本情况简报如下。

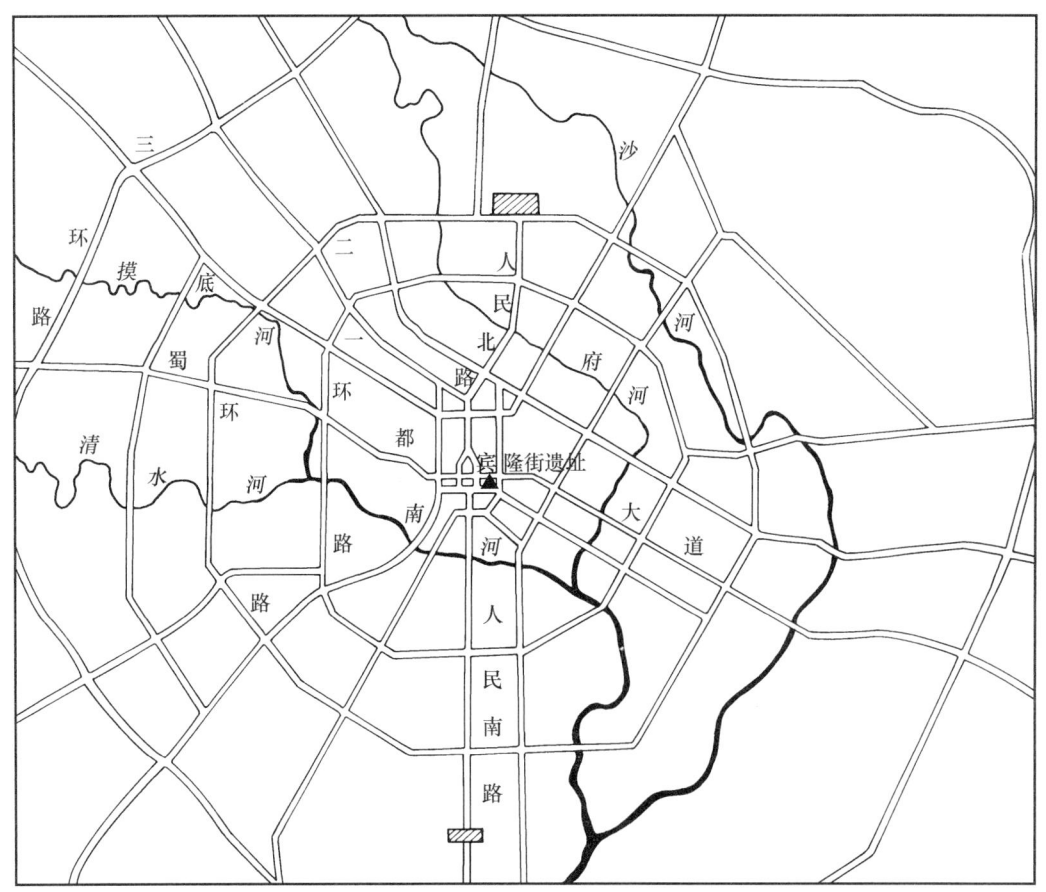

图一 遗址位置示意图

一、地层堆积

整个发掘区的地层进行了统一的划分,现以T1东、西两壁地层剖面(图二)为例介绍地层堆积情况如下。

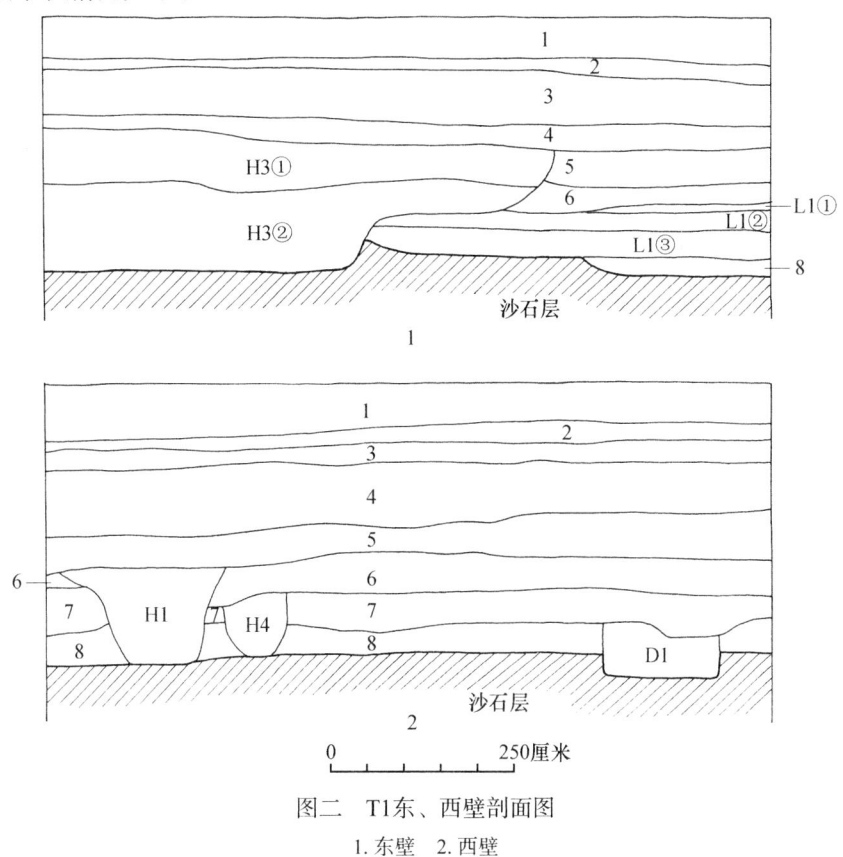

图二 T1东、西壁剖面图
1. 东壁 2. 西壁

1. T1东壁地层剖面

第1层：土色杂乱，包含大量砖瓦和水泥混凝土块等，为现代建筑堆积。厚约0.55米。多个现代坑叠压于该层下。

第2层：黑褐色含沙黏土，包含大量石灰颗粒及砖瓦，堆积较松散。厚0.08~0.25米。出土明代建筑构件、明清青花及粗瓷残片，为清代至民国地层。

第3层：黄褐色含沙黏土，包含大量红烧砖及卵石，堆积较致密。厚0.55~0.75米。出土器物以明代建筑构件、青花瓷片、龙泉窑青瓷片为主，为明末清初地层。

第4层：黄色含沙黏土，包含大量红烧砖及卵石块，堆积致密。厚0.2~0.35米。出土器物以瓷器及陶器为主，另有少量建筑构件，瓷器以琉璃厂窑、磁峰窑、邛窑、景德镇窑、龙泉窑、金凤窑瓷片为主，陶器以泥质灰陶器为主，建筑构件以绳纹筒瓦为主，为元代地层。H3叠压于该层下。

第5层：黄褐色含沙黏土，包含少量红烧砖、石块及大量砖块，堆积致密。厚0.45～0.5米。出土器物有瓷器、建筑构件及零星陶器，瓷器以琉璃厂窑、青羊宫窑、邛窑瓷片为主，建筑构件以绳纹筒瓦、琉璃筒瓦为主，陶器仅见泥质灰黑陶器，为北宋晚期至南宋时期地层。

第6层：灰黄色含沙黏土，包含少量石块、烧土颗粒及砖块，堆积致密。厚0.25～0.45米。出土器物有瓷器、建筑构件及陶器，瓷器以琉璃厂窑、邛窑瓷片为主，建筑构件以绳纹筒瓦及瓦当为主，陶器仅见泥质灰陶器，为北宋晚期至南宋时期地层。L1叠压于该层下。

第8层：灰黄色沙土，堆积疏松。厚0～0.25米。出土器物仅为1件夹砂褐陶鬲。

第8层以下为生土。

2. T1西壁地层剖面

第1层：土色杂乱，包含大量砖瓦和水泥混凝土块等，为现代建筑堆积。厚0.5～0.75米。多个现代坑叠压于该层下。

第2层：黑褐色含沙黏土，包含大量石灰颗粒及砖瓦，堆积较松散。厚0.1～0.3米。出土明代建筑构件、明清青花及粗瓷残片，为清代至民国地层。

第3层：黄褐色含沙黏土，包含大量红烧砖及卵石，堆积较致密。厚0.18～0.33米。出土器物以明代建筑构件、青花瓷片、龙泉窑青瓷片为主，为明末清初地层。

第4层：黄色含沙黏土，包含大量红烧砖及卵石块，堆积致密。厚0.63～0.9米。出土器物以瓷器及陶器为主，另有少量建筑构件，瓷器以琉璃厂窑、磁峰窑、邛窑、景德镇窑、龙泉窑、金凤窑瓷片为主，陶器以泥质灰陶器为主，建筑构件以绳纹筒瓦为主，为元代地层。

第5层：黄褐色含沙黏土，包含少量红烧砖、石块及大量砖块，堆积致密。厚0.33～0.68米。出土器物有瓷器、建筑构件及零星陶器，瓷器以琉璃厂窑、青羊宫窑、邛窑瓷片为主，建筑构件以绳纹筒瓦、琉璃筒瓦为主，陶器仅见泥质灰黑陶器，为北宋晚期至南宋地层。H1叠压于该层下。

第6层：灰黄色含沙黏土，包含少量石块、烧土颗粒及砖块，堆积致密。厚0.18～0.55米。出土器物包括瓷器、建筑构件及陶器，瓷器以琉璃厂窑、邛窑瓷片为主，建筑构件以绳纹筒瓦及瓦当为主，陶器仅见泥质灰陶器，为北宋晚期至南宋时期地层。H4叠压于该层下。

第7层：黄色含沙黏土，包含少量石块、烧土颗粒及砖块，堆积较致密。厚0.2～0.65米。出土器物以建筑构件为主，另见少量瓷器及陶器，建筑构件以瓦当、铺地砖、墙砖、筒瓦为主，瓷器仅见青羊宫窑瓷片，陶器以泥质褐陶器为主，为东汉末至蜀汉时期地层。D1叠压于该层下。

第8层：灰黄色沙土，堆积疏松。厚0.2～0.55米。出土器物仅为1件夹砂褐陶鬲。

第8层以下为生土。

二、遗　　迹

由于发掘面积有限，此次揭露的遗迹较为简单，有灰坑5个、道路1条、磉墩2个。现择要介绍如下。

1. 灰坑

H1　位于T1西南侧，因部分延伸至西壁下而未完全清理。叠压于第5层下，打破第6～8层。已发掘部分平面呈半圆形，弧壁，圜底，东壁内收形成一个台面。南北长2.22、深0.56～1.32米（图三）。坑内填褐色含沙黏土，夹杂大量水锈斑及瓦砾，出土遗物以瓷器为主，可辨器形有瓷碗、盏、碟、带系罐等。

H2　位于T1南侧，因部分延伸至南壁下而未完全清理。叠压于第5层下，打破第6～8层、L1和生土。已发掘部分坑口平面形状不规则，弧壁，底近平。东西长1.8～3.88、深1.42～0.96米（图四）。坑内填黄褐色含沙黏土，夹杂大量水锈斑及砖瓦块，出土遗物以瓷器及陶器为主，可辨器形有瓷碗、盘、盆、碟、罐、壶、器盖及陶器盖等。

H3　位于T1东北部，因部分延伸至北壁及东壁下而未完全清理。叠压于第4层下，打破第5层、第6层、L1及生土。已发掘部分坑口平面形状不规则，弧壁，底近平，南壁弧内收形成一台面。南北长6.95、深1.85米（图

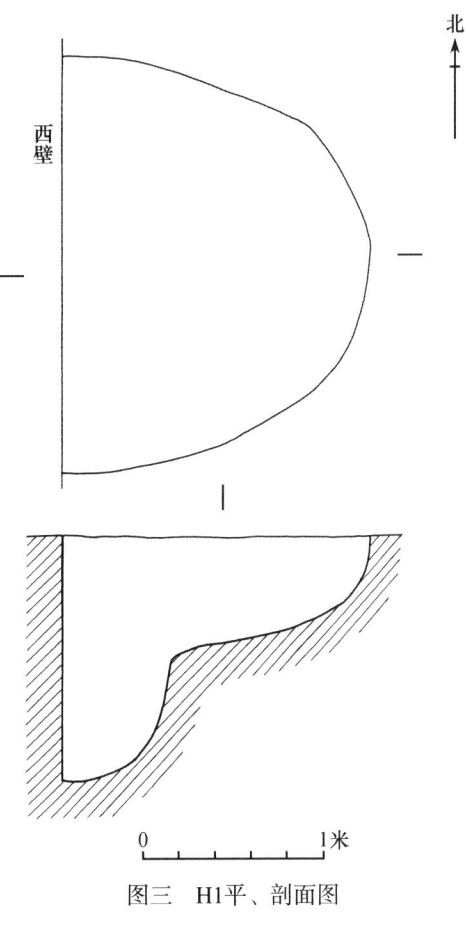

图三　H1平、剖面图

五）。根据坑内填土及包含物的差异，可分为2层：第1层为灰褐色含沙黏土，包含少量瓦砾及卵石，波状分布，厚0.45～0.75米；第2层为青灰色含沙黏土，包含大量绳纹瓦及少量卵石，水平分布，厚0.35～1.25米。坑内出土遗物以瓷器、陶器、石器为主，可辨器形有瓷碗、盘、碟、盆、壶、钵、盏、罐及石狮子等。

H4　位于T1西南部，因部分延伸至西壁下而未完全清理。叠压于第6层下，打破第7、8层。已发掘部分坑口平面呈圆角长方形，直壁，底近平。长1.16～1.5、宽0.74、深0.6～0.84米（图六）。坑内填灰色含沙黏土，出土遗物以建筑构件为主，可辨器形有绳纹板瓦、绳纹筒瓦、瓦当。

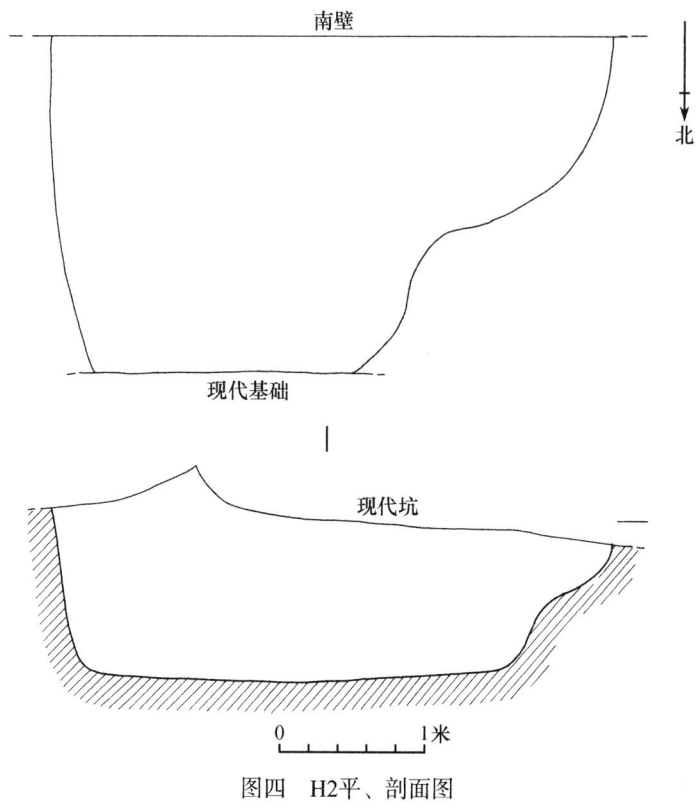

图四　H2平、剖面图

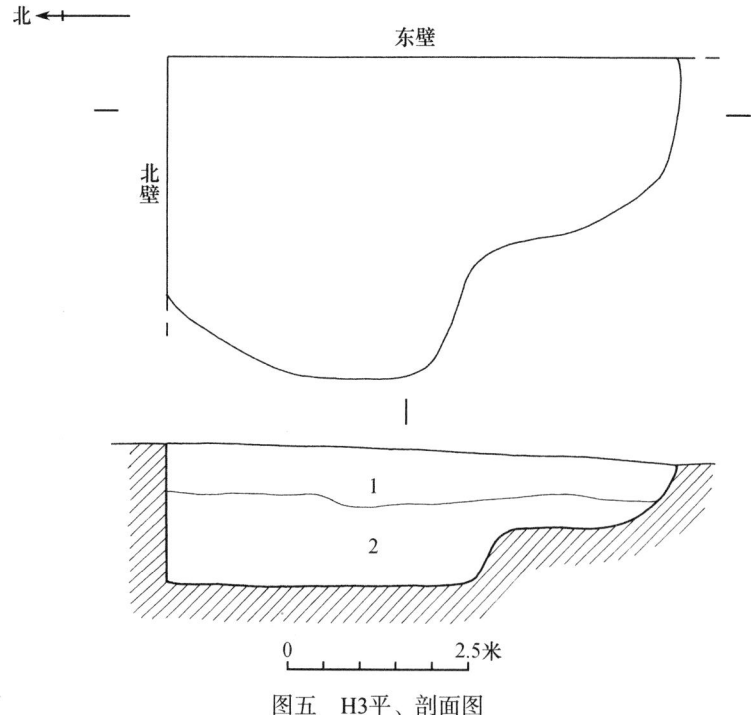

图五　H3平、剖面图

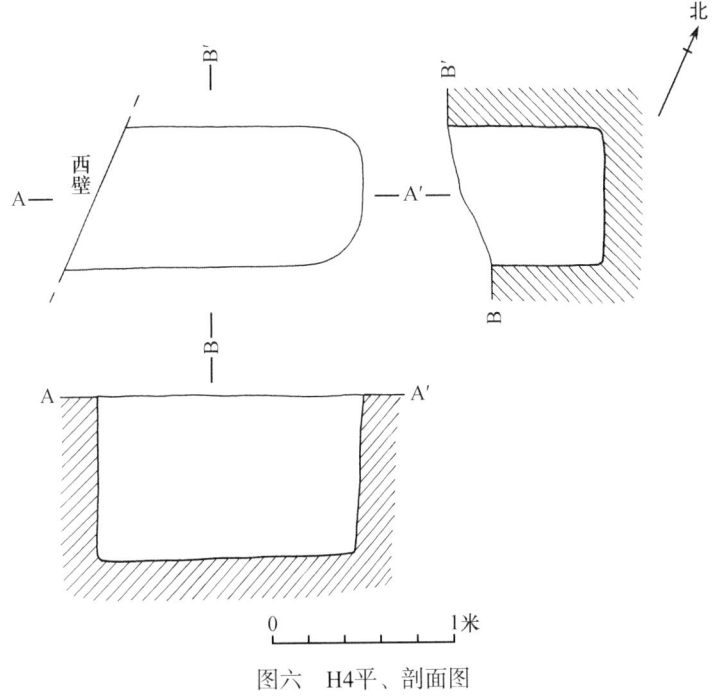

图六 H4平、剖面图

H5 位于T1西南角。叠压于第6层下，打破第7、8层。坑口平面形状不规则，斜直壁，底近平，西北内收形成一个台面，长1.76~2.4、宽1.14~1.3、深0.32~0.72米（图七，1）。坑内填青灰色含沙黏土，包含大量卵石、绳纹瓦。

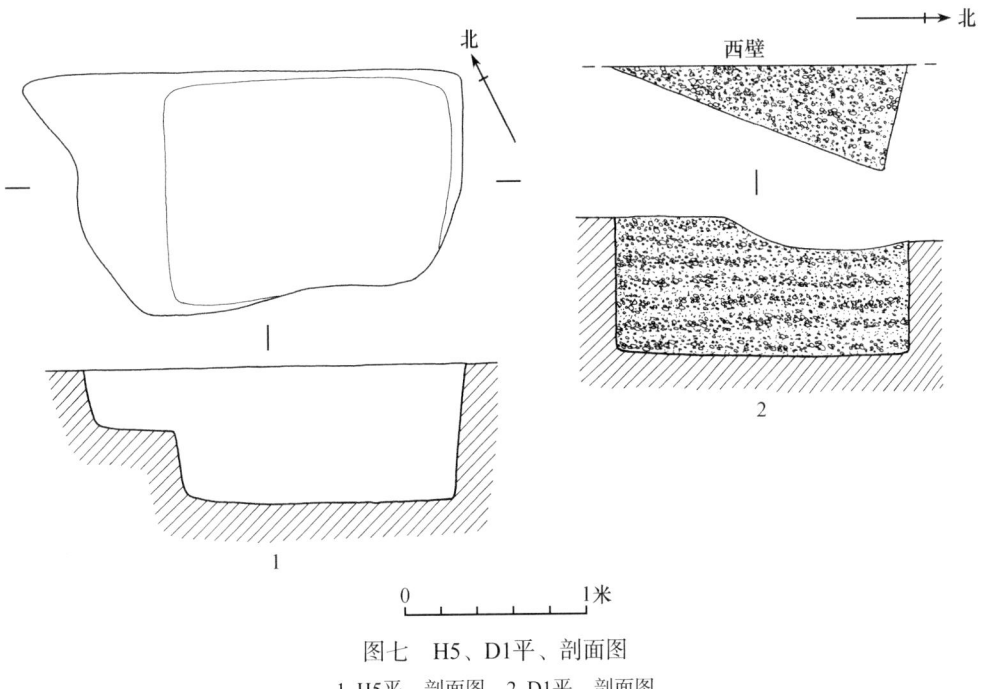

图七 H5、D1平、剖面图
1. H5平、剖面图 2. D1平、剖面图

2. 道路

L1 位于T1东南部，因延伸至探方外而未完全清理。叠压于第6层下，打破第7、8层及生土，被H2、H3打破。由路面及垫土两部分组成，发掘部分长6、宽3.85米（图八）。填土可分为3层：第1层为青灰色含沙黏土，夹杂较多细小卵石、瓦砾及碎瓷片，夯筑而成，水平堆积，厚2.5~7.5厘米；第2层为灰色含沙黏土，夹杂大量烧土块及较多卵石、瓦砾、碎瓷片，夯筑而成，水平堆积，厚10~25厘米；第3层为垫土层，为灰黄色含沙黏土，夹杂较多砖瓦块及少量烧土，坑状堆积，厚35~40厘米。出土遗物以建筑构件残片及瓷器为主，建筑构件可辨器形为瓦当，瓷器可辨器形有碗、罐、碟等。

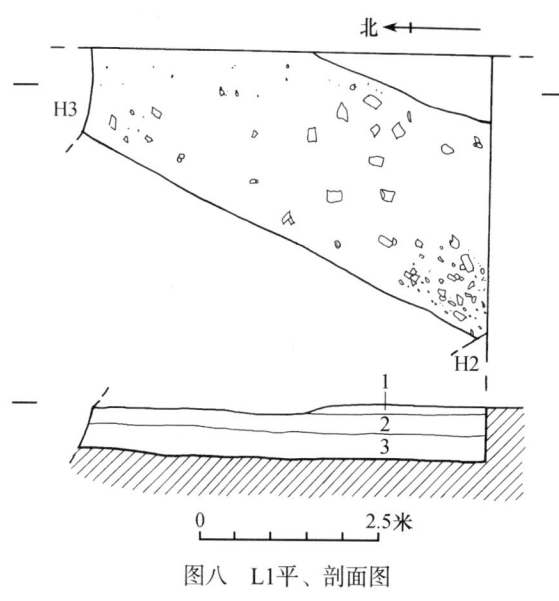

图八 L1平、剖面图

3. 磉墩

D1 位于T1西北部，因部分延伸至西壁下而未完全清理。叠压于第7层下，打破第8层及生土。已发掘部分平面呈三角形，剖面大致呈长方形，直壁，近平底。南北长1.6、深0.4~0.6米（图七，2）。磉墩由卵石夹沙土逐层夯筑而成，包含零星碎砖块。

三、出土器物

（一）瓷　器

数量多，类型丰富，可辨器形有碗、盏、盘、碟、盆、罐、壶、器盖、钵、杯、匙、龙形俑等，以生活日用品为主。窑口组合较为复杂，绝大多数为本地的琉璃厂窑、邛窑、磁峰窑、青羊宫窑、金凤窑产品。外地窑口以景德镇窑及德化窑产品为主，另可见少量耀州窑及龙泉窑产品。还有一些瓷器的窑口暂时无法确定。

1. 琉璃厂窑

数量较多，以青釉、酱釉及酱青釉为主，可辨器形有碗、盏、盘、碟、盆、罐、壶、器盖、钵、龙形俑等。

碗　12件。根据口部、腹部及足部形态的不同，分为五型。

A型　1件。口近直，弧腹，圈足。T1⑤：11，灰褐胎，施粉黄色化妆土，青釉，内底残留支钉痕。口径23、足径8、高5厘米（图九，2）。

B型　8件。敞口，近斜直腹，略带弧度，圈足。根据圈足形态的不同，分为三亚型。

Ba型　4件。圈足低矮。H1：7，褐胎，酱青釉，口沿有一周青黄釉边，内壁用化妆土装饰草叶纹，内底残留支钉痕。口径15、足径5.6、高5厘米（图九，1）。H2：9，褐胎，酱青釉，施粉黄色化妆土，内底残留支钉痕。口径16、足径5、高5厘米（图九，4）。T1⑤：18，褐胎，施粉黄色化妆土，青釉，内底装饰褐彩卷草纹。口径14、足径5、高4厘米（图九，3）。

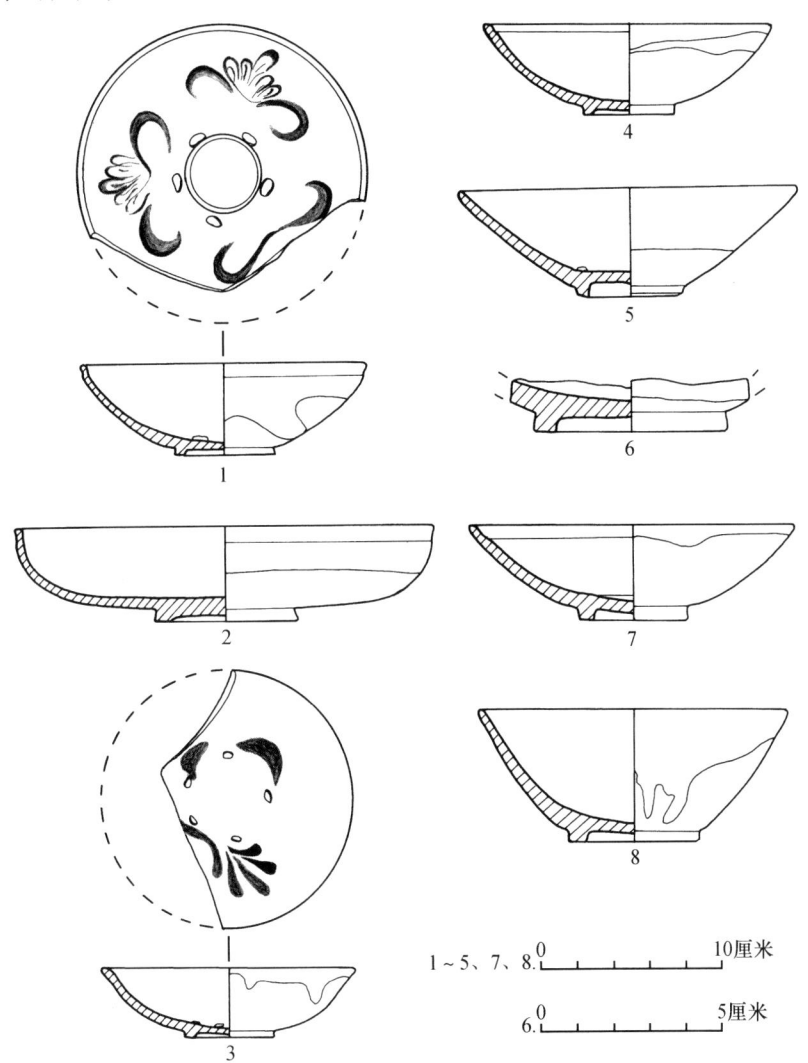

图九　琉璃厂窑瓷碗

1、3、4. Ba型（H1：7、T1⑤：18、H2：9）　2. A型（T1⑤：11）　5、6. Bb型（H1：8、L1②：1）　7、8. Bc型（T1④：1、T1④：2）

Bb型　2件。圈足较高。H1∶8，灰胎，施米白色化妆土，酱青釉，内底残留石英砂垫烧痕。口径18.4、足径5.6、高6厘米（图九，5）。L1②∶1，褐胎，施米白色化妆土，青釉。足径5.2、高1.4厘米（图九，6）。

Bc型　2件。圈足高且较粗壮。T1④∶1，砖红胎，灰黑釉，内底残留石英砂垫烧痕。口径18、足径6、高5厘米（图九，7）。T1④∶2，砖红胎，青黄釉。口径17、足径7、高7厘米（图九，8）。

C型　1件。敞口，斜直腹，近底处内收，饼足。H2∶2，褐胎，施粉黄色化妆土，青釉，内壁装饰绿彩卷草纹，内底残留支钉痕，饼足边缘有一周斜削痕。口径24.6、底径9.9、高8.1厘米（图一○，1）。

D型　1件。敞口，斜直腹，近底处内收，圈足。T1③∶4，砖红胎，施粉黄色化妆土，青釉，口沿有一周酱釉边，内底残留石英砂垫烧痕，圈足内模印四个凸圆点符号。口径15.6、足径5、高3.8厘米（图一○，2）。

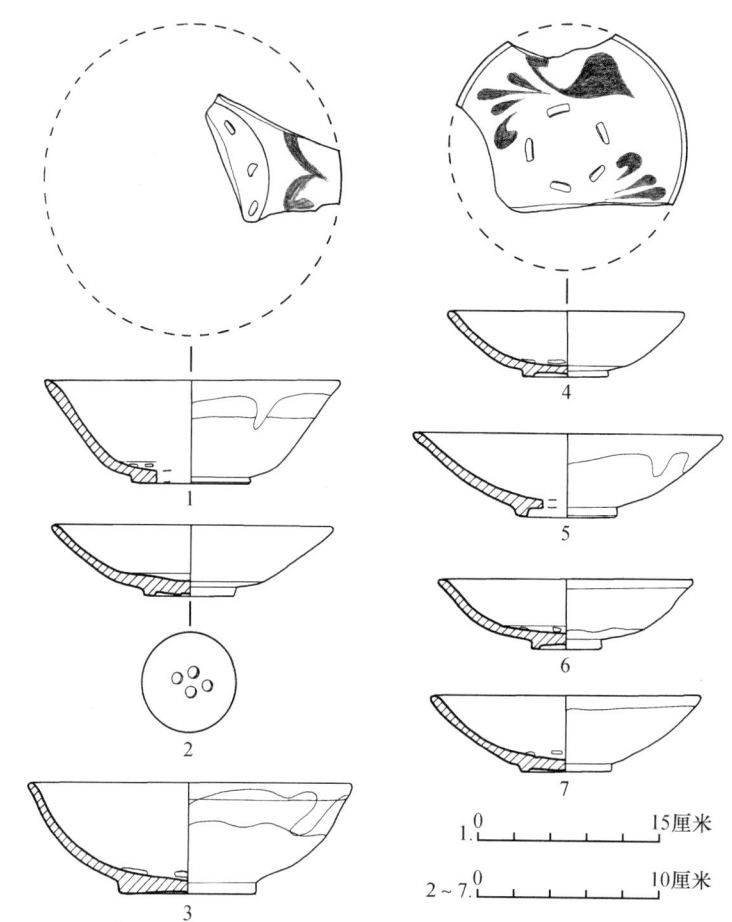

图一○　琉璃厂窑瓷器
1.C型碗（H2∶2）　2.D型碗（T1③∶4）　3.E型碗（T1⑤∶1）　4~7.A型盏（T1④∶11、T4⑤∶2、T1⑤∶2、T1④∶9）

E型　1件。敞口，斜弧腹，饼足。T1⑤：1，砖红胎，施粉黄色化妆土，青釉，内底残留支钉痕。口径18、底径7.6、高6厘米（图一〇，3）。

盏　8件。敞口，斜弧腹。根据足部形态的不同，分为二型。

A型　7件。圈足。T1④：11，褐胎，酱青釉，口沿有一周青黄釉边，内壁用化妆土装饰草叶纹，内底残留支钉痕。口径12.8、足径4.6、高3.4厘米（图一〇，4）。T1④：9，褐胎，酱青釉，口沿有一周青黄釉边，内底残留支钉痕。口径14.4、足径5、高4厘米（图一〇，7）。T1⑤：2，砖红胎，施粉黄色化妆土，口沿有一周施青釉，其余地方施酱釉，内底残留支钉痕。口径13.8、足径3.8、高3.8厘米（图一〇，6）。T4⑤：2，褐胎，施乳黄色化妆土，透明釉，口沿有一周青黄釉边，内底残留石英砂垫烧痕。口径16.8、足径5.4、高4.4厘米（图一〇，5）。

B型　1件。饼足。H1：4，褐胎，施粉黄色化妆土，青釉，口沿一周刮釉。口径12.2、底径4、高3.5厘米（图一一，1）。

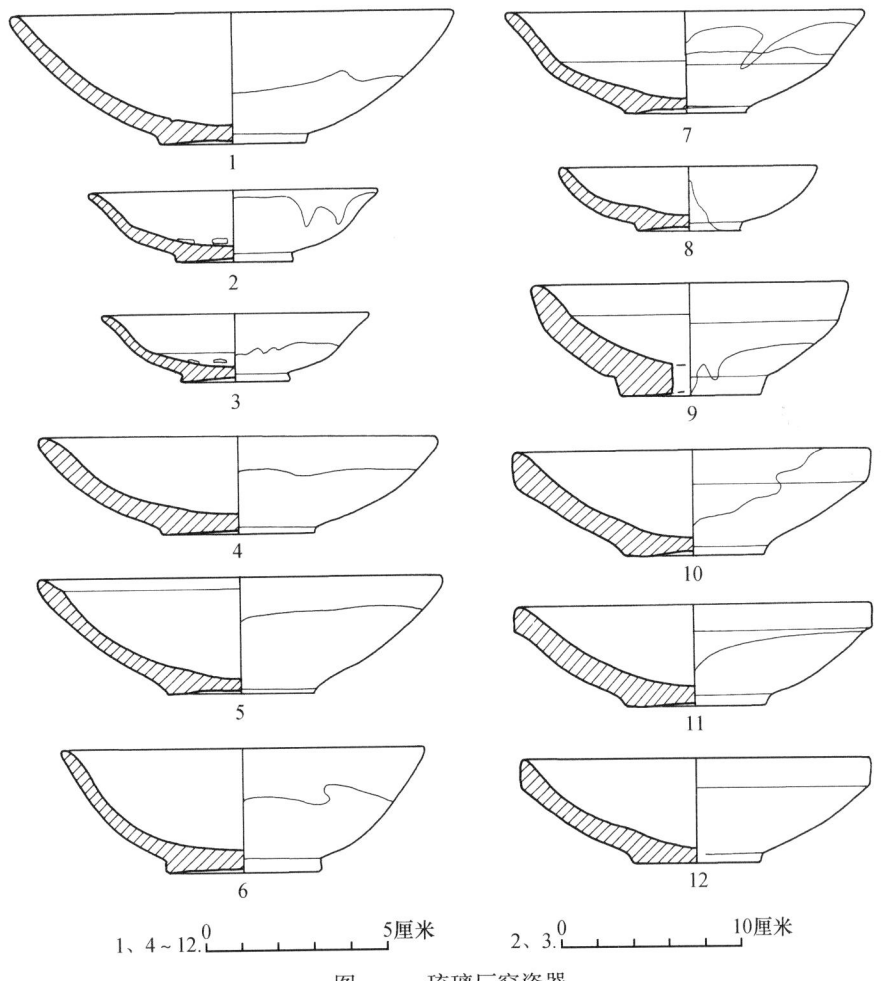

图一一　琉璃厂窑瓷器

1.B型盏（H1：4）　2、3.盘（H3：2、T1⑥：7）　4~8.Aa型碟（T1④：12、H1：3、H2：4、H3：5、T1⑤：6）　9.Ab型碟（T1④：27）　10~12.Ba型碟（T1④：13、T1⑤：4、H1：9）

盘　2件。口微侈，腹部坦浅略折，饼足。H3∶2，褐胎，施粉黄色化妆土，青釉，饼足边缘有一周斜削痕，内底残留支钉痕。口径16、底径6.4、高3.8厘米（图一一，2）。T1⑥∶7，褐胎，施粉黄色化妆土，饼足边缘有一周斜削痕，内底残留支钉痕。口径14.8、底径6、高3.6厘米（图一一，3）。

碟　24件。根据唇部形态的不同，分为二型。

A型　9件。敞口，圆唇较薄，饼足。根据腹部形态的不同，分为二亚型。

Aa型　8件。弧腹。T1④∶12，砖红胎，施粉黄色化妆土，青釉，口沿一周刮釉。口径11、底径4.2、高2.6厘米（图一一，4）。H1∶3，褐胎，施粉黄色化妆土，青釉，口沿一周刮釉。口径11.2、底径4.1、高3.1厘米（图一一，5）。H2∶4，褐胎，施粉黄色化妆土，青釉，饼足边缘有一周斜削痕，内底残留支钉痕。口径10、底径4.3、高3.3厘米（图一一，6）。H3∶5，褐胎，施粉黄色化妆土，青釉，内底残留支钉痕。口径10、底径3.4、高2.7厘米（图一一，7）。T1⑤∶6，砖红胎，酱釉。口径7.2、底径2.9、高1.7厘米（图一一，8）。

Ab型　1件。折腹，下腹斜直内收。T1④∶27，砖红胎，施粉黄色化妆土，口沿一周刮釉，饼足边缘有一周斜削痕。口径8.8、底径3.9、高3厘米（图一一，9）。

B型　15件。唇部较厚，饼足。根据口部、唇部及腹部形态的不同，分为四亚型。

Ba型　5件。敞口，方唇，斜直腹或斜弧腹。T1④∶13，砖红胎，施粉黄色化妆土，酱釉。口径10、底径3.9、高2.8厘米（图一一，10）。T1⑤∶4，砖红胎，施粉黄色化妆土，酱釉。口径10、底径3.9、高2.7厘米（图一一，11）。H1∶9，褐胎，施粉黄色化妆土，酱釉。口径9.8、底径3.6、高2.8厘米（图一一，12）。

Bb型　3件。敛口，圆唇，斜直腹。T1④∶33，砖红胎，挂粉白色化妆土，青釉。口径10.3、底径5.8、高3厘米（图一二，1）。H2∶3，褐胎，施粉黄色化妆土，青釉。口径8.7、底径3.8、高2.7厘米（图一二，2）。

Bc型　6件。敞口，圆唇，斜直腹。T1⑤∶12，砖红胎，挂粉黄色化妆土，酱青釉。口径9.6、底径4.2、高3厘米（图一二，3）。T1⑥∶8，砖红胎，挂粉黄色化妆土，青釉。口径9.9、底径4.2、高3.2厘米（图一二，4）。H2∶6，褐胎，施粉黄色化妆土，酱釉。口径11.2、底径4.8、高2厘米（图一二，5）。

Bd型　1件。敞口，圆唇略下垂，斜直腹。H3∶1，褐胎，施粉黄色化妆土，酱釉。口径12.8、底径5.2、高3.4厘米（图一二，11）。

盆　15件。根据口沿形态的不同，分为三型。

A型　5件。敞口，圆唇，口沿下有一周凹槽，斜直腹，下腹部残。T1⑤∶40，砖红胎，挂粉黄色化妆土，青釉。口径47.2、残高12厘米（图一二，6）。T1⑤∶30，褐胎，酱釉，内壁无釉呈粗糙砂粒状。口径43.2、残高7.5厘米（图一二，13）。T1⑤∶39，褐胎，挂粉黄色化妆土，青釉。口径33.3、残高7.8厘米（图一二，7）。

B型　5件。敛口，斜直腹，口沿下有一周凸棱，下腹部残。根据唇部形态的不

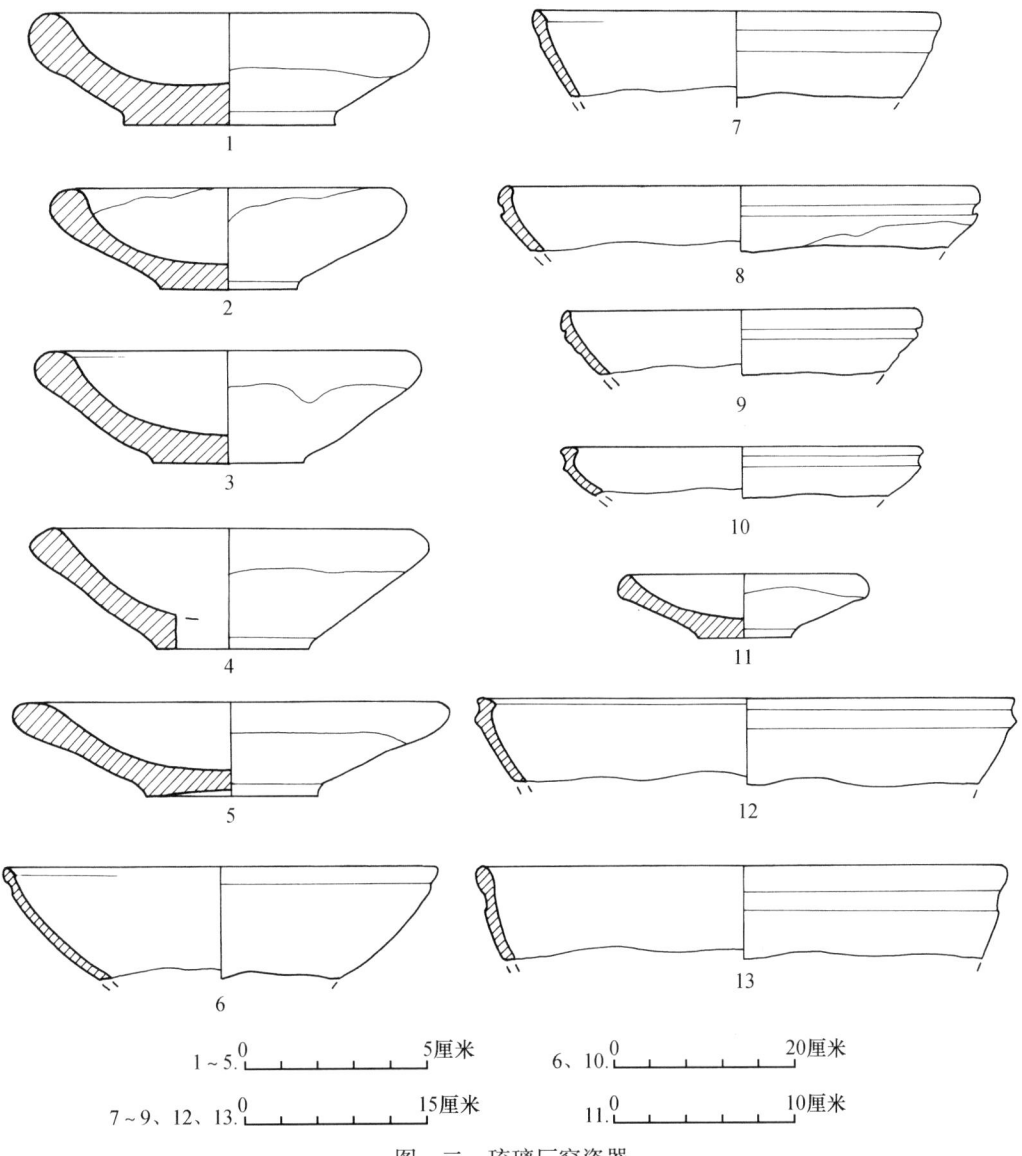

图一二 琉璃厂窑瓷器

1、2.Bb型碟（T1④:33、H2:3） 3~5.Bc型碟（T1⑤:12、T1⑥:8、H2:6） 6、7、13.A型盆（T1⑤:40、T1⑤:39、T1⑤:30） 8、9.Ba型盆（T1⑤:28、T1⑤:29） 10、12.Bb型盆（H3:8、T1⑤:26） 11.Bd型碟（H3:1）

同，分为二亚型。

Ba型 3件。圆唇。T1⑤:28，砖红胎，挂粉黄色化妆土，青釉。口径39、残高5.4厘米（图一二,8）。T1⑤:29，褐胎，挂粉黄色化妆土，青釉。口径29.4、残高5.4厘米（图一二,9）。

Bb型 2件。方唇。H3:8，砖红胎，挂粉黄色化妆土，青釉。口径40、残高5.6厘米（图一二,10）。T1⑤:26，砖红胎，挂粉黄色化妆土，青釉。口径43.8、残高6.9

厘米（图一二，12）。

C型　5件。敛口或敞口，平折沿，圆唇。根据腹部形态的不同，分为二亚型。

Ca型　3件。弧腹，下腹部及底部残。T1⑤：25，褐胎，挂粉黄色化妆土，青釉。残高4厘米（图一三，1）。T1⑤：24，褐胎，挂粉黄色化妆土，酱釉。口径29.4、残高

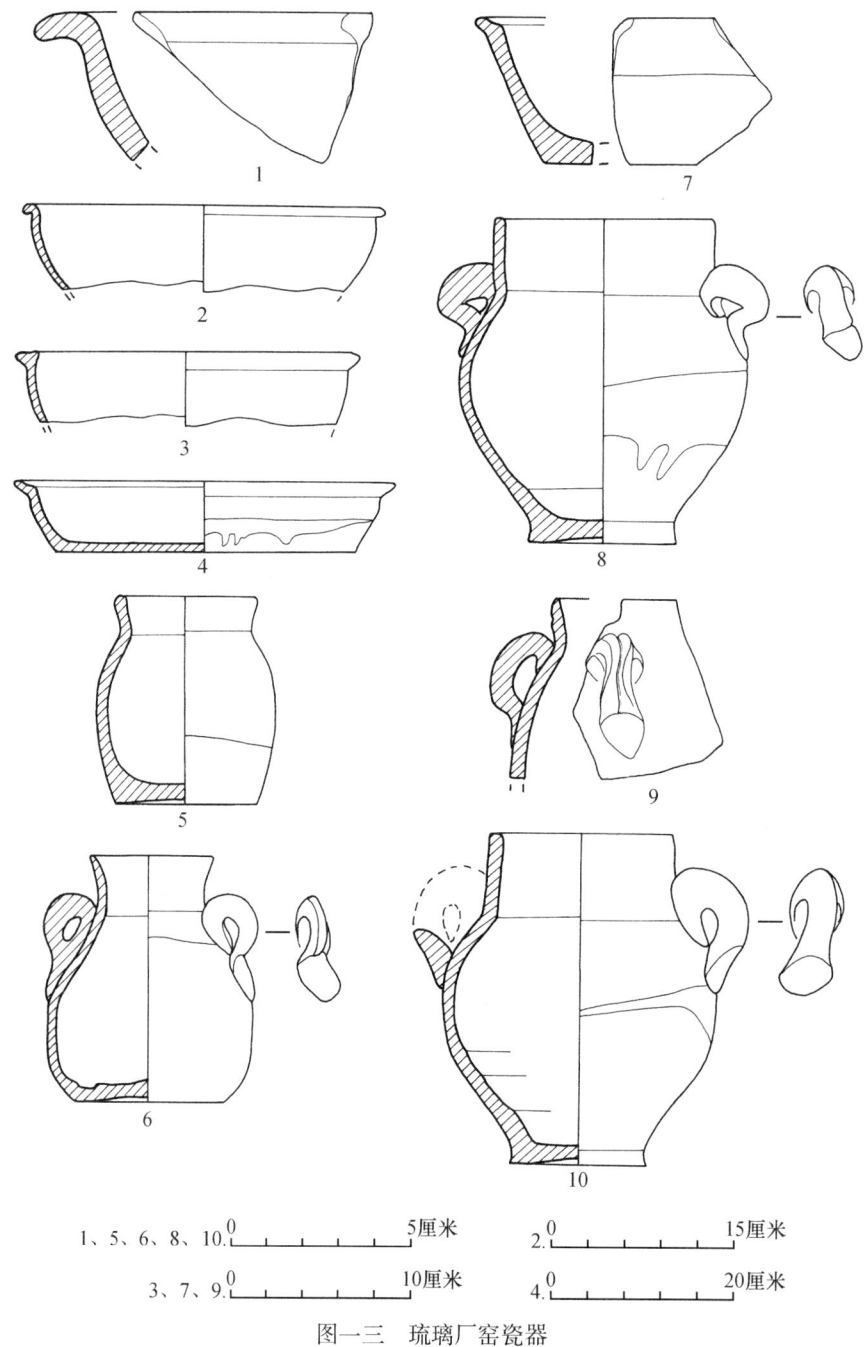

图一三　琉璃厂窑瓷器

1~3. Ca型盆（T1⑤：25、T1⑤：24、T1⑤：23）　4、7. Cb型盆（T1④：34、H2：15）　5. 无系罐（T1④：6）
6. Ac型带系罐（H1：1）　8. Aa型带系罐（T1⑤：7）　9. Bc型带系罐（T1⑤：42）　10. Ab型带系罐（T1⑤：19）

7.5厘米（图一三，2）。T1⑤：23，褐胎，挂粉黄色化妆土，青釉。口径18、残高4厘米（图一三，3）。

Cb型　2件。直腹，平底。T1④：34，褐胎，挂粉黄色化妆土，青釉。口径40.8、底径33.2、高7.2厘米（图一三，4）。H2：15，褐胎，挂粉黄色化妆土，青釉。残高8厘米（图一三，7）。

罐　12件。根据是否带系分为无系罐与带系罐两类。

无系罐　2件。T1④：6，褐胎，挂粉白色化妆土，青釉。敞口，束颈，无系，溜肩，弧腹，平底。口径3.8、底径4、高5.5厘米（图一三，5）。L1②：6，褐胎，酱釉。残存口部及颈部，凸方唇，直颈。口径5、残高3.1厘米（图一四，2）。

带系罐　10件。根据系部形态的不同，分为三型。

A型　3件。肩颈处带对称单排竖系，饼足。根据口部及颈部形态的不同，分为三亚型。

Aa型　1件。直口，短颈。T1⑤：7，褐胎，挂粉黄色化妆土，青釉。口径5.8、底径4、高8.5厘米（图一三，8）。

Ab型　1件。敛口，短颈。T1⑤：19，褐胎，挂粉黄色化妆土，青釉。口径4.8、底径3.8、高8.8厘米（图一三，10）。

Ac型　1件。敞口，曲颈。H1：1，褐胎，酱釉。口径3.3、底径4、高6.6厘米（图一三，6）。

B型　4件。敛口，斜直颈，溜肩，肩颈处带双排系，腹部以下残。根据唇部及颈部形态的不同，分为三亚型。

Ba型　2件。凸方唇。T1⑥：1，褐胎，酱釉。口径11、残高5厘米（图一四，1）。H2：8，褐胎，挂粉黄色化妆土，青釉。残高8厘米（图一四，3）。

Bb型　1件。方唇，颈部带数周凹弦纹。T4③：2，褐胎，挂粉黄色化妆土，青釉。口径8、残高3厘米（图一四，4）。

Bc型　1件。尖圆唇。T1⑤：42，褐胎，挂粉黄色化妆土，青釉。残高10厘米（图一三，9）。

C型　3件。肩部带对称桥形耳。方唇，溜肩，弧腹。根据口部及颈部形态的不同，分为二亚型。

Ca型　1件。敛口，斜直颈，饼足。T1④：30，褐胎，酱釉。口径4.3、残高7.3厘米（图一四，5）。

Cb型　2件。直口，双唇，短直颈，腹部以下残。H2：10，褐胎，挂粉黄色化妆土，青釉，腹部装饰酱彩。口径11.6、残高8.4厘米（图一四，6）。H1：2，褐胎，酱釉。残高12厘米（图一四，7）。

壶　4件。颈部下残。根据口部形态的不同，分为二型。

A型　3件。盘口。T1⑤：10，褐胎，挂粉黄色化妆土，青釉。口径7.8、残高5.5

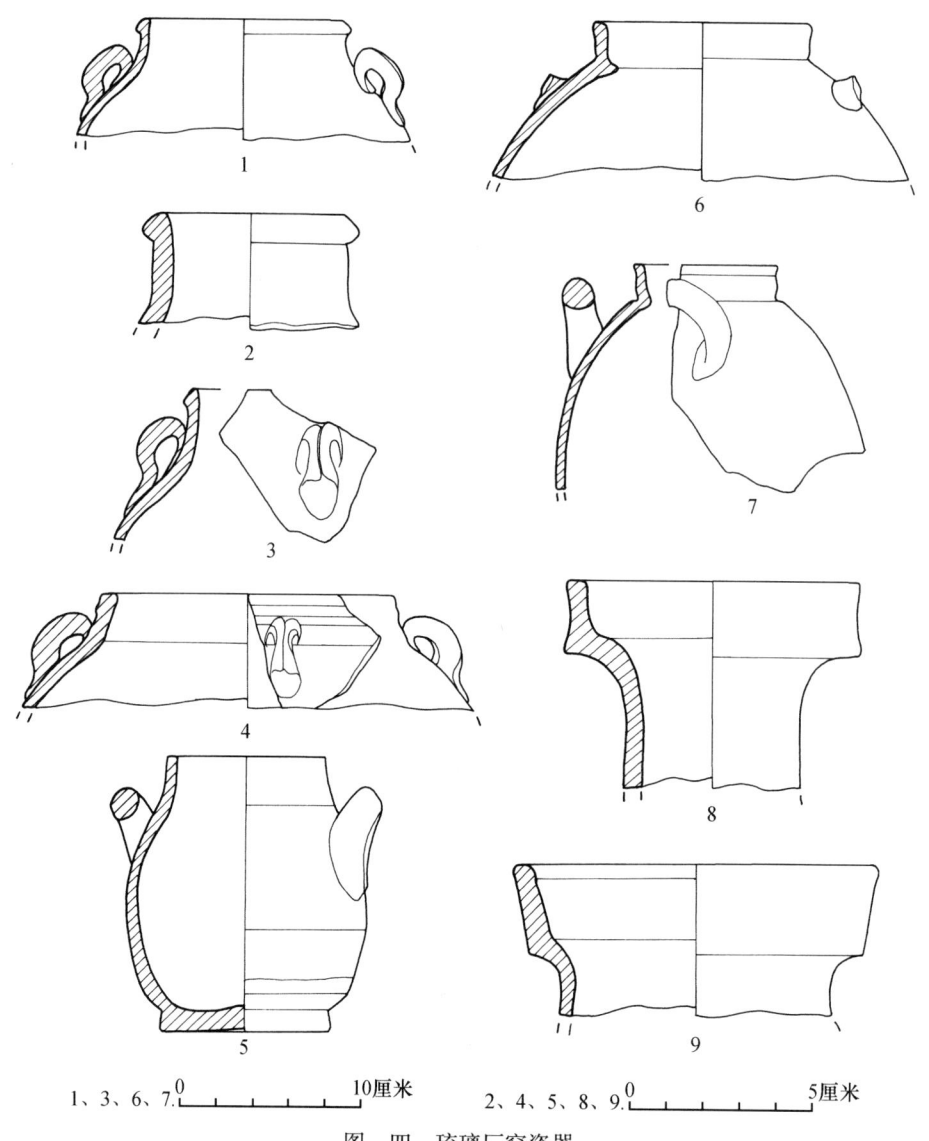

图一四 琉璃厂窑瓷器

1、3. Ba型带系罐（T1⑥：1、H2：8） 2. 无系罐（L1②：6） 4. Bb型带系罐（T4③：2） 5. Ca型带系罐（T1④：30） 6、7. Cb型带系罐（H2：10、H1：2） 8、9. A型壶（T1⑤：10、H3：7）

厘米（图一四，8）。H3：7，褐胎，挂粉黄色化妆土，青釉。口径9.6、残高4厘米（图一四，9）。H2：1，褐胎，挂粉黄色化妆土，青釉。口径21.6、残高7.5厘米（图一五，1）。

B型 1件。喇叭形敞口。H3：6，褐胎，挂粉黄色化妆土，青釉。口径8、残高5厘米（图一五，2）。

器盖 5件。根据盖面形态的不同，分为三型。

A型 2件。盖面平直，圆形凸纽。T1⑤：9，褐胎，挂粉黄色化妆土，青釉。口径

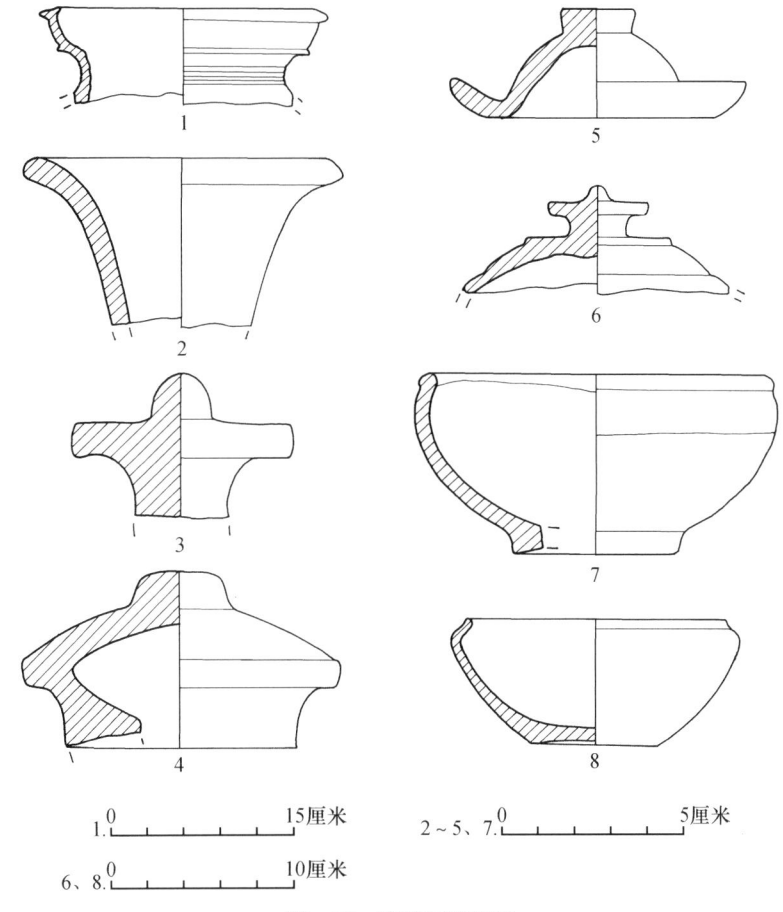

图一五　琉璃厂窑瓷器

1.A型壶（H2∶1）　2.B型壶（H3∶6）　3.A型器盖（T1⑤∶9）　4、5.B型器盖（T1④∶18、H2∶14）
6.C型器盖（T1⑤∶8）　7.A型钵（H3∶3）　8.B型钵（T1④∶3）

2.6、残高3.8厘米（图一五，3）。

B型　2件。盖面呈弧形，顶带柱形纽。T1④∶18，褐胎，挂粉黄色化妆土，青釉。口径6.3、高4.8厘米（图一五，4）。H2∶14，褐胎，酱釉。盖沿上翘。口径6.3、高2.9厘米（图一五，5）。

C型　1件。盖面折腹，平顶，带圆形凸纽。T1⑤∶8，褐胎，挂粉黄色化妆土，青釉。残高6厘米（图一五，6）。

钵　2件。敛口，弧腹。根据口部、唇部及足部形态的不同，分为二型。

A型　1件。斜方唇，口沿下饰一周凹弦纹，饼足。H3∶3，褐胎，酱釉。口径9.4、底径4.5、高4.8厘米（图一五，7）。

B型　1件。子口，尖唇，平底。T1④∶3，褐胎，酱釉。内壁呈粗糙砂粒状。口径14.2、底径7、高6.6厘米（图一五，8）。

龙形俑　2件。长眼，尖鼻，嘴微张，仰头长啸状，头顶犄角残断，鬃毛后翘，长尾沿身躯盘曲，前腿直立，后腿屈立，蹲坐在环形圈上。T1④：29，褐胎，酱釉。底径3.3、高7.1厘米（图一六，1）。T1⑤：22，褐胎，挂粉黄色化妆土，酱釉。底径3.2、高7.2厘米（图一六，2）。

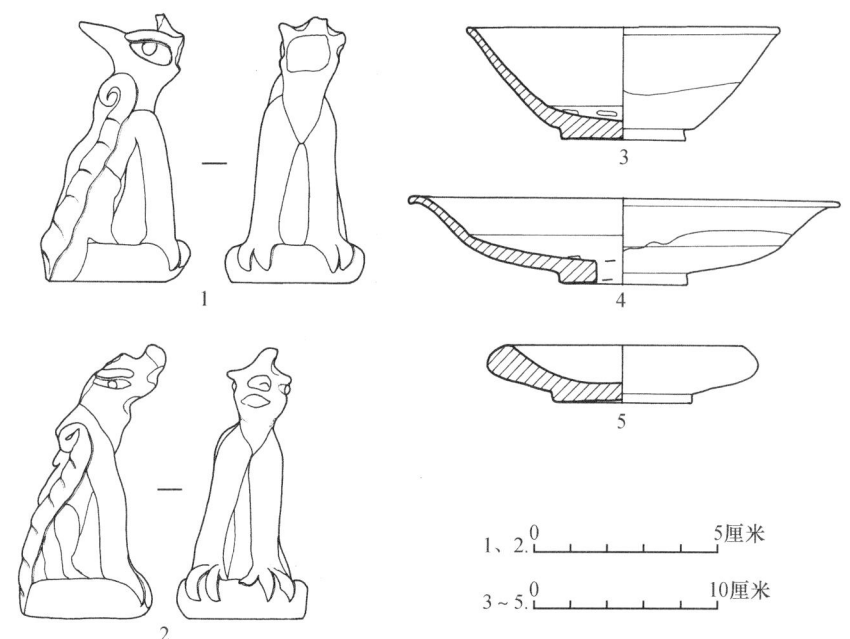

图一六　琉璃厂窑及邛窑瓷器
1、2.琉璃厂窑龙形俑（T1④：29、T1⑤：22）　3.邛窑碗（T1⑤：3）　4.邛窑盘（H2：7）　5.邛窑碟（T1⑥：9）

2. 邛窑

数量较少，釉以青色或绿色乳浊液为主，可辨器形有碗、盘、碟等。

碗　1件。敞口，圆唇，斜直腹，饼足。T1⑤：3，灰褐胎，青色乳浊釉，内底残留支钉痕，饼足边缘有一周斜削痕。口径17、底径6.8、高6厘米（图一六，3）。

盘　1件。口微侈，圆唇，腹部略折，饼足。H2：7，灰褐胎，青色乳浊釉，内底残留支钉痕，饼足边缘有一周斜削痕。口径23、底径7、高4.6厘米（图一六，4）。

碟　1件。敞口，方圆唇，斜直腹，腹部坦浅，饼足。T1⑥：9，灰胎，绿色乳浊釉，釉面密布棕眼，饼足边缘有一周斜削痕。口径13.2、底径7.6、高3厘米（图一六，5）。

3. 磁峰窑

数量较少，皆为白釉或灰白釉，可辨器形有碗、器底、碟等。

碗　5件。敞口，圆唇，斜弧腹，圈足。H3：18，灰白胎，挂白色化妆土，灰白釉，内壁模印折枝花卉纹，内底残留石英砂垫烧痕。残口径14.8厘米（图一七，1）。H3：9，灰白胎，挂白色化妆土，灰白釉，内壁模印折枝花卉纹，内底模印鱼纹且残

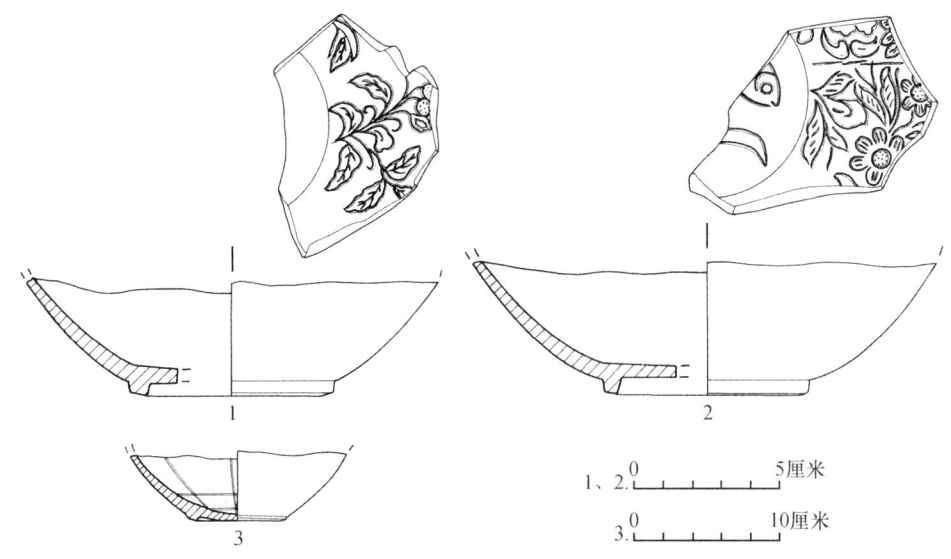

图一七　磁峰窑瓷碗
1. H3∶18　2. H3∶9　3. H3∶15

留石英砂垫烧痕。残口径15.5厘米（图一七，2）。H3∶15，灰白胎，挂白色化妆土，灰白釉，釉下用白色化妆土绘六出径，内底下凹且残留石英砂垫烧痕。残口径13.3厘米（图一七，3）。H2∶11，灰白胎，挂白色化妆土，灰白釉，釉下用白色化妆土绘六出径，内底残留石英砂垫烧痕。口径19.6、足径8、高6.4厘米（图一八，1）。T1④∶16，灰白胎，挂白色化妆土，灰白釉，釉下用白色化妆土绘六出径，内底残留支钉痕。口径17.4、足径6.2、高4.4厘米（图一八，2）。

器底　3件。矮圈足。L1②∶2，灰白胎，挂白色化妆土，灰白釉，内底残留托珠痕。足径6、残高3.1厘米（图一八，3）。L1②∶3，灰白胎，挂白色化妆土，灰白釉，内底残留托珠痕。足径6、残高1.6厘米（图一八，4）。L1②∶4，灰白胎，挂白色化妆土，灰白釉，内底残留石英砂垫烧痕。足径6.5、残高1.5厘米（图一八，5）。

碟　3件。尖唇，折腹，平底。根据口部形态的不同，分为二型。

A型　1件。敞口。T1④∶17，灰白胎，白釉，外沿及外底未施釉。口径13、底径5、高3厘米（图一八，6）。

B型　2件。口微侈。L1②∶5，灰白胎，白釉，外沿及外底未施釉。口径8.5、底径3、高1.8厘米（图一八，7）。

4. 青羊宫窑

数量较少，以青釉瓷为主，可辨器形有碗、罐等。

碗　1件。直口，方唇，小饼足，足底内凹。T1⑤∶17，灰胎，挂粉黄色化妆土，青釉。口径16、底径4.4、高6厘米（图一八，8）。

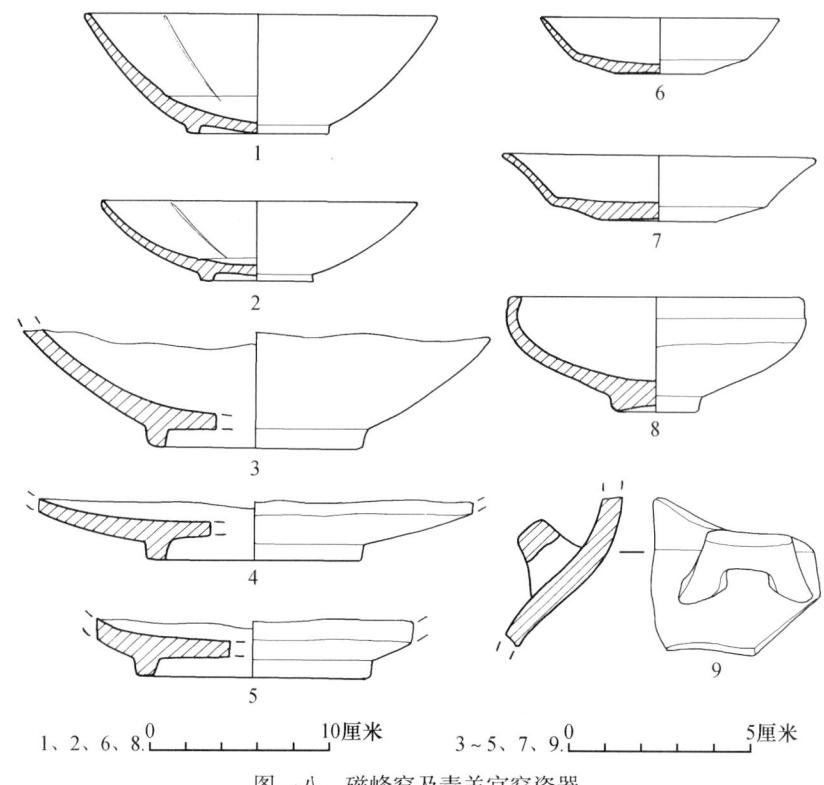

图一八　磁峰窑及青羊宫窑瓷器

1、2.磁峰窑碗（H2∶11、T1④∶16）　3～5.磁峰窑器底（L1②∶2、L1②∶3、L1②∶4）　6.磁峰窑A型碟（T1④∶17）　7.磁峰窑B型碟（L1②∶5）　8.青羊宫窑碗（T1⑤∶17）　9.青羊宫窑罐（T1⑦∶1）

罐　1件。残存小块。T1⑦∶1，灰胎，青釉。桥形方系。残高4厘米（图一八，9）。

5. 金凤窑

数量极少，可辨器形仅见盏。

盏　1件。敞口，尖唇，斜弧腹，小饼足。T1④∶8，褐胎，酱黑釉。口径11.2、底径3.8、高6厘米（图一九，1）。

6. 龙泉窑

数量极少，可辨器形仅见盏、碗。

盏　1件。敞口，弧腹，圈足。T1④∶26，灰白胎，圈足无釉处泛火石红，青釉，外壁刻划莲瓣纹，莲瓣中凸脊，外划单线。高4.2厘米（图一九，2）。

碗　1件。弧腹，圈足，大部分残损。T1④∶32，灰白胎，内底及圈足无釉处泛火石红，青釉，内外壁刻划海浪纹。足径6.9、残高4.9厘米（图一九，4）。

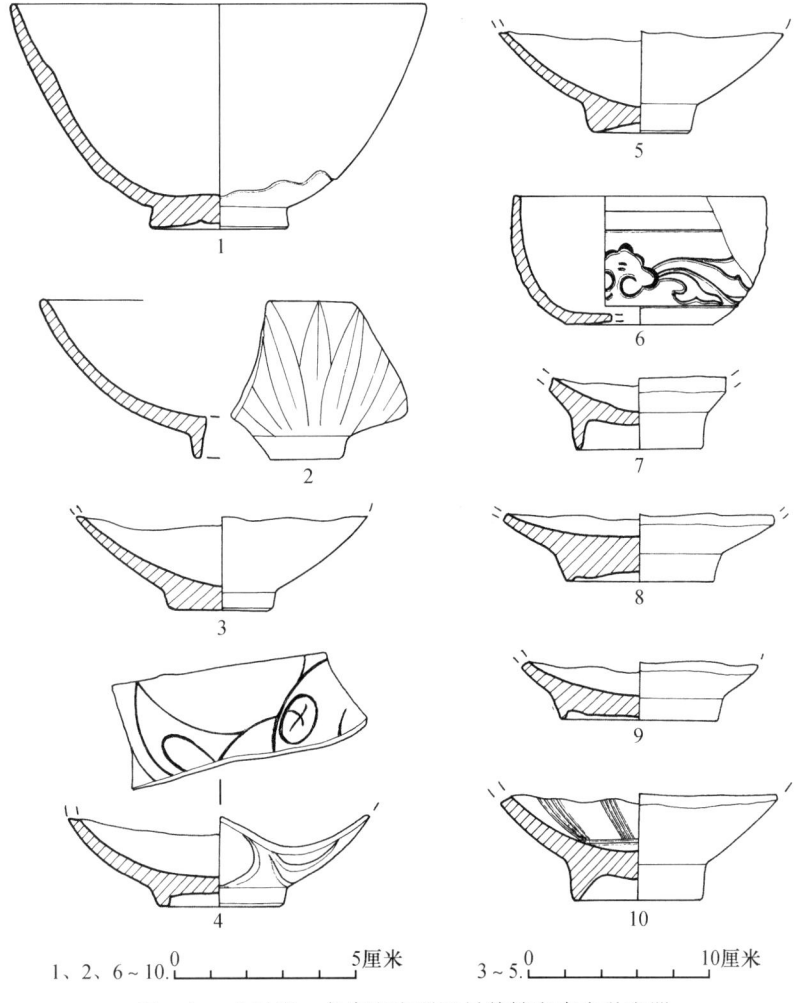

图一九　金凤窑、龙泉窑瓷器及景德镇窑青白釉瓷器
1. 金凤窑盏（T1④：8）　2. 龙泉窑盏（T1④：26）　3、5. 景德镇窑青白釉碗（T1④：22、T1④：31）
4. 龙泉窑碗（T1④：32）　6. 景德镇窑青白釉A型盏（T1④：28）　7、10. 景德镇窑青白釉B型盏（H3：17、H3：12）　8、9. 景德镇窑青白釉C型盏（H3：14、H3：19）

7. 景德镇窑

数量较多，以青白釉、青釉及黄釉器为主。可辨器形有碗、盏、器盖、器底、盘等。

（1）青白釉器

碗　5件。弧腹，饼足。T1④：22，灰白胎，青白釉，釉面开片较多，饼足边缘一周斜削痕。足径6、残高5.2厘米（图一九，3）。T1④：31，灰白胎，青白釉，釉面开片较多，底部露胎无釉，饼足边缘一周斜削痕。足径6、残高5.6厘米（图一九，5）。

盏　5件。根据底部形态的不同，分为三型。

A型　1件。直口，方唇，弧腹，平底。T1④：28，白胎，青白釉，口沿及底部无釉，口沿下饰一周凹弦纹，腹部上下各有一条凸棱纹作框，模印云气纹及缠枝花卉纹。口径6.8、底径4.1、高3.4厘米（图一九，6）。

B型　2件。圈足。H3：17，白胎，青白釉，釉面开片较多。足径3.6、残高1.9厘米（图一九，7）。H3：12，白胎，青白釉泛黄，釉面开片较多，内部刻划篦纹。足径3.6、残高2.8厘米（图一九，10）。

C型　2件。小饼足。H3：14，白胎，青白釉泛黄，内底无釉，釉面开片较多。足径4.1、残高1.5厘米（图一九，8）。H3：19，白胎，青白釉，内底无釉处泛火石红。足径4.4、残高1.5厘米（图一九，9）。

器盖　1件。子口，宽沿斜直，弧腹，腹部刻划莲瓣纹。T1④：35，白胎，青白釉，盖沿内及口部一周无釉。口径10.5、残高2.3厘米（图二〇，1）。

器底　2件。根据底部形态的不同，分为二型。

A型　1件。圈足。H3：11，白胎，青白釉泛黄，釉面开片较多，内底无釉。足径

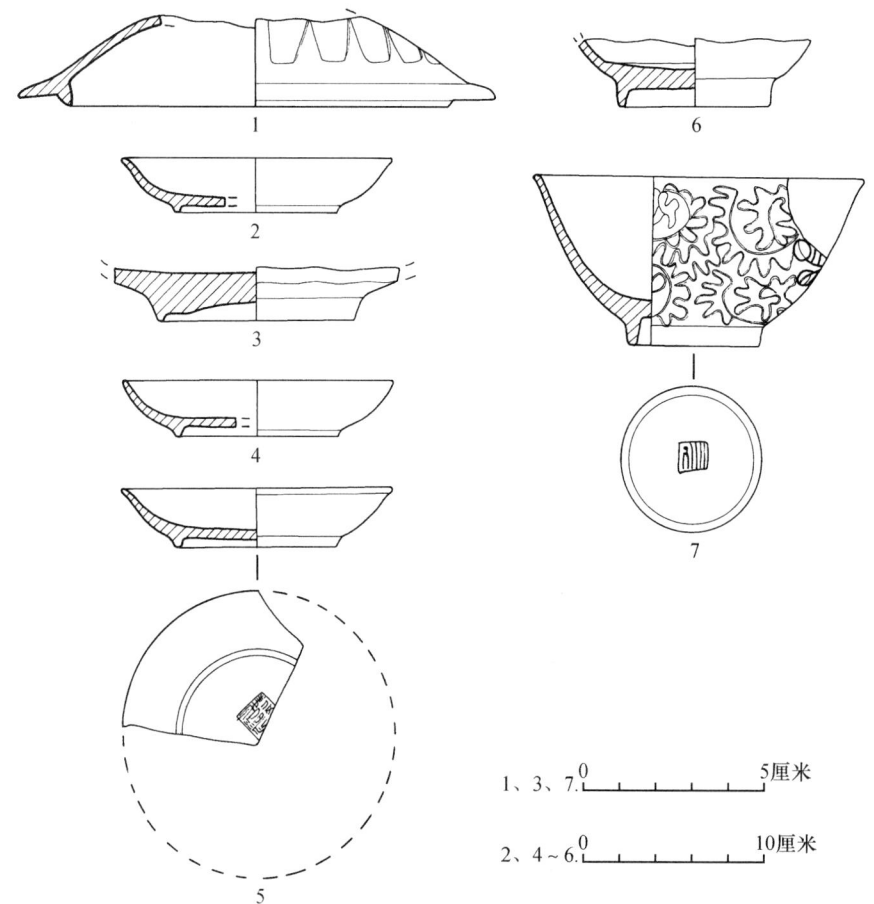

图二〇　景德镇窑瓷器
1. 青白釉器盖（T1④：35）　2、4、5. 青釉盘（T1②：33、T1②：18、T1②：21）　3. 青白釉B型器底（H3：10）　6. 青白釉A型器底（H3：11）　7. 黄釉盏（T1②：51）

8.4、残高3.6厘米（图二〇，6）。

B型　1件。饼足略内凹。H3∶10，白胎，青白釉，釉面开片较多。底径5.4、残高1.5厘米（图二〇，3）。

（2）青釉器

盘　3件。敞口、尖唇、弧腹、圈足。T1②∶33，白胎，青釉，圈足足端一周无釉处泛火石红。口径15、足径9、高3厘米（图二〇，2）。T1②∶18，白胎，青釉，圈足足端一周无釉处泛火石红。口径15、足径9、高3.2厘米（图二〇，4）。T1②∶21，白胎，青釉，芒口且泛火石红，圈足足端一周无釉，外底以青料书花押款。口径15、足径9、高3.2厘米（图二〇，5）。

（3）黄釉器

盏　1件。口微侈，圆唇，弧腹，圈足。T1②∶51，白胎，内壁施白釉，外壁施黄釉，口沿有一周酱釉，腹部模印水斑纹且以绿彩及黑彩装饰花果纹，外底以青料书花押款。口径9、足径3.6、高4.5厘米（图二〇，7）。

8. 德化窑

数量较多，均为青花瓷器。可辨器形有碗、盏、杯、盘等。

碗　8件。圆唇，圈足。根据口部及腹部形态的不同，分为二型。

A型　4件。敞口，斜弧腹。T1②∶7，白胎，釉色白中泛青，圈足底端无釉，青花呈色明亮，内底双圈内绘花草纹，外壁绘轮状花草纹，圈足外壁绘两周弦纹，外底双圈内绘方款。口径14.6、足径6.4、高6.6厘米（图二一，1；图版一三，1）。T1②∶13，白胎，釉色白中泛青，圈足底端无釉，青花呈色明亮，内底双圈内绘花草纹，且残留针刻"盛"字符，外壁绘轮状花草纹，圈足外壁绘弦纹，外底双圈内绘方款。口径13.2、足径6、高7厘米（图二一，2）。

B型　4件。口微侈，腹部上部斜直，下端曲内收。T1②∶14，白胎，釉色白中泛青，圈足底端无釉，青花呈色明亮，内底双圈内绘花草纹，外壁绘轮状花草纹及灵芝纹，腹部与足部交接处绘一周弦纹，外底双圈内绘方款。口径11.2、足径5.6、高6厘米（图二二，1）。T1②∶28，白胎，釉色白中泛青，圈足底端无釉，青花呈色明亮，内外壁绘轮状花卉纹及灵芝纹，内底绘月华，外底双圈内绘方款。口径11.2、足径5.6、高6厘米（图二二，2）。T1②∶37，白胎，釉色白中泛青，圈足底端无釉，青花呈色明亮，内外壁绘轮状花卉纹及灵芝纹，内底绘菊花，外底绘方款。口径13.6、足径6.6、高7厘米（图二三，1）。

盏　2件。口微侈，圆唇，腹部上部斜直，下端曲内收，圈足。T1②∶12，白胎，釉色白中泛青，圈足及外底无釉，青花呈色明亮，内底双圈内绘花草纹，外壁绘轮状花草纹及灵芝纹，腹部与足部交接处绘一周弦纹。宽圈足。口径11.6、足径5.6、高5.6厘米（图二三，2）。T1②∶19，白胎，釉色白中泛青，圈足底端无釉，青花呈色明亮，

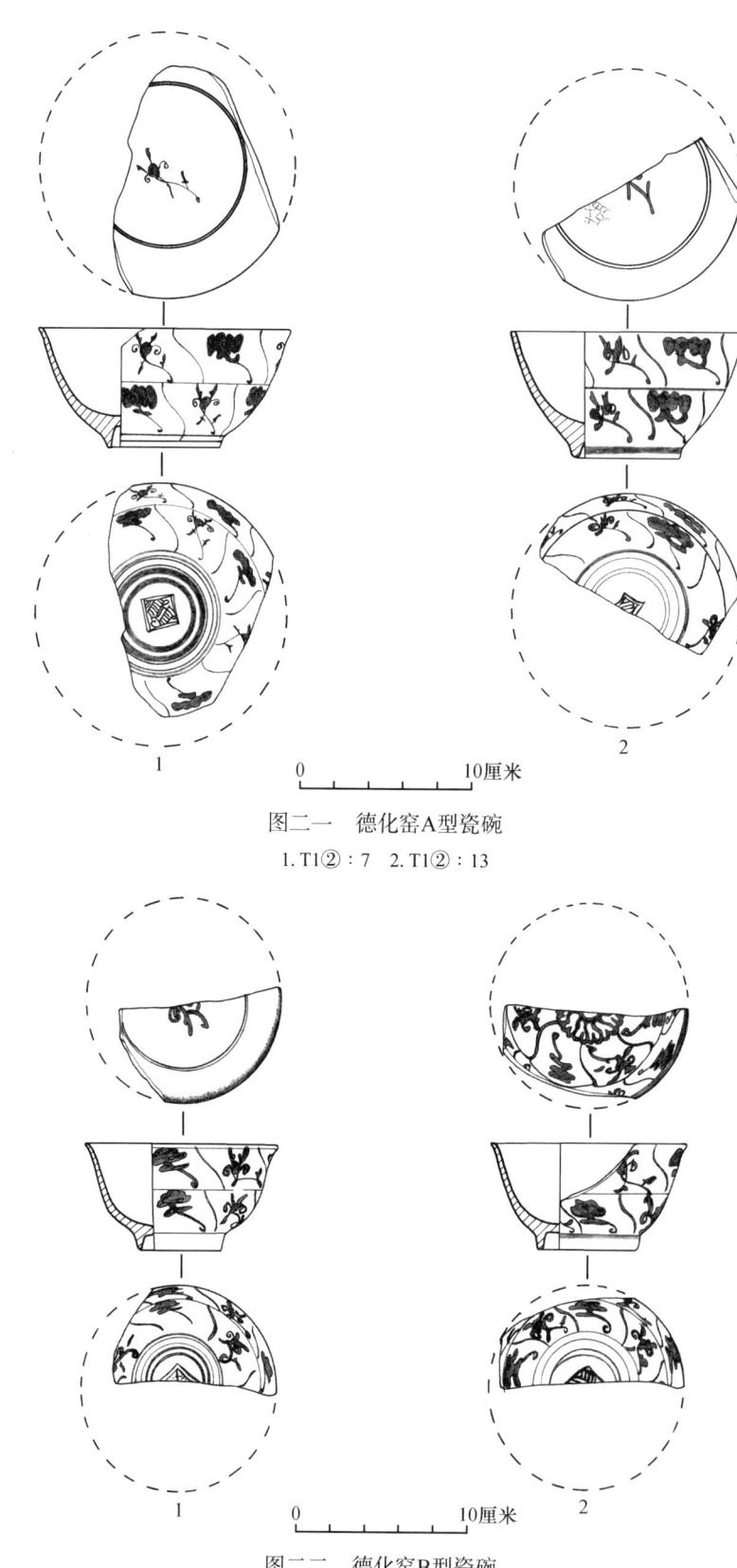

图二一　德化窑A型瓷碗
1. T1②∶7　2. T1②∶13

图二二　德化窑B型瓷碗
1. T1②∶14　2. T1②∶28

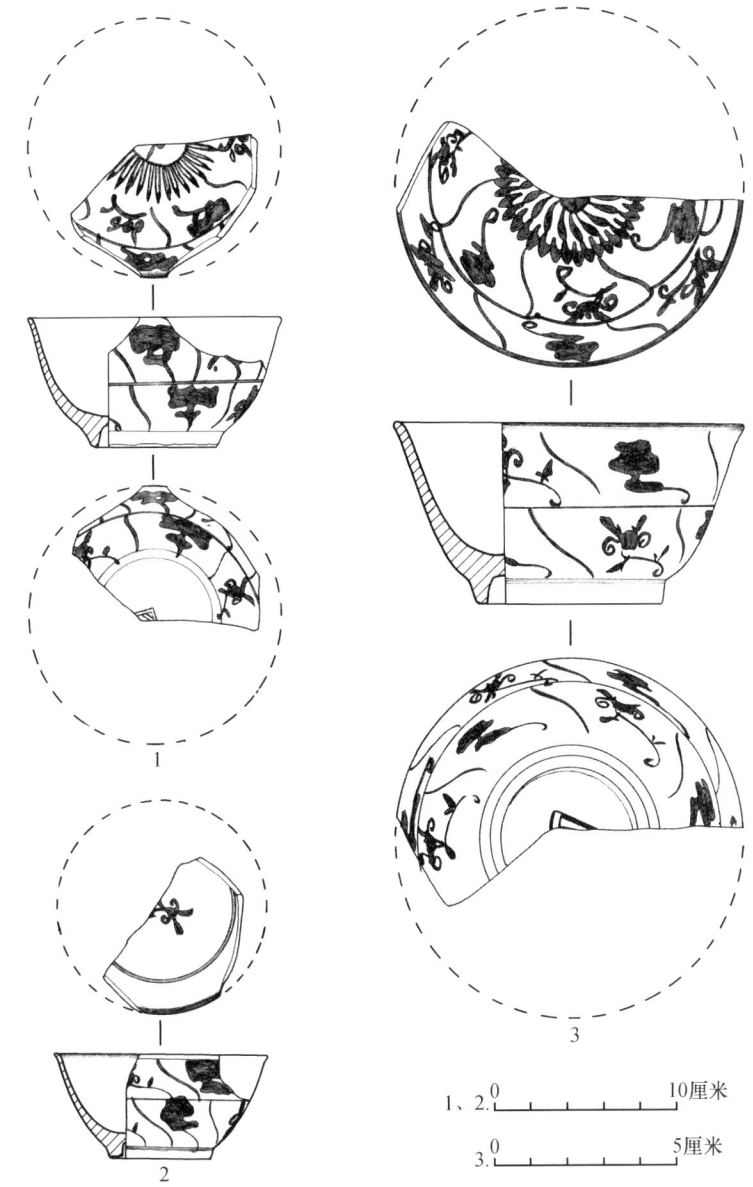

图二三 德化窑瓷器
1. B型碗（T1②：37） 2、3. 盏（T1②：12、T1②：19）

内底绘月华，外壁绘轮状花草纹及灵芝纹，腹部与足部交接处绘一周弦纹，外底双圈内绘方款。口径9.5、足径5、高4.8厘米（图二三，3）。

杯 4件。口微侈，圆唇或尖唇，弧腹，圈足。根据圈足形态的不同，分为二型。

A型 3件。圈足薄且窄。T1②：32，白胎，釉色白中泛青，圈足底端无釉，青花呈色明亮，内外壁绘轮状花草纹及灵芝纹，内底绘菊花纹，外底单圈内绘花押款。口径8.3、足径3.8、高4.5厘米（图二四，1）。T1②：26，白胎，釉色白中泛青，圈足底端无釉,青花呈色明亮,内底双圈内绘花草纹,外壁绘轮状花草纹及灵芝纹,腹部与足部交接处绘一周弦纹,外底双圈内绘方款。口径6.8、足径3.5、高4.1厘米(图二四,2)。

B型 1件。宽圈足。T1②:25,白胎,釉色白中泛青,足底露胎无釉,青花呈色明亮,内底双圈内绘花草纹,且残留针刻符号,外壁绘轮状花草纹及灵芝纹。口径6.4、足径3.2、高3.4厘米(图二四,3)。

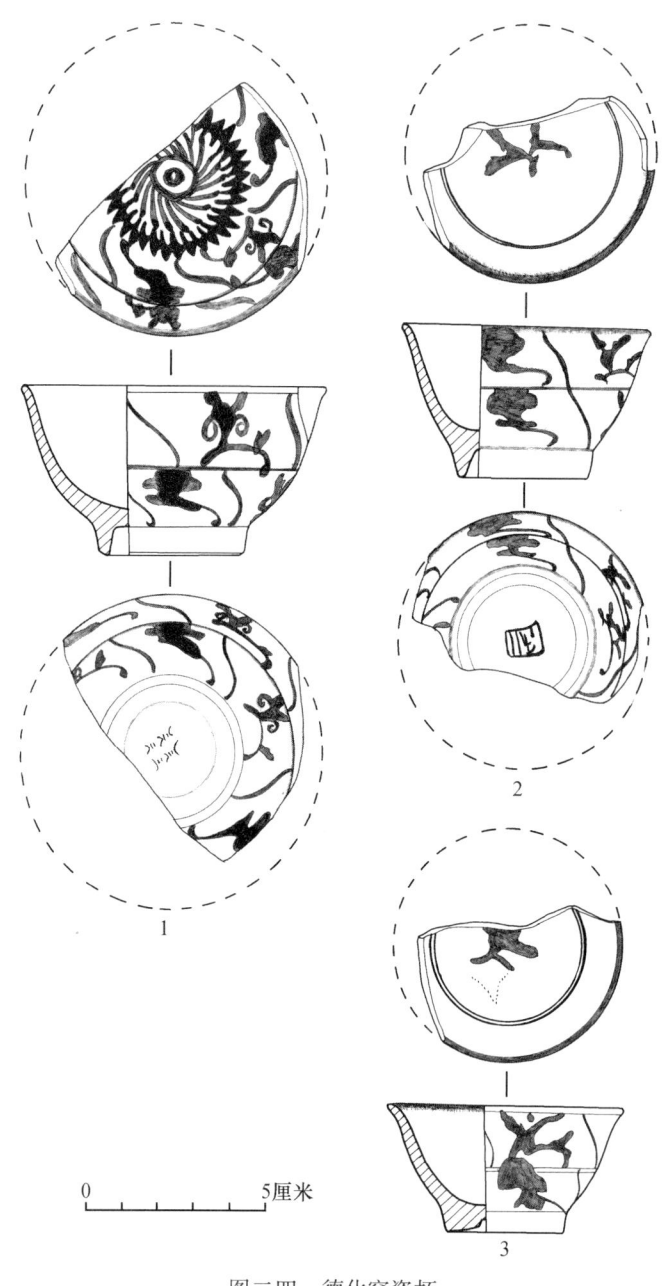

图二四 德化窑瓷杯

1、2.A型(T1②:32、T1②:26) 3.B型(T1②:25)

盘 3件。T1②：31，白胎，釉色白中泛青，圈足底端无釉。残，斜直腹，圈足。青花呈色明亮，内壁绘缠枝牡丹纹，内底绘牡丹，且于牡丹上、下残存点刻的"春万""和"三字，外底书"大清嘉庆年制"款。足径11.2、残高2.4厘米（图二五）。T1②：22，白胎，釉色白中泛青，圈足底端无釉。敞口，尖唇，斜直腹，圈足。青花

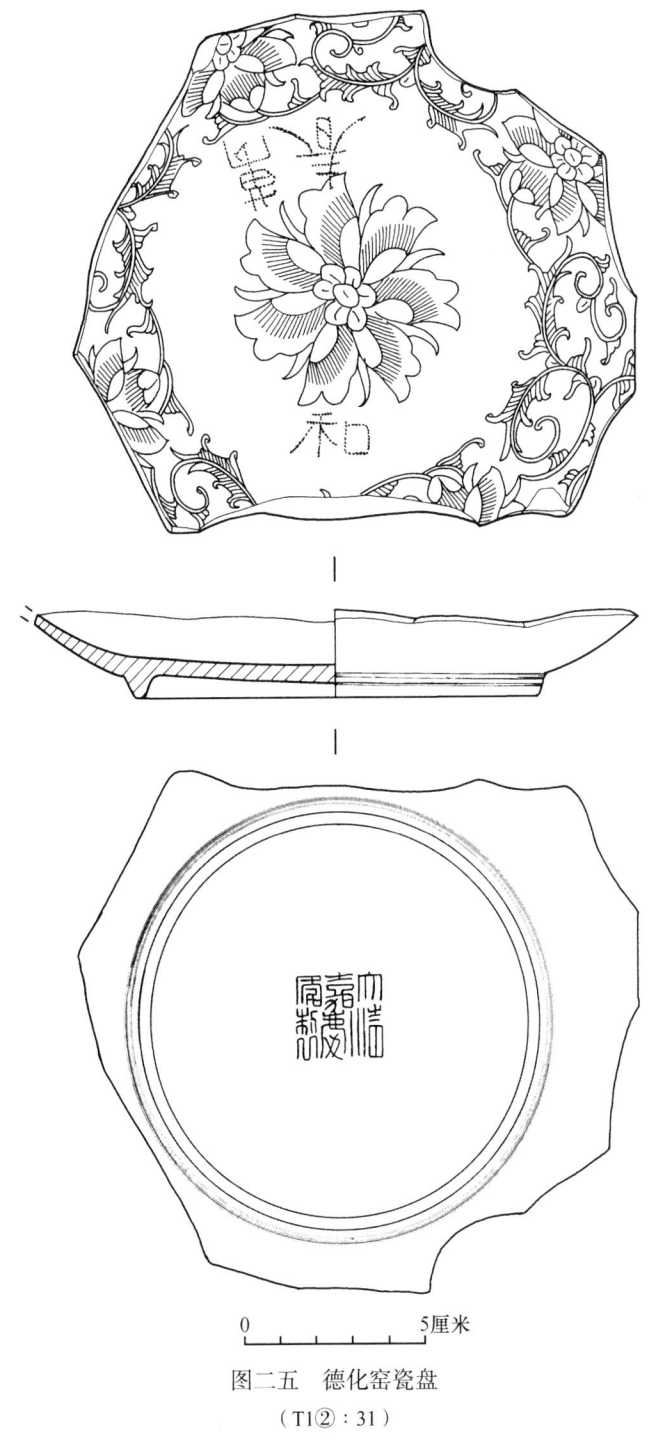

图二五 德化窑瓷盘
（T1②：31）

呈色较暗，内壁绘缠枝牡丹纹，外壁口沿下、腹部与圈足交接处皆绘两周弦纹，腹部绘小草纹。口径15.5、足径8.7、高2.7厘米（图二六，1）。T1②：1，白胎，釉色白中泛青，圈足底端无釉。口微侈，圆唇，斜弧腹，圈足。青花花色浓重，内壁绘轮状花草纹及灵芝纹，内底绘一圈蕉叶纹，圈足外壁绘两周弦纹，外底绘双圈。口径18、足径10.8、高3.6厘米（图二六，2）。

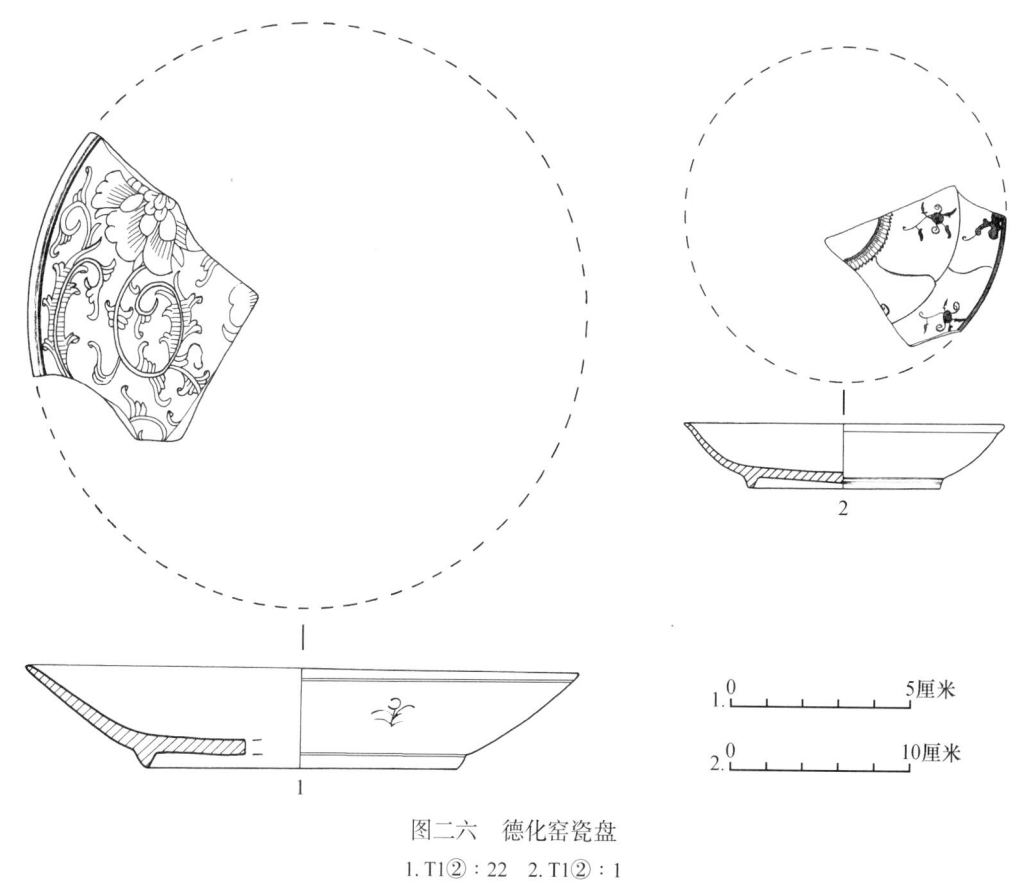

图二六　德化窑瓷盘
1. T1②：22　2. T1②：1

9. 耀州窑

数量极少，可辨器形仅见盏。

盏　1件。斜直腹，矮圈足。H3：13，灰胎，青釉，圈足底端无釉。足径2.7、残高3厘米（图二七，2）。

10. 不明窑口

数量较多，皆为青花瓷器，制作较粗糙，可辨器形有碗、碟、盏、匙、盘、罐等。

碗　10件。敞口或口微侈，尖圆唇，圈足。根据腹部形态的不同，分为二型。

A型　6件。弧腹。T1②：5，灰白胎，釉色灰中泛青，圈足底端无釉，内底一周涩圈，青花呈色发蓝，积釉处发黑，内外壁皆绘缠枝花草纹及印章式团花纹，内底中央绘

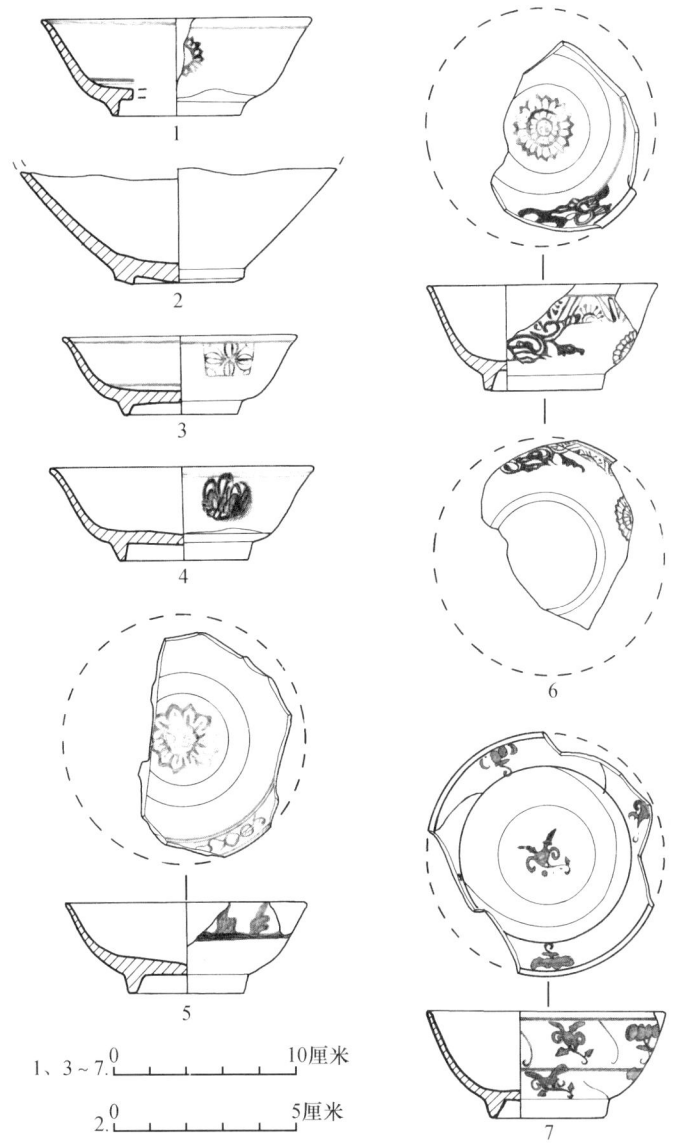

图二七 耀州窑及不明窑口瓷器

1、3、4.不明窑口B型碗（T1②：23、T1②：24、T1②：11） 2.耀州窑盏（H3：13） 5～7.不明窑口A型碗（T1②：9、T1②：5、T1②：34）

一印章式团花纹。口径12.6、足径6.4、高5.6厘米（图二七，6）。T1②：9，灰白胎，釉色灰中泛青，圈足底端无釉，内底一周涩圈，青花呈色发蓝，积釉处发黑，内外壁口沿下皆绘条带形花草纹，内底中央绘一印章式团花纹。口径13.2、足径6.4、高5厘米（图二七，5）。T1②：34，灰白胎，釉色灰中泛青，圈足底端无釉，内底一周涩圈，青花呈色发蓝，积釉处发黑，内外壁皆绘轮状灵芝纹及花卉纹，内底中央绘一花草纹。口径13、足径6.4、高5.8厘米（图二七，7）。

B型　4件。上腹斜直，近底处内收。T1②：23，灰胎，釉色灰青，涩足底，内底一周涩圈，青花呈色蓝黑，内外壁口沿下及内底皆绘一周弦纹，外壁绘印章式团花纹。口径14.6、足径7、高5.2厘米（图二七，1）。T1②：24，灰胎，釉色灰青，涩足底，内底一周涩圈，青花呈色灰蓝，内外壁口沿下及内底皆绘一周弦纹，外壁绘印章式团花纹。口径12.8、足径6、高4.2厘米（图二七，3）。T1②：11，灰胎，釉色灰青，涩足底，内底刮釉，青花呈色灰蓝，积釉处有铁锈斑，外壁口沿下绘一周弦纹及团花纹。口径14.4、足径7、高5厘米（图二七，4）。

碟　2件。敞口，尖圆唇，圈足。根据腹部形态的不同，分为二型。

A型　1件。腹部斜直较坦。T1②：15，灰胎，釉色灰青，涩足底，内底一周涩圈，青花呈色灰蓝，积釉处有铁锈斑，内外壁皆绘轮状灵芝纹及花草纹。口径9.6、足径4.5、高2.5厘米（图二八，1）。

B型　1件。弧腹。T1②：17，白胎，青白釉，圈足底端无釉，青花呈色明亮，勾线填彩，内壁绘折枝花卉纹，外壁绘云纹。口径8.2、足径3.9、高2.9厘米（图二八，2）。

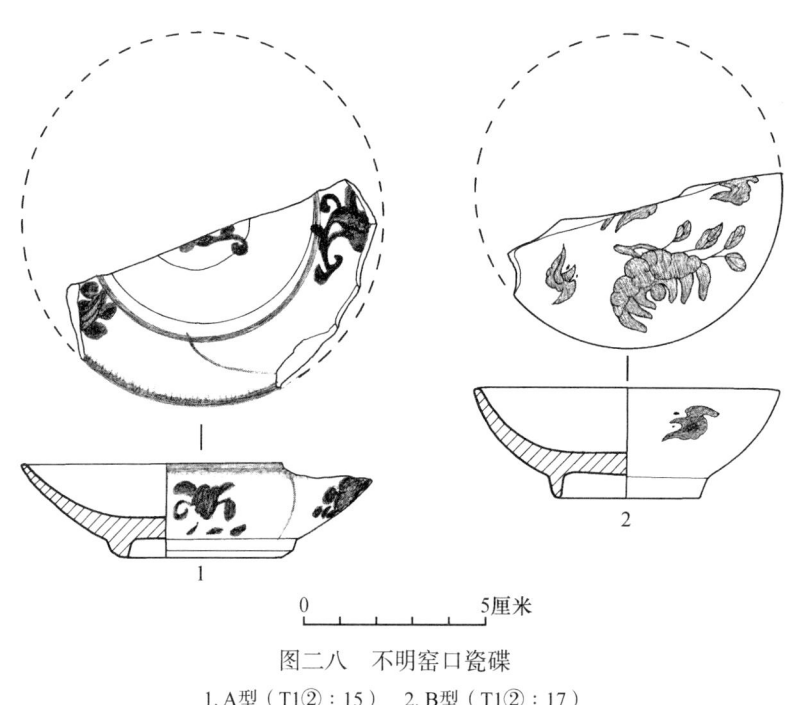

图二八　不明窑口瓷碟
1. A型（T1②：15）　2. B型（T1②：17）

盏　2件。弧腹，圈足。T1②：27，白胎，青白釉，圈足底端无釉，内底双圈内绘凤鸟纹，外壁绘小桥流水人物图，外底正中篆书方形款。足径3.6、残高3厘米（图二九，1）。

匙　1件。沟槽状细长把，椭圆形匙身，平底。T1②：16，白胎，青白釉，青花呈色泛蓝，内壁绘缠枝花叶绘，外壁点缀简笔草叶纹。通长7.8厘米（图二九，2）。

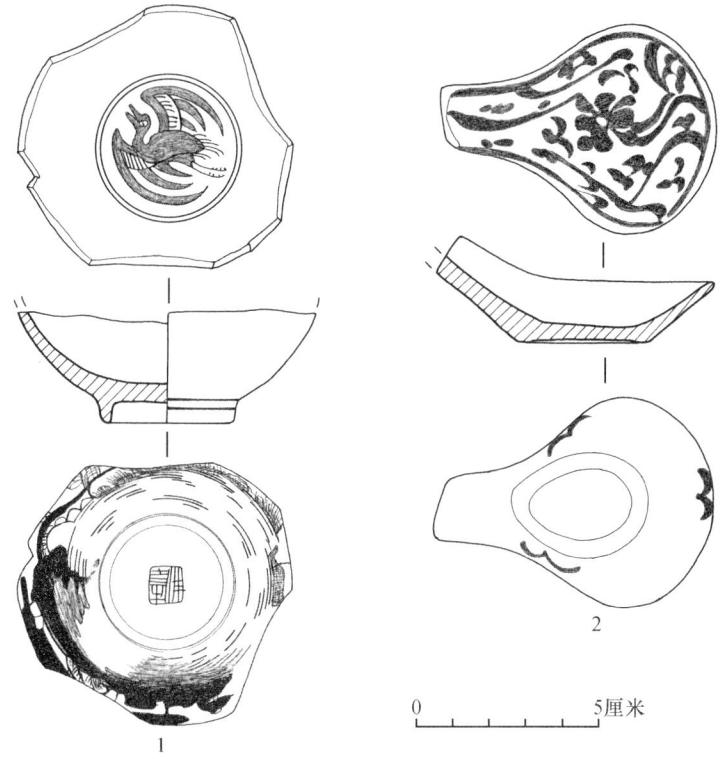

图二九 不明窑口瓷器
1. 盏（T1②：27） 2. 匙（T1②：16）

盘 6件。圆唇，圈足。根据口部及腹部形态的不同，分为三型。

A型 1件。敞口，斜直腹。T1②：52，灰白胎，釉色灰青，圈足底端无釉，内底一周涩圈，青花呈色蓝黑，内壁绘卷蝴蝶纹，内底正中绘一印章式团花纹。口径19、足径9、高3.2厘米（图三〇，1）。

B型 2件。敞口或口微敛，斜弧腹。T1②：3，灰白胎，釉色灰青，涩足底，正中带鸡心凸，内底一周涩圈，青花呈色蓝黑，内壁绘弦纹及卷草纹，内底单圈内绘简笔草叶纹，外壁绘两周弦纹。口径15.6、足径8.4、高3.2厘米（图三〇，2）。T1②：2，白胎，釉色灰青，涩足底，青花呈色发蓝，内壁及内底绘卷草纹及花卉纹，内底双圈，外壁纹饰残不可辨，口沿下及腹部与圈足交接处绘两周弦纹。口径22、足径12.8、高4厘米（图三〇，3）。

C型 3件。侈口，斜弧腹。T1③：24，白胎，釉色青白，底残。青花呈色较淡，内壁口沿绘弦纹及回纹，外壁口沿下绘两周双弦纹，弦纹之间点缀云纹，内外壁腹部绘牡丹及草叶纹。口径30、足径16、高5.4厘米（图三一，1）。T1③：2，白胎，釉色青白，圈足底端无釉，青花呈色发蓝，积釉处泛黑，内壁口沿绘一周网格纹，内底双圈内勾线填彩书一"寿"字。口径13、足径8、高2.5厘米（图三一，2）。T3③：2，白胎，

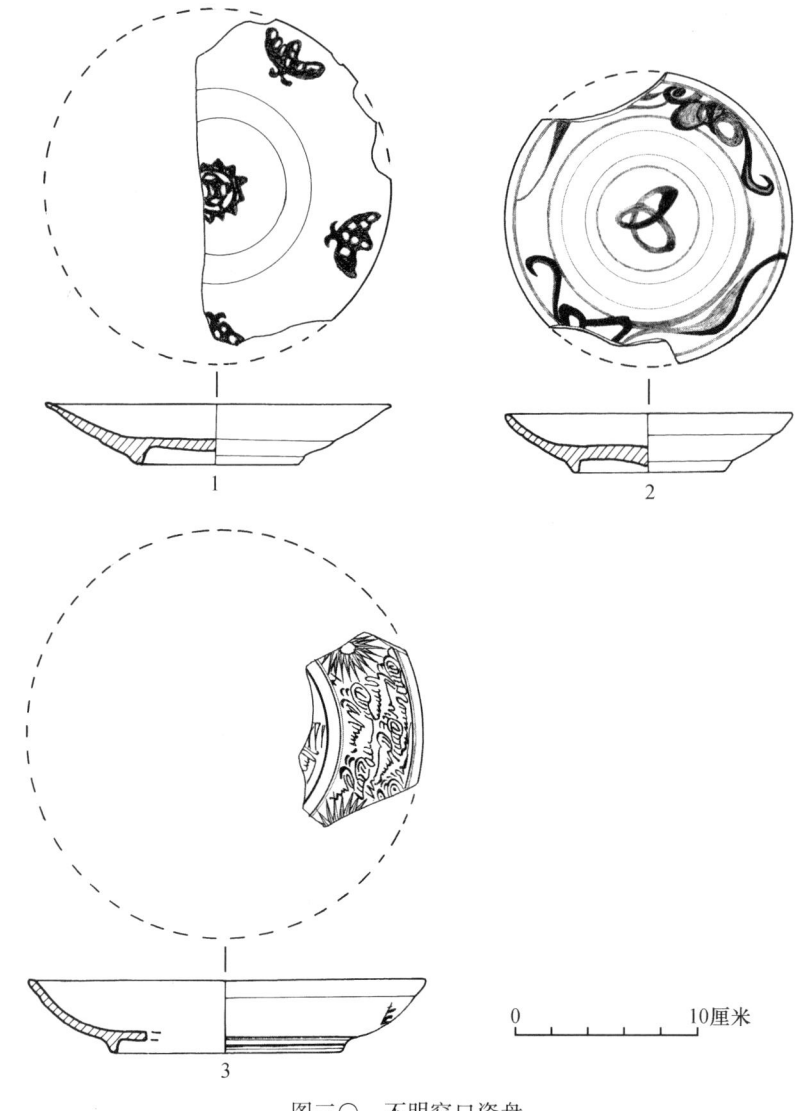

图三〇 不明窑口瓷盘
1. A型（T1②：52） 2、3. B型（T1②：3、T1②：2）

釉色青白，圈足底端无釉，青花呈色发蓝，积釉处泛黑，内壁口沿绘一周网格纹，内底双圈内勾线填彩书一"寿"字。口径13、足径7.8、高2.6厘米（图三二，1）。

罐 1件。直口，方唇，短颈，溜肩，肩部带倒"8"字形系，鼓腹。T1②：36，灰白胎，釉色青灰，青花呈色蓝黑，外壁绘印章式团花纹。残高5.8厘米（图三二，2）。

器底 1件。圈足。T1③：23，白胎，釉色青白，圈足底端无釉，青花呈色较明艳，内底双圈内勾线填彩绘折枝花卉纹及针刻字符，外底双圈。足径5.7、残高2.3厘米（图三二，3）。

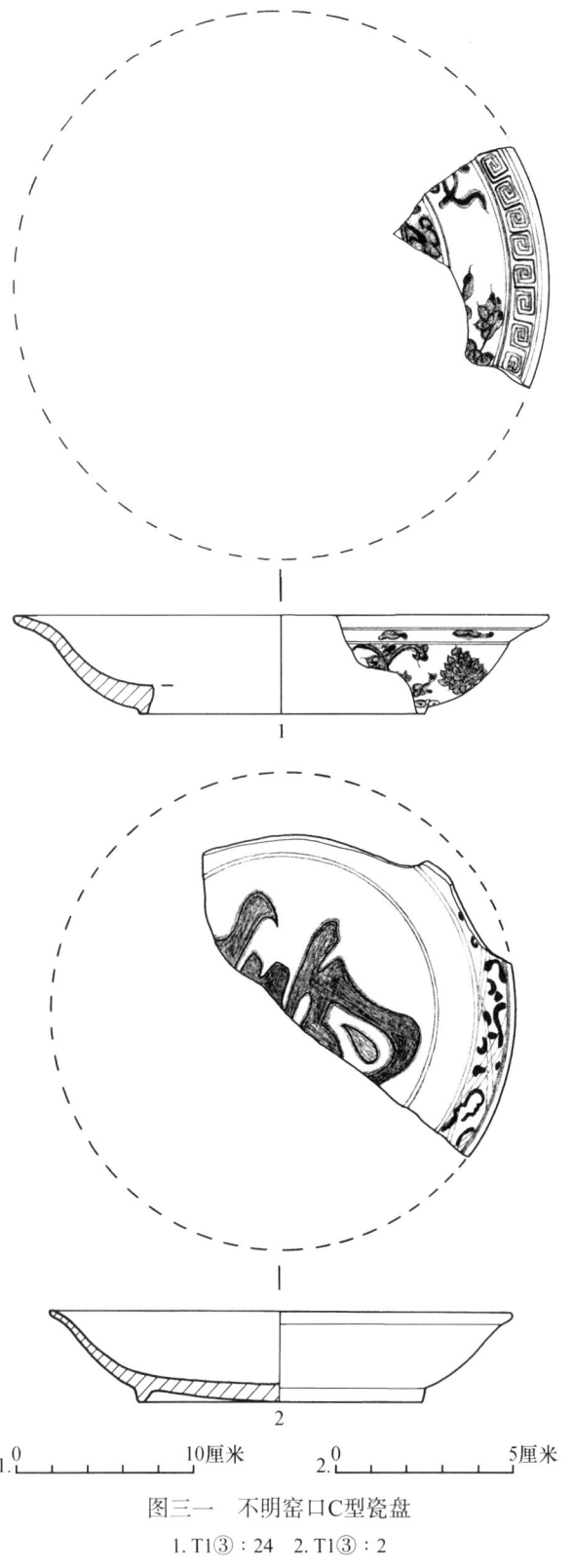

图三一 不明窑口C型瓷盘
1. T1③:24 2. T1③:2

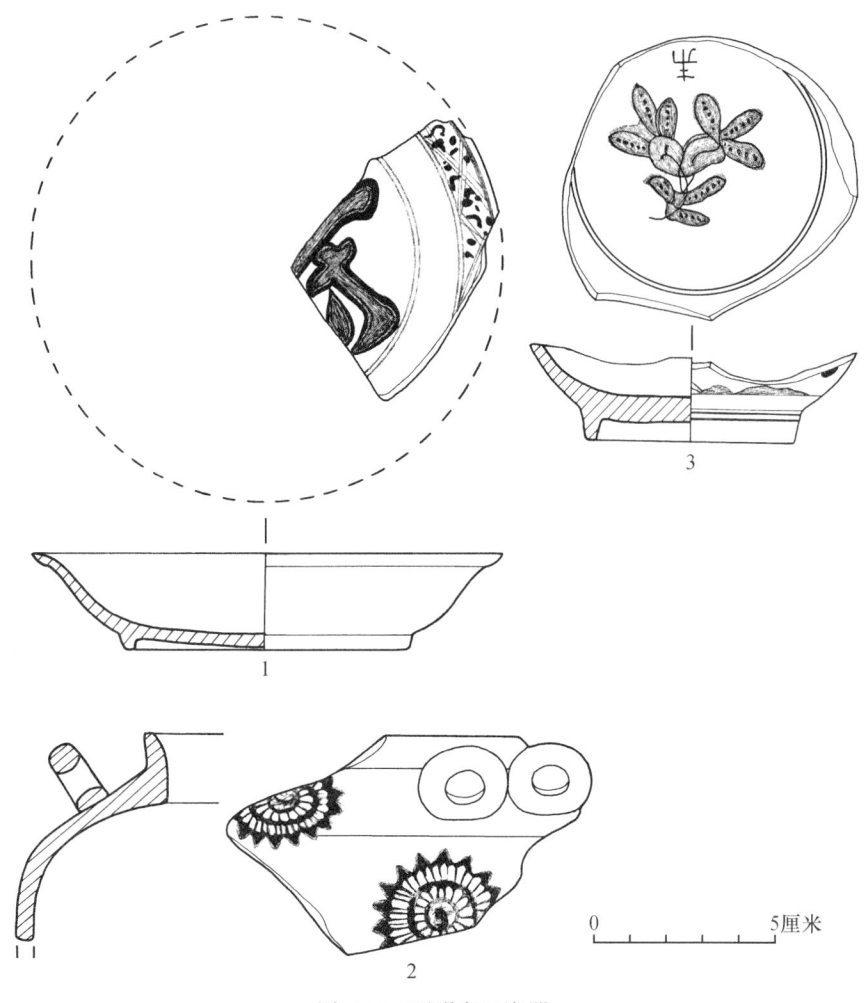

图三二　不明窑口瓷器
1. C型盘（T3③：2）　2. 罐（T1②：36）　3. 器底（T1③：23）

（二）陶　　器

数量较少，泥质陶占绝大多数，陶色有灰、灰黑、褐、灰褐、红等，个别施低温绿釉，以生活用器为主，可辨器形有盆、罐、鬲、瓮、釜、器座、器盖、球等，还有一些残片。

1. 泥质陶

盆　4件。根据沿部及腹部形态的不同，分为二型。

A型　3件。折沿，直腹。根据唇部形态的不同，分为二亚型。

Aa型　2件。凸圆唇，口沿下有一周凸棱。T4⑤：8，泥质灰陶。口径28.8、残高9厘米（图三三，1）。T4⑤：9，泥质灰陶。口径31.8、残高8.1厘米（图三三，6）。

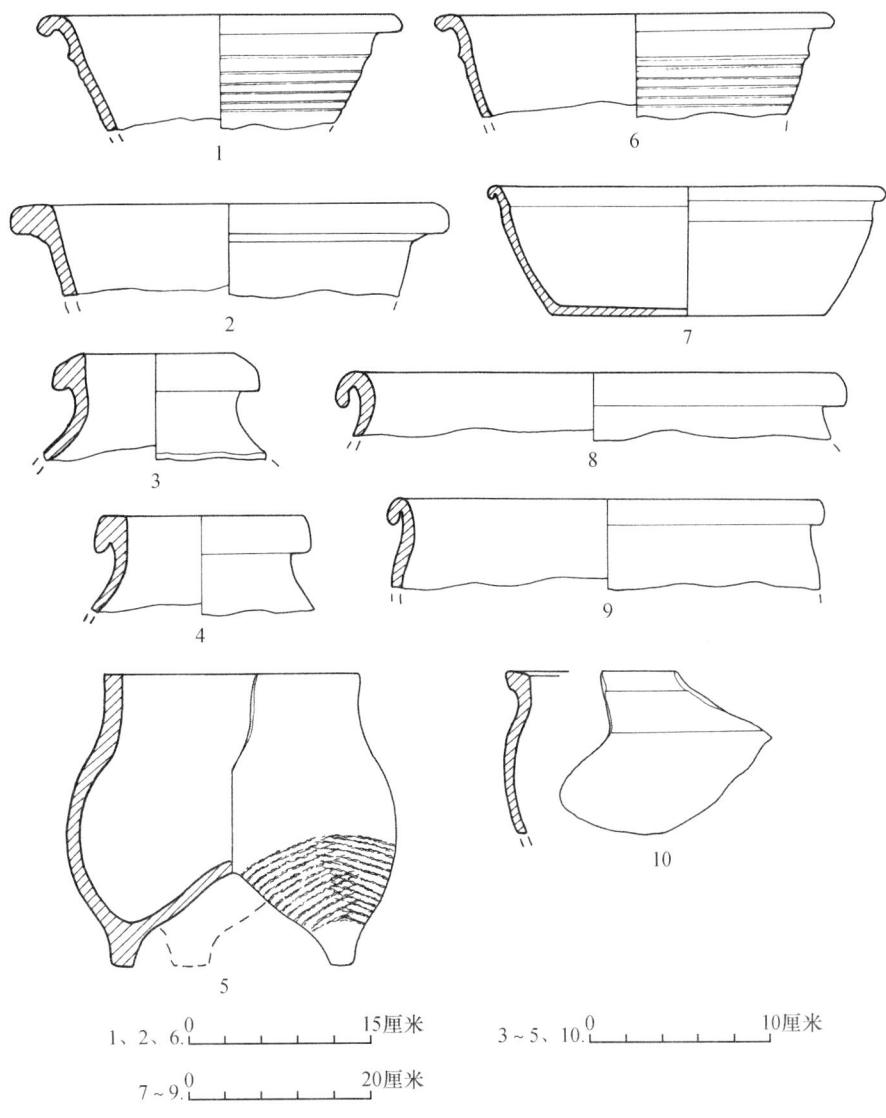

图三三　泥质陶器

1、6.Aa型盆（T4⑤：8、T4⑤：9） 2.Ab型盆（T1⑥：3） 3.A型罐（H3：4） 4.B型罐（T1⑤：13）
5.鬲（T1⑧：1） 7.B型盆（T1④：19） 8、9.瓮（T1④：5、T1④：4） 10.釜（T1⑦：9）

Ab型　1件。方唇。T1⑥：3，泥质灰陶。口径31.5、残高7.5厘米（图三三，2）。

B型　1件。敞口，卷沿，圆唇，弧腹，平底。T1④：19，泥质灰陶。口径43.2、底径30、高14厘米（图三三，7）。

罐　2件。直口，束颈。根据唇部形态的不同，分为二型。

A型　1件。斜方唇。H3：4，泥质灰黑陶。口径8.4、残高5.8厘米（图三三，3）。

B型　1件。方唇。T1⑤：13，泥质灰黑陶。口径11、残高5.6厘米（图三三，4）。

鬲　1件。T1⑧：1，夹砂褐陶，器物表面残留烟炱痕迹。直口，方唇，短颈下接乳状袋足，实足跟较扁，呈铲形。器体下部饰细绳纹。口径14、通高16厘米（图三三，5；图版一三，2）。

瓮　2件。卷沿，圆唇，斜直颈，颈部以下残。T1④∶5，泥质灰陶。口径52、残高7.2厘米（图三三，8）。T1④∶4，泥质灰陶。口径46、残高10厘米（图三三，9）。

釜　1件。直口，折沿，方唇，短直颈，弧腹。T1⑦∶9，泥质褐陶，带黑色陶衣。残高8.6厘米（图三三，10）。

残片　1件。T1③∶10，泥质灰陶，施黑色陶衣。模印缠枝莲花纹。残长20、残高15、厚1.4厘米（图三四，1）。

器座　2件。根据器物形态的不同，分为二型。

A型　1件。直口，沿部折弧向下，直腹较浅，平底。T1③∶3，泥质灰褐陶。口径7.5、腹径9、高2.2厘米（图三四，2）。

B型　1件。平底，带三角形锥形足，器身刻划卷云纹。T3③∶6，夹砂灰黑陶。残高7.6厘米（图三四，4）。

器盖　1件。圈形捉手，捉手壁中部外凸，盖面斜直。H2∶13，泥质灰陶。捉手直径5、残高6厘米（图三四，5）。

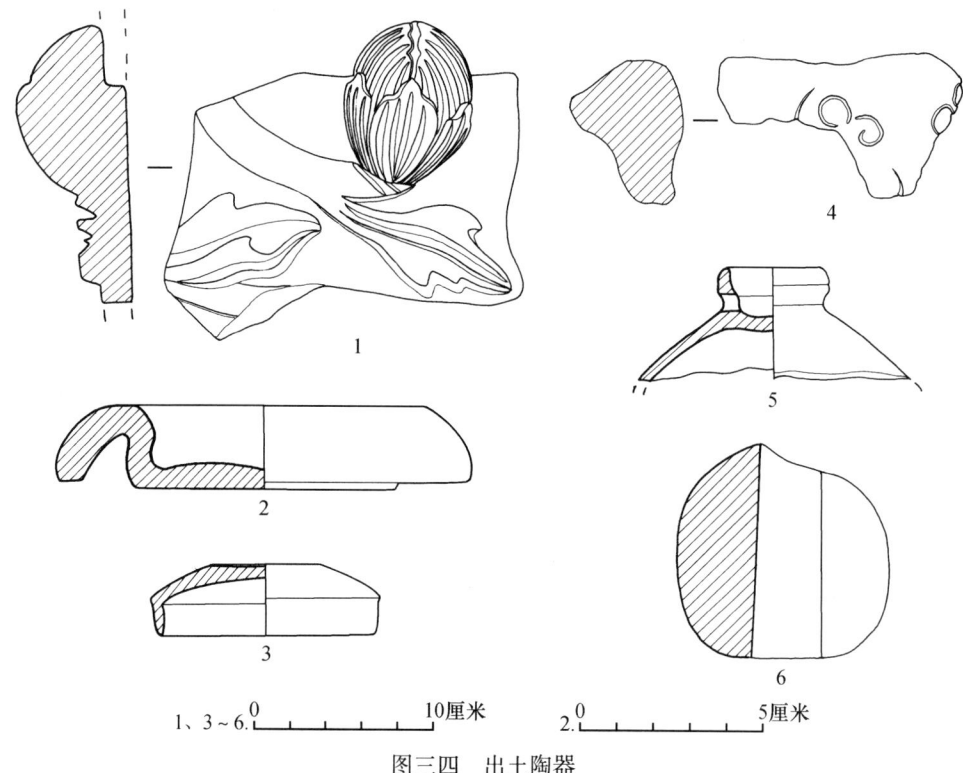

图三四　出土陶器

1.泥质陶残片（T1③∶10）　2.泥质陶A型器座（T1③∶3）　3.釉陶器盖（T1④∶20）　4.泥质陶B型器座（T3③∶6）　5.泥质陶器盖（H2∶13）　6.泥质陶球（T1④∶36）

球　1件。不规则圆形，中有穿孔。T1④：36，泥质灰陶。直径11.6、孔径3.6厘米（图三四，6）。

2. 釉陶器

器盖　1件。平顶，顶部无纽。T1④：20，泥质红陶，挂粉黄色化妆土，绿釉，釉面多脱落。口径12、高3.8厘米（图三四，3）。

（三）建筑构件

数量较多，以泥质陶构件为主，另见少量琉璃构件。

1. 泥质陶构件

数量较多，以泥质灰陶为主，有瓦当、海马、狮子、滴水、筒瓦、砖、脊筒等。

瓦当　14件。根据当面纹饰的不同，分为五型。

A型　4件。莲花纹瓦当。根据当面构图的不同，分为二亚型。

Aa型　3件。当心凸起，模印"王"字，当心外为一周凸弦纹，凸弦纹外围绕一周细长莲瓣，莲瓣较多，以实线相隔，当面与边轮同高且以一周凸弦纹相隔。T1⑦：2，泥质灰陶。瓦当背面残留拇指按印痕及绳纹。直径13、边轮宽1.5、厚1.4厘米（图三五，1）。H4：1，泥质灰陶。瓦当背面残留拇指按印痕及绳纹。直径13.5、边轮宽1.5、厚1.4厘米（图三五，2）。H4：2，泥质灰陶。瓦当背面残留拇指按印痕及绳纹。直径13.5、边轮宽1.5、厚1.6厘米（图三五，3）。

Ab型　1件。当心装饰莲蓬，当心外为一周凸弦纹，凸弦纹外围绕一周莲瓣纹，莲瓣之间间隔线明显，顶端为倒三角形，当面与边轮之间以一周凸弦纹及一周连珠纹相隔，边轮高于当面。T1⑥：11，泥质灰陶。边轮宽1.5、厚1.8厘米（图三五，4）。

B型　1件。云纹瓦当。当心凸起，模印"汉兴"二字，当心外为一周凸弦纹，凸弦纹外围绕四组羊角形云纹，每组云纹之间以实线间隔，当面与边轮之间以绳纹间隔。T1⑦：8，泥质灰陶。瓦当背面残留拇指按印痕及绳纹。直径13.5、边轮宽1.5、厚1.7厘米（图三五，5）。

C型　1件。兽面纹瓦当。双眼凸圆，嘴角圆弧上翘，胡须飞扬，兽面与边轮之间间隔两周弦纹及一周连珠纹，构图线条化，边轮与当面高度相同。T1③：9，泥质灰陶。残半，瓦当背面残留拇指按印痕。直径13.5、边轮宽1.5、厚1.8厘米（图三六，2）。

D型　7件。花草纹瓦当。根据当面构图的不同，分为四亚型。

Da型　2件。当面绘四出花草纹。T1②：53，泥质红陶。花蕊圆凸，瓣体呈叶形，瓣体间间隔卷草纹，当面与边轮之间间隔一周弦纹，边轮高于当面。直径12、边轮宽1.8、厚1.8厘米（图三六，3）。T1②：54，泥质灰陶。花蕊圆凸，外绕一周弦纹，双

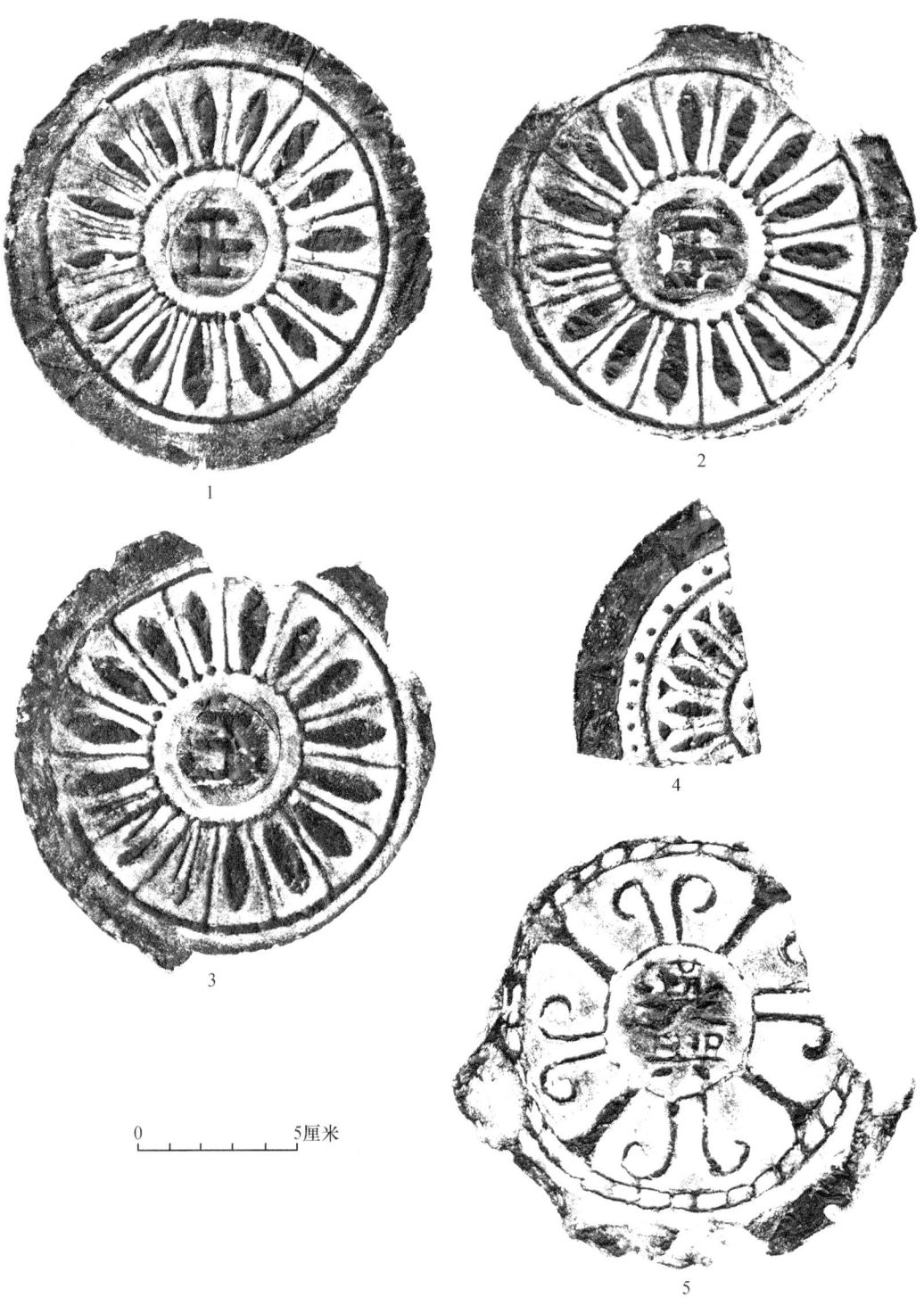

图三五　泥质陶瓦当拓片

1~3. Aa型（T1⑦：2、H4：1、H4：2）　4. Ab型（T1⑥：11）　5. B型（T1⑦：8）

图三六　泥质陶瓦当拓片
1. E型（L1②：7）　2. C型（T1③：9）　3、4. Da型（T1②：53、T1②：54）　5. Db型（T4③：1）

重瓣体呈扇形，边轮略高于当面。直径10.5、边轮宽1.9、厚1.6厘米（图三六，4）。

Db型　1件。当面绘五出花草纹。T4③：1，泥质灰褐陶。花蕊圆凸，瓣体凸起呈椭圆形，瓣体间间隔卷草纹，边轮高于当面。直径12.1、边轮宽1.6、厚1.6厘米（图三六，5）。

Dc型　3件。当面绘六出花草纹。T1③：6，泥质灰陶。花蕊圆凸，第一层瓣体凸起呈叶形，第二层瓣体凸起呈椭圆形。直径13、边轮宽1.5、厚1.4厘米（图三七，1）。

T1②：42，泥质灰陶。花蕊圆凸，瓣体凸起呈叶形，瓣体外绕一周凸弦纹及一周卷草纹，边轮高于当面。直径14、边轮宽1.5、厚1.4厘米（图三七，4）。T1②：43，泥质灰陶。残半，花蕊圆凸，瓣体外绘卷草纹，边轮略高于当面。直径12.5、边轮宽1.5、厚1.5厘米（图三七，3）。

Dd型　1件。当面花卉花瓣重叠较多。T1③：22，泥质灰陶。残半，花蕊圆凸，双层瓣体逆时针重叠，瓣体外绘一周卷草纹，边轮高于当面。直径15、边轮宽2、厚1.5厘

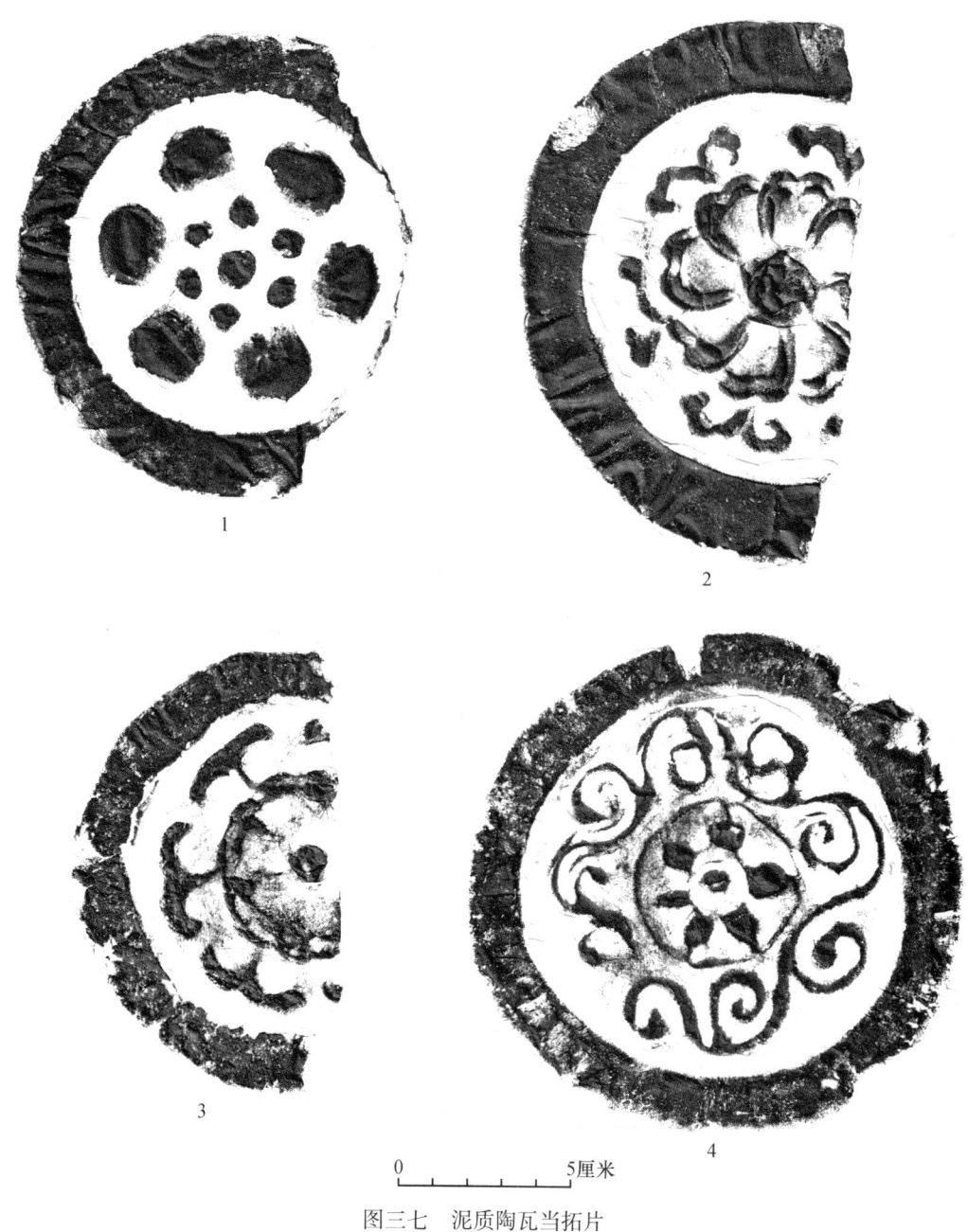

图三七　泥质陶瓦当拓片

1、3、4. Dc型（T1③：6、T1②：43、T1②：42）　2. Dd型（T1③：22）

米（图三七，2）。

E型　1件。当面纹饰残不可辨，当面与边轮之间间隔一周叶脉纹。L1②：7，泥质红陶。残存小半。边轮宽1.2、厚1.5厘米（图三六，1）。

海马　1件。T1②：45，泥质灰陶。长嘴、短鬃，颈部有鳞片，下残。残高12.4厘米（图三八，1）。

狮子　2件。T3③：5，泥质灰黑陶。圆目，短吻，嘴下短须，耳后鬃毛卷曲，呈蹲坐状。高23.4厘米（图三八，2；图版一三，3）。T3③：4，泥质灰褐陶。圆目，短吻，嘴下短须，短鬃卷曲，长鬃飘扬，下残。残高13厘米（图三八，3）。

滴水　1件。T1②：46，泥质灰陶。断面为四分之一圆，与板瓦相同，一端带有下垂的如意形舌片，舌面模印灵芝形花纹及卷草纹。宽25.2、高16厘米（图三八，4；图版一三，4）。

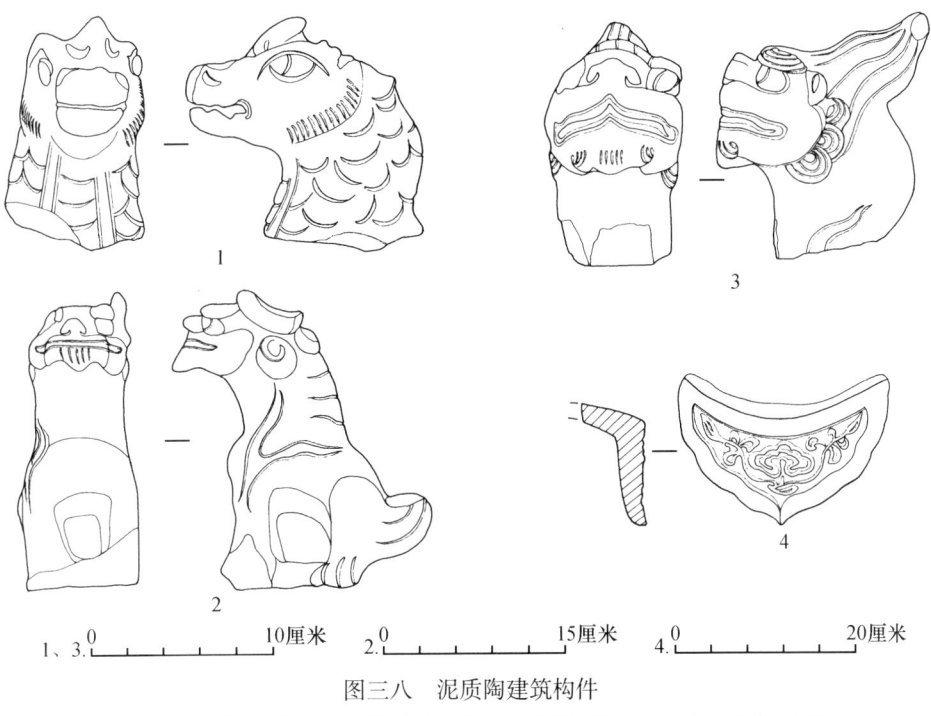

图三八　泥质陶建筑构件
1. 海马（T1②：45）　2、3. 狮子（T3③：5、T3③：4）　4. 滴水（T1②：46）

筒瓦　若干。表面饰粗绳纹，内壁留有麻布纹。T1⑤：16，泥质灰陶。残长13、残宽5、厚1.4厘米（图三九，1）。T1⑥：4，泥质灰陶。残长10、残宽10、厚1.2厘米（图三九，2）。T1⑦：6，泥质灰陶。残长11.6、残宽8、厚1.4厘米（图三九，3）。

砖　19件。平面呈方形或长方形。有铺地砖及墙砖两类。

铺地砖　2件。踩踏面模印纹饰，另一面为平整素面，纹饰面由菱形纹、方格纹及回纹构成。T1⑦：4，泥质灰陶。残长10、残宽9、厚4.5厘米（图四○，1）。T1②：48，泥质灰陶。残长14.5、残宽9.8、厚4.5厘米（图四○，3）。

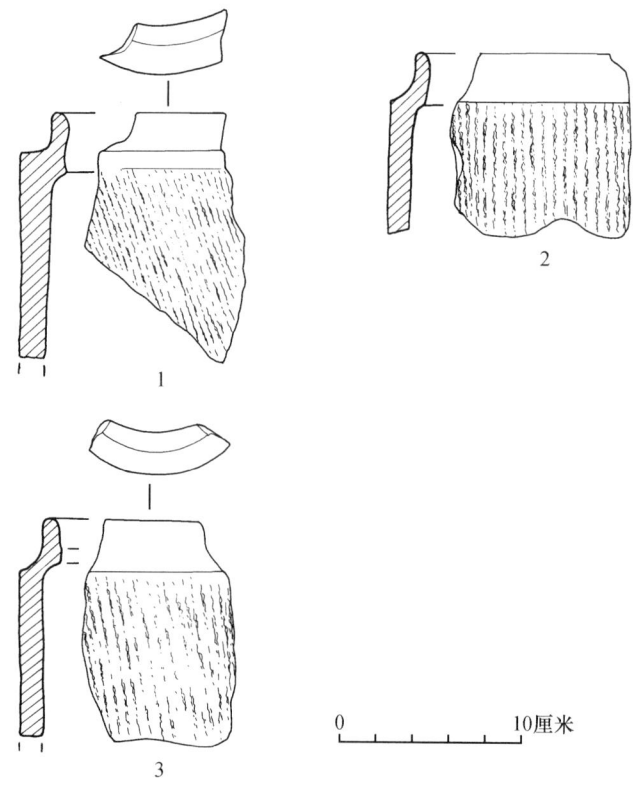

图三九　泥质陶筒瓦
1. T1⑤∶16　2. T1⑥∶4　3. T1⑦∶6

墙砖　2件。砖体一侧模印菱形纹。T1⑦∶3，泥质灰陶。残长11、残宽4.3、厚4.3厘米（图四〇，2）。T1⑦∶5，泥质灰陶。残长9、残宽5、厚5厘米（图四〇，4）。

脊筒　15件。平面呈方形，侧面模印缠枝花卉纹。有正脊筒、垂脊筒及戗脊筒三类。T1③∶11，泥质灰陶。残长18、残宽21、残高14.3厘米（图四一，1）。T1②∶44，泥质灰陶。残长13.5、残宽21、残高11厘米（图四一，2）。T3③∶3，泥质灰陶。残长20.5、残宽21.5、残高14.5厘米（图四二，1）。T1③∶21，泥质灰陶。残长33、残宽17.5、残高15.5厘米（图四二，2）。T1③∶18，泥质灰陶。残长32、残宽17、残高20.75厘米（图四二，3）。

2. 琉璃构件

数量较少，有瑞兽残件、平口条、筒瓦等。

瑞兽残件　1件。T1③∶8，砖红胎，绿釉。肋带翅，尾上翘，推测为天马。残高13.6厘米（图四三，1）。

平口条　1件。T1②∶47，砖红胎，绿釉。外形似长条砖，安装在垂脊内侧压带条下。残长17、宽11.6、高4.6厘米（图四三，2）。

图四〇 泥质陶砖拓片
1、3. 铺地砖（T1⑦：4、T1②：48） 2、4. 墙砖（T1⑦：3、T1⑦：5）

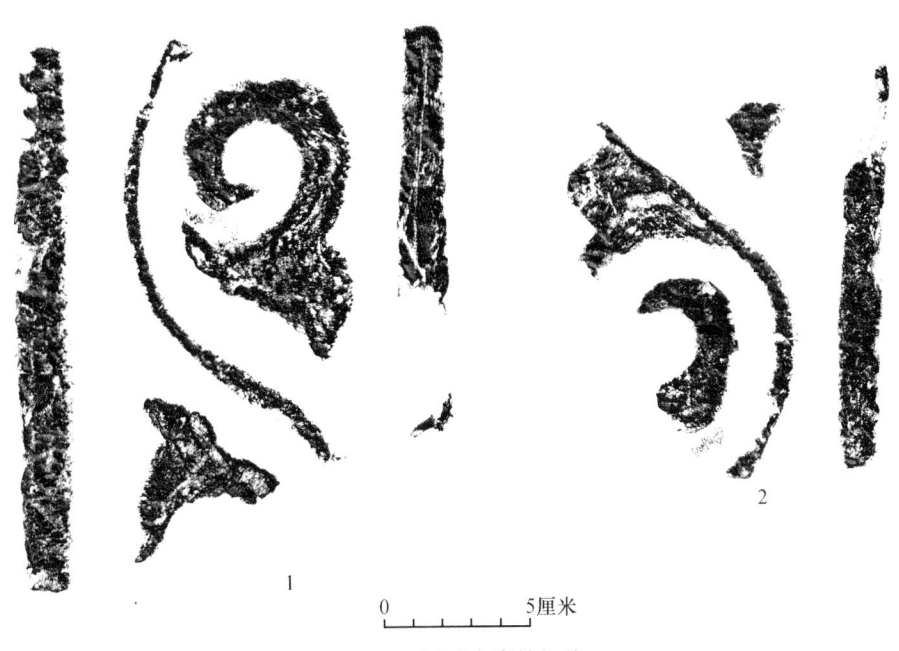

图四一 泥质陶脊筒拓片
1. T1③：11 2. T1②：44

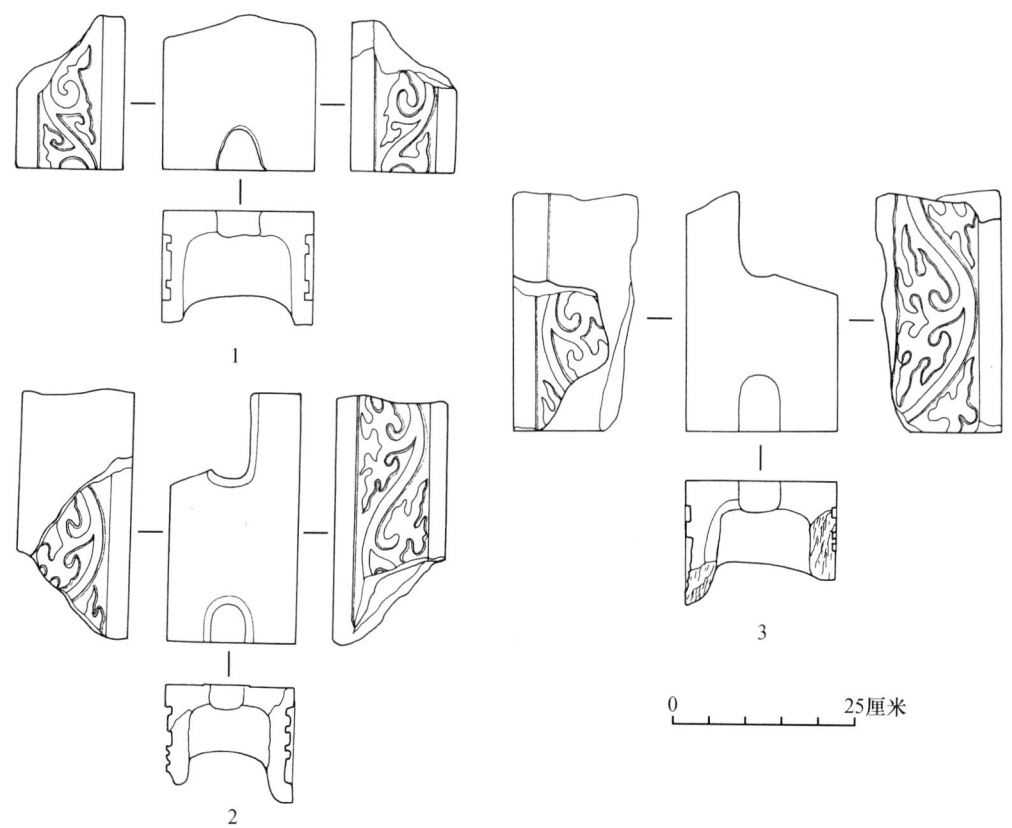

图四二　泥质陶脊筒
1. T3③:3　2. T1③:21　3. T1③:18

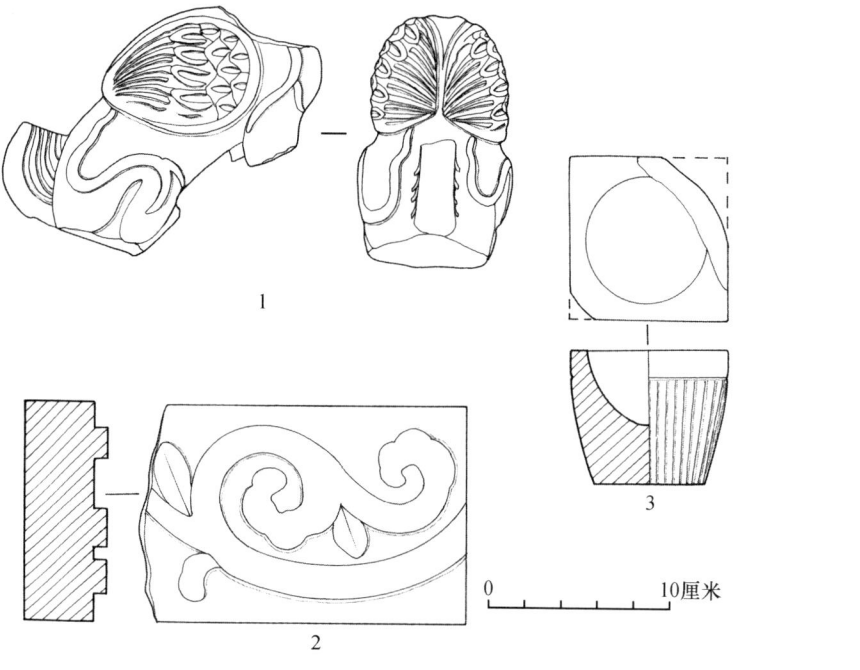

图四三　琉璃建筑构件及石器
1. 琉璃瑞兽残件（T1③:8）　2. 琉璃平口条（T1②:47）　3. 石臼（T3③:39）

筒瓦　4件。断面为半圆形，尾部有雄头。T1⑤：15，砖红胎，外壁除雄头外其余部分挂粉黄色化妆土，施绿釉，内壁留有麻布纹。残长13.8、宽15、高3厘米（图四四，1）。T1②：49，砖红胎，绿釉，木光。残长10.6、残宽10.8、高3.6厘米（图四四，2）。T1②：40，砖红胎，绿釉，木光。残长19、残宽12、高4厘米（图四四，3）。

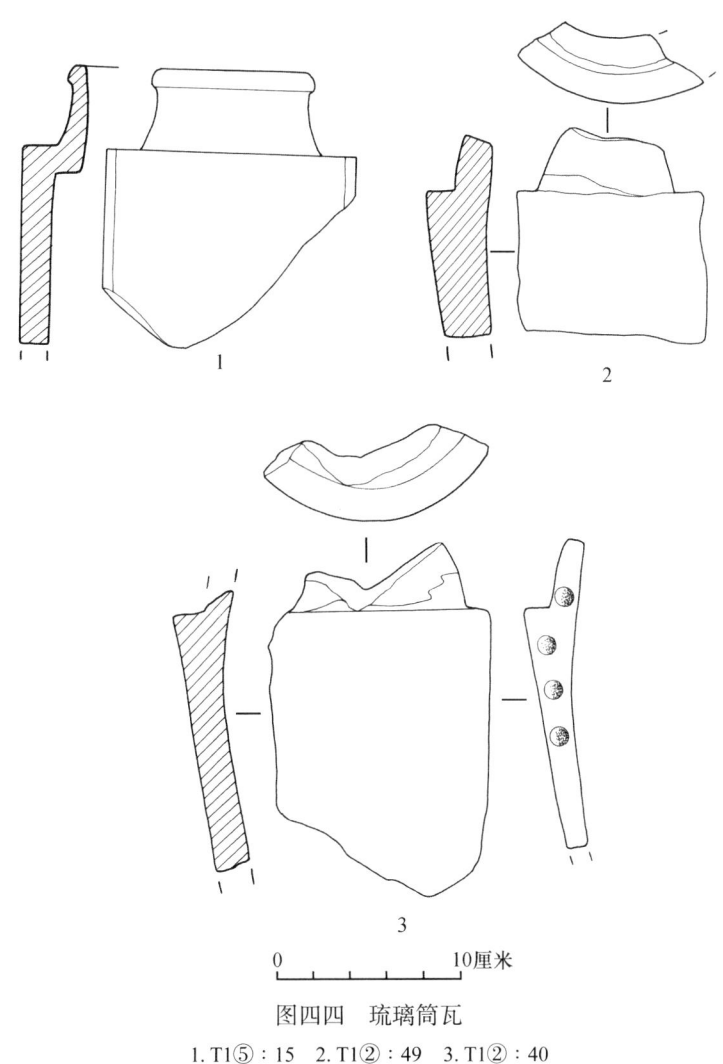

图四四　琉璃筒瓦
1. T1⑤：15　2. T1②：49　3. T1②：40

（四）石　　器

数量极少，可辨器形仅见臼、狮子。

臼　1件。直口，方唇，斜直腹，平底。T3③：39，红砂石质。腹部刻划竖线纹。口径8.6、底径6、高7厘米（图四三，3）。

狮子　1件。圆眼，圆鼻，口微张，露齿，卷鬃，颈部戴项链，胸前挂一铃铛，前腿直立，后腿屈立，蹲坐在一方形器座上，尾上翘，臀部残。H3：20，红砂石。通高65.2厘米（图四五）。

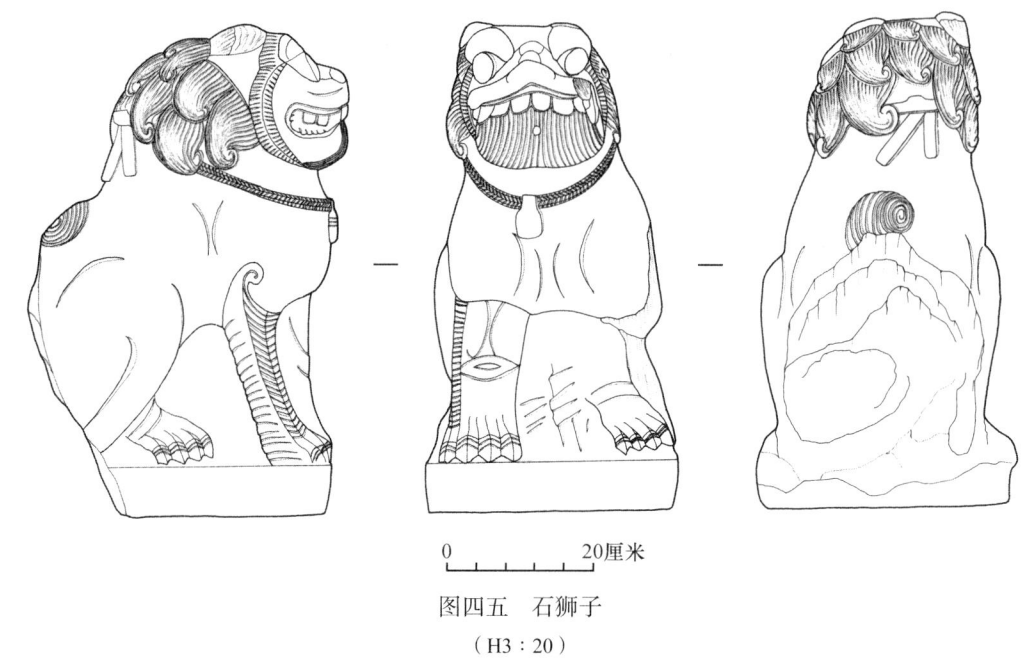

图四五　石狮子
（H3：20）

四、分期与年代

根据地层与遗迹之间的层位关系和出土遗物的材质、类型、纹饰及组合等因素综合分析，可将宾隆街古遗址的文化遗存划分为六期。

第一期：包括各探方的第8层。出土器物仅见1件夹砂褐陶袋足鬲。该袋足鬲足跟较扁，呈铲形，器体下部所饰绳纹细且浅，多发现于甘肃东部、甘肃河西走廊东端、内蒙古中南部、关中等地区。有研究认为此种铲足鬲来源于西周至春秋早期分布于甘肃东部的寺洼文化，东周时期流行于甘肃东部地区，战国早期至秦传播到关中一带[1]。故我们推测宾隆街古遗址袋足鬲的年代上限当在公元前316年左右。由此，第一期的年代上限当不早于战国晚期，下限当不晚于东汉末至蜀汉时期。

第二期：包括各探方的第7层以及H4、H5、D1。出土器物以建筑构件为主，另见零星陶器及瓷器。建筑构件仅见泥质陶构件，陶器仅见泥质褐陶器，瓷器釉色仅有青釉瓷器。以Aa型瓦当、Ba型瓦当、铺地砖、墙砖及青瓷罐为代表。

Aa型瓦当也见于天府广场东北侧古遗址东汉末至西晋初年的遗迹单位中，发掘者将此类型瓦当与乐山麻浩1号崖墓墓门和前室仿木结构的屋檐上雕刻的莲花纹瓦当相比较，认为此类瓦当中的莲花瓣体较多，分布密集，不再与云纹相结合，当晚于麻浩1号崖墓的莲花纹瓦当，故推测其年代为东汉末至蜀汉时期[2]。菱形花纹砖常见于四川地区东汉中晚期及两晋时期墓葬中，如绵阳崖墓白虎嘴M3、M18、M31[3]，成都扬子山一号墓[4]、扬子山晋代砖室墓[5]等。另外，Aa型瓦当刻划的莲花与忠县涂井崖墓M5出土的35号、98号、129号陶俑冠帽正中的花饰相似，该墓出土蜀汉时期的"太平百钱"及"五铢"钱[6]，且重庆化龙桥东汉晚期砖室墓也出土该类陶俑[7]，故带有该类冠饰的陶俑存在于东汉晚期至蜀汉墓葬中。青瓷罐为短直颈，卵形腹，桥形方系，胎灰白，青釉泛黄，厚薄不均，与大邑五龙公社"建安元年"砖室墓[8]及东汉晚期巴东孔包M1[9]出土的青瓷罐相似。故我们推测该期的年代主要在东汉末至蜀汉时期。

第三期：包括各探方的第5、6层以及H1、H2、L1，出土器物以瓷器、陶器及建筑构件为主。其中，瓷器釉色品种主要为青釉、酱釉及灰白釉等，窑口组合有琉璃厂窑、磁峰窑、邛窑及青羊宫窑等。陶器以泥质灰陶及泥质灰黑陶为主。建筑构件包括泥质陶构件及琉璃构件，其中泥质陶构件包括泥质灰陶及泥质红陶构件。以琉璃厂窑Ba型、Bb型碗，A型盏，Aa型、Ba型碟，A型盆，Aa型、Ab型、Ac型、Cb型带系罐；磁峰窑碗、器底、B型碟为代表。

琉璃厂窑中，Ba型碗及A型盏除器形大小外，形制相似，与成都二仙桥南宋绍兴二十二年（1152年）墓[10]、永陵公园南宋淳熙年间（1174～1189年）墓[11]、三圣乡花果村靖康元年（1126年）墓[12]出土的瓷碗相同。Ba型碟方唇、薄壁，相同的器物见于石墙村嘉定四年（1211年）墓[13]及金鱼村淳熙九年（1182年）墓[14]。Ac型带系罐器形较小，在琉璃厂古窑址中多见于北宋末至南宋中期地层[15]。Cb型带系罐与温江区"学府尚郡"淳熙十一年（1184年）墓出土的瓷罐相同[16]。磁峰窑B型碟始见于磁峰窑北宋中期地层中，但在北宋晚期至南宋早期地层中依然有所发现[17]。邛窑碗敞口、斜直壁、饼足的特征与北宋晚期张确夫妇墓左室[18]出土的瓷碗相似。故我们推测第三期的主要年代约在北宋晚期至南宋时期。

第四期：包括各探方的第4层及H3，出土器物以瓷器、陶器为主。其中，瓷器釉色品种有酱黑釉、酱釉、黑釉、青釉、白釉及青白釉等，窑口组合有琉璃厂窑、磁峰窑、金凤窑、龙泉窑、景德镇窑等。陶器以泥质灰陶为主，另见零星釉陶器。以琉璃厂窑Bc型碗，龙泉窑盏，景德镇青白釉碗、C型盏为代表。

龙泉窑盏外壁浅浮雕莲瓣，莲瓣中凸脊，且足端无釉，胎薄釉厚的风格与龙泉大窑枫洞岩遗址第一期器物F型Ⅰ式碗几乎完全相同，该期年代为南宋晚期至元代早期[19]。景德镇湖田窑盏流行于南宋至元初年[20]。青白釉碗，虽然口沿均残而不存，但弧腹、小饼足的特征明显，见于成都清安街元代城墙[21]，也是湖田窑青白瓷元代晚期典型器物[22]。故我们推测第四期的主要年代为元代，下限可到明代初期。

第五期：包括各探方第3层。器物品种以瓷器及建筑构件为主，另有零星陶器及石器。其中，瓷器釉色品种有青釉、青花等。建筑构件包括泥质陶构件及琉璃构件。陶器包括泥质灰陶、泥质灰褐陶及夹砂灰黑陶。以不明窑口的C型瓷青花盘，陶Dc型瓦当、狮子、脊筒，琉璃瑞兽残件等建筑构件为代表。

Dc型瓦当与黄龙溪大河村明墓出土的同类器纹饰相似[23]，陶建筑构件中的狮子与三圣乡明蜀"怀王"墓M1:150（发掘者称鸱吻）相同[24]，琉璃瑞兽残件，带翅，尾上翘，呈蹲坐状，与三圣乡明蜀"怀王"墓瑞兽M1:19相同[25]。不明窑口的C型青花瓷盘，其器形及内壁口沿的网格纹饰皆与水井坊遗址出土的Aa型青花盘如出一辙[26]，且内底勾线填彩书一"寿"字，这种吉祥语是明代中晚期的特色，也见于潮州窑明万历时期青花福禄寿人物纹三足炉[27]、越南平顺沉船"寿"字纹碗[28]、彭州南街窖藏"寿"字碟[29]。平顺沉船的年代为万历时期，彭州窖藏"寿"字碟与带有"大明成化年制"款的盘同出，但该款识排列稀疏，圈栏过大，当为万历时期的仿写款[30]。因此，我们推测第五期的主要年代约在明代，下限可至清初。

第六期：包括各探方第2层，器物品种以瓷器为主，还有少量建筑构件。瓷器釉色品种有青花、青釉、黄釉。建筑构件仅见泥质灰陶及泥质红陶两种。以德化窑青花A、B型碗，盏，A、B型杯，盘；不明窑口的A、B型碗，A型盘，匙，罐为代表。

德化窑青花A、B型碗，盏，A、B型杯，盘皆以轮状花草纹及灵芝纹为主题，这种纹饰的器物在福建德化县桂阳乡、浔中镇、龙门滩镇、葛坑乡、杨梅乡境内等多个窑址均有发现[31]。入清之后，德化窑青花瓷器开始迅速发展、成批生产，该遗址出土的德化窑青花瓷盘外底书"大清嘉庆年制"纪年款即是证明。不明窑口的匙槽状细长把，椭圆形匙身，与《清代青花瓷器鉴赏》一书中著录的"宣统乙酉宜春堂制"款青花匙相同[32]。另外，该层还出土了大量制作粗糙、釉色灰暗、窑口不明的青花瓷器。该类青花瓷器，在水井坊遗址清代晚期至民国初期地层中大量出土[33]，且其徽章式纹饰在广西容县青花古窑址中也有类似图案的器物，年代为清代[34]。因此，第六期的形成年主要在清代，下限可到民国初年。

五、结　　语

（1）据文献记载，秦灭巴蜀后，在成都修筑了大城和少城。大城为军事政治中心，少城为工商业聚集区，但对于大城的范围，历来各家众说纷纭。综合各方言论及近年来的考古发现，大城东南角在青石桥附近[35]的推测较为可信。唐乾符三年（876年），高骈修筑规模宏大的外郭城——罗城之后，秦汉时期的大城则成为唐筑罗城内的子城，但其四至及范围变化不大。结合该遗址的发掘情况来看，T1内D1剖面呈长方形，皆由卵石夹细砂逐层夯筑而成，虽然未出土任何器物，从层位关系角度分析，其年代当不晚于蜀汉，再结合二者的具体位置，推测其应为大城内修建于蜀汉之前的一座建筑的基础。H4及H5包含物极为相似，皆出土大量绳纹板瓦、绳纹筒瓦残块，其中H4更出土了两件东汉末至三国时期的莲花纹瓦当。相同的瓦当亦出土于天府广场东北侧古遗址第7层、H85及F2[36]，有学者根据考古证据及文献记载推论其与蜀汉宫城有密切的联系[37]。故即便受考古发掘面积所限，而不能确定H4及H5的性质，但仍可以推断二者与蜀汉之际大城内的高等级建筑有关。

明洪武十八年（1382年），第一代蜀王朱椿的府邸——蜀王府兴建于成都旧城的中心。明正德年间所修《四川志》载，蜀王府有内、外城。内城周长五里。外城"周围九里"，筑有"萧墙"。金水河经萧墙南流而过，河上并架三座石桥[38]。至于萧墙南垣的位置，四川省文史研究馆在《成都城坊古迹考（修订版）》中有所考证，认为当在东、西御街一线[39]。明代修筑蜀王府之后，宾隆街更是在蜀王府的萧墙范围之内了。从发掘情况来看，宾隆街古遗址虽未发现明、清时期的柱础、夯土层面、墙体等建筑迹象。但有大量建筑构件出土，如瓦当、滴水、脊筒、海马、狮子等，更有仅限于皇家宫殿、园林、陵墓、坛宇、亲王府第以及民间寺庙道观使用的瑞兽、平口条及筒瓦等琉璃建筑构件。结合萧墙的具体位置及走向，进一步推测该遗址位于明代蜀王府萧墙范围内的东南角，故出土的建筑构件仍与蜀王府内宫殿建筑有关。

（2）还需注意到T1第8层为疏松纯净的灰黄色细沙，除1件陶鬲外，不见任何其他遗物。这种地层堆积与成都市指挥街周代遗址第5层[40]、成都市小南街古遗址汉代地层（1983年第3层、2012年第5～8层）[41]、成都方池街古遗址第4b层[42]及成都市黄忠村遗址第7层[43]的堆积情况类似。这些遗址或处在郫江故道附近，或位于摸底河沿岸，其沙层的形成当与古河道洪水冲击与泛滥有关。关于古郫江南段的经由路线，主要存在"上莲池为郫江古道"[44]及"金水河为郫江"[45]两种说法，但依前种说法推论出的大城的位置却与文献记载相差甚远，恐不足信，而绍风、石湍主张的"金河水为郫江故道说"较为合理。孙华则进一步提出，由于郫江南段东、西两端与当今金水河位置相当，中段则因明代兴修蜀王府，改道为正东西向，原本则应比金水河略为偏南，经半边桥街向东南与青石桥自然相连[46]。这样看来，宾隆街古遗址距离古郫江不足400米。秦筑大城后，成都一带的水患问题仍十分严峻，故秦孝文王任命蜀守李冰"穿二江成都之中"[47]。另据2010年东御街出土的裴君碑"本初元年六月下旬，此石遭水顷赴"[48]的记载，可见大城内直至东汉时期仍受到郫江洪水泛滥威胁。结合考古发现和文献记载推测，第8层应为古郫江河水泛滥而形成的沉积物。

（3）第8层唯一出土的一件夹砂陶袋足鬲也很值得注意。该鬲直口，袋足，铲形足，下部饰少量浅细绳纹。相似的陶鬲在甘肃东部的渭河及葫芦河流域，关中地区陕西陇县、宝鸡、凤翔、咸阳、西安等地发现较多，如甘肃毛家坪遗址[49]、甘肃张家川马家塬墓地[50]、斗鸡台沟东区墓地[51]、西安半坡战国墓[52]、凤翔高庄秦墓[53]等。有研究认为这种铲足陶鬲来源于西周至春秋早期分布在甘肃东部的寺洼文化，东周时期流行于甘肃东部，战国早期至秦，因西戎大量迁徙至关中，而在关中地区多有发现。这样，一方面我们可以推测其年代上限应不早于战国时期，另一方面我们也可以推测此类型的鬲在成都平原出现当是伴随着文化的交流和人群的迁移，经关中地区传播而来的[54]。这样的时间段内，我们很容易联想到秦入巴蜀后修筑成都城的故事。相关文献在《华阳国志》及《史记》中有所记载，文曰："惠王二十七年，仪与若城成都。"[55]可见，此件陶鬲与战国末年营建成都城的秦人有密切的关系，他们从关中地区迁移而来，同时带来了与自己生活习惯相适应的炊器。

发　掘：易　立　王　瑾　李　平
整　理：王　瑾　候晓宁
绘　图：陈　睿　孙志辉
拓　片：严　彬
照　相：王　瑾
执　笔：王　瑾

注　释

[1]　张寅：《铲足鬲的分布、年代及其相关问题研究》，《文博》2014年第2期。

[2]　成都文物考古研究所：《成都天府广场东北侧古遗址发掘报告》，文物出版社，2016年，第89页。

[3]　绵阳博物馆、成都文物考古研究所：《绵阳崖墓》，文物出版社，2015年，第23、69、130页。

[4]　于豪亮：《记成都扬子山一号墓》，《文物参考资料》1955年第9期。

[5]　沈仲常：《成都扬子山的晋代砖墓》，《文物参考资料》1955年第7期。

[6]　四川省文物管理委员会：《四川忠县涂井蜀汉崖墓》，《文物》1985年第7期。

[7]　胡人朝：《重庆市化龙桥东汉砖墓的清理》，《考古通讯》1958年第3期。

[8]　丁祖春：《四川大邑县出土两件东汉青瓷罐》，《文物》1984年第11期。

[9]　荆州博物馆：《巴东孔包墓群2007年发掘报告》，《湖北库区考古报告集》（第五卷），科学出版社，2010年。

[10]　王仲雄、王军、党国萍等：《成都市二仙桥南宋墓发掘简报》，《成都考古发现》（1999），科学出版社，2001年，第218页。

[11]　成都文物考古研究所：《2008年度永陵公园古遗址发掘简报》，《成都考古发现》（2008），科学出版社，2010年，第402页。

[12]　成都市文物考古工作队：《成都市成华区三圣乡花果村宋墓发掘简报》，《成都考古发现》（2001），科学出版社，2003年，第209页。

[13]　张擎、程远福、邓远波等：《成都市高新区石墙村宋墓发掘简报》，《成都考古发现》（1999），科学出版社，2001年，第258页。

[14]　成都市文物考古工作队：《四川成都市西郊金鱼村南宋砖室火葬墓》，《考古》1997年第10期。

[15]　成都文物考古研究所：《成都市琉璃厂古窑址2010年试掘报告》，《成都考古发现》（2010），科学出版社，2012年，第382页。

[16]　成都文物考古研究所、温江区文物保护管理所：《成都温江区"学府尚郡"工地五代及宋代墓葬发掘简报》，《成都考古发现》（2006），科学出版社，2008年，第316页。

[17] 成都市文物考古研究所、彭州市博物馆：《2000年磁峰窑发掘报告》，《成都考古发现》（2000），科学出版社，2002年，第219页。

[18] 翁善良、罗伟先：《成都东郊北宋张确夫妇墓》，《文物》1990年第3期。

[19] 浙江省文物考古研究所、北京大学考古文博学院、龙泉青瓷博物馆：《龙泉大窑枫洞岩窑址》，文物出版社，2015年，第73页。

[20] 江西省文物考古研究所、景德镇民窑博物馆：《景德镇湖田窑址：1988—1999年考古发掘报告》，文物出版社，2007年，第457、459、460页。

[21] 成都文物考古研究所：《成都市清安街城墙遗址发掘简报》，《成都考古发现》（2008），科学出版社，2010年，第428页。

[22] 江西省文物考古研究所、景德镇民窑博物馆：《景德镇湖田窑址：1988—1999年考古发掘报告》，文物出版社，2007年，第91、462页。

[23] 成都市文物考古研究所、双流县文物管理所：《双流县黄龙溪镇明蜀藩王墓调查与试掘报告》，《成都考古发现》（2011），科学出版社，2013年，第544页。

[24] 成都文物考古研究所：《成都市三圣乡明蜀"怀王"墓》，《成都考古发现》（2005），科学出版社，2007年，第421页。

[25] 成都文物考古研究所：《成都市三圣乡明蜀"怀王"墓》，《成都考古发现》（2005），科学出版社，2007年，第423页。

[26] 成都文物考古研究所、四川省文物考古研究院、四川省博物院：《水井街酒坊遗址发掘报告》，文物出版社，2013年，第43页。

[27] 冯素阁（广东省博物馆）：《论广东明清青花瓷器》，《中国古陶瓷研究》（第十三辑），紫禁城出版社，2007年，第294页。

[28] 刘朝晖：《越南平顺沉船出土的漳州窑青花瓷器》，《中国古陶瓷研究》（第十三辑），紫禁城出版社，2007年，第254页。

[29] 彭县文化馆：《四川省彭县南街酱园厂出土窖藏青花瓷器》，《文物》1978年第3期。

[30] 耿宝昌：《明清瓷器鉴定》，紫禁城出版社、两木出版社，1993年，第334页。

[31] 陈建中：《德化民窑青花》，文物出版社，1999年，第9～16页。

[32] 陆明华：《清代青花瓷器鉴赏》，上海人民美术出版社，1996年，第92页。

[33] 成都文物考古研究所、四川省文物考古研究院、四川省博物院：《水井街酒坊遗址发掘报告》，文物出版社，2013年，第56页。

[34] 于凤芝：《广西北流、容县青花古窑址初探》，《中国古陶瓷研究》（第十三辑），紫禁城出版社，2007年，第334～341页。

[35] 孙华：《唐末五代的成都城》，《宿白先生八秩华诞纪念文集》，文物出版社，2002年，第272页。

[36] 成都文物考古研究所：《成都天府广场东北侧古遗址发掘报告》，文物出版社，2016年，第69页。

[37] 易立：《蜀汉宫城位置及相关问题初探》，《南方民族考古》（第十一辑），科学出版社，2015年。

[38] （明）刘大谟、杨慎等纂修：《北京图书馆古籍珍本丛刊·（嘉靖）四川总志》，书目文献出版社，1991年，第22页。

[39] 四川省文史研究馆：《成都城坊古迹考（修订版）》，成都时代出版社，2006年，第73页。

[40] 四川大学博物馆、成都市博物馆：《成都指挥街周代遗址发掘报告》，《南方民族考古》（第一辑），四川大学出版社，1987年，第173页。

[41] 徐鹏章：《四川成都市小南街古遗址发掘报告》，《四川历史考古文集》，四川大学出版社，2005年，第89页；成都文物考古研究所：《成都市青羊区小南街古遗址发掘简报》，《成都考古发现》（2013），科学出版社，2015年，第348页。

[42] 成都市博物馆考古队、成都市文物考古研究所：《成都方池街古遗址发掘报告》，《考古学报》2003年第2期。

[43] 朱章义、刘骏、刘雨茂等：《成都市黄忠村遗址1999年度发掘的主要收获》，《成都考古发现》（1999），科学出版社，2001年，第167页。

[44] （清）刘沅：《成都石犀记》，《成都旧志·同治重修成都县志（清同治十二年刻本）》，成都时代出版社，2008年，第703页。

[45] 绍风、石湍：《"金河"为"郫江"古道说》，《成都文物》1983年第1期、1984年第1期。

[46] 孙华：《唐末五代的成都城》，《宿白先生八秩华诞纪念文集》，文物出版社，2002年，第261页。

[47] （西汉）司马迁：《史记·河渠书》，中华书局，2013年，第1689页。

[48] 成都文物考古研究所：《成都天府广场东御街汉代石碑发掘简报》，《南方民族考古》（第八辑），科学出版社，2012年，第4页。

[49] 甘肃省文物工作队、北京大学考古学系：《甘肃甘谷毛家坪遗址发掘报告》，《考古学报》1987年第3期。

[50] 甘肃省文物考古研究所、张家川回族自治县博物馆：《2006年度甘肃张家川回族自治县马家塬战国墓地发掘简报》，《文物》2008年第9期。

[51] 苏秉琦：《斗鸡台沟东区墓葬》，《苏秉琦考古学论述选集》，文物出版社，1984年。

[52] 金学山：《西安半坡的战国墓葬》，《考古学报》1957年第3期。

[53] 吴镇烽、尚志儒：《陕西凤翔高庄秦墓地发掘简报》，《考古与文物》1981年第1期。

[54] 张寅：《铲足鬲的分布、年代及其相关问题研究》，《文博》2014年第2期。

[55] （晋）常璩撰，刘琳校注：《华阳国志校注·蜀志》，巴蜀书社，1984年，第196页。

成都市武侯区群众路唐宋墓地发掘简报

成都文物考古研究院

群众路位于成都市武侯区，北邻丝竹街，东邻四川音乐学院，西南与一环路相接，中心地理坐标为东经104°04′55.1″、北纬30°38′16.2″（图一）。2017年3~4月，为配合四川音乐学院配套小学的建设，成都文物考古研究院对群众路工地开展了勘探发掘工作，发现一处唐宋时期墓地，共清理砖室墓7座，出土陶器、瓷器、陶俑、墓券、铜器、石器等一批重要文物。工地代码为"2017CWQ"。现就此次工作的基本情况简报如下。

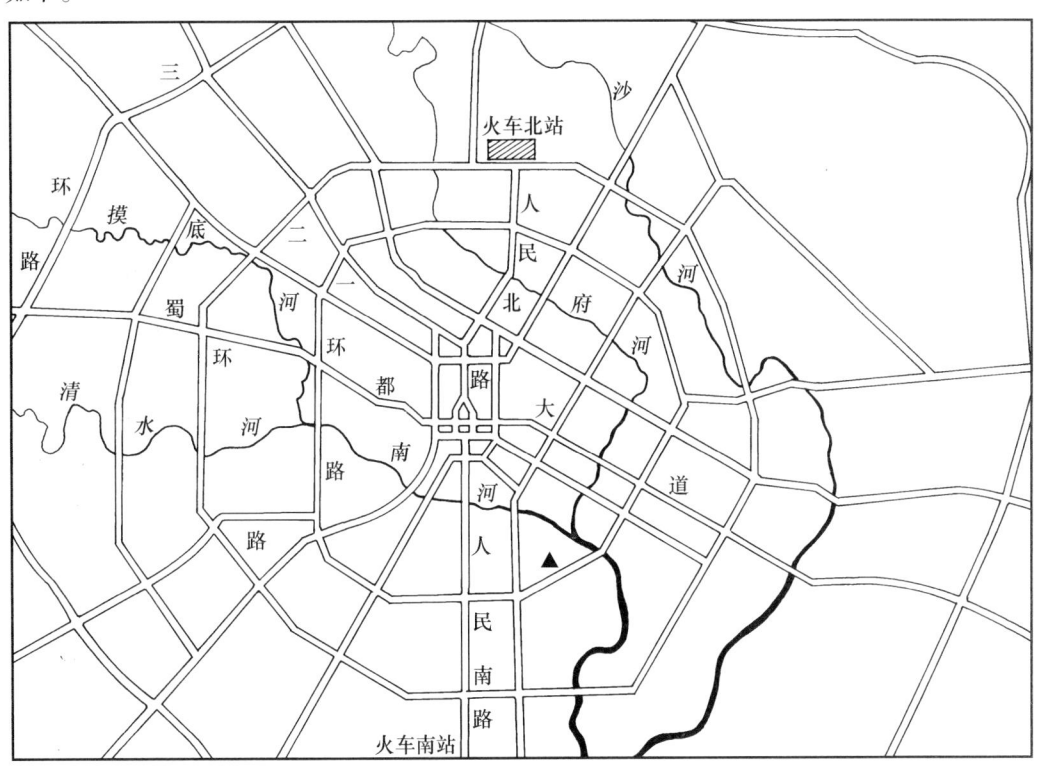

图一 墓地位置示意图

一、墓葬介绍

这批墓葬均叠压于第2层下，第1层为近现代建筑垃圾层，第2层为黑色含沙黏土层，包含大量青花瓷器碎片，为明清时期地层。由于历年来当地的生产活动对墓葬多有毁坏，故该墓地原生地层已不完整，墓葬也仅残存墓底。7座墓葬均为砖室墓，墓圹平面呈长方形或梯形，有单室和双室两种结构。除发掘区北部M6打破M7外，其余各墓葬之间均无叠压或打破关系（图二）。现分别介绍如下。

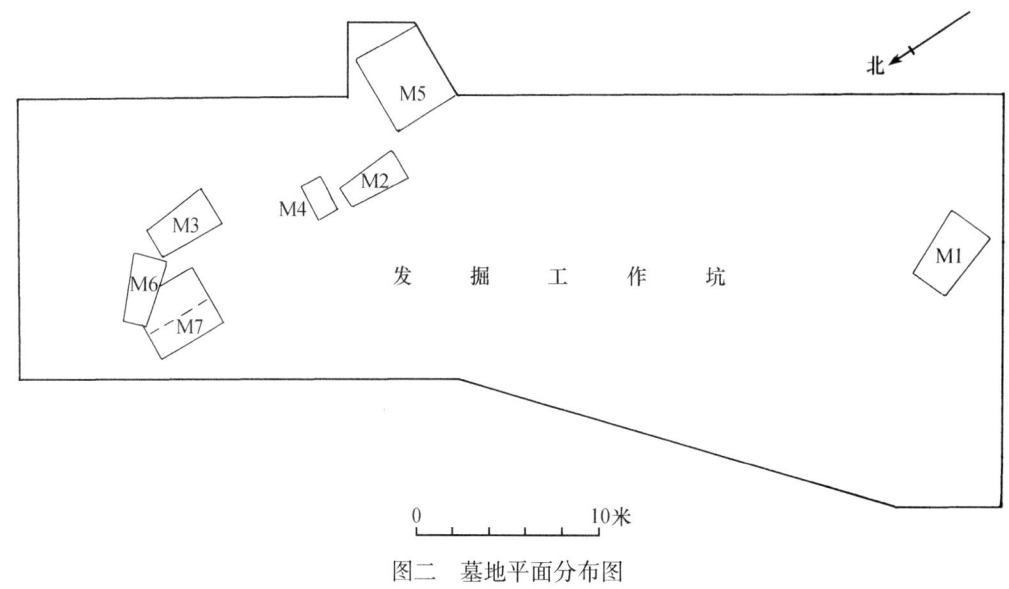

图二 墓地平面分布图

M1 墓向156°。单室，墓顶及墓室因遭破坏而形制不明。墓圹平面呈南宽北窄的梯形，长3.78、宽1.53~1.87、残深0.3~0.57米，填土为黑褐色含沙黏土。墓道不存，由封门、甬道和墓室构成。封门在横铺的一层丁砖和四层平砖上顺铺一层丁砖，宽1.24、厚0.18、残高0.56米。甬道平面呈梯形，其底部由平砖顺铺而成，甬道壁在底部顺铺一层丁砖后再平铺数层，平砖纵横交替砌成，宽1.04~1.05、进深0.56米，低于墓室0.26米。甬道和墓室之间有一级台阶，台阶立面处有壶门三个。壶门上下长0.12、高0.18米。墓室平面呈梯形，底部先纵向平铺一排，再横向错缝平铺数排，长2.58、宽0.91~1.42、残高0.11米。东西两壁先在墓底顺铺一层丁砖后再错缝顺铺数层平砖。墓砖有长方形青灰色砖及红色砖两种，主要有36厘米×18厘米—4厘米、37厘米×18厘米—4厘米、37厘米×18.5厘米—4厘米三种规格。墓内人骨较完整，为仰身直肢葬，出土瓷罐、瓷碗、玉握、铜臂钏、铜钱、铁斧等（图三）。

瓷罐 1件。M1∶5，砖红胎，挂粉黄色化妆土，酱青釉。口微侈，斜方唇，短颈，溜肩，肩上横置对称桥形四系，圆腹，饼足。口径12.4、腹径28.4、底径14.8、高37.6厘米（图四，1）。

瓷碗 1件。M1∶6，灰胎，挂白色化妆土，釉面脱落。敞口，方唇，斜直腹，饼足。口径14、底径6、高4.8厘米（图四，2）。

开元通宝 6枚。其中1枚出土于填土中。方穿，面、背均有内、外郭，肉好，钱文清晰。M1∶3，"开"字间架匀称，疏密有致。"元"字首画为一短横，次画长横左

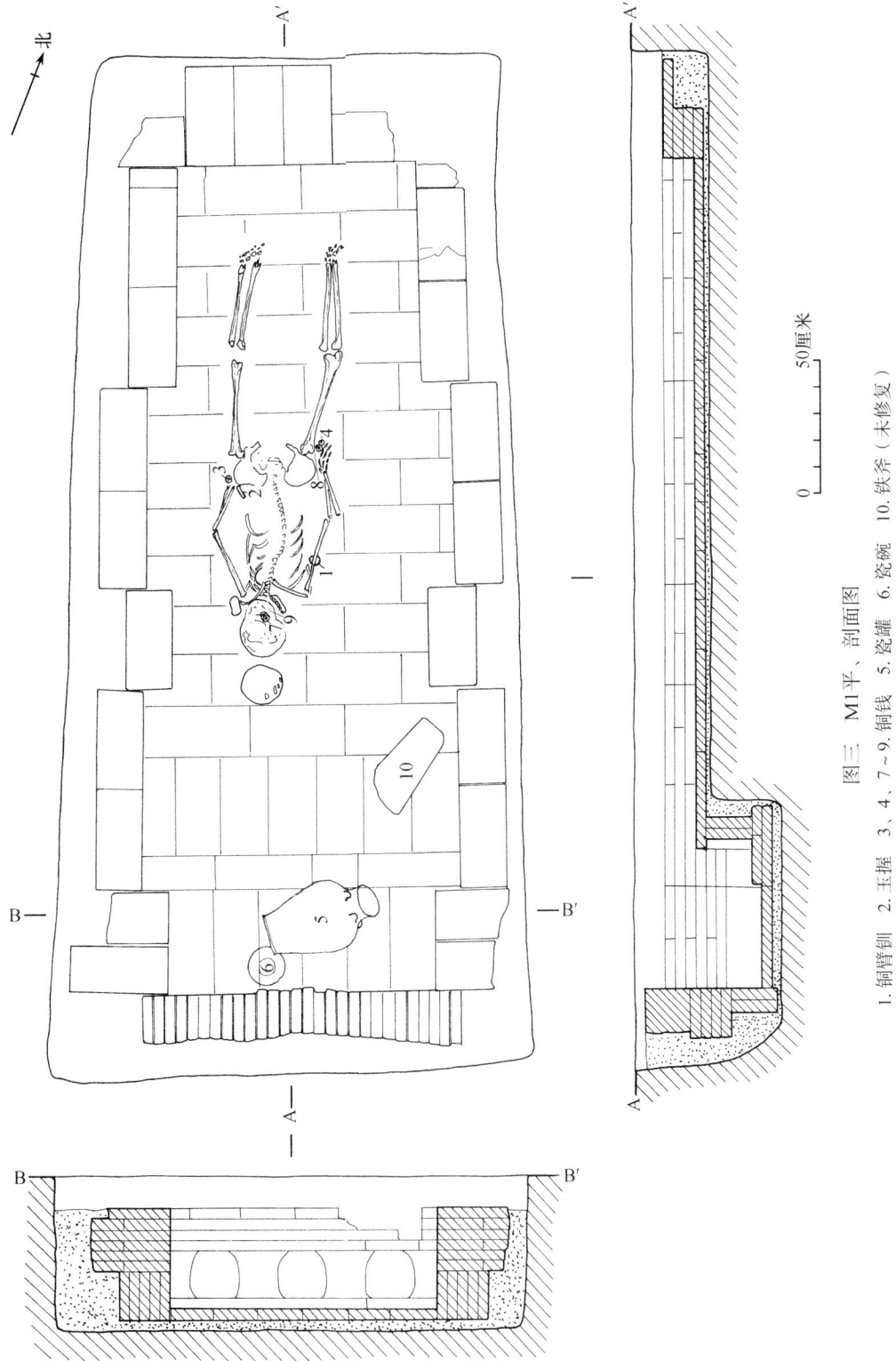

图三 M1 平、剖面图
1. 铜臂钏 2. 玉握 3、4、7~9. 铜钱 5. 瓷罐 6. 瓷碗 10. 铁斧（未修复）

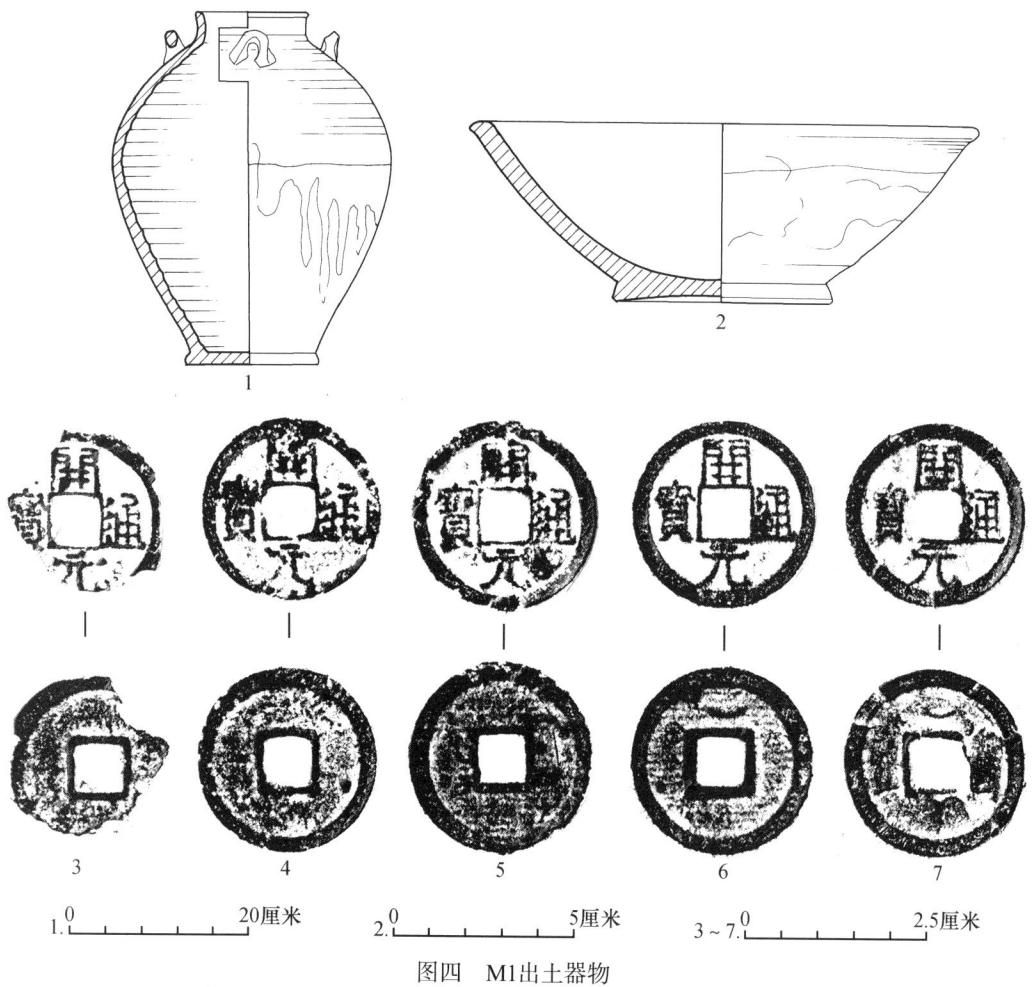

图四　M1出土器物
1. 瓷罐（M1∶5）　2. 瓷碗（M1∶6）　3~7. 开元通宝（M1∶3、M1∶4、M1∶7、M1∶8、M1∶9）

挑。"通"字"辶"旁前三笔各不相连，呈三短撇。"宝"字"贝"字底中两横较短，且不与旁边两竖相连。背光。钱径2.3、穿宽0.6、内郭宽0.1、外郭宽0.2厘米，重1.79克（图四，3）。M1∶4，"开"字间架匀称，疏密有致。"元"字首画为一短横，次画长横左挑。"通"字"辶"旁前三笔各不相连，呈三短撇。"宝"字"贝"字底中两横较短，且不与旁边两竖相连。背光。钱径2.4、穿宽0.7、内郭宽0.1、外郭宽0.2厘米，重2.67克（图四，4）。M1∶7，"开"字间架匀称，疏密有致。"元"字首画为一短横，次画长横左挑。"通"字"辶"旁前三笔各不相连，呈三短撇。"宝"字"贝"字底中两横较短，且不与旁边两竖相连。背光。钱径2.5、穿宽0.7、内郭宽0.1、外郭宽0.2厘米，重3.49克（图四，5）。M1∶8，"元"字首画较长。"通"字"辶"旁前三笔呈似连非连的顿折状，"甬"字上笔开口较扁。"宝"字"贝"字底中两横较长，与左右两竖笔相衔接。背部穿上有掐文。钱径2.5、穿宽0.7、内郭宽0.1、外郭宽0.2厘米，重3.16克（图四，6）。M1∶9，"元"字首画较长。"通"字"辶"旁前三笔呈似连非连的顿折状，"甬"字上笔开口较扁。"宝"字"贝"字底中两横较长，与左右两竖笔相衔接。背部穿上有掐文。钱径2.4、穿宽0.8、内郭宽0.1、外郭宽0.2厘米，重3.06克（图四，7）。

铜臂钏　1件。M1∶1，环形，空心，内附一张真言纸本。内径7.45、宽1.3厘米，重27.65克（图五，2）。

铁斧　1件。M1∶10，甚残，未提取。残长36厘米。

玉握　1件。M1∶2，发现于左手掌心下。灰白色。条状，猪形，呈屈卧状，雕刻简单粗糙，可见嘴、鼻及后肢。长7.6、高1.7、厚0.2厘米（图五，1）。

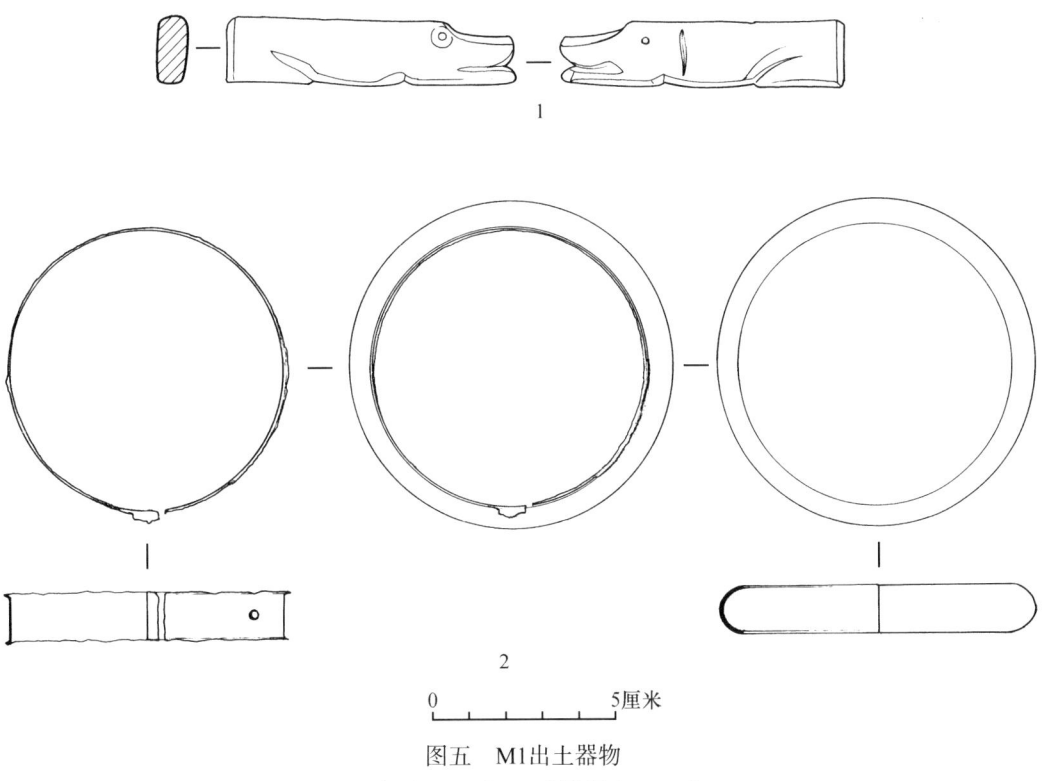

图五　M1出土器物
1. 玉握（M1∶2）　2. 铜臂钏（M1∶1）

纸本真言　1张。M1∶11，长方形，其上中文、梵文相结合书写十三排真言。目前纸本上可辨认的真言包括了《十字佛顶真言》《一字顶轮王真言》《佛眼真言》《白伞佛顶真言》《尊胜心真言》《毗卢遮那》《般若佛母真言》《阿弥陀佛真言》《随心真言》《阿閦佛心真言》《宝楼阁真言》《菩提场心真言》《莲花顶真言》《灭恶趣真言》《大悲随心真言》《无垢净光真言》《智炬如来破地狱真言》。真言外围两层框栏，框栏内绘制法器、绶带等图像。长28、宽13.5厘米（图版一四）。

M2　墓向174°。单室，墓顶及墓室因遭破坏而形制不明。墓圹平面呈南宽北窄的梯形，长3.19、宽1.04～1.22、残深0.4～0.62米，填土为灰黑色含沙黏土。墓道不存，由封门、甬道和墓室构成。封门在横铺的一层丁砖上横铺数层平砖，宽1.06、厚0.19、残高0.3米。甬道平面呈梯形，其底部由平砖顺铺而成，甬道壁在底部顺铺一层丁砖后再错缝平铺数层，宽0.88～0.92、进深0.4米，低于墓室0.21米。墓室平面呈梯形，底部砖错缝横向平铺而成，长2.32、宽0.61～0.87、残高0.39米。东西两壁残存三层错缝顺铺的平砖及一层丁砖。墓砖为长方形红色砖，主要有37厘米×18.5厘米—4厘米、37厘米×19厘米—4厘米、38厘米×19厘米—4厘米三种规格。墓内出土瓷盏1件（图六）。

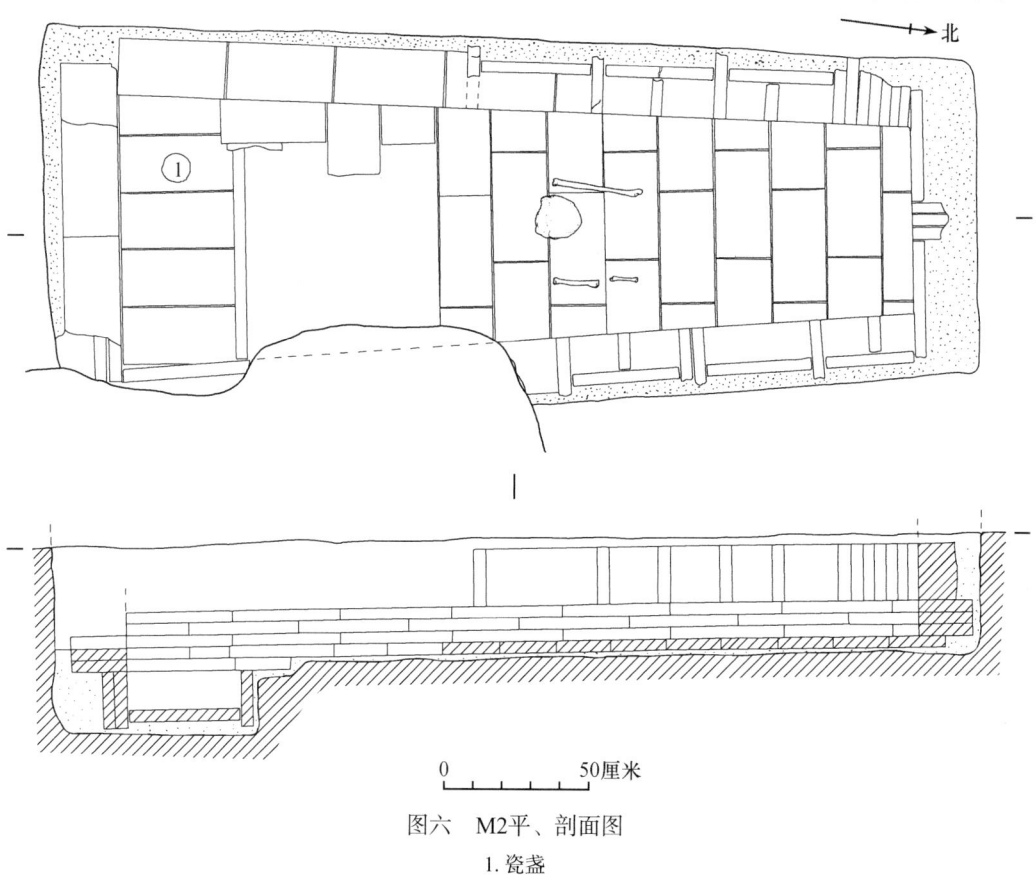

图六　M2平、剖面图
1. 瓷盏

瓷盏　1件。M2：1，砖红胎，挂粉黄色化妆土，釉面脱落。敞口，圆唇，斜直腹，平底。口径11.5、底径5、高3.4厘米（图七，1）。

M3　墓向180°。单室，墓顶及墓室因遭破坏而形制不明。墓圹平面大致呈南宽北窄的梯形，长3.66、宽1.4～1.53、残深0.21～0.54米，填土为灰黑色含沙黏土。墓道不存，由封门、甬道和墓室构成。封门在横铺的一层丁砖上横铺数层平砖，宽1.24、厚0.2、残高0.4米。甬道由前后两个梯形组成，其底部由平砖错缝横铺而成，甬道壁在底部横铺一层丁砖后再纵向平铺数层，前部宽0.84～0.86、进深0.4米，后部宽1～1.02、进深0.39米，低于墓室0.34米。甬道与墓室之间有一级台阶。墓室残存墓底及棺台，墓底平面呈梯形，先纵向平铺一排，再横向错缝平铺数排，长2.36、宽0.92～0.99米。棺

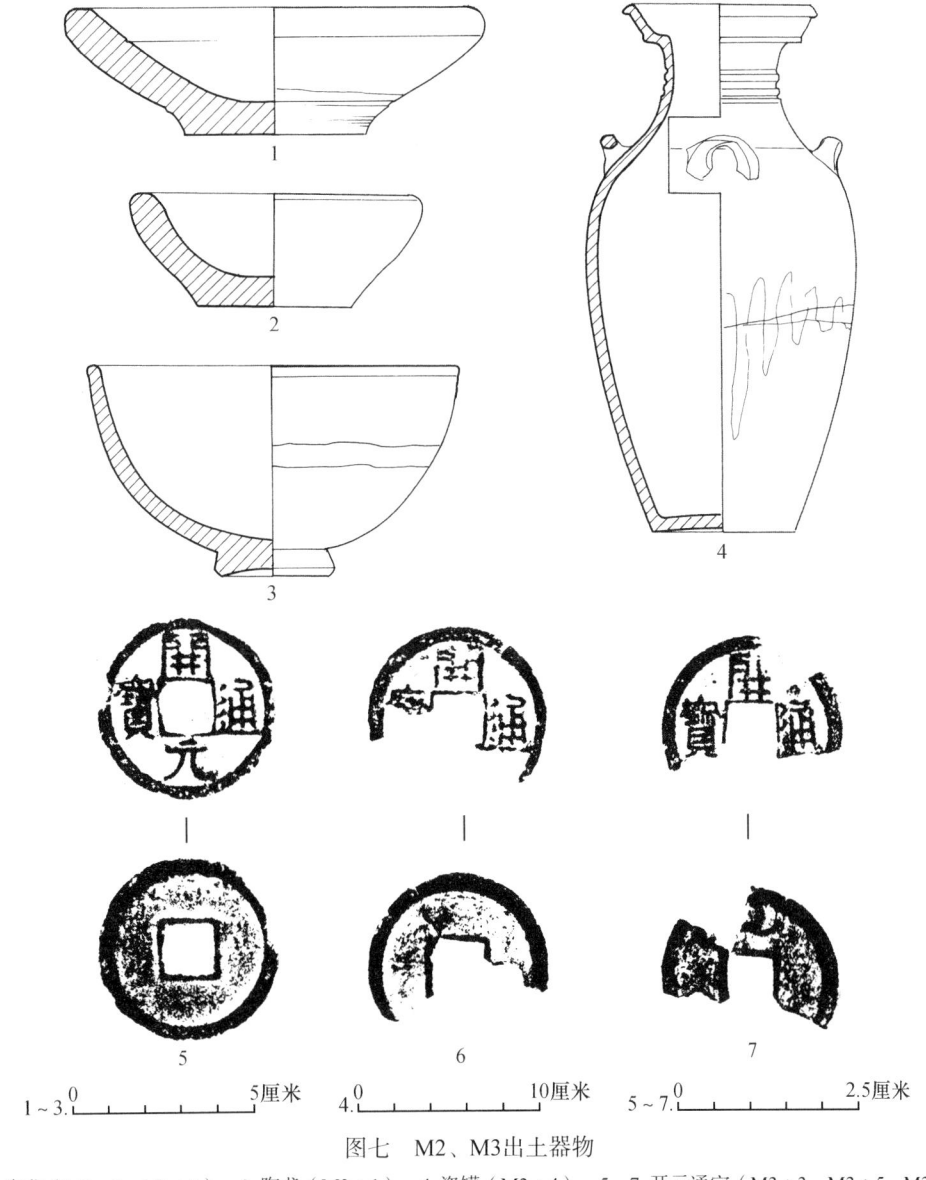

图七 M2、M3出土器物

1、3. 瓷盏（M2：1、M3：2） 2. 陶盏（M3：1） 4. 瓷罐（M3：4） 5～7. 开元通宝（M3：3、M3：5、M3：6）

台位于墓底中部，平面大致呈梯形，两侧边平砖纵砌，中间平砖横砌数排，长2.13、宽0.92米，高出墓底0.07米。东西两壁与甬道两壁砌法相同。墓砖有长方形青灰色砖与红色砖两种，主要有40.5厘米×19.5厘米—7厘米、38厘米×18.5厘米—7厘米、41厘米×20厘米—7厘米三种规格。墓内出土陶盏、瓷盏、瓷罐、铜钱等器物，且有数块卵石散置于甬道内（图八）。

陶盏 1件。M3：1，泥质灰陶。口微敛，圆唇，斜弧腹，平底。口径8、底径4.2、高3厘米（图七，2）。

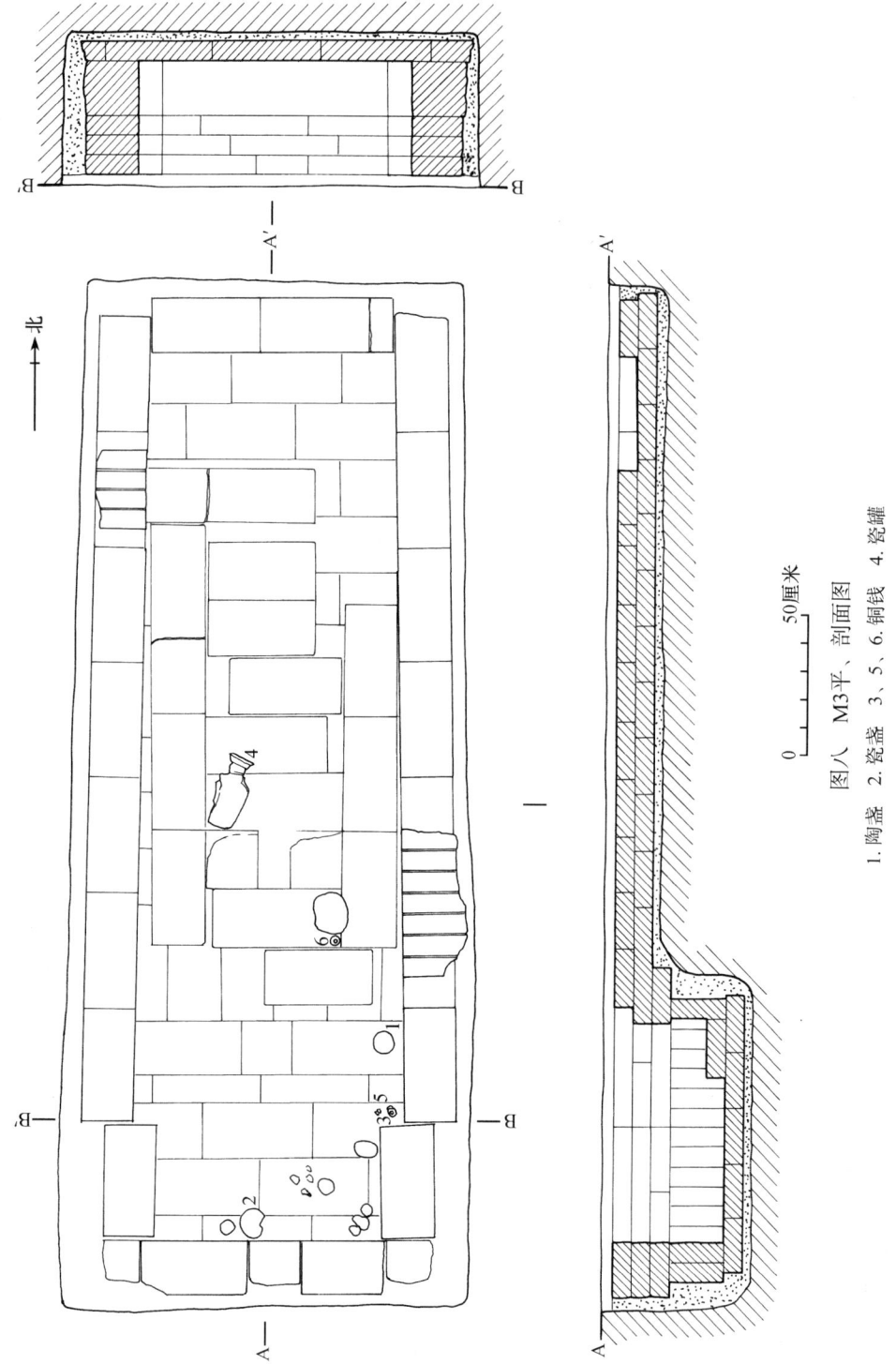

图八 M3平、剖面图
1.陶盏 2.瓷盏 3、5、6.铜钱 4.瓷罐

瓷盏　1件。M3：2，砖红胎，挂粉黄色化妆土，青釉。口微敞，方唇，深弧腹，小饼足。口径10.2、底径3、高5.6厘米（图七，3）。

瓷罐　1件。M3：4，砖红胎，粉黄色化妆土，青釉。盘口斜直较浅，斜方唇，颈略微内曲，丰肩，肩部横置对称四系，斜弧腹，平底。颈部饰数周弦纹。口径10.8、底径8、高28.2厘米（图七，4）。

开元通宝　5枚。其中2枚出土于填土中。方穿，面、背均有内、外郭，肉好，钱文清晰。M3：3，"开"字间架匀称，疏密有致。"元"字首画为一短横，次画长横左挑。"通"字"辶"旁前三笔各不相连，呈三短撇。"宝"字"贝"字底中两横较短，且不与旁边两竖相连。背光。钱径2.4、穿宽0.8、内郭宽0.1、外郭宽0.2厘米，重3.82克（图七，5）。M3：5，"开"字间架匀称，疏密有致。"通"字"辶"旁前三笔各不相连，呈三短撇。背光。钱径2.4、穿宽0.8、内郭宽0.1、外郭宽0.2厘米，重2.18克（图七，6）。M3：6，铜质发黑。"通"字"辶"旁相连呈似连非连的顿折状，"甬"字体瘦长。"宝"字"贝"字底中两横加长，与左右两竖笔相连。背面月纹在穿之上。钱径2.5、穿宽0.8、内郭宽0.1、外郭宽0.2厘米，重1.65克（图七，7）。

M4　墓向89°。单室，墓顶及墓室因遭破坏严重而形制不明。墓圹平面大致呈东宽西窄的梯形，长1.74、宽1.08~1.15、残深0.09~0.22米，填土为灰黄色含沙黏土。墓道不存，由封门、甬道和墓室构成。封门残留部分在墓底横铺一层丁砖，宽1、厚0.09、残高0.16米。甬道平面大致呈梯形，其底部由平砖横铺而成，甬道壁与墓壁残留部分砌筑方法相同，即在墓底一丁一平顺铺而成，宽0.78~0.8、进深0.17米。墓室底砖不存，长1.21、宽0.78~0.72米。墓砖为长方形青灰色砖，主要规格为33厘米×16厘米－3.5厘米。墓内仅出土一方残买地券（图九）。

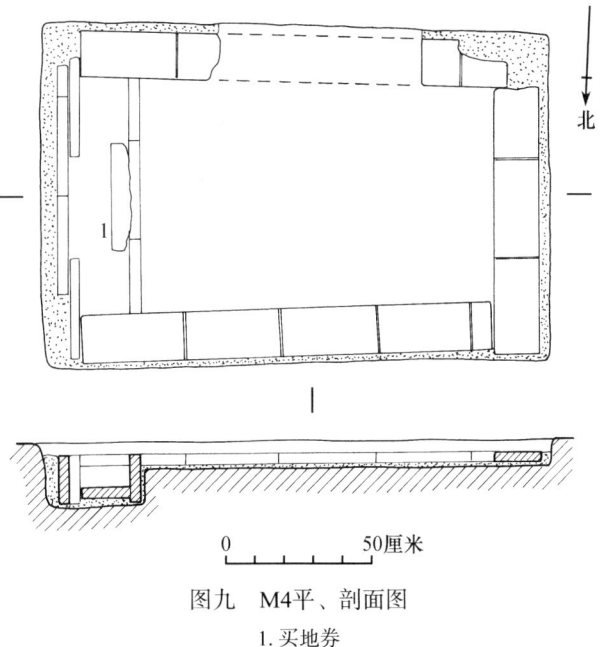

图九　M4平、剖面图
1.买地券

买地券　1方。M4∶1，券石残存小半，长35、残宽13、厚2.5厘米。券面阴刻一组单线方框栏。书写工整，字迹清晰。残剩券文从右至左内容如下（图一〇）：

（上缺）月甲子朔三/（上缺）券生居城邑/（上缺）咸 吉 宜于此/（上缺）原安厝其界/（上缺） 南 至朱雀北至/（上缺）域丘丞墓陌（伯）/（上缺）整齐阡陌千/（上缺）人岁月主者/（上缺）精不得忏/（上缺）律令

图一〇　M4出土买地券拓片
（M4∶1）

M5　墓向91°。双室，墓顶及墓室因遭破坏而形制不明。墓圹平面呈长方形，长3.9、宽4.4、残深0.57~0.8米，填土为黑褐色含沙黏土。墓道及封门不存，隔墙被破坏，南、北室并列而建，大小、形制基本一致，现以南室为例予以介绍。南室由甬道和墓室构成。甬道平面呈长方形，其底部砖错缝平铺而成，甬道壁残存部分在底砖上顺铺一层丁砖，残进深约0.38米，宽度因隔墙被破坏而不明，低于墓室0.23米。墓室平面呈长方形，内长2.65、残高0.5米，内宽不明，底部由平砖顺铺一层，再在其上砌棺台。棺台甚残而平面形制不明，由一层平砖错缝顺铺而成，残长1.37、残宽0.92、高出墓室0.04米。墓室中部偏东铺地砖下有一圆形腰坑，直径约0.28、深0.3米，内出瓷罐1件。南壁残存部分先在墓底横铺一层丁砖后再纵向错缝铺三层平砖及一层横向丁砖。墓砖有长方形青灰色砖及红色砖两种，主要有38.5厘米×19厘米—3.5厘米、39厘米×19厘米—3.5厘米、39厘米×19厘米—4厘米三种规格。南室出土瓷罐、陶俑及墓券等，北室出土瓷罐（图一一）。

瓷罐　2件。分别发现于南、北室腰坑内。砖红胎，挂粉黄色化妆土，酱釉。盘口，尖唇，长颈内曲，溜肩，肩部横置对称四系，椭圆形长弧腹，平底。M5∶4，口径11、腹径14、底径8、高32.2厘米（图一二，1）。M5∶5，口径11.2、腹径15、底径8.4、高32厘米（图一二，2）。

陶文俑　1件。M5∶1，泥质灰褐陶。头包巾，束髻，其根部扎带，面部丰满，神态平和。身着交领右衽广袖落地长袍。双手交握于胸前，脚尖微露分立于圆形座上。通高30.8厘米（图一三）。

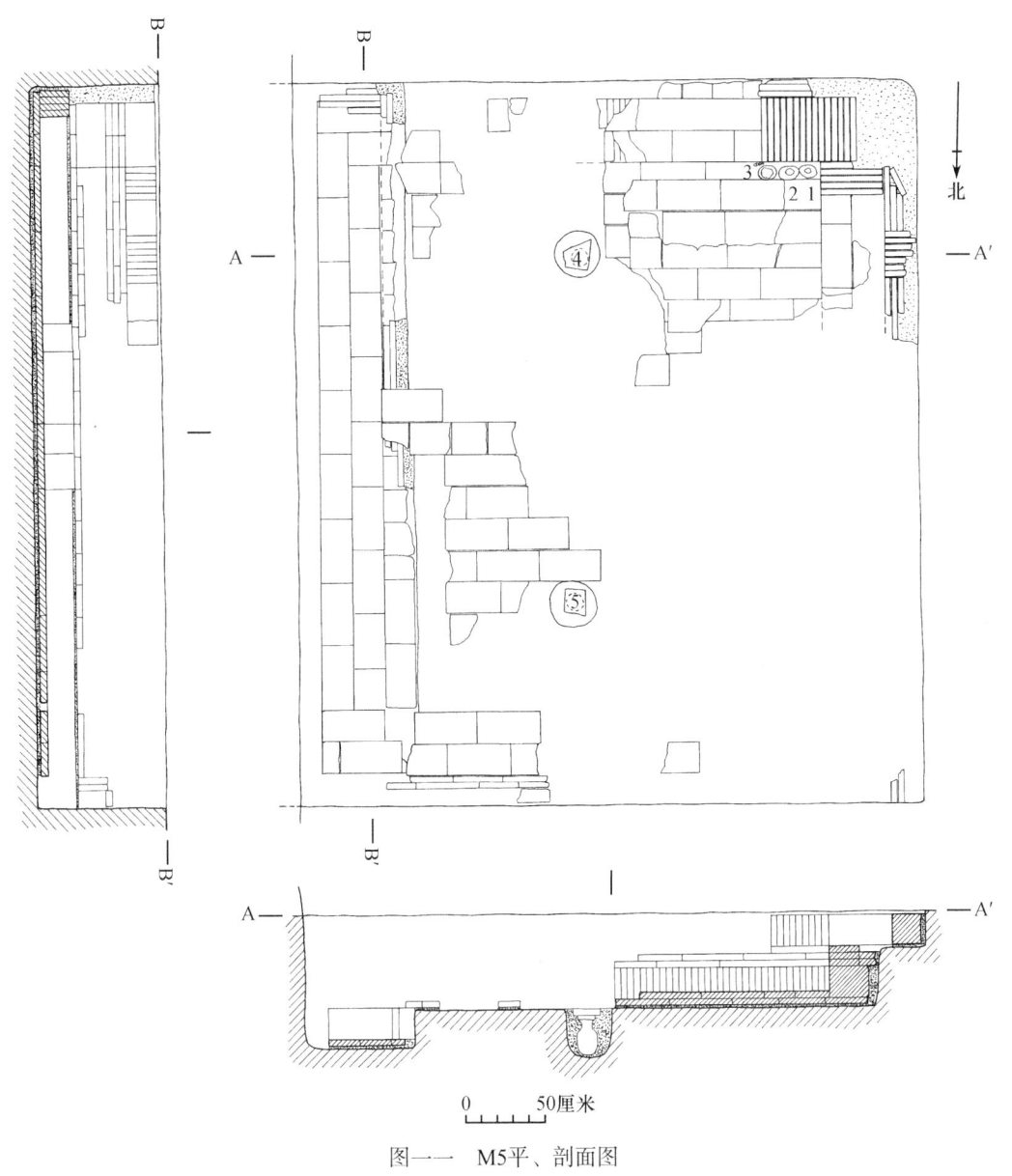

图一一　M5平、剖面图
1. 陶文俑　2. 陶坐俑　3. 陶鸟俑　4、5. 瓷罐

陶坐俑　1件。M5：2，泥质灰黄陶。头顶束髻，面部略显臃肿，神情凝滞，颌下扇形长髯，头微向左侧。身着交领广袖落地长袍。双手交握于胸前，中空，脚尖微露，坐于圆形座上。通高21.2厘米（图一四）。

陶鸟俑　1件。M5：3，泥质灰陶。前半身残，圆腹，两翼微展，尾部上翘，坐于喇叭形筒状器座上。通高14.9厘米（图一五）。

墓券　6方。按券文内容可分为买地券、真文券及华盖宫文券三类。皆为红砂石质，出于扰土之中，有不同程度的残损，除真文券道家符书为阴刻云篆外，其余皆为阴

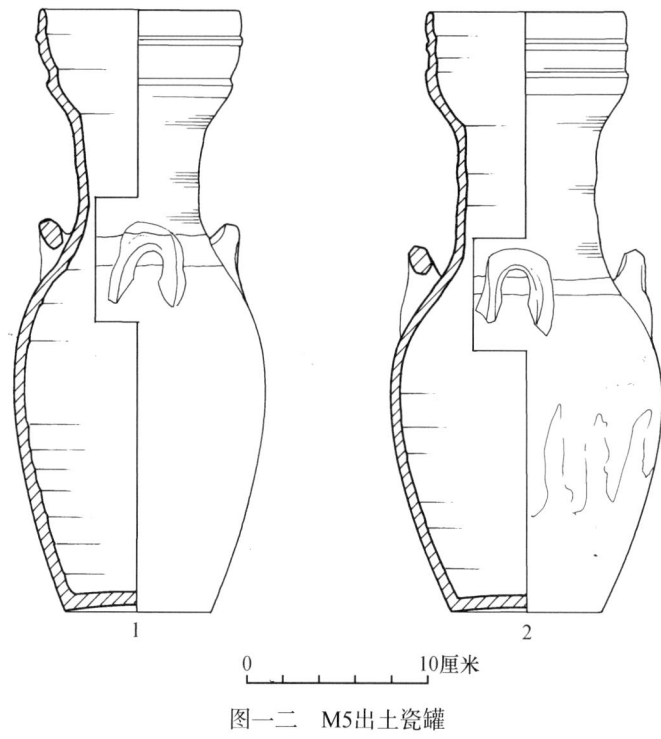

图一二　M5出土瓷罐

1. M5：4　2. M5：5

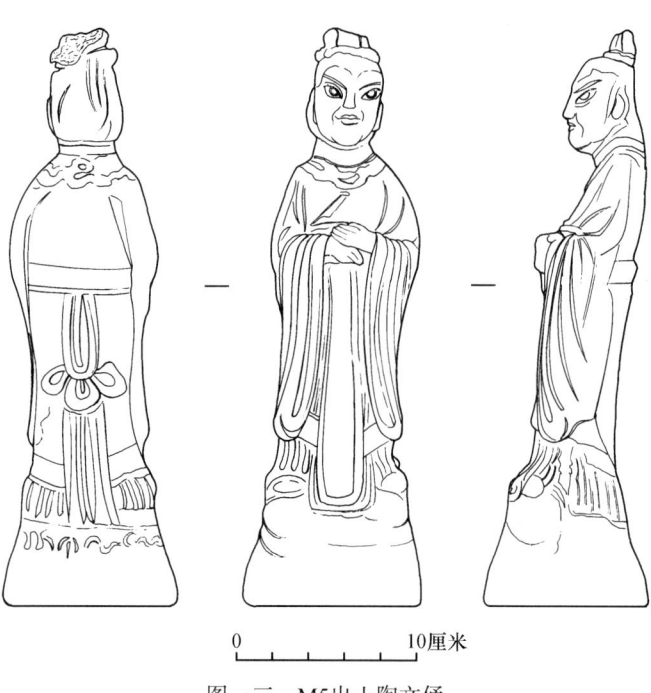

图一三　M5出土陶文俑

（M5：1）

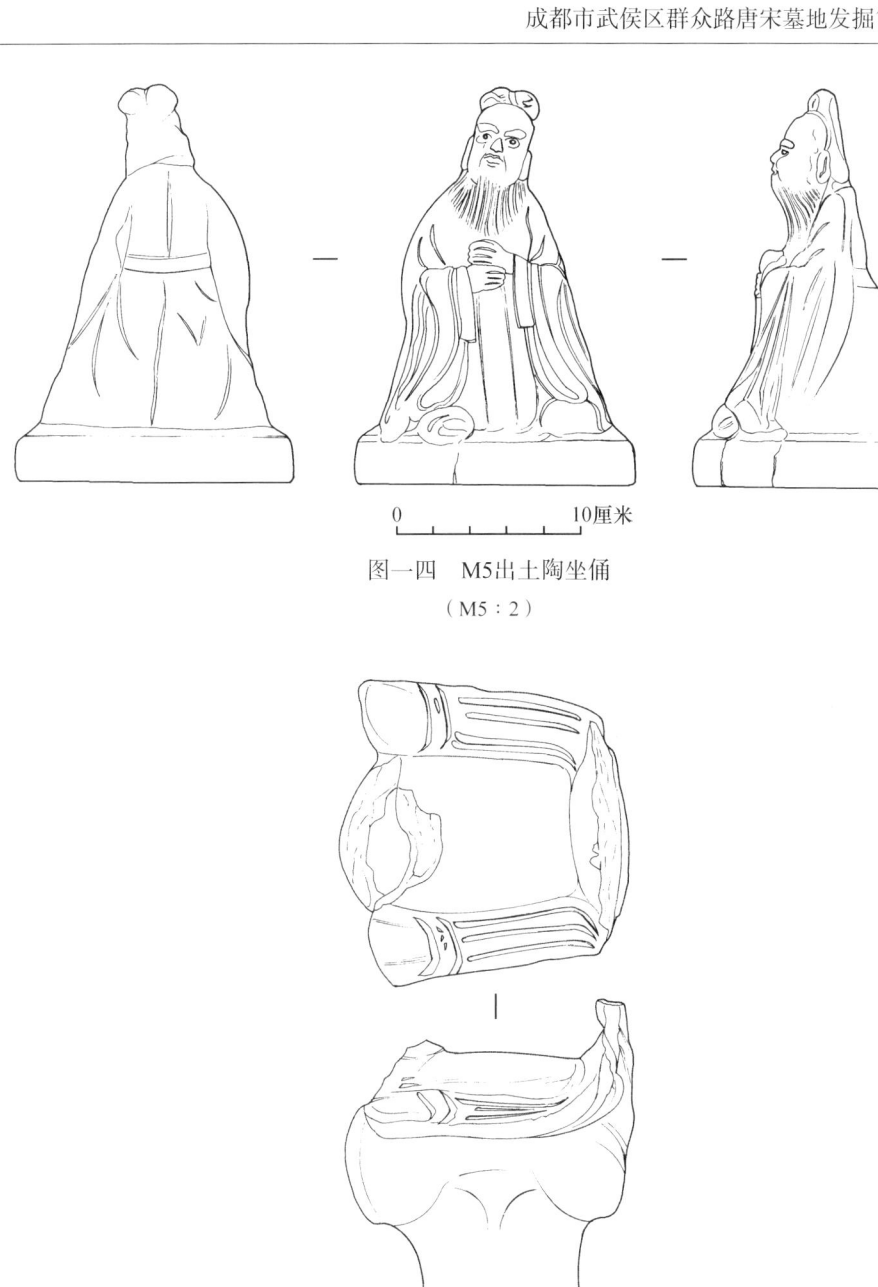

图一四　M5出土陶坐俑
（M5∶2）

图一五　M5出土陶鸟俑
（M5∶3）

刻楷书。

买地券 1方。M5扰：1，券石残存小半。长32.5、残宽18.25、厚2.2厘米。券面阴刻一组双线方框栏。书写工整，舒展有力，字迹清晰。残剩券文从右至左内容如下（图一六）：

维绍兴二十二年（下缺）/月壬辰朔十一日（下缺）/□氏四娘子地（下缺）/死居（下缺）叶/宜于此华（下缺）/福地之原（下缺）/右至白虎（下缺）/中方勾（下缺）/□□□□（下缺）/千秋万载（下缺）/月主者保（下缺）/精永备万（下缺）

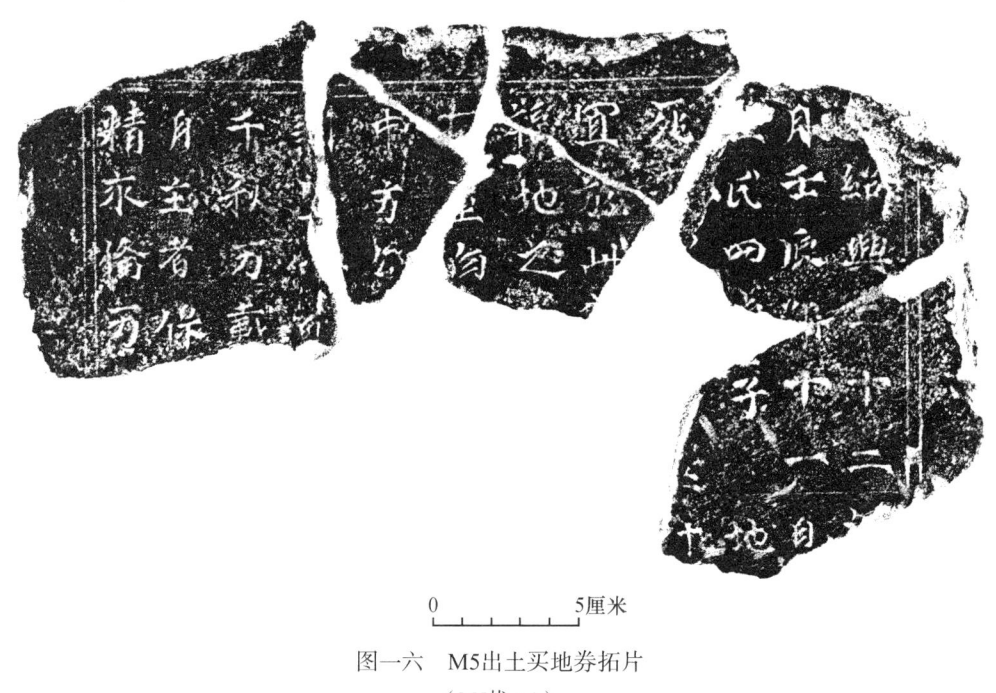

图一六 M5出土买地券拓片
（M5扰：1）

真文券 4方。M5扰：2，券石残损严重，残长36、残宽35、厚2.3厘米。书写工整，字迹因磨损而模糊难辨。券文格式为第一排横刻楷书（图一七）："西方金星消灾真文券"，右下纵刻三列二十四字云篆道家符书，文曰："太白检肺奎（下缺）/胃昴毕觜（下缺）/参总斗魁受符北元"。左下刻楷书，券文从右至左如下："西方金星消灾真文乞为奉/道男弟子杨怀□解除/秋之三月金星真君/太白星行度刑克照临之灾一如/白帝君符命"。M5扰：4、M5扰：5、M5扰：6，残存小块，券文仅残存部分云篆道家符书（图一八）。

华盖宫文券 1方。M5扰：3，券石残存小半，长28、残宽11.2、厚2.3厘米。券面四边阴刻内外两组方框栏，内方框栏四角外分别再刻一道细线与外方框栏相接。方框间与四角抹角框栏内阴刻一周八卦。方框内阴刻楷书，书写工整，舒展有力，字迹因磨损而模糊难辨。残剩券文从右至左内容如下（图一九）："华盖……赵……/……

图一七　M5出土真文券拓片
（M5扰∶2）

/……/……/……/……/如九天……"。

M6　墓向132°。单室，墓顶及墓室因遭破坏而形制不明。南壁被晚期坑打破。墓圹平面大致呈东宽西窄的梯形，长3.48、宽1.42~1.93、残深0.4~0.63米，填土为灰黄色含沙黏土。墓道不存，由封门、甬道和墓室构成。封门处有一椭圆形盗洞，直径0.63~0.85米。封门残存两平一丁横砖，残宽1.36、厚0.14、残高0.26米。甬道平面呈梯形，宽1.03~1.05、进深0.4米，底砖破坏严重，仅残存一方纵向平砖。墓室由平砖错缝

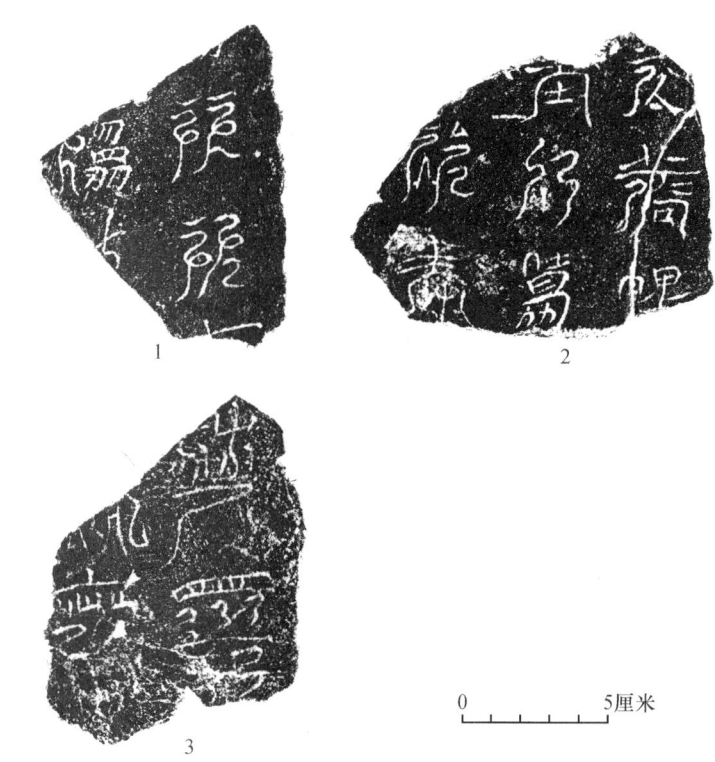

图一八　M5出土真文券拓片

1. M5扰∶4　2. M5扰∶5　3. M5扰∶6

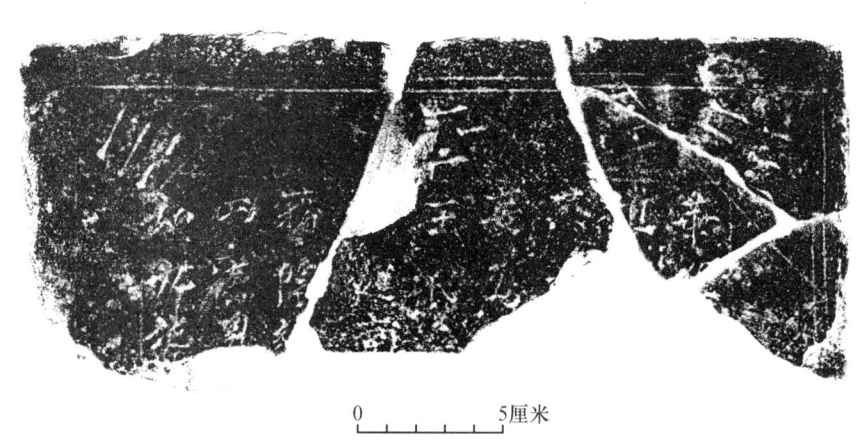

图一九　M5出土华盖宫文券拓片

（M5扰∶3）

横铺而成，内长2.54、内宽0.74～1.03、残高0.22、高于甬道0.23米。北壁残存部分在一层纵向平砖及一层横向丁砖上再顺铺两层平砖。墓砖有长方形青灰色砖与红色砖两种，主要有37厘米×18.5厘米—4.5厘米、36厘米×18厘米—4厘米、36厘米×18厘米—3厘米三种规格。墓内出土瓷盏、瓷罐、墓券、铜钱等器物（图二○）。

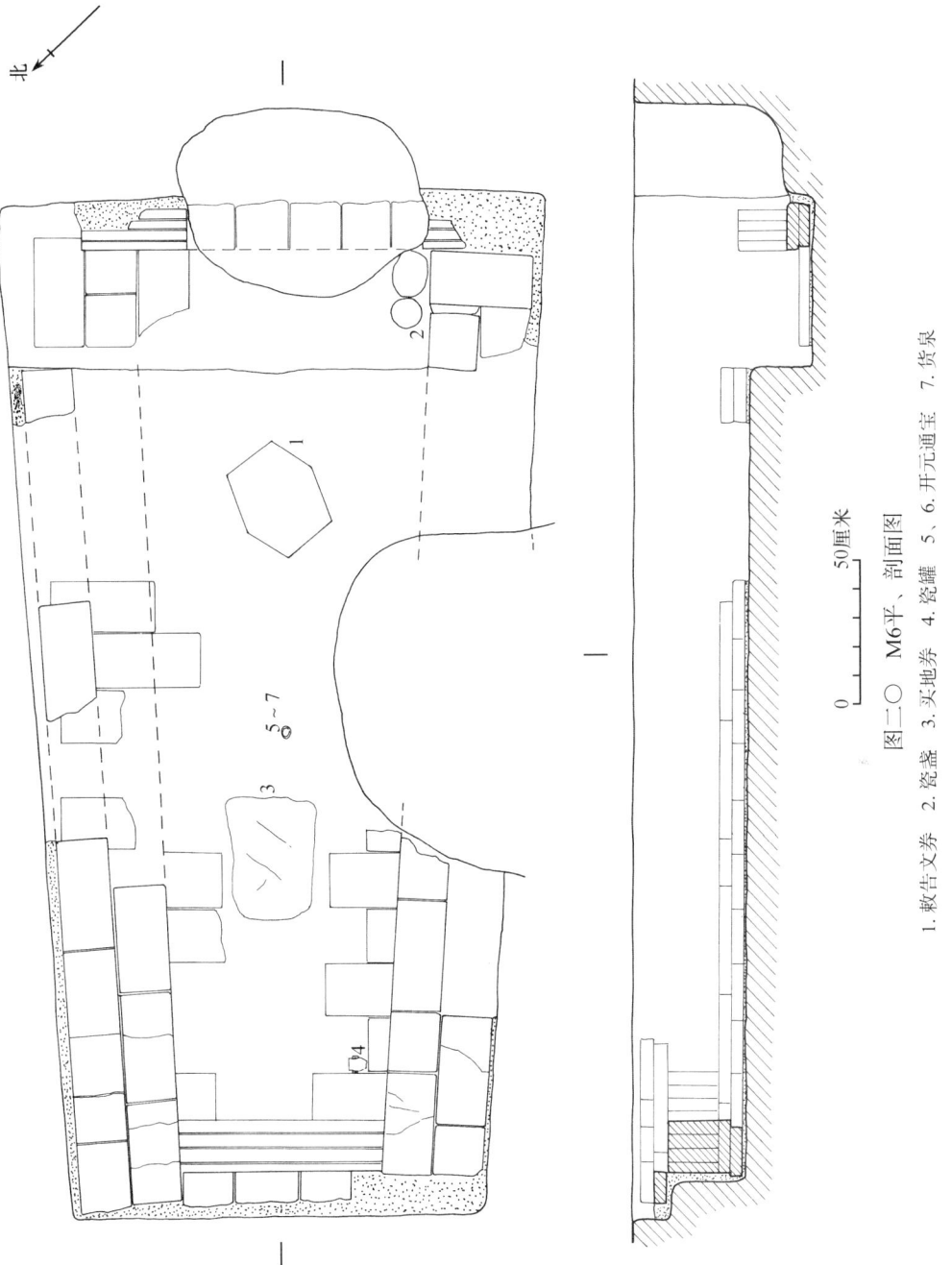

图二〇 M6平、剖面图

1.敕告文券 2.瓷盏 3.买地券 4.瓷罐 5、6.开元通宝 7.货泉

瓷盏　1件。M6：2，砖红胎，挂粉黄色化妆土，青釉。敞口、尖唇、斜弧腹、饼足。内底一周凹弦纹内残留支钉痕。口径10.7、底径4.2、高3.2厘米（图二一，1）。

瓷罐　1件。M6：4，砖红胎，挂粉黄色化妆土，青釉，釉面脱落。直口、方唇、溜肩，肩颈相连处竖置四耳形系，斜弧腹、平底。口径9、底径6.6、高15.8厘米（图二一，3）。

铜钱　4枚。钱文有开元通宝和货泉两种。

货泉　1枚。M6：7，方穿，面、背均有内、外郭，肉较薄。钱文篆书，纤细，刚劲有神。背光。钱径2.2、穿宽0.8、内郭宽0.1、外郭宽0.1厘米，重1.98克（图二一，4）。

开元通宝　3枚。其中1枚出土于扰土中。方穿，面、背均有内、外郭，肉好，钱文清晰，背光。M6：5，"开"字间架匀称，疏密有致。"元"字首画为一短横，次画长横左挑。"通"字"辶"旁前三笔各不相连，呈三短撇。"宝"字"贝"字底中两横较短，且不与旁边两竖相连。钱径2.4、穿宽0.7、内郭宽0.1、外郭宽0.2厘米，重3.03克（图二一，5）。M6：6，"开"字间架匀称，疏密有致。"元"字首画为一短横，次画长横左挑。"通"字"辶"旁前三笔各不相连，呈三短撇。"宝"字"贝"字底中两横较短，且不与旁边两竖相连。钱径2.4、穿宽0.7、内郭宽0.1、外郭宽0.2厘米，重2.84克（图二一，6）。

墓券　2方。按券文内容可分为买地券、敕告文券两类，另有若干碎块，类别不辨。皆为红砂石质，有不同程度的残损，阴刻楷书。

买地券　1方。M6：3，券石较完整，呈正方形，长34、宽34.3、厚2.2厘米。券面阴刻两道单线方框栏，四角处内方框栏与外方框栏之间刻短线相连接。书写较工整，字迹清晰。残剩券文从左至右内容如下（图二二）：

维景祐二年太岁次……丙辰朔二/十九日甲申故杨氏地券生居……/安宅兆卜筮叶从相地咸吉宜于此/华阳县江安东福地之原安厝谨用/信钱买地东至青龙西至白虎南至/朱雀北至神武中方勾陈分掌四域/丘丞墓伯封步界畔道路将军整/……阡陌千秋万岁永无咎殃若辄忓/□河禁者将军停长收付河伯今/以牲牢酒食百味香荤共为信契/财地交付工匠修茔安厝已（以）后永/保亨吉主人内外存亡安吉急急/如律令。

敕告文券　1方。M6：1，券石残存大半，呈六边形，边长20、厚2.2厘米。券面阴刻两道单线六边形框栏，上、下四角处内方框栏与外方框栏之间刻短线相连接。书写工整有力，字迹清晰。残剩券文从右至左内容如下（图二三）：

……塚中王炁五方诸神/……等大道小兆臣杨氏行年六/……命庚午八月十八日生生/……真之气死归神宫鬐（瘗）身冥/……冲虚辟斥诸禁忌不得/……害炁当令子孙昌炽文咏九/……世富贵与天地同休急急如律令。

M7　墓向186°。双室，墓顶及墓室因遭破坏而形制不明。墓圹平面呈长方形，南

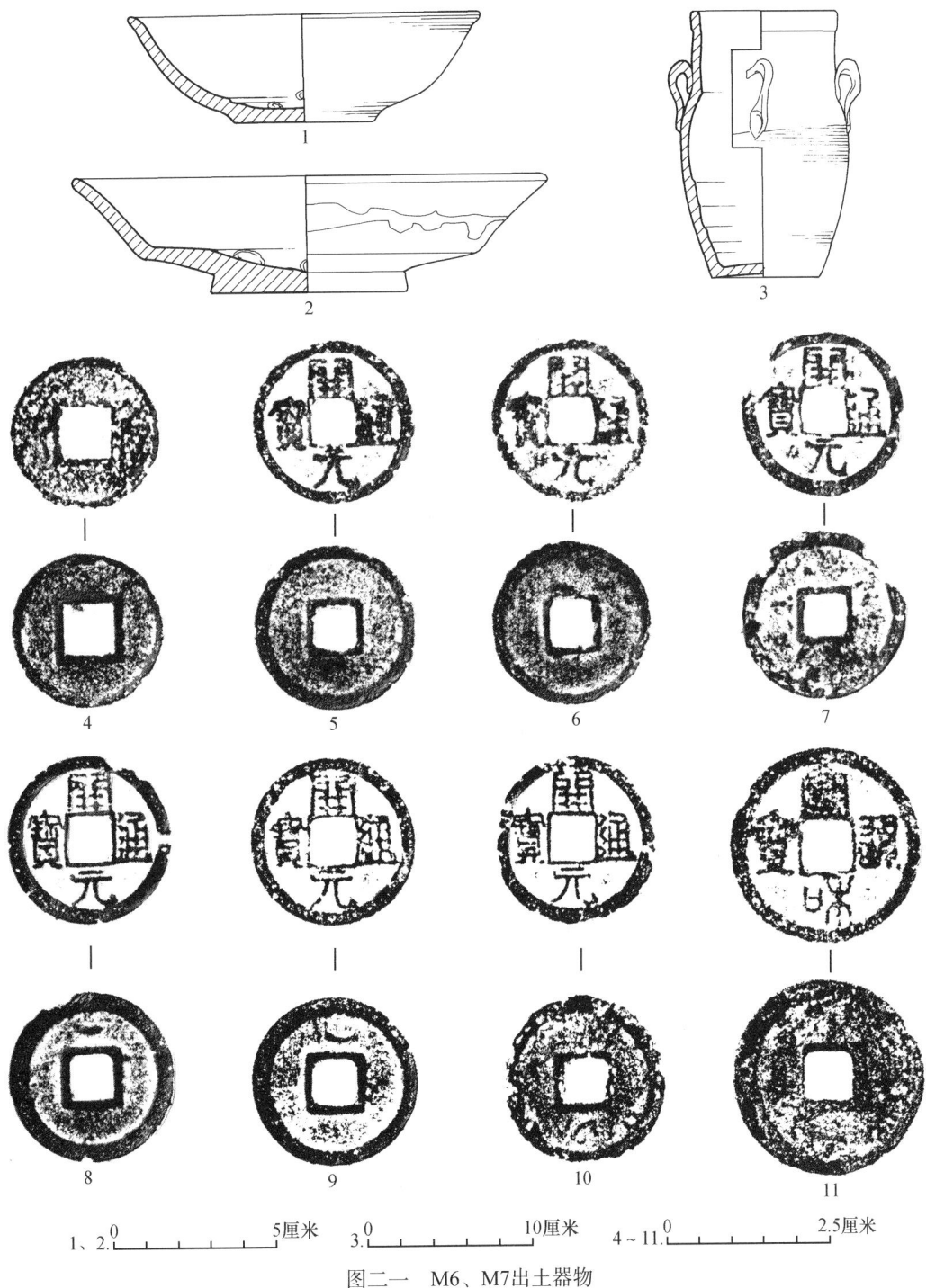

图二一　M6、M7出土器物

1. 瓷盏（M6:2）　2. 瓷盘（M7:5）　3. 瓷罐（M6:4）　4. 货泉（M6:7）　5～10. 开元通宝（M6:5、M6:6、M7:3、M7:1、M7:2、M7:4）　11. 宣和通宝（M7扰:1）

图二二　M6出土买地券拓片
（M6:3）

北长3.57、东西宽3.55、残深0.57~0.8米，填土为黄色含沙黏土。墓道及封门不存，隔墙被破坏，东、西室并列而建，现以西室为例予以介绍。西室由甬道和墓室构成。甬道平面呈长方形，残进深约0.84米，宽度因隔墙被破坏而不明，低于墓室0.26米，其底部平铺人字形砖，甬道壁残存部分砖皆平铺。甬道和墓室之间有数级台阶，台阶立面处残存壶门两个。壶门上长0.13、下长0.09、高0.1米。墓室平面呈长方形，内长2.41、残高0.1米，内宽不明，底部横向错缝平铺而成。东西两壁甚残而筑法不明。墓砖为长方形青灰色砖，主要有38厘米×20厘米—5厘米、39厘米×20厘米—5厘米、38.5厘米×19.5厘米—5厘米四种规格。西室出土瓷盘、铜钱等器物，东室未见出土物（图二四）。

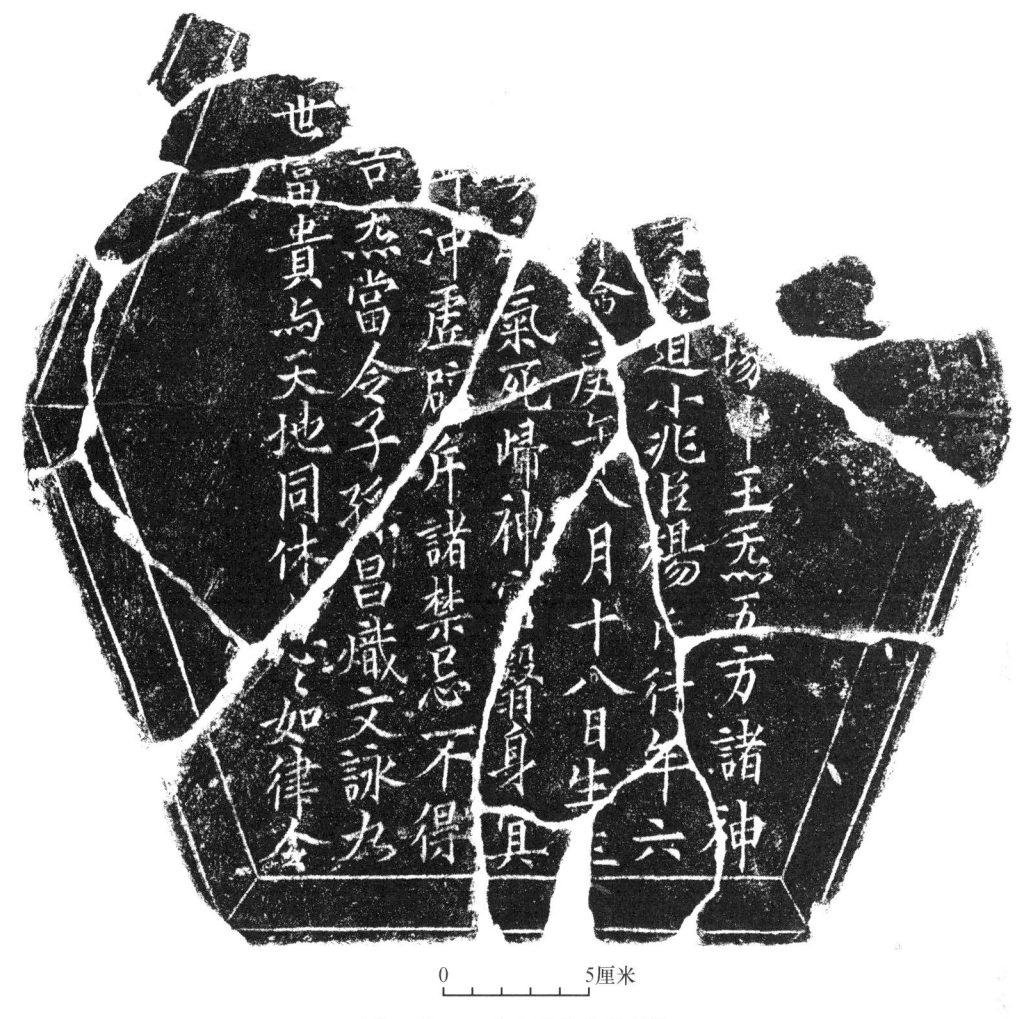

图二三　M6出土敕告文券拓片
（M6∶1）

瓷盘　1件。M7∶5，砖红胎，挂粉黄色化妆土，酱釉。口微侈，圆唇，折腹，饼足。内底残留支钉痕。口径14.4、底径5.9、高3.4厘米（图二一，2）。

铜钱　6枚。钱文有开元通宝和宣和通宝两种。

开元通宝　5枚。M7∶3，方穿，面、背均有内、外郭，肉好，钱文清晰。"开"字间架匀称，疏密有致。"元"字首画为一短横，次画长横左挑。"通"字"辶"旁前三笔各不相连，呈三短撇。"宝"字"贝"字底中两横较短，且不与旁边两竖相连。背光。钱径2.5、穿宽0.7、内郭宽0.1、外郭宽0.2厘米，重3.64克（图二一，7）。M7∶1，方穿，面、背均有内、外郭，肉好，钱文纤细。"元"字首画加长，"通"字"辶"旁前三笔呈似连非连的顿折状，"甬"字体瘦长。"宝"字"贝"字底中两横加长，与左右两竖笔相连。背面月纹在穿之上。钱径2.5、穿宽0.7、内郭宽0.1、外郭宽

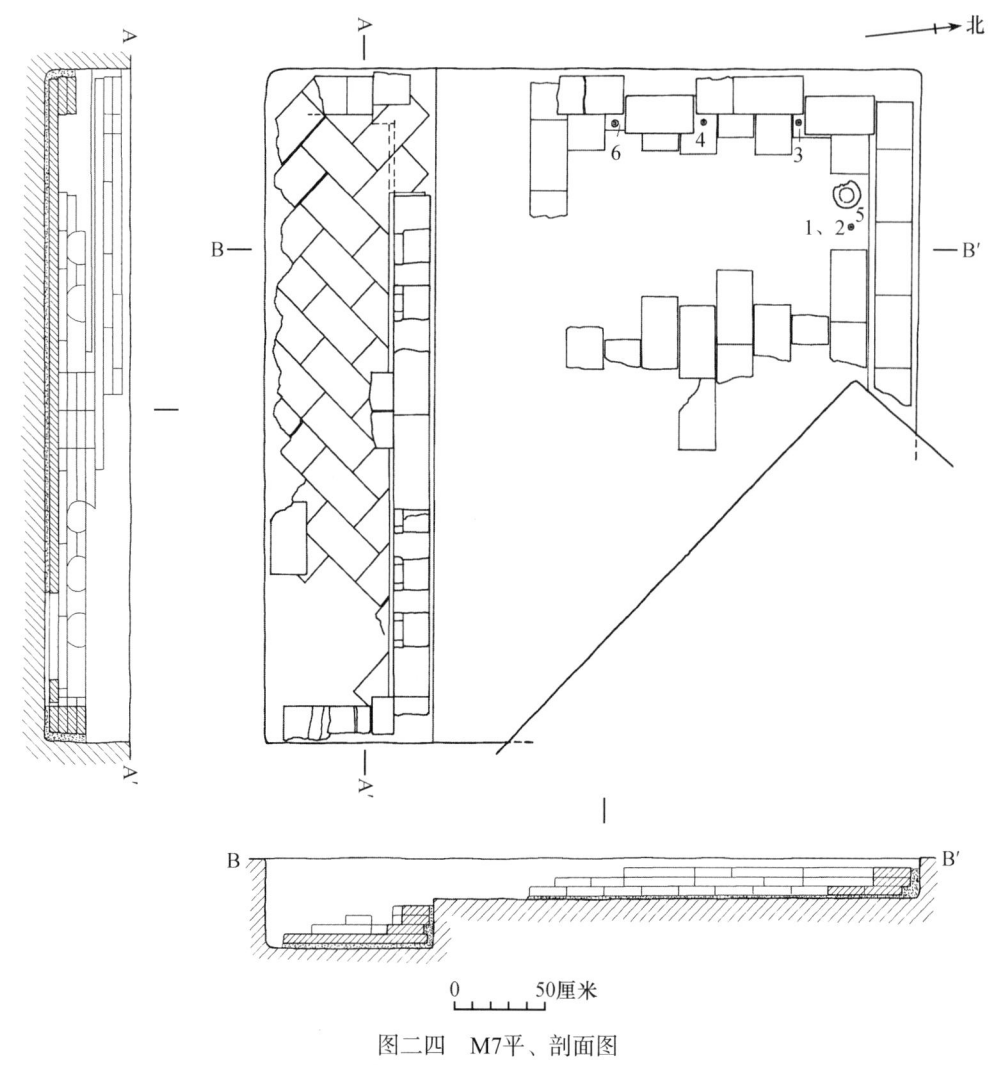

图二四 M7平、剖面图
1~4.开元通宝 5.瓷盘 6.开元通宝（未修复）

0.25厘米，重3.68克（图二一，8）。M7：2，方穿，面、背均有内、外郭，肉好，钱文纤细。"元"字首画加长，"通"字"辶"旁前三笔呈似连非连的顿折状，"甬"字体瘦长。"宝"字"贝"字底中两横加长，与左右两竖笔相连。背面月纹在穿之上。钱径2.4、穿宽0.7、内郭宽0.1、外郭宽0.2厘米，重2.99克（图二一，9）。M7：4，方穿，面、背均有内、外郭，肉好，钱文纤细。"元"字首画加长，"通"字"辶"旁前三笔呈似连非连的顿折状，"甬"字体瘦长。"宝"字"贝"字底中两横加长，与左右两竖笔相连。背面月纹在穿之下。钱径2.4、穿宽0.7、内郭宽0.1、外郭宽0.2厘米，重2.99克（图二一，10）。

宣和通宝 1枚。M7扰：1，方穿，面、背均有内、外郭，肉较薄，锈蚀严重。钱文篆书。背光。钱径2.9、穿宽0.8、内郭宽0.1、外郭宽0.2厘米，重3.32克（图二一，11）。

二、墓葬年代

虽然该批墓葬中M4、M5、M6均有文字材料出土，但由于损毁严重，只有M5和M6出土的买地券尚可辨确切纪年，其余5座墓葬的时代仅能通过墓葬及其随葬品形制来进行判断。

从墓葬形制来看，M1平面大致呈前宽后窄的梯形，由甬道及墓室两部分构成。甬道和墓室之间有一级台阶，台阶立面处有三个壶门，墓壁不在同一直线上，这与同样出土臂钏及经咒的川大唐墓形制十分相似。冯汉骥根据川大唐墓出土瓷盏的形制以及死者手握"益"字背文开元钱的现象推断，其年代上限不早于850年，下限应在唐代晚期[1]。《四川地区唐代砖室墓分期研究初论》一文也曾提到，这类因墓壁不在一条直线上，而使墓室分为几段的墓葬形制在成都多流行于唐代中晚期，如四川成都干道M4、四川成都百花M4、四川成都乐民M6皆为此类型墓葬[2]。再研究随葬器物，M1出土器物的组合为瓷碗、瓷罐、玉握、铜臂钏、铜钱等。其中瓷碗为斜直壁，饼足，且胎壁较厚，这些特征和四川成都爨公墓[3]及四川成都王怀珍墓[4]出土的瓷碗十分相似；出土的四系罐，短直颈，溜肩，圆腹较鼓，肩部有四横系，与爨公墓出土的瓷罐如出一辙，与王怀珍墓出土的瓷罐相比较，除系部略有不同外，其余特征几乎一致，爨公墓及王怀珍墓分别出有贞元二年（786年）及元和十年（815年）的墓志。另外，M1还出土了6枚"开元通宝"钱，皆方穿，肉好，钱文清晰，面、背均有内、外郭。其中2枚，"元"字首画较长，"通"字"辶"旁前三笔呈似连非连的顿折状，"甬"字上笔开口较扁，"宝"字"贝"字底中两横较长，与左右两竖笔相衔接，背部穿上有掐文。此种类型的"开元通宝"常见于8世纪中期至9世纪前期，晚唐纪年墓中也一直有所发现[5]。由此我们认为，M1应为唐代中晚期墓葬。

M2仅出土一件瓷盏，该瓷盏与新津方兴M30出土的Aa型Ⅰ式瓷盏[6]及梁家巷M1出土的Ⅱ式瓷盏[7]类似。且后两座墓皆出土斜方唇、短直径、圆肩、斜直腹、平底的四系罐，同样的四系罐还见于大中四年（850年）金沙鲜腾墓[8]。故我们推测M2的年代大约在唐代晚期。

M3出土瓷罐、瓷盏及陶盏各1件及开元通宝钱5枚。其中瓷罐盘口斜直较浅，颈部较长且有数周凸棱，与西郊化成村唐初墓葬SM16及SM17出土瓷盘口壶[9]相同；瓷盏与成都化工厂隋墓[10]及三台后底山隋墓M5、M7、M11出土的青瓷小碗[11]相同；开元通宝钱与《试论唐开元通宝的分期》一文中A型Ⅰ式"开元通宝"相同，徐殿魁在文章中提到此式开元通宝较早的出土例子见于贞观十一年（637年）吴王妃杨氏墓[12]。故我们推测M3的年代大约在隋至唐代早期。

M4墓葬尺寸较小，结构简单，仅出土残存小半的买地券一方，故该墓年代尚不能判断。

M5为一座双室墓,后期扰动破坏相当严重。虽然该墓绍兴二十二年(1152年)买地券残块出于扰土,但东、西两室腰坑内分别出土瓷罐1件,其大小、形制几乎相同,与青白江景峰村南宋墓M16出土的B型Ⅳ式瓷带系罐[13]也极为相似。故推测此为南宋墓葬,买地券残块当是该墓后期被扰乱后扔于扰土中的。

M6出土景祐二年(1035年)买地券,景祐为北宋仁宗时期的第三个年号。

M7为双室墓,就其西室的形制而言,平面呈长方形,甬道底部错缝斜铺,墓室底部错缝平铺,甬道与墓室相连处有台阶,台阶立面有壸门,这种墓葬形制与元和十年(815年)王怀珍墓十分[14]相似。另外,M7的出土器物有瓷盘1件、开元通宝5枚。其中,瓷盘折腹、饼足,与青白江武海中华名城两座唐末五代墓(M3、M6)出土的瓷碗[15]相似;另外,M7∶1、M7∶2及M7∶4三枚开元通宝属于《试论唐开元通宝的分期》一文中B型Ⅱ式,徐殿魁认为此式掐文开元通宝流行于开元年末际至晚唐时期。据上述分析判断,我们认为M7的时代大约在唐代晚期至五代。

三、结　语

这批墓葬虽破坏严重,但仍取得了一些引人注目的重要收获,主要体现以下两个方面。

(1)M1出土的玉握雕刻简单粗糙,嘴、鼻及后肢等特征较清晰,出土时握于墓主人左手掌心下。墓中随葬玉猪的习俗,在六朝时期已大量流行,例如成都羊子山晋墓[16]、肇庆晋墓[17]、广州孖岗晋墓[18]、南京苜宿园晋墓[19]、南京仙鹤观晋墓[20]、鄂州塘角头六朝墓[21]、当涂青山六朝墓[22]等曾发现。霍巍在《论成都羊子山晋墓出土的铅人与玉猪》一文中提到,随葬滑石猪的现象于南京、广州、长沙等南方地区较为多见,这种现象与我国早期墓葬埋猪以祭祀祖先的习俗有密切关系,而汉晋南北朝时期滑石猪以"握手"的形态流行,是与这一时期世家大族势力膨胀,猪作为"家祭"为士庶阶级所用相关联[23]。唐代中期随葬滑石猪的习俗仍然存在,如贞元十一年(795年)镇江徐巽墓[24]、开元二十一年(733年)西安韦美美墓[25]、天宝十三年(754年)偃师杏园郑夫人墓[26]皆有滑石猪出土。这一时期出土的滑石猪与群众路M1随葬的滑石猪有共同特征,即普遍呈扁平长条状,雕刻粗糙,线条粗犷简练。值得注意的是,这种的葬俗在唐代晚期以后的墓葬中已鲜有发现,故我们推测随葬手握滑石猪以祭祀祖先的葬俗一直延续到唐代中期。

(2)M1出土一件铜臂钏,臂钏穿于墓主人右手臂上,其内叠放一张纸质的佛教真言抄本。在过去的考古发掘中,这类以佩戴于死者身上的形式出现的且具有佛教色彩的经咒或真言纸本十分罕见,见诸报道的约15例,主要分布于西安、成都、敦煌、洛阳等地,如西安造纸厂唐墓[27]、西安柴油机厂唐墓[28]、成都川大唐墓[29]、敦煌千佛洞[30]、洛阳史家湾后唐墓[31]等,年代从唐代中期至五代,是当时一种较为流行的葬俗习惯。与以往有所不同的是，群众路M1纸本真言的内容并非单部经咒，而是多部真言以梵文与汉文相结合的形式，各抄录一段，汇集一体。就目前所辨，至少包括了《白伞佛顶真言》《般若佛母真言》《阿弥陀佛真言》《随心真言》《阿閦佛心真言》《宝楼阁真言》《莲花顶真言》等。另外，结合其上的真言及外饰框栏皆有继续向右延伸的现象，我们推测该张真言只是整张抄本的一部分，不排除其余部分仍作为随葬品附于其他墓葬之内的可能。关于这类经咒的作用及功能，霍巍在其《唐宋墓葬出土陀罗尼经咒及其民间信仰》一文中研究表明，是唐宋之际，持明密教与中国传统方术相融合，且不断世俗化的趋势下，被利用在墓葬中，保佑死者免受地下之苦，生者平安吉祥。经咒多以佩戴在死者臂钏中的形式出现，则正是与《佛说随求即得大自在陀罗尼神咒经》中"书写带在颈者或在臂者"的记载相吻合[32]。

发掘：易　立　王　瑾　高　潘
整理：王　瑾　候晓宁
绘图：钟雅莉
拓片：严　彬
照相：江　滔
执笔：王　瑾

注　释

[1]　冯汉骥：《记唐印本陀罗尼经咒的发现》，《文物参考资料》1957年第5期。
[2]　刘雨茂、朱章义：《四川地区唐代砖室墓分期研究初论》，《四川文物》1999年第3期。
[3]　成都市文物考古工作队：《成都市南郊桐梓林村唐代爨公墓发掘》，《成都考古发现》（1999），科学出版社，2001年。
[4]　成都文物考古研究所：《成都市西郊红色村唐代王怀珍墓》，《成都考古发现》（2005），科学出版社，2007年。
[5]　徐殿魁：《试论唐开元通宝的分期》，《考古》1991年第6期。
[6]　成都文物考古研究所、新津县文管所：《成都市新津县方兴唐宋墓群发掘报告》，《成都考古发现》（2009），科学出版社，2011年。
[7]　成都市文物考古工作队：《成都梁家巷唐宋墓葬发掘简报》，《四川文物》1999年第3期。
[8]　成都文物考古研究所：《成都市金沙村唐墓发掘简报》，《成都考古发现》（2004），科学出版社，2006年。
[9]　成都市文物考古研究所：《四川成都市西郊化成村唐墓的清理》，《考古》2000年第3期。
[10]　罗伟先：《成都化工厂隋墓清理简报》，《四川文物》1986年第4期。
[11]　四川省文物考古研究院、三台县文物管理所：《绵遂高速公路（三台段）后底山隋代崖墓群发掘简报》，《四川文物》2013年第5期。

［12］ 徐殿魁：《试论唐开元通宝的分期》，《考古》1991年第6期。

［13］ 成都市文物考古研究所、青白江区文物管理所：《成都市青白江区景峰村五代及宋代墓葬发掘简报》，《成都考古发现》（2003），科学出版社，2005年。

［14］ 成都文物考古研究所：《成都市西郊红色村唐代王怀珍墓》，《成都考古发现》（2005），科学出版社，2007年。

［15］ 成都文物考古研究所、青白江区文物保护管理所：《成都市青白江北部新区武海·中华名城唐五代墓葬发掘简报》，《成都考古发现》（2010），科学出版社，2012年。

［16］ 沈仲常：《成都羊子山的晋代砖墓》，《文物参考资料》1955年第7期。

［17］ 肇庆市文化局：《广东肇庆晋墓》，《文物资料丛刊》（2），文物出版社，1978年，第103页。

［18］ 中国社会科学院考古研究所：《新中国的考古发现和研究》，文物出版社，1984年，第536页。

［19］ 南京博物院：《南京中山门外苜宿园东晋墓清理简报》，《考古通讯》1958年第4期。

［20］ 南京市博物馆：《江苏南京仙鹤观东晋墓》，《文物》2001年第3期。

［21］ 湖北省文物考古研究所、鄂州市博物馆：《湖北鄂州市塘角头六朝墓》，《考古》1996年第11期。

［22］ 安徽省文物考古研究所：《安徽当涂青山六朝墓发掘简报》，《文物》2011年第4期。

［23］ 霍巍：《论成都羊子山晋墓出土的铅人与玉猪》，《成都文物》1989年第4期。

［24］ 镇江博物馆：《江苏镇江唐墓》，《考古》1985年第2期。

［25］ 呼林贵：《西安东郊唐韦美美墓发掘记》，《考古与文物》1992年第5期。

［26］ 中国社会科学院考古研究所：《偃师杏园唐墓》，科学出版社，2001年，第166页。

［27］ 安家瑶、冯孝堂：《西安沣西出土的唐印本梵文陀罗尼经咒》，《考古》1998年第5期。

［28］ 韩保全：《世界最早的印刷品——西安唐墓出土印本陀罗尼经咒》，《中国考古学研究论集——纪念夏鼐先生考古五十周年》，三秦出版社，1987年。

［29］ 冯汉骥：《记唐印本陀罗尼经咒的发现》，《文物参考资料》1957年第5期。

［30］ 宿白：《唐五代时期雕版印刷手工业的发展》，《文物》1981年第5期。

［31］ 吕建福：《中国密教史》，中国社会科学出版社，1995年，第457、458页。

［32］ 霍巍：《唐宋墓葬出土陀罗尼经咒及其民间信仰》，《考古》2011年第5期。

成都市温江区花土村古墓葬发掘简报

成都文物考古研究院
温江区文物管理所

温江区位于成都市西部，地处成都平原的腹心地带。区域内地势平坦，水网密布，自然条件十分优越。花土村古墓葬位于温江区涌泉镇，江安河以南约1.5千米处，靠近温泉大道二段与人和支路交汇处（图一）。2014年10月，为配合"金恒德时代金悦"项目的建设，成都市文物考古工作队在此进行了勘探，发现了2座唐宋时期的砖室墓，编

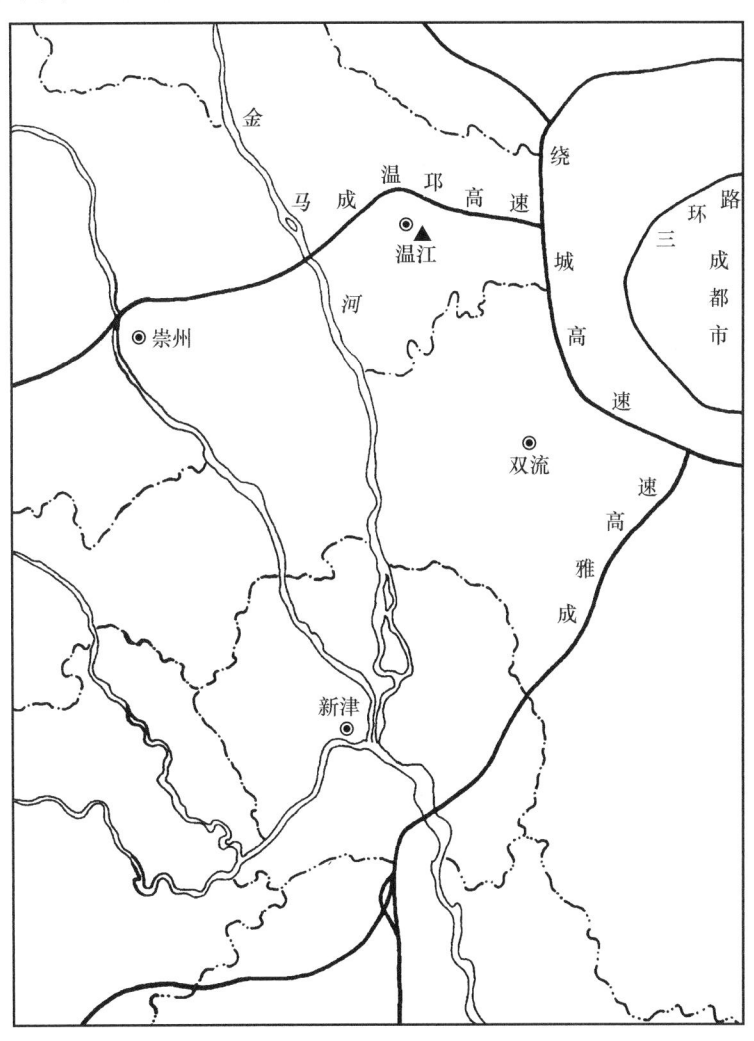

图一　墓葬位置示意图

号分别为2014CWHM1、2014CWHM2（以下简写为M1、M2），并随即进行了发掘，出土了一批陶、瓷器和其他文物。现将本次发掘成果报告如下。

一、M1

1. 墓葬形制

M1为砖室墓，破坏较为严重，顶部不存。平面呈"十"字形，长4.25、宽4.2、残高0.97米。方向95°。因被晚期遗存扰乱，墓道情况不明。砖室部分由封门、甬道、主室和左右耳室等部分组成。封门宽1.8、残高0.72米。最底部平铺一层顺砖，第二层两端各一层侧砖，中间夹一排立砌丁砖，再上均为顺砖平砌。甬道紧接封门，内部长0.6、宽1.5米。甬道内的地砖采用斜铺法。甬道之后为主室，主室高出甬道0.23米，呈台阶状。台阶立面为上下两层平砖夹一层立砖砌成，其中立砖层通过向内叠错的方法砌出7个长方形的壸门。壸门宽0.1~0.12、高0.15米。主室内部长3.05、宽1.5米。在主室的两侧有两个对称的方形耳室，长1.2、宽1.2米。主室的地面与耳室连通，采用单层顺砖错缝平铺，仅在前端与甬道连接处采用两层丁砖叠错平铺。主室后墙下部全部采用顺砖平砌，在上部残留两层平砌的丁砖。墓壁与耳室各壁的砌法基本一致，多采用五平一竖或者四平一竖的砌法，其中竖砖层为丁砌或者侧砌。

在甬道和主室、耳室形成的十六个转角处各分布着一个肋柱。这些肋柱对称分布在"十"字形墓室横纵中线的两侧。墓室后端的两个肋柱稍大，长、宽皆为0.3米，其余肋柱长0.3、宽0.15米。肋柱的砌法与墓壁基本相同，亦采用平、竖砖交替的砌法。在肋柱自下而上的第二组竖砖中，采用长短砖形成柱龛。柱龛一般宽约0.25、高0.15米。

由于上部被破坏，墓顶的形制不详。根据肋柱的分布位置，推测可能为"十"字形券拱墓（图二）。

整个墓室采用了不同时代、多种规格的砖。其中使用最多是一种长30、宽15、厚4厘米的素面青砖，铺地砖基本全采用了这种砖。墙砖中则夹杂了一些本地区其他时代的旧砖。如一些尺寸稍大的素面青砖，还有菱格纹、联璧纹等花纹砖。

2. 随葬器物

6件。包括陶器、瓷器、铜器三类。

瓷碗　2件。M1∶2，深黄色胎，内壁及外壁上半部挂一层白色化妆土，未施釉。侈口，圆唇，腹部较直，饼足。口径12.4、底径5、高4.7厘米（图三，1）。M1∶5，浅黄色胎，内壁及外壁上半部挂一层白色化妆土，未施釉。侈口，圆唇，腹较直，饼足。口径12.2、底径5.2、高4.7厘米（图三，2）。

瓷碟　1件。M1∶6，紫红色胎，内壁及口部施浅黄色化妆土，内壁残留极少量酱釉痕迹。敞口，厚圆唇，斜腹，小饼足。口径9.7、底径4、高2.9厘米（图三，5）。

成都市温江区花土村古墓葬发掘简报 ·347·

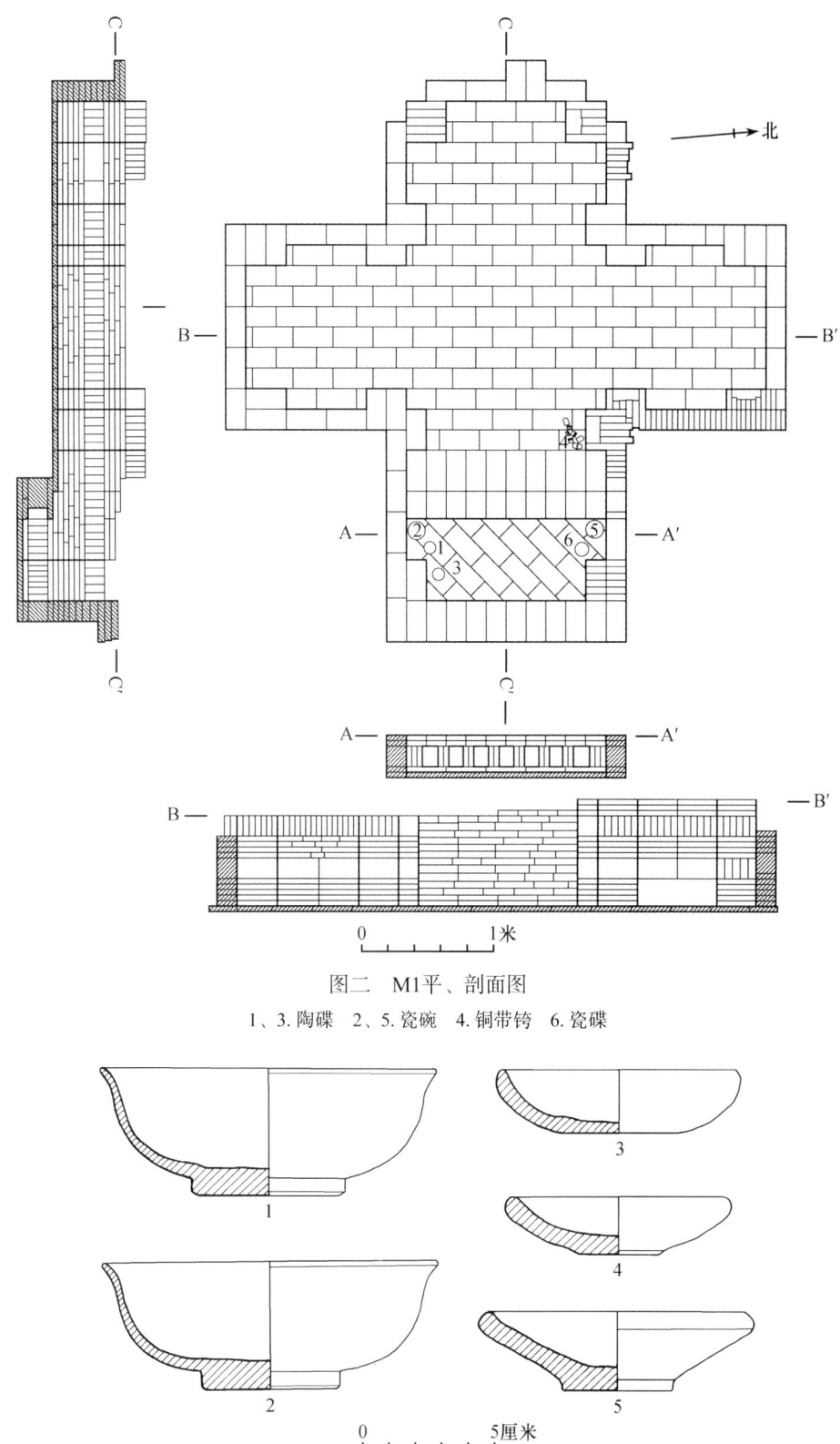

图二 M1平、剖面图
1、3.陶碟 2、5.瓷碗 4.铜带铐 6.瓷碟

图三 M1出土器物
1、2.瓷碗（M1:2、M1:5） 3、4.陶碟（M1:3、M1:1） 5.瓷碟（M1:6）

陶碟　2件。M1：1，泥质红陶。敞口，圆唇，弧腹，小平底。口径8.2、底径3、高2.1厘米（图三，4）。M1：3，橘红色陶。微敛口，圆唇，弧腹，平底。口径8.8、底径4.5、高2.3厘米（图三，3）。

铜带銙　1副。M1：4，均为铜质，器表有黑漆。由于内部革带已朽，仅存铜构件，皆零散。包括带扣1枚、带銙5枚、铊尾1枚。带銙皆由上下两层组成，上部四周向下包边，中间以铆钉连接。

铜带扣　1枚。M1：4-1，近椭圆形，由扣环和扣针组成。长2.8、宽4.2、高0.8厘米（图四，1）。

铜带銙　5枚。

铜圆首矩形带銙　1枚。M1：4-2，与带扣活页相接。内有三枚铆钉，前一后二。长4、宽2.8～3.2厘米（图四，1）。

铜方形带銙　2枚。M1：4-3，四角各有一个铆钉，上层有一长1.9、宽0.5厘米的长方形孔。边长3.1、高0.9厘米（图四，2）。M1：4-4，与M1：4-3基本一致（图四，3）。

铜半圆形带銙　2枚。M1：4-5，内有三枚铆钉，上层有一长1.6、宽0.4厘米的长方形孔。直边长2.3、宽2.2、高0.9厘米（图四，4）。M1：4-6，与M1：4-5基本一致（图四，5）。

铜铊尾　1枚。M1：4-7，圆首矩形，前端与带銙一样分为上下两层，上层向下半包边，后部封闭包边，前端有两枚铆钉。长4、宽3.2厘米（图四，6）。

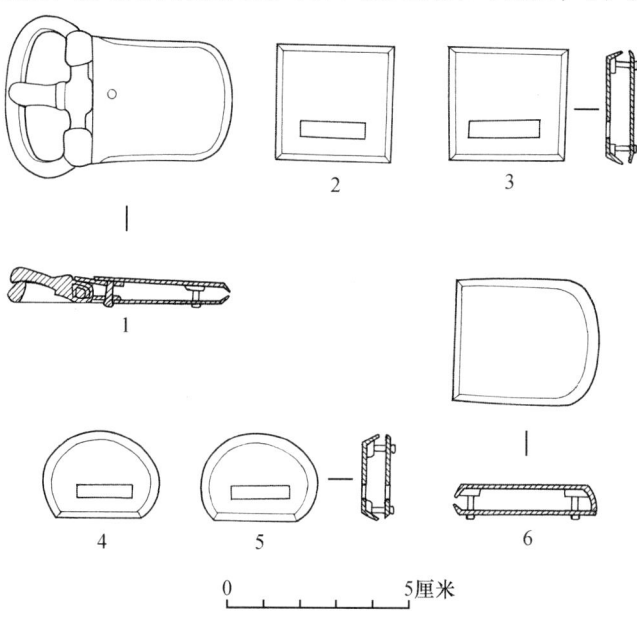

图四　M1出土铜带銙
1.带扣及圆首矩形带銙（M1：4-1、M1：4-2）　2、3.方形带銙（M1：4-3、M1：4-4）　4、5.半圆形带銙（M1：4-5、M1：4-6）　6.铊尾（M1：4-7）

二、M2

1. 墓葬形制

M2为双室券顶砖室墓。方向65°。墓圹近长方形，长4、宽3.38米。带两条长方形斜坡状墓道，墓道长约2.5米。砖室部分长3.95、宽3.34米。左右墓室结构相同，大小基本一致。中间以砖墙相隔，但未相通。墓室被破坏，券拱大部分不存。现以保存较好的东室为例介绍如下。

砖室由封门、甬道、墓室等部分组成。封门宽1.52、厚0.38、残高1.3米。分为内外两重，采取一平一侧的砌法。内层较为规整。侧砖层的中部夹两层丁砖，贯穿内外两层，其两旁侧砖叠错分布，形成一些简易的龛。外层为一顺一丁，其中丁砖层较为杂乱，多为斜向分布。甬道长0.36、宽0.92米，地砖斜铺。甬道与墓室之间由三层青砖砌出简易的台阶相连，台阶共三级，宽0.19米，每阶高0.036米。墓室呈长方形，内部长2.83、宽1.3米，高出甬道0.16米。地砖采取一丁一顺交替的铺法。墓室后壁采取两平一侧的砌法，侧砖从两侧向中部叠涩分布，形成装饰性的龛。两侧壁用一平一丁、两平一丁、两层平砖叠砌构成高0.58米的直墙。墓室与甬道的两侧均匀分布着六个肋柱。肋柱与两壁的砌法相同，仅甬道内的肋柱在底部共用五层平砖找平高差。各肋柱的第二层丁砖之上开始全用顺砖起券。肋柱的上层丁砖中部留空，形成柱龛。一室内共砌出12个柱龛。柱龛宽0.12、高0.19米。肋拱之外有两层侧砖包裹形成完整的筒拱（图五）。

M2的墓砖均为素面砖，规格基本一致，长36、宽19、厚4厘米。在封门的位置采用了较多的残砖。

2. 随葬器物

瓷碟　2件。M2：1，黄白釉，暗红胎，挂暗黄色化妆土，外表流釉，底部有四个支钉痕。敞口，圆唇，斜弧腹，平底。口径10、底径4.2、高2.9厘米（图六，2）。M2：2，青黄釉，暗红胎，挂灰色化妆土，外表流釉，内部釉面脱落严重。敞口，圆唇，斜弧腹，平底。口径10.8、底径5.5、高2.9厘米（图六，1）。

瓷四系罐　1件。M2：5，颈部以上施米白色釉，器表有透明的流釉。近直口，尖唇，细颈，颈部有两周凸棱，溜肩，深腹，平底。颈肩部附四个竖向耳。口径8、底径8.8、高21.6厘米（图六，4）。

陶盆　2件。M2：3，夹细砂灰黄陶。口微敛，小翻沿，尖圆唇，颈部有一周凹槽，弧腹，平底。口径24.4、底径17.2、高9.6厘米（图六，3）。M2：4，夹细砂灰陶。口微敛，小翻沿，尖圆唇，弧腹，平底。口径24.8、底径16.8、高9厘米（图六，5）。

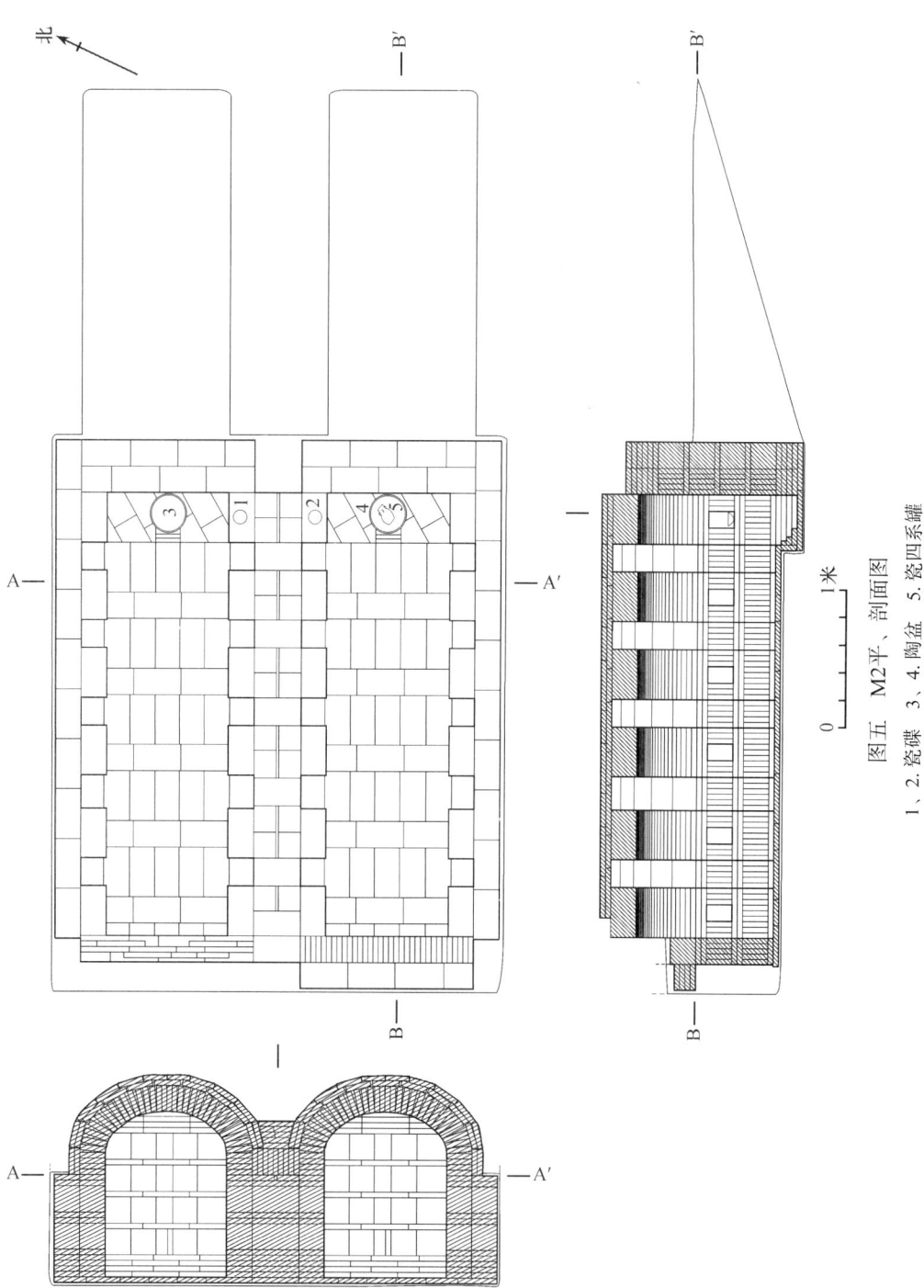

图五 M2平、剖面图
1、2. 瓷碟 3、4. 陶盆 5. 瓷四系罐

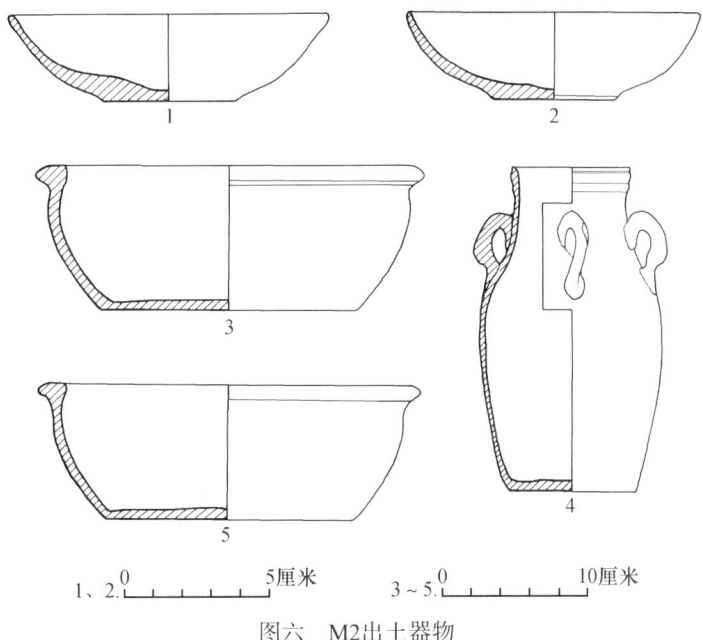

图六　M2出土器物

1、2. 瓷碟（M2：2、M2：1）　3、5. 陶盆（M2：3、M2：4）　4. 瓷四系罐（M2：5）

三、时代及性质

花土村M1由于遭到破坏，未见墓志等能够直接证明墓主身份与时代的材料，但是对比近年来在成都地区发现的一些类似的墓例，大体可以确定其年代。

M1为带耳室的"十"字形券拱墓，形制与成都桐梓林爨公墓[1]较为接近。均有甬道地砖斜铺、台阶立面砌出壸门等特点。从墓葬结构及规格上来看，爨公墓结构较花土村M1更为复杂，墓室带有后龛，左右耳室也分别带龛。但采用较多肋柱来支撑券拱的做法显然与花土村M1同出一辙，关键肋柱的分布位置二者亦基本相同，说明时代相距不远。爨公墓出土了明确的纪年墓志，其年代为唐贞元二年（786年）。这就为判断花土村M1的年代提供了可靠的依据。

从出土器物上来分析，爨公墓所出土的敞口、斜腹瓷碗与花土村M1出土的侈口、直腹碗区别较大。从类型学角度观察，唐代四川地区这类碗的发展演变规律为"深腹—直腹—斜腹"[2]。所以，花土村M1出土的这类碗的年代应该早于爨公墓的同类器。如此，花土村M1的年代下限应不晚于爨公墓（786年）。与花土村M1：2类似的瓷碗在抚琴M1[3]曾有出土，抚琴M1的年代为唐代中期偏早，花土村M1的年代也应相去不远。

综合来看，花土村M1的年代应大致在唐代中期。

虽然M1未出文字材料，无法判断墓主的具体身份，但是墓中出土的铜带铐仍可以提供一点相关信息。M1出土的各式铜带铐，与西安南郊何家村窖藏出土的白玉有孔带铐[4]造型完全一致，仅带铐的质地与数量有所差别。按《新唐书·车服志》的记载，唐高宗时"以紫为三品之服，金玉带銙十三，……黄为流外官及庶人之服，铜铁带銙七"[5]。可见唐代对服饰颜色及带銙数量有着严格的等级限制。M1的这件带銙由于墓葬被破坏可能导致带銙有所遗失，数量减少，但是根据带銙质地为铜可以推知，墓主应为流外官员或者庶人。

M2为长方形双室墓。墓室内肋拱发达、壁龛丰富，这是成都地区宋代砖室墓的常见做法。类似的墓例有成都南郊赵德成墓[6]、蒲江五星镇宋墓[7]等。此外M2的另一些特点，如带有低于墓室的甬道，甬道内地砖斜铺，墓壁多采用平砌与丁砌交替的做法等，则是对本地唐代墓葬建造方法的沿袭。

M2的随葬品中，陶盆是成都地区唐宋墓葬中的常见器物，以温江区"学府尚郡"工地[8]出土的五代与南宋两个时期的同类器来看，其演变规律是由口部微敛逐渐变为明显的敛口，器身逐渐变高。M2出土的陶盆样式介于二者之间，年代上亦应如此。M2的四系罐为小口、尖唇、细颈形式，同类器物见于西窑村M22[9]、新津县方兴M31[10]、邓双石室墓[11]等，其年代均为北宋时期，其中邓双墓出土了"元丰四年"的墓志。M2出土的黄白釉碟与海滨村M4[12]出土的同类器较为相似，海滨村M4出土了绍圣二年墓志，属北宋晚期墓葬。

综上所述，M2的年代应在北宋晚期。

四、结　语

花土村这两座墓葬的发掘，丰富了温江地区唐宋时期砖室墓的资料。除随葬品所能提供的葬俗及身份信息之外，相对保存较好的墓葬建筑对本地区唐宋时期砖室墓的建造方法及演变等研究也具有重要意义。

领队：刘雨茂
发掘：王仲雄
绘图：李福秀
执笔：李　佩　刘雨茂　王仲雄

注　释

[1] 成都市文物考古工作队：《成都市南郊桐梓林村唐代爨公墓发掘》，《成都考古发现》（1999），科学出版社，2001年。

[2] 刘雨茂、朱章义：《四川地区唐代砖室墓分期研究初论》，《四川文物》1999年第3期。

[3] 成都市文物考古研究所：《四川成都市西郊化成村唐墓的清理》，《考古》2000年第3期。

[4] 田卫丽：《唐代玉带銙述略——以西安何家村窖藏出土的玉带銙为中心》，《文物世界》2015年第4期。

[5] （宋）欧阳修、宋祁等：《新唐书》卷二十四《车服志》，中华书局，1975年，第529页。

[6] 王方：《成都市南郊北宋赵德成墓清理简报》，《四川文物》2001年第3期。

[7] 四川省文管会、蒲江县文化馆：《四川蒲江县五星镇宋墓清理记》，《考古与文物》1986年第3期。

[8] 成都文物考古研究所、温江区文物保护管理所：《成都温江区"学府尚郡"工地五代及宋代墓葬发掘简报》，《成都考古发现》（2006），科学出版社，2008年。

[9] 成都市文物考古研究所：《成都市西郊土坑墓、砖室墓发掘简报》，《成都考古发现》（2001），科学出版社，2003年。

[10] 成都文物考古研究所、新津县文管所：《成都市新津县方兴唐宋墓群发掘报告》，《成都考古发现》（2009），科学出版社，2011年。

[11] 成都市文物考古研究所、新津县文物管理所：《新津县邓双乡北宋石室墓发掘简报》，《成都考古发现》（2002），科学出版社，2004年。

[12] 成都市文物考古研究所：《成都市青龙乡海滨村墓葬发掘简报》，《成都考古发现》（2003），科学出版社，2005年。

成都市十一街遗址墓葬清理简报

成都文物考古研究院

2016年2～4月，为配合成都市武侯区十一街棚户区改造项目建设，成都文物考古研究院在十一街进行了发掘，遗址中心地理坐标为东经104.08°、北纬30.64°，海拔493米（图一）。清理面积约1500平方米，发现唐宋至清各时期墓葬5座。现报告如下。

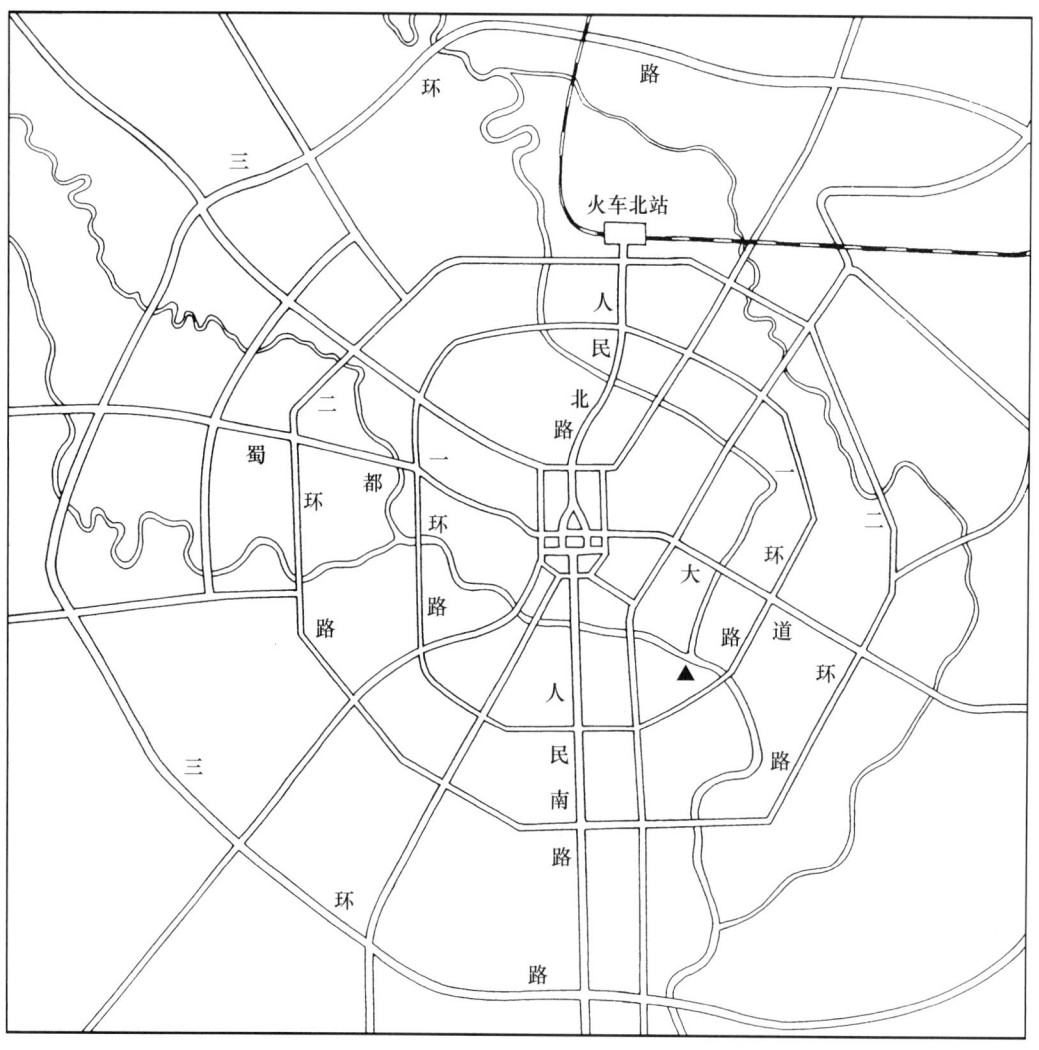

图一 遗址位置示意图

一、墓葬情况

1. 砖室墓

有M2、M5两座，均为在长方形竖穴土坑内修建砖室。后代扰乱严重，未见随葬品。

M2 位于TN05W01东南，被TN04W01北隔梁叠压。开口于第3层下。方形单室墓，墓向50°。墓葬保存不佳，墓室东侧被现代灰坑打破。墓圹长3.06、宽3.01、残深0.34米。侧壁铺砖五顺一丁。墓底铺砖错缝斜向平铺。墓砖均为长方形素面砖，规格为32.5厘米×17.5厘米—2.5厘米。未见随葬品（图二）。

M5 位于TN04W01东侧中部，北侧有M2，西面有M1和M3。开口于第2层下。长方形砖室墓，方向75°。墓室长2.3、宽1.8、残高0.66米。墓葬保存极差，大部分已被破坏。墓内回填灰褐色花土。砖筑墓室紧邻土圹修建，现存墓室北壁及墓底局部铺砖。墓壁铺砖横顺交替。墓室内有棺台，铺砖横顺交替。墓砖均为长方形素面砖，大多破损，个别完整，完整者规格为36.5厘米×20厘米—5厘米（图三）。

该墓扰乱严重，扰土中有少量瓷片及植物根茎等。墓室内未出土遗物。残存墓砖多数模印长方形小框，框内有文字。

M5：1，小框长10、宽5.2厘米。框内阳文模印"嘉定十年贾/……"（图四，2）。

M5：2，小框长14.4、宽7.5厘米。框内阴文模印"新繁县造/单纯四□/修城砖/制干"（图四，1）。

M5：3，小框残长10、宽5.2厘米。框内阳文模印，行间有界栏，砖面磨损严重，文字无法识读（图四，3）。

M5：4，小框残长14、宽8厘米。框内阴文模印"新繁县/米细行纫/修城砖/制干"（图四，4）。

M5：5，小框残长9、宽6.2厘米。框内阴文模印"嘉定十年……"（图四，5）。

M5：6，小框残长6.2、宽5.7厘米。框内阴文模印"嘉定十年……/文"（图四，6）。

M5：7，小框残长14.3、宽6厘米。框内阴文模印"嘉定十年/……/文……/制干"（图五，1）。

M5：8，小框残长12、宽6.4厘米。框内阴文模印"嘉定十年置/□三城砖/制干"（图五，2）。

M5：9，方形。边长20.5厘米。砖面有两个动物足印（图五，3）。

M5：10，小框残长13.8、宽6.7厘米。框内阴文模印"……置/……砖/制干"（图六，1）。

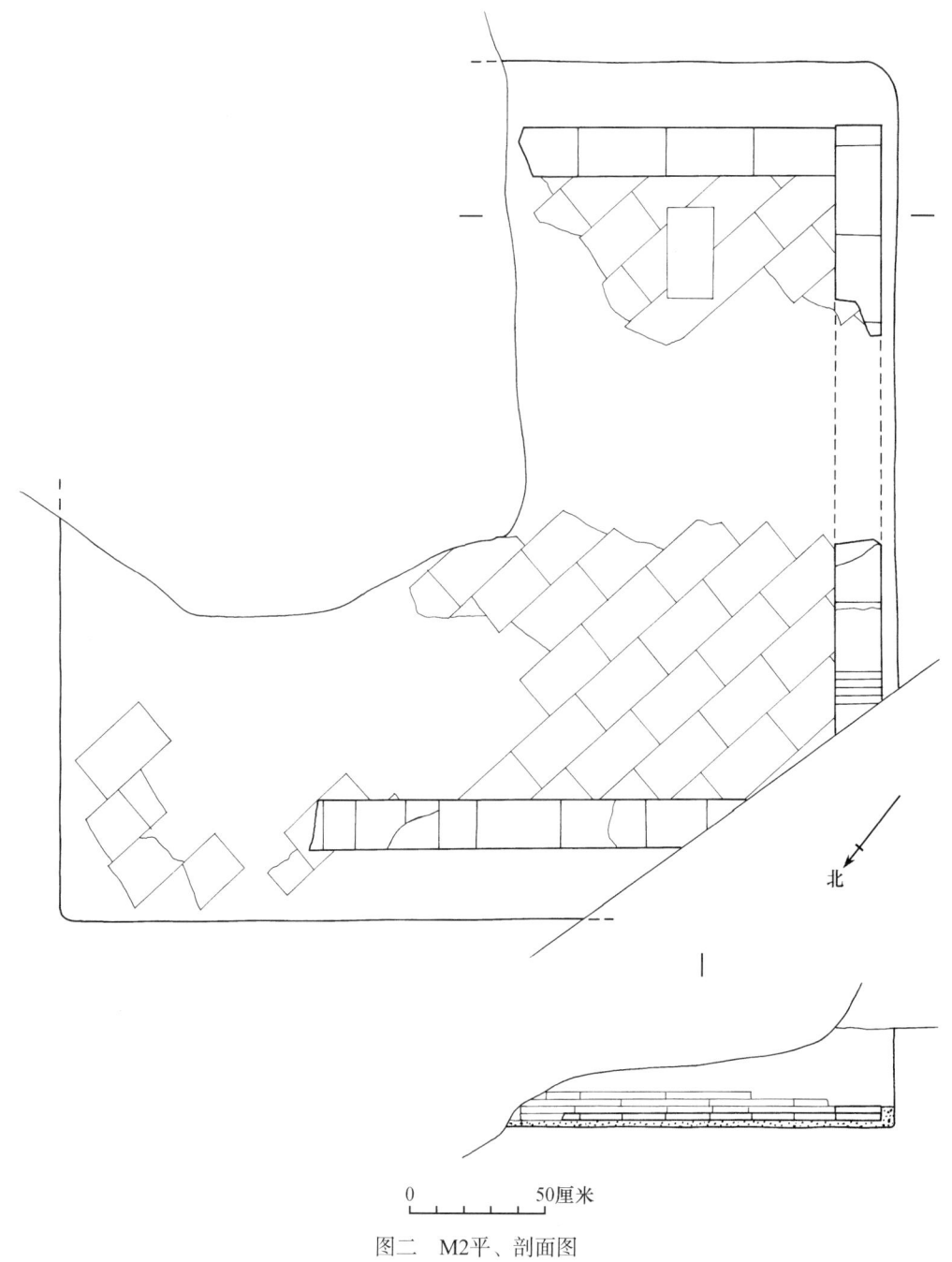

图二 M2平、剖面图

M5∶11，小框长14.3、宽6.4厘米。框内阴文模印"嘉定十年置/文寿三城砖/制干"（图六，2）。

M5∶13，小框长15.5、宽8.2厘米。框内阴文模印"新繁县/米细行纫/修城砖/制干"（图六，3）。

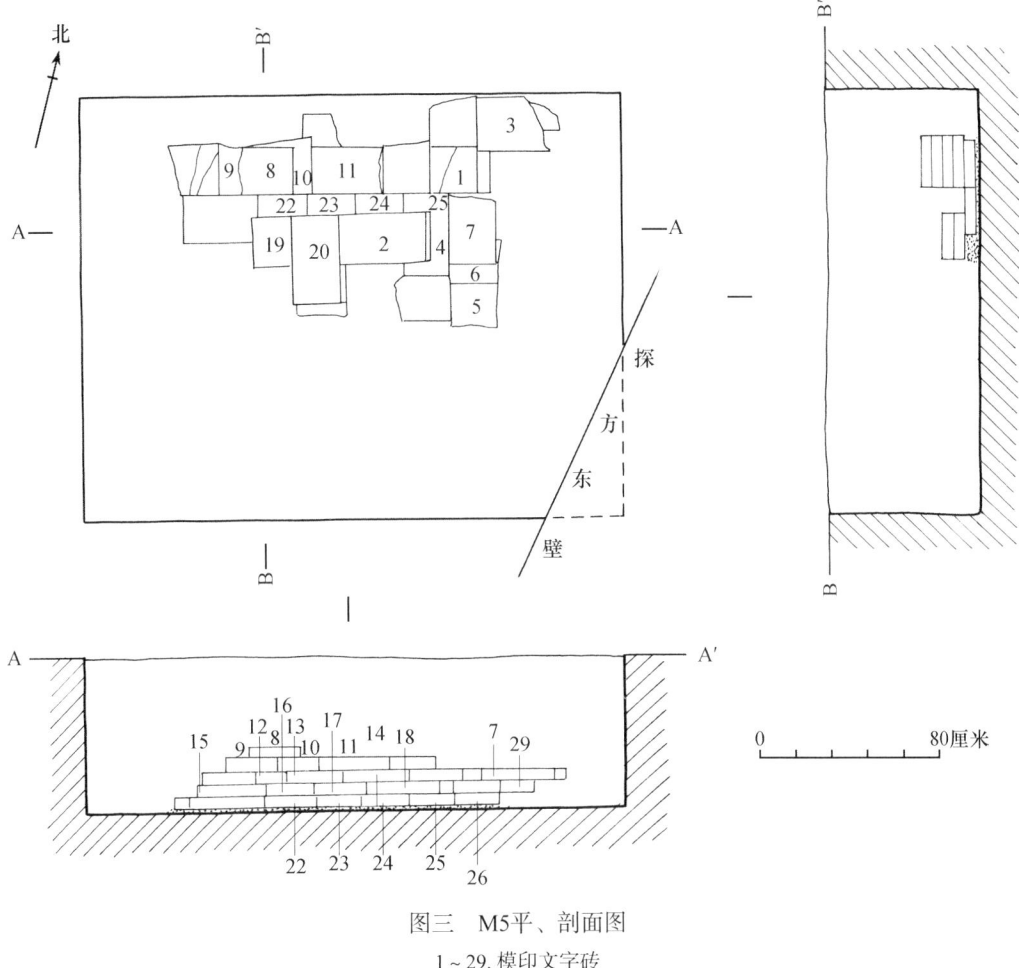

图三　M5平、剖面图
1~29. 模印文字砖

M5：14，无边框。阴文模印"郫县窑户王福孙/造修城所专样/制干"（图六，4）。

M5：15，小框长14、宽6厘米。框内阴文模印"嘉定十年置/文寿三城砖/制干"（图六，5）。

M5：16，小框长15.6、宽8.1厘米。框内阴文模印"新繁县/单□□□/修城砖/制干"（图六，6）。

M5：18，小框长14.4、宽6厘米。框内阴文模印"嘉定十年……/文……/制干"（图七，1）。

M5：20，无边框。阴文模印"郫县窑户……/造修城所专样/制干"（图七，2）。

M5：21，小框长13.4、宽6.2厘米。框内阴文模印"窑户贾长二烧造/嘉定十年分大砖"（图七，3）。

M5：23，小框残长6、宽8厘米。框内阴文模印"新繁县……/米细……/修……"

图四 M5出土模印文字砖
1. M5∶2 2. M5∶1 3. M5∶3 4. M5∶4 5. M5∶5 6. M5∶6

（图七，4）。

M5∶24，砖面磨损严重，文字无法识读（图七，5）。

M5∶26，小框残长6.8、宽6.2厘米。有界栏。阳文模印"……年贾/……砖"（图七，6）。

M5∶27，无边框。阴文模印"郫县窑户……/修城……/制干"（图八，1）。

M5∶29，小框长14.6、宽6.4厘米。框内阴文模印"嘉定十年置/文寿三城砖/制干/"（图八，2）。

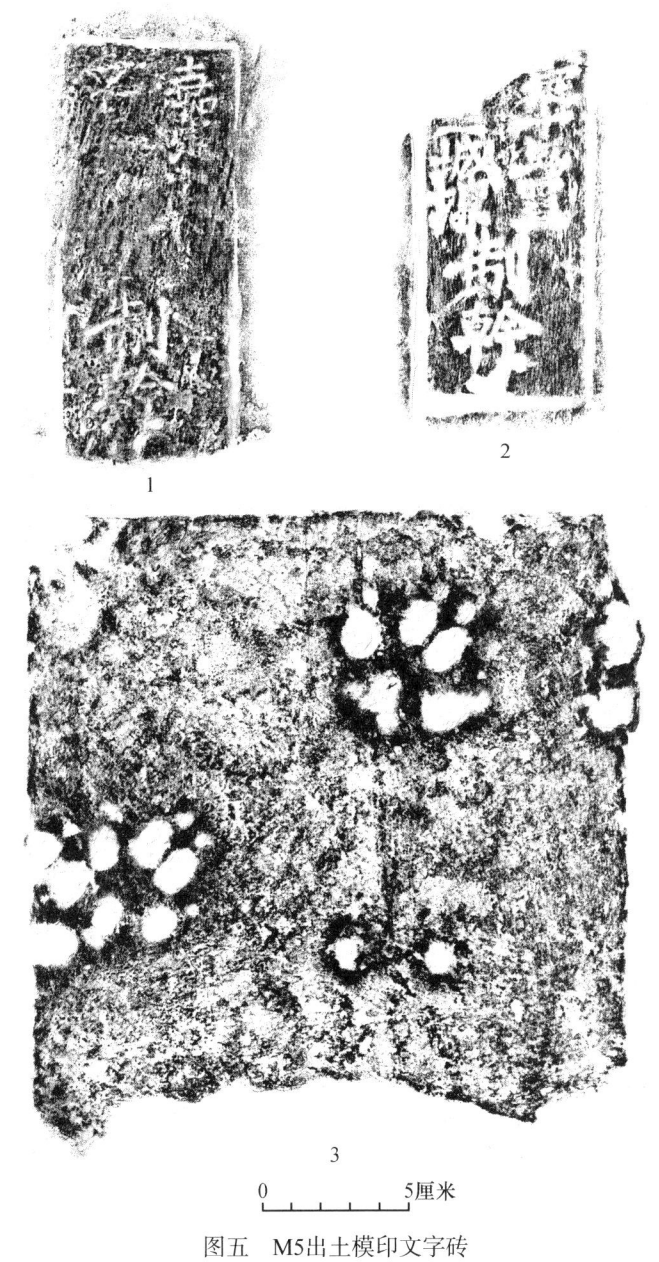

图五　M5出土模印文字砖
1. M5∶7　2. M5∶8　3. M5∶9

2. 土坑墓

有M1、M3、M4三座。均为竖穴土坑墓，坑内随葬棺椁多已腐朽，仅存炭屑痕迹。

M1　位于TN04W01中部偏东，东邻M5，北侧为M2，南邻M3。开口于第2层下。墓向315°。平面呈梯形，长2.55、宽0.72～0.9、残深1.3米。由棺室和椁室组成，椁室为

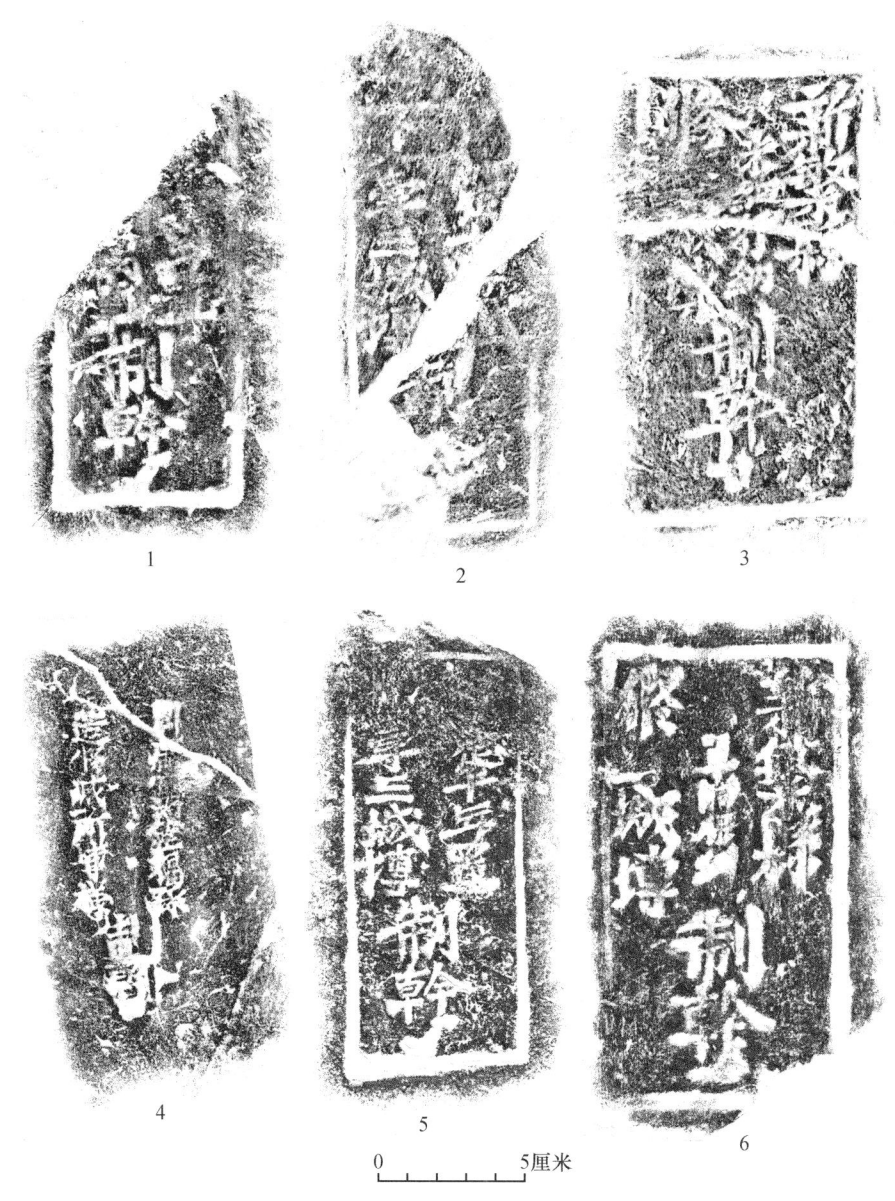

图六　M5出土模印文字砖
1. M5：10　2. M5：11　3. M5：13　4. M5：14　5. M5：15　6. M5：16

石灰浇筑，墓室两头有壁龛。墓室底部残存木棺痕迹。随葬品有陶砚台、瓷无耳罐、红砂石质墓券等（图九）。

M3　位于TN04W01中部偏东，东邻M5，北侧为M1。开口于第2层下。墓向305°。平面呈长方形，长2.55、宽0.72~0.9、残深0.56米。墓主人骨保存完好，头部枕瓦片。墓室西侧有壁龛，龛中出土随葬品2件（图一〇）。

M4　位于TN01W01东南，东半部分被隔梁叠压。开口于第2层下。平面呈长方

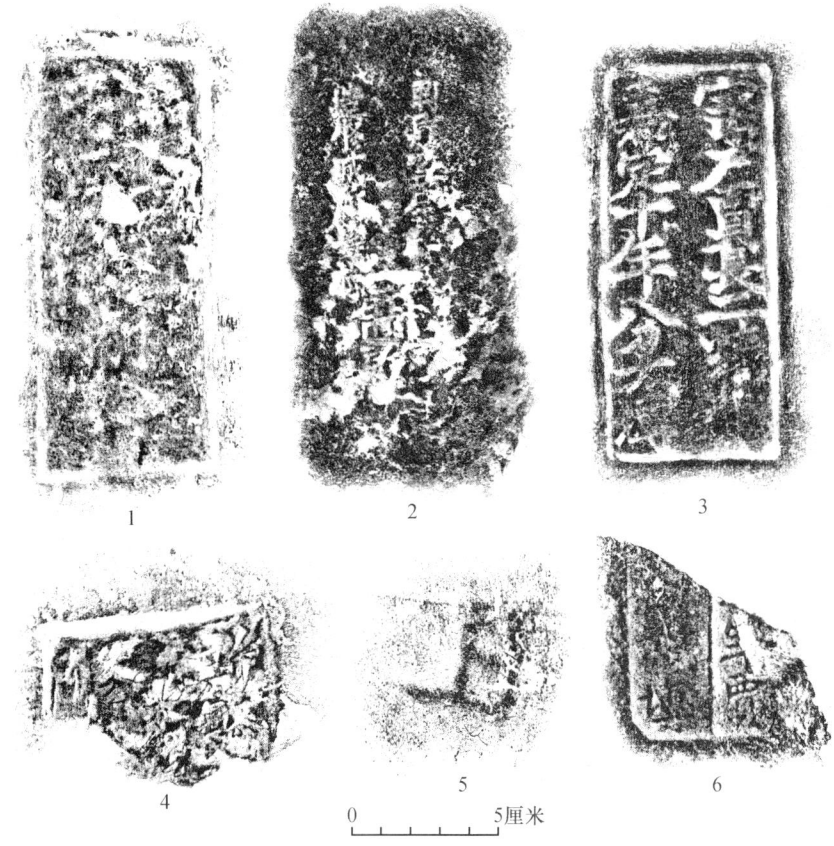

图七　M5出土模印文字砖
1. M5∶18　2. M5∶20　3. M5∶21　4. M5∶23　5. M5∶24　6. M5∶26

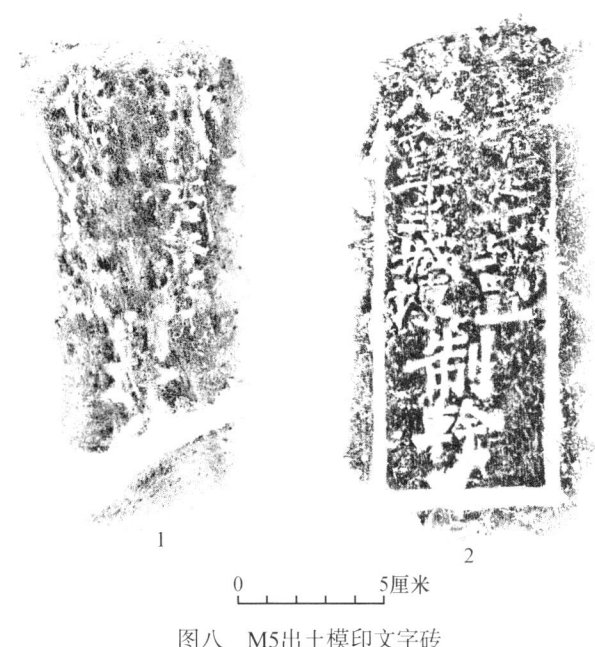

图八　M5出土模印文字砖
1. M5∶27　2. M5∶29

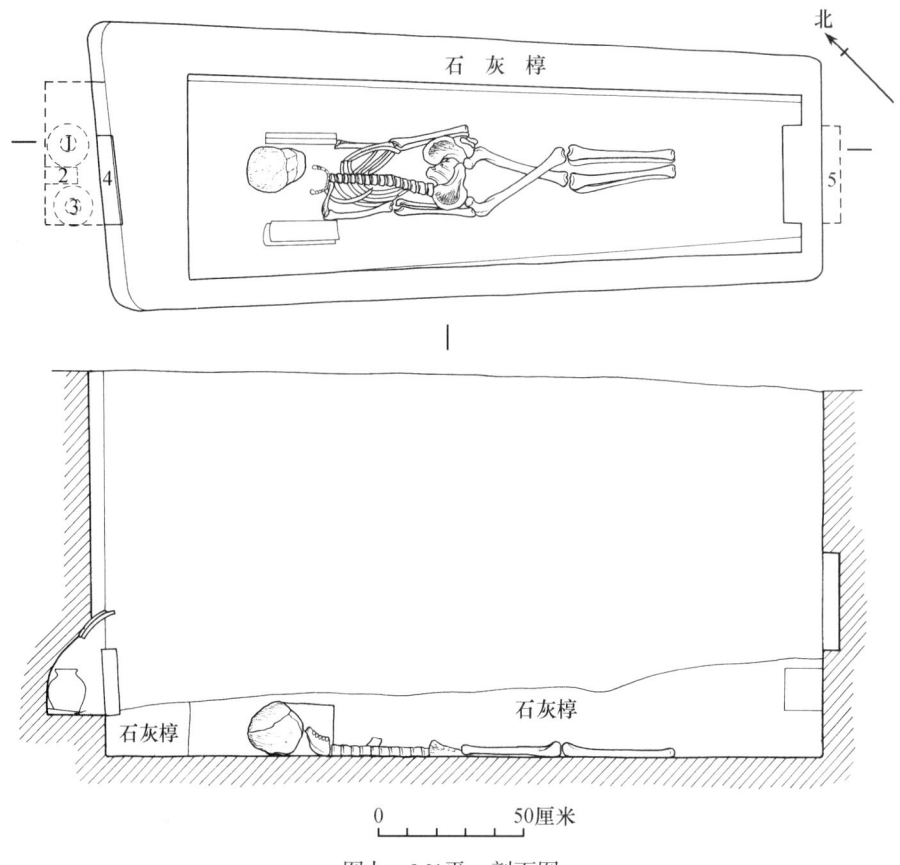

图九　M1平、剖面图
1、3.瓷无耳罐　2.陶砚台　4、5.墓券

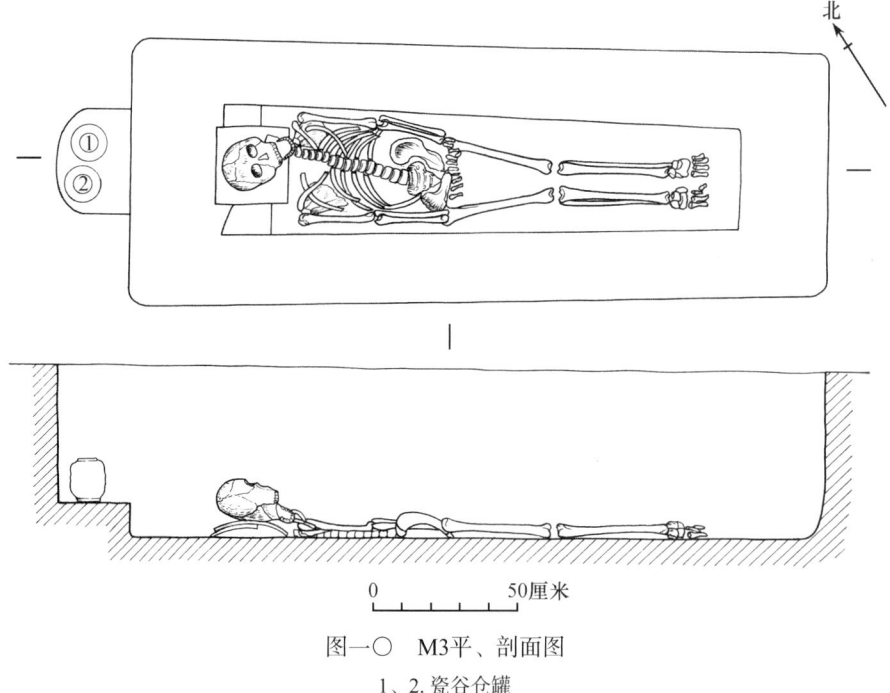

图一〇　M3平、剖面图
1、2.瓷谷仓罐

形,残长1.5、宽1、残深0.95米。由棺室和椁室组成,椁室为石灰浇筑。椁室底部残存木棺痕迹。墓室西侧出土1方红砂石质买地券,未见其他遗物(图一一)。

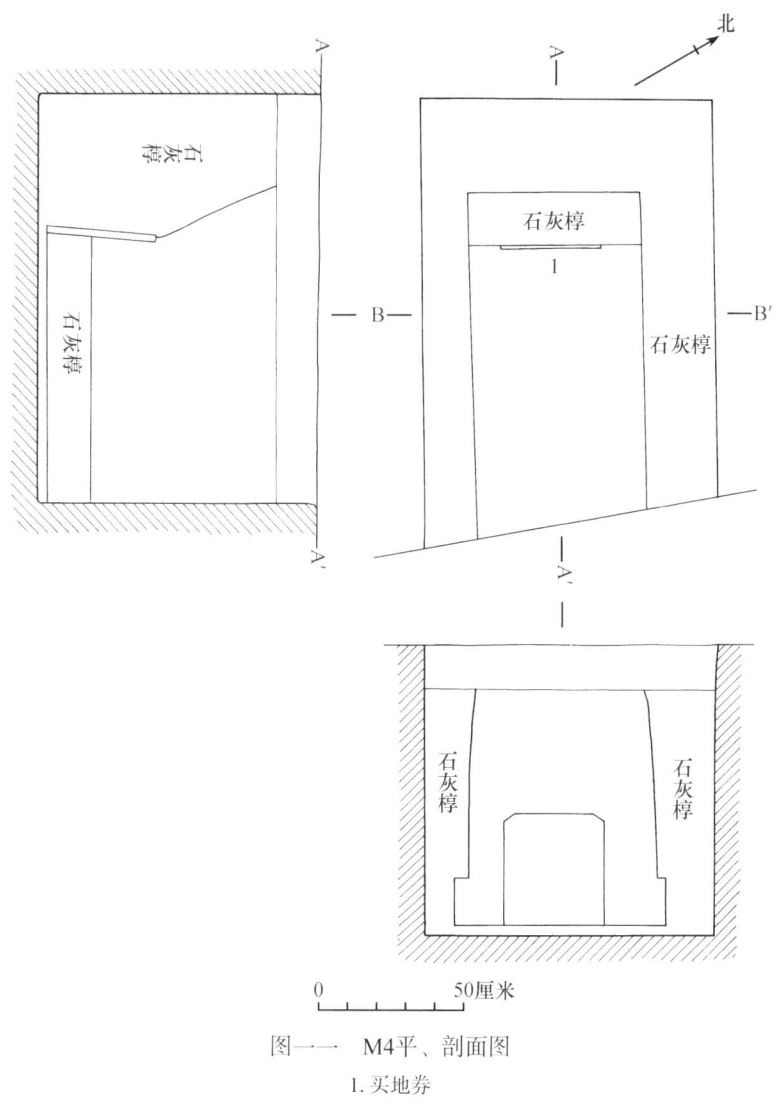

图一一 M4平、剖面图
1. 买地券

二、随葬器物

随葬器物多出土于土坑墓中,有瓷罐、陶砚台、墓券等。此外,在晚期地层中还采集到一些墓葬中的随葬品,多为瓷罐、瓷碗,与土坑墓中随葬品相近。

瓷谷仓罐 4件。敛口,圆唇,圆肩,肩部以下等距离馁束三圈,表面堆塑龙纹,最大径在腹部,圈足。M3:1,灰胎,器表除足部外皆施酱釉,有流釉现象。口径6.2、足径8.8、高14.9厘米。器盖呈盏状,砖红色胎。口径6.8、底径4.6、高1.6厘米(图一二,1)。M3:2,灰胎,器表除足部外皆施酱釉,有流釉现象。口径6.2、足径9、高15.2厘米。器盖呈盏状，砖红色胎。口径6.7、底径4.2、高1.7厘米（图一二，2）。TN05W02②：1，灰胎，器表除足部外皆施酱釉，有流釉现象。口径5.6、足径8.7~9.3、高19厘米（图一三，1）。TN05W02②：2，灰胎，器表除足部外皆施酱釉，有流釉现象。口径6、足径7.8~8.3、高18厘米（图一三，2）。

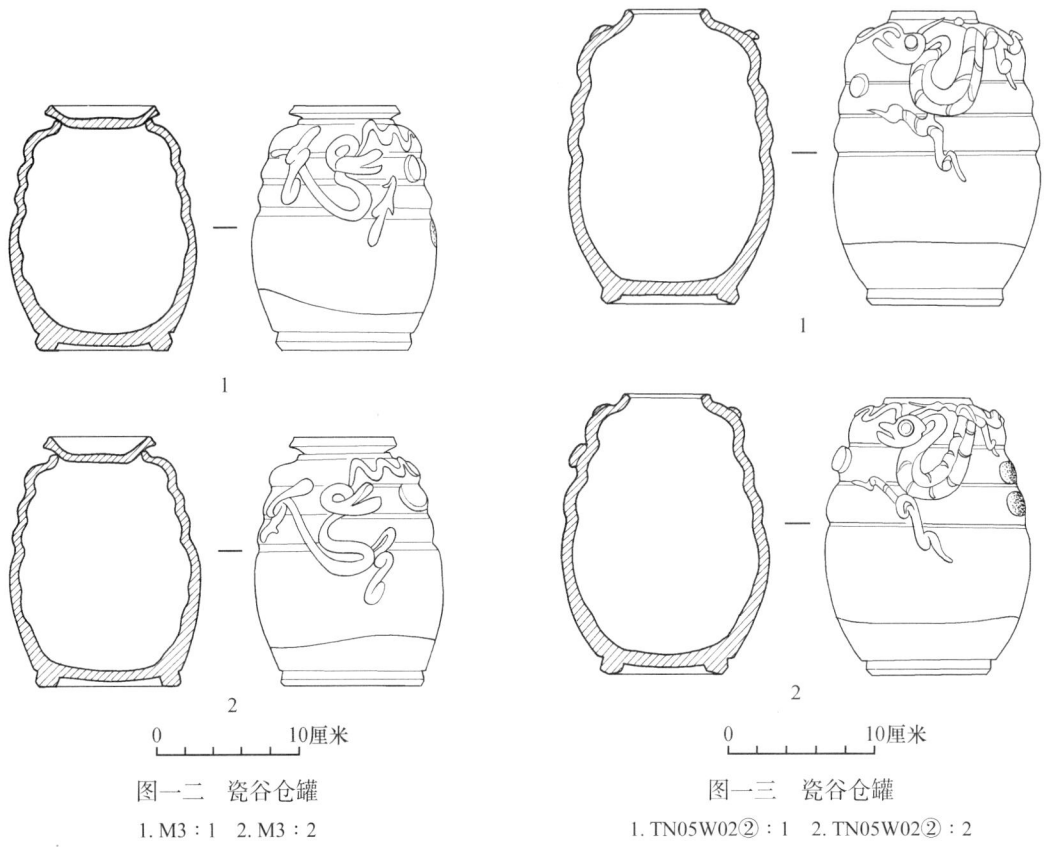

图一二　瓷谷仓罐
1. M3：1　2. M3：2

图一三　瓷谷仓罐
1. TN05W02②：1　2. TN05W02②：2

瓷无耳罐　10件。根据口部、腹部、底部等特征分为三型。

A型　5件。敞口。根据口部及腹部的不同，分为二亚型。

Aa型　4件。斜方唇，最大径在腰部，腰部有凸棱，平底内凹。M1：1，砖红色胎。腹部以上施米黄色化妆土，施青釉，大部已脱落。口径7~8.2、底径8.5、高16.5厘米（图一四，3）。M1：3，砖红色胎。腹部以上施米黄色化妆土，施青釉，大部已脱落。口径6.5~8、底径8.6、高16.8厘米（图一四，4）。TN01W01②：7，红褐色胎，腹部以上施米黄色化妆土，施青釉，大部已脱落。口径5、底径6、高11.1厘米（图一四，1）。TN01W01②：8，红褐色胎，腹部以上施米黄色化妆土，施青釉，大部已脱落。口径5、底径5.5、高12.5厘米（图一四，2）。

Ab型　1件。尖圆唇，颈部有凸棱，溜肩，弧腹，平底内凹。TN02W01②：5，砖红色胎，腹部以上施青釉，有流釉现象。口径7、底径7.8、高13.4厘米（图一五，1）。

B型　3件。直口微敞，折沿，尖圆唇，领部较矮，最大径在肩部，平底内凹。

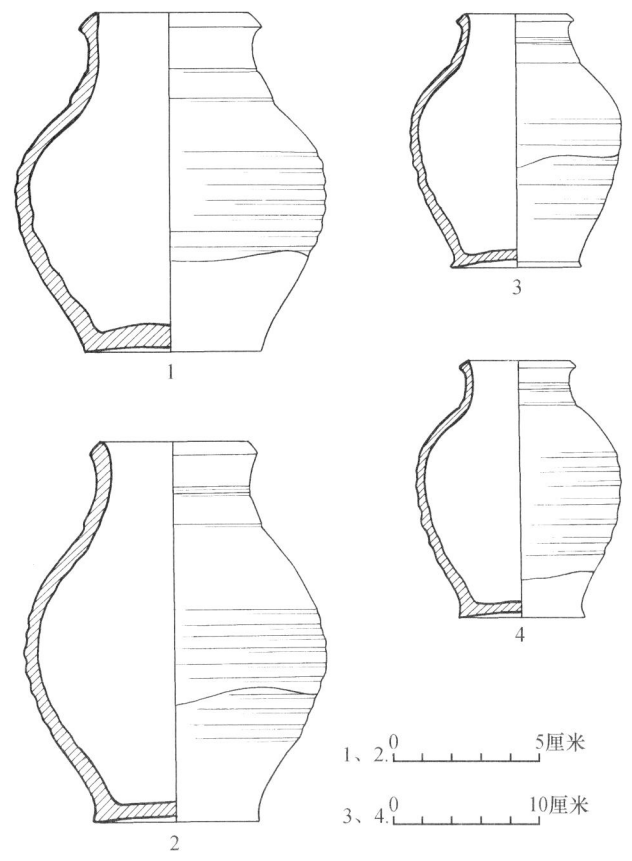

图一四 Aa型瓷无耳罐
1. TN01W01②:7 2. TN01W01②:8 3. M1:1 4. M1:3

TN02W01②:4，灰胎，腰部以上施灰白色化妆土。平底略内凹。腰部饰一周凹弦纹。口径5.3、底径6.4、高11厘米（图一五，2）。TN04W01②:6，砖红色胎，腹部以上施红褐色化妆土及青釉，有流釉现象。肩部饰一周凹弦纹。口径5.5、底径6.5、高11厘米（图一五，3）。TN04W01②:3，砖红色胎，腹部以上施红褐色化妆土及青釉，有流釉现象。肩部下饰一周凹弦纹。口径6.4、底径7、高11.8厘米（图一五，4）。

C型　2件。直口微敞，平折沿，圆唇，鼓肩，圈足。TN04W01②:2，灰胎，腹部以上施黑釉。口径11、足径7.2、高14厘米（图一六，2）。TN04W01②:1，红褐色胎，腹部以上施黑釉。口径12.5、足径8.4、高16厘米（图一六，3）。

瓷双耳罐　1件。TN02W02②:9，红褐胎，施酱黄釉，有流釉现象。敛口，平折沿，颈部较短，肩部有双耳，最大径在腰部，斜直腹，平底内凹。肩部有疑似刻字。口径10.6、底径9.2、高15.5厘米（图一六，1）。

瓷碗　2件。砖红色胎，施釉，有流釉现象。敞口，圆唇，弧腹，内底内凹，圈足，中部凸出。TN04W01②:4，口径15、足径5.1、高6厘米（图一六，4）。TN04W01②:5，口径15.5、足径5、高6.2厘米（图一六，5）。

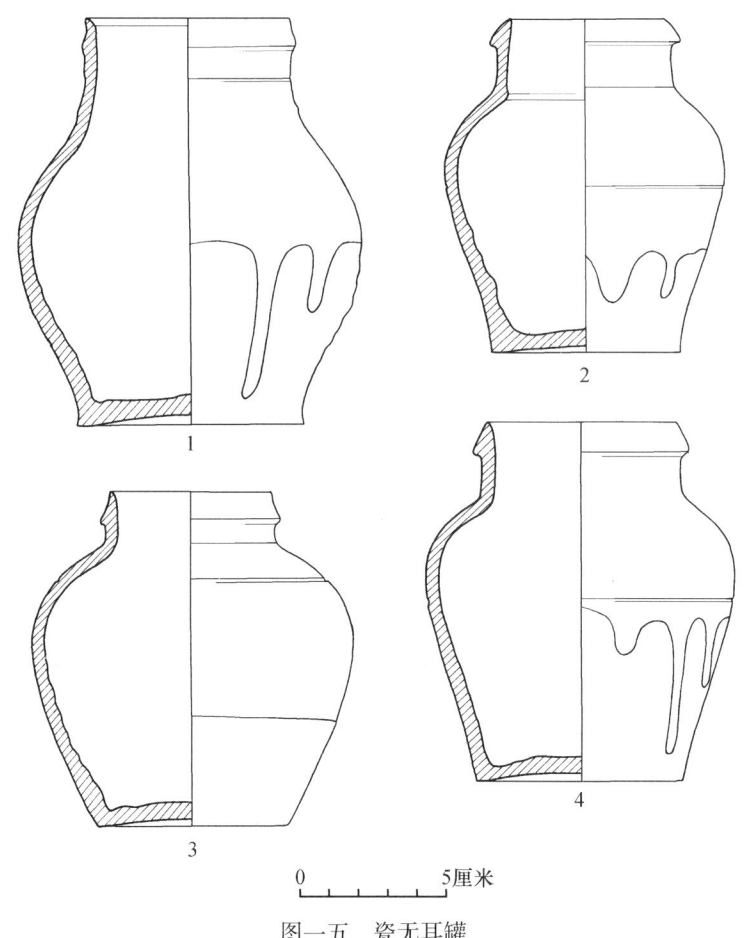

图一五　瓷无耳罐

1. Ab型（TN02W01②：5）　2～4. B型（TN02W01②：4、TN04W01②：6、TN04W01②：3）

陶砚台　1件。M1：2，泥质灰陶，黑色陶衣。正面有一长方形边框，一侧有一道凸棱将其分为两部分，墨池内凹。背面素面磨光，边缘斜削。长11、宽6.5、厚0.9厘米（图一七）。

墓券　3方。红砂石质。2方为买地券；1方表面光滑，未刻字。M1：4，买地券。正方形，边长31.2厘米。放置于墓主头部。券正面上方从右至左刻"永镇幽堂"四字，下方刻字12行，从右至左依次为"大清国四川成都府华阳县城内走马街居住奉/神受穴显妣李门王氏原命戊寅年七月二十七日子时生/相年二十四岁于辛丑年正月十四日辰时告终闻生/居华屋逝享幽堂理必悠然男牛保见处/备五彩信币钱财九九之数买到东郊迎晖门外老/古庙吉地一所今受穴显妣/迁乾山巽大利之向东至青龙南至白虎东南朱雀西北/玄武四至明白内方勾滕分劈四域丘城墓伯道路将军/司禁亭长权付河伯今将券文立置泉壤敢有伏尸自/当远道如有违孽具赴/五帝重遣施行引进代保执符准此/康熙六十年二月二十八给付显妣李门王氏正魂执用"（图一八）。券背面未磨光，有凿痕。M1：5，墓券。正方形，边长32厘米。放置于后壁壁龛内。表面磨光，素面，背面有凿痕。

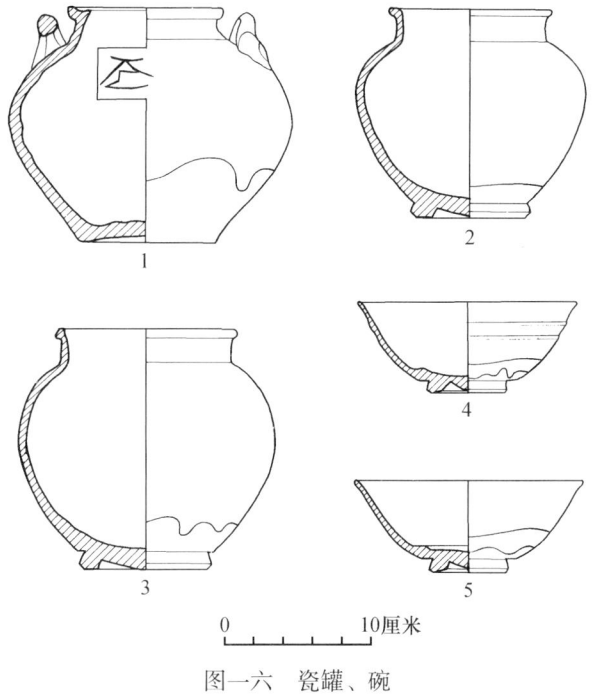

图一六 瓷罐、碗

1. 双耳罐（TN02W02②∶9） 2、3. C型无耳罐（TN04W01②∶2、TN04W01②∶1） 4、5. 碗（TN04W01②∶4、TN04W01②∶5）

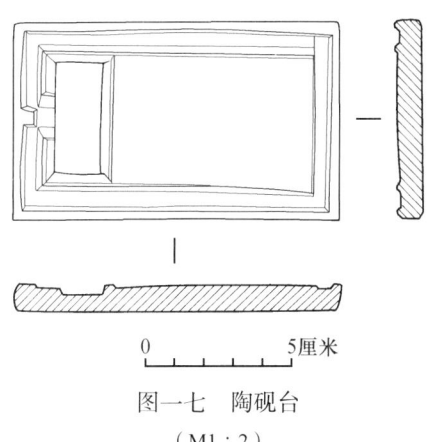

图一七 陶砚台
（M1∶2）

M4∶1，买地券。长方形，上部两角为斜边，长36.2、宽33.4厘米。券正面从右至左刻字16行，依次为"维大明嘉靖□□岁次戊□□辛未朔二十六日丙□□/旦四川蜀府仪卫□刘所寓中和门内正街居奉/神祭祀买地亡人邓瑞之魂存阳丙午相十一月二十八日/戌时生系本街生长人氏享年五十三岁卒于嘉靖十七年/六月三十日巳时分身故□□逝亭柩未葬今卜山冈迁/成幽宅夫道大利用八月二十六日安葬当备信钱九万九千/贯文买到吉地一穴其地四至分明左至青龙右至白虎前至朱雀后至玄武中□□人内方勾陈当分擘四域丘丞墓/伯封步界□道路将军齐整阡陌致使千秋百载永无殃咎/安厝已后永保□吉地中

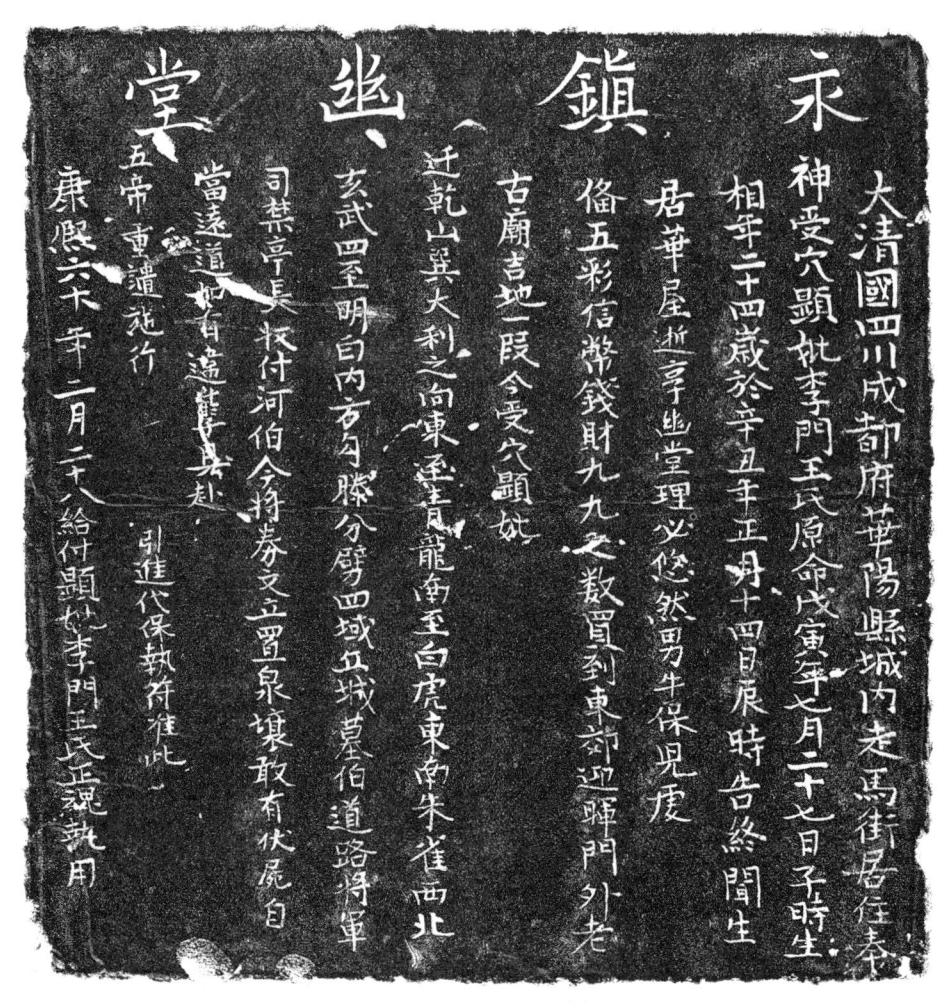

图一八 M1出土买地券正面
（M1∶4）

知见人岁月主代保人今日直符故气/斜精不得干咎先有居者永避百里若违此约地府主吏自当□/事□荫□主内外存亡悉皆安吉急急如/五帝使者女青律令券立二本一本奉/山川后土之神□给付墓中亡人邓瑞正性魂魄付/□□□打□□永□执照永不侵争谨券"（图一九）。券背面有八卦，中央刻"正穴券"三字，左侧刻"合同□□□□□"等字，均为字右半（图二○）。

三、年代判断

十一街遗址中，M1和M4都出土了买地券，为判断年代提供了准确的依据。M1年代为康熙六十年（1721年），M4年代为嘉靖年间（1522～1566年）。

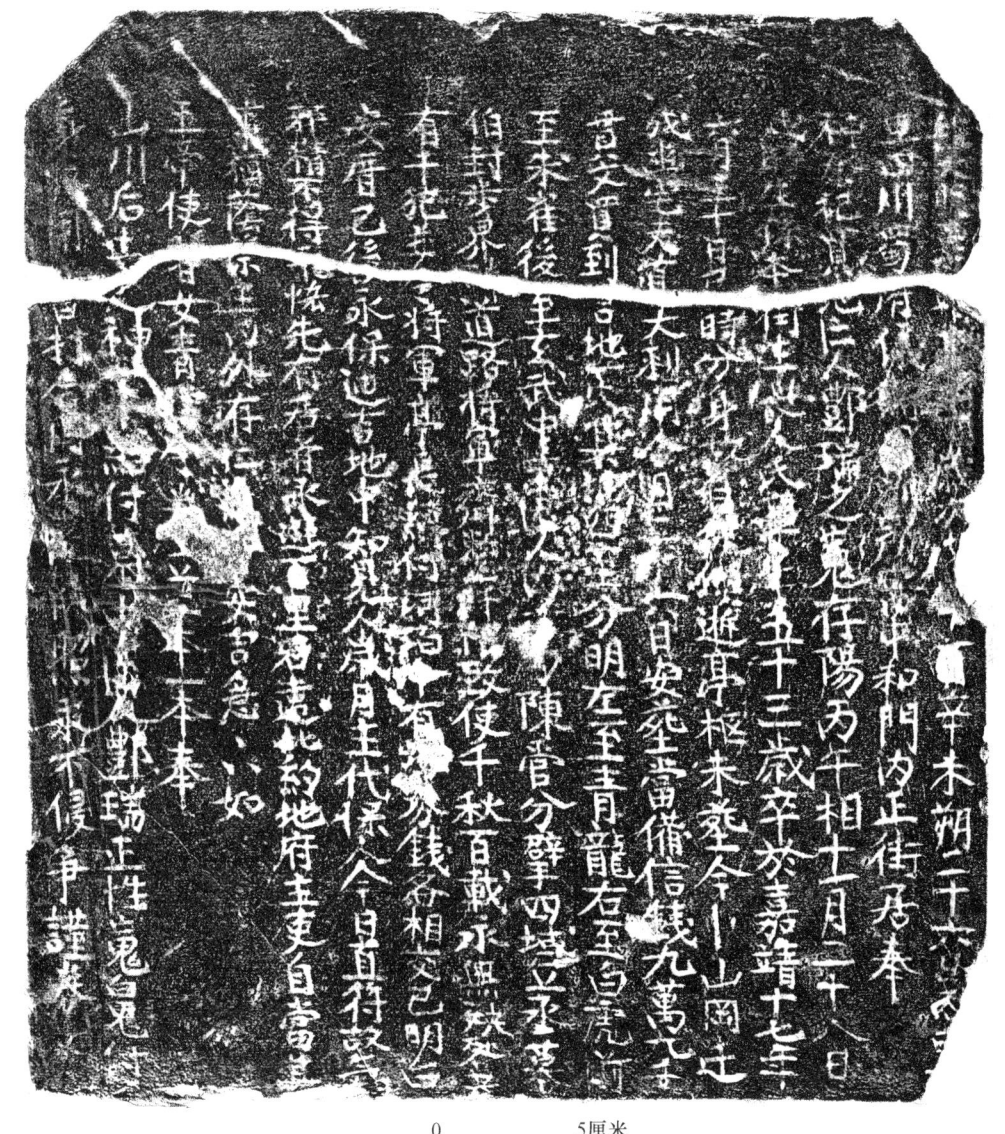

图一九 M4出土买地券正面
(M4:1)

M2、M5均为砖室墓。M2开口于第3层下，墓底铺砖为错缝平铺，是唐宋时期较为常见的样式。由于墓葬中未出土器物，故通过地层及墓葬形制大致推测M2为唐宋时期。M5用砖多为碎砖，砖室残缺不全，用砖多为城墙砖，且多有"嘉定十年"纪年，故墓葬的上限为嘉定十年（1217年）。墓葬较小，可能为火葬墓，结合地层关系等因素推测M5时代可能在宋元时期。M3为土坑墓，有头龛，《荣县乌龟颈明代墓群清理简报》认为明代早期墓葬均有头龛，中晚期则没有头龛[1]。出土谷仓罐与新津老虎山出土Ac型谷仓罐[2]相近，因此M3的年代在明代早期。

图二〇　M4出土买地券背面
（M4∶1）

四、相关历史研究

此次发掘，最重要的发现就属M5中出土的"嘉定十年"城墙砖，再次以出土实物补充了文献对成都城池建设史的缺漏记载。城墙砖从生产、使用到废弃需要一个长期的过程，这个过程恰好反映了宋元时期重要的历史事件。

宋代特别是南宋时期，成都城池修建尤为频繁，这与当时的政治、军事背景密切相关，史料中明确记录城建活动共计六次：第一次为仁宗皇祐五年（1053年），益州知州程戡"完城浚池自固"[3]；第二次为高宗建炎元年（1127年），成都知府卢法原"奉诏筑罗城……城周二十五里三百六步，高二丈二尺，广二丈八尺，用工四十六万有奇"[4]；第三次为高宗绍兴年间（1131～1162年），四川制置使李缪"以成都旧城多毁圮，首命修筑"[5]；第四次为高宗绍兴二十九年（1159年），四川制置使、成都知府王刚中修缮罗城，"城比旧凡周四千六百丈有几，雉堞庄严，沟池深阻，气象环合，顿成雄奥"[6]；第五次为孝宗乾道年间（1165～1173年），范成大帅蜀，"亦复营葺"[7]，淳熙年间（1174～1189年）又修补子城[8]；第六次发生在宋蒙战争爆发后，因遭受丙申之陷，成都全城已破败不堪，理宗淳祐元年（1241年）春，新任四川制置使陈隆之在旧城基础上"复立其城"[9]。

嘉定十年（1217年）四月，金廷以宋不纳岁币为由，悍然发动了侵夺宋长江以北疆土的战争，以弥补其被蒙古攻占的北方领地，是宋金关系史上的重要转折点之一。金军在西线进犯川陕边境上的大散关等据点，欲打开进入四川的通道。宋宁宗为稳定四川局势，旋即诏令四川制置使董居谊"酌量缓急，便宜行事"。至十一月，金陕西行省胥鼎分兵三路由秦州、巩州、凤翔府南进。十二月，陕西金军已攻破宋天水军、白环堡等地。次年二月，又取大散关，拔皂角堡，南宋军民死者数万人。在被动防御的境况下，加强成都府城一带的防御、缮葺城池营垒无疑成为当时的紧急军务。

这批"嘉定十年"的城砖，或许就是在这样的背景和需求下烧造出来的。而宋代城郭用砖往往耗费巨大，南宋末年李曾伯等修建桂州城，前后四次的用砖量高达两千零六十三万五千二百八十二块（片），地方政府常采用摊派的方式筹集砖材等物料。M5:2、M5:13、M5:14、M5:16、M5:20、M5:23等若干标本均记有"新繁县""郫县""制干"等字样，表明城砖中的一部分应是在四川制置使司的直接督办下，由成都府所辖各县烧造的。由于时间紧，任务繁重，各县又分配给私窑烧造，导致墙砖质量不一，模印铭文时也不规范。

旋即爆发的宋蒙（元）战争，又使成都一带数度成为两军拉锯争夺的战场。成都府路地处川西平原，路内大部分区域地势平坦，无险可守。宋蒙战争初期，蒙军多次入侵成都府路，民众被屠戮，州县荒芜。1236年，阔端率大军攻破成都，成都失陷。宋臣吴昌裔在奏疏中说："昔日通都大邑，今为瓦砾之场；昔之沃壤奥区，今为膏血之野。青烟弥路，白骨成丘，哀恸贯心，疮痍满目。譬如人之一身，命脉垂绝，形神俱离，仅存一缕之气息而已。"[10]理宗淳祐元年春，新任四川制置使陈隆之在旧城基础上"复立其城"。1241年，蒙古军再次突入成都城内。1243年始，余玠治蜀，迁成都府于云顶城。理宗景定元年（1260年）至度宗咸淳九年（1273年）的十三年间，退守嘉定（今四川乐山）的宋军前后七次进攻成都，并在最后一次进攻中给元朝统治者以较沉重的打击。此次对宋作战的失利引起元世祖忽必烈的高度重视，其遣人向李忽兰吉问及成都失利的原因和今后的措置之方，李忽兰吉奏曰："初立成都，惟建子城，军民止于外城，别无城壁。宋军乘虚来攻，失于不备，军官皆年少不经事之人，以此失利。西川地旷人稀，宜修置城寨，以备不虞。"由此可知，罗城的城墙在南宋末年因遭受战火已破坏殆尽。

以2009年发掘的成都清安街恒锦地点为例，解剖揭露了宋、元、清三个时期的城墙夯土和包砌砖石部分。宋代墙体（Q3）直接叠压于元代城墙最底部夯层之下，填土质地杂乱，包含大量的砖瓦、陶瓷残片等当时的建筑和生活垃圾，墙体外侧的包砖仅为单层，且大多为重复利用的破碎砖块，可见修建时的随意性较强。结合出土瓷片反映的时代特征，发掘者推测该段宋代城墙的建造年代约在南宋中、后期，可能属于宋蒙战争期间一次仓促临时的筑城活动所为。此次"嘉定十年"城砖的发现，再次以出土实物补充了文献对成都城池建设史的缺漏记载。

发掘与整理：李继超　易　立　江　滔
拓片：严　彬
绘图：李福秀
执笔：江　滔　易　立

注　释

[1]　邵彬：《荣县乌龟颈明代墓群清理简报》，《四川文物》1992年第6期。

[2]　成都文物考古研究所、新津县文物管理所：《新津县老虎山宋明墓葬发掘简报》，《成都考古发现》（2013），科学出版社，2015年。

[3]　《宋史》卷二百九十二，中华书局，1977年，第28册，第9756页。

[4]　（宋）李心传：《建炎以来系年要录》卷十三，中华书局，1956年，第292页。

[5]　《宋史》卷三百七十七，中华书局，1977年，第33册，第11655页。

[6]　（宋）冯特行：《罗城记》，《成都文类》卷二十四，中华书局，2011年，第505页。

[7]　（清）顾祖禹撰，贺次君、施和金点校：《读史方舆纪要》卷六十七，中华书局，2005年，第6册，第3137页。

[8]　（明）刘大谟、杨慎等：《嘉靖四川总志》卷一《蜀府》，《北京图书馆古籍珍本丛刊》（42），书目文献出版社，1988年，第15页。

[9]　（清）胡聘之：《山右石刻丛编》卷二十四，《历代碑志丛书》，江苏古籍出版社，1998年，第16册，第8页。

[10]　（宋）吴昌裔：《论救蜀四事疏》，《宋代蜀文辑存》卷八十四，北京图书馆出版社，2005年，第657页。

大邑县张祠堂遗址发掘简报

成都文物考古研究院
大邑县文物管理所

张祠堂遗址位于四川省成都市大邑县新场镇双井村11组，东距大邑县城约13千米。地理坐标为东经103°23′46″、北纬30°33′42″，海拔约570米（图一）。遗址位于山坳里村落边一处较平的台地上，地表种植有玉米、辣椒、南瓜等作物。为配合蒲都高速公路大邑段的施工，成都文物考古研究院和大邑县文物管理所于2017年8月中旬至2017年9月中旬对遗址进行了发掘，依地势共布10米×10米探方4个，发掘面积400平方米。

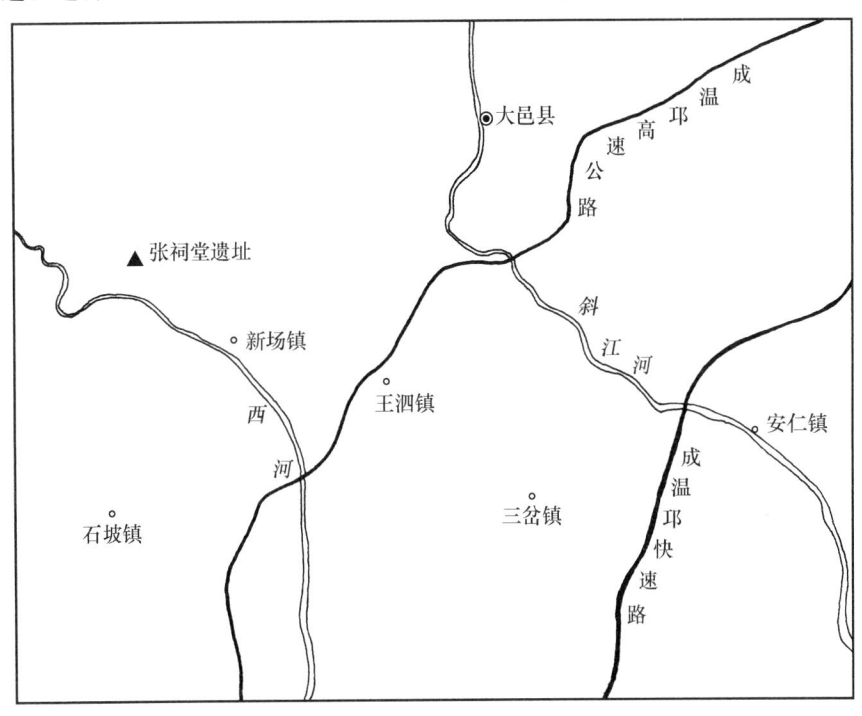

图一 遗址位置示意图

一、地层堆积

遗址地层堆积较为简单，未发现清代及以前的遗迹现象。以T4北壁为例，介绍该遗址地层情况如下（图二）。

第1层：灰褐色土，土质疏松，包含少量炭灰、植物根茎、现代砖块等。在发掘区

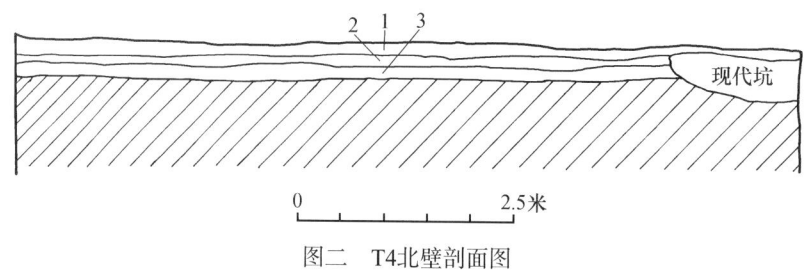

图二　T4北壁剖面图

水平分布，厚0.1～0.2米。耕土层。

第2层：黑褐色土，土质疏松，包含较多炭灰，出有现代瓷片、石块、塑料等。在发掘区水平分布，厚0.1～0.15米。现代地层。

第3层：黄褐色土，土质较黏，包含少量炭灰、红烧土颗粒等。在发掘区水平分布，厚0.15～0.2米。出土物以瓷片为主，另有少量红砂石残块、瓦片等，为清代地层。

第3层以下为生土。

二、出土遗物

遗址中的出土物以瓷器为主，另有少量石器，瓷器主要有青花瓷、粉彩瓷、青瓷、绿釉瓷、酱釉瓷、黑釉瓷器等。

1. 青花瓷器

可辨器形有碗、盘、杯、鼻烟壶等。

碗　20件。圆唇。根据口部的不同，分为二型。

A型　16件。敞口。根据口径大小，分为二亚型。

Aa型　12件。口径较大。T1③：13，白胎较细腻，满挂釉，白釉泛蓝，青花呈浅蓝色调，内外壁均满饰用弦纹和曲线隔开的灵芝纹和折枝花卉纹。弧腹，底残。外壁上有锔瓷留下的小坑。口径17.6、残高5.3厘米（图三，3）。T3③：10，白胎较细腻，满挂釉，白釉泛蓝，青花呈深蓝色调，内外壁均满饰用弦纹和曲线隔开的灵芝纹和折枝花卉纹，内壁近底处饰一周葵纹。弧腹，底残。外壁上有锔瓷留下的小坑。口径18.2、残高6.5厘米（图三，2）。T4③：8，胎较细腻，满挂釉，白釉略泛灰，青花呈灰蓝色调，内壁近口处饰一周弦纹，外壁近口处饰三周弦纹和一周细线组合纹饰，近底处饰一周蕉叶纹。弧腹，底残。残高4.5厘米（图三，4）。

Ab型　4件。口径较小。T2③：9，白胎较细腻，满挂釉，白釉略泛蓝，青花呈深蓝色调，内壁口部饰两周弦纹，外壁口部饰一周弦纹，腹部饰葵花纹。弧腹，腹部以下残。口径12、残高3.3厘米（图三，5）。

B型　4件。撇口。T3③：9，白胎较细腻，满挂釉，白釉略泛青，青花呈灰蓝色调，内外壁皆为用青料点画的不规则图案。弧腹。口径15、残高4厘米（图三，1）。

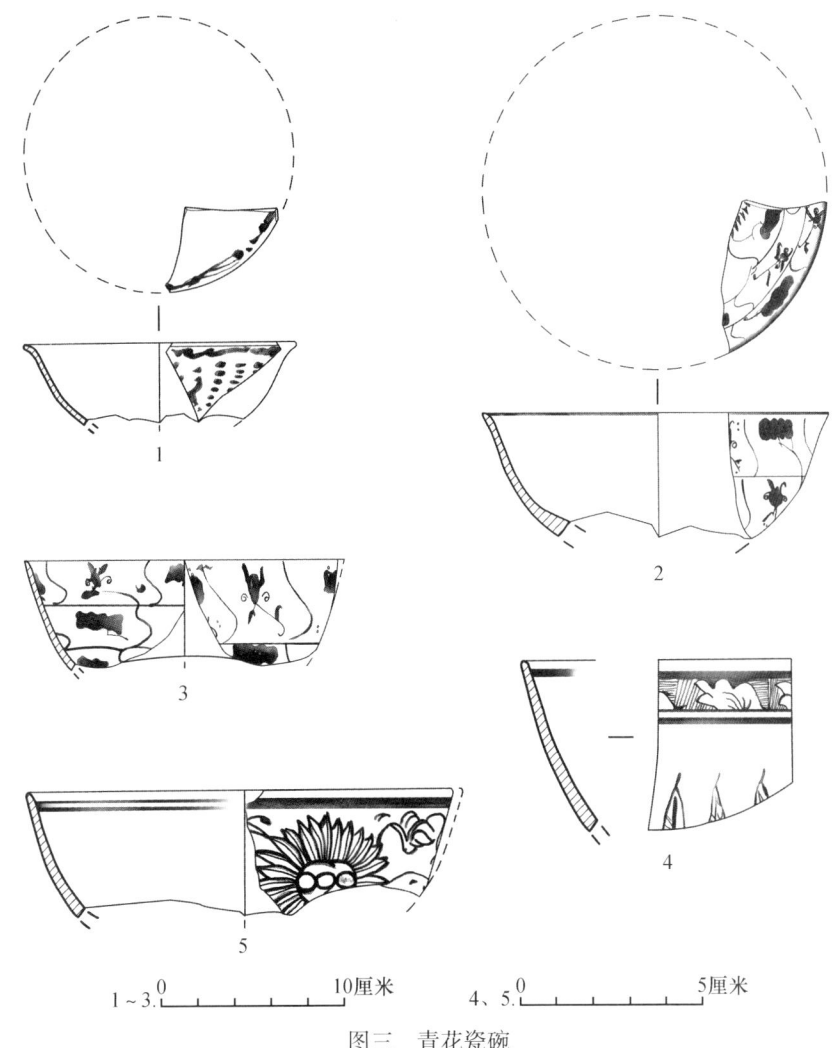

图三 青花瓷碗

1. B型（T3③：9） 2~4. Aa型（T3③：10、T1③：13、T4③：8） 5. Ab型（T2③：9）

盘 11件。敞口，圆唇，斜弧腹，平底，矮圈足。根据胎骨厚薄，分为二型。

A型 10件。胎薄。T3③：11，白胎较细腻，满挂釉，白釉泛蓝，青花呈深蓝色调，唇部饰一周弦纹，内壁满饰用弧线隔开的灵芝纹和折枝花卉纹，近底处饰一周葵纹，底中央为一折枝花卉，外壁饰折枝花卉，外底近圈足处饰两周弦纹，正中为一方形花押，底外侧有点刻的"人"字。口径19.4、足径13、高3.2厘米（图四，1；图版一五，1~3）。T1③：15，白胎较细腻，除足下缘无釉外满挂釉，白釉泛蓝，青花呈浅蓝色调，唇部饰一周弦纹，内壁满饰用弦纹和弧线隔开的灵芝纹和折枝花卉纹，外壁近底处饰两周弦纹。残高3厘米（图四，3）。

B型 1件。胎厚。T1③：14，白胎较粗糙，白釉泛灰，釉面粗糙有孔洞，圈足下缘无釉，内底有涩圈，其余部分满釉，青花呈灰蓝色调，唇部饰一周较宽的弦纹，内壁

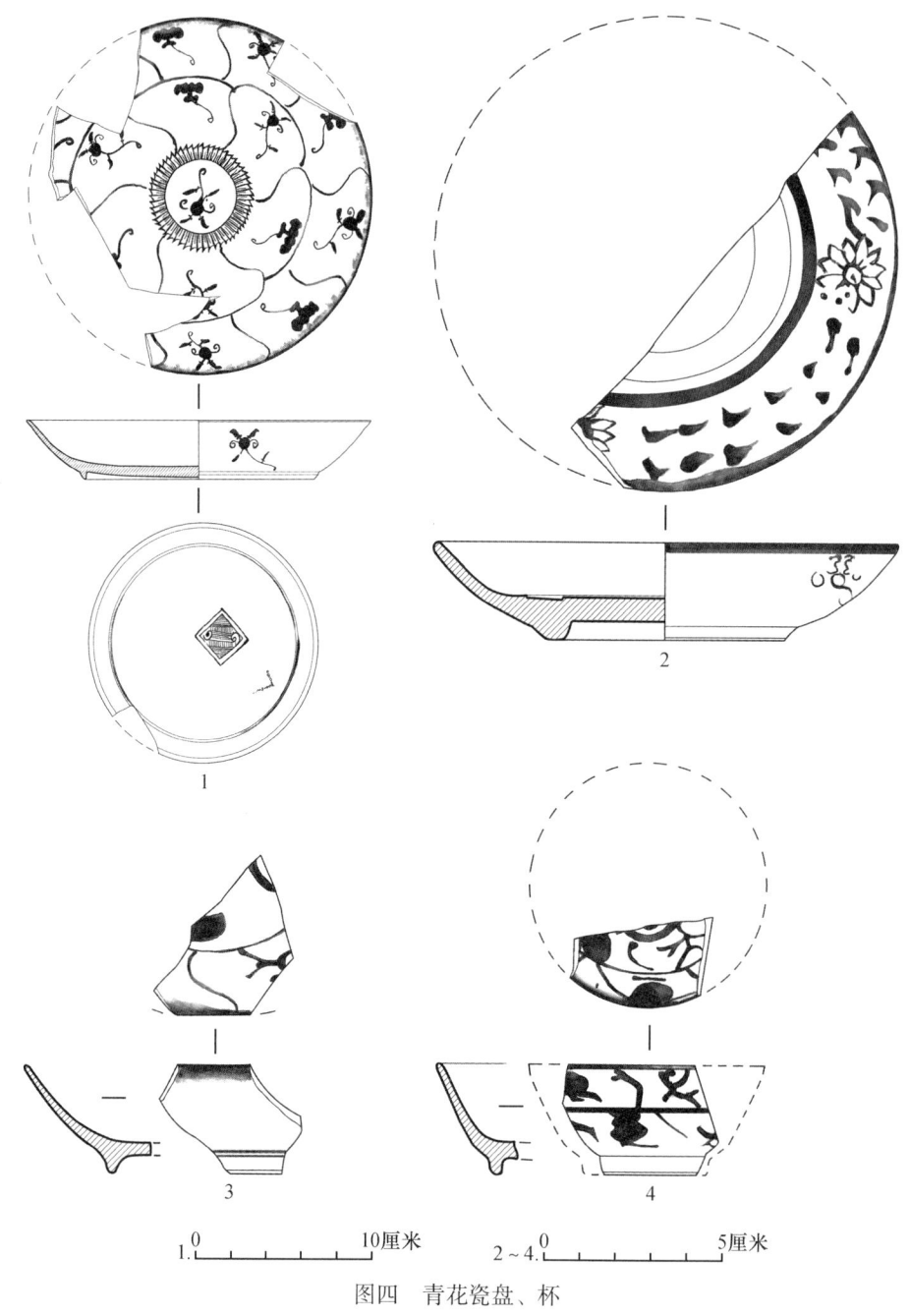

图四　青花瓷盘、杯

1、3. A型盘（T3③：11、T1③：15）　2. B型盘（T1③：14）　4. 杯（T2③：8）

近底处饰一周弦纹，弦纹以上饰葵花纹和点状纹饰，外壁饰折枝花卉纹。口径13.2、足径6.8、高2.7厘米（图四，2）。

杯　3件。圆唇，斜腹，矮圈足。T2③：8，白胎较细腻，满挂釉，白釉泛蓝，青花呈深蓝色调，内外壁满饰用弦纹和弧线隔开的较为抽象的灵芝纹和折枝花卉纹。口径

6.6、足径3.5、残高3厘米（图四，4）。C：1，白胎较细腻，白釉泛蓝，外底及圈足内侧、圈足下缘无釉，其余部分满釉，青花呈深蓝色调，唇部饰一周弦纹，内壁近底处饰两周弦纹，内底正中为一点线组合纹饰，外壁满饰用弦纹和弧线隔开的较为抽象的灵芝纹和折枝花卉纹。口径5.5、足径2.6、高2.8厘米（图五，1）。

鼻烟壶　1件。T1③：10，白胎较细腻，内壁无釉，外壁满挂釉，圈足内侧及外底

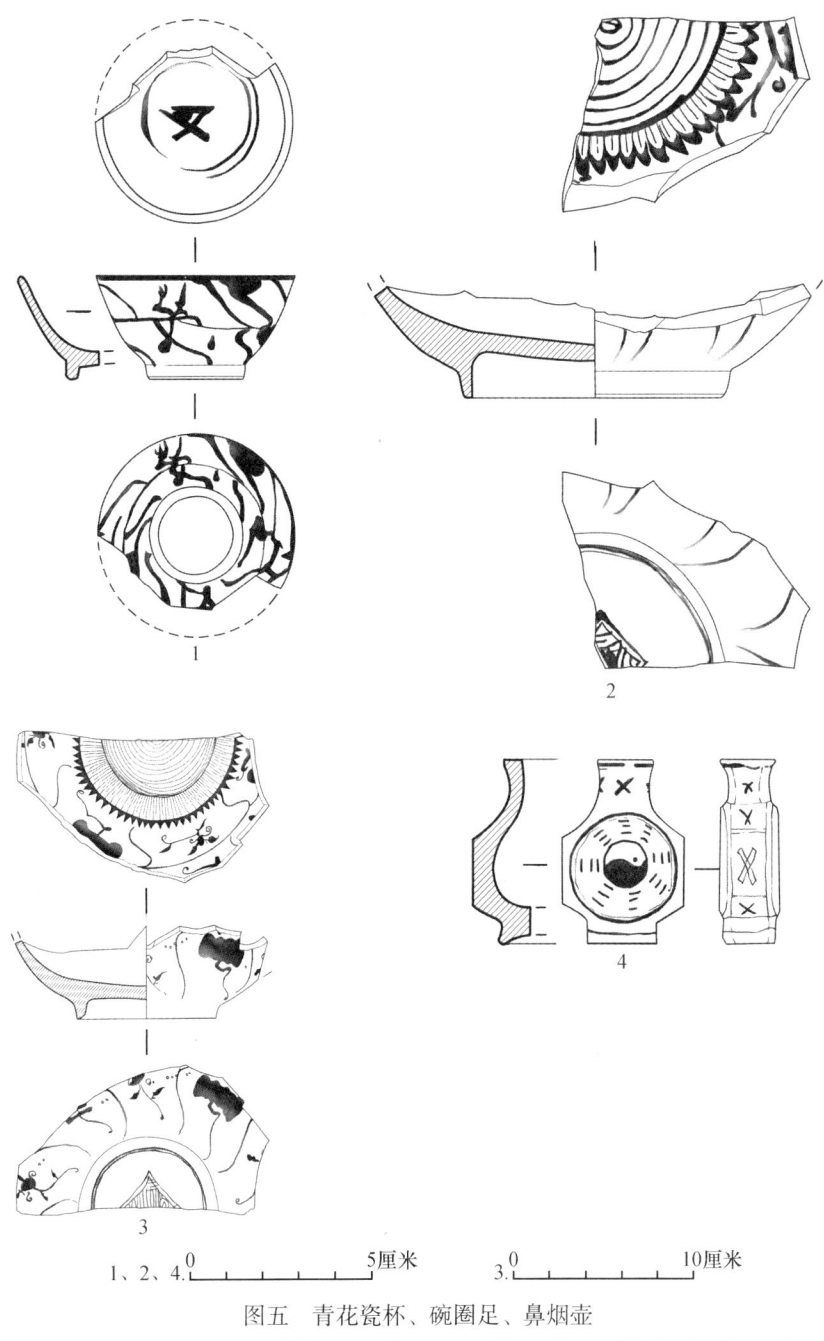

图五　青花瓷杯、碗圈足、鼻烟壶

1.杯（C：1）　2、3.Aa型碗圈足（T1③：12、T3③：14）　4.鼻烟壶（T1③：10）

沾有灰渣，青花呈浅蓝色调，唇部及圈足上各饰一周弦纹，正面饰阴阳八卦图案，颈部及侧面饰"×"形纹饰。方唇，高领，斜肩，直腹，矮圈足。口径1.5、腹最宽3.4、足最大径1.9、高5、厚1.7厘米（图五，4；图版一五，4）。

圈足　38件。其中盘圈足2件，均很矮，底平，足径大；其余36件圈足应为碗圈足。根据碗圈足下缘特征，分为四型。

A型　20件。足下缘较尖锐。根据足径大小，分为二亚型。

Aa型　15件。足径较大。T1③：12，白胎较细腻，除圈足下缘无釉外满挂釉，釉面略泛蓝，青花呈深蓝色调，内底中央饰同心圆纹，同心圆外侧为一周葵纹，腹内壁饰折枝花卉纹，外壁可见用青料勾勒的弧线，外底和圈足内侧交界处饰两周弦纹，中央有一方形花押。底以上残，底略下凹，圈足壁较直。足径7.2、残高3厘米（图五，2）。T3③：14，白胎较细腻，除圈足下缘无釉外满挂釉，釉面略泛蓝，青花呈浅蓝色调，内底中央饰同心圆纹，同心圆外侧为一周葵纹，内外腹壁均满饰用弧线隔开的灵芝纹和折枝花卉纹，外底与圈足内壁交界处饰两周弦纹，正中有一方形花押。腹以上残，弧腹，底微下凹，圈足壁直。腹外壁上可见锔瓷留下的小坑。足径7.5、残高4.8厘米（图五，3）。

Ab型　5件。足径较小。T3③：13，白胎较细腻，除圈足下缘无釉外满挂釉，釉面略泛蓝，青花呈深蓝色调，内底饰线条组合纹饰，外壁饰点线组合纹饰。底以上残，底略下凹，圈足壁较直。足径4.4、残高2.6厘米（图六，5）。

B型　1件。足下缘为一较宽平的平面。T4③：7，白胎较细腻，圈足下缘、内侧及外底无釉，其余部分满釉，釉面略泛蓝，青花呈深蓝色调，内底中央饰一折枝花卉纹，外壁可见用青料勾勒的点线组合纹饰，圈足与外腹壁交界处有一周弦纹。底部以上残，底略平，圈足矮。足径4.5、残高3.1厘米（图六，4）。

C型　1件。足下缘由外侧向内侧斜收，足内径很小。T2③：7，白胎较细腻，圈足下缘、内侧及外底无釉，其余部分满釉，白釉略泛蓝，青花呈深蓝色调，内壁近底处饰两周弦纹，内底中央饰一折枝花卉纹，外壁饰用弧线隔开的灵芝纹和折枝花卉纹，圈足与外腹壁交界处有一周弦纹。底部以上残，底略平，圈足矮。足外径3.6、内径1.2、残高2.4厘米（图六，6）。

D型　14件。足下缘圆钝。T3③：12，灰白胎较粗糙，内底有涩圈，圈足下缘无釉，其余部分满釉，釉色略泛灰，釉面有孔洞，青花呈浅灰蓝色调，内壁近底处有一周弦纹，内底中央为一葵花纹，圈足外侧与腹外壁交界处饰两周弦纹。底部以上残，底微下凹。足径6.8、残高2.7厘米（图六，2）。T1③：11，灰黄胎较粗糙，内底有涩圈，圈足下缘无釉，其余部分满釉，釉色略泛青，青花呈深灰蓝色调，内底中央为青花勾勒的三撇，圈足外侧与腹外壁交界处饰一周弦纹。底部以上残，底略平。足径6.6、残高2.6厘米（图六，1）。T1③：16，灰白胎较粗糙，内底有涩圈，圈足下缘无釉，其余部分施满釉，釉色略泛灰，青花呈深灰蓝色调，内壁近底处有两周弦纹，内底中央为一葵

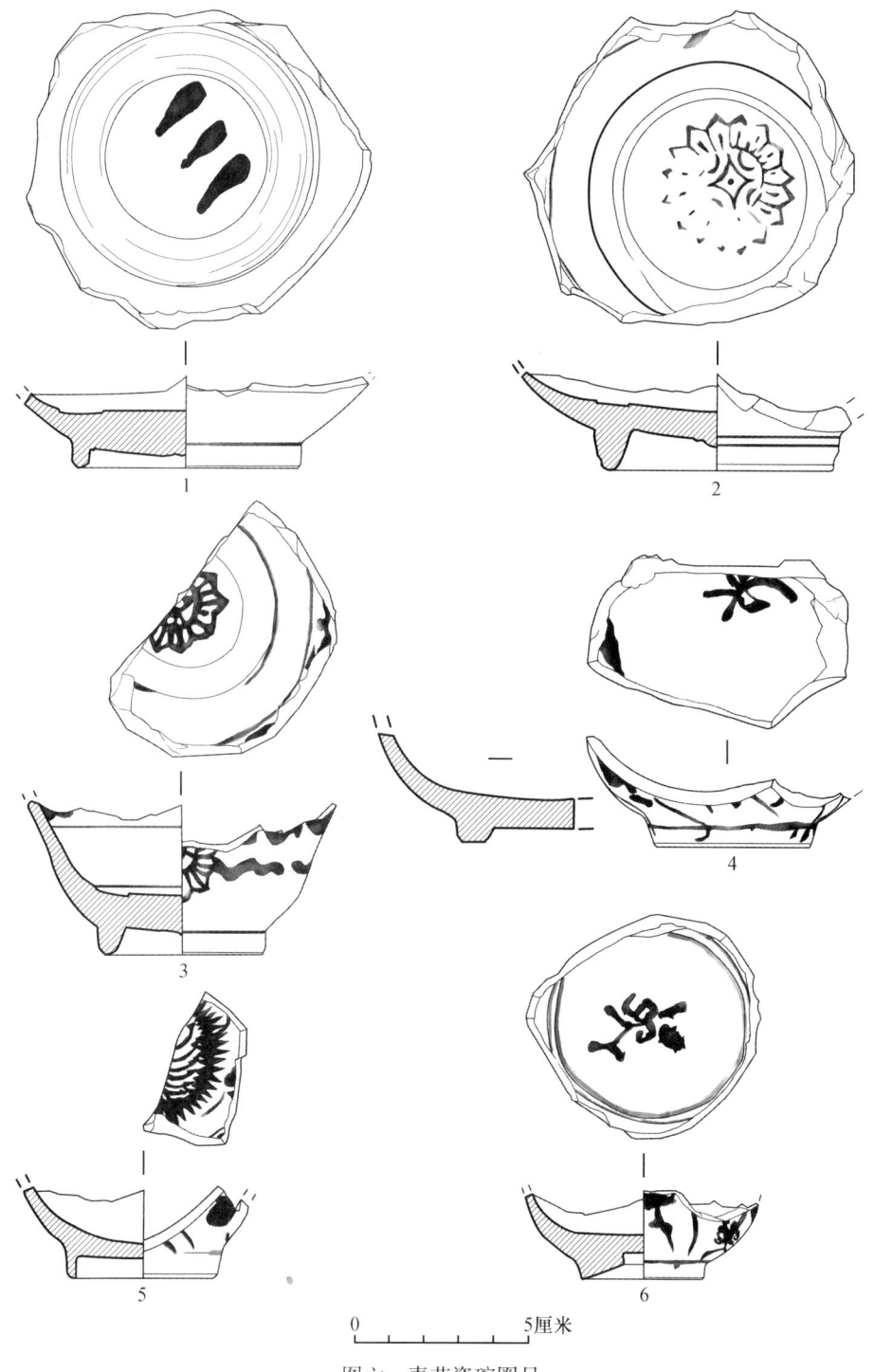

图六 青花瓷碗圈足

1~3. D型（T1③：11、T3③：12、T1③：16） 4. B型（T4③：7） 5. Ab型（T3③：13） 6. C型（T2③：7）

花纹，圈足外侧与腹外壁交界处饰一周弦纹，外壁饰曲线和葵花纹。底部以上残，底略平。足径4.8、残高4.3厘米（图六，3）。

在这四类圈足里，A型、B型、C型底内壁均满釉，D型则都在底内壁留有涩圈，且D型圈足胎不似前三者洁白细腻，青花颜色亦不及前三者鲜艳。

2. 粉彩瓷器

数量不多。可辨器形有碗、盘。

碗　8件。敞口，圆唇，弧腹。根据口径大小，分为二型。

A型　6件。口径大，胎较厚。T2③：3，白胎较细腻，唇部无釉，其余部分挂满釉，白釉略泛青，内壁无纹饰，外壁用红彩和绿彩绘植物主题纹饰，并用红彩绘一"囍"字。口部以下残。口径20.1、残高3.2厘米（图七，1）。T3③：2，白胎较细腻，唇部无釉，其余部分挂满釉，白釉略泛青，内壁无纹饰，外壁用红彩、绿彩、黄

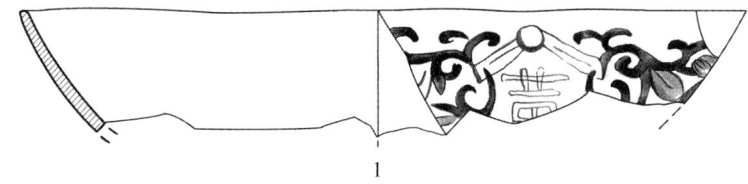

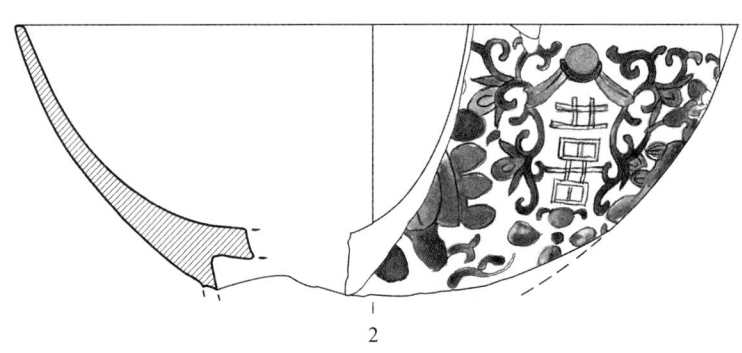

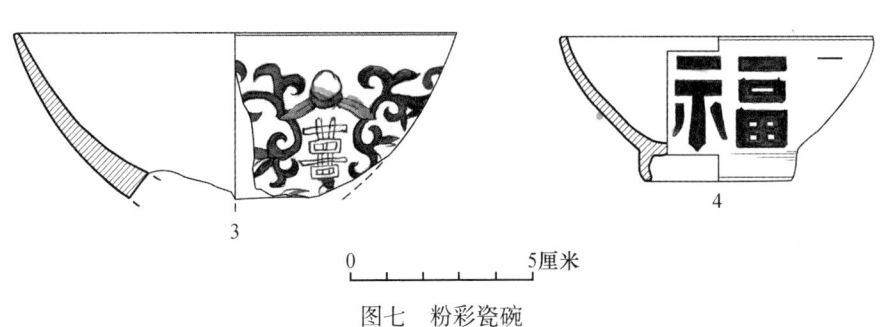

图七　粉彩瓷碗

1、2. A型（T2③：3、T3③：2）　3、4. B型（T4③：3、T3③：3）

彩绘植物主题纹饰，并用红彩绘一"囍"字。腹部以下残。口径20、残高7厘米（图七，2）。

B型　2件。口径小，胎较薄。T3③：3，白胎较细腻，唇部及圈足下缘无釉，其余部分满挂釉，白釉略泛青，内壁无纹饰，外壁用红彩绘一"福"字。矮圈足。口径8.6、足径4、高3.9厘米（图七，4）。T4③：3，白胎较细腻，唇部无釉，其余部分满釉，白釉略泛青，内壁无纹饰，外壁用红彩绘植物纹饰及一"囍"字。口径12.4、残高4.4厘米（图七，3）。

盘　5件。圆唇，斜弧腹，平底，矮圈足。T1③：3，白胎较细腻，唇部及圈足下缘无釉，其余部分满釉，白釉略泛青，内壁用红彩和绿彩绘花卉，并于图案空白处用淡绿彩绘"一品富贵"字样，内壁有一点刻"人"字，外底中央有一方形文字款。口径13.6、足径7.6、高2.3厘米（图八；图版一六）。T2③：2，白胎较细腻，唇部及圈足下缘无釉，其余部分满釉，白釉略泛青，内壁用红彩和绿彩绘有植物主题纹饰，并用红彩绘一"囍"字。残高3厘米（图九，2）。

圈足　8件。根据底径大小和圈足高矮，分为二型。

A型　5件。底径较小，圈足较高。T1③：4，白胎较细腻，圈足下缘无釉，其余部分满釉，白釉略泛青，内壁用绿彩绘植物叶片纹饰，外壁用红彩和绿彩绘植物主题纹饰，外底中央有一方形青花文字款，内底上有一点刻"方"字。底部以上残，底略平。外壁有锔瓷留下的小坑。足径7.4、高4.1厘米（图九，1）。T3③：4，白胎较细腻，圈足下缘无釉，其余部分满釉，白釉略泛青，内壁用绿彩绘植物叶片纹饰，外壁用红彩和绿彩绘植物主题纹饰，并可见三个红彩绘制的"囍"字下部边缘，外底中央有一方形青花文字款，内底有一点刻"人"字。底部以上残，底略平。足径7.5、残高5.1厘米（图一〇）。

B型　3件。底径较大，圈足很矮。T4③：2，白胎较细腻，圈足下缘无釉，其余部分满釉，白釉泛青，内腹壁用红彩和绿彩绘四株植物，内底中央用绿彩绘植物

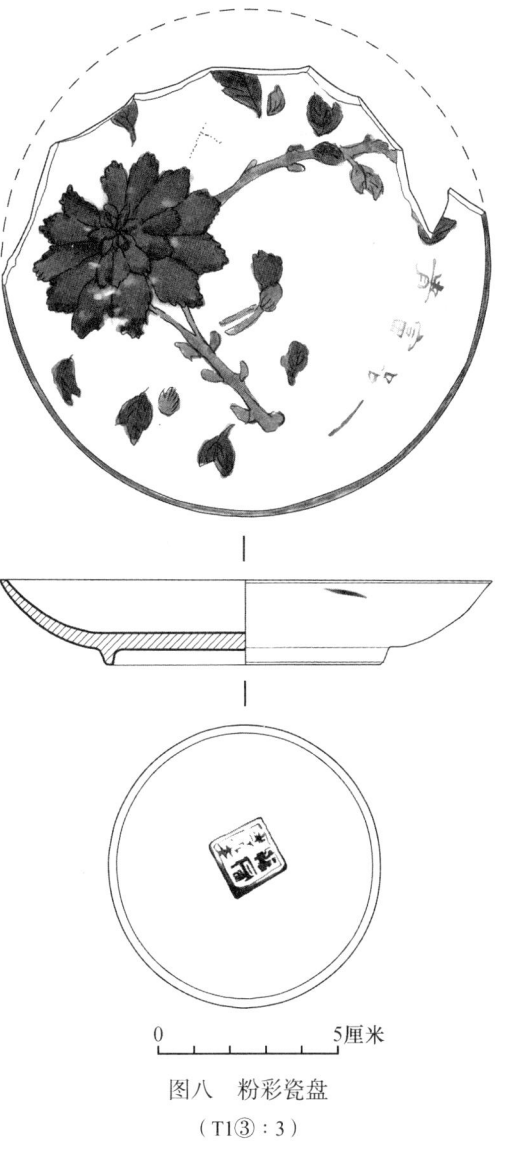

图八　粉彩瓷盘
（T1③：3）

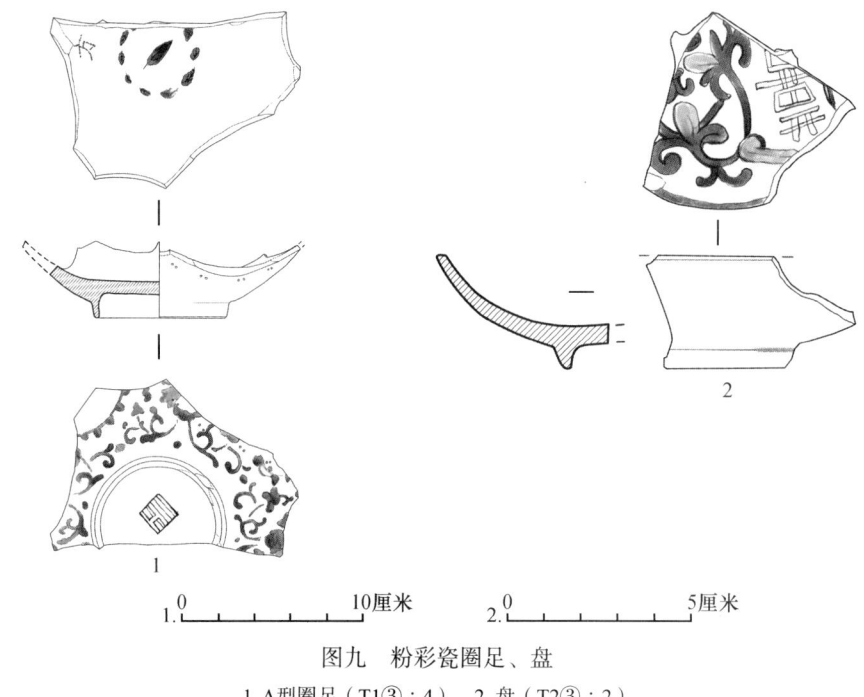

图九　粉彩瓷圈足、盘
1. A型圈足（T1③：4）　2. 盘（T2③：2）

叶片纹饰，用红彩绘粉红色花瓣纹饰，外底有一红色彩绘图形款。底部以上残，底较平。足径10.6、残高2.2厘米（图一一）。

3. 青瓷器

可辨器形仅有碗。青瓷片中除1片为灰黄色胎外，其余均为灰色胎。

碗　10件。敞口。根据腹部深浅，分为二型。

A型　9件。浅腹。T1③：1，灰色胎，胎质较细腻，内外施釉均仅及腹上部，釉较薄。尖圆唇，斜弧腹，底微下凹，矮圈足。口径16.8、足径8.1、高4.6厘米（图一二，1）。T4③：1，灰色胎，胎质较粗糙，内外施釉均未施至底，釉较薄。尖圆唇，斜弧腹。口径15、残高3.4厘米（图一二，2）。

B型　1件。深腹。T1③：2，灰黄色胎，胎质较细腻，内壁底上有涩圈，其余部分满挂釉，釉较厚。圆唇，斜腹，腹下部向内弧收，矮圈足。口径17.2、足径7、高6.2厘米（图一二，3）。

圈足　11件。根据足径大小，分为二型。

A型　9件。足径大。T2③：1，灰色胎，胎质较细腻，内外壁釉均仅施至下腹部，釉较薄。底微下凹，矮圈足，圈足下缘较尖锐。足径7、残高2.5厘米（图一二，4）。

B型　2件。足径小。T3③：1，灰色胎，胎质较粗糙，内外壁釉均仅施至下腹部，釉较薄，外壁无釉处可见刮削痕迹。底略下凹，矮圈足，圈足下缘较尖锐。足径4.4、残高2.6厘米（图一二，6）。

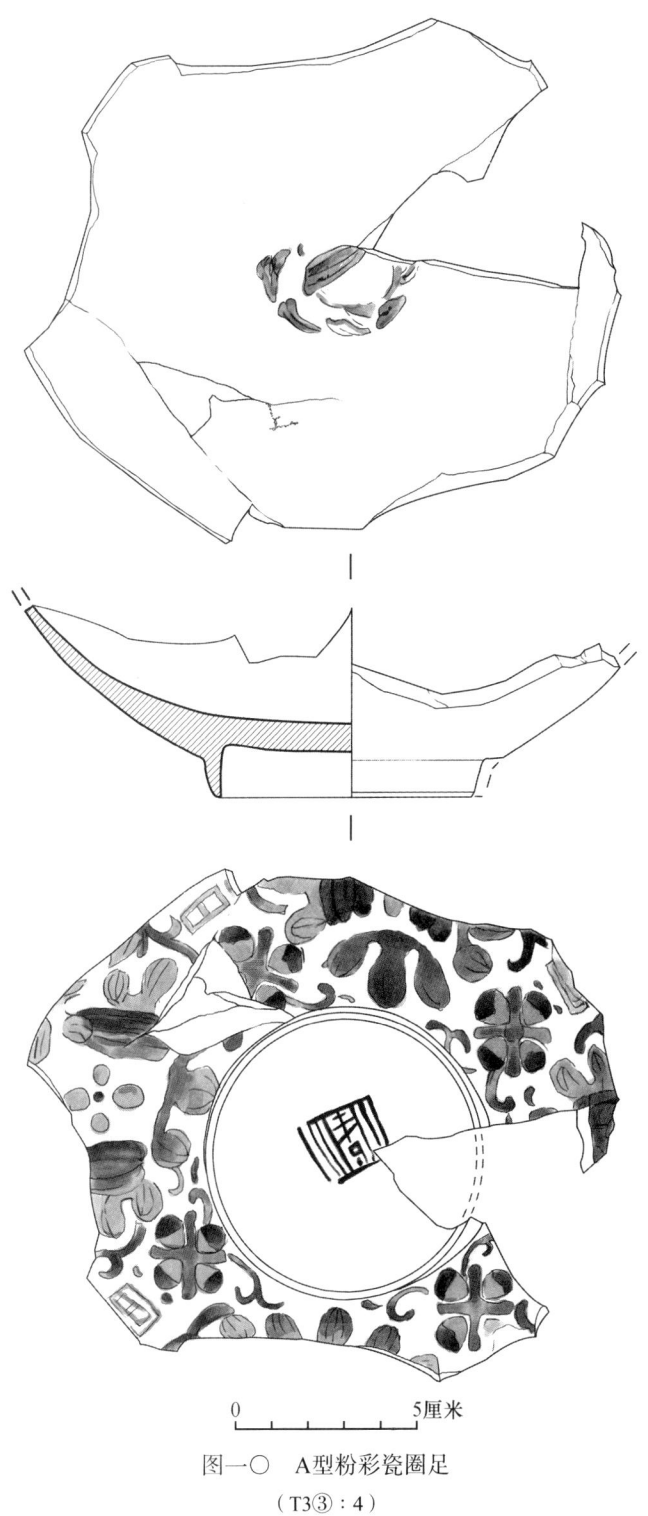

图一〇　A型粉彩瓷圈足
（T3③：4）

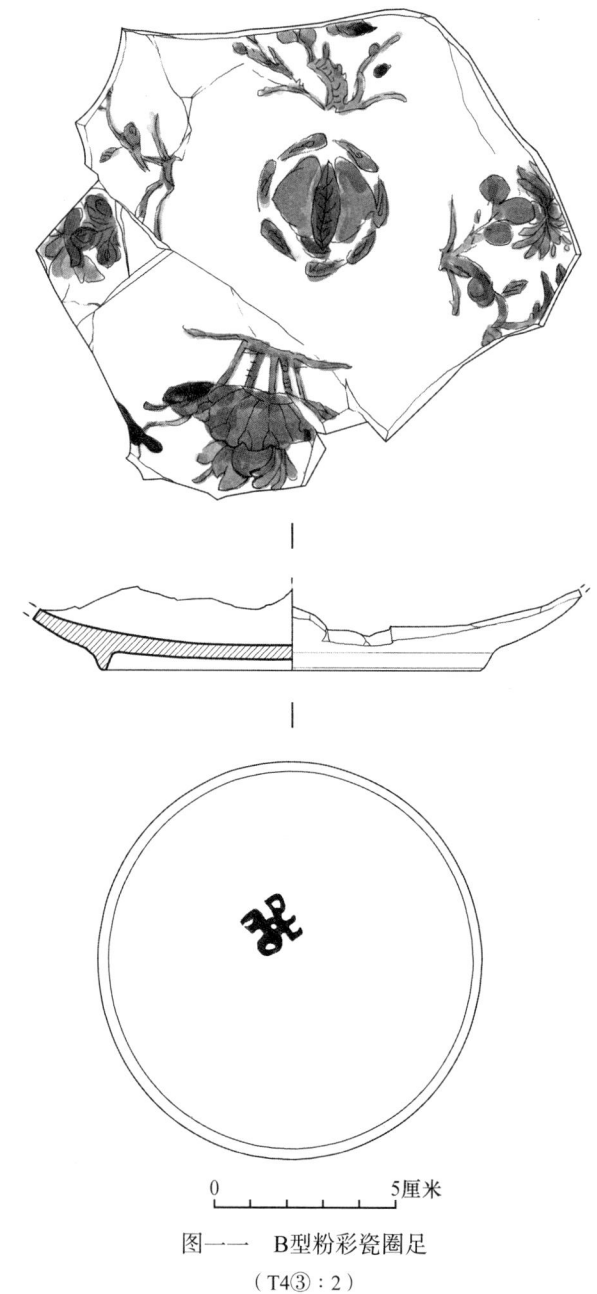

图一一　B型粉彩瓷圈足
（T4③∶2）

4. 绿釉瓷器

仅见一片绿釉瓷，器形为杯。T1③∶5，棕黄色胎较细腻，内施满釉，外壁施釉仅及口部及上腹部。釉色深绿，较厚。敞口，口微外撇，尖圆唇，斜弧腹，矮圈足。口径5、足径2.4、高2.4厘米（图一二，5）。

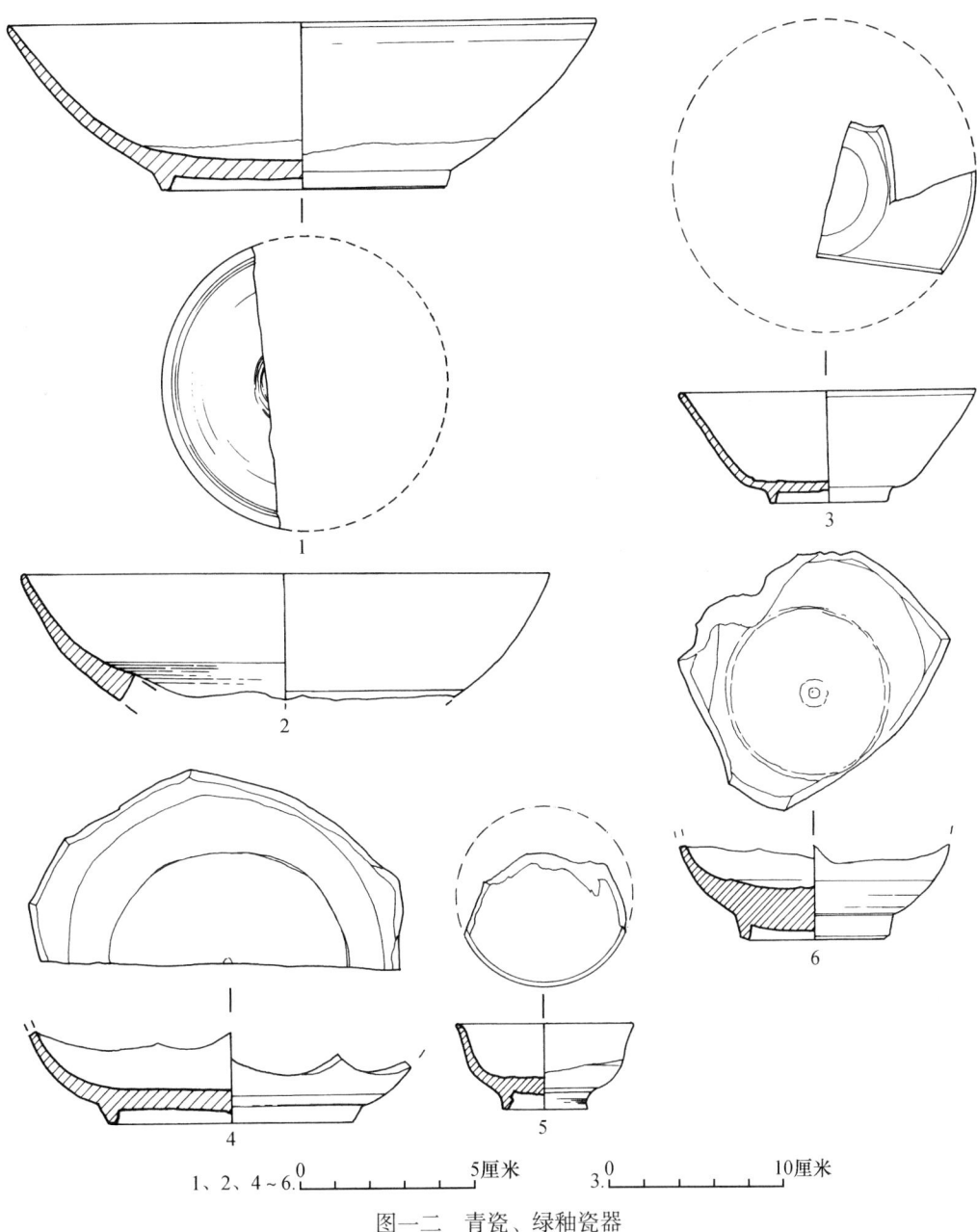

图一二 青瓷、绿釉瓷器

1、2.A型青瓷碗（T1③∶1、T4③∶1） 3.B型青瓷碗（T1③∶2） 4.A型青瓷圈足（T2③∶1） 5.绿釉杯（T1③∶5） 6.B型青瓷圈足（T3③∶1）

5. 酱釉瓷器

可辨器形有碗、油灯、罐。

碗 10件。根据唇部特征，分为二型。

A型 6件。唇外侧凸出一鼓棱。T1③∶8，灰胎较粗糙，残存部分满釉。敞口，圆唇，斜腹，腹部以下残。残高4厘米（图一三，4）。

B型　4件。唇外侧无明显凸棱。T3③：6，灰胎较粗糙，内外壁施釉均仅及腹中部。敞口，口微外撇，圆唇，斜弧腹，腹部以下残。口径18.8、残高4厘米（图一三，5）。

油灯　4件。敛口，圆唇，斜弧腹。T2③：5，灰胎较粗糙，内壁满釉，外壁仅施釉至口部。小底向内凹，流残，内壁有一捉手。口径7.2、底径2.8、高2.6厘米（图一三，1）。T3③：7，灰胎较粗糙，内壁满釉，外壁釉仅施至口部。小平底，捉手残，有一流。口径7.6、底径3.2、高2.2厘米（图一三，2）。

罐　3件。T1③：6，灰胎较粗糙，内壁施釉仅及底部，釉不均匀，外壁满釉。下腹部以上残，器内壁凸起一方尖唇，下腹斜弧，底微凹，假圈足。腹近底处有一圆穿。底径4.8、残高4.1厘米（图一四，2）。T2③：4，灰胎较粗糙，内壁施满釉，外壁施釉

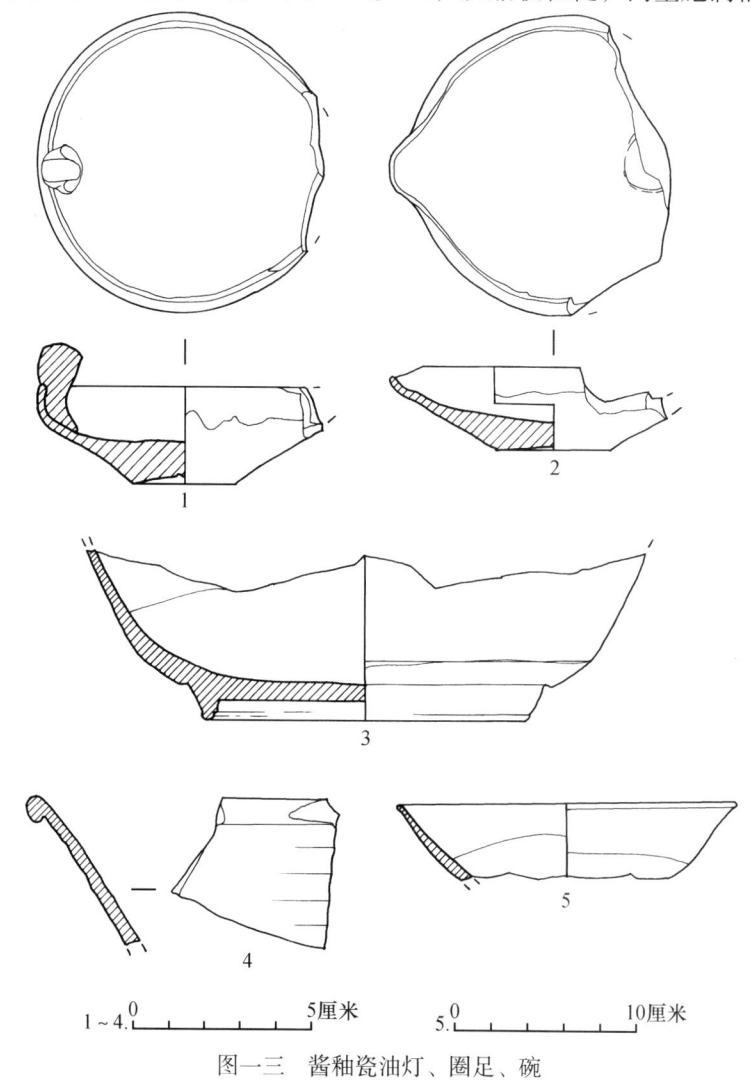

图一三　酱釉瓷油灯、圈足、碗

1、2.油灯（T2③：5、T3③：7）　3.A型圈足（T4③：5）　4.A型碗（T1③：8）　5.B型碗（T3③：6）

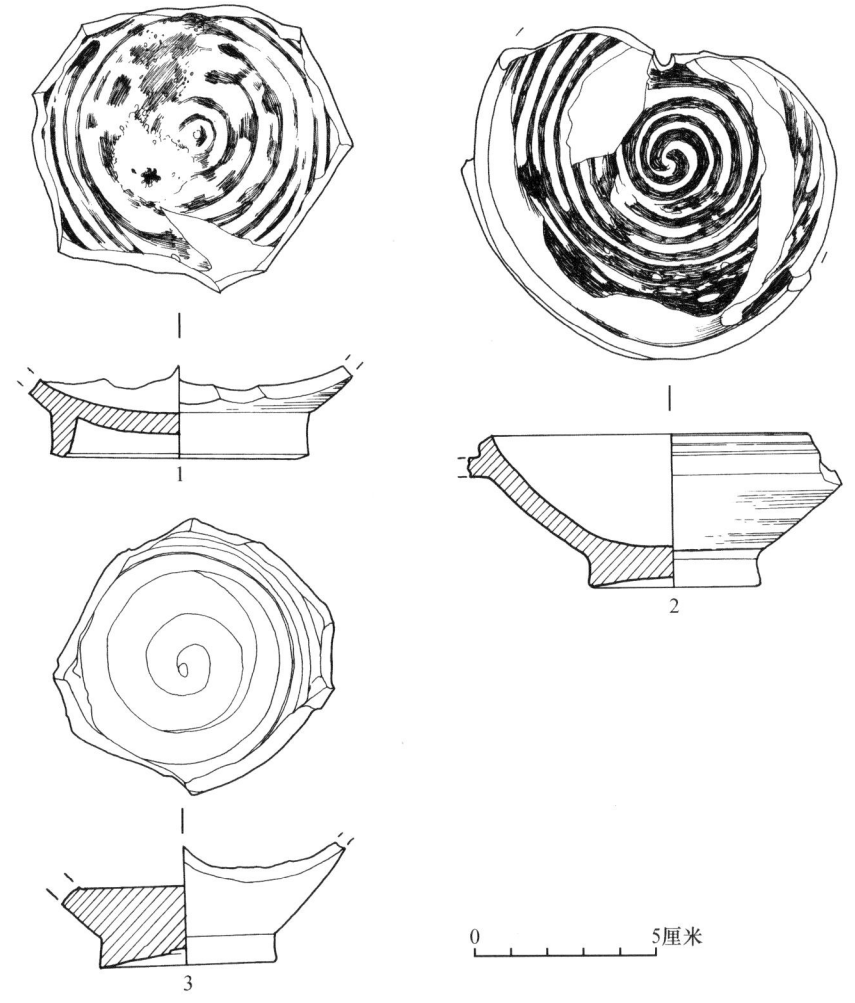

图一四　酱釉瓷圈足、罐
1.B型圈足（T4③∶4）　2、3.罐（T1③∶6、T2③∶4）

仅及下腹部。底以上残，底较平，假圈足。底径4.9、残高3.2厘米（图一四，3）。

圈足　4件。根据器物形态的不同，分为二型。

A型　3件。圈足外壁向内斜收。T4③∶5，灰黄色胎较粗糙，内壁施釉至上腹部，外壁施釉至下腹部。底部以上残，斜腹近底处略折，底微凹。足径9、残高4.5厘米（图一三，3）。

B型　1件。圈足较直。T4③∶4，灰胎略泛红，胎较粗糙，内壁满釉，外壁施釉至近底处。底部以上残，斜弧腹，底略凹。足径7.1、残高2.5厘米（图一四，1）。

6. 黑釉瓷器

可辨器形有油灯、器流、瓮、圈足等。

油灯 3件。T4③:6，灰胎较粗糙，内壁满釉，外壁釉仅施至口部。敛口，圆唇，斜弧腹，小底向内凹。内壁有一捉手，正对捉手有一流，流残。口径8、底径2.8、高2.2厘米（图一五，1）。

器流 1件。T1③:7，砖红胎，胎较粗糙，黑釉稀薄，较多部位露胎。呈下粗上细的管状，上下均残。残高7.6厘米（图一五，3）。

瓮 4件。根据口部形态的不同，分为二型。

A型 3件。无领。T2③:6，砖红胎较粗糙，内壁不施釉，外壁残存部分满釉，釉面粗糙。敛口，圆唇，唇部紧贴于外壁之上，弧肩，肩部以下残。残高2.9厘米（图一五，4）。

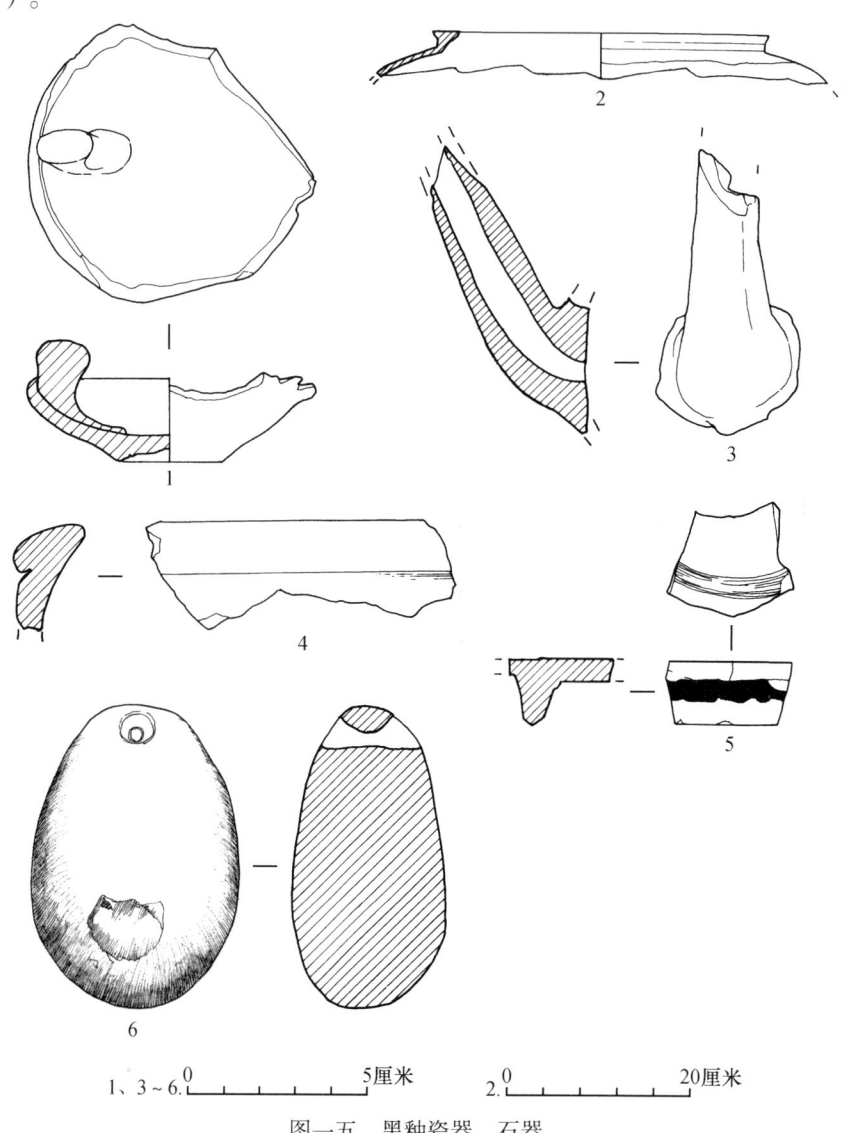

图一五 黑釉瓷器、石器

1.黑釉油灯（T4③:6） 2.B型黑釉瓮（T1③:9） 3.黑釉器流（T1③:7） 4.A型黑釉瓮（T2③:6）
5.黑釉圈足（T3③:8） 6.石权（T3③:5）

B型　1件。矮领。T1③：9，砖红胎较粗糙，外壁施釉至肩上部，内壁仅唇部有釉，釉薄。敛口，方唇，广肩，肩部以下残。口径36.8、残高4.8厘米（图一五，2）。

　　圈足　1件。T3③：8，灰胎较粗糙，内底中央为较厚的青釉，有涩圈，外底及圈足为黑釉，釉不均匀，圈足下缘无釉。底略平，圈足矮直，底以上残。残高1.7厘米（图一五，5）。

7. 石器

　　权　1件。T3③：5，青灰色石质。整体呈卵圆形。整体打磨光滑，器身上部有一圆穿。长8.1、宽5.8、厚4.2厘米（图一五，6）。

三、结　语

　　张祠堂遗址出土的A型青花瓷盘T3③：11与浙江象山"小白礁Ⅰ号"沉船所出青花盘2012XBW1：81，无论形制、纹饰还是底部花押均十分相似[1]。"小白礁Ⅰ号"沉船中出土了钱币"道光通宝"，时代为晚清。由此可知张祠堂遗址大致时代亦为清代晚期，下限或可至民国时期。

　　目前四川地区晚清遗址已发表的材料较少，张祠堂遗址的发掘为我们认识晚清时期四川地区民间日用瓷器的使用情况提供了新的资料，对晚清瓷器的分期断代研究不无裨益。

　　附记：参与本次调查的人员有唐淼、何锟宇、徐龙、刘祥宇，西南民族大学2013级本科生王瑞、杨雅洁、赵敏、向虹、黄鑫，参与发掘的人员有谢林、刘雨茂、刘祥宇，大邑县文物管理所廖学兵、任松文，大邑县电视台肖映雪，山东大学2014级硕士研究生闵凯。

绘图：陈　睿　张立超
照相：刘祥宇
执笔：刘祥宇　唐　淼　何锟宇　谢　林

注　释

[1] 宁波市文物考古研究所、国家文物局水下文化遗产保护中心：《浙江象山县"小白礁Ⅰ号"清代沉船2012年发掘简报》，《考古》2015年第6期。

大邑县高山古城遗址2013年度植物遗存浮选结果及分析

成都文物考古研究院

一、工作背景

在国家大遗址保护工程专项经费的支持下,2012年以来,成都文物考古研究院再次启动了大邑县盐店古城遗址的考古发掘工作,并对高山古城遗址(图一)进行了调查勘探作为其拓展项目。

自2013年10月开始,成都文物考古研究院在高山古城遗址内外区域进行了系统的勘探。为了了解该遗址各地点的文化面貌及时代特征,在城址中部及西城墙内侧选点(赵庵村地点,见图二)进行了试掘,发现了多处房屋建筑基址、灰坑、灰沟等遗迹现象,其中以底部垫圆形卵石的大型柱洞遗迹最为重要。出土石器、陶器数量极为丰富,其中穿孔石刀、打制的燧石器(包括石核、石片及燧石原料等)较有特色。本年度发现了一

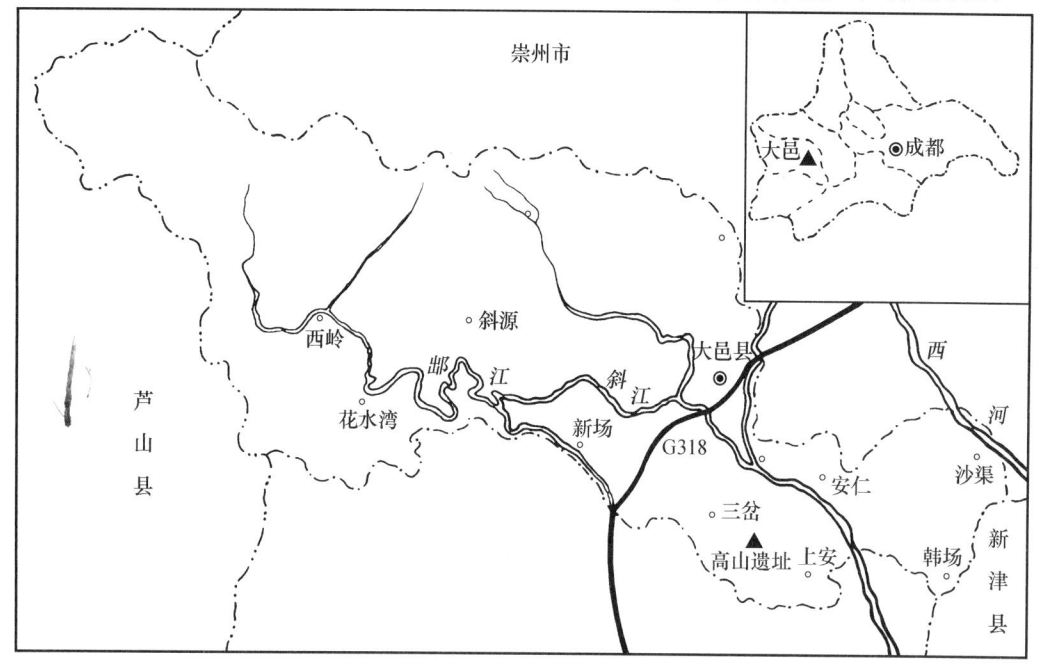

图一　高山古城遗址位置示意图

[采自《成都考古发现》(2013),文字略有简省]

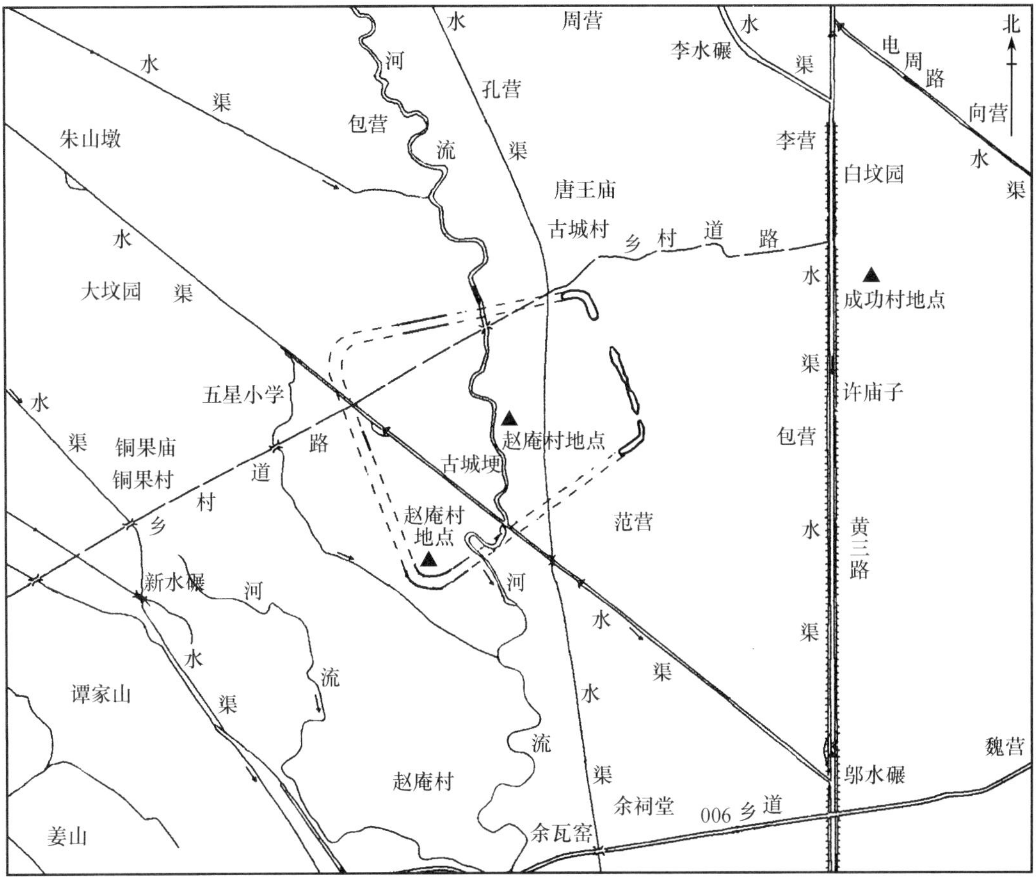

图二　高山古城遗址2013年度试掘地点位置示意图

些宝墩文化陶器的新器形，如宽大耳器、直口壶形器等，从陶器的风格初步判定，高山古城遗址的年代处于宝墩文化的偏早阶段，后续的^{14}C测年结果（附表一）也证实了这是一处距今4500～4200年的古城遗址。

另外，距离高山古城东城墙约400米的成功村地点（图二），是一处新石器时代及商周时期的台地遗址，台地面积50余万平方米，勘探发现10余处宝墩文化时期及商周时期的灰坑、墓葬等遗迹现象。商周时期灰坑出土陶瓮、灯盏形高柄豆、小平底罐、鼓腹罐等陶器；宝墩文化时期灰坑出土陶直口壶形器、磨制石刀等遗物。在成功村地点西侧约300米处，2012年时曾发现一处商周时期的十二桥文化遗址点[1]。

目前，高山古城遗址2013年度的发掘资料尚在整理中，本文就其浮选结果先行报道。

二、地理环境及动植物资源

大邑县地处成都平原向川西北高原的过渡地带，邛崃山脉由西北向东南延伸入境，贯穿县西、北部山丘地区，东北与崇州市交界，东南与新津、邛崃毗邻，西北与庐山、宝兴、汶川县接壤。地势西北高，东南低，呈阶梯状渐次降低，从西北向东南依次为山区、深丘丘陵和平原三大地形区，其中，山区占60.5%，海拔1000～5300米；深丘、丘陵占16.7%，海拔540～1000米；平原占22.8%，海拔475～540米。最高处为西北的苗基岭，海拔5364米，最低处在东南的杨祠堂，海拔475米，相对高差达4889米。

县境属亚热带湿润季风气候，气候温和湿润，雨量充沛，日照较少，无霜期长，四季分明。

县境有亚热带、温带植物226科、1527个属、8600种，大多数植物属种子植物门中的被子植物亚门。自然植被主要分布在海拔800米以上的山区，少数分布在深丘和丘陵区，由森林和牧草构成。人工植被主要分布在平原和丘陵区，山区较少，粮油作物占主要成分，其次是人工防护林、经济林等。主要农作物为水稻、小麦、玉米、油菜和甘蔗，少量种植大麦、豌豆、胡豆、黄豆、芋等。

野生动物分布在山区，人工饲养动物中的鸡、鸭、鹅、猪、鱼、牛、蜂、兔等主要分布在丘陵和平原区，羊分布在丘陵和山区。狗、猫在城乡部分人家养殖。

县域内的果树在民国时期是零星栽培或野生的，20世纪70年代时开始建立以柑橘为主的水果生产基地。目前已建立了众多成片的果园，主要品种有苹果、梨、桃、杏、李、梅、核桃、柿、枣、石榴、无花果、葡萄、猕猴桃、柑橘、甜橙、柚子等[2]。

高山古城遗址位于大邑县的平原区，地势较平坦，城址内外大都为农田，散布着数个林盘，田间阡陌交通、沟渠纵横。当地主要的田间作物有谷物类的水稻、小麦，蔬菜类的白菜、大蒜等，经济作物的油菜等。

三、样品情况

在勘探、发掘过程中，我们采集了一批土样进行浮选。其中，城内的赵庵村地点21份，城外的成功村地点3份，共计24份398升土样，平均每份土样约16.6升。这些土样来自11个灰坑、3条灰沟、3个探方（沟）的7个地层（表一），除了成功村的H7属于十二桥文化早期遗存外，其他样品的时代都是宝墩文化早期。

这些土样在工地现场使用小水桶浮选，阴干后送到成都文物考古研究院的植物考古实验室进行鉴定。

表一 浮选样品分布情况

地点 \ 单位	灰坑	灰沟	地层
赵庵村	10	4	7
成功村	3	—	—

四、浮 选 结 果

本次浮选发现了500余粒炭化种子，有些仅能鉴定到科，有些能鉴定到属或种，不少种子因为破碎严重失去了鉴定特征而无法识别，还有不少种子因缺乏比对标本而暂时无法识别（附表二）。

除此之外，还发现较多的炭屑，平均密度为0.512克/10升，其中有少量炭屑的尺寸大于2毫米，可进行木材材质鉴定，该项工作将交由专人负责，此处暂不报道。

发现的炭化种子可分为农作物、杂草及其他三大类。

（一）农 作 物

发现的农作物种子有稻谷、粟、黍和大豆属四种，其数量约占所有种子的一半。四者之中，稻谷为最多，超过200粒，而粟、黍和大豆属的数量总和仅10余粒。

1. 稻谷（*Oryza sativa*）

260粒，占所有种子数量的50.6%，占农作物种子数量的95.2%，出土概率91.7%。其中，残存部分尺寸小于1/2的稻谷152粒，占稻谷总数的58.5%（图版一七，1）。

另外，发现稻谷基盘19粒，出土概率为29.2%（图版一七，2）。

2. 粟（*Setaria italica*）

9粒，占所有种子数量的1.8%，占农作物种子数量的3.3%，出土概率为20.8%（图版一七，3）。

3. 黍（*Panicum miliaceum*）

3粒，占所有种子数量的0.6%，出土概率为8.3%（图版一七，4）。

4. 大豆属（*Glycine Willd*）

1粒，占所有种子数量的0.2%，占农作物种子数量的0.4%，出土概率为4.2%（图版一七，5）。

（二）杂 草

发现的杂草种子比较贫乏，不仅数量少，种类也较少，数量总计53粒，种类不过9个科/属/种。

1. 狗尾草属（*Setaria Beauv*）

30粒，占所有种子数量的5.8%，出土概率为54.2%（图版一七，6）。

2. 蓼科（*Polygonaceae*）

10粒，占所有种子数量的1.9%，出土概率为20.8%（图版一八，1）。

3. 禾本科（*Gramineae*）

4粒，占所有种子数量的0.8%，出土概率为16.7%（图版一八，2）。

4. 稗属（*Echinochloa Beauv*）

4粒，占所有种子数量的0.8%，出土概率为12.5%（图版一八，3）。

5. 莎草科（*Cyperaceae*）

1粒，占所有种子数量的0.2%，出土概率为4.2%。

6. 藜属（*Chenopodium*）

1粒，占所有种子数量的0.2%，出土概率为4.2%（图版一八，4）。

7. 飘拂草（*Fimbristylis dichotoma*）

1粒，占所有种子数量的0.2%，出土概率为4.2%（图版一八，5）。

8. 唇形科（*Labiatae*）

1粒，占所有种子数量的0.2%，出土概率为4.2%。

9. 马㼎儿（*Zehneria indica*）？

1粒，占所有种子数量的0.2%，出土概率为4.2%（图版一八，6）。

（三）其　　他

1. 碎种

92粒，占所有种子数量的17.9%，出土概率为54.2%（图版一九，1）。

2. 未知

89粒，占所有种子数量的17.3%，出土概率为66.7%（图版一九，2~7；图版二〇，1~5）。

3. 树种

5粒，壳体坚硬且较厚，占所有种子数量的1%，出土概率为4.2%（图版二〇，6）。

4. 种/果壳

2粒，占所有种子数量的0.4%，出土概率为8.3%（图版二〇，7）。

五、分析讨论

从高山古城遗址农作物的构成来看，稻谷无论是数量百分比还是出土概率，都远高于粟、黍和大豆属，其优势十分明显，应是高山先民日常的主粮，粟和黍应处于辅粮的地位，而大豆属在成都平原先秦时期遗址中少见，国内其他遗址中也不常见，可能只是一种偶尔食用的作物。

实际上，根据对众多遗址浮选结果的分析，目前我们对成都平原先秦时期农业各阶段的发展概况已经有了比较清楚的认识：在桂圆桥遗址这个成都平原目前所能追溯的最早的新石器时代遗址中，桂圆桥一期可能是较为单纯的粟作农业[3]，到了宝墩文化早期，农业形态开始转变为以稻谷为主，兼种粟、黍的局面[4]，从此以后，这样的农业形态就稳定了下来。在此期间，稻谷、粟和黍的比重虽然都有几次较为明显的波动，但是粟和黍的重要性从未上升到与稻谷并驾齐驱的地步，从长远来看，反而有逐渐降低的趋势，而小麦和大麦要晚至十二桥文化早期时才被发现，且比重非常小。高山古城属于宝墩文化早期的遗址，其农业形态以稻谷为主，兼种粟、黍，与我们对成都平原先秦时期农业各发展阶段状况的认识是十分吻合的。

虽然植物遗存证据显示成都平原先秦时期的农业生产一直比较发达，但此前我们并没有发现能够确认与农业生产直接相关的工具，对于人们如何耕种、如何收割等问题，难以展开探讨，但这次有了新的发现。据现场发掘人员的介绍，高山古城2013年发掘时出土了数件穿孔石刀残件，甚至在周边的钻探过程中也发现有穿孔石刀碎片，它们都是磨制石器，平面形状大都为长条形，残件大都小于10厘米。安志敏把中国境内发现的石刀分成三大类，把两侧带缺口的打制石刀和磨制的长方形、半月形的有孔石刀划为甲类石刀，认为这类石刀主要用作农具，特别是其中的凹刃石刀，割取禾穗非常便利[5]；罗二虎等在系统梳理了国内有孔石刀的考古发现后，参考了国内外的微痕分析实验结果，结合民族学调查，指出石刀的一大用途是作为农业的收割工具，石刀的穿孔实际上是为了便于系绳而作，有孔石刀主要用于农业收割，其收割方式是"摘穗"。有孔长方形石刀出现于仰韶文化中期，有孔石刀出现后很快就盛行起来，并一直成为系绳石刀的主流[6]。对石刀表面残留物进行植硅体、淀粉粒分析的多个案例也证明了石刀曾用作谷物收割工具[7]。由此观之，高山古城的先民可能使用了磨制的有孔石刀来收割稻谷、粟和黍，并且很可能以"摘穗"的方式进行收割。

实际上，在此前发掘的宝墩古城遗址[8]和双河古城遗址[9]中，我们也发现了石刀，只是这些石刀要么没有穿孔，要么为打制石器，当时并没有把它们和农业收割行为联系起来。在高山古城发现了确认为有孔的石刀后，再回头审视以往发现的石刀，我们有理由相信它们也应当曾经用于谷物的收割。在后续的研究过程中，若对石刀开展表面残留物的分析工作，应能找到相关的证据。

另外，从农作物与杂草的比例来看，"摘穗"的收割方式很可能是高山先民谷物收割的主要方式，这是因为，如果是连秸秆一起收割，那么，混杂在田间的杂草因为高矮不一，将有很大的概率被一并割下；如果仅收割谷穗的话，由于经过人们的高度选择，杂草种子基本上很难被一起带回，除非杂草种子和谷穗相似度颇高，且株高相当，从而被误认为是谷物而被收割——这种情形仅发生在粟、黍和狗尾草属种子之间，而不可能发生在稻谷和其他杂草种子身上。高山古城遗址2013年度的浮选结果中，稻谷有270余粒，粟和黍共10余粒，但仅发现了少量的杂草种子（50余粒），且种类也极其有限（9类科/属/种），两者在数量上相去甚远，其比值将近5∶1；出土概率除了狗尾草属超过50%外，其余的绝大部分都不到10%，反观谷物的出土概率，稻谷为91.7%，粟为20.8%，即使是最低的黍，出土概率也达到了8.3%，远超或超过绝大部分杂草种子的出土概率（数据对比见表二）。无论是数量百分比，还是出土概率，谷物种子都远超杂草种子，显示收割回来的谷物是相当纯净的，除了说明当时的田间管理水平较高之外，似乎也说明谷物的收割主要采用了"摘穗"的方式，而不是"割秆"的方式。

表二 谷物与杂草数量及出土概率的比较

项目\种子	稻谷	粟	黍	狗尾草属	蓼科	禾本科	稗属	莎草科	藜属	飘拂草	唇形科	马胶儿？
数量小计	260	9	3	30	10	4	4	1	1	1	1	1
谷物与杂草数量之比	≈5∶1											
出土概率（n=24）	91.7%	20.8%	8.3%	54.2%	20.8%	16.7%	12.5%	4.2%	4.2%	4.2%	4.2%	4.2%

在植物考古研究的早期阶段，国内的研究者对稻谷的籼粳划分倾注了大量的热情，这是因为以往发现的稻谷遗存大都年代较早，判断稻谷的籼粳能从考古实物的角度研究中国栽培稻种的籼粳是如何由普通野生稻逐步演化而来。当时存在着三种主要假说：①普通野生稻先演化为籼稻，然后再由籼稻演化为粳稻；②普通野生稻引上山地则演化为粳稻，引向洼地则演化为籼稻；③粳型普通野生稻演化为粳稻，籼型普通野生稻演化为籼稻。

当时争论的焦点在于：普通野生稻演化为栽培稻之前是否已经发生了籼粳分化。通过对现生普通野生稻进行形态分类、同工酶、核基因组与线粒体DNA遗传分析等多种手段的研究后，多数研究者认为大多数国内外的普通野生稻都已发生了籼粳分化，但与栽培稻的籼粳分化相比较，普通野生稻的籼粳分化是十分微小和初步的[10]。

而对稻谷遗存籼粳属性的判断，以往的做法主要是依靠稻谷的尺寸，特别是长宽的比值，当然，也有研究者通过稃壳的双峰乳突[11]来识别，只不过因为发现稃壳的概率太小而不常用。一般认为，长宽比为1.9～2.5时，可认定为粳稻；长宽比为2.4～3.2时，可判断为籼稻[12]。我们随机抽取了8粒完整稻谷进行测量（表三），平均长度为3.979、平均宽度为2.571、平均厚度为1.947毫米，平均长宽比1.58，且长宽比范围为1.21～2，若按照这种简便分类方法，我们可以把高山古城遗址2013年度发现的稻谷归入粳稻范畴。但是，区分稻谷的籼粳有一套复杂的标准，其衡量指标不只有长宽比一个，程侃声等认为："交错现象是很普遍的，长宽比在2.5以下的籼稻和在3.0左右的粳稻都不在少数。根据粒形来判断籼、粳，虽然在多数情况下是清楚的，对一些例外的品种，如果不参考稃毛等其他性状就很容易产生错误。"[13]秦岭、傅稻镰在研究河姆渡遗址发现的稻谷时提道：面对同一批材料时，即使衡量指标中同样包含了长宽比指标，不同研究者居然得出了大相径庭的粳籼划分结果[14]。这一案例生动展示了主要或者单纯依靠长宽比来判断稻谷的籼粳属性是不太可靠的。郑云飞等甚至认为："到目前，对河姆渡稻谷外形的长宽比测量，已无法继续进行探索，而且长宽比本身在籼粳之间存在重合现象，所以对河姆渡稻谷的探讨必须另辟蹊径。"[15]种种证据表明，仅通过长宽比来判断稻谷的籼粳属性是欠缺说服力的。

表三 稻谷尺寸

单位	长/毫米	宽/毫米	厚/毫米	长宽比
H3	3.607	2.250	1.958	1.60
H3	3.900	2.462	1.915	1.58
H3	3.999	2.755	2.115	1.45
H8③	4.048	2.024	1.609	2.00
H8③	4.170	2.535	1.482	1.64
H8③	4.154	2.687	2.092	1.55
H8④	3.866	2.468	1.972	1.57
TN95E50③	4.084	3.389	2.433	1.21
平均值	3.979	2.571	1.947	1.58

由于高山古城遗址的年代在距今4500～4200年，远远晚于稻谷的起源时间，对研究稻谷的籼粳分化意义不大，且单纯按照长宽比划分籼粳容易出错，所以此处不再讨论这批稻谷的籼粳归属。但是，稻谷尺寸可作为研究同区域内不同发展阶段稻谷形态变化的基础资料，目前能肯定的是，成都平原先秦时期的稻谷遗存有偏短胖型的，也有偏瘦

长型的，且这两种类型的稻谷在各地点基本都能发现，其长宽比少部分超过2.5，最大者接近2.8，绝大部分在1.4~2.5，而又以2~2.3这一范围为主，最小者低至1.2[16]。由此可见，成都平原先秦时期的稻谷以偏短胖型为主。虽然大粒化是稻谷驯化的一个总趋势，但是由于品种的不同、人类干预程度的不同，都可能导致稻谷尺寸在各时段表现出有大有小、有胖有瘦的特点，并且这种变化是一个长期的、缓慢的过程，突变非常少见。若仅以成都平原先秦时期近300粒的样本量来讨论2000余年间各阶段的变化情况，再加上各时段的分布量差异较大，其结论势必相当不可靠，以高山古城遗址区区10余粒完整稻谷的尺寸来讨论这一问题，更是难上加难，宜留待将来积累了更多资料之后再进行。本文暂且列出稻谷的测量尺寸，以待将来能参与到更多数据的综合研究中。

六、结　语

从高山古城遗址2013年度浮选结果中，我们可以很清楚地看到，在距今4500~4200年前，此处先民的粮食作物以稻谷为主，兼种很少量的粟和黍，这一状况和成都平原先秦时期一以贯之的农业结构形态是高度吻合的。高山古城遗址发现的磨制穿孔石刀很可能是谷物收割的工具。另外，通过对谷物和杂草种子在数量百分比、出土概率这两个指标上的比较，发现谷物众多而杂草贫乏，除了反映田间管理水平较高外，还可能是因为主要采用了"摘穗"法收割谷物而呈现出的结果。尽管测量了少量完整稻谷的尺寸，但因长宽比指标并不是区分籼粳属性的可靠指标，且样品量偏少，仅能把这批稻谷划归偏短胖型群体，更多的深入分析需要日后积累了大量数据后方可展开。

附记：遗址位置示意图底图由白铁勇提供，种子图片由宋杨拍摄，在此表示感谢。

执笔：姜　铭　闫　雪　周志清
陈　剑　刘灵鹤　孙　策

注　释

[1] 成都文物考古研究所、大邑县文物管理所：《2012~2013年度大邑县高山古城遗址调查试掘简报》，《成都考古发现》（2013），科学出版社，2015年。

[2] 摘自四川省大邑县志编纂委员会：《大邑县志》，四川人民出版社，1991年。

[3] 玳玉、万娇：《四川什邡市桂圆桥遗址浮选结果与分析》，《四川文物》2015年第5期。

[4] 姜铭、玳玉、何锟宇等：《新津宝墩遗址2009年度考古试掘浮选结果分析简报》，《成都考古发现》（2009），科学出版社，2011年。

[5] 安志敏：《中国古代的石刀》，《考古学报》（第十册）1955年第2期。

[6] 罗二虎:《中国古代系绳石刀研究》,《考古学集刊》(14),文物出版社,2004年;罗二虎、李飞:《论古代系绳石刀的功能——兼谈民族考古学方法》,《考古学研究(十):庆祝李仰松先生八十寿辰论文集》,科学出版社,2012年。

[7] 靳桂云、王育茜、燕生东等:《山东胶州赵家庄遗址龙山文化石刀刃部植硅体分析与研究》,《科技考古》(第三辑),科学出版社,2011年;马志坤、杨晓燕、李泉等:《石器功能研究的现代模拟实验:石刀表面残留物中淀粉粒来源分析》,《第四纪研究》2012年第32卷第2期;马志坤、李泉、郇秀佳等:《青海民和喇家遗址石刀功能分析:来自石刀表层残留物的植物微体遗存证据》,《科学通报》2014年第59卷第13期。

[8] 成都文物考古研究所、新津县文物管理所:《新津县宝墩遗址鼓墩子2010年发掘报告》,《成都考古发现》(2012),科学出版社,2014年;成都文物考古研究所、新津县文物管理所:《2010年新津县宝墩遗址外城罗林盘地点发掘简报》,《成都考古发现》(2012),科学出版社,2014年。

[9] 蒋成、李明斌:《四川崇州市双河史前城址试掘简报》,《考古》2002年第11期。

[10] 董玉琛、郑殿升主编:《中国作物及其野生近缘植物·粮食作物卷》,中国农业出版社,2006年,第71页。

[11] 张文绪、裴鑫德:《水稻稃面双峰乳突的研究》,《农业考古》1998年第1期。

[12] 云南省农业科学研究所水稻组:《籼、粳、陆稻的鉴别》,《植物分类学报》1976年第14卷第1期。但是,籼、粳稻的长宽比范围有不同的划分标准,这更加增大了关于籼、粳归属划分的分歧。如赵志军认为"现代籼稻的长宽比值一般在2.3以上,粳稻的在1.6~2.3"(赵志军、张居中:《贾湖遗址2001年度浮选结果分析报告》,《考古》2009年第8期),秦岭等人认为籼稻大于2.5,粳稻小于2.3[秦岭、傅稻镰:《河姆渡遗址的生计模式——兼谈稻作农业研究中的若干问题》,《东方考古》(第3集),科学出版社,2006年],张文绪认为粳稻长宽比大于2.5,籼稻长宽比范围在2.5~3.2(张文绪、裴安平:《炭化米复原及其古稻特征的研究》,《作物学报》2000年第5期)。

[13] 程侃声、周季维、卢义宣等:《云南稻种资源的综合研究与利用II.亚洲栽培稻分类的再认识》,《作物学报》1984年第10卷第4期。

[14] 秦岭、傅稻镰:《河姆渡遗址的生计模式——兼谈稻作农业研究中的若干问题》,《东方考古》(第3集),科学出版社,2006年。

[15] 郑云飞、游修龄、徐建民等:《河姆渡遗址稻的硅酸体分析》,《浙江农业大学学报》1994年第1期。

[16] 部分资料尚未公布。已公布的测量数据,可参考如下资料:玳玉、万娇:《四川什邡市桂圆桥遗址浮选结果与分析》,《四川文物》2015年第5期;姜铭、赵德云、黄伟、赵志军:《四川成都城乡一体化工程金牛区5号C地点考古出土植物遗存分析报告》,《南方文物》2011年第3期;闫雪、周志清、姜铭:《成都市中海国际社区遗址浮选结果及初步分析》,《成都考古发现》(2012),科学出版社,2014年;闫雪、周志清、姜铭:《成都市金沙遗址"阳光地带二期"地点浮选结果及初步分析》,《成都考古发现》(2012),科学出版社,2014年;姜铭、黄伟、刘雨茂等:《双流县三官堂遗址2009~2010年度植物大遗存浮选结果及其初步研究》,《成都考古发现》(2013),科学出版社,2015年。

附表一　高山古城2013年度发掘样品 ^{14}C测年结果

Lab编号	浮选号	单位号	测年材质	^{14}C年代（BP）	1σ（68.2%）	2σ（95.4%）
BA151284	FX01	TN95E50③	稻谷	3895±30	2470BC（68.2%）2340BC	2470BC（95.4%）2290BC
BA151285	FX16	TN95E50④	稻谷	3825±30	2340BC（4.5%）2320BC 2310BC（63.7%）2200BC	2460BC（9.3%）2370BC 2350BC（82.6%）2190BC
BA151290	FX27	TN95E50⑤	稻谷	3885±30	2460BC（68.2%）2340BC	2470BC（95.4%）2280BC
BA151283	FX24	H3	稻谷	3805±30	2290BC（68.2%）2200BC	2350BC（95.4%）2130BC
BA151287	FX10	H3	稻谷	3965±30	2570BC（30.7%）2520BC 2500BC（37.5%）2460BC	2580BC（90.0%）2400BC 2380BC（5.4%）2340BC
BA151292	FX07	H6	稻谷	3845±30	2400BC（7.5%）2380BC 2350BC（40.4%）2270BC 2260BC（20.3%）2200BC	2460BC（95.4%）2200BC
BA151289	FX23	H7	稻谷	3750±25	2210BC（66.9%）2130BC 2070BC（1.3%）2060BC	2280BC（5.8%）2250BC 2210BC（71.2%）2120BC
BA151286	FX09	H8③	稻谷	3935±30	2480BC（47.6%）2400BC 2390BC（20.6%）2340BC	2570BC（5.9%）2530BC 2500BC（89.5%）2300BC
BA151288	FX20	H8④	稻谷	3860±25	2460BC（28.5%）2370BC 2350BC（39.7%）2280BC	2470BC（86.7%）2270BC 2250BC（8.7%）2200BC
BA151291	FX11	TG6④	稻谷	3795±30	2290BC（60.1%）2190BC 2170BC（8.1%）2150BC	2340BC（95.4%）2130BC

注：测年数据来自北京大学第四纪年代测定实验室，所用 ^{14}C半衰期为5568年，BP为距1950年的年代。树轮校正所用曲线为IntCal04，所用程序为OxCal v3.10

附表二　高山古城遗址2013年度浮选结果鉴定表

时代	单位号	体积	>1毫米炭化物重量	≥1/2及完整稻谷	<1/2稻谷	稻谷基盘	粟	黍	大豆属	狗尾草属	蓼科	禾本科	稗属	莎草科	藜属	飘拂草	唇形科	马唐儿?	碎种	未知	树种	种/果壳	位置
宝墩文化早期	G1	36	2.543	4	13						1	1							15	2			赵庵村
	G2①	30	0.534	3	1					2										21			赵庵村
	G2②	13	1.833		1					1					1		1		5	3			赵庵村
	G3②	15	0.266	1	1																		赵庵村
	H1	14	0.265	2								1											赵庵村
	H2	15	0.272	1	1			1											2				赵庵村
	H3	36	1.371	15	17	1	2		1	4										7			赵庵村
	H6	14	0.943	6	10					1			2						1	2	5	1	赵庵村
	H7	11	1.447	12	2	1											1	1	5	2			赵庵村
	H8②	13	0.043	1	1					1		1											赵庵村
	H8③	14	0.437	15	43	4				5			1						32			1	赵庵村
	H8④	11	1.113	10	13	10	1						1							5			赵庵村
	H10	17	0.498	4	16	1				2									6	2			赵庵村
	H11	10	0.284	7	7					7									1	8			赵庵村
	TG6③	12	0.252	2	1						1	1								3			赵庵村
	TG6④	14	0.297	4			2			2						1				5			赵庵村
	TG6⑤	13	1.068																	4			赵庵村
	TN80E50③	17	0.255	2	2	1		2		2									3				赵庵村
	TN90E50④	20	0.286	3	8		2				1								3	1			赵庵村
	TN95E50③	19	3.907	8	12		2			1										19			赵庵村
	TN95E50⑤	18	0.298	5	3					1	1								11				赵庵村
	H11	14	0.026																7	3			成功村
	H13	7	0.124	2						1									7	2			成功村

续表

时代	单位号	体积	>1毫米炭化物重量	≥1/2及完整稻谷	<1/2稻谷	稻谷基盘	粟	黍	大豆属	狗尾草属	蓼科	禾本科	稗属	莎草科	藜属	飘拂草	唇形科	马唐儿?	碎种	未知	树种	种/果壳	位置
十二桥早期	H7	15	2.001	1		1													1				成功村
数量小计		398	20.363	108	152	19	9	3	1	30	10	4	4	1	1	1	1	1	92	89	5	2	
数量百分比（n=514）				21.0%	29.6%		1.8%	0.6%	0.2%	5.8%	1.9%	0.8%	0.8%	0.2%	0.2%	0.2%	0.2%	0.2%	17.9%	17.3%	1.0%	0.4%	
出土概率（n=24）				87.5%	75.0%	29.2%	20.8%	8.3%	4.2%	54.2%	20.8%	16.7%	12.5%	4.2%	4.2%	4.2%	4.2%	4.2%	54.2%	66.7%	4.2%	8.3%	

成都考古发掘中发现两处蓝铁矿

成都文物考古研究院

一、蓝铁矿出土及鉴定情况

第一处：2017年2月，在成都蒲江县鹤山镇飞虎村战国船棺墓[1]所在墓地的古河道中发现并采集。该墓地西北距蒲江河约400米，东南距长秋山约1000米，处于山麓与河流间平坝地带，地理环境优越（图一）。共计发掘52座墓，出土随葬器物400余件，主要有铜器、铁器、漆木器、竹质器、草编器、陶器、玻璃器、铜钱及大量植物种子和桃核，为研究战国时期巴蜀地区丧葬习俗、生业形态、农业水平及对外交流等提供了重要的实物资料。此墓地的蓝铁矿（Vivianite）分布于墓地古河道偏上部地层中（图版

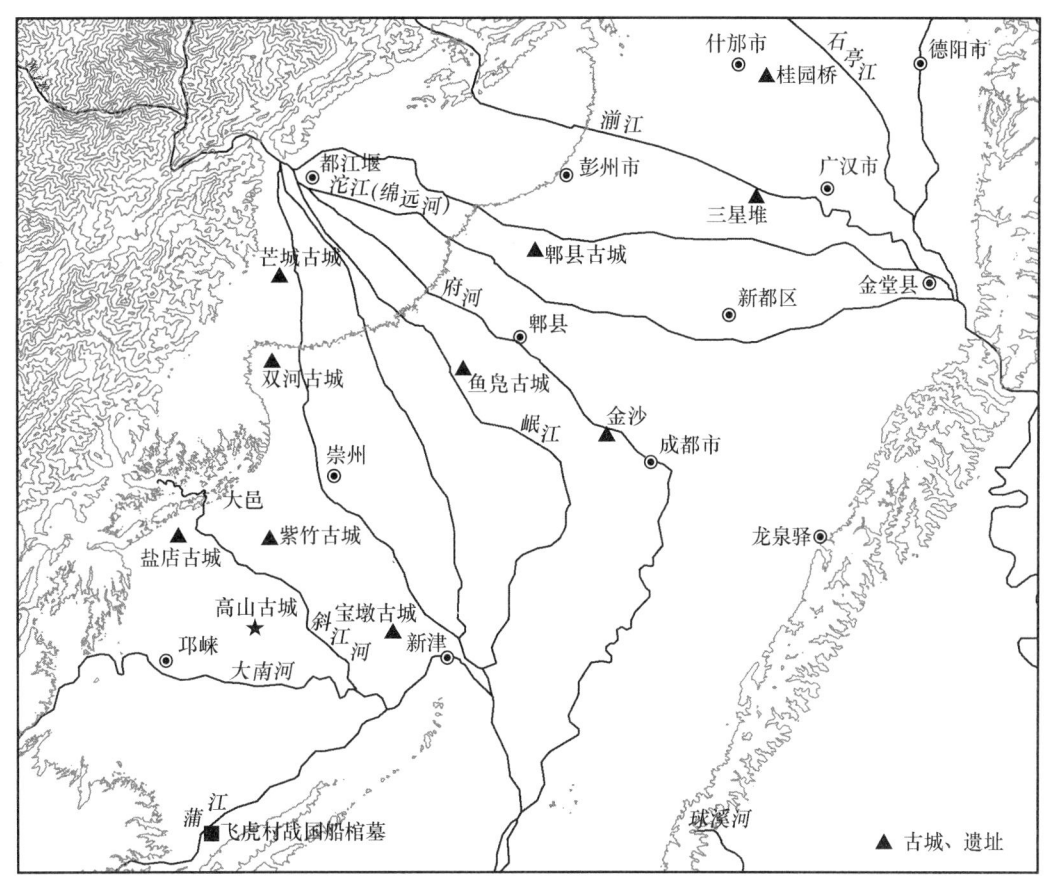

图一　高山古城、飞虎村战国船棺墓位置示意图

二一，1），大部分位于考古地层第3层即宝墩文化层以下的生土范围，呈蓝色颗粒状弥散分布（图版二一，2），颗粒酥松，容易粉化。对蓝色颗粒采用扫描电镜能谱仪进行了形貌与元素分析，从光学及背散射电子像发现其状态主要为土块状分散结构（图版二一，3、4），能谱元素扫描发现主要元素为铁、氧、磷（铁30.18%、氧57.83%、磷10.74%、硅0.84%、铝0.41%）等，采用X射线衍射仪（XRD）进行了晶体物相分析（图二），得到化学式为$Fe_3(PO_4)_2(H_2O)_8$，结合元素分析结果确定为蓝铁矿。

第二处：2017年4月，在成都大邑高山古城遗址的灰沟中发现（图版二二，1）。高山古城遗址位于成都市大邑县原三岔镇赵庵村古城埂，地理坐标为东经103°34′46.3″、北纬30°27′09.5″，海拔494.5米，地处成都平原的西南边缘（图一）。自2012年11月至2014年12月，成都文物考古研究院开始以高山古城为中心进行区域系统调查，后经国家文物局批准，于2015年11月至今对高山古城进行了多次考古发掘，发掘获得的遗迹现象较为丰富，计有新石器时代墓葬115座、人祭坑1座、灰沟16条、灰坑168座，同时出土了丰富的陶器、石器、骨器、木构件、动物骨骼、植物种子等遗物。通过多年来的考古调查和发掘工作，搞清楚了高山古城自新石器时代（宝墩文化）、商周时期、汉代聚落的分布特点和城墙的建筑形式等面貌。蓝铁矿所在灰沟编号为G19，开口于第4层下，打破第5层，蓝铁矿出于G19第7层，时代为宝墩文化一期早段，根据高山古城遗址的^{14}C测年数据[2]及与该蓝铁矿出土单位的共存陶器，确定其大概距今4300年。蓝铁矿出土时裹于泥浆当中，呈蓝绿色（图版二二，2），随着时间变久，氧化程度增加而呈深蓝色，结晶状态很好，呈放射球状（图版二二，3）。分析方法与第一处相同。光学及背散射电子像发现其晶体形态主要为粗大长柱状结构（图三、图四；图版二二，4），能谱元素扫描结果主要为铁、氧、磷（铁37.48%、氧48.53、磷11.0%、锰1.74%、硅0.81%、铝0.29%、钾0.04%）等。物相结构化学式为$Fe_3(PO_4)_2(H_2O)_8$，同样确定为蓝铁矿（图五）。

二、结　语

以上分析可以确定两处采集的蓝色物质皆为蓝铁矿[$Fe_3(PO_4)_2(H_2O)_8$]，本质相同，只是蓝铁矿结晶程度不同，外在状态有所差异，蒲江的较差，尚未形成紧致矿物集合体，高山古城的结晶更好，已经长成晶簇结核状。

蓝铁矿：在1817年，A.G.Werner为了纪念最早在英国Cornwall地区发现蓝铁矿的英国矿物学家J. G.Vivian，而以此为名[3]。蓝铁矿在考古发掘中十分少见，公开资料显示也仅在江苏张家港东山村遗址[4]有报道，另外还偶见于湖泊沉积中，如国外Luzm湖、Walensee湖、Malawi湖，国内的云南星云湖[5]等。考古发现时容易被误认为是蓝铜矿之类的物质，本次分析结果可为以后考古发掘中发现的此类物质的辨识提供参考资料。另外蓝铁矿形成需要具备还原条件，能够将沉积的高价态铁还原成二价铁，同时要有富

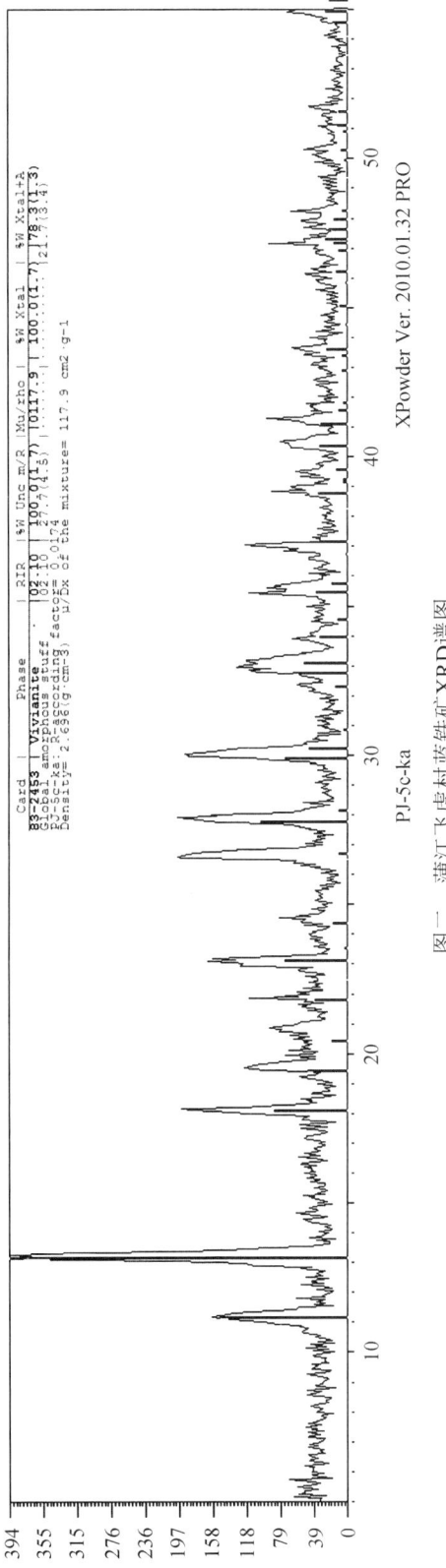

图二 蒲江飞虎村蓝铁矿XRD谱图

图三　高山古城蓝铁矿背散射电子像
（长柱状结构）

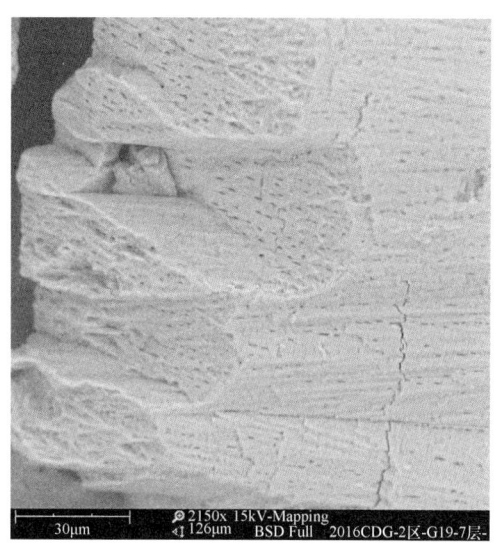

图四　高山古城蓝铁矿背散射电子像
（截面结构）

含磷的生物残体在细菌作用下将有机磷转变为无机磷，这都是蓝铁矿形成的必要物质基础[6]，一般只在河流、泥炭或湖相沉积环境中才能满足，两处发现蓝铁矿的环境为河流和灰沟，因此是完全符合的，特别是在高山古城发现蓝铁矿的灰沟附近还发掘出了多块含铁量较高的褐色石块，为蓝铁矿的形成提供了更为有利的物质条件，这或许是高山蓝铁矿晶体发育成长较好的一个重要因素。通过以上蓝铁矿的形成原因及存在环境，反过来观察，如果在考古地层遗存或堆积中发现了蓝铁矿，可能往往说明该地层为原始沉积地层，区别于上部的考古文化层，在一定程度上反映了当时的原始地质环境，也可能说明此地多为河道、沟渠之类遗存。这两处的发现无疑可作为考古方面的重要案例。

执笔：杨颖东　龚扬民　李　佩
　　　刘祥宇　周志清

注　释

[1]　该墓地的考古报告正在整理编写之中。
[2]　^{14}C数据尚待发表。
[3]　百度百科"蓝铁矿"词条。
[4]　李兰、朱诚、蒋少勇等：《江苏张家港东山村遗址蓝铁矿的发现及其环境意义》，《中国地理学会2011年学术年会暨中国科学院新疆生态与地理研究所建所五十年庆典论文摘要集》，2011年7月1日。
[5]　赵永胜、赵霞飞：《云南星云湖中蓝铁矿结核的发现及环境意义》，《沉积学报》1991年第3期。
[6]　赵永胜、赵霞飞：《云南星云湖中蓝铁矿结核的发现及环境意义》，《沉积学报》1991年第3期。

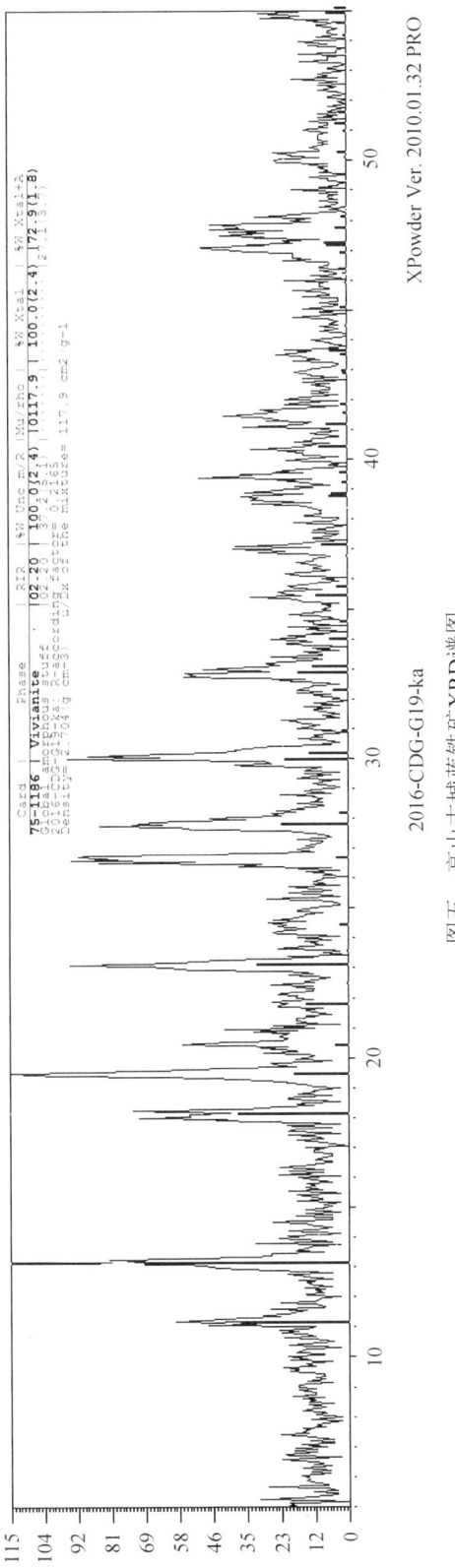

图五 高山古城蓝铁矿 XRD 谱图

成都金沙遗址阳光地带二期出土铜块分析*

成都文物考古研究院

一、铜块基本情况

2004年，在金沙遗址阳光地带二期考古工地（商周时期遗址）（图一）先后发现了约14件铜器，如箭镞、矛、刀、铃之类，都比较小，最长器矛不超过18厘米。这些器形大多与金沙遗址祭祀区等地点出土的类似，但是在两个灰坑中和一个探方地层中出土的3件不成器的铜块，引起了发掘者的特别注意。一件大致呈片状的铜块，外面还黏附着棕红色的粉砂土，尽管这块残留的粉砂土面积不大，但可以看出显然不是一般的土，初

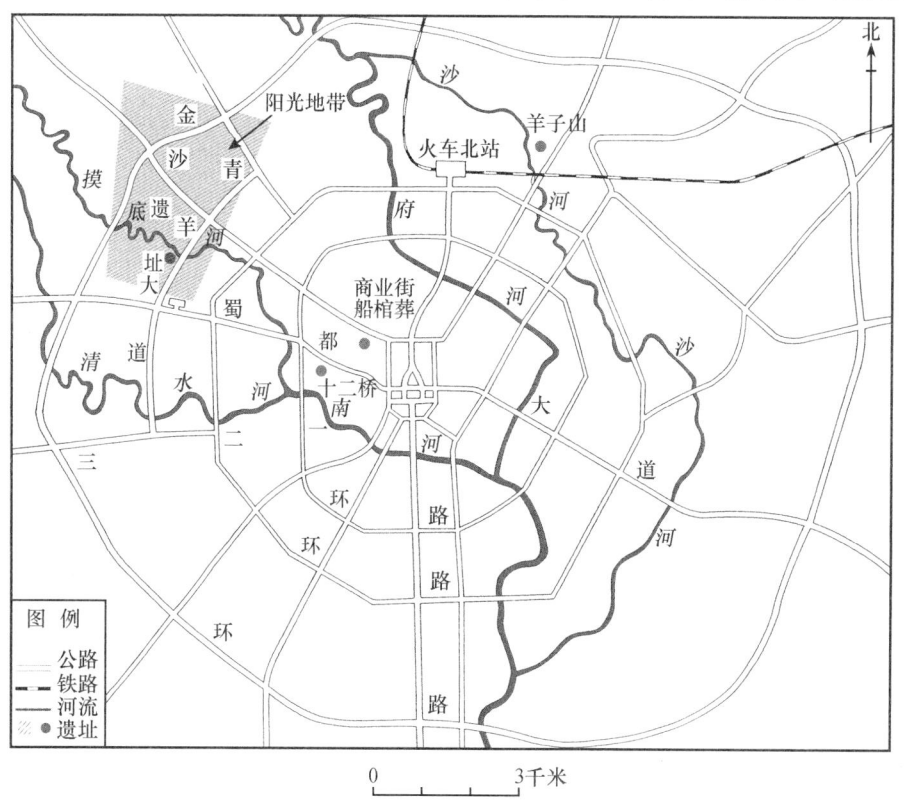

图一 金沙遗址阳光地带位置示意图

---

* 本文为2012年度国家社会科学基金重大项目《金沙遗址祭祀区考古发掘研究报告》（批准号：12&ZD192）的阶段性研究成果。

步判断可能就是浇铸铜器时用的砂范。其余两件虽然也很小，但更像是浇铸铜器时用来熔化铜液的原料。由于自金沙遗址发掘以来，还没有发现铸铜作坊，因此这3件铜块的发现，或许具有其特殊意义。为了深入探讨这些问题，进行了金属学方面的研究。为使研究过程中叙述方便，将3件铜器标本临时编号为YG1、YG2、YG3（图版二三，1），分别详细描述如下。

YG1：出自H1327，整体呈略带弧度的片块状，外面略平滑，黏有一小块棕红色粉砂土块，内面凹凸不平，无黏附物。最长端5厘米，厚1~3毫米，重10.9克。

YG2：出自H1322，不规则块状。最高2厘米，重17.2克。

YG3：出土2004CJYLT2309⑤，不规则长块状。最长2.5厘米，重25.6克。

两个灰坑年代略早，但下限在商代末期的可能性较大，地层则为西周早期。

二、成分及金相分析研究

1. 样品制备

对三件铜块分别取样，从YG1取两个样品，编号为YG1-1、YG1-2。从另外两个铜块各取一个样品，编号依然与实物编号对应一致，分别为YG2、YG3。其中YG1锈蚀严重，铜基体仅零星存在，YG2、YG3铜质较好。

2. 成分分析

将样品镶嵌、打磨、抛光后进行扫描电镜能谱（SEM-EDS）成分分析。所用仪器为进口飞纳台式扫描电镜能谱仪pro X型。由于样品自身锈蚀程度不一，因此在成分分析时均选择在没有锈蚀的铜基体上进行扫描，工作电压15kV，扫描时间120s，扫描时设置电子束尽可能大，低倍，使样品被扫描的面积也尽可能大，每个样品扫描多次，最后取平均值作为铜器成分。本次所检测元素包括了铜器主量元素铜（Cu）和铅（Pb），另外还有杂质元素硫（S）、氧（O）、硅（Si）等。对样品中的一些夹杂物也进行了多个点扫描，用来探讨熔炼冶铸情况。材质判定采用现在常用的2%作为界限标准。结果见表一、图二~图一一。

表一　铜块样品SEM-EDS成分分析结果

样品	扫描部位	扫描方式	成分/wt%						材质
			Cu	Pb	S	O	C	其他	
YG1-1	铜基体（图二，1区）	面扫	95.2		0.4	4.3			
	铜基体（图二，2区）	面扫	94.5		0.9	4.5			
	灰色夹杂物（图二，点3）	点扫	77.5		15.1	7.3			
	灰色夹杂物（图二，点4）	点扫	75.6		17.6	6.8			
	灰色夹杂物（图二，点5）	点扫	75.4		18	6.6			
YG1-2	铜基体（图三，2区）	面扫	93		0.7	6.3			
	铜基体（图三，3区）	面扫	93.2		0.8	6			
	锈蚀物全视域扫描（图四，1区）	面扫	45.1		7.8	35.6	0.3	Si: 2.9, Ca: 3.7, As: 3, P: 1.6	
	白色锈蚀物（图四，点2）	点扫	63.5		26.7	7.4		Si: 0.6, Ca: 0.7, P: 1	
	白色锈蚀物（图四，点3）	点扫	63.6		25.8	8.2		Si: 0.9, Ca: 0.5, P: 1	
	白色锈蚀物（图四，点4）	点扫	77.5		1.3	19.5		Si: 0.8, Ca: 0.8	
	灰黑色锈蚀物（图四，点5）	点扫	33.8		1.4	42.1		Si: 8.1, Ca: 1.8, As: 3.9, P: 4.4, Fe: 0.7, Al: 3.8	
	YG1铜基体平均成分（YG1-1和YG1-2铜基体）		**94**		**0.7**	**5.3**			红铜
YG2	铜基体（图五，1区）	面扫	69	28.1		2.9			
	铜基体（图六，9区）	面扫	68.9	28.1		3.1			
	铜基体（图七，1区）	面扫	71.2	26.5		2.3			
	铜基体平均成分		**69.7**	**27.6**		**2.8**			高铅青铜
	黑洞（图六，点1）	点扫	63.1	29.7		6		Si: 0.5	
	黑点（图六，点2）	点扫	76	6.3		2	15.8		
	白色（图六，点3）	点扫	9.5	79.9		10.2	0.4		
	白色（图六，点4）	点扫	11.5	79.2		9	0.4		
	白色（图六，点5）	点扫	10.4	80.2		9.1	0.4		
	灰色（图六，点6）	点扫	93.4	6.6					
	灰色（图六，点7）	点扫	93.4	6.6					
	灰色（图六，点8）	点扫	93.1	6.9					
	铜基体及锈（图八，1区）	面扫	50.6	42.7		5.6	0.3	Si: 0.9	
	白色（图八，点2）	点扫	7	83		9.6	0.4		
	白色（图八，点3）	点扫	6.8	82.8		10.1	0.3		

续表

样品	扫描部位	扫描方式	成分/wt%						材质
			Cu	Pb	S	O	C	其他	
YG2	灰色（图八，点4）	点扫	7.8	74.8		13.6		Si：3.7	
	灰色（图八，点5）	点扫	7.7	74.1		14.5		Si：3.8	
	灰黑（图八，点6）	点扫	88.8	11.2					
	灰白（图八，点7）	点扫	9.1	81.9		8.6	0.4		
	灰白（黑）（图八，点8）	点扫	10.7	70.2		7.4		Si：11.7	
	灰白（黑）（图八，点9）	点扫	42.7	45.5		9	2.9		
	黑点（图八，点10）	点扫	87.5	10.4			2.1		
	黑斑（洞）（图八，点11）	点扫	84	12.9		2.8	0.4		
YG3	铜基体（图九，1区）	面扫	98.1	1.9					红铜（含铅）
	铜基体（图一〇，1区）	面扫	98.6	1.4					
	铜基体平均成分		**98.35**	**1.65**					
	白色区域（图一一，点2）	点扫	12.7	82.1		4.9	0.2		
	白色区域（图一一，点3）	点扫	19.7	76.6		3.6			
	黑色区域（图一一，点4）	点扫	23.9	57.5			18.6		
	灰色区域（图一一，点5）	点扫	100						

注：表中"区"均表示对应图的虚线框范围

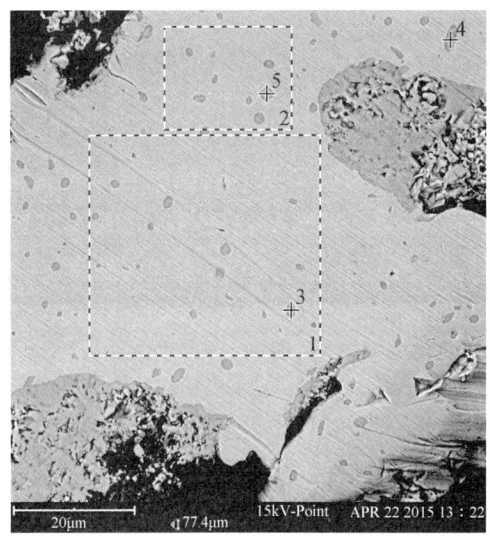

图二　YG1-1铜基体背散射电子像
（灰色斑点为硫化亚铜夹杂物）

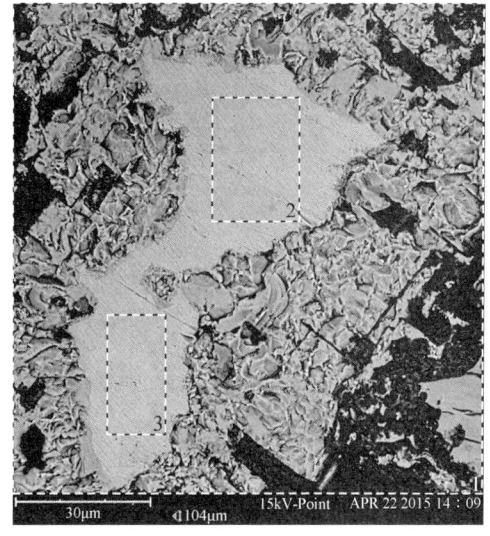

图三　YG1-2铜基体背散射电子像

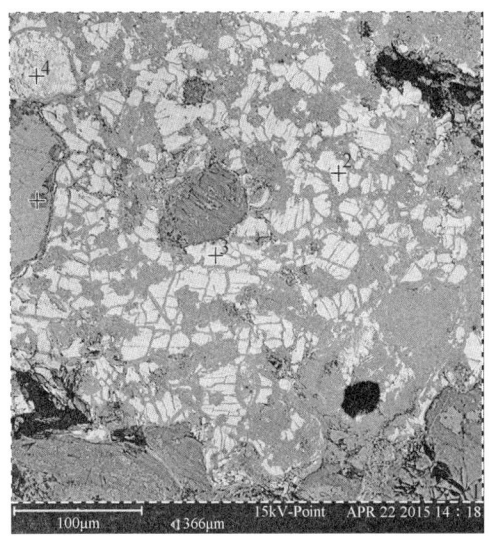

图四 YG1-2锈蚀物背散射电子像

〔白色（点2、3）为铜的硫化物夹杂等，灰黑色（点5）为铜氧化物，黑色不规则为孔洞〕

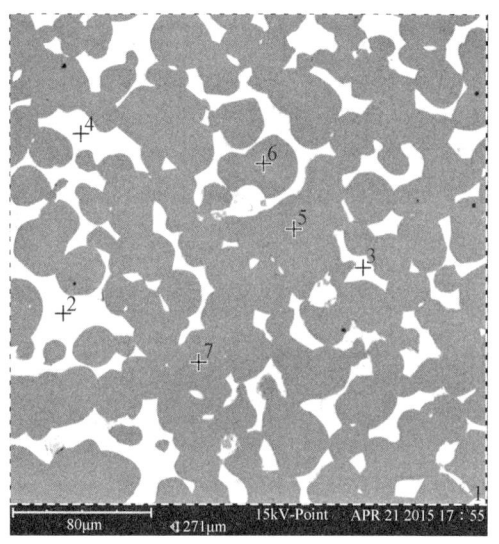

图五 YG2铜基体背散射电子像

（白色多角状为高铅相，灰色基体为铜的α固溶体相）

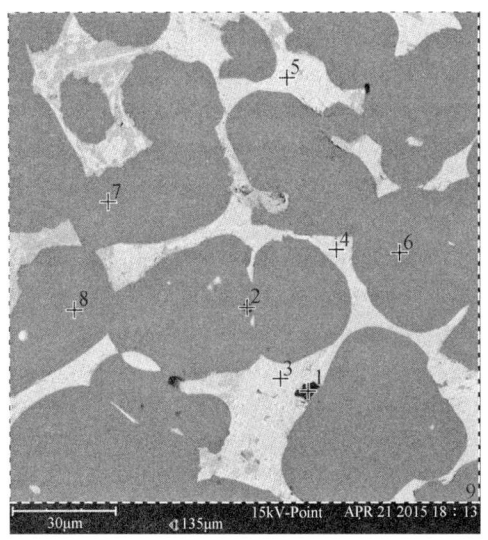

图六 YG2中心部位铜基体背散射电子像

（白色为高铅相，灰色基体为铜的α相，黑色斑点为铜的氧化物锈蚀或孔洞）

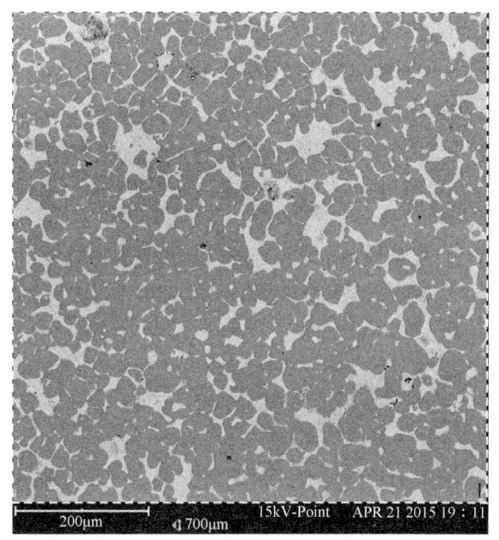

图七 YG2中心部位铜基体背散射电子像

（白色为高铅相，灰色部分为铜的α相，黑色斑点为铜的氧化物或孔洞）

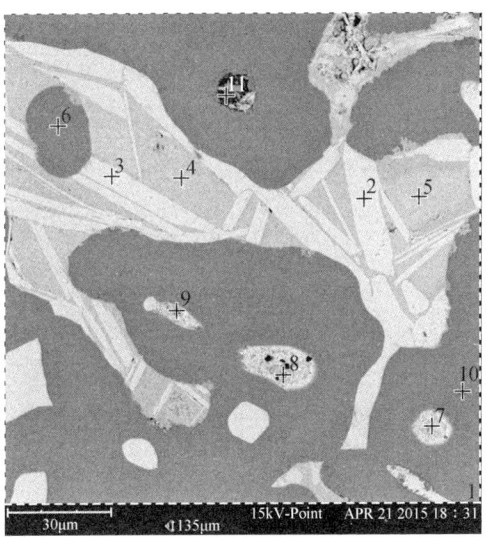

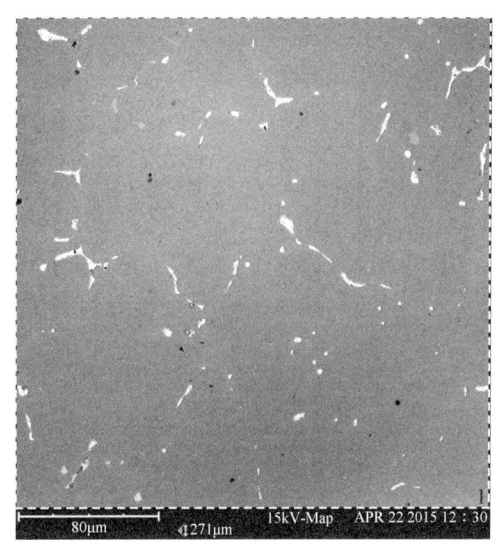

图八　YG2边缘铜基体背散射电子像

［白色针状（2、3）为马氏体高铅相，灰白色（4、5）为高铅相，含有稍高的氧，深灰色为铜的α相，黑色斑点为铜氧化物锈蚀或孔洞］

图九　YG3铜基体背散射电子像

（红铜铸造组织，含少微量细小铅颗粒、条，深灰色为铜的α相，白色为铅颗粒，黑色斑点为孔洞或锈蚀物）

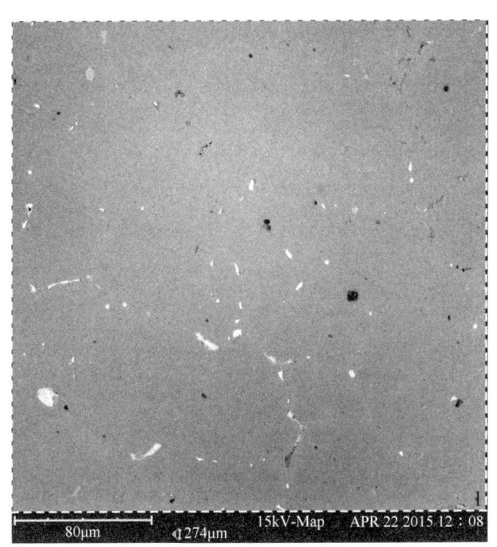

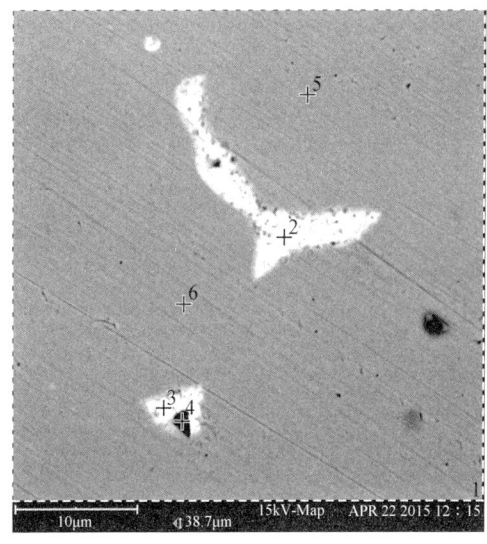

图一〇　YG3铜基体背散射电子像

（红铜铸造组织，含少量细小铅颗粒，灰色为铜的α相，白色为铅相，黑色斑点为孔洞或锈蚀物）

图一一　YG3铜基体局部背散射电子像

［白色（2、3）为高铅相，灰色（5、6）为基体铜的α相，黑色斑点（4）为锈蚀物或孔洞］

3. 金相分析

将成分分析时用的四块镶嵌、打磨、抛光好的样品，用三氯化铁盐酸乙醇溶液浸蚀，在蔡司Scope A1型金相显微镜的明场及暗场环境下进行观察与数码拍照。YG1锈蚀严重，残存铜质面积过小，高倍下仍难见完整铜基体金相结构，因此未经浸蚀，直接在显微镜下对包括锈蚀物在内的铜基体进行明暗场观察。另外，结合能谱成分检测结果和背散射电子像情况辅助判定金相组织（表二；图版二三，2～5；图版二四）。

表二 金相分析结果

样品	金相组织	工艺
YG1	基体锈蚀非常严重，残存零星铜基体太小，无法判断组织。从锈蚀物显示出红铜热锻组织，α再结晶等轴晶及孪晶，晶间分布有硫化亚铜夹杂，铜基体扫描电镜背散射电子像显示硫化亚铜夹杂呈斑点状较均匀分布，无变形。热锻组织可能为埋藏过程中受热、受力和锈蚀形成（图二；图版二三，2、3）	红铜铸造
YG2	样品内部是铅青铜受热组织，组织均匀化，铅分布于再结晶的铜α固溶体等轴晶晶界；样品边缘是铅青铜淬火组织，存在大量针状马氏体，边缘局部曾经历受热后骤冷的过程。边部有较多孔洞（图版二三，4、5；图版二四，1、2）	铅青铜铸造、淬火
YG3	含铅红铜的铸造组织，（α+（α+Cu_2O））亚共晶组织。可见α等轴晶晶粒，（α+Cu_2O）共晶组织分布于晶界与部分晶内，存在因锈蚀而产生的较大Cu_2O晶粒，含有微量的铅，呈细小颗粒均匀分布于晶界，多数孤立存在。含有较多、较大圆形缩孔及细小不规则缩孔（图版二四，3～6）	红铜铸造

三、结 果 讨 论

1. 铜块成分

从成分分析结果可以看出有两件红铜，一件铅青铜。两件红铜具体来看还是有一些细微的差别：YG1平均成分铜94%、硫0.7%、氧5.3%，该件铜块含有微量的硫，说明可能由硫化铜矿冶炼而来。YG3的平均成分铜98.35%、铅1.65%，该件铜块含有微量铅而不含硫，铅应与原铜矿伴生而来，该铜矿为非硫化铜矿。因此可以看出冶炼这两件红铜块的源矿料不同。关于同时期的红铜，已有较多材料，表现出的显著特点是商周时期中原地区红铜使用较少，反而在陕西汉中、四川和云南等地红铜使用较多。汉中地区的红铜材料在陈坤龙等[1]相关文章中多处可见，云南地区的红铜材料在孙淑云[2]、李晓岑[3]等相关文章和著作中屡屡出现，从以上学者的研究可以看出这两地的红铜材质使用非常广泛，涉及容器、兵器、工具等多类器物。与金沙遗址关系最为紧密的三星堆遗址，从现有的已公布的研究成果来看，也有多件红铜材质的器物，如经曾忠懋检测的一、二号祭祀坑有4件，分别是铜尊（K2-129）、铜戈（K1-53-1）、铜瑗（K1-285-5）和铜人底座（K2-149）[4]，后金正耀等又检测出铜树（ZY-351）

和铜尊（ZY-332）两件[5]。孙淑云等也对三星堆出土的两件铜戈（K2②：64-2、K1-289：8）进行了金相和成分研究，确认为红铜材质[6]。粗略统计，三星堆遗址共有8件红铜器。金沙遗址目前出土的红铜材质器物相对较少，从已经公布的资料显示有两件，为钺（2001CQJC：498）和戈形器（2001CQJC：967）[7]。另外，笔者近期在铜器检测研究过程中发现金沙遗址青羊兴城建地点出土的一件铜箆为红铜材质[8]，加上本次发现的两块铜块，共有5件红铜材料器物。相信随着科技检测工作继续进展，在成都还会发现更多商周时期的红铜材料。我们汇总这些材料后，将逐渐清晰呈现出商周及以后中原周边，特别是汉中、成都、云南地区红铜技术的发展面貌，有助于揭示该区域青铜文明合金技术发展进程。

YG2的平均成分铜69.7%、铅27.6%、锡2.8%，为高铅青铜。YG2这种铅含量在20%以上的高铅青铜，在金沙遗址出土并经过检测的铜器中已发现3件，为金正耀等用等离子体发射光谱法检测的容器（2001CQJC：210含铅26.46%、2001CQJC：417含铅24.05%）和圆角方孔形器（2001CQJC：496含铅26.38%）[9]。可以看出这种高铅青铜主要用来铸造容器类较大型立体的器物。本次发现的这件高铅铜块，很符合铸造这类器物的合金配比特点，可以直接用来浇铸此类铜器，因此推测该铜块应为铸铜器的原料，在铸造铜器剩余后被废弃带进灰坑。

2. 铜块金相结构

这三件铜块的金相组织表现出铜块与出土环境有很大关系。YG1和YG2出自灰坑，显示出受热的组织特点，如α再结晶晶粒及等轴晶，说明经历过在灰坑内的烧烤过程，这与环境特点比较吻合。YG1还存在较多孪晶组织，从YG1铜锈的形态似乎反映出YG1还存在热锻工艺，这是人为的吗？这个问题从以下几方面进行讨论。首先，该件铜块外面残存一块棕红色沙土（图一二、图一三），沙土非常均匀细腻，这种沙土与金沙遗址已出土铜器上所带的范土是相同的，所以判定为范土，所剩范土面积较小，可能是在埋藏过程中或发掘清理时被破坏掉了，因此推测该铜块可能是一件铸造铜器失败后的残件。由于外面存在范土，内面凹凸不平，并不光滑，因此被人为有意热锻的可能性不

图一二　YG1范土与铜块附着形式　　　　图一三　YG1均匀细腻的砂范颗粒

大。其次，从残存基体的背散射图上看，硫化亚铜夹杂物为斑点状，没有被拉长变形。这件铜块上存在的局部孪晶，应是铜块在灰坑中被烧烤并受力形成，也与铜块在埋藏过程中复杂的锈蚀因素有关。综上所述，这件铜器最初的金相组织应为红铜铸造组织，反映的热锻工艺应是在复杂的埋藏环境中形成。YG2边缘还出现马氏体组织，与受热后骤然变冷有关，有淬火迹象。YG3出自地层，与灰坑环境不同，因此金相组织是较为均匀单一的红铜铸造组织。所以这三件铜块微观结构，都反映了铜铸造的特点，也表现出了埋藏环境对铜块微观结构的改变过程。这对判定三件铜块的性质有很大帮助。

3. 延伸意义

金沙遗址自发掘以来，尚未发现大型青铜器和铸铜作坊，此次在金沙阳光地带二期发现铜块原料，尽管数量较少，也没发现坩埚、熔炉、铜器范等相关熔铸遗物，但这几件特殊铜块的存在和发现，暗示仍存在一些铸铜的迹象。遗憾的是本次未能够对该遗址范围出土的其他铜器进行分析，因此无法将铜块材质与与之出土距离最近的铜器进行比对，这些工作有待以后补充。另外，结合笔者先前对该遗址墓葬中出土的玉石条的分析结果[10]，推测该遗址范围内墓葬主人除掌控制玉石器制作之外，可能还与铸铜有关。从此可以看出该遗址区域内，出现了较多关于手工业活动相关的先人和遗物。这对进一步认识该遗址的面貌、判断其功能有一定辅助意义。

四、结　　语

通过以上分析和探讨，初步得出以下几点结论可供参考。

（1）这三件铜块有两件红铜、一件高铅青铜，其合金配比方式与金沙遗址已经出土的部分铜器的合金配比一致，显示出从原料到产品材质上的对应关系。由于尚未发现与铸铜有关的其他遗物，如坩埚、熔炉、较大铜器范之类，因此，这几件铜块，包括带有范土的铜块残件也仅说明阳光地带二期存在铸铜的迹象。

（2）三件铜块，严格来讲，材质各不相同。一件为高铅青铜，两件红铜中一件含硫不含铅、一件含微量铅而不含硫。作为铸铜原料，这直接反映出矿源的多样性，或许也多少体现了金正耀等指出的关于金沙时期老旧矿业开采活动有变化这一观点[11]。

（3）成都地区不断增多、丰富的红铜素材，结合相关研究，说明商周乃至以后，在中原地区周边的汉中、成都、云南等区域除铅锡合金技术之外，红铜技术仍然占有重要地位。这有别于中原地区同时期以铅锡为主要特点的金属技术，这种现象的产生应有复杂的自然和社会因素。

执笔：杨颖东　周志清

注　释

[1] 陈坤龙、梅建军、赵丛苍：《城固宝山遗址出土铜器的科学分析及其相关问题》，《文物》2012年第7期；陈坤龙：《陕西汉中出土商代铜器的科学分析与制作技术研究》，北京科技大学博士学位论文，2009年；陈坤龙、梅建军、赵丛苍：《论陕西汉中出土的商代红铜容器》，《中国国家博物馆馆刊》2012年第4期。

[2] 孙淑云、王大道：《广西、云南铜鼓合金成分及金属材质的研究》，《中国铜鼓研究会第二次学术讨论会论文集》，文物出版社，1986年，第104页。

[3] 李晓岑、韩汝玢：《古滇国金属技术研究》，科学出版社，2011年。

[4] 曾中懋：《广汉三星堆一、二号祭祀坑出土铜器成分的分析》，《四川文物》1989年增刊（广汉三星堆遗址研究专辑）。

[5] 金正耀、马渊久夫、Tom Chase 等：《广汉三星堆祭祀坑青铜器的化学组成和铅同位素比值研究》，《三星堆祭祀坑》，1999年，文物出版社，第495页。

[6] 孙淑云、韩汝玢、李秀辉：《中国古代金属材料显微组织图谱》（有色金属卷），科学出版社，2011年，第11、20页。

[7] 金正耀、朱炳泉、常向阳等：《成都金沙遗址铜器研究》，《文物》2004年第7期。

[8] 刘祥宇、周志清、王占魁：《成都金沙遗址出土铜簋》，《文物》2018年第9期。

[9] 金正耀、朱炳泉、常向阳等：《成都金沙遗址铜器研究》，《文物》2004年第7期。

[10] 杨颖东、周志清：《成都市金沙遗址"阳光地带二期"地点墓葬出土玉石器分析》，《成都考古发现》（2012），科学出版社，2014年。

[11] 金正耀、朱炳泉、常向阳等：《成都金沙遗址铜器研究》，《文物》2004年第7期。

成都市武侯区群众路M1唐墓主人遗骸检视

四川大学
成都文物考古研究院

一、引 言

2017年4月，在成都市武侯区群众路清理了一座唐代中晚期砖室墓（M1），整理可知该墓随葬品相对而言并不丰富，仅出土铜臂钏、瓷碗、瓷罐、玉握、铁斧各1件及开元通宝6枚（清理时还在颅骨周围出土3枚开元通宝），值得注意的是在清理墓主人右侧上臂所佩戴的铜臂钏时，在中空的臂钏内发现了一件叠装于内的纸质密教真言抄本，纸本真言抄本作为随葬品的发现尤为罕见[1]。经过辨识，此真言至少包括了《十字佛顶真言》《一字顶轮王真言》《佛眼真言》《白伞佛顶真言》《尊胜心真言》《般若佛母真言》《文殊师利真言》《阿弥陀佛真言》《随心真言》《阿閦佛心真言》《宝楼阁真言》《菩提场心真言》《莲花顶真言》《灭恶趣真言》《大悲随心真言》《无垢净光真言》《智炬如来破地狱真言》等与唐代密教色彩明显相关的内容。群众路M1真言抄本的文本内容、功能、出土形式及出土地点等信息明显表现出唐代中晚期四川密教的世俗化、民众化特征，是不可多得的研究唐代中晚期四川地区宗教信仰、丧葬习俗及城市面貌的研究材料。

该墓葬出土人骨保存相对较好，笔者于发掘期间曾亲临现场进行鉴定，后又在四川大学考古学实验教学中心人类学实验室进行了人类学的观察与鉴定，现将检查结果报告如下。

二、人骨鉴定

1. 骨骼陈置及保存状况

群众路M1人骨标本整体保存状况相对较好，在现场可以明显看到骨骼陈置方式、葬姿葬式等，但由于受埋藏环境及保存状态影响，大部分骨骼非常残碎，不易提取鉴定。经过观察可知其大体呈仰身直肢。面部向前，颅骨与躯干骨基本符合人体解剖学姿势。左侧上肢肘关节外张内翻，肱骨、尺骨、桡骨均不同程度内翻，左侧桡骨叠压在左侧尺骨上，左侧掌骨应当掌心向下置于左侧髋骨外侧，右侧上肢肘关节亦外张内翻，肱骨、尺骨、桡骨亦不同程度内翻，右侧桡骨叠压在右侧尺骨上，且大部分陈置于尺骨内侧，右侧掌骨掌心向外置于右侧髋骨外侧，两侧上肢骨基本对称分布。下肢骨整体上看基本符合仰身直肢的骨骼陈置。左侧膝关节稍外翻，左侧股骨、胫骨、腓骨不同程度外翻，但符合人体解剖学骨骼陈置方式。右侧膝关节明显外翻，膝关节部位股骨远端、胫骨近端向外，胫骨、腓骨已完全外翻，腓骨大部分陈置于胫骨内侧。两侧足骨均足尖向外向下，足背向外，足跟向内，足心向下。其骨骼下葬后并未受后期扰动，葬式不规整，可能反映当时人们对其处置较为随意。

此外，通过清理还发现了部分保存较好的下颌和牙齿，根据牙齿的实际保存现状，采用象限法表示每颗牙齿在齿列中的位置、顺序、类别和相互关系，如图一所示。

```
                5 4 ③ ② ①   ① ② 3 4 5
右上 ⑧ ⑦ ⑥ Ⅴ Ⅳ Ⅲ Ⅱ Ⅰ   Ⅰ Ⅱ Ⅲ Ⅳ Ⅴ ⑥ ⑦ ⑧ 左上
右下 ⑧ ⑦ ⑥ Ⅴ Ⅳ Ⅲ Ⅱ Ⅰ   Ⅰ Ⅱ Ⅲ Ⅳ Ⅴ ⑥ ⑦ ⑧ 左下
                ⑤ ④ ③ 2 1   1 2 ③ ④ ⑤
```

图一　M1齿列牙齿保存状况

1.乳齿：Ⅰ表示乳中门齿，Ⅱ表示乳侧门齿，Ⅲ表示乳犬齿，Ⅳ表示乳第一臼齿，Ⅴ表示乳第二臼齿　2.恒齿：1表示中门齿，2表示侧门齿，3表示犬齿，4表示第一前臼齿，5表示第二前臼齿，6表示第一臼齿，7表示第二臼齿，8表示第三臼齿　3.○表示牙齿存在

2. 性别与年龄

依据吴汝康等在《人体测量方法》[2]、邵象清在《人体测量手册》[3]中提出的相关参照标准，性别鉴定主要依据骨盆及颅骨的性别特征；年龄鉴定主要依据耻骨联合面形态、骨化点的出现与骨骺的愈合、颅骨骨缝的愈合及牙齿的萌出与磨耗等情况综合判定。鉴于M1墓主人保存状况不理想，大部分骨骼残碎且难以复原，仅根据现场骨盆骨骼保存形态宽低，坐骨大切迹外张，残碎枕骨枕外隆凸发育偏弱，长骨相对纤细等情况，判定其可能为一例女性成年个体。而其上下颌第一臼齿磨耗尚未达三级、第二臼齿磨耗情况也较轻，综合判定其可能为死亡年龄在30岁左右的壮年个体。此外，从其砖室墓的墓葬形制，相对较大的墓葬规模以及墓主人手握玉握等情况综合来看，其社会地位可能较高，日常食物可能较精细，其死亡年龄也许偏大。

3. 身高推断

通过检查，现场长骨保存较好的只有右侧股骨，其他骨骼均有不同程度残损，不宜进行测量分析。通过测量可知其右侧股骨最大长为40厘米。依据张继宗[4]的女性推算身高的一元回归方程"身高=45.929+2.752×右股骨最大长"计算，可知其身高值大致为156.01厘米。

4. 病理表现

经过观察可知其主要有龋齿和牙齿的异常磨耗两种。龋齿主要表现在下颌右侧第二臼齿远中面齿颈部位有一个大致直径为2毫米的圆形蚀孔。还有下颌右侧第三臼齿齿冠咬合面中心可见直径大约为3毫米的不规则形蚀孔。龋齿的发生与碳水化合物类食物摄入相关，这可能反映出该个体较为精细的食物结构和更多的碳水化合物类食物的摄入。牙齿的异常磨耗主要表现在两侧上颌门齿舌侧，其磨耗明显较咬合面和其他牙齿严重，可能与其牙齿使用方式有关。这种偏侧磨耗可能反映了该个体经常啃食坚果类食物。此外，还有其右侧牙齿磨耗略重于左侧，结合其龋齿表现，该个体应当有偏右侧的用齿习惯。

5. 牙结石

该个体下颌两侧臼齿上均可见明显的牙结石附着。例如，下颌左侧第一臼齿、第二臼齿和第三臼齿舌侧均可见明显的牙结石附着于牙釉质接近齿颈处。此外，下颌右侧第一臼齿、第二臼齿舌侧，第二臼齿颊侧亦可见类似表现。这些牙结石反映出死者生前不注意自身的口腔卫生，其应当无刷牙等口腔清洁行为和一定的口腔卫生习惯和意识。

此外，在下颌左侧第一臼齿、第二臼齿、第三臼齿齿槽位下方的下颌体内侧以及下颌支内侧下部、寰椎、枢椎上均可见清晰的铜绿浸染，清理颅骨时出土3枚开元通宝铜钱，这些现象反映该个体当时应当遵循了"口琀"的丧葬习俗。

三、结　　语

通过观察鉴定群众路M1唐墓墓主人遗骸，大体有以下六点收获。

第一，墓主人骨骼陈置反映其并未受后期扰动，其葬姿应属于不规整的仰身直肢葬式，这可能反映出当时人们处置亡者较为随意。

第二，墓主人应当为一名死亡年龄在30岁左右的女性个体。

第三，墓主人死亡时身高大约为156.01厘米。

第四，墓主人存在龋齿现象，可能反映其较多的碳水化合物类食物摄入和较好的营养水平。而双侧上颌牙齿偏侧磨耗现象可能折射出墓主人更多地使用前部牙齿摄入坚果类食物。

第五，墓主人存在较为明显的牙结石附着表现，其口腔卫生应较差，应当无口腔清洁习惯。

第六，墓主人骨上存在的铜绿和出土的开元通宝可能与"口琀"葬俗有关。

执笔：原海兵

注　释

[1] 成都文物考古研究院：《成都市武侯区群众路工地唐宋墓葬发掘简报》，见本书。

[2] 吴汝康、吴新智、张振标：《人体测量方法》，科学出版社，1984年。

[3] 邵象清：《人体测量手册》，上海辞书出版社，1985年。

[4] 张继宗：《中国汉族女性长骨推断身高的研究》，《人类学学报》2001年第4期。

图版一

1. 陶杯（M1:5）

2. A型陶罐（M1:4）

3. A型陶纺轮（M1:8）

4. B型陶纺轮（M1:9）

5. 穿孔石坠（M1:2）

会理县庙子老包M1出土器物

图版二

茂县营盘山石棺葬墓地航拍图

图版三

1. 整体

2. 头箱

3. 足端

茂县营盘山石棺葬M2形制

图版四

1. Ba型双耳罐（M2∶1）

2. Ba型双耳罐（M2∶42）

3. Bb型双耳罐（M2∶51）

4. A型簋式豆（M2∶47）

5. B型簋式豆（M2∶6）

茂县营盘山石棺葬M2出土陶器

图版五

1. A型高领罐（M2∶2）

2. B型高领罐（M2∶48）

3. Ca型单耳罐（M2∶40）

4. 盂（M2∶17）

5. Bb型长颈小罐（M2∶9）

6. C型小杯（M2∶29）

茂县营盘山石棺葬M2出土陶器

图版六

1. 整体

2. 盖板

3. 头箱

茂县营盘山石棺葬M12形制

图版七

1. B型簋式豆（M12：17）

2. B型高领罐（M12：8）

3. Bb型单耳罐（M12：5）

4. Bb型单耳罐（M12：9）

5. 长颈小罐（M12：1）

6. 小杯（M12：7）

茂县营盘山石棺葬M12出土陶器

图版八

1. 整体

2. 盖板

3. 头箱

茂县营盘山石棺葬M3形制

图版九

1. B型高领罐（M3∶6）

2. Cb型单耳罐（M3∶16）

3. Ba型长颈小罐（M3∶26）

4. B型小杯（M3∶17）

茂县营盘山石棺葬M3出土陶器

图版一〇

1. 网坠（T3①:5）

2. 斧（C:25）

3. 锛（C:24）

4. 刀（C:10）

5. 砍砸器（C:3）

盐源县小官梁子遗址2017年出土与采集石器

图版一一

1. 网坠（C：35）

2. 研磨器（C：5）

3. 砺石（C：22）

4. 磨棒（96C：3）

盐源县小官梁子遗址2017年和1996年采集石器

图版一二

1. 铜鍪（M26∶2）

2. A型铜镜（M15∶1）

3. 瓷罐腹片（M24填∶10）

4. 陶武俑（M31北∶1）

成都市海滨村年家院子墓地出土器物

图版一三

1. 德化窑A型瓷碗（T1②：7）

2. 陶鬲（T1⑧：1）

3. 泥质陶狮子（T3③：5）

4. 泥质陶滴水（T1②：46）

成都市锦江区宾隆街遗址出土器物

图版一四

成都市武侯区群众路唐代中晚期M1出土铜臂钏内纸本真言
（M1∶11）

图版一五

1. 盘（T3③：11）正面

2. 盘（T3③：11）侧面

3. 盘（T3③：11）背面

4. 鼻烟壶（T1③：10）

大邑县张祠堂遗址出土青花瓷器

图版一六

1. 正面

2. 侧面

3. 背面

大邑县张祠堂遗址出土粉彩瓷盘
(T1③:3)

图版一七

1. 稻谷（赵庵村H11）

2. 稻谷基盘（赵庵村H8④）

3. 粟（赵庵村TN90E50④）

4. 黍（赵庵村TN80E50③）

5. 大豆属（赵庵村H3）

6. 狗尾草属（赵庵村H10）

大邑县高山古城遗址2013年度出土植物遗存

图版一八

1. 蓼科（赵庵村H10）

2. 禾本科（赵庵村TG6③）

3. 稗属（赵庵村H8④）

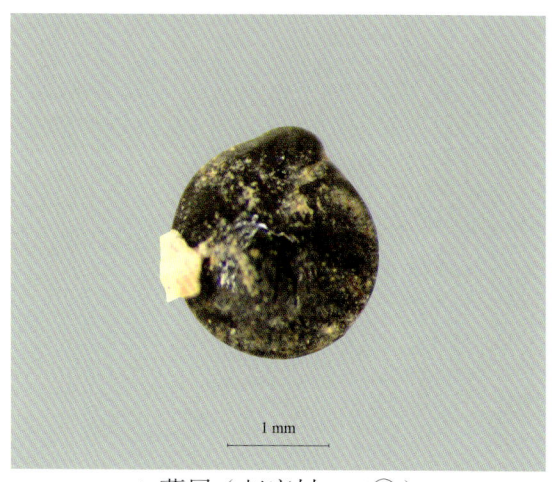
4. 藜属（赵庵村TG6④）

5. 飘拂草（赵庵村G2①）

6. 马㼎儿？（赵庵村H8②）

大邑县高山古城遗址2013年度出土植物遗存

图版一九

1. 碎种（赵庵村G2②）

2. 未知（赵庵村G1）

3. 未知（赵庵村G2①）

4. 未知（赵庵村G2②）

5. 未知（赵庵村H3）

6. 未知（赵庵村H3）

7. 未知（赵庵村H7）

大邑县高山古城遗址2013年度出土植物遗存

图版二〇

1. 未知(赵庵村H10)

2. 未知(成功村H13)

3. 未知(赵庵村TG6⑤)

4. 未知(赵庵村TG6⑤)

5. 未知(赵庵村TN95E50③)

6. 树种(赵庵村H2)

7. 种/果壳(赵庵村H8③)

大邑县高山古城遗址2013年度出土植物遗存

图版二一

1. 蓝铁矿在河道地层中的位置

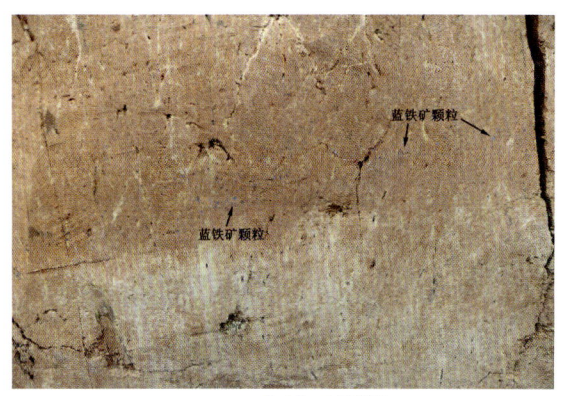

2. 蓝铁矿颗粒

3. 蓝铁矿聚集状态

4. 蓝铁矿粉末背散射电子像（2000倍）

蒲江县飞虎村采集蓝铁矿

图版二二

1. 蓝铁矿出土位置

2. 蓝铁矿出土状态

3. 放射状蓝铁矿

4. 蓝铁矿表面针刺光学体视显微照片（13倍）

大邑县高山古城遗址出土蓝铁矿

图版二三

1. 铜块

2. YG1锈蚀物的金相组织（未浸蚀）  　　3. YG1锈蚀物的金相组织（未浸蚀）

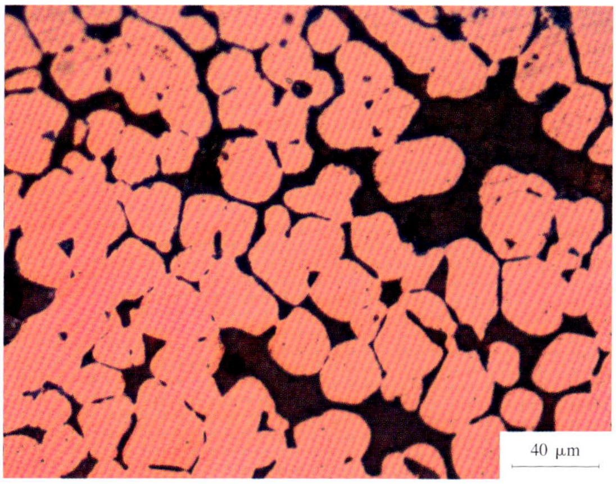

4. YG2内部的金相组织（未浸蚀） 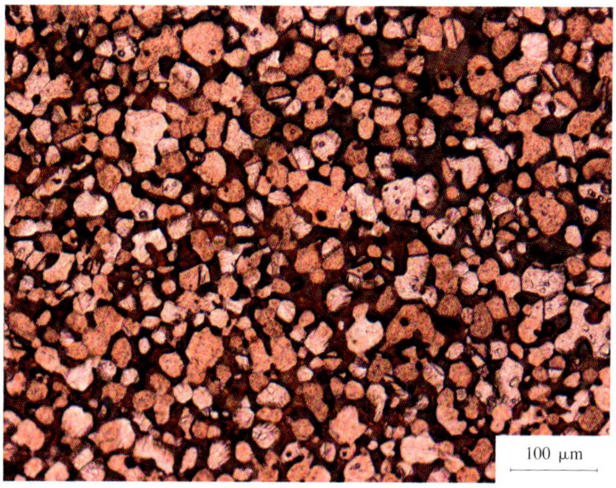 　　5. YG2内部的金相组织（浸蚀后）

成都金沙遗址"阳光地带二期"地点出土铜块及其样品金相组织图

图版二四

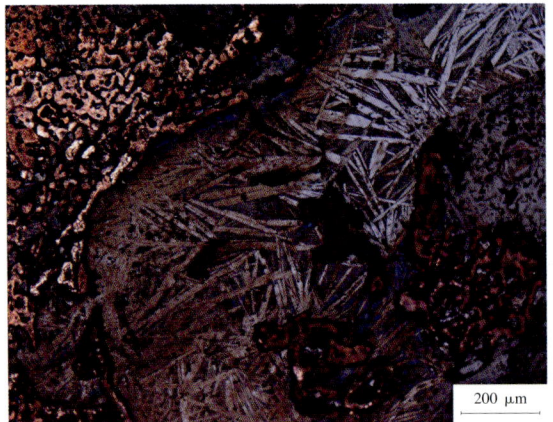

1. YG2 边部的金相组织（浸蚀后）

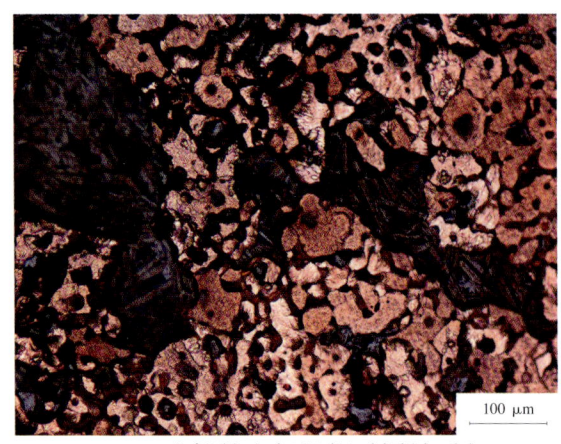

2. YG2 边部的金相组织（浸蚀后）

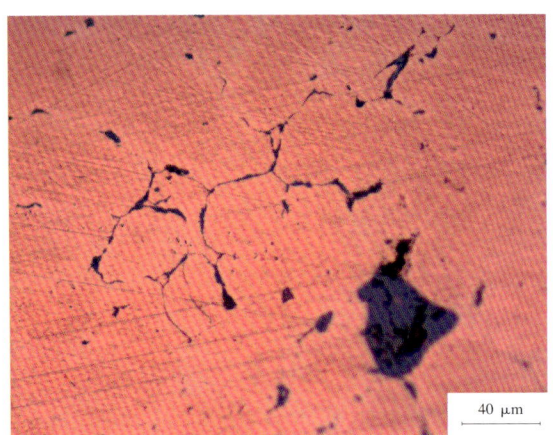

3. YG3 的金相组织（未浸蚀）
（可见铜的 α 等轴晶晶界与铸造缩孔和锈蚀物）

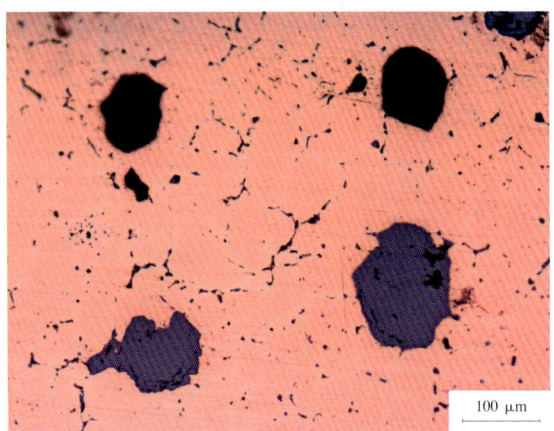

4. YG3 的金相组织（未浸蚀）
（上边两个黑色圆形为缩孔，下面两个灰黑色物质为 Cu_2O 晶粒）

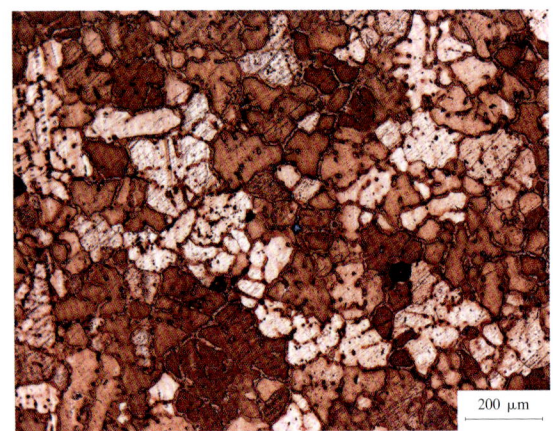

5. YG3 的金相组织（浸蚀后）

6. YG3 的金相组织（浸蚀后）

成都金沙遗址"阳光地带二期"地点出土铜块样品金相组织图